PRESCRIÇÃO e DECADÊNCIA

O GEN | Grupo Editorial Nacional – maior plataforma editorial brasileira no segmento científico, técnico e profissional – publica conteúdos nas áreas de concursos, ciências jurídicas, humanas, exatas, da saúde e sociais aplicadas, além de prover serviços direcionados à educação continuada.

As editoras que integram o GEN, das mais respeitadas no mercado editorial, construíram catálogos inigualáveis, com obras decisivas para a formação acadêmica e o aperfeiçoamento de várias gerações de profissionais e estudantes, tendo se tornado sinônimo de qualidade e seriedade.

A missão do GEN e dos núcleos de conteúdo que o compõem é prover a melhor informação científica e distribuí-la de maneira flexível e conveniente, a preços justos, gerando benefícios e servindo a autores, docentes, livreiros, funcionários, colaboradores e acionistas.

Nosso comportamento ético incondicional e nossa responsabilidade social e ambiental são reforçados pela natureza educacional de nossa atividade e dão sustentabilidade ao crescimento contínuo e à rentabilidade do grupo.

HUMBERTO THEODORO JÚNIOR

PRESCRIÇÃO e DECADÊNCIA

3ª edição | revista, atualizada e reformulada

- O autor deste livro e a editora empenharam seus melhores esforços para assegurar que as informações e os procedimentos apresentados no texto estejam em acordo com os padrões aceitos à época da publicação, e todos os dados foram atualizados pelo autor até a data de fechamento do livro. Entretanto, tendo em conta a evolução das ciências, as atualizações legislativas, as mudanças regulamentares governamentais e o constante fluxo de novas informações sobre os temas que constam do livro, recomendamos enfaticamente que os leitores consultem sempre outras fontes fidedignas, de modo a se certificarem de que as informações contidas no texto estão corretas e de que não houve alterações nas recomendações ou na legislação regulamentadora.

- Fechamento desta edição: *24.10.2023*

- O Autor e a editora se empenharam para citar adequadamente e dar o devido crédito a todos os detentores de direitos autorais de qualquer material utilizado neste livro, dispondo-se a possíveis acertos posteriores caso, inadvertida e involuntariamente, a identificação de algum deles tenha sido omitida.

- **Atendimento ao cliente:** (11) 5080-0751 | faleconosco@grupogen.com.br

- Direitos exclusivos para a língua portuguesa
  Copyright © 2024 by
  Editora Forense Ltda.
  Uma editora integrante do GEN | Grupo Editorial Nacional
  Travessa do Ouvidor, 11 – Térreo e 6º andar
  Rio de Janeiro – RJ – 20040-040
  www.grupogen.com.br

- Reservados todos os direitos. É proibida a duplicação ou reprodução deste volume, no todo ou em parte, em quaisquer formas ou por quaisquer meios (eletrônico, mecânico, gravação, fotocópia, distribuição pela Internet ou outros), sem permissão, por escrito, da Editora Forense Ltda.

- Capa: Daniel Kanai

- **CIP – BRASIL. CATALOGAÇÃO NA FONTE.**
  SINDICATO NACIONAL DOS EDITORES DE LIVROS, RJ.

T355p

Theodoro Júnior, Humberto, 1938-

Prescrição e decadência / Humberto Theodoro Júnior. – 3. ed., rev., atual. e ampl. – Rio de Janeiro: Forense, 2024.

424 p.; 24 cm.

Inclui bibliografia
Índice alfabético-remissivo
ISBN 978-65-5964-905-1

1. Direito civil – Brasil. 2. Decadência (Direito) – Brasil. 3. Prescrição (Direito civil). I. Título.

23-86666   CDU: 347.131.2(81)

Gabriela Faray Ferreira Lopes – Bibliotecária – CRB-7/6643

La institución jurídica del contrato es un reflejo de la institución jurídica de la propiedad privada. Ella es el vehículo de la circulación de la riqueza, en cuanto se admita (no interesa en qué medida) una riqueza (esto es, una *propiedad*) privada [...].

Agradecimento

Com satisfação, registro que, para o preparo e o acabamento das edições anteriores e da presente, valiosíssima foi a colaboração da Professora Helena Lanna Figueiredo, tanto na pesquisa jurisprudencial e doutrinária como no trabalho cuidadoso da inserção dos dados levantados no texto final, tornando-o compatível com a mais atualizada visão, entre nós, do tema ora explorado. Manifesto, por isso, meu reconhecimento pela qualidade da cooperação gentilmente prestada, externando sinceros agradecimentos à ilustre jurista. Estendo igualmente esta manifestação à minha assistente Dra. Aníger Lara Neiva Pires, que também contribuiu valiosamente nos trabalhos de pesquisa e redação da nova edição desta obra.

O autor

Sobre o Autor

HUMBERTO THEODORO JÚNIOR

Professor Titular de Direito Processual Civil aposentado da Faculdade de Direito da UFMG. Desembargador aposentado do Tribunal de Justiça do Estado de Minas Gerais. Membro da Comissão de Juristas Encarregados pelo Senado Federal da Elaboração do Anteprojeto do atual Código de Processo Civil brasileiro. Doutor. Advogado (parecerista).

Sumário

Capítulo I – Da Prescrição e da Decadência... 1

1. O efeito do decurso do tempo sobre os direitos subjetivos.......................... 1
2. Prescrição e decadência... 2

Capítulo II – Da Prescrição.. 5

3. A prescrição como extinção da pretensão.. 5
4. Visão histórica... 9
5. Não é o direito que prescreve.. 11
6. Fundamento da prescrição.. 14
7. Prescritibilidade e imprescritibilidade.. 16
8. Sobre a imprescritibilidade da ação reivindicatória................................ 24
9. A prescrição como evento próprio das pretensões patrimoniais............... 26
10. Requisitos da prescrição.. 27
11. A má-fé não é requisito da prescrição.. 28
12. Contagem do prazo prescricional.. 28
    12.1. A *actio nata* no direito brasileiro e no STJ.................................... 30
    12.2. A contagem do prazo nos diversos tipos de obrigações................. 36
    12.3. Alguns julgados do STJ e do TJMG sobre o tema......................... 39
    12.4. Prazo para propositura da anulatória.. 59
    12.5. Ônus da prova.. 59
13. Efeitos da prescrição... 60
14. Ação, pretensão e exceção... 62
15. Prescritibilidade das exceções... 63
16. Direito comparado.. 66

Capítulo III – Da Renúncia à Prescrição... 67

17. Renúncia à prescrição... 67

18. Renúncia expressa e renúncia tácita 69

    18.1. Inaplicabilidade da renúncia tácita do art. 191 do CC em desfavor da Fazenda Pública 72

19. Capacidade para renunciar à prescrição 72

20. Efeito da renúncia 73

21. Renúncia prejudicial a terceiros 74

22. Ação do terceiro prejudicado 74

Capítulo IV – Das Regras sobre Prazo e Momento de Invocação da Prescrição 77

23. Natureza das regras que fixam os prazos de prescrição 77

    23.1. A interpretação das regras pertinentes à prescrição 77

24. A inderrogabilidade dos prazos prescricionais no direito brasileiro 78

25. Momento de exercer a exceção de prescrição 79

26. Arguição em recurso extraordinário ou especial 83

27. Prescrição da execução 84

    27.1. Prescrição na fase de liquidação de sentença 86

    27.2. Prescrição da execução individual de sentença coletiva em ação civil pública 87

    27.3. Título executivo judicial que dá origem à execução de obrigação de fazer e de pagar 89

28. Prescrição da execução civil da sentença penal 90

29. Acolhida judicial da prescrição *ex officio* 92

30. Declaração *ex officio* da prescrição intercorrente em execução fiscal 93

31. A indisponibilidade dos direitos do absolutamente incapaz reconhecida pelo art. 194 do CC/2002 94

32. Arguição pelo Ministério Público 95

33. Arguição pelo curador 95

34. A possibilidade de declaração *ex officio* da prescrição 95

35. A sistemática da prescrição no Código Civil de 2002 97

36. As regras do CPC/2015 quanto ao tema 102

37. Um grave equívoco ideológico cometido pelo legislador processual 104

38. Conclusões recomendáveis em face da revogação do art. 194 do Código Civil 107

Capítulo V – Da Responsabilidade Civil pela Ocorrência da Prescrição 109

39. Responsabilidade civil do assistente dos relativamente incapazes 109

40. Os absolutamente incapazes 110

41. Relativamente incapaz que não tem representante legal 111

42. Representante de pessoa jurídica	111
43. A prescrição em face dos sucessores	112
44. Prescrição a favor do sucessor	113
44.1. Prescrição em caso de sub-rogação	114

Capítulo VI – Das Causas que Impedem ou Suspendem a Prescrição ... 117

45. Obstáculos ao curso da prescrição	117
46. As causas de impedimento ou suspensão	117
47. A suspensão da prescrição por força maior	118
47.1. A suspensão e o impedimento da prescrição durante a pandemia do coronavírus (Lei nº 14.010/2020)	120
48. A prescrição e o dolo ou coação contra o titular da pretensão	121
49. Impedimento ou suspensão por causas subjetivas bilaterais	122
50. Cônjuges	122
51. Cônjuges separados	123
52. Ascendentes e descendentes	125
53. Tutela e curatela	126
54. Impedimento ou suspensão subjetiva unilateral	126
55. Os absolutamente incapazes	127
55.1. Os curatelados impossibilitados de manifestar a vontade	129
55.2. Prazos decadenciais	131
56. Os ausentes do País	131
57. Serviço de guerra	132
58. Impedimento objetivo da prescrição	132
59. Condição suspensiva	133
59.1. O *pactum de non petendo*	134
60. Prazo vencido	137
61. Impedimento da prescrição pela evicção	138
61.1. Prazo prescricional da evicção	139
62. A ação civil e a ação penal	140
63. Os credores solidários e a suspensão da prescrição	143

Capítulo VII – Das Causas que Interrompem a Prescrição ... 145

64. Interrupção da prescrição	145
65. Causas naturais de interrupção	146
66. Oportunidade da interrupção	146

67. Unicidade da interrupção	147
68. Causas de interrupção	150
69. Citação ou ajuizamento da ação	151
70. Dinâmica da interrupção da prescrição por meio da citação	151
70.1. Regras processuais a observar	153
70.2. Prazos do CPC	155
70.3. Suprimento da citação	156
70.4. Extinção do processo sem resolução do mérito	157
70.5. Citação pessoal e outras formas de citação	158
70.6. Citação e mora pré-constituída	159
70.7. A interrupção da prescrição em hipótese de medida provisória antecedente	161
70.8. Alguns julgados do STJ sobre interrupção da prescrição pela citação	162
71. Protesto judicial	167
72. Protesto cambial	168
72.1. Interpelação extrajudicial	170
73. Apresentação do título de crédito em juízo sucessório	171
74. Apresentação do título de crédito em concurso de credores	171
75. Ato judicial de constituição em mora do devedor	173
76. Reconhecimento do direito pelo devedor	175
77. Retomada da prescrição	177
78. Processo anulado ou extinto sem resolução de mérito	178
78.1. Quando a citação não interrompe a prescrição	181
78.2. Liminar que inibe a ação do credor	181
79. Prescrição intercorrente	182
79.1. A prescrição intercorrente e o Código de Processo Civil de 2015	184
79.2. A prescrição intercorrente e a jurisprudência do STJ anterior ao CPC/2015	187
79.3. Prescrição intercorrente e morte do credor	189
79.4. Prescrição intercorrente no processo de conhecimento	191
80. Legitimação para promover a interrupção da prescrição	193
81. Limites subjetivos da interrupção da prescrição	195
82. Obrigações solidárias	195
83. A morte do devedor solidário	196
84. Fiador	197
85. Litisconsórcio necessário e interrupção da prescrição	199
86. Limites objetivos da interrupção	201

Capítulo VIII – Dos Prazos da Prescrição. Generalidades...................................... 203

87. Inovações.. 203

    87.1. A prescrição e o Código de Defesa do Consumidor..................................... 204

    87.2. Particularidades da prescrição e da decadência, em matéria de responsabilidade civil, segundo o Código de Defesa do Consumidor............................. 206

    87.3. A prescrição na arbitragem e mediação.. 210

    87.4. A prescrição na Lei de Defesa da Concorrência 213

88. Regime da prescrição do crédito tributário.. 214

    88.1. O regime da prescrição em face da execução fiscal....................................... 218

    88.2. Prescrição na execução contra a Fazenda Pública.. 223

        88.2.1. Cancelamento do precatório e prescrição da execução contra a Fazenda Pública.. 224

        88.2.2. Prescrição da pretensão ao ressarcimento de danos havidos em razão dos desfalques em conta individual vinculada ao Pasep.................. 225

89. O regime da prescrição em relação aos créditos trabalhistas................................ 227

    89.1. Prescrição e decadência em relação aos créditos de relação de trabalho 227

    89.2. Regra geral dos prazos prescricionais 227

    89.3. Prescrição relativa a acidente de trabalho 228

    89.4. Prescrição relativa às verbas de FGTS.. 229

    89.5. Prescrição total ou parcial, em caso de prestações sucessivas 230

    89.6. Interrupção da prescrição... 231

    89.7. Prescrição intercorrente.. 232

90. A prescrição e o direito intertemporal 233

    90.1. A necessidade de submeter-se aos princípios básicos do direito intertemporal.. 237

    90.2. Compatibilização do art. 2.028 com o princípio da irretroatividade das leis 238

Capítulo IX – Dos Prazos de Prescrição no Código Civil 241

91. Prazo ordinário de prescrição 241

92. Ações reais e ações pessoais... 242

93. Responsabilidade contratual.. 244

    93.1. Alguns julgados do STJ sobre descumprimento contratual.......................... 248

94. Cálculo do prazo 251

    94.1. Definição do termo inicial.. 251

95. A redução da prescrição e o direito intertemporal.. 253

96. Prescrição ânua 254

97. Hospedeiros e fornecedores de víveres para consumo no próprio estabelecimento 255

98. Contrato de seguro 255

98.1. Seguro de responsabilidade civil 256

98.2. Prescrição em face do terceiro beneficiário do seguro 258

98.3. Seguro em grupo 259

98.4. Comunicação do sinistro ao segurador e o começo da fluência da prescrição 260

98.5 O posicionamento do STJ sobre o tema 261

98.6. Prescrição diferente na previsão do CDC e do CC 262

98.7. Evolução da jurisprudência sobre a contagem da prescrição em caso de seguro 262

98.8. A prescrição do contrato de seguro e o Código de Defesa do Consumidor 266

98.9. Alguns julgados do STJ sobre o tema de seguros 267

99. Custas, emolumentos e honorários 273

100. Perito avaliador 274

101. Liquidação da sociedade 274

102. Pensão alimentícia 275

102.1. Pensão alimentícia solvida por terceiro 276

102.2. Pensão alimentícia decorrente da prática de ato ilícito 277

103. Aluguéis de imóveis 277

104. Rendas temporárias ou vitalícias 278

105. Juros, dividendos e prestações acessórias 279

105.1. Correção monetária 281

106. Enriquecimento sem causa 281

107. Repetição de indébito 282

107.1. Visão pretoriana moderna do enriquecimento sem causa 283

107.2. Observações conclusivas 285

107.3. Alguns julgados do STJ sobre o tema 286

108. Reparação civil do dano *ex delicto* 294

108.1. Responsabilidade indenizatória do Poder Público e de exploradores de serviços públicos 296

108.2. Dano ocorrido após a relação trabalhista 297

109. Restituição de lucros ou dividendos indevidos 297

110. Pretensões derivadas de violação da lei ou dos estatutos sociais 298

110.1. Fundadores da sociedade anônima 299

110.2. Administradores e fiscais 299

110.3. Liquidante 300

111. Títulos de crédito 300

111.1. Títulos cambiários e cheque 301

111.2. Debêntures 305

112. Beneficiário do seguro 306

113. Prescrição entre tutor e pupilo 308

114. Dívidas líquidas documentadas 309

114.1. Jurisprudência do STJ sobre o tema 309

115. Profissionais liberais, procuradores judiciais, curadores e professores 312

115.1. Honorários advocatícios 313

116. Recuperação das despesas processuais 314

Capítulo X – Da Prescrição em Face da Fazenda Pública e dos Contratos Regulados por Leis Especiais 317

117. Fazenda Pública, entidades paraestatais e concessionários de serviços públicos.... 317

117.1. Prescrição de reparação por desapropriação indireta 324

117.2. Reparação ao erário 326

117.3. Ação de indenização contra a Administração Pública 331

117.4. Prescrição dos benefícios previdenciários 336

117.5. Prescrição na Lei de Improbidade Administrativa 337

118. Prazos de prescrição aplicados a contratos regulados em lei especial 340

Capítulo XI – Da Decadência 345

119. O regime velho 345

120. O regime do atual Código Civil 345

121. A virtude da solução encontrada pelo Código Civil 347

122. Conexão do direito material com o direito processual 349

123. Fundamento da decadência 350

124. Direito intertemporal 351

125. Decadência e direito adquirido 351

126. A fatalidade do prazo de decadência 353

127. O termo final do prazo de decadência 355

128. A decadência no âmbito do direito processual 364

128.1. Prescrição e decadência nas relações de consumo 368

129. Prejuízos de incapazes por culpa dos representantes legais 370

130. Decadência e pessoa jurídica.. 371

131. Renúncia da decadência.. 372

132. Decretação da decadência *ex officio* 373

133. Decadência convencional 375

134. Julgamento de improcedência liminar do pedido 376

135. Alguns julgados do STJ relativos ao prazo de decadência 376

Índice Alfabético-Remissivo... 385

Bibliografia... 393

Capítulo I
Da Prescrição e da Decadência

1. O EFEITO DO DECURSO DO TEMPO SOBRE OS DIREITOS SUBJETIVOS

O decurso do tempo (como acontecimento natural) exerce efeitos sobre as relações ou situações jurídicas, ora positivos, ora negativos. Seja isoladamente, seja cumulativamente com outros fatores, a lei toma o tempo como causa de aquisição ou extinção de direitos ou faculdades jurídicas.

Assim, a propriedade e outros direitos reais podem ser adquiridos pelo transcurso dos prazos de usucapião; e a pretensão de exigir a prestação inadimplida se extingue se o credor não aciona o devedor dentro do prazo estipulado em lei; e, ainda, extingue-se o próprio direito subjetivo se, nascido com previsão de prazo certo para seu exercício, o titular deixa exaurir dito prazo sem exercitá-lo.

Fala-se, por isso, em prazos aquisitivos (usucapião ou prescrição aquisitiva) e prazos extintivos (prescrição liberatória e decadência).

Alguns Códigos reúnem todos esses fenômenos temporais numa disciplina única, como, *v.g.*, o Código Civil francês (arts. 2.219 a 2.281) e o espanhol (arts. 1.930 a 1.975). Não é o critério, porém, observado por Códigos mais modernos, que cuidam da usucapião dentro do direito das coisas e reservam as figuras da prescrição e decadência apenas para os casos de extinção dos direitos e ações, como se dá com o Código português (arts. 300º a 333º), o italiano (arts. 2.934 a 2.969) e o recente Código Civil e Comercial argentino (arts. 2.532 a 2.572). Para estes últimos, não há que se cogitar de prescrição aquisitiva e de prescrição extintiva. O termo prescrição sem qualquer qualificativo se emprega apenas para os casos de extinção ou liberação de vínculos jurídicos por decurso do tempo.

É o último padrão o que já adotava o Código brasileiro de 1916 e que se mantém no atual, sob os aplausos da doutrina, porque, ao contrário da usucapião (prescrição aquisitiva), que somente se aplica ao direito das coisas, a prescrição e a decadência são eventos que afetam as relações jurídicas pertinentes a todos os setores do direito privado (obrigações, família, sucessões e até mesmo direitos reais) e que se estendem inclusive ao direito público. Sua sede natural no Código Civil, portanto, é a Parte Geral. Sem falar na completa diversidade de efeitos (criar e extinguir direitos), os fatos básicos de cada instituto não são os mesmos: na prescrição, a ideia central se localiza na inércia do titular do direito, enquanto na usucapião, o elemento fundamental é a posse. Tão notáveis são as diferenças entre as duas figuras jurídicas que se tem condenado, nas lições mais atuais, a unidade do conceito de prescrição[1].

Ainda que a lei englobe as duas modalidades de prescrição numa sistematização única, a doutrina não consegue abordá-las de forma unificada. Na Espanha, v.g., onde o Código reúne no mesmo capítulo a prescrição aquisitiva e a extintiva, a orientação doutrinária não acompanha o comando legal e observa: "La distinta naturaleza, función, fundamento, requisitos y efectos de un y outro instituto exigen un tratamiento separado"[2].

2. PRESCRIÇÃO E DECADÊNCIA

A distinção dos prazos extintivos entre prazos de decadência e prazos de prescrição é, na história do direito, preocupação recente que só assumiu proporções significativas no século XIX, depois da obra de Savigny, na linha da escola do direito natural. Para o notável pandectista, o grande gênero prescrição se dividiria em usucapião, prescrição da ação e, por exclusão, um grupo heterogêneo de casos que, a despeito de se aproximarem da prescrição pela perda de um direito, com ela não se confundem, a exemplo da apelação e do prazo para o herdeiro abrir o inventário ou cumprir o encargo sob pena de perder o legado. Para distinguir esse grupo heterogêneo da prescrição propriamente dita, Savigny leva em conta a fatalidade (ou peremptoriedade) dos prazos, regime que não prevalece para a prescrição, cujos prazos sujeitam-se, naturalmente, a interrupções e suspensões[3].

Foi a partir dessa massa amorfa apontada por Savigny que se encontrou oportunidade para identificar a preclusão dos atos processuais e a decadência (subdividida em legal e convencional).

Desde então, surgiu uma polêmica em torno de existir ou não uma diferença ontológica entre prescrição e decadência. Os que tradicionalmente a reconhecem afirmam que a fatalidade do prazo e a decretação de ofício da decadência decorreriam de um tratamento mais rígido exigido pela tutela de certos direitos. Daí por que os prazos decadenciais seriam geralmente mais curtos e, ao contrário dos prescricionais, não se sujeitam a impedimentos, interrupções e suspensões.

Os que negam a distinção ontológica partem da premissa de que há impossibilidade de distinguir prescrição de decadência pelo objeto, já que tanto prescrição quanto decadência têm por efeito retirar um direito e provocar a perda de uma situação legal preexistente. Nessa linha de argumentação, para Baudry-Lacantinerie e Tissier existem, de fato, dentro da prescrição, prazos submetidos a regimes especiais, especialidade que não passa de exceção ao regime geral, inaptas para negá-lo ou para justificar o surgimento de uma categoria autônoma. Por isso, afirmam ser possível aplicar as regras especiais sobre dado prazo sem colocá-lo fora da teoria da prescrição, apenas atribuindo-lhe outra denominação, para efeitos práticos[4].

---

[1] GOMES, Orlando. *Introdução ao direito civil*. 18. ed. Rio de Janeiro: Forense, 2002. n. 293, p. 496.

[2] PRIETO, F. Pantaleón. Prescripción. *Enciclopedia Jurídica Básica*. Madrid: Editorial Civitas, 1995. v. III, p. 5.008.

[3] SAVIGNY, Friedrich Karl von. *Sistema del diritto romano attuale*. Trad. Vittorio Scioloja. Torino: UTET, 1889, t. IV, p. 360-375.

[4] BAUDRY-LACANTENERIE, Gabriel; TISSIER, Albert. *Traité théorique et pratique de droit civil: de la prescription*. 3. ed. Paris: L. Larose & L. Tenin, 1905, p. 33-41.

Nosso Código Civil de 1916, nessa perspectiva, regulou todos os prazos extintivos de pretensão ou ação como prazos de prescrição, ignorando a necessidade de destacar quais, entre eles, poderiam ser rotulados como decadenciais.

Como a lei não pode contrariar a natureza das coisas, doutrina e jurisprudência tiveram de assumir a tarefa de joeirar entre os prazos ditos prescricionais no texto da lei os que realmente se referiam à prescrição e os que, embora assim rotulados, representavam, na verdade, casos de decadência[5].

Por falta de parâmetros na lei, a tarefa se mostrou inçada de dificuldades, porque no direito comparado não havia uniformidade de posições e conceitos em que se pudesse apoiar. Basta lembrar que, no direito romano e no medieval, sempre se teve a prescrição como um fenômeno do plano processual, que afetava a *actio* e não diretamente o direito material. Nessa linha, o direito alemão e o suíço evoluíram para a extinção da pretensão, como sendo o efeito do transcurso do prazo prescricional aliado à inércia do titular do direito violado. O direito italiano, todavia, fez declarar literalmente em seu Código de 1942 que a prescrição era causa de extinção do próprio direito.

Entre nossos doutrinadores, por isso, estabeleceu-se uma divisão de teses entre os que se mantinham fiéis às tradições romanas, para defender a prescrição como causa de extinção apenas da ação[6] e os que a qualificavam como causa de extinção dos próprios direitos[7].

A falta de critério legal e a controvérsia doutrinária acerca da conceituação da prescrição tornavam tormentosa a diferenciação entre esta e a decadência. Para os que viam na prescrição a extinção apenas da ação, era mais fácil distingui-la da decadência porque esta, ao contrário daquela, funcionava como causa de extinção do direito, que por sua própria natureza deveria ser exercido em certo prazo, sob pena de caducidade. Se, todavia, tanto a prescrição como a decadência se apresentam como causa de extinção do direito subjetivo, torna-se penosa e quase impossível uma distinção precisa entre as duas figuras extintivas[8].

Ao tempo do advento do Código de 2002, atualmente em vigor, prevalecia, entre nós, a doutrina de Amorim Filho, segundo a qual a prescrição fazia extinguir a pretensão, enquanto a decadência atingia o próprio direito, que, quando sendo potestativo, nascia já predestinado a uma duração temporária[9].

---

[5] "Prescrição e decadência. Embora o Código Civil – de 1916 – não faça distinção entre os dois institutos, um e outro se distinguem, tanto pela natureza ou essência, como pelos seus efeitos" (TARJ, Ap. 38.586, Rel. Juiz Wilson Marques, ac. 14.05.1987, *RT*, 625/193).

[6] PONTES DE MIRANDA, Francisco Cavalcanti: "Só pretensões e ações prescrevem" (*Tratado de direito privado – Parte Geral*. São Paulo: Editora Revista dos Tribunais, 2012. t. VI, § 668, n. 2, p. 270); CÂMARA LEAL, Antônio Luis da. *Da prescrição e da decadência*. Rio de Janeiro: Forense, 1959. p. 22; MONTEIRO, Washington de Barros. *Curso de direito civil*. 33. ed. São Paulo: Saraiva, 1995. v. I, p. 288.

[7] GOMES, Orlando: "A prescrição é o modo pelo qual um direito se extingue em virtude da inércia, durante um certo lapso de tempo, do seu titular, que, em consequência, fica sem ação para assegurá-lo" (*Introdução ao direito civil*. 18. ed. Rio de Janeiro: Forense, 2002. n. 294, p. 496). "É preciso reconhecer que, embora a prescrição se refira à ação, em regra a extinção da ação e do direito são contemporâneos, porque um direito que se não pode valer é ineficaz" (CARVALHO SANTOS, J. M. *Código Civil brasileiro interpretado*. 7. ed. Rio de Janeiro: Freitas Bastos, 1958. v. III, p. 372). "Perda do direito, dissemos, e assim nos alinhamos entre os que consideram que a prescrição implica algo mais do que o perecimento da ação" (PEREIRA, Caio Mário da Silva. *Instituições de direito civil*. 19. ed. Rio de Janeiro: Forense, 2001. v. I, n. 121, p. 435).

[8] O Código Civil de Quebec, em seu art. 2.921, dispõe que "a prescrição extintiva é o meio de extinguir o direito que não tenha sido usado ou de opor a inadmissibilidade de uma ação".

[9] AMORIM FILHO, Agnelo. Critério científico para distinguir a prescrição da decadência e para identificar as ações imprescritíveis. *Revista dos Tribunais*, São Paulo, v. 774, p. 725-750, out. 1997.

O Código de 2002 positivou a teoria de Amorim Filho, pois ligou a prescrição, expressamente, à perda da pretensão, não do direito subjetivo, explicitando que a pretensão atingível pelo decurso do tempo nasce da violação do direito subjetivo (art. 189) e pode extinguir-se sem que o direito subjetivo desapareça (art. 882). Já a decadência aplica-se aos direitos subjetivos cuja própria origem já lhes predetermina o prazo de exercício, e, consequentemente, extinguem-se fatalmente se não exercitados dentro do tempo de duração congênito.

Critica-se, contudo, cientificamente, a classificação legal, ao argumento de basear-se apenas na diferenciação de efeitos e não na essência do fenômeno extintivo, e pelo fato de a própria lei abrir constantemente exceções, colocando sob regime decadencial prazos que, na sistemática geral, teriam de ser tratados como prescricionais, e vice-versa.

Acontece que o legislador tem seus próprios critérios, que são eminentemente práticos e não se subordinam aos ditames da ciência dos doutrinadores. A eles, cabem amoldar suas lições ao direito legislado, e não aos que entendem que deveria ser o melhor tecnicamente. Podem criticar a orientação legal e, *de lege ferenda*, apontar qual seria a melhor forma de normatizar o tema. Não podem, porém, ignorar o direito posto e pretender que prevaleça, na aplicação do ordenamento jurídico, a visão científica do problema.

É que o direito não é ciência exata do ser, mas ciência do que razoavelmente deve ser, segundo a orientação prática e política do legislador. Não gira o direito em torno da verdade, ou não, preexistente, mas apenas da organização de um sistema de comportamento a ser futuramente observado, como condição da boa convivência social. É um fenômeno dinâmico, sempre com os olhos no futuro.

Nosso Código Civil identifica a prescrição, ligando-a, claramente, à pretensão que nasce da violação de um direito subjetivo patrimonial (art. 189) a qual se extingue pelo não exercício dentro de determinado prazo (arts. 205 e 206), sem aniquilar o próprio direito subjetivo (art. 882); e, implicitamente, atribui à decadência a força intrínseca de autoextinguir-se, quando não exercitado o próprio direito subjetivo nascido para valer dentro de certo tempo, de sorte que a extinção definitiva e fatal pelo não exercício em tempo útil ocorre, independentemente de qualquer violação. Daí a conclusão de que a prescrição extingue a pretensão e a decadência fulmina o próprio direito (art. 207). A opção do Código atual se aproxima da posição romana acerca da *actio* e que é a mesma dos atuais direitos alemão, suíço, russo, espanhol, peruano e argentino. Com isso, facilitada restou a configuração dos casos de decadência (art. 207), aos quais se dedicou regulamentação separada (arts. 207 a 211). Foi o que também fez o Código Civil do Peru (de 1984), para o qual, textualmente, "la prescrición extingue la acción pero no el derecho mismo (art. 1.989); enquanto "la caducidad extingue el derecho y la acción correspondiente" (art. 2.003).

Outros ordenamentos adotam diferentes critérios distintivos, ou simplesmente não fazem distinção ontológica entre prescrição e decadência. O problema, entretanto, não se resolve abstratamente, dentro da teoria geral do direito. Cada ordenamento jurídico positivo estabelece o próprio sistema prático do regime da prescrição e da decadência, sendo impossível cogitar de certa ou errada a opção concretizada diferentemente por uma ou outra legislação. No campo do direito positivo, não se investiga a verdade absoluta, mas a realidade da construção normativa estabelecida pelo legislador.

Capítulo II

Da Prescrição

3. A PRESCRIÇÃO COMO EXTINÇÃO DA PRETENSÃO

Art. 189. Violado o direito, nasce para o titular a pretensão, a qual se extingue, pela prescrição, nos prazos a que aludem os arts. 205 e 206. (Código Civil)

Entre as duas grandes propostas de conceituação da prescrição, oferecidas pelo direito comparado – a do direito alemão (extinção da *pretensão* não exercida no prazo legal) e a do direito italiano (extinção do *direito* por falta de exercício pelo titular durante o tempo determinado pela lei) – o Código Civil brasileiro optou pelo primeiro modelo, que assim pode ser explicado:

A prescrição faz extinguir o direito de uma pessoa a exigir de outra uma prestação (ação ou omissão), ou seja, provoca a extinção da pretensão, quando não exercida no prazo definido na lei.

Não é o direito subjetivo descumprido pelo sujeito passivo que a inércia do titular faz desaparecer, mas o direito de exigir em juízo a prestação inadimplida que fica comprometido pela prescrição. O direito subjetivo, embora desguarnecido da pretensão, subsiste, ainda que de maneira débil (porque não amparado pelo direito de forçar o seu cumprimento pelas vias jurisdicionais), tanto que, se o devedor se dispuser a cumpri-lo, o pagamento será válido e eficaz, não autorizando repetição de indébito (art. 882)[1], e se demandado em juízo, o devedor não arguir a prescrição, o juiz não poderá reconhecê-la de ofício. Assim dispunha o art. 194, que foi revogado pela Lei nº 11.280, de 16.02.2006. Sem embargo da supressão de tal previsão legal, continuou sendo faculdade do devedor optar pela conveniência, ou não, de invocar a prescrição, quando demandado pelo credor após o prazo estipulado para a extinção da pretensão, pois depende apenas de sua vontade manter ou dispensar os seus efeitos liberatórios (art. 191) (v., adiante, os comentários ao art. 194).

---

[1] António Menezes Cordeiro, analisando o direito português, afirma que uma diferenciação de efeitos entre a prescrição e a decadência é justamente a impossibilidade de repetição do valor pago espontaneamente: "a prescrição tem, como efeito final, o de converter as obrigações civis em naturais: o beneficiário pode opor-se, por qualquer modo, ao exercício do direito prescrito (304º/1); todavia, se realizar espontaneamente a correspondente prestação, mesmo na ignorância da prescrição, já não a pode repetir (304º/2). Não podemos aplicar estas regras à caducidade" (CORDEIRO, António Manuel da Rocha e Menezes. *Tratado de Direito Civil Português*. Coimbra: Almedina, 2005. t. IV, n. 108, p. 230).

Evitou o Código a linguagem do direito antigo, segundo a qual a prescrição provocaria a perda da *ação*. E o fez para evitar o conflito com os conceitos do direito processual moderno, que emancipara a *ação* de seu vínculo com o direito material da parte e a deslocara para o campo do direito público, em que exerce o papel de direito subjetivo à prestação jurisdicional, qualquer que seja o sentido dado à composição do litígio. Nesse rumo, não mais se pode ver a ação como a reação judicial à violação do direito subjetivo, porquanto até mesmo o autor que afinal não se reconheceu como titular do direito invocado contra o réu, teve *ação*. Na ótica do direito processual, ação é, pois, um direito autônomo e abstrato, que se satisfaz com a prestação jurisdicional (direito à sentença de mérito), não importa em favor de qual dos litigantes. O titular do direito prescrito não perde o direito processual de ação, porque a rejeição de sua demanda, por acolhida da exceção de prescrição, importa uma sentença de mérito (CPC/2015, art. 487, II), e não uma simples decisão terminativa de carência de ação (CPC/2015, art. 485, VI).

Daí que andou corretamente o Código ao prever que a inércia do titular do direito violado, que deixa de fazer atuar a *pretensão* durante o prazo determinado pela lei, provoca a extinção desta, segundo o mecanismo da prescrição.

A *pretensão*, para o art. 189 tem um sentido que se aproxima não da *ação* moderna, mas da antiga *actio* do direito romano. Para evitar dificuldades teóricas, o Código teve o cuidado de dizer o que era a *pretensão* atingível pela força extintiva da prescrição, servindo-se, para tanto, do conceito de Savigny a respeito da *ação em sentido material*, que se contrapõe ao de *ação em sentido processual*:

> A relação aqui descrita nascida da lesão do direito se chama direito de agir ou também ação, quando se refira esta expressão à simples faculdade do ofendido, a qual se manifesta em forma determinada, nesse caso isso significa o fato mesmo do agir, e pois (um pressuposto do processo escrito) é sinônimo de citação ou libelo introdutório. Aqui pode se falar apenas da ação nesse primeiro (substancial) significado da palavra, isto é, do direito de agir: a ação no segundo significado (formal), ou seja, o ato, através do qual se faz valer o direito, com as suas condições e formas, conforme a teoria do procedimento[2].

Anota Moreira Alves, em seu relato na Comissão Revisora do Projeto que se transformou no atual Código Civil, que Pugliese, ao analisar o conceito de *pretensão* (*Anspruch*), moldado por Windscheid, concluiu que nada mais continha do que uma denominação nova para a figura que Savigny tratava como *ação* em *sentido material*. Com efeito, Windscheid concebera, como *Anspruch*, o direito de postular a eliminação da violação de um direito primário, e, portanto, uma figura distinta do direito violado e cuja não satisfação seria a condição da *actio*[3].

---

[2] "*Il rapporto qui descritto nascente della lesione del diritto si chiama diritto ad agire od anche azione, quando si riferisca questa espressione alla semplice facoltà dell'offeso, la quale si manifesta in forma determinata, nel qual caso essa significa il fatto stesso dell'agire e quindi (ne presupposto del processo scritto) è sinonima di citazione o libello introduttivo. Qui può parlarsi soltanto dell'azione in quel primo (sostanziale) significato della parola, cioè del diritto d'agire: l'azione nel secondo significato (formale), ossia l'atto, mercè cui si fa valere il diritto, colle sue condizioni e forme, spetta alla teoria della procedura*" (SAVIGNY, Friedrich Carl von. *Sistema del diritto romano attuale*. Trad. Vittorio Scialoja. Torino: Torinese, 1886. v. 5, § 205, p. 5).

[3] PUGLIESE, Giovanni. *Actio e diritto subiettivo*. Milano: Giuffrè, 1939. n. 43, p. 253 (apud MOREIRA ALVES, José Carlos. *A parte geral do projeto de Código Civil brasileiro*. São Paulo: Saraiva, 1986. p. 151, nota 7).

Capítulo II · DA PRESCRIÇÃO | 7

É, pois, a *actio* em sentido material – direito à prestação que irá reparar o direito violado – que será o objeto da prescrição. Não é nem o *direito subjetivo material* da parte, nem o direito processual de *ação* que a prescrição atinge, é apenas a pretensão de obter a prestação devida por quem a descumpriu (*actio* romana ou ação em sentido material).

Alguns juristas, preocupados em preservar o monopólio da ideia de ação como figura apenas processual, negam a existência de uma ação de direito material, figura que teria sido superada totalmente pelo direito contemporâneo. Consideram, por isso, a figura da *pretensão*, concebida por Windscheid, a partir da ideia romana da *actio* como uma inutilidade tanto no plano do direito material como no processual. Focalizando-a substancialmente, confundir-se-ia com o direito subjetivo; transplantando-a para o direito processual, nada mais seria que uma duplicidade da *ação processual* já largamente trabalhada pelo direito contemporâneo[4].

Desde o direito romano, porém, a noção de *actio* (que equivale à moderna *pretensão*) nada tinha que pudesse confundi-la com a *ação processual*, que veio a ser cunhada no final do século XIX e desenvolvida no século XX. Tinha ação, em Roma, aquele que, perante o *Praetor*, demonstrasse ter o direito de que se afirmava titular. Segundo Scialoja, ter ação (*pretensão*) era ter, portanto, um direito que se podia perseguir em juízo[5]. Não se pensava, então, em sistematizar o direito à jurisdição, mas apenas em qualificar a situação jurídica da parte.

Na ótica romana, lembrada por Scialoja, o direito tinha um estado de inércia e outro de atividade, pressupondo aquele primeiro uma categoria anterior ao momento em que sofre alguma agressão ou ameaça; e o último, a possibilidade de o mesmo direito reagir após ser agredido ou ameaçado. Nessa acepção, ter ação não queria dizer ter direito à jurisdição (como hoje se pensa em direito processual); era simplesmente *ter direito* (no sentido material) a fazer valer[6].

Como ter direito subjetivo nem sempre justificava a *actio*, não se pode pensar que a pretensão se subsumia no direito subjetivo, ou que com ele se confundia. Imagine-se o proprietário de um imóvel, que o desfruta pacificamente, ou o credor que aguarda tranquilamente o vencimento da obrigação. Nada tendo a exigir de outrem, no momento não se pode afirmar que tenham alguma *pretensão* (ou *actio*), muito embora seja inegável a existência de seus direitos subjetivos. Podem alienar seus direitos, sem nunca terem adquirido qualquer pretensão. Se, todavia, o imóvel for invadido ou danificado, ou se a dívida vencida não for paga, verão nascer o *poder de reação* contra o gravame imposto a seu direito subjetivo, que, precisamente, corresponde à pretensão. A inércia do direito subjetivo é substituída pela dinamicidade da pretensão.

---

[4] Assim pensam, entre outros, Elio Fazzalari (FAZZALARI, Elio. *Note in tema di diritto e processo*. Milano: Giuffrè, 1957. p. 13) e Luigi Monaccini (MONACCINI, Luigi. *Azione e leggitimazione*. Milano: Giuffrè, 1951. p. 17) (Cf. SILVA, Ovídio A. Baptista da. Direito material e normativismo jurídico. *Revista Jurídica*, v. 339, p. 30).

[5] SCIALOJA. *El procedimiento civil romano* – ejercicio y defensa de los derechos. Trad. Sentis Melendo e Marino Ayerra Redin. Buenos Aires: EJEA, 1954. p. 96-97; SILVA, Ovídio A. Baptista da. Direito material e normativo jurídico. *Revista Jurídica*, v. 339, p. 24.

[6] SCIALOJA. *El procedimiento civil romano* – ejercicio y defensa de los derechos. Trad. Sentis Melendo e Marino Ayerra Redin. Buenos Aires: EJEA, 1954. p. 101.

Pretensão, portanto, é algo novo no mundo jurídico, algo que não corresponde a todo e qualquer direito, mas apenas àqueles que proporcionam ao titular o poder de, em determinado momento, exigir uma prestação de outrem. Esse poder ("exigibilidade") ocorre no plano do direito material e não se confunde nem com o direito subjetivo, em seu estado de inércia, nem com o direito de ação exercitável para provocar a atuação da jurisdição (direito neutro em relação a ser ou não o autor titular do direito material disputado em juízo).

É a pretensão (e não o direito subjetivo de cuja violação ela se originou) que ficará, como preceitua o art. 189 do Código Civil, sujeita a extinguir-se pelo decurso do tempo no sistema da prescrição[7].

Essa concepção facilita, e muito, a separação das ações que se submetem ao regime da prescrição daquelas que se sujeitam à decadência. Sempre que a parte não tiver *pretensão* a exercer contra o demandado (porque este não tem obrigação de realizar qualquer *prestação* em favor do autor), o caso não será de prescrição, mas de decadência. É o que se passa com as ações constitutivas e declaratórias, porque nas primeiras se exerce um direito potestativo, e nas últimas, apenas se busca a certeza acerca da existência ou inexistência de uma relação jurídica. Vale dizer: em nenhuma delas o autor reclama prestação (ação ou omissão) do réu, não havendo *pretensão* para justificar a prescrição.

Em resumo, para haver prescrição é necessário que:

> *a) exista o direito material da parte a uma prestação a ser cumprida, a seu tempo, por meio de ação ou omissão do devedor;*
>
> *b) ocorra a violação desse direito material por parte do obrigado, configurando o inadimplemento da prestação devida;*
>
> *c) surja, então, a pretensão, como consequência da violação do direito subjetivo, isto é, nasça o poder de exigir a prestação pelas vias judiciais; e, finalmente,*
>
> *d) se verifique a inércia do titular da pretensão em fazê-la exercitar durante o prazo extintivo fixado em lei.*

O art. 189 coloca como ponto de partida para a fluência do prazo de prescrição o *surgimento da pretensão* provocado pela *violação* cometida contra o direito subjetivo do titular de uma obrigação. Já se observou, porém, que a *pretensão*, como poder de exigir uma prestação, pode às vezes ocorrer sem que o devedor tenha, de fato, violado o direito do credor. Por exemplo, nas obrigações cujo pagamento deva ser buscado pelo credor no domicílio do devedor, se mesmo vencida a obrigação, o titular não age para receber o que lhe é devido, não se pode nem mesmo dizer que o obrigado tenha incorrido em

---

[7] Segundo a correta lição de Silvio de Salvo Venosa, "historicamente, a prescrição foi introduzida como forma de tolher a ação. O direito podia sobreviver à ação. A inércia é causa eficiente da prescrição; ela não pode, portanto, ter por objeto imediato o direito. O direito incorpora-se ao patrimônio do indivíduo. Com a prescrição o que perece é o exercício desse direito. É, portanto, contra a inércia da ação que age a prescrição, a fim de restabelecer estabilidade do direito, eliminando um estado de incerteza, perturbador das relações sociais. Por isso, a prescrição só é possível quando existe ação a ser exercida. O direito é atingido pela prescrição por via de consequência, porque, uma vez tornada a ação não exercitável, o direito torna-se inoperante" (VENOSA, Silvio de Salvo. *Código Civil Interpretado*. 2. ed. São Paulo: Atlas, 2011. p. 214).

mora solvendi. Mesmo assim, desde o vencimento, a dívida terá se tornado *exigível* e, portanto, terá surgido a *pretensão*, sem que concretamente tivesse o devedor cometido uma violação ao direito do credor.

O problema, em situação como essa, se resolve mediante uma compreensão objetiva, que enfoque a "violação do direito", a que se reporta o art. 189, no sentido de "insatisfação do direito", sem se indagar da razão pela qual o adimplemento ainda não ocorreu. Qualquer que seja a circunstância, se a dívida vencida permanece sem resgate, deve-se ter o respectivo direito como *violado*, para efeitos prescricionais. A prescrição não se inspira na culpa, nem na má-fé. É figura puramente objetiva, formada à base do decurso do tempo e da inércia do credor, diante de uma pretensão já nascida. Não importa, pois, se o devedor teve ou não culpa pelo não pagamento da obrigação. A prescrição fluirá porque a obrigação é exigível e o credor permanece inerte no exercício da pretensão já nascida.

4. VISÃO HISTÓRICA

Não foi no direito romano primitivo ou clássico que se concebeu o instituto da prescrição extintiva ou liberatória. No tempo das *legis actiones*, a regra era a perpetuidade das ações e mesmo no período formulário, o fenômeno foi apenas percebido esporadicamente sem, entretanto, passar por uma elaboração sistemática, jurisprudencial ou legislativa.

A prescrição, tal como vigora nos direitos positivos modernos, deita suas raízes no direito romano pós-clássico e justinianeu, "quando a exigência de certeza nas relações jurídicas se torna essencial na vida negocial, e então se faz exprimir na legislação imperial"[8].

Registra-se que apenas a partir dos tempos de Teodósio II, foram introduzidos, na via legislativa, limites temporais para o exercício dos direitos em juízo[9].

No direito romano, é interessante ressaltar, as limitações temporais não se referiam diretamente aos direitos, mas diziam respeito à possibilidade de fazê-los atuar em juízo, por meio de determinado remédio, fosse ele uma ação, uma exceção ou um interdito[10].

Ultrapassado o termo previsto, o réu podia paralisar a demanda do autor mediante uma exceção, cuja eficácia se manifestava apenas no plano processual, pois se, mesmo após a prescrição, o pagamento da dívida viesse a ocorrer era havido como perfeitamente válido e não autorizava o exercício de restitutória[11].

O instituto da decadência nunca chegou a ser trabalhado no direito romano, e só no século XIX é que o direito moderno elaborou suas bases[12].

Essa visão da prescrição, construída em Roma, passou pela Idade Média e, pelo direito intermédio, em toda a Europa, e chegou à Inglaterra, no século XVII, onde perdura até hoje, como restrição aplicável ao exercício de direito em juízo e não como causa de

---

[8]   CIMMA, Maria Rosa. Prescrizione e decadenza nel diritto romano e intermedio. In: *Digesto delle discipline privatistiche*. Torino: UTET, 1996. v. XIV, p. 253.

[9]   AMELOTTI, Mario. *La prescrizioni delle azioni in diritto romano*. Milano: Giuffrè, 1958. p. 4.

[10]   CIMMA, Maria Rosa. Prescrizione e decadenza nel diritto romano e intermedio. In: *Digesto delle discipline privatistiche*. 4. ed. Torino: UTET, 1996. v. XIV, p. 253.

[11]   GALLO, Paolo. *Prescrizione e decadenza in diritto comparato. Digesto delle discipline privatistiche*. Torino: UTET, 1996. v. XV, p. 248.

[12]   GALLO, Paolo. *Prescrizione e decadenza in diritto comparato. Digesto delle discipline privatistiche*. Torino: UTET, 1996. v. XV, p. 248.

extinção propriamente dele. Segundo a lei inglesa, tal como já dispunha o direito romano, o direito subjetivo, ainda depois de verificada a prescrição, poderá ser eventualmente atuado em juízo por meio de outro remédio processual que não aquele afetado pelo efeito prescricional, ou por via de exceção quando se oferecer oportunidade. E, ainda, se se der o pagamento depois da prescrição, não será tratado como uma espécie de doação, mas como um normal adimplemento de uma obrigação[13].

O tratamento da prescrição como fenômeno de efeito predominantemente processual e não causa direta de extinção do direito material da parte chegou aos Códigos do século XIX (Código Napoleão, art. 2.105), entrando no século XX prestigiado pelos Códigos da Alemanha (art. 194) e da Suíça (art. 127).

O tema, que até então era palco de debates que não chegavam a abalar profundamente a teoria romana, complicou-se depois que o Código italiano abandonou a tese de que a prescrição era a perda da ação, pelo decurso do tempo, para declarar, textualmente, em seu art. 2.934, que são os próprios direitos que se extinguem, na espécie.

Essa nova postura do direito positivo italiano estimulou a doutrina local a abandonar maciçamente as tradições enraizadas a partir de Roma[14] e teve reflexos também na literatura francesa[15].

A tomada de posição do legislador italiano, todavia, não eliminou o debate na própria Itália, embora a grande maioria da doutrina tenha se contentado com a orientação do art. 2.934 de seu atual Código Civil. É que mesmo tendo a prescrição como causa de extinção do direito material da parte inerte, essa modalidade extintiva operaria de maneira diferente das autênticas extinções previstas na disciplina geral porque seus efeitos dependem de exceção do devedor, não podem ser reconhecidos pelo juiz de ofício, podem ser elididos por renúncia do devedor e não impedem os efeitos amplos do pagamento, quando este é voluntariamente efetuado pelo devedor depois de já consumado o prazo prescricional.

Daí existir obra posterior ao Código Civil que, malgrado a literalidade de sua disposição, ainda defende a tese clássica de que a prescrição, como exceção processual, apenas extingue a ação e não o direito material do credor[16]. O argumento é que a norma legal

---

[13] GALLO, Paolo. *Prescrizione e decadenza in diritto comparato. Digesto delle discipline privatistiche.* Torino: UTET, 1996. v. XV, p. 248-249.

[14] "*La vecchia questione se la prescrizione estingua il diritto o l'azione (che – com'è noto – si distingue dal diritto soggettivo sostanziale) è stata risolta testualmente dal legislatore nel primo senso: l'art. 2.934 cod. civ., infatti, dice che ogni diritto si estingue per prescrizione*" (TORRENTE, Andrea; SCHLESINGER, Piero. *Manuale di diritto privato.* 16. ed. Milano: Giuffrè, 1999. § 83, p. 14.209. No mesmo sentido: GALGANO, Francesco. *Diritto privato.* 10. ed. Padova: CEDAM, 1999. n. 53.1, p. 907; RUGGIERO, Roberto de. *Instituições de direito civil.* Trad. Ary dos Santos. São Paulo: Saraiva, 1957. v. I, § 34º, p. 355; TRABUCCHI, Alberto. *Istituzioni di diritto civile.* 38. ed. Padova: CEDAM, 1998. n. 60, p. 121).

[15] CARBONNIER, Jean. *Droit civil – les obligations.* Paris: Presse Universitaires de France, 1982. p. 578; MALAURIE, Philippe; AYNES, Laurent. *Droit civil. Les obligations.* Paris: Cujas, 1985. p. 484; STARCK, Boris. *Droit civil. Les obligations.* Paris: Litec, 1989. p. 123 (todos apud GALLO, Paolo. *Prescrizione e decadenza in diritto comparato. Digesto delle discipline privatistiche.* Torino: UTET, 1996. v. XV, p. 250, nota 10).

[16] PANZA, Giuseppe. *Contributo allo studio della prescrizione.* Napoli: Editore Jovene, 1984. A tese mereceu acolhida de GAZZONI, Francesco. *Manuale di diritto privato.* Napoli: Edizioni Scientifiche Italiane, 1987. p. 1.142 e de BARBERO, Domenico. *Il sistema del diritto privato,* a cura di Lisere e Floridia. Torino: UTET, 1988. p. 157. Ambos aderiram à teoria da prescrição da ação e não do direito (PANZA, Giuseppe. Prescrizione. In: *Digesto delle discipline privatistiche.* Torino: UTET, 1996, v. XIV, p. 227, nota 2).

não pode ter a força de definição cabal da figura jurídica, em face da própria sistemática que adota para discipliná-la. Em casos como este, "a natureza estritamente teórica do problema exclui a validade de uma solução legislativa"[17].

Com efeito, a lei não tem força, no tratar as categorias jurídicas, de contrariar a natureza das coisas. A palavra final não é a do legislador, mas a da ciência do direito.

O Código brasileiro de 2002, conhecendo a divergência entre o direito alemão e o italiano, preferiu seguir a tradição romanística consagrada pelo B.G.B., para considerar a prescrição como causa de extinção da *pretensão* (*actio,* no sentido romano de *ação de direito material*) e não do direito subjetivo material[18]. Tanto o direito não é atingido pela prescrição, que o pagamento de dívida prescrita é válido, não se admitindo a repetição (art. 882)[19].

5. NÃO É O DIREITO QUE PRESCREVE

Prevê o art. 189 que, violado o direito, surge a pretensão, que se extinguirá quando não exercitada no prazo fixado pela lei. Nisso consiste a prescrição: perda ou extinção da *pretensão* (poder de reagir contra a violação do direito) e não na extinção do próprio direito subjetivo[20].

Os que veem a prescrição como causa de extinção do direito material, argumentam que não pode ser havido como direito o interesse desprovido de tutela estatal (ação)[21]. Acontece que a simples consumação do prazo prescricional não priva, de imediato e de todo, o interesse do credor da tutela jurisdicional. O efeito extintivo não opera *ipso iure,* pela mera ultrapassagem do termo fixado na lei. Para que a pretensão do credor seja paralisada é indispensável que o devedor, quando demandado, argua a prescrição como meio de defesa (art. 193). O que esta na verdade gera é uma *exceção,* que o devedor usará, ou não,

---

[17] PANZA, Giuseppe. Prescrizione. In: *Digesto delle discipline privatistiche.* Torino: UTET, 1996, v. XIV, p. 227.

[18] Na mesma linha dispõe o novo Código Civil do Peru: "*La prescrpición extingue la acción pero no el derecho mismo*" (art. 1.989). Também os Códigos Civis espanhol "las acciones prescriben por el mero lapso del tiempo fijado por la ley" (art. 1.961) e russo "o prazo de prescrição da ação é o prazo durante o qual pode agir a pessoa cujo direito seja violado, para defendê-lo" (art. 195).

[19] Da mesma forma, ressalta Sílvio de Salvo Venosa, "os títulos de crédito, prescritos, se não autorizam a ação executiva, sobrevivem à prescrição, pois podem ser cobrados por ação ordinária de enriquecimento sem causa, o que demonstra que o direito, na verdade, não se extingue" (VENOSA, Sílvio de Salvo. *Código Civil Interpretado,* 2. ed. São Paulo: Atlas, 2011. p. 214).

[20] Na verdade, a lei faz uma redução ou simplificação do fenômeno. A prescrição, em si, mesmo depois de consumada, não extingue de imediato a pretensão. Apenas faculta ao devedor usá-la para, por meio de defesa (exceção), provocar a neutralização da pretensão, exercitada pelo credor. O que inibe a pretensão, de tal sorte, é a *exceção de prescrição* e não propriamente a prescrição. Mesmo depois que o direito brasileiro passou a permitir que o juiz pronuncie *ex officio* a prescrição, subsiste o direito do devedor de ignorá-la e de impedir que a declaração de ofício aconteça. Basta que proceda ao pagamento voluntário do débito ou que declare a renúncia aos efeitos da prescrição já consumada. Assim, seus efeitos não ocorrem, antes que o juiz os decrete, de forma adequada.

[21] "Com a maioria sustentamos nós que o efeito extintivo (da prescrição) se dá sobre o próprio direito; com a ação prescrevem ao mesmo tempo o próprio direito, e isto não porque se confunda direito substancial com ação (conceitos e momentos diversos), mas sim porque, sendo a tutela judiciária um caráter imanente e essencial do direito, perdida a tutela, também com ela se perdeu o direito" (RUGGIERO. *Instituições de direito civil.* Trad. Ary dos Santos. São Paulo: Saraiva, 1957. v. I, § 34º, p. 355).

segundo suas conveniências. Assiste-lhe o direito de renunciar à prescrição (art. 191) e de simplesmente não a alegar, o que inviabiliza o seu conhecimento pelo juiz, de ofício, mesmo depois que a Lei nº 11.280/2006 revogou o art. 194. Em última análise, o que irá bloquear a ação exercida pelo titular do direito, será a *exceção* e não diretamente a *prescrição,* já que esta, sem aquela, nenhum efeito terá sobre a pretensão deduzida em juízo[22].

Nessa ordem de ideias não é, de fato, correto afirmar-se que a prescrição provoca a extinção do direito do credor. Em realidade, consiste ela na abertura de uma faculdade que a lei faz ao devedor para poder este, amparado no transcurso do tempo, negar-se a cumprir a prestação devida, que só veio a ser reclamada depois de ultrapassado o prazo da prescrição[23]. Assim, embora não desapareça o direito pelo decurso do tempo e pela inatividade do credor, a ordem jurídica o deixa sob a boa vontade do sujeito passivo, "retirando do titular o poder de *impô-lo* ao inadimplente"[24].

A perda do poder de imposição do direito, se o devedor se opuser a cumpri-lo, embora o debilite profundamente, não equivale necessariamente à sua extinção. Esse quadro é o que melhor se harmoniza, segundo Albaladejo, não só com a consciência social, como com a sistemática operacional que a própria lei adota para a prescrição.

Com efeito, a consciência social não costuma aceitar que o direito desapareça apenas pelo passar do tempo e, ao contrário, censura o devedor que se ampara na prescrição como única justificativa para não pagar o que deve[25].

No plano da sistemática do direito positivo, a debilitação, e não a extinção do direito, é a única explicação aceitável para a postura legal que assegura a renunciabilidade da prescrição pelo devedor, e, consequentemente, a impossibilidade de o juiz conhecer, de ofício, a matéria[26], ou, pelo menos, de decretá-la de ofício, sem antes ouvir as partes interessadas (CPC/2015, art. 487, parágrafo único).

---

[22] A prescrição "só releva se for invocada pela parte interessada. O juiz não pode declarar *ex officio* a prescrição, mesmo que tenha num processo elementos para isso. É necessário, pois que o réu manifeste a sua vontade de se valer da prescrição" (ANDRADE, Manuel A. Domingues de. *Teoria geral da relação jurídica.* 8. reimpr., Coimbra: Almedina, 1998. v. II, n. 210, p. 454). Mesmo tendo o direito processual brasileiro permitido a declaração da prescrição, de ofício, pelo juiz (CPC/2015, arts. 332, § 1º e 487, II), não poderá fazê-lo senão depois de ouvir as partes (CPC/2015, art. 487, parágrafo único), hipótese em que o devedor impedirá a declaração judicial, se manifestar o propósito de abrir mão dos efeitos extintivos da prescrição no plano do direito substancial (CC, art. 191).

[23] Nesse sentido, o entendimento de parte da doutrina italiana, sem embargo de a respectiva legislação dispor expressamente que a prescrição extingue o direito: "a prescrição não extingue o direito, mas apenas confere ao devedor legitimidade para recusar a prestação, por meio de uma exceção específica. Segue-se, evidentemente, que, se o réu não suscitar tal exceção, o autor fará valer sua pretensão, apesar de expirado o prazo prescricional" [tradução livre do trecho: "la prescrizione non estingue il diritto ma fa solo sorgere, in capo al debitore, la legittimazione a rifiutare la prestazione sollevando apposita eccezione. Ne deriva, evidentemente, che, se il convenuto non solleva tale eccezione, la pretesa dell'attore può essere fatta valere con successo nonostante il compimento della prescrizione"]. (TESCARO, Mauro. L'auspicabile ammodernamento del diritto dela prescrizione italiano ala luce del confronto con altre esperienze e specialmente con quella tedesca a venti anni dalla Schuldrechtsmodernisierung. No prelo).

[24] ALBALADEJO, Manuel. *Derecho civil I* – Introducción y parte general. 14. ed. Barcelona: Bosch, 1996. t. I, v. II, § 107, p. 468.

[25] ALBALADEJO, Manuel. *Derecho civil I* – Introducción y parte general. 14. ed. Barcelona: Bosch, 1996. t. I, v. II, § 107, p. 469.

[26] ALBALADEJO, Manuel. *Derecho civil I* – Introducción y parte general. 14. ed. Barcelona: Bosch, 1996. t. I, v. II, § 107, p. 469.

A tese da extinção do direito como efeito da prescrição não consegue explicar, de maneira convincente, como extinto um direito, ainda possa o devedor renunciar ao efeito já operado fazendo, só com seu ato unilateral, reviver uma relação jurídica bilateral, sem nenhuma aquiescência do credor. E muito menos justifica, racionalmente, como o juiz, diante do silêncio do devedor, deva acolher a pretensão do credor, não obstante esteja sua demanda fundada em direito extinto pela prescrição. A ter-se como correta a tese da extinção do direito submetido à prescrição, estar-se-ia diante de uma profunda desarmonia dentro do sistema do direito positivo no campo obrigacional, e ter-se-ia de admitir uma verdadeira ruptura entre o processo e a realidade substancial[27]. A sentença tutelaria, contra a evidência, um direito extinto, só porque o devedor se omitiu.

A tentativa de contornar essa desarmonia evidente é feita pela atribuição de um suposto efeito constitutivo à exceção de prescrição. O efeito prescricional seria obtido não pelo decurso do prazo legal, mas por via da exceção. Entretanto, a incongruência entre a tese e a lei é inegável: como explicar que o devedor só possa renunciar à prescrição depois que esta já estiver consumada (art. 191)? Teria o devedor que primeiro propor a exceção para depois renunciar à prescrição? Isto seria um contrassenso, e nada há na lei que o imponha. Ao contrário, o que se deduz do sistema de direito positivo é que a prescrição se consuma no momento em que se completa o lapso fixado na lei. Desde então, o devedor está autorizado a usar a exceção competente, caso o credor venha a ajuizar a ação para fazer valer sua pretensão. Desde o momento, pois, do termo final do prazo, a prescrição está consumada e, por isso, pode ser renunciada, expressa ou tacitamente, pelo devedor, independentemente de estar, ou não, ajuizada a causa.

Se, como adverte Panza, fosse a exceção que consumasse a prescrição e lhe desse a eficácia extintiva do direito do credor, a renúncia só seria, de fato, admissível depois de excepcionada em juízo, porque a lei só permite renúncia à prescrição consumada. Ora, se isto fosse verdadeiro, "não se compreende, pois, como a renúncia possa resultar de um fato incompatível com a vontade de se valer da prescrição"[28] (Código italiano, art. 2.937, 2º e 3º co.; Código brasileiro, art. 191).

Em conclusão: a violação de um direito subjetivo gera, para o respectivo titular, a pretensão, que se define como o poder ou a faculdade de exigir de alguém uma prestação (ação ou omissão)[29]. A pretensão sujeita-se a um prazo legal de exercício, que findo sem que o credor a tenha feito valer em juízo, provocará a prescrição.

A prescrição, porém, não extingue o direito subjetivo material da parte credora. Cria apenas para o devedor uma *exceção* que, se for usada no processo de realização da pretensão do credor, acarretará a inibição desta.

Se não exercitada a exceção, o direito do credor será tutelado normalmente em juízo, sem embargo de consumada a prescrição. E mesmo depois de a exceção ter sido

---

[27] PANZA, Giuseppe. Prescrizione. In: *Digesto delle discipline privatistiche*. Torino: UTET, 1996. v. XIV, p. 229.

[28] *"Non si compreende poi come la renunzia possa risultare anche da un fatto incompatibile con la volontà di valersi della prescrizione"* (PANZA Giuseppe. Prescrizione. In: *Digesto delle discipline privatistiche*. Torino: UTET, 1996. v. XIV, p. 220).

[29] PRIETO, F. Pantaleón. Prescripción. In: *Enciclopedia jurídica básica*. Madrid: Editorial Civitas, 1995. v. III, p. 5.008.

acolhida, se o devedor efetuar o pagamento da prestação devida, ou renunciar aos efeitos da prescrição já operada, tudo se passará como se o direito do credor jamais tivesse sido afetado pelo efeito prescricional.

O efeito da prescrição, dessa maneira, é uma exceção que, quando exercida, neutraliza a pretensão, sem, entretanto, extinguir propriamente o direito subjetivo material do credor[30].

6. FUNDAMENTO DA PRESCRIÇÃO

Muitos são os argumentos que a doutrina usa para justificar o instituto da prescrição. Acima de tudo, no entanto, há unanimidade quanto à inconveniência social que representa a litigiosidade perpétua em torno das relações jurídicas. Há, sem dúvida, um anseio geral de segurança no tráfico jurídico, que não seria alcançada se, por mais remota que fosse a causa de uma obrigação, pudesse sempre questionar-se sua existência, sua solução ou seu inadimplemento[31].

Pondo fim à controvérsia sobre uma situação jurídica antiga e já consolidada pelo tempo, é opinião tranquila que a prescrição atende à satisfação de superior e geral interesse à certeza e à segurança no meio social e, assim, se coloca entre os institutos de ordem pública[32]. Essa circunstância é confirmada pelas disposições legais que consideram inderrogáveis os prazos prescricionais por acordo entre as partes (art. 192) e proíbem a renúncia aos efeitos da prescrição enquanto não consumada (art. 191).

Continua sempre atual o ensinamento de Savigny no sentido de que o fundamento principal da prescrição é a necessidade de serem fixadas as relações incertas, suscetíveis de dúvidas e controvérsias, encerrando-se, após determinado lapso de tempo, a incerteza acaso suscitável sobre a qual não se provocara até então o acertamento judicial[33].

---

[30] A rigor, a prescrição não extingue o *direito*, nem mesmo a *pretensão*, visto que o juiz não pode acolhê-la se o devedor não manejar a respectiva exceção, regra que subsiste, pela lógica do sistema do direito material, mesmo depois de a Lei nº 11.280/2006 ter revogado o art. 194 do Código Civil. Logo, o que se cria com a prescrição é, na verdade, uma defesa para o devedor, que se manejada inviabilizará a pretensão. Dessa maneira, "a prescrição não subtrai arma alguma ao credor: cinge-se a fornecer ao devedor um escudo, do qual se poderá servir-se ou não, a seu talante" (BARBOSA MOREIRA, José Carlos. O novo Código Civil e o direito processual. *Revista Forense*, v. 364, p. 186).

[31] "O adquirente de imóvel precisa ter essa aquisição estabilizada e não pode ficar sujeito indefinidamente a eventual ação de reivindicação. Esse mesmo adquirente, ao efetuar o negócio, deve certificar-se de que a propriedade adquirida efetivamente pertence ao alienante e que, no prazo determinado pela lei, esse bem não tenha sofrido turbação. Não fosse assim, o adquirente nunca poderia ter certeza de estar adquirindo bem livre e desembaraçado, porque teria de investigar retroativamente, por tempos imemoriais, as vicissitudes do bem que adquiriu. Não fosse o tempo determinado para o exercício dos direitos, toda pessoa teria de guardar indefinidamente todos os documentos dos negócios realizados em sua vida, bem como das gerações anteriores" (VENOSA, Sílvio de Salvo. *Código Civil Interpretado*. 2. ed. São Paulo: Atlas, 2011. p. 212-213).

[32] Segundo Yussef Said Cahali, a prescrição é, hoje, "um instituto tranquila e universalmente aceito *pro bono publico*". Continua, o autor, esclarecendo que "há certo consenso no sentido de explicá-la por interesses de ordem social: a segurança do comércio jurídico recomenda a consolidação das situações jurídicas pelo decurso do tempo; e pela necessidade de procurar uma prova de liberação de um devedor que pagou, mas não recebeu a quitação ou a perdeu" (CAHALI, Yussef Said. *Prescrição e decadência*. São Paulo: RT, 2008. p. 18).

[33] SAVIGNY, Federico Carlo di. *Sistema del diritto romano attuale*. Trad. Vittorio Scialoja. Torino: UTET, 1893. v. V, § 237, p. 309; GOMES, Orlando. *Introdução ao direito civil*. 18. ed. Atualização e notas de Humberto Theodoro Júnior. Rio de Janeiro: Forense, 2002, n. 294, p. 497.

Vários outros motivos são invocados entre os doutos para justificar a prescrição como:

> *a) a renúncia ou o abandono presumido do direito pelo titular que não o exercita no prazo fixado por lei; ou a sanção à negligência dele em fazê-lo atuar no aludido prazo*[34]; *b) a necessidade de proteger os obrigados, especialmente os devedores, contra as dificuldades de prova a que se exporiam caso o devedor pudesse exigir em data muito distante do negócio a prestação que, acaso já até tivesse recebido; com efeito, não é curial que as pessoas guardem indefinidamente os comprovantes dos pagamentos feitos e, assim, até mesmo as obrigações adimplidas poderiam não ter como ser comprovadas, se o interessado não fosse protegido pela prescrição*[35].

A propósito, a própria lei autoriza expressamente a eliminação dos documentos armazenados em meio eletrônico, óptico ou equivalente, após decorridos os respectivos prazos de decadência ou de prescrição (Lei nº 12.682/2012, art. 2º-A, § 3º, incluído pela Lei de Liberdade Econômica – Lei nº 13.874/2019).

A rigor, o legislador, quando impõe, como de ordem pública, a disciplina básica da prescrição, não atenta para estas particularidades éticas. O próprio instituto em sua essência não se compromete com o justo, mas com questões práticas de conveniência e oportunidade[36].

É precisamente por isto que a lei não impõe às partes a automática extinção dos direitos pela simples consumação da prescrição, mas apenas *faculta* ao devedor a possibilidade de negar-se a satisfazer a pretensão do credor que deixou transcorrer *in albis* o prazo legalmente previsto. Do ponto de vista ético, não seria justo protegê-lo *ipso iure,* sem deixar-lhe a oportunidade de decidir sobre a conveniência, ou não, de prevalecer da defesa derivada da prescrição.

O direito, por isso mesmo, com a prescrição, apenas facilita uma arma de defesa, cujo emprego dependerá, em última instância, da discrição do devedor. Moralmente, não

---

[34] ALBALADEJO, Manuel. *Derecho civil I* – Introducción y parte general. 14. ed. Barcelona: Bosch, 1996. t. I, v. II. p. 470; ANDRADE, Manuel A. Domingues de. *Teoria geral da relação jurídica.* 8. reimpr. Coimbra: Almedina, 1998. v. II. n. 206, p. 445-446. "A presunção de que quem descura do exercício do próprio direito não tinha vontade de conservá-lo" (CAHALI, Yussef Said. *Prescrição decadência.* São Paulo. RT, 2008. p. 19).

[35] ANDRADE, Manuel A. Domingues de. *Teoria geral da relação jurídica.* 8. reimpr. Coimbra: Almedina, 1998. v. II. p. 445-446. VENOSA, Silvio de Salvo. *Código Civil Interpretado.* 2. ed. São Paulo: Atlas, 2011. p. 212. Nesse sentido, a lição de Mauro Tescaro: "Ambos os perfis de interesse público na prescrição correspondem, no entanto, a um interesse privado, o do devedor (ou, mais genericamente, do sujeito que se beneficiaria da prescrição) a não enfrentar um litígio sobre fatos em relação aos quais, com o passar do tempo, perdeu os meios de prova" (tradução livre do trecho: "A entrambi questi profili di interesse pubblico alla prescrizione corrisponde, comunque, un interesse privato, quello del debitore (o, più in generale, del soggetto che si avvantaggerebbe della prescrizione) a non affrontare una controversia su fatti in relazione ai quali, a causa del tempo passato, ha perso i mezzi di prova" (TESCARO, Mauro. L'auspicabile ammodernamento del diritto dela prescrizione italiano alla luce del confronto con altre esperienze e specialmente con quella tedesca a venti anni dalla Schuldrechtsmodernisierung) (No prelo.).

[36] Mesmo como simples meio de defesa facultado ao devedor, a prescrição é olhada, no ponto de vista moral, com certo desfavor. Os antigos qualificavam-na como *impium remedium* ou *impium praesidium* (ANDRADE, Manuel A. Domingues de. *Teoria geral da relação jurídica.* 8. reimpr. Coimbra: Almedina, 1998. v. II. p. 446, nota 1).

deve usá-la quem verdadeiramente se considera devedor do que lhe é reclamado; mas, em terreno de segurança jurídica, é preferível correr o risco de que alguém a use injustamente a deixar a sociedade exposta a todas as pretensões velhas, de cuja legitimidade ou ilegitimidade é difícil estar seguro em razão do longo tempo transcorrido[37].

Daí por que, apartando-se dos aspectos éticos que o direito não pode controlar por inteiro, o fundamento principal, senão único, para sustentar o instituto da prescrição é, mesmo, o da segurança das relações jurídicas, cuja estabilidade se recomenda ainda quando não se ajuste com rigor e por inteiro ao ideal de justiça.

No fenômeno prescricional, na verdade se confrontam dois imperativos caros ao direito: o anseio de segurança nas relações jurídicas e a busca da justiça. Quando se reconhece a *pretensão* – força de coagir o violador do direito a realizar a prestação a que faz jus o titular do direito violado – atua-se em nome da justiça. A busca eterna da justiça, porém, longe de realizar a plenitude da paz social, gera intranquilidade e incerteza, no tráfico jurídico que urge coibir. É preciso, por isso, estabelecer um modo harmônico de convivência entre os dois valores em choque. Isto a lei faz da seguinte maneira: estipula um prazo considerado suficiente para que a pretensão seja exercida, de maneira satisfatória, conferindo-lhe todo amparo do poder estatal e, com isso, atende aos desígnios de justiça. Além do termo desse prazo, se o credor não cuidou de fazer valer a pretensão, dando ensejo a supor renúncia ou abandono do direito, negligência em defendê-lo, ou até mesmo presunção de pagamento, a preocupação da lei volta-se, já então, para os imperativos de segurança e as exigências da ordem e da paz sociais, que passam a prevalecer sobre a justiça e os direitos individuais.

Nessa altura, ainda que se corra o risco de cometer alguma injustiça (o que nem sempre acontecerá), a obra da prescrição consistirá, basicamente, em consolidar situações de fato que tenham perdurado por longo tempo e que, em nome da segurança e da paz social, devem se tornar definitivas[38].

Nessa perspectiva entende Santoro-Passarelli que a prescrição, mais do que a certeza das relações jurídicas, tende a realizar a adequação da situação de direito à situação de fato[39].

7. PRESCRITIBILIDADE E IMPRESCRITIBILIDADE

I – Introdução

Porque a *segurança jurídica* é erigida constitucionalmente à categoria de *valor supremo* agasalhado pelo Estado Democrático de Direito (Preâmbulo da CF de 1988) e sua garantia constitui um dos direitos fundamentais proclamados pelo art. 5º, *caput*, de nossa Carta Magna, não se pode pensar em pretensões ou direitos imprescritíveis,[40] a não ser

---

[37] ALBALADEJO, Manuel. *Derecho civil I* – Introducción y parte general. 14. ed. Barcelona: Bosch, 1996. t. I, v. II, § 107, p. 471.

[38] TERRÉ, François; SIMLER, Philippe; LEQUETTE, Yves. *Droit civil* – les obligations. 6. ed. Paris: Dalloz, 1996. p. 1.090; WITZ, Claude. *Droit privé allemand*. Paris: LITEC, 1992. n. 668, p. 530.

[39] SANTORO-PASSARELLI, Francesco. *Doctrinas generales del derecho civil*. Trad. A. Luna Serrano. Madrid: Revista de Derecho Privado, 1964. n. 24, p. 125.

[40] "O ordenamento jurídico brasileiro não autoriza o estabelecimento de uma categoria de pretensões imprescritíveis, pelo contrário, a proscreve ao ascender a segurança jurídica a direito fundamental, art. 5º, CR" (NAPOLEÃO, Patrícia de Santana. *Prescrição e decadência: em busca do gênero perdido* (tese de

mediante expressa e excepcionalíssima previsão da Constituição ou da lei, justificada pela irrecusável necessidade de tutelar preferencialmente outro valor ou princípio também constitucional, eventualmente colocado em posição privilegiada apta a sobrepor-se à garantia geral de segurança jurídica.

A assertiva, em princípio, vale tanto para as pretensões condenatórias quanto para as constitutivas ou declaratórias, tanto para os prazos prescricionais quanto para os decadenciais, uma vez que o Código Civil, em norma geral, permite, atualmente, a decretação *ex officio* pelo juiz, tanto da prescrição quanto da decadência legalmente estabelecida, e esta, na verdade, só se afasta do regime da prescrição no que toca às causas de interrupção e suspensão, e, assim mesmo, em parte, pois o afastamento não prevalece nos casos de incapazes (CC, art. 208).

II – Faculdades jurídicas não prescrevem isoladamente

Sujeitam-se à prescrição as pretensões (faculdade ou poder de exigir prestações de outrem) provindas de quaisquer classes de direitos, sejam reais ou pessoais, nascidas de relações jurídico-familiares ou jurídico-sucessórias, digam respeito a qualquer pessoa, física ou jurídica, privada ou pública[41]. Este o princípio geral. A prescritibilidade é a regra, mas admite exceções. Embora sejam verdadeiras pretensões, não prescrevem as de partilhar a herança (art. 2.013), a de dividir a coisa comum (art. 1.320), a de demarcar os imóveis limítrofes (art. 1.297), e a de meação sobre os muros divisórios (art. 1.297, § 1º). Aliás, todas essas pretensões decorrem do direito de propriedade, direito que não se extingue pelo não uso e que, por isso, é protegido por uma ação real imprescritível, a *ação reivindicatória* (art. 1.228). O direito de propriedade pode extinguir-se pela usucapião (prescrição aquisitiva), mas não pelo simples não uso, já que este também pode ser visto como "uma expressão da liberdade reconhecida do proprietário"[42]. Se pudesse ocorrer a prescrição da ação reivindicatória antes da usucapião, o domínio ficaria totalmente anulado para o proprietário. É por isso que se considera insuscetível de prescrição a ação que tutela o domínio: se ainda não se completou a usucapião, "a propriedade continua a pertencer ao proprietário (a coisa não se converte em *res nullius*)"[43]. Logo, não se admite deixar o dono sem o remédio judicial para proteger e garantir seu direito real, enquanto subsistente.

III – Direitos indisponíveis

Por pressupor a prescrição uma forma de abandono ou renúncia por parte do titular, não se sujeitam à prescrição as pretensões decorrentes de direitos indisponíveis, sobre os

---

mestrado). Belo Horizonte: Faculdade de Direito da UFMG, 2007, p. 99). Excepcionalíssimos são os raros casos que a lei, por razões da natureza de certos direitos materiais absolutos e indisponíveis, como os direitos da personalidade, qualifica como insuscetíveis de prescrição. Assim, mesmo a imprescritibilidade se relaciona com a essência do direito, e não com seus eventuais reflexos econômicos. Portanto, se são imprescritíveis as ações de estado, como as de reconhecimento da paternidade, não o são a ação de petição de herança e a ação de reclamar alimentos vencidos.

[41] "A prescrição corre em favor ou desfavor de todos, até mesmo o Estado, sob as ressalvas expressas da lei" (Código Civil de Quebec, art. 2.877).

[42] TORRENTE, Andrea; SCHLESINGER, Piero. *Manuale di diritto privato*. 16. ed. Milano: Giuffrè, 1999, § 83, p. 141.

[43] PRIETO, F. Pantaleón. Prescripción. In: *Enciclopedia Jurídica Básica*. Madrid: Editorial Civitas, 1995. v. III. p. 5.009.

quais o titular não pode praticar nenhum ato de disposição, transferência ou renúncia, como se dá com os direitos da personalidade, direito de estado e, em geral, com os direitos derivados das relações de família[44].

Nesse sentido, a jurisprudência do STJ:

> Firmou-se no Superior Tribunal de Justiça o entendimento de que, por se cuidar de ação de estado, é imprescritível a demanda negatória de paternidade, consoante a extensão, por simetria, do princípio contido no art. 27 da Lei nº 8.069/1990, não mais prevalecendo o lapso previsto no art. 178, § 2º, do antigo Código Civil, também agora superado pelo art. 1.601 da novel lei substantiva civil[45].

O STF, em repercussão geral (Tema 944), já decidiu que "os atos ilícitos praticados por Estados estrangeiros em violação a direitos humanos não gozam de imunidade de jurisdição". Isto porque, "diante da prescrição constitucional que confere prevalência aos direitos humanos como princípio que rege o Estado brasileiro nas suas relações internacionais (art. 4º, II), devem prevalecer os direitos humanos – à vida, à verdade e ao acesso à justiça", afastando-se a imunidade de jurisdição em casos tais[46]. Não cabe, a seu respeito, cogitar-se de prescrição.

Da mesma forma, são imprescritíveis os direitos sobre bens públicos, de modo que "não prescreve a ação para obter a declaração de nulidade de venda de bem público, sem autorização legislativa, posto que a inalienabilidade dos bens públicos impede a sua perda ou a aquisição por outrem pelo decurso do tempo".[47]

Submetem-se, contudo, aos efeitos da prescrição as pretensões de natureza econômica que decorrem de ofensa a direitos indisponíveis, como as de reclamar prestações alimentícias e as de exigir reparação pelo dano moral oriundo de violação ao direito da personalidade (embora sejam, em si, inalienáveis e imprescritíveis o direito de alimento e o direito à honra)[48].

O STF já assentou em repercussão geral (Tema 999) ser imprescritível a pretensão de reparação civil de dano ambiental. Entretanto, deve-se distinguir a violação a direito urbanístico da violação a direito ambiental.

---

[44]   TRABUCCHI, Alberto. *Istituzioni di diritto civile*. 38. ed. Padova: CEDAM, 1998, n. 60, p. 121.

[45]   STJ, 4ª T., REsp. 576.185/SP, Rel. Min. Aldir Passarinho Júnior, ac. 07.09.2009, *DJe* 08.06.2009.

[46]   STF, Pleno, ARE 954858, Rel. Min. Edson Fachin, ac. 23.08.2021, *DJe* 24.09.2021. No mesmo sentido, admitindo a imprescritibilidade também para os sucessores: STJ, 4ª T., RO 76/RJ, Rel. Min. Luis Felipe Salomão, ac. 07.06.2022, *DJe* 17.06.2022.

[47]   CAHALI, Yussef Said. *Prescrição e decadência*, São Paulo: RT, 2008, p. 75.

[48]   PRIETO, F. Pantaleón. Prescripción. *Enciclopedia Jurídica Básica*. Madrid: Editorial Civitas, 1995. v. III. p. 5.009. Ensina, também, Caio Mário que "a prescrição fulmina todos os direitos patrimoniais, e, normalmente estende-se aos *efeitos patrimoniais* de direitos imprescritíveis". Se estes nunca podem se extinguir, o mesmo "não ocorre com as vantagens econômicas respectivas". Entre os imprescritíveis incluem-se os "direitos que se prendem imediatamente à personalidade ou ao estado das pessoas", motivo pelo qual, "por maior que seja o tempo decorrido de inatividade do titular, nunca perecerão os direitos respectivos que sempre se poderão reclamar pelas ações próprias". Já as vantagens econômicas que deles se extraem, prescrevem como "todos os direitos patrimoniais" (PEREIRA, Caio Mário da Silva. *Instituições de Direito Civil*. 18. ed. Rio de Janeiro: Forense, 1995. v. 1, p. 439-440).

A 1ª Turma do STJ, analisando hipótese em que o Ministério Público estadual objetivava indenização por ofensa à legislação urbanística municipal, entendeu, por maioria, ser imprescritível a pretensão de reparação dos danos ambientais em operações urbanas consorciadas, destacando, porém, que a natureza ambiental ou não da pretensão deve ser aferida, no caso concreto, por meio do pedido do autor:

> II – As Operações Urbanas Consorciadas, instrumentos de execução da política de desenvolvimento urbano constitucionalmente assentada, têm como um de seus objetivos a valorização ambiental, além de autorizar a concessão, pelo Poder Público, de incentivos diretamente relacionados à redução de impactos ambientais negativos e à economia de recursos naturais, nos termos do art. 32 do Estatuto da Cidade (Lei nº 10.257/2001), com redação dada pela Lei nº 12.836/2013.
>
> III – Verifica-se, à vista dessa moldura normativa, verdadeira simbiose entre os princípios e institutos jurídicos do Direito Urbanístico e do Direito Ambiental, os quais, conquanto autônomos, salvaguardam, ao fim e ao cabo, o direito fundamental difuso ao bem-estar social, à vida digna e ao meio ambiente ecologicamente equilibrado.
>
> IV – Considerando a vocação das Operações Urbanas Consorciadas para a tutela do meio ambiente, nas ações cujo objeto compreenda a persecução cível de ilícitos delas resultantes, é necessário valorar, caso a caso, a interpretação do pedido procedida nas instâncias de origem, a fim de definir a prescritibilidade da pretensão reparatória vindicada.
>
> V – Constatada, *in casu*, a feição ambiental da pretensão ministerial, impende reconhecer a sua imprescritibilidade, em consonância com a tese cristalizada pelo Supremo Tribunal Federal, em julgamento submetido à sistemática da repercussão geral (Tema nº 999), segundo a qual é imprescritível a pretensão de reparação dos danos ambientais[49].

Em outra oportunidade, julgando ação civil pública ajuizada pelo MPRJ contra empresa visando à reparação de danos causados pela construção de um *shopping center* na cidade do Rio de Janeiro, a Corte Superior entendeu que a execução das obrigações previstas no TAC não era de natureza ambiental em si, mas meramente patrimonial, razão pela qual aplicar-se-ia o prazo prescricional de cinco anos:

> 9. Por outro lado, merecem prosperar as argumentações relativas à prescrição, tendo em vista que a pretensão trazida nos autos não se refere à reparação de danos ambientais em si, a ensejar a imprescritibilidade, mas sim à pretensão executória de obrigações de fazer previstas em TAC, relacionadas a obras e serviços de pavimentação, pintura e instalação de telhas, assumidos pela empresa construtora como contrapartida à comunidade vizinha pela instalação do empreendimento imobiliário.
>
> 10. Portanto, a insurgência executória está embasada em pendências oriundas de alegadas deficiências na execução de algumas obrigações de fazer assumidas no referido instrumento, relacionadas a questões meramente patrimoniais, que não se confundem com dano ao meio ambiente, ainda que em sentido amplo, como mencionado no acórdão *a quo*.
>
> 11. Não há que se confundir o caráter imprescritível da reparação ambiental por dano continuado em relação à pretensão meramente patrimonial, sujeita à prescrição quin-

---

[49] STJ, 1ª T., AgInt no AgInt no REsp. 1.464.446/RJ, Rel. p/ acórdão Min. Regina Helena Costa, ac. 22.11.20022, *DJe* 11.01.2023.

quenal. Precedentes: AgInt no REsp 1.401.278/RJ, Rel. Min. Sérgio Kukina, Primeira Turma, *DJe* 18.12.2020; AgInt no AREsp 443.094/RJ, Rel. Min, Napoleão Nunes Maia Filho, Primeira Turma, *DJe* 25.02.2019.

12. Assim, não se tratando diretamente de danos ambientais, é de se acolher o entendimento de que a presente pretensão executória, proposta pelo MPRJ após mais de cinco anos do termo final para cumprimento das obrigações constantes no TAC – como consignado na origem, está sujeita à prescrição quinquenal, diante da aplicação do disposto no artigo 21 da Lei nº 4.717/65, nos termos da jurisprudência desta Corte[50].

IV – Direitos potestativos

Não prescrevem os direitos e situações jurídicas que não se traduzem em pretensões como os direitos potestativos ou formativos, já que não se fundam em violação de direito nem implicam o poder de exigir alguma prestação do sujeito passivo. Direitos dessa natureza, quando reclamam o concurso de sentença, e dependem de ação manejável dentro de certo prazo, sujeitam-se à *decadência* ou *preclusão*, e não à prescrição[51]. É o que se passa, por exemplo, com as ações de anulação de negócio jurídico por vícios de consentimento (art. 178), ou com as ações de renovação de locação comercial (Lei nº 8.245/1991, art. 51, § 5º). Os prazos a que seu exercício se subordina são decadenciais e fatais. De maneira geral, são imprescritíveis as simples *faculdades* (direitos facultativos) que formam o conteúdo de um direito subjetivo: somente se extinguem quando o próprio direito subjetivo desaparece, mas subsistem, não importa o tempo do não uso, enquanto este se mantém, pois não são autônomos, mas constituem manifestação do próprio poder que emana do direito subjetivo (*in facultativis non datur praescriptio*). É o que se passa com o direito de propriedade sobre imóvel, cujo titular não perde pelo decurso do tempo a faculdade de dividi-lo ou de erguer-lhe tapumes nas divisas[52].

V – Ações declaratórias

São, por fim, estranhas à prescrição as ações puramente declaratórias, pois também não veiculam pretensão alguma e apenas buscam a certeza acerca de uma relação ou situação jurídica.[53] Enquanto subsistir a incerteza ou dúvida, cabível será a ação declaratória, pouco importando quanto tempo dure essa situação. É o que se dá, *v.g.*, com a ação de declaração de nulidade absoluta do negócio jurídico.

Se, porém, a relação envolvida na incerteza tem seu objeto obrigacional afetado por prescrição, de sorte que o credor, mesmo acertando sua existência, nenhum resultado

---

[50] STJ, 1ª T., AREsp. 1.941.907/RJ, Rel. Min. Benedito Gonçalves, ac. 09.08.2022, *DJe* 19.08.2022.

[51] PRIETO, F. Pantaleón. Prescripción. *Enciclopedia Jurídica Básica*. Madrid: Editorial Civitas, 1995. v. III. p. 5.009.

[52] TORRENTE, Andrea; SCHLESINGER, Piero. *Manuale di diritto privato*. 16. ed. Milano: Giuffrè, 1999. p. 141.

[53] "... as sentenças declaratórias não dão, não tiram, não proíbem, não permitem, não extinguem nem modificam nada. Em resumo: não impõem *prestações*, nem *sujeitam;* não alteram, por qualquer forma, o mundo jurídico. Por força de uma sentença declaratória, no mundo jurídico nada entra, nada se altera, e dele nada sai. As sentenças dessa natureza pura e simplesmente proclamam a *certeza* a respeito do que já existe ou não existe, no mundo jurídico. É exatamente o princípio consagrado no nosso CPC quando trata de tais ações" (AMORIM FILHO, Agnelo. Critério científico para distinguir a prescrição da decadência e para identificar as ações imprescritíveis. *RT* 300, p. 25).

Capítulo II · DA PRESCRIÇÃO

prático obterá, a prescrição poderá ser invocada, não para submeter a ação declaratória aos efeitos prescricionais, mas para extingui-la por falta de interesse do autor (CPC/2015, art. 17).

É nesse sentido a lição de Caio Mário, segundo a qual a velha doutrina da imprescritibilidade da nulidade foi superada pela moderna visão do problema: entre o conflito do interesse social que justifica a teoria das nulidades no tocante a imprescritibilidade e a paz social também procurada pelo ordenamento jurídico, "sobreleva esta última e, *deve ter-se como suscetível de prescrição a faculdade de atingir o ato nulo*" (g.n.).[54]

A jurisprudência largamente se encaminhou no mesmo rumo, prestigiada pela adesão do STF, que, entre outros casos, sumulou o entendimento de ser prescritível a ação de nulidade de venda de ascendente a descendente, sem o consentimento dos demais, no prazo de vinte anos (prescrição *longi temporis* vigente ao tempo do CC /1916) (Súmula nº 49).

Na esteira do pensamento de Caio Mário, a jurisprudência, de maneira geral, assentou que "a nulidade ou é imprescritível, ou prescreve no maior prazo previsto na lei civil (*longi temporiss*)".[55]

Se, por exemplo, depois de cumprido o pagamento, o *solvens* descobre uma causa de nulidade do contrato, não terá interesse em obter sua declaração, se a pretensão da repetição do indébito já estiver prescrita. A situação é igual à da nulidade do título de aquisição, quando o terceiro adquirente já teve consumada em seu favor a usucapião. Será carente de ação declaratória por evidente falta de interesse. Da mesma forma, se a cambial é falsa ou carece de elemento formal indispensável, mas o negócio subjacente é verdadeiro e já foi honrado pelo devedor. Se a pretensão de recuperar a importância paga já incorreu em prescrição e, nas circunstâncias de origem da dívida, nem havia fundamento suficiente para sustentá-la, que interesse teria o devedor no manejo da imprescritível ação declaratória?

Deve-se lembrar que a relação jurídica, cuja existência ou inexistência se pretende submeter à certeza jurídica por meio da ação declaratória, pode ser de qualquer tipo ou natureza. Pode, pois, envolver direito à prestação ou direito potestativo. Se a pretensão já se acha alcançada pela prescrição ou o direito potestativo já se extinguiu pela decadência, a ação declaratória se inviabilizará não propriamente pela prescrição ou decadência, mas pela falta de interesse[56]. Não se pode esquecer que para ser admitida a exercer qualquer

---

[54] PEREIRA, Caio Mário. *Instituições de direito civil*. 31. ed. Rio de Janeiro: Forense, 2018, v. I, n. 109, p. 532. Para o autor, a prescrição *longi temporis* não respeita a vulnerabilidade do ato nulo, e, portanto, ultrapassado o prazo maior de prescrição, contado do momento em que a ação de nulidade poderia ter sido proposta "opera-se a consolidação do negócio jurídico, constituído embora sob o signo do desrespeito à ordem pública" (PEREIRA, Caio Mário. *Instituições de direito civil*. 31. ed. Rio de Janeiro: Forense, 2018, v. I, n. 109, p. 532). No mesmo sentido: GOMES, Orlando. *Novas questões de direito civil*. Rio de Janeiro: Forense, 1979, p. 385.

[55] CAHALI, Yussef Said. *Prescrição e decadência*. São Paulo: RT, 2008, p. 69. Nesse sentido: STF, 1ª T., RE 73.070/PR, Rel. Min. Aliomar Baleeiro, ac. 10.12.1973, *RTJ* 72/401; STF, 2ª T., RE 72.195/CE, Rel. Min. Xavier de Albuquerque, ac. 11.05.1973, *RT* 459/241; STF, 1ª T., RE 71.091/BA, Rel. Min. Aliomar Baleeiro, ac. 08.06.1973, *RT* 469/242; STJ, 4ª T., REsp. 10.138/MG, Rel. Barros Monteiro, ac. 20.10.1992, *RSTJ* 43/298; STJ, 3ª T., REsp. 7452/SP, Rel. Min. Waldemar Zveiter, ac. 21.05.1991, *RT* 678/210.

[56] CHIOVENDA, Giuseppe. *Ensayos de derecho procesal civil*. Buenos Aires: Ediciones Jurídicas Europa-América, 1949. v. I, p. 129; FERRARA, Francisco. *A simulação dos negócios jurídicos*. Campinas: Red Livros, 1999. p. 458; AMORIM FILHO, Agnelo. Critério científico para distinguir a prescrição da decadência e para identificar as ações imprescritíveis. *Revista dos Tribunais*, v. 300, p. 36. Para esse último

ação, a parte tem de satisfazer os requisitos da legitimidade e do interesse (CPC/2015, art. 17). Não há direito que se justifique sem interesse. Afinal, direito subjetivo não é outra coisa senão o interesse juridicamente tutelado.

VI – Ações de nulidade

Especificamente em relação à nulidade do negócio jurídico, cumpre desenvolver melhor o raciocínio. Se é certo que a nulidade, em si, não pode se sujeitar aos efeitos da prescrição, das situações que o negócio jurídico inválido cria podem perfeitamente decorrer *pretensões* que hão de submeter-se aos efeitos da prescrição (exemplo: restituição de bens ou preço, indenização de prejuízos etc.), as quais terão de submeter-se aos efeitos da prescrição.

Correta, nessa ordem de ideias, a observação de Francisco Amaral de que o direito de propor a ação de nulidade é imprescritível, ou seja, não se extingue pelo decurso do tempo, embora se reconheça "que a situação criada pelo negócio jurídico nulo se possa convalidar pelo tempo decorrido, no prazo e na forma da lei"[57].

Assim, é preciso distinguir entre o contrato nulo executado e o contrato nulo nunca executado. Se houver a execução, as pretensões dela derivadas prescrevem no prazo que lhes é próprio e, por conseguinte, não é de se admitir a tardia ação declaratória de nulidade, não porque esta tenha incorrido em prescrição, mas porque faltará *interesse* à parte, e sem interesse ninguém é admitido a litigar juízo (CPC/2015, art. 17)[58].

Uma coisa é exigir a execução do negócio nulo, a qualquer tempo, outra coisa é discutir o resultado do cumprimento do negócio nulo, depois que foi cumprido e se estabilizaram as posições jurídicas entre seus sujeitos em torno do bem da vida negociado. Os interesses em jogo, numa e noutra situação revelam-se completamente distintos. Diante do negócio nulo *ipso iure* e nunca executado, subsiste o interesse público em não reconhecer validade ao ajuste que viola norma de caráter cogente (de ordem pública). Depois, porém, que, não obstante a nulidade, se criou uma nova situação jurídica, pelo cumprimento das prestações nele previstas, o que há é uma situação individual (não mais de interesse público) e cuja manutenção ou reversão diz respeito muito mais às conveniências pessoais do que às de ordem pública predominantes antes do cumprimento do contrato inválido. Daí em diante, o interesse privado passou a predominar e é à base desse interesse que se haverá de analisar o destino da situação jurídica oriunda, de forma concreta, do negócio inválido.

Da enorme diferença de interesses que se nota entre o negócio nulo *ipso iure* e jamais executado e os que se instalam no relacionamento das partes, depois de cumpridas as prestações derivadas do negócio nulo, resulta a necessidade de estabelecer tratamento prescricional diverso e adequado para cada uma das duas situações jurídicas.

---

autor, a perpetuidade das ações obedecem às seguintes regras: "1ª – Estão sujeitas a prescrição todas as ações condenatórias, e somente elas; 2ª – Estão sujeitas a decadência (indiretamente, isto é, em virtude da decadência do direito a que correspondem): as ações constitutivas que têm prazo especial de exercício fixado em lei; 3ª – São perpétuas (imprescritíveis): a) as ações constitutivas, que não têm prazo especial de exercício fixado em lei; b) toda as ações declaratórias" (AMORIM FILHO, Agnelo. Critério científico para distinguir a prescrição da decadência e para identificar as ações imprescritíveis. *Revista dos Tribunais*, v. 300, p. 37).

[57] AMARAL, Francisco. *Direito civil*. Introdução. 2. ed. Rio de Janeiro: Renovar, 1998. p. 510.

[58] FERRARA, Francesco. *A simulação dos negócios jurídicos*. Campinas: Red Livros, 1999, n. 84, p. 458.

Com efeito, se o negócio nulo jamais foi executado, não há que se falar em prescrição nem decadência, visto que o que é nulo jamais teve vida para o direito. Assim, quando se vier a formular qualquer pretensão derivada do negócio inválido, será sempre possível ao devedor, "em qualquer tempo, opor a alegação de nulidade absoluta"[59].

É a situação criada, portanto, posteriormente ao negócio nulo, como produto de sua execução que pode sofrer os efeitos extintivos da prescrição, não a nulidade em si mesma. Prescrita a pretensão de desfazer a situação criada pelo cumprimento das prestações derivadas do negócio inválido, perde-se o direito de manejar a ação de nulidade. Já então porque faltaria interesse para justificar a declaração de nulidade, porque esse reconhecimento não teria mais força para atingir as prestações realizadas e seladas pelo decurso da respectiva prescrição.

Depois de consolidada a situação ulterior ao negócio, pela prescrição ou pela usucapião, a tardonha ação de nulidade somente viria conturbar a paz nas relações jurídicas, suscitando indesejados prejuízos à certeza e segurança em torno de situações consolidadas pelo longo transcurso de tempo. Por isso é que mesmo sendo imprescritível a ação de nulidade, deve ter-se como não mais manejável a ação voltada para a declaração de nulidade, em tais circunstâncias[60].

VII – Inexistência do negócio jurídico

Na verdade, só a inexistência é capaz de afastar a possibilidade de qualquer efeito prático e jurídico de um negócio. Não há, pois, pensar-se em prescrição diante do negócio que não chegou a existir, nem mesmo no plano fático material. O negócio nulo, porém, não é algo que inexista no plano do direito.

Pense-se na venda a *non domino,* em que o verdadeiro proprietário em nenhum momento emitiu consentimento à alienação de seu domínio. Contrato, em relação a ele, não é só nulo, é mais do que isto, é inexistente. Logo, não se pode cogitar de prescrição da pretensão de recuperar o bem indevidamente transferido, ou de declarar a completa invalidade do falso negócio. O mesmo se passa com a escritura pública de venda lavrada com base em procuração falsa, ou seja, também na total ausência de consentimento do titular proprietário do imóvel.[61]

VIII – Efeitos práticos do ato nulo

A presença pura simples da declaração de vontade gera uma realidade jurídica, porque a ordem jurídica tanto valoriza a realidade como a aparência, em termos de relações jurídicas. Correta, destarte, a conclusão de Carvalho Santos, apoiada em Clóvis Beviláqua,

---

[59] OROZIMBO NONATO, da Silva. *Da coação como defeito de ato jurídico.* Rio de Janeiro: Forense, 1957. n. 119, p. 230.

[60] CAVALCANTI, José Paulo. *Direito civil.* Escritos diversos. Rio de Janeiro: Forense, 1983. n. 52, p. 103 e ss.

[61] Nesses casos, a pretensão do dono de recuperar o bem transferido sem seu consentimento só se extingue se o domínio do adquirente vier a se consolidar, de forma originária, pela prescrição aquisitiva. É que o ato nulo não atinge a propriedade do bem do *verus dominus,* e, enquanto subsistir a propriedade, permanecem vivas as *faculdades* que a integram, entre as quais, se destaca a de o dono reivindicar, a qualquer tempo, o bem injustamente detido por outrem. Daí falar-se em imprescritibilidade da ação reivindicatória, diante da alienação nula, se numa situação fática superveniente não tiver sido criado um direito novo para o atual possuidor do bem capaz de inviabilizar a pretensão do antigo dono, como se passa com o decurso do tempo gerador da usucapião.

de que o negócio nulo não poderia ficar totalmente alheio à sistemática da prescrição. Se ele é, por natureza imune à prescrição (isto é, a nulidade em si não pode extinguir-se pelo decurso do tempo), a situação jurídica criada pelo negócio nulo (aparência de negócio válido) é capaz de consolidar-se e beneficiar-se da indiscutibilidade correspondente à prescrição *longi temporis*. Com essa ponderação, é de aceitar-se que o negócio nulo, quando executado, provoca inovação fática na situação jurídica que não escapa às regras consolidadas da prescrição das ações em geral[62].

É de se ressaltar, de tal sorte, que, se, de um lado, a pretensão meramente declaratória de nulidade do ato nulo não prescreve, os reflexos patrimoniais do ato sujeitam-se aos prazos prescricionais:

> A ação declaratória pura é imprescritível, mas as pretensões condenatórias ou constitutivas resultantes do ato nulo sujeitam-se ao fenômeno da prescrição. Caso em que a prescrição vintenária consumou-se antes da propositura da ação e antes da publicação do atual Código Civil[63].

Nesse sentido, o Enunciado 536, da VI Jornada de Direito Civil: "resultando do negócio jurídico nulo consequências patrimoniais capazes de ensejar pretensões, é possível, quanto a estas, a incidência da prescrição".

Por fim, deve-se ressaltar a situação em que as partes simulam uma compra e venda para garantir um contrato de mútuo usurário. Nessas hipóteses, a compra e venda é nula, não estando, portanto, sujeita à prescrição. Entretanto o empréstimo prevalecerá, eliminados os juros onzenários[64].

Pense-se, também na nulidade plena da aquisição da propriedade, quando o adquirente exerceu sobre o bem invalidamente adquirido por tempo e modo suficiente para configuração da usucapião. Que interesse teria o alienante em obter declaração de nulidade na espécie, se disso nenhum reflexo jurídico não poderia resultar sobre o domínio consolidado em favor do adquirente por força da prescrição aquisitiva?

8. SOBRE A IMPRESCRITIBILIDADE DA AÇÃO REIVINDICATÓRIA

A tese da imprescritibilidade da ação reivindicatória remonta à visão clássica do direito de propriedade como absoluto e perpétuo, em face do qual o direito do dono "de reaver a coisa, de quem quer que injustamente a possua", se apresentaria como parte integrante e inseparável do próprio domínio[65].

---

[62] CARVALHO SANTOS, J. M. de. *Código Civil brasileiro interpretado*. 7. ed. Rio de Janeiro: Freitas Bastos, 1958. v. III, p. 256; BEVILÁQUA, Clóvis. *Código Civil dos Estados Unidos do Brasil comentado*. Rio de Janeiro: F. Alves, 1959. v. I, p. 333, comentários ao art. 146.

[63] STJ, 4ª T., REsp. 1.046.497/RJ, Rel. Min. João Otávio de Noronha, ac. 24.08.2010, *DJe* 09.11.2010.

[64] STJ, 3ª T., AgInt no REsp. 1.382.464/SC, Rel. Min. Marco Aurélio Bellizze, ac. 22.10.2018, *DJe* 22.10.2018.

[65] "O direito de *propriedade* é insuscetível de perda pela prescrição; a ação de *reivindicação* é imprescritível" (GOMES, Orlando. *Introdução ao direito civil*. 18. ed. Atualização e notas de Humberto Theodoro Júnior. Rio de Janeiro: Forense, 2002, n. 294, p. 497). Cf. também TRABUCCHI, Alberto. *Istituzioni di diritto civile*. 38. ed. Padova: CEDAM, 1998. n. 60, p. 121; ANDRADE, Manuel A. Domingues de. *geral da relação jurídica*. 8. reimpr. Coimbra: Almedina, 1998. v. II, n. 207, p. 447-448.

A ação reivindicatória não poderia se extinguir por prescrição antes do perecimento do direito de propriedade, porque, correspondendo à faculdade integrante de um direito subjetivo maior não se concebe possa ter destino diferente deste. Aplica-se, portanto, à ação reivindicatória (embora corresponda a uma pretensão) a regra de que as faculdades não prescrevem, enquanto subsistem os direitos subjetivos de que fazem parte.

Após a superação do absolutismo do direito de propriedade e sua submissão a uma função social, vozes há que reclamam uma revisão da velha tese da imprescritibilidade das ações dominiais[66]. Embora a ideia predominante continue sendo a de que "o fato que põe em marcha a prescrição extintiva da ação reivindicatória não é a simples perda de posse do *dominus*, mas o começo de uma posse *ad usucapionem* de outra pessoa"[67], merece ser registrada a tese de Albaladejo, já consagrada por alguns precedentes da jurisprudência espanhola: de ordinário, a usucapião é que provoca a extinção da propriedade, mas a extinção da ação reivindicatória "pode produzir-se por prescrição, ainda que não haja usucapião". Segundo o civilista ibérico, a prescrição, em qualquer caso (e não apenas na ação reivindicatória), não extingue o direito material e apenas retira ao titular a força de "impô-lo", deixando a critério do sujeito passivo respeitá-lo ou não. Com isto o direito, após a prescrição, fica "debilitado", mas não se extingue de todo. O proprietário, após a prescrição da reivindicatória, não terá como manejá-la contra o possuidor, mas continua sendo *dono* (se não houver usucapião). "Embora não possa reivindicar sua coisa, se esta cair sob seu poder por outra via, poderá conservá-la contra a reivindicação que acaso pretenda intentar o não dono"[68].

Se, na linha de pensamento exposta, o esbulhador abandonar a coisa, ou entregá-la espontaneamente, o proprietário voltará a exercer sobre ela seu antigo domínio, que não fora eliminado pela prescrição excepcionada quando da reivindicatória.

É exatamente o que se passa com a prescrição de qualquer outra pretensão, não havendo razão, na opinião de Albaladejo, para ser diferente o tratamento dispensado à ação reivindicatória.

No Brasil, porém, a teoria clássica permanece acolhida: "O direito à ação reivindicatória prescreve juntamente com a prescrição aquisitiva em favor de outrem, mas não pelo simples decurso do prazo"[69]. Vale dizer que, entre nós, "segundo a jurisprudência e a doutrina, a ação reivindicatória é imprescritível, admitindo-se, porém, que o possuidor,

---

[66] Do tema se ocupam ALBALADEJO, Manuel. *La prescripción de la acción reivindicatoria*. [S.l.]: A.D.C., 1990, p. 25 e ss.); DE LA CUESTA. *Notas sobre la prescripción extintiva de la acción con independencia de la usucapión*. Estudios Vallet, 1988. v. VI, p. 63 e ss. Ambos são favoráveis à admissão da prescrição extintiva da ação reivindicatória, independentemente do aperfeiçoamento da usucapião em favor do esbulhador (Cf. ALBALADEJO. Manuel. *Derecho civil I* – Introducción y parte general. 14. ed. Barcelona: Bosch, 1996. t. I, v. II, § 107, p. 476).

[67] "Sólo la *possessio ad usucapionem* constituye verdadera violación del derecho de propiedad" (DÍEZ-PICAZO, Luis. *La prescripción en el Código Civil*. Barcelona: Bosch, 1964. p. 161 e ss.; e DÍEZ-PICAZO, Luis. Las relaciones entre usucapión y prescripción extintiva de la acción reivindicatoria. In: VV.AA. *Homenaje al profesor Juan Roca Juan*. Murcia: Universidad de Murcia, Servicio de Publicaciones, 1989. p. 221 e ss.).

[68] ALBADEJO, Manuel. *Derecho civil I* – Introducción y parte general. 14. ed. Barcelona: Bosch, 1996. t. I, v. II. p. 477, nota 24.

[69] STJ, 4ª T., REsp. 37.859/PR, Rel. Min. Ruy Rosado de Aguiar, ac. 11.03.1997, *DJU* 28.04.1997, p. 15.874; *RT* 743/217.

26 | Prescrição e Decadência • *Humberto Theodoro Júnior*

quando presentes os pressupostos da usucapião, alegue este contra o proprietário para elidir o pedido"[70].

9. A PRESCRIÇÃO COMO EVENTO PRÓPRIO DAS PRETENSÕES PATRIMONIAIS

A prescrição é fenômeno típico das ações referentes a direitos patrimoniais[71]. O Código de 1916, ao cuidar da sua arguição, vedava ao juiz conhecer de ofício da prescrição de direitos patrimoniais (art. 166). Sugeria, assim, a existência de prescrição de direitos não patrimoniais.

A regra, no entanto, se explicava pela sistemática do velho Código, que tratava sob o *nomen iuris* de prescrição tanto os casos de prescrição propriamente dita como os de decadência. Como os decadenciais se referiam predominantemente às questões de estado, de família e outras pertinentes a direitos indisponíveis, era preciso ressalvar que a seu respeito o juiz poderia se pronunciar *ex officio*, sem necessidade, pois, de aguardar a exceção da parte[72].

Quando o velho Código separou a prescrição de direitos patrimoniais dos não patrimoniais, o que quis foi justamente afirmar que as ações de estado (ou as ações prejudiciais) estavam sujeitas a prazos extintivos cuja aplicação o juiz podia fazer *ex officio*[73].

O Código de 2002, cujo art. 194 substituiu o art. 166 do Código anterior, não trata de "prescrição de direitos patrimoniais", mas simplesmente de "prescrição". Fica evidente que só há uma espécie de prescrição, que, em hipótese alguma, poderá ser declarada de ofício pelo juiz, justamente porque a prescrição, cujos prazos se acham elencados nos arts. 205 e 206, é sempre relativa a direitos patrimoniais. Embora a Lei nº 11.280/2006 tenha revogado o art. 194, o interdito à decretação *ex officio* de prescrição, pelo juiz, subsiste implícito no sistema do direito material, haja vista tratar-se de faculdade jurídica disponível pelo devedor, que a ela pode livremente renunciar, até mesmo de forma tácita. Bastará, portanto, sua inércia, para tê-la como renunciada (art. 191), não havendo como o juiz passar por cima da vontade abdicatória manifestada pela parte, em torno de direito patrimonial plenamente disponível (renunciável). Sobre o tema, voltaremos nos comentários ao art. 194.

---

[70] STJ, 3ª T., REsp. 49.203/SP, Rel. Min. Waldemar Zveiter, ac. 08.11.1994, *DJU* 08.05.1995, p. 12.388.

[71] BEVILÁQUA, Clóvis. *Código Civil dos Estados Unidos do Brasil comentado*. Rio de Janeiro: F. Alves, 1959. v. I, p. 355, comentários ao art. 166. "*El ámbito de la prescripción es el de los derechos y acciones patrimoniales*" (ALBALADEJO, Manuel. *Derecho civil I – Introducción y parte general*. 14. ed. Barcelona: Bosch, 1996. t. I, v. II, § 107, p. 472). A pretensão prescritível pode provir de qualquer segmento do direito, mas há de ter cunho patrimonial. As demais pretensões, ou seja, aquelas que correspondem à personalidade e ao estado "são imprescritíveis" (ALBALADEJO, Manuel. *Derecho civil I – Introducción y parte general*. 14. ed. Barcelona: Bosch, 1996. t. I, v. II, § 107, p. 472).

[72] "Se a decadência decorre de prazo extintivo prefixado pela lei, com caráter de ordem pública, não duvidamos em reconhecer que ela possa ser julgada pelo juiz, de seu ofício, independentemente da alegação das partes porque, nesse caso, a decadência opera *ipso iure* e não pode ser renunciada" (CÂMARA LEAL, Antônio Luis da. *Da prescrição e da decadência*. Rio de Janeiro: Forense, 1959. n. 93, p. 139).

[73] CARVALHO SANTOS, J. M. de. com apoio em João Luiz Alves e Carpenter (*Código Civil brasileiro interpretado*. 7. ed. Rio de Janeiro: Freitas Bastos, 1958. v. III. p. 396-397).

10. REQUISITOS DA PRESCRIÇÃO

De conformidade com o art. 189, a prescrição começa a fluir a partir da violação do direito, momento em que nasce a pretensão, cuja extinção se dará ao final do prazo assinalado pela lei, caso o titular não a tenha exercitado até aquele termo.

Em face dessa sistemática, são requisitos para ocorrência da prescrição os seguintes[74]:

a) a existência de uma *pretensão* por parte do titular do direito violado;

b) a *inércia* do titular, caracterizada pelo não exercício da pretensão;

c) o decurso do prazo extintivo estipulado em lei.

A *pretensão* consiste na faculdade que a lei confere ao credor (ou titular de qualquer direito) de exigir uma prestação do devedor (ou sujeito passivo da relação jurídica)[75]. Isto, naturalmente, só ocorre quando o obrigado deixa de cumprir, no momento adequado, o que lhe competia realizar. A prestação omitida é sempre um comportamento, que tanto pode ser positivo (ação) como negativo (omissão). A pretensão consiste justamente no poder de exigir a prestação devida.

Nem todos os direitos subjetivos correspondem a prestações, visto que muitos se referem a simples faculdades que franqueiam ao respectivo titular criar ou extinguir situações jurídicas. São os direitos potestativos ou formativos que, por não corresponderem a obrigações do sujeito passivo, podem gerar ações constitutivas, mas não pretensões. Por isso, ações da espécie não são objeto de prescrição. Se a lei lhes impõe algum prazo de exercício, este será decadencial, não prescricional (ex.: ação rescisória de sentença; ação anulatória de negócio jurídico; ação renovatória de locação etc.). Só as ações condenatórias (ou executivas) servem ao exercício de pretensões e, portanto, somente elas recaem sob a força extintiva da prescrição.

A *inércia* do titular da pretensão, que conduz à prescrição, se dá pela não dedução da pretensão em juízo, ou seja, pela não propositura da ação necessária a compelir o inadimplente a realizar a prestação devida, bem como pela não tomada de nenhuma outra providência prevista em lei que seja capaz de impedir ou interromper a marcha do prazo extintivo[76].

O prazo decorrido – último requisito legal da prescrição – é justamente o que o direito positivo fixa para o manejo da ação correspondente à pretensão insatisfeita[77].

---

[74] TRABUCCHI, Alberto: *"Requisiti per la prescrizione sono: 1) esistenza di un diritto che poteva essere esercitato dall soggetto; 2) mancato esercizio del diritto stesso; 3) passagio del periodo di tempo stabilito dalla legge" (Istituzioni di diritto civile.* 38. ed. Padova: CEDAM, 1998, n. 60, p. 122).

[75] Sílvio de Salvo Venosa adverte que "a existência de ação exercitável é o objeto da prescrição. Tendo em vista a violação de um direito, a ação tem por fim eliminar os efeitos dessa violação. Violado o direito, surge a pretensão. A ação prescreverá se o interessado não promovê-la. Tão logo surge o direito de ação, já começa a correr o prazo de prescrição" (VENOSA, Silvio de Salvo. *Código Civil Interpretado.* 2. ed. São Paulo: Atlas, 2011, p. 215).

[76] ALBALADEJO, Manuel. *Derecho civil I* – Introducción y parte general. 14. ed. Barcelona: Bosch, 1996. t. I, v. II, § 107, p. 474. Trata-se, segundo adverte Sílvio de Salvo Venosa, de uma atitude passiva, "o titular nada promove para nulificar os efeitos do direito violado. Há, por parte do prescribente, abstenção do direito de ação" (VENOSA, Sílvio de Salvo. *Código Civil Interpretado.* 2. ed. São Paulo: Atlas, 2011. p. 215).

[77] A inércia "é o fator operante da prescrição que joga com o tempo. Não é a inércia momentânea ou passageira que configura a prescrição, mas aquela ocorrida durante o lapso de tempo fixado em lei" (VENOSA, Sílvio de Salvo. *Código Civil Interpretado.* 2. ed. São Paulo: Atlas, 2011. p. 215).

Trata-se de prazo submetido a regras de ordem pública, pelo que não se sujeita a alterações convencionais entre as partes (art. 192).

Vários são os prazos que o Código dispõe para os diferentes tipos de ações tendentes a impor ao inadimplente a realização da prestação sonegada. Há um prazo geral e diversos prazos específicos que se encontram enunciados nos arts. 205 e 206. Todos são indistintamente prazos de ordem pública.

Não podem, os sujeitos do negócio jurídico, abrir mão dos prazos legais da prescrição, porque isto importaria criar por convenção pretensões imprescritíveis; não podem renunciar, enquanto não vencido o prazo legal, à prescrição prevista em lei, nem reduzir de antemão dito prazo porque tal equivaleria à renúncia prévia de parte de prazo de ordem pública não colocado à discrição dos contratantes; não podem, enfim, dilatar em convenção o prazo que a lei determinou para a prescrição[78].

11. A MÁ-FÉ NÃO É REQUISITO DA PRESCRIÇÃO

A prescrição decorre da conjugação apenas de dois requisitos: a inércia do credor e o decurso do prazo estabelecido em lei. É irrelevante a causa que, no plano psicológico, tenha levado o credor a se omitir. Não cabe qualquer indagação acerca de ter ou não o devedor se conduzido de boa ou má-fé, ao deixar de cumprir a obrigação durante o lapso prescricional. Nem há de preocupar-se com a boa ou má-fé do credor que se absteve de fazer atuar a pretensão até sua exaustão. Só não ocorrerá a prescrição dentro do tempo da lei se se verificar alguma das causas interruptivas ou suspensivas, que, entretanto, não se vinculam à repressão ao dolo ou à malícia da parte e apenas se limitam às hipóteses objetivamente previstas na lei.

É claro que o uso da força ou da ameaça para impedir o exercício da pretensão configura *ato ilícito* e, como tal, faz que o agente responda por todos os prejuízos (arts. 186 e 151). Assim, a coação, *in casu*, obrigará o devedor a ressarcir o dano causado ao credor, e seu montante compreenderá o valor da obrigação prescrita por culpa do agente do ato ilícito. Malgrado a prescrição consumada, o credor conseguirá, pela ação aquiliana, recuperar o prejuízo. O crédito originário (prescrito) será substituído pelo provocado pelo delito[79].

12. CONTAGEM DO PRAZO PRESCRICIONAL

Todo prazo tem um termo inicial (*a quo*) e tem um termo final (*ad quem*), ou seja, há sempre um momento para iniciar e outro para encerrar a contagem do tempo de duração.

No caso da prescrição, o termo *a quo* é aquele em que nasce a pretensão e o final é aquele em que se completa o lapso temporal assinalado pela lei para o exercício da ação destinada a fazer atuar em juízo a pretensão. Há um prazo geral e vários prazos especiais,

---

[78] "Somente a lei tem autoridade para declarar imprescritível um direito" (...) "Não se pode renunciar à prescrição antes de decorrido o lapso prescricional" (...) "Ninguém pode dilatar prazo legal de prescrição. Vencido, a ação extingue-se, ainda que os interessados hajam acordado lapso de tempo superior" (GOMES, Orlando. *Introdução ao direito civil*. 18. ed. Atualização e notas de Humberto Theodoro Júnior. Rio de Janeiro: Forense, 2002, n. 295, p. 498-499).

[79] PONTES DE MIRANDA, Francisco Cavalcanti. *Tratado de Direito Privado*. Parte Geral. Atualização de Otávio Luiz Rodrigues Júnior; Tilman Quarch e Jefferson Carús Guesdes. São Paulo: RT, 2012. t. VI. § 673, p. 307.

segundo o critério da lei, o que faz com que o termo final seja mais próximo ou mais longínquo para as diferentes pretensões.

Uma vez que, para haver prescrição, a inércia do titular do direito afrontado é requisito necessário, somente se pode iniciar a contagem do prazo extintivo a partir do momento em que sua atividade contra a situação injurídica se tornou possível (e, não obstante, deixou de ser exercida)[80].

Prescritibilidade e exigibilidade são ideias que se intervinculam. Apenas as prestações exigíveis (isto é, vencidas), não sendo satisfeitas, sujeitam-se aos efeitos da prescrição. Se a obrigação ainda não se venceu, não está o credor autorizado a exercer o direito que lhe cabe contra o devedor. Não se pode perder por inércia um direito que, posto existente, ainda não se pode exigir. Donde: "O início da prescrição só pode ter lugar quando o direito está em condições de o seu titular poder exercitá-lo"[81].

Por isso, não corre prescrição nas obrigações a prazo ou sujeitas à condição suspensiva, senão depois de ocorrido o vencimento ou verificada a condição (art. 199, I e II). Termo e condição suspensiva, nessa ordem de ideias, são causas que impedem a prescrição, porque, no último caso, o direito subjetivo nem sequer surgiu, e, no primeiro já existe, mas tem o seu exercício suspenso[82].

Sendo a via judicial o caminho que a ordem jurídica oferece ao titular da pretensão insatisfeita para compelir o obrigado a realizar a prestação devida, é intuitivo que se deverá contar a prescrição a partir de quando a respectiva ação se mostrou exercitável. Nesse sentido, somente se pode cogitar de prescrição em face da chamada *actio nata* (*actioni nondum natae non praescribitur*)[83]. Vale dizer: "O prazo prescricional corre a partir do momento em que o credor pode lançar mão da pretensão, se necessário, por uma ação em juízo"[84].

Em relação ao termo *ad quem*, o STJ já se posicionou no sentido de que se o prazo prescricional se findar no curso do recesso forense, será ele prorrogado para o primeiro dia útil seguinte:

> a) 1. Controvérsia acerca da prorrogação do prazo prescricional que findou durante o recesso forense.
>
> 2. Precedente da Corte Especial acerca da prorrogação do prazo decadencial da ação rescisória.

---

[80] ALBALADEJO, Manuel. *Derecho civil I* – Introducción y parte general. 14. ed. Barcelona: Bosch, 1996. t. I, v. II, § 107, p. 480.

[81] ANDRADE, Manuel A. Domingues de. *Teoria geral da relação jurídica*. 8. reimpr. Coimbra: Almedina, 1998. v. II, n. 208, p. 448. No mesmo sentido: PRIETO, F. Pantaleón. Prescripción. In: *Enciclopedia Jurídica Básica*. Madrid: Editorial Civitas, 1995. v. III, p. 5.011.

[82] RUGGIERO, Roberto de. *Instituições de direito civil*. Trad. Ary dos Santos. São Paulo: Saraiva, 1957. v. I, § 34º, p. 356-357.

[83] GOMES, Orlando. *Introdução ao direito civil*. 18. ed. Atualização e notas de Humberto Theodoro Júnior. Rio de Janeiro: Forense, 2002, n. 296, p. 499.

[84] WITZ, Claude. *Droit privé allemand*. Paris: LITEC, 1992. n. 678, p. 534. Nesse sentido, é o art. 1.993 do Código Civil peruano: "la prescripción comienza a correr desde el día en que puede ejercitarse la acción y continúa contra los sucesores del titular del derecho"; cf. também: Código Civil argentino, art. 2.554; Código Civil português, art. 306, primeira parte; Código Civil espanhol, art. 1.969.

3. Julgados desta Corte acerca da prorrogação do prazo prescricional.

4. Reconhecimento da prorrogação do prazo prescricional findo no curso do recesso forense, devendo a demanda ser ajuizada no primeiro dia útil seguinte ao seu término.

5. Inocorrência de prescrição no caso concreto.

6. Precedentes específicos do STJ, inclusive da Corte Especial[85].

b) 3. Não é relevante para a situação o fato de se tratar, na espécie, de férias forenses ou de recesso, uma vez que tanto em uma como em outra hipótese, os Tribunais mantêm em funcionamento regular os serviços de protocolo, o que se dá, inclusive, no âmbito desta Corte Superior. Também não repercute no desate do litígio a natureza prescricional ou decadencial conferida ao prazo.

4. Em verdade, ao se prorrogar o prazo para o primeiro dia útil, em razão de o lapso temporal se expirar no curso de férias forenses, está-se possibilitando à parte a opção de utilizar ou não esse favor legal. Contudo, não se mostra de direito o inverso, ou seja, retirar da parte o direito à prorrogação do prazo[86].

12.1. A *actio nata* no direito brasileiro e no STJ

Com efeito, o art. 189 do Código Civil dispõe que "violado o direito, nasce para o titular a pretensão". Uma vez que o dispositivo não estabelece expressamente quando se dá o início do prazo, o Enunciado 14 da I Jornada de Direito Civil, promovida pelo Conselho da Justiça Federal, propôs a seguinte solução: "1) o início do prazo prescricional ocorre com o surgimento da pretensão, que decorre da exigibilidade do direito subjetivo; 2) o art. 189 diz respeito a casos em que a pretensão nasce imediatamente após a violação do direito absoluto ou da obrigação de não fazer".

A *actio nata,* contudo, pode ser analisada sob um viés objetivo ou subjetivo. Segundo a doutrina objetiva, a prescrição começa a correr tão logo ocorra a violação do direito, independentemente de o seu titular ter conhecimento ou não do fato.

José Fernando Simão, em sua tese de livre-docência defendida na USP, citando Savigny, esclarece que "se se subordinar o começo da prescrição ao fato da violação que a ação é chamada a combater, esse começo tem uma natureza puramente objetiva. E pouco importa que o titular do direito tenha ou não conhecimento. Essa circunstância é indiferente, mesmo para as prescrições curtas, salvo, contudo, casos excepcionais, nos quais se considera o conhecimento que o titular tem da ação"[87], segundo a própria lei.

O STJ, em alguns julgados, defendeu a doutrina objetiva da *actio nata,* inclusive em julgamento de recurso repetitivo:

5.2 Termo *a quo* da prescrição: o termo inicial da prescrição surge com o nascimento da pretensão (*actio nata*), assim considerada a possibilidade do seu exercício em juízo.

---

[85] STJ, 3ª T., REsp. 1.446.608/RS, Rel. Min. Paulo de Tarso Sanseverino, ac. 21.10.2014, *DJe* 29.10.2014. No mesmo sentido: STJ, 4ª T., AgInt nos EDcl no REsp. 1.762.193/SP, Rel. Min. Luis Felipe Salomão, ac. 23.08.2021, *DJe* 26.08.2021.

[86] STJ, Corte Especial, EREsp. 667.672/SP, Rel. Min. José Delgado, ac. 21.05.2008, *DJe* 26.06.2008.

[87] SIMÃO, José Fernando. *Tempo e direito civil.* Prescrição e decadência. São Paulo: USP, 2011. p. 268.

Conta-se, pois, o prazo prescricional a partir da ocorrência da lesão, sendo irrelevante seu conhecimento pelo titular do direito[88].

Entretanto, parte da doutrina, também amparada por julgados e súmula do STJ, defende que a *actio nata* deve observar um critério subjetivo, baseado no conhecimento pelo titular do direito acerca da lesão e do seu autor[89]. Assim, "não basta surgir a ação (*actio nata*), mas é necessário o conhecimento do fato. Trata-se de situação excepcional pela qual o início do prazo, de acordo com a exigência legal, só se dá quando a parte tenha conhecimento do ato ou do fato do qual decorre o seu direito de exigir"[90].

Segundo essa corrente, sem que a parte tenha conhecimento da violação ao seu direito e do autor da lesão, o não exercício da pretensão não pode ser considerado como inércia, a justificar o início do prazo prescritivo. Assim, não haveria que se falar em pretensão exercitável até que se soubesse da ocorrência da violação:

> Não nos parece racional admitir-se que a prescrição comece a correr sem que o titular do direito violado tenha ciência da violação. Se a prescrição é um castigo à negligência do titular – *cum contra desides homines, et sui juris contentores, odiosa exceptiones oppositae sunt*, – não se compreende a prescrição sem a negligência, e esta certamente não se dá quando a inércia do titular decorre da ignorância da violação[91].

O Superior Tribunal de Justiça, embora tenha decisões amparando a doutrina objetiva, acolhe a tese subjetiva em sua Súmula 278: "O termo inicial do prazo prescricional, na ação de indenização, é a data em que o segurado teve ciência inequívoca da incapacidade laboral". Esse entendimento vem sendo adotado também em alguns julgados:

> a) 2. O instituto da prescrição tem por escopo conferir segurança jurídica e estabilidade às relações sociais, apenando, por via transversa, o titular do direito que, por sua exclusiva incúria, deixa de promover oportuna e tempestivamente sua pretensão em juízo. Não se concebe, nessa medida, que o titular do direito subjetivo violado tenha contra si o início, bem como o transcurso do lapso prescricional, em circunstâncias

---

[88]   STJ, 1ª Seção, REsp. 1.003.955/RS, Rel. Min. Eliana Calmon, ac, 12.08.2009, *DJe* 27.11.2009. No mesmo sentido: STJ, 3ª T., REsp. 1.168.336/RJ, Rel. Min. Nancy Andrighi. ac. 22.03.2011, *DJe* 16.09.2011.

[89]   O Código Civil russo utiliza a *actio nata* subjetiva em seu art. 200: "Le délai de prescription de l'acction commence à courir le jour où la personne a eu connaissance, ou devait avoir connaissance, de la violation de son droit".

[90]   SIMÃO, José Fernando. *Tempo e direito civil. Prescrição e decadência.* São Paulo: USP, 2011, p. 272.

[91]   CÂMARA LEAL, Antonio Luís da. *Da prescrição e da decadência.* Teoria geral do direito civil. 2. ed. Rio de Janeiro: Forense, 1959. p. 37. No mesmo sentido: TARTUCE, Flávio. Direito civil, Prescrição. Conceito e princípios regentes. Início do prazo e teoria da *actio nata*, em sua feição subjetiva. Eventos continuados ou sucessivos que geram o enriquecimento sem causa. Lucro da atribuição. Termo *a quo* contado da ciência do último ato lesivo. Análise de julgado do Superior Tribunal de Justiça e relação com eventos descritos. Parecer. *Revista Magister de Direito Civil e Processual Civil*, n. 70, p. 110, jan./fev. 2016; "Efetivamente, o início da fluência do prazo prescricional deve decorrer não da violação, em si, de um direito subjetivo, mas, sim, do *conhecimento da violação ou lesão ao direito subjetivo pelo respectivo titular*. Com isso, a boa-fé é prestigiada de modo mais vigoroso, obstando que o titular seja prejudicado por não ter tido conhecimento da lesão que lhe foi imposta" (FARIAS, Cristiano Chaves; ROSENVALD, Nelson. *Curso de direito civil.* 13. ed. São Paulo: Atlas, 2015. v. 1, p. 622).

nas quais não detém qualquer possibilidade de exercitar sua pretensão, justamente por não se evidenciar, nessa hipótese, qualquer comportamento negligente de sua parte.

3. O surgimento da pretensão ressarcitória não se dá necessariamente no momento em que ocorre a lesão ao direito, mas sim quando o titular do direito subjetivo violado obtém plena ciência da lesão e de toda a sua extensão, bem como do responsável pelo ilícito, inexistindo, ainda, qualquer condição que o impeça de exercer o correlato direito de ação (pretensão). Compreensão conferida à teoria da *actio nata* (nascimento da pretensão) que encontra respaldo em boa parte da doutrina nacional e já é admitida em julgados do Superior Tribunal de Justiça, justamente por conferir ao dispositivo legal sob comento (art. 189, CC) interpretação convergente à finalidade do instituto da prescrição[92].

b) 1. O termo inicial do prazo prescricional apresenta diferenças de acordo com o direito violado. Se é violada uma obrigação pessoal positiva, em que é possível ao titular do direito conhecer da ofensa ao direito no momento em que é perpetrada, o surgimento da pretensão coincide com a violação. Se é descumprida obrigação geral-negativa, esse momento é diferido, pois o titular do direito só conhece a violação quando é atingido pelo dano que advém do ato transgressor.

2. Ignorando a parte a lesão a seu direito subjetivo, não há como a pretensão ser demandada em juízo.

3. O termo a quo do prazo prescricional é a data em que o lesado tomou conhecimento da existência da violação ao seu direito de propriedade[93].

Nossa opinião é no sentido de que, em regra, a prescrição é de configuração objetiva. Nossa lei não exige senão que tenha ocorrido a violação do direito do credor e que a partir de então tenha decorrido o prazo extintivo da pretensão, sem que o lesado a tenha exercitado (CC, art. 189). Não entra, na conceituação legal, qualquer referência à inércia culposa ou à insciência da lesão por parte do credor.

Quando nosso Código Civil quis vincular, excepcionalmente, o *dies a quo* do lapso prescricional ao conhecimento da lesão pelo credor, ele o fez de maneira expressa. É, por exemplo, o caso da preclusão indenizatória do seguro em que o art. 206, § 1º, II, *b*, dispõe que a prescrição se contará "da ciência do fato gerador da pretensão". É que a reparação do sinistro depende de sua comunicação à seguradora e de um subsequente procedimento de certificação e liquidação. Somente após o resultado dessas diligências, é que a seguradora se pronunciará sobre o reconhecimento ou não do direito do segurado à reparação prevista na apólice. Sem que o segurado saiba dessa definição a cargo da seguradora, não poderá exercitar a competente ação indenizatória. Daí a disposição legal vinculando o início do prazo prescricional à "ciência do fato gerador da pretensão". É a recusa de pagamento por parte da seguradora que viola o direito do segurado. Essa recusa, porém, é fato jurídico receptivo, que só se consuma quando a declaração de vontade da seguradora chega ao conhecimento do segurado. Antes disso, não se tem como violado o direito do segurado. Daí a regra especialíssima do art. 206, § 1º, II, *b*, do Código Civil.

---

[92]   STJ, 3ª T., REsp. 1.347.715/RJ, Rel. Min. Marco Aurélio Bellizze, ac. 25.11.2014, *DJe* 04.12.2014.

[93]   STJ, 3ª T., REsp. 1.400.778/SP, Rel. Min. João Otávio de Noronha, ac. 20.02.2014, *DJe* 30.05.2014. No mesmo sentido: STJ, 4ª T., REsp. 1.020.801/SP, Rel. Min. João Otávio de Noronha, ac. 26.04.2011, *DJe* 03.05.2011; STJ, 4ª T., REsp. 687.071/RJ, Rel. Min. Raul Araújo, ac. 11.09.2012, *DJe* 11.04.2013; STJ, 2ª T., REsp. 1.655.155/MT, Rel. Min. Herman Benjamin, ac. 06.04.2017, *DJe* 25.04.2017.

A jurisprudência que, em ações indenizatórias, às vezes, determina a fluência da prescrição a partir do momento em que o ofendido toma conhecimento da lesão, corresponde a fatos complexos cuja configuração é de difícil ou problemática aferição, como é o caso da incapacitação permanente do acidentado. Só mesmo uma perícia pode, na maioria das vezes, determinar a realidade acerca da gravidade da lesão. Por isso, é assente na jurisprudência que a prescrição relativa à indenização da incapacidade permanente comece a fluir apenas a partir do momento em que o acidentado tome conhecimento do laudo atestador de sua incapacidade[94].

Outros tipos de dano podem criar situações tão complexas como a da incapacidade permanente, como, por exemplo, a de apropriações indébitas praticadas pelo gestor de negócios alheios que só chegam ao conhecimento do prejudicado após apuração de contas ou ação criminal a respeito do delito perpetrado. Aí, também, é razoável que não se reconheça a *actio nata* para o lesado a partir do ato danoso, mas, sim, depois que este realmente chegou ao seu conhecimento. Até então, ser-lhe-ia inadmissível exercer a pretensão indenizatória.

Nesse sentido, foi a decisão da Terceira Turma do STJ que dispôs ser a aplicação da *actio nata* sob a vertente subjetiva *excepcional*, "somente cabível nos ilícitos extracontratuais". A hipótese era de ação coletiva de consumo, em que se questionava a venda de suplemento alimentar sem registro na ANVISA e a prática de propaganda enganosa. Segundo a Corte Superior, por se tratar de ilícito extracontratual, a prescrição somente poderia ocorrer a partir do efetivo conhecimento de todos os elementos da lesão, que, na espécie, teria ocorrido somente após a finalização do inquérito civil[95].

Da mesma forma, tratando-se de ação de indenização por dano ambiental individual, suportado por particular, o STJ entende que o termo inicial se inicia "da ciência inequívoca dos efeitos decorrentes do ato lesivo". Entretanto, o "ajuizamento de ação versando interesse difuso tem o condão de interromper o prazo prescricional para a apresentação da demanda individual"[96].

No comum dos casos, entretanto, a lesão se dá mediante simultânea ciência do lesado, ou de modo que ordinariamente ele teria condições de conhecê-la de imediato. Aí, prevalecerá a regra geral da fluência do prazo prescricional a partir da lesão, objetivamente[97]. Seria medida comprometedora da segurança jurídica (razão justificadora do instituto da prescrição) admitir que, depois de consumado o prazo extintivo da pretensão, que é de ordem pública, viesse o credor a se esquivar de seus efeitos, a pretexto de que, por motivos particulares ou pessoais, não teria se informado, a seu tempo, da lesão de seu direito.

Nesse sentido, entendimento do STJ:

> O Código Civil de 2002, assim como o fazia o de 1916, adota orientação de cunho objetivo, estabelecendo a data da lesão de direito, a partir de quando a ação pode ser

---

[94] STJ, 1ª T., REsp. 673.576/RJ, Rel. Min. José Delgado, ac. 02.12.2004, *DJU* 21.03.2005, p. 285.

[95] STJ, 3ª T., REsp. 1.736.091/PE, Rel. Min. Nancy Andrighi, ac. 14.05.2019, *DJe* 16.05.2019.

[96] STJ, 3ª T., REsp. 1.641.167/RS, Rel. Min. Nancy Andrighi, ac. 13.03.2018, *DJe* 20.03.2018.

[97] "O termo inicial da prescrição surge com o nascimento da pretensão (*actio nata*), assim considerada a possibilidade do seu exercício em juízo. Conta-se, pois, o prazo prescricional a partir da ocorrência da lesão, *sendo irrelevante* seu conhecimento pelo titular do direito" (STJ, 1ª Seção. REsp. 1.003.955/RS, Rel. Min. Eliana Calmon, ac. 12.08.2009, *DJe* 27.11.2009).

ajuizada, como regra geral para o início da prescrição, excepcionando os demais casos em dispositivos especiais. Assim, não se deve adotar a ciência do dano como o termo inicial do prazo se a hipótese concreta não se enquadra nas exceções[98].

No direito italiano, o sistema prescricional do Código Civil vigente é, como o nosso, objetivo, contando-se o prazo ordinário decenal do dia em que o direito pode ser de fato exercido (CC, arts. 2.935 e 2.946), e só em casos especiais é que, para esse objetivo, se leva em conta o conhecimento da violação do direito (critério subjetivo)[99].

O Código Civil da Federação Russa tem regra interessante a propósito: em princípio, o prazo de prescrição da ação começa a correr no dia em que "a pessoa teve conhecimento, ou *deveria ter conhecimento*, da violação de seu direito". Cabe à lei determinar as exceções a esta regra (art. 200, nº 1). Dessa maneira, não é sempre que a prescrição depende de conhecimento da lesão pelo lesado, pois bastará que ele tenha condições objetivas de conhecê-la, para que o lapso prescricional comece a partir do ato danoso. Somente, portanto, a impossibilidade de conhecer, desde logo a lesão, é que faz protrair o *dies a quo* da prescrição. A regra geral do Código Russo é igual à de nosso direito: se as obrigações devem ser executadas em prazo certo, o prazo de prescrição da ação começa a correr do fim do prazo previsto para a execução (art. 200, nº 2), sem indagação sobre qualificativos da inércia do credor, em princípio.

Já o direito alemão, que atualmente adota, em regra, o critério subjetivo da *actio nata*, para fixação do *dies a quo* da prescrição[100], previu, em recente revisão legislativa, um limite máximo objetivo de 10 ou 30 anos para as pretensões indenizatórias, com o propósito de impedir que o sistema de iniciar a contagem do prazo prescricional a partir do conhecimento do fato danoso pelo ofendido acabe por alongar demasiadamente a própria prescrição[101].

---

[98] STJ, 4ª T., REsp. 1.280.825/RJ, Rel. Min. Maria Isabel Gallotti, ac. 21.06.2016, *DJe* 20.08.2016.

[99] TESCARO, Mauro. L'evoluzione del diritto dela prescrizione: termini, decorrenze e cause di estensione. *Rivista di Diritto Civile*, Cedam, anno LXIX, n. 2, p. 82-83, gennaio-febbraio. 2023.

[100] "Um sistema objetivo, por exemplo, o alemão antes da última reforma, é caracterizado pelos seguintes elementos: a prescrição inicia a correr sem depender do fato de o titular do direito conhecer, ou dever conhecer, a circunstância essencial para exercitá-lo; os prazos são longos ou relativamente longos ... Um sistema subjetivo é, por sua vez, caracterizado pelos seguintes elementos: a prescrição começa a correr somente quando o titular tem o conhecimento, ou deveria tê-lo, das circunstâncias que fundamentam o direito; o prazo ordinário, além de ter um extenso campo de aplicação, é breve, ou relativamente breve; subsiste, porém, por exigência de certeza, um segundo termo final, que ocorre independentemente do conhecimento ou da cognoscibilidade..." (tradução livre) (TESCARO, Mauro L'evoluzione del diritto dela prescrizione: termini, decorrenze e cause di estensione. *Rivista di Diritto Civile*, Cedam, anno LXIX, n. 2, p. 82-83, gennaio-febbraio. 2023, n. 1, p. 74).

[101] O mecanismo alemão do prazo máximo objetivo é o seguinte: a) pedidos de indenização fundados em danos à vida, ao corpo, à saúde ou à liberdade, não obstante a forma em que surgiram, ou o conhecimento ou a negligência grosseira de conhecimento, prescrevem em trinta anos a partir da data em que o ato, a violação de dever ou outro evento que causou o dano ocorreu (BGB, § 199- 2); b) demais pretensões indenizatórias decorrentes de danos prescrevem: (i) não obstante o conhecimento ou a negligência grosseira de conhecimento, dez anos após surgirem; e, (ii) independentemente de como surgiram e do conhecimento ou da negligência grosseira de conhecimento, trinta anos a partir da data em que o ato, violação de dever ou outro evento que causou o dano ocorreu; o que ocorrer primeiro (BGB, § 199 -3); c) pretensões não indenizatórias, prescrevem em dez anos após a data do seu nascimento, não obstante o conhecimento ou a negligência grosseira de conhecimento (BGB, § 199- 4).

O que se vê na atual disciplina da prescrição do Código Civil alemão é, pois, uma combinação dos sistemas subjetivo e objetivo: adota-se o prazo trienal como o ordinário, a ser contado a partir do conhecimento do fato gerador da pretensão indenizatória (critério subjetivo); mas, para evitar o risco de uma protelação exagerada da prescrição, estipula-se um outro prazo que objetivamente será contado do nascimento da pretensão (dez ou trinta anos, conforme o caso), independentemente da ocorrência ou não do conhecimento do titular do direito violado. A prescrição, segundo essa complexa estrutura, atingirá o termo final quando se completar um ou outro dos dois prazos concorrentes. Prevalecerá o que vencer primeiro.

De uma maneira ou de outra, o direito alemão acaba por fazer prevalecer como limite máximo da prescrição, nas pretensões indenizatórias, o critério objetivo que leva em conta a data do ato ilícito[102].

Essa linha exposta (i.e., a contagem objetiva a partir do ato que origina a pretensão) é a que, em regra, deve prevalecer na interpretação da prescrição no direito brasileiro. O instituto é de ordem pública e seu regime escapa à influência da liberdade das partes. Em nome da segurança jurídica, seu regime legal é todo estabelecido de forma objetiva. Qualquer tentativa de subordiná-lo, sem amparo em lei, a uma perspectiva que subjetivamente condicione sua incidência a uma inércia culposa do credor, é inconciliável com sua estrutura legal e com o seu objetivo dentro do direito positivo.

De fato, nem as partes, nem o juiz, têm poder de alterar os prazos prescricionais (CC, art. 192). É do cunho de ordem pública que predomina sobre prazo dessa natureza que determina – adverte Pontes de Miranda – a impossibilidade de ser diminuído, nem aumentado, por meio de negócio jurídico: "só a regra jurídica pode aumentá-lo ou diminui-lo"[103]. E se a norma, na espécie, "tem um fundamento e uma finalidade de ordem pública"[104], sua observância é *cogente* (obrigatória) para o juiz que, de forma alguma, tem poder de alterá-la ou de negar-lhe aplicação.

Nessa perspectiva, o afastamento da teoria objetiva, para subordinar a contagem do prazo extintivo ao conhecimento da violação do direito por seu titular, somente pode, em princípio, ser autorizado pela própria lei. É que essa protelação do termo inicial acarreta na prática uma real e indesejável (e até imprevisível) ampliação do prazo demarcado por lei. Banalizar na prática aquilo que, de acordo com a ordem jurídica, deveria ser exceção de estrito cabimento, vulnera, profundamente, o espírito de um instituto vinculado à segurança jurídica, reduzindo muito o papel que a lei lhe conferiu. Não merece aplausos, portanto, a facilidade com que a jurisprudência dilata, às vezes, os prazos prescricionais, em ações indenizatórias, desviando o *dies a quo* do momento do ato ilícito para o da suposta ciência do dano.

---

[102] "O legislador alemão da reforma de 2002, após ampla discussão, escolheu tendencialmente a segunda via (em linhas gerais seguida, se bem com alguma significativa diferença, também pela França em 2008), com um prazo ordinário de prescrição breve, precisamente trienal (§ 195 BGB), cujo início segue um critério subjetivo (§ 199, Abs. 1 BGB) ...e com um prazo máximo objetivo, conforme o caso de dez ou trinta anos (§ 199, Abs da 2- conexo com Abs 3 ...- a 4 BGB)" (TESCARO, Mauro. L'evoluzione del diritto della prescrizione: termini, decorrenze e cause di estensione. *Rivista di Diritto Civile*, Cedam, anno LXIX, n. 2, p. 82-83, gennaio-febbraio 2023, p. 75).

[103] PONTES DE MIRANDA, Francisco Cavalcanti. *Tratado de direito privado*. São Paulo: RT, 2012, t. VI, § 698, n. 1, p. 446.

[104] RUGGIERO, Roberto de. *Instituições de direito civil*. Trad. Ary dos Santos. São Paulo: Saraiva, 1957. v. I, § 34, p. 357, nota 12.

12.2. A contagem do prazo nos diversos tipos de obrigações

Nos casos de obrigações ilíquidas, podem surgir duas pretensões: uma de liquidar e outra de exigir a prestação líquida. Enquanto não se apura o *quantum debeatur*, não se pode naturalmente reclamar o seu pagamento. Por isso, não cabe cogitar, ainda, de mora do devedor (art. 397). Não ocorre, portanto, prescrição da cobrança da dívida, durante o tempo de iliquidez. Mas, se há um prazo para promover a liquidação e o interessado não a diligencia, a partir de então começa a fluir tanto a prescrição da prestação de contas como da exigência do eventual saldo devedor[105].

Para a doutrina portuguesa, perfeitamente aplicável ao ordenamento brasileiro, "a iliquidez da dívida não impede o início do prazo de prescrição, se cabia ao credor promover a liquidação e não o fez. Se o credor promover a liquidação, só após o apuramento do respectivo quantitativo por acordou ou sentença transitada em julgado, é que se verifica a respectiva prescrição"[106].

Assim já decidiu o STJ, em caso de cobrança de honorários advocatícios fixados em decisão ilíquida, mantendo o acórdão recorrido: "o prazo de prescrição da ação de execução de honorários advocatícios, quando fixados em percentual sobre a condenação, somente tem curso após a liquidação da condenação"[107].

No caso de obrigação derivada de ato ilícito, desde a ocorrência deste está fluindo a ação para impor a obrigação genérica de indenizar. Sem saber-se, porém, o montante do prejuízo, não se pode desde logo exigir-lhe a indenização. Enquanto estiver fluindo a ação condenatória genérica, não corre o prazo para liquidar e exigir a reparação. Mas, se o credor não propõe logo a ação genérica, desde então estarão em risco as pretensões também da liquidação e do respectivo valor líquido. É que a inércia do titular da pretensão terá prejudicado todas as ações que poderia manejar. Prescrita a primeira, prescritas também as que a pressupunham[108]. Aliás, nas obrigações derivadas do ato ilícito, o responsável incorre em mora desde o momento em que o praticou (art. 398), independentemente da respectiva liquidação, razão pela qual o prazo de prescrição começa a fluir a partir do próprio evento danoso.

Mas, liquidado o *quantum* da indenização dentro do prazo prescricional, começa a fluir uma nova prescrição, que é a da pretensão executiva (sobre o tema, v., diante, o item 27).

Nas obrigações à vista, direito e pretensão nascem simultaneamente, ou seja, a exigibilidade da prestação se confunde com a constituição da própria obrigação. A prescrição conta-se, portanto, a partir da assunção do débito[109].

---

[105] "Se a dívida for ilíquida, a prescrição começa a correr desde que ao credor seja lícito promover a liquidação; promovida a liquidação, a prescrição do resultado líquido começa a correr desde que seja feito o seu apuramento por acordo ou sentença passada em julgado" (CPC Português, art. 306º, nº 4).

[106] LEITÃO, Luíz Manuel Teles de Menezes. *Direito das obrigações*. 12 ed. Coimbra: Almedina, 2019, v. II, p. 115.

[107] STJ, 2ª T., REsp. 1.090.602/PR, Rel. Min. Eliana Calmon, ac. 03.03.2009, *DJe* 02.04.2009.

[108] Prescreve em três anos a pretensão de reparação civil (art. 206, § 3º, V).

[109] "Em relação ao início do prazo de prescrição, a lei determina que este só se verifica a partir do momento em que o direito puder ser exercido (art. 306º, n. 1), ou seja, a partir do momento em que o credor tem a possibilidade de exigir do devedor que realize a prestação devida, o que ocorre a todo o tempo

As obrigações de prazo indeterminado só se sujeitam à prescrição depois que o devedor é interpelado, pois é então que se vencerá a dívida e se tornará exigível (art. 397, parágrafo único)[110].

Há também as prestações cuja exigibilidade pressupõe um ato do credor: por exemplo, o faturamento periódico de fornecimentos e serviços. Se o credor se omite, não pode com sua omissão protelar indefinidamente o início do prazo prescricional. Dever-se-á contá-lo do momento em que deveria ter exigido a obrigação, embora não o tenha feito. É o caso do cheque, cuja exigibilidade se dá no momento da apresentação ao sacado. A lei, no entanto, lhe marca o prazo de trinta dias para fazê-lo, quando emitido no lugar onde houver de ser pago; ou sessenta dias quando emitido em outro lugar do País ou no exterior (Lei nº 7.357/1985, art. 33). Se permanecer inerte, após findo aquele prazo, começará a correr o lapso prescricional, mesmo que a apresentação não tenha acontecido.

Quando se trata de obrigações que geram prestações periódicas (aluguéis, juros, alimentos etc.), deve-se distinguir, em matéria de prescrição, se a violação se refere ao *fundo do direito* ou apenas à satisfação das *parcelas sucessivas vencidas*. É o caso que ocorre recorrentemente nas relações entre os servidores e a administração pública.

Segundo entendimento, inclusive sumulado do STJ (Súmula 85), "nas relações jurídicas de trato sucessivo em que a Fazenda Pública figure como devedora, quando não tiver sido negado o próprio direito reclamado, a prescrição atinge apenas as prestações vencidas antes do quinquênio anterior à propositura da ação". Se, porém, houver sido negado o fundo do direito expressamente por parte da administração, o marco inicial da prescrição total de cinco anos será a data da negativa, não havendo que fazer distinção entre prescrição parcial e total[111].

---

nas obrigações puras ou com prazo em benefício do credor, e após o decurso do prazo nas obrigações com prazo estipulado em benefício do devedor. Se a lei atribuir ao devedor um prazo de cumprimento posterior à verificação da interpelação (ex.: art. 1148º, n. 1), o prazo de prescrição só se inicia após o decurso desse prazo (art. 306º, n. 1, *in fine*)... No caso de o direito estar sujeito a condição suspensiva ou termo inicial, naturalmente que o prazo prescricional só se inicia após a verificação da condição ou do termo (art. 306º, n. 3)" (LEITÃO, Luíz Manuel Teles de Menezes. *Direito das obrigações*. 12. ed. Coimbra: Almedina, 2019, v. II, p. 115).

[110] "Prescrição. Princípio da *actio nata*. Não havendo prazo para a execução do encargo é de recorrer-se ao princípio reitor do nosso sistema em tema de prescrição ('*actio nata*'). A prescrição só correrá a partir da constituição em mora caso não haja fato anterior que configure lesão ao direito do doador" (STJ, 3ª T., REsp. 33.409-7/SP, Rel. Min. Cláudio Santos, ac. 19.03.1996, *DJU* 19.10.1998, p. 86).

[111] "Antes da negativa expressa por parte da administração pública, a prescrição só atingirá as prestações vencidas antes do quinquênio anterior à propositura da ação. Incidência da Súmula 85 desta Corte Superior" (STJ, 2ª T., AgRg no REsp. 1.236.321/MG, Rel. Min. Humberto Martins, ac. 07.04.2011, *DJe* 14.04.2011). No mesmo sentido: "A controvérsia presente nesse incidente de uniformização refere-se à ocorrência ou não da prescrição do fundo de direito à pensão por morte de servidor público. Sobre o tema, o Superior Tribunal de Justiça, por meio da sua Primeira Seção, em 13/3/2019, no julgamento do EREsp 1.269.726/MG, Rel. Ministro Napoleão Nunes Maia Filho, DJe 20/3/2019, consolidou o entendimento de que "o pedido de concessão do benefício de pensão por morte deve ser tratado como uma relação de trato sucessivo, que atende necessidades de caráter alimentar, razão pela qual a pretensão à obtenção de um benefício é imprescritível". Assim, a concessão inicial do benefício poderá ser solicitada a qualquer tempo, e somente existirá prescrição do fundo de direito se não for ajuizada ação nos cinco anos posteriores à ciência do respectivo indeferimento administrativo, se houver. Precedentes. Hipótese dos autos em que o particular ajuizou ação ordinária em face do Instituto de Previdência do Estado do Rio Grande do Sul (IPERGS) pleiteando a concessão do benefício de pensão por morte e a condenação ao pagamento dos valores atrasados correspondentes aos cinco anos anteriores ao pedido administrativo,

Se se tratar, portanto, de violação limitada às prestações vencidas, ocorrerá o seu desmembramento, para os efeitos da prescrição, em tantas obrigações quantas forem as parcelas inadimplidas. Cada prestação vencida é tratada como uma pretensão individualizada e sujeita à prescrição própria (art. 206, §§ 2º e 3º). Sem que a obrigação geral se comprometa, podem as prestações vencidas sofrer individualmente a prescrição, contando--se o prazo extintivo a partir do momento em que cada uma delas se tornou exigível[112]. É o que ocorre, por exemplo, com a pretensão de cobrança das cotas condominiais, cujo prazo se renova conforme a periodicidade em que é devido o seu pagamento, prescrevendo a partir do vencimento de cada parcela[113].

Em síntese: parece-nos que a situação de *direito civil* ou de *direito administrativo* (que são iguais, *in casu*) é a seguinte: a) o devedor simplesmente se omitiu a cumprir as prestações periódicas a que se achava obrigado em seus sucessivos vencimentos[114]: a regra a observar é a que prevê prescrições *parciais e sucessivas*, parcela por parcela; b) o devedor expressamente negou a existência da obrigação de continuar pagando certas prestações periódicas[115], procedendo, assim, a uma revisão unilateral do vínculo jurídico existente entre as partes: em tal hipótese, a regra prescricional é outra, pois o *fundo do direito* foi expressamente negado; e, se assim é, a prescrição que afeta o *fundo do direito*, de onde emanam as prestações sucessivas, não se acha, mesmo no direito *civil* ou *administrativo*, regida pelo regime *parcial,* limitado às prestações isoladamente. A prescrição do direito de exigir o cumprimento da obrigação negada é *total*, afetando o *fundo do direito* e arrastando com ele o direito às sucessivas prestações dele originárias.

No que se refere a eventos continuados, que geram danos ao titular do direito, o início do prazo prescricional se dá com a ciência do último ato lesivo. Segundo Flávio Tartuce, "indicam o bom senso, a melhor técnica e a lógica jurídica que, se estiverem presentes atos continuados que ocasionam prejuízos sucessivos, ou que ensejam qualquer tipo de indenização, somente com a ciência do último deles – quando será possível verificar a efetiva presença e a extensão do *dano-resultado* –, dar-se-á o termo *a quo* para o prazo de prescrição"[116].

---

por ser marido de servidora pública estadual falecida em 29/2/1996" (STJ, 1ª Seção, PUIL 169/RS, Rel. Min. Og Fernandes, ac. 24.03.2021, *DJe* 06.04.2021).

[112] LIMA, Pires de; VARELA, Antunes. *Código Civil anotado.* 4. ed. Coimbra: Coimbra Editora, 1987. v. I, p. 278. Embora cuidando de prazo decadencial, mas usando raciocínio também aplicável a prazo prescricional, merece ser lembrado o precedente do STF em que se decidiu que o prazo decadencial para impetrar mandado de segurança, em se tratando de cumprimento de prestações de trato sucessivo, é contado a partir de cada novo ato (STF, 2ª T., RMS 24.736/DF, Rel. Min. Joaquim Barbosa, ac. 03.05.2005, *DJU* 05.08.2005, p. 119).

[113] STJ, 3ª T., REsp. 1.677.673/DF, Rel. Min. Nancy Andrighi, ac. 14.05.2019, *DJe* 16.05.2019.

[114] Pode-se citar, como exemplo, o inquilino que deixa simplesmente de pagar os aluguéis mensais, sem questionar a relação locatícia.

[115] É o que se passa com o ocupante do imóvel locado que nega a existência da relação *ex locato*. Nessa hipótese, a prescrição não poderá ser apenas dos aluguéis mensais que não foram pagos no período de três anos (art. 206, § 3º, I), devendo, necessariamente, atingir a totalidade das obrigações contratuais.

[116] TARTUCE, Flávio. Direito civil. Prescrição. Conceito e princípios regentes. Início do prazo e teoria da *actio nata*, em sua feição subjetiva. Eventos continuados ou sucessivos que geram o enriquecimento sem causa. Lucro da atribuição. Termo *a quo* contado da ciência do último ato lesivo. Análise de julgado do Superior Tribunal de Justiça e relação com eventos descritos. Parecer. *Revista Magister de Direito Civil e Processual Civil*, n. 70, jan./fev. 2016. p. 112. Nesse sentido, jurisprudência do STJ: "Violação continuada.

Entretanto, em hipótese de violação do direito de marca, o STJ entendeu que o prazo prescricional de cinco anos, do art. 225 da Lei de Propriedade Intelectual (Lei nº 9.279/1996), "se renova a cada dia em que o direito é violado, pois se trata de ilícito continuado"[117].

Quando se trata de obrigação negativa (obrigação de não fazer), a violação do direito subjetivo acontece no momento em que o devedor faz o que lhe era interdito. Daí começa o prazo da prescrição[118], que se relaciona com a pretensão de desfazer o que indevidamente se fez ou de exigir as competentes reparações[119].

No tocante às ações decorrentes de *direitos reais,* fundam-se elas no descumprimento do dever geral (*erga omnes*) de respeitá-los. É, pois, do momento que alguém os desrespeita que, automaticamente, nasce a pretensão de exigir do infrator a medida necessária para o pleno restabelecimento das faculdades do titular; e a partir de então começa a fluir a prescrição[120].

Por fim, "no caso de renda perpétua ou vitalícia ou outras prestações periódicas do mesmo tipo, a prescrição do direito unitário do credor só se inicia com a exigibilidade da primeira prestação que não for paga (art. 307º)"[121].

12.3. Alguns julgados do STJ e do TJMG sobre o tema

Em relação ao início do prazo prescricional, cumpre destacar alguns julgados do Superior Tribunal de Justiça:

a) Execução fiscal para cobrança de anuidade de conselho profissional

O STJ tem como termo inicial da execução fiscal de anuidade de conselho profissional o dia em que o total da dívida inscrita alcançar o patamar mínimo exigido pela legislação:

> 5. No entanto, considerando a limitação de valor mínimo para fins de execução criada pela Lei nº 12.514/2011, para o ajuizamento da execução, o prazo prescricional dever ter início somente quando o crédito se tornar exequível, ou seja, quando o total da dí-

---

Para fins prescricionais, o termo 'a quo', envolvendo violação continuada ao direito de imagem, conta--se a partir do último ato praticado" (STJ, 3ª T., REsp. 1.014.624/RJ, Rel. Min. Vasco Della Giustina, ac. 10.03.2009, *DJe* 20.03.2009).

[117] STJ, 3ª T., REsp 1.763.419/SP, Rel. Min. Nancy Andrighi, ac. 25.09.2018, *DJe* 01.10.2018.

[118] GOMES, Orlando. *Introdução ao direito civil.* 18. ed. Atualização e notas de Humberto Theodoro Júnior. Rio de Janeiro: Forense, 2002, n. 296, p. 500.

[119] Em caso de exercício da pretensão de abstenção de uso de marca, o STJ aplica o prazo de 10 anos, do art. 205, do CC (STJ, 3ª T., REsp 1.763.419/SP, Rel. Min. Nancy Andrighi, ac. 25.09.2018, *DJe* 01.10.2018).

[120] A prescrição extintiva afeta as prestações, mas não propriamente o direito real. Este só se extingue pela usucapião (GOMES, Orlando. *Introdução ao direito civil.* 18. ed. Atualização e notas de Humberto Theodoro Júnior. Rio de Janeiro: Forense, 2002, n. 296, p. 500). Por exemplo, "a *propriedade* não se perde pelo não uso; perde-se apenas em consequência da usucapião", motivo pelo qual se considera *imprescritível* a *ação reivindicatória* (TRABUCCHI, Alberto. *Istituzioni di diritto civile.* 38. ed. Padova: CEDAM, 1998, n. 60, p. 121 e nota 3). A reparação de frutos e prejuízos que acompanha o pedido reivindicatório, porém, sujeita-se à prescrição comum das indenizações civis.

[121] LEITÃO, Luíz Manuel Teles de Menezes. *Direito das obrigações.* 12. ed. Coimbra: Almedina, 2019, v. II, p. 115.

vida inscrita, acrescida dos respectivos consectários legais, atingir o patamar mínimo exigido pela norma[122].

b) Execução fiscal para cobrança de IPVA e IPTU

b.1) A Corte Superior entende que a notificação do contribuinte para recolher o imposto constitui definitivamente o crédito, razão pela qual o termo *a quo* para a execução fiscal se dá no dia seguinte à data estipulada para o pagamento do tributo:

> 1. O Imposto sobre a Propriedade de Veículos Automotores (IPVA) é lançado de ofício no início de cada exercício (art. 142 do CTN) e constituído definitivamente com a cientificação do contribuinte para o recolhimento da exação, a qual pode ser realizada por qualquer meio idôneo, como o envio de carnê ou a publicação de calendário de pagamento, com instruções para a sua efetivação.
>
> 2. Reconhecida a regular constituição do crédito tributário, não há mais que falar em prazo decadencial, mas sim em prescricional, cuja contagem deve se iniciar no dia seguinte à data do vencimento para o pagamento da exação, porquanto antes desse momento o crédito não é exigível do contribuinte.
>
> 3. Para o fim preconizado no art. 1.039 do CPC/2015, firma-se a seguinte tese: "A notificação do contribuinte para o recolhimento do IPVA perfectibiliza a constituição definitiva do crédito tributário, iniciando-se o prazo prescricional para a execução fiscal no dia seguinte à data estipulada para o vencimento da exação"[123].

b.2) No tocante ao IPTU, em sede de recurso especial repetitivo entendeu o STJ que o prazo prescricional somente começa a fluir após "o transcurso do prazo estabelecido pela lei local para o vencimento da exação (pagamento voluntário pelo contribuinte)". Assim, não tem o fisco, até o vencimento estipulado, pretensão executória legítima para ajuizar a execução fiscal, "embora já constituído o crédito desde o momento no qual houve o envio do carnê para o endereço do contribuinte". Além disso, para a Corte, o parcelamento de ofício do crédito "não configura causa interruptiva da contagem da prescrição, uma vez que o contribuinte não anuiu", não se aplicando os arts. 151, I e VI e 174, parágrafo único, IV, do CTN. Nessa esteira, o STJ fixou as seguintes teses:

> (i) o termo inicial do prazo prescricional da cobrança judicial do Imposto Predial e Territorial Urbano – IPTU inicia-se no dia seguinte à data estipulada para o vencimento da exação; (ii) o parcelamento de ofício da dívida tributária não configura causa interruptiva da contagem da prescrição, uma vez que o contribuinte não anuiu[124].

c) Repetição de indébito

c.1) **Tributário**: Em relação à repetição de indébito tributário, o STJ já fixou que o termo inicial da prescrição se inicia com o trânsito em julgado da ação rescisória que rescindiu a decisão que reconheceu a cobrança do tributo:

---

[122] STJ, 2ª T., REsp. 1.524.930/RS, Rel. Min. Og Fernandes, ac. 02.02.2017, *DJe* 08.02.2017.

[123] STJ, 1ª Seção, REsp. 1.320.825/RJ, Rel. Min. Gurgel de Faria, ac. 10.08.2016, *DJe* 17.08.2016.

[124] STJ, 1ª Seção, REsp. 1658517/PA, Rel. Min. Napoleão Nunes Maia Filho, ac. 14.11.2018, *DJe* 21.11.2018.

Capítulo II · DA PRESCRIÇÃO | **41**

6. Na espécie, a sentença mandamental, da qual teria decorrido a extinção definitiva do crédito tributário, mediante conversão dos depósitos em renda da União, foi rescindida por procedimento adequado (ação rescisória), no qual a Fazenda foi devidamente citada, participando da relação processual. Assim, se não subsiste a sentença mandamental que considerou legítimo o recolhimento das exações em comento, não há também como subsistirem seus efeitos, mormente porque a sentença proferida em ação rescisória tem efeitos *ex tunc,* conforme jurisprudência pacificada da Primeira Seção desta Corte.

7. Ademais, sem o afastamento da sentença mandamental que havia reconhecido a constitucionalidade dos tributos, seu recolhimento era considerado legítimo, de forma que apenas surgiu a lesão ao direito da recorrente de não recolher as exações reconhecidamente indevidas no momento em que houve a desconstituição daquela coisa julgada. Foi, então, nessa ocasião (data do trânsito em julgado da ação rescisória) que surgiu a pretensão da recorrida, a ser discutida na presente demanda, sendo essa a data a ser considerada como termo inicial para a contagem do prazo em questão (princípio da *actio nata*).

8. Dessa forma, levando-se em consideração a existência de decisão judicial que rescindiu a sentença da qual se originou a suposta extinção do crédito tributário, não vejo como afastar a aplicação, à espécie, do inciso II do artigo 168 do CTN, segundo o qual o direito de pleitear a restituição extingue-se com o decurso do prazo de 5 anos, contados "da data em que se tornar definitiva a decisão administrativa ou passar em julgado a decisão judicial que tenha reformado, anulado, revogado ou rescindido a decisão condenatória"[125].

O STJ fixou, também, o termo inicial para repetição de indébito de ITCMD, cujo pagamento deve ser feito antecipadamente, no trânsito em julgado da decisão judicial do juízo de família que anulou o acordo de promessa de doação, oportunidade em que restou configurado o indébito tributário pelo não aproveitamento do imposto recolhido:

2. O fato gerador do imposto de transmissão (art. 35, I, do CTN) é a transferência da propriedade imobiliária, que somente se opera mediante o registro do negócio jurídico junto ao ofício competente. Nesse sentido, acerca do ITBI, já decidiu o STJ: REsp 771.781/SP, Rel. Min. Eliana Calmon, Segunda Turma, *DJ* 29/06/07; AgRg no AgRg no REsp 764.808/MG, Rel. Min. Luiz Fux, Primeira Turma, *DJ* 12/04/07.

3. O recolhimento do ITCMD, via de regra, ocorre antes da realização do fato gerador, porquanto o prévio pagamento do imposto é, normalmente, exigido como condição para o registro da transmissão do domínio. Assim, no presente caso, não é possível afirmar que o pagamento antecipado pelo contribuinte, ao tempo de seu recolhimento, foi indevido, porquanto realizado para satisfazer requisito indispensável para o cumprimento da promessa de doação declarada em acordo de separação judicial.

4. Considerando, portanto, que é devido o recolhimento antecipado do ITCMD para fins de consecução do fato gerador, não se mostra possível a aplicação do art. 168, I, do CTN, porquanto esse dispositivo dispõe sobre o direito de ação para reaver tributo não devido.

5. Deve, portanto, na espécie, ser prestigiado o entendimento adotado pelo acórdão *a quo*, no sentido de que o direito de ação para o contribuinte reaver a exação recolhida

---

[125] STJ, 1ª T., REsp. 1.104.814/RS, Rel. Min. Benedito Gonçalves, ac. 16.11.2010, *DJe* 23.11.2010.

nasceu (*actio nata*) com o trânsito em julgado da decisão judicial do juízo de família (de anulação do acordo de promessa de doação) e o consequente registro imobiliário (em nome exclusivo da ex-esposa) que impediram a realização do negócio jurídico prometido, na medida em que, somente a partir desse momento restou configurado o indébito tributário (*lato sensu*) pelo não aproveitamento do imposto recolhido[126].

c.2) Valores pagos a maior em razão de excesso no reajuste das mensalidades de planos de saúde: O Tribunal de Justiça de Minas Gerais fixou o termo inicial da prescrição da ação de repetição de indébito a data do trânsito em julgado da sentença que reconheceu o excesso:

> O prazo prescricional para o ajuizamento de ação, em que se pleiteia a repetição de valores pagos a maior, é de três anos, nos termos do art. 206, § 3º, IV, do Código Civil, contada da data em que a parte teve ciência inequívoca de tais cobranças a maior.
>
> Conforme teoria da *actio nata*, é com o trânsito em julgado da sentença que reconheceu o excesso dos reajustes aplicados sobre as mensalidades do plano de saúde, que nasce para o autor o direito de pleitear a devolução dos valores pagos a maior a este título[127].

d) Ação de violação de marca e nome comercial

A Corte Superior já decidiu que o prazo prescricional para ação que discute a violação de marca e nome comercial começa a correr com a cessão do nome empresarial a terceiros:

> 1. Segundo o princípio da *actio nata*, o prazo prescricional da ação somente se inicia no momento em que constatada a violação do direito que se busca proteger por meio da ação.
> 2. Diante das particularidades da demanda e da causa de pedir, incabível a utilização como marco inicial da prescrição a data do depósito dos atos constitutivos da contraparte na Junta Comercial, ocorrido em 1951. A contagem do prazo prescricional, no caso, iniciou-se com a alegada mudança de postura da ré, com a cessão do nome empresarial a terceiros e com a implementação de centro comercial, a partir do ano de 1997[128].

Em outra oportunidade, entendendo que a utilização indevida de marca alheia configura dano continuado, o STJ fixou que o termo inicial do prazo prescricional se inicia a cada dia em que o direito é violado:

> 2. O prazo prescricional para a ação de indenização por violação ao uso indevido de marca é quinquenal. Porém, o termo *a quo* nasce a cada dia em que o direito é violado. De fato, se a violação do direito é continuada, de tal forma que os atos se sucedam em sequência, a prescrição ocorre do último deles, mas se cada ato reflete uma ação independente, a prescrição alcança cada um, destacadamente (PEREIRA, Caio Mário da Silva. *Instituições de Direito Civil*. 25. ed. Rio de Janeiro: Forense, 2012. p. 585)[129].

---

[126] STJ, 1ª T., REsp. 1.236.816/DF, Rel. Min. Benedito Gonçalves, ac. 15.03.2012, *DJe* 22.03.2012.

[127] TJMG, 17ª Câmara Cível, Ap. 1.0024.10.150738-2/001, Rel. Des. Márcia de Paoli Balbino, ac. 07.08.2014, *DJe* 19.08.2014.

[128] STJ, 3ª T., REsp. 1.282.969/SC, Rel. Min. Ricardo Villas Bôas Cueva, ac. 21.08.2014, *DJe* 08.09.2014.

[129] STJ, 4ª T., REsp. 1.320.842/PR, Rel. Min. Luis Felipe Salomão, ac. 14.05.2013, *DJe* 01.07.2013.

e) Ação de cobrança

e.1) Valores pagos extemporaneamente em cumprimento de contrato administrativo: O STJ fixou o termo inicial do prazo prescricional, a data fixada no contrato para o pagamento:

> 1. Sustenta a parte recorrente ter havido violação ao art. 1º do Decreto nº 20.910/1932 no acórdão recorrido (que reconheceu em parte a prescrição e, na outra parte, inexistência de danos materiais ou morais a serem indenizados e de nexo de causalidade entre a conduta da parte recorrida e a falência da empresa), ao argumento de que o ato danoso ocorreu em setembro/1993, data em que não foi emitida a certidão negativa de débito em favor da recorrente, daí por que não consumada a prescrição.
>
> 2. Pela teoria da *actio nata*, em ação de cobrança de valores pagos extemporaneamente em sede de cumprimento de contrato administrativo, o prazo prescricional inicia-se a partir do dia fixado pelos contratantes, no instrumento, para a realização do pagamento, porque, nestas hipóteses, a causa de pedir é o atraso da quitação. Precedentes[130].

e.2) Diferenças de correção monetária e juros sobre os valores recolhidos a título de empréstimo compulsório à Eletrobras: A Corte Superior já decidiu que o termo inicial da prescrição para cobrança de correção monetária sobre os juros remuneratórios é a data em que a Eletrobras realizou o pagamento da parcela do empréstimo, mediante a compensação dos valores nas contas de energia elétrica:

> Termo *a quo* da prescrição: o termo inicial da prescrição surge com o nascimento da pretensão (*actio nata*), assim considerada a possibilidade do seu exercício em juízo. Conta-se, pois, o prazo prescricional a partir da ocorrência da lesão, sendo irrelevante seu conhecimento pelo titular do direito. Assim:
>
> a) quanto à pretensão da incidência de correção monetária sobre os juros remuneratórios de que trata o art. 2º do Decreto-lei nº 1.512/1976 (item 3), a lesão ao direito do consumidor ocorreu, efetivamente, em julho de cada ano vencido, no momento em que a ELETROBRAS realizou o pagamento da respectiva parcela, mediante compensação dos valores nas contas de energia elétrica;
>
> b) quanto à pretensão de correção monetária incidente sobre o principal (item 2), e dos juros remuneratórios dela decorrentes (item 4), a lesão ao direito do consumidor somente ocorreu no momento da restituição do empréstimo em valor "a menor". Considerando que essa restituição se deu em forma de conversão dos créditos em ações da companhia, a prescrição teve início na data em que a Assembleia-Geral Extraordinária homologou a conversão a saber: a) 20/04/1988, com a 72ª AGE, 1ª conversão; b) 26/04/1990, com a 82ª AGE, 2ª conversão; e c) 30/06/2005, com a 143ª AGE, 3ª conversão[131].

e.3) Restituição de valores de benefícios previdenciários complementares recebidos por meio de decisão posteriormente revogada: segundo o STJ, o termo inicial do prazo prescricional de 10 anos para a restituição de valores de benefícios previdenciários

---

[130] STJ, 2ª T., REsp. 1.115.277/SC, Rel. Min. Mauro Campbell Marques, ac. 14.12.2010, *DJe* 10.02.2011.
[131] STJ, 1ª Seção, REsp. 1.003.955/RS, Rel. Min. Eliana Calmon, ac. 12.08.2009, *DJe* 27.11.2009.

complementares recebidos por força de decisão liminar posteriormente revogada é a data do trânsito em julgado da decisão que confirma a revogação:

> 7- É de 10 anos o prazo prescricional aplicável à pretensão de restituição de valores de benefícios previdenciários complementares recebidos por força de decisão liminar posteriormente revogada, tendo em vista não se tratar de hipótese de enriquecimento sem causa, de prescrição intercorrente ou de responsabilidade civil.
>
> 8- Na específica hipótese dos autos, que cinge controvérsia acerca da revogação de decisão liminar, o termo a quo do prazo prescricional é a data do trânsito em julgado do provimento jurisdicional em que se confirma a revogação da liminar, pois este é o momento em que o credor toma conhecimento de seu direito à restituição, pois não mais será possível a reversão do aresto que revogou a decisão precária[132].

e.4) Contrato de mútuo vinculado ao Sistema Financeiro de Habitação: para a Corte Superior, trata-se de obrigação única, e não de trato sucessivo, razão pela qual, o termo *a quo* do prazo prescricional para a cobrança das parcelas vencidas é a data de vencimento da última parcela:

> 1. O parcelamento do saldo devedor nos contratos de financiamento imobiliário não configura relação de trato sucessivo, pois não se trata de prestações decorrentes de obrigações periódicas e autônomas, que se renovam mês a mês, mas de parcelas de uma única obrigação, qual seja, a de quitar integralmente o valor financiado até o termo final do contrato.
>
> 2. Por se tratar de obrigação única (pagamento do valor total financiado), desdobrada em prestações para facilitar o adimplemento por parte do devedor, o termo inicial do prazo prescricional também será único, correspondendo à data de vencimento da última parcela do financiamento[133].

f) Ação de indenização

f.1) Contra o Estado em razão de acidente: O STJ fixou o termo inicial da prescrição a data em que a vítima teve conhecimento inequívoco da invalidez e, não, a data do acidente:

> 3. O termo *a quo* para auferir o lapso prescricional para ajuizamento de ação de indenização contra o Estado não é a data do acidente, mas aquela em que a vítima teve ciência inequívoca de sua invalidez e da extensão da incapacidade de que restou acometida[134].
>
> 2. O direito de pedir indenização, pelo clássico princípio da *actio nata*, surge quando constatada a lesão e suas consequências, fato que desencadeia a relação de causalidade e leva ao dever de indenizar[135].

---

[132] STJ, 2ª Seção, REsp. 1.939.455/DF, Rel. Min. Nancy Andrighi, ac. 26.04.2023, *DJe* 09.06.2023.

[133] STJ, 4ª T., AgInt no REsp. 1.837.718/PR, Rel. Min. Raul Araújo, ac. 09.08.2022, *DJe* 30.08.2022.

[134] STJ, 1ª T., REsp. 673.576/RJ, Rel. Min. José Delgado, ac. 02.12.2004, *DJU* 21.03.2005, p. 285.

[135] STJ, 2ª T., REsp. 735.377/RJ, Rel. Min. Eliana Calmon, ac. 02.06.2005, *DJU* 27.06.2005, p. 354.

Capítulo II · DA PRESCRIÇÃO | 45

f.2) Desapropriação que não se concretizou: O STJ entendeu que o *dies a quo* da prescrição para ajuizamento de ação de indenização contra o Estado por desapropriação que não se concretizou é a data da homologação da desistência do Poder Público:

> 1. Em nosso sistema, o prazo prescricional está submetido ao princípio da *actio nata*, segundo o qual a prescrição se inicia com o nascimento da pretensão ou da ação.
>
> 2. No caso concreto, a ciência inequívoca da violação do direito se deu com a homologação da desistência pelo Poder Público, vez que, neste momento, o demandante constatou que a desapropriação não se concretizaria e não viria a receber a indenização devida, mesmo já tendo sofrido prejuízos[136].

f.3) Ação de indenização em razão de demora da União na concessão de aposentadoria: para o STJ, a demora na tramitação de processo de aposentadoria obriga a União a indenizar o servidor pelos danos materiais suportados. O prazo prescricional da ação indenizatória é quinquenal, contando-se da data do deferimento do benefício:

> 8. Ocorre que no presente feito o que se examina é a pretensão, não da Administração Pública, mas do administrado de discutir o direito de indenização por dano material pela suposta demora na concessão de sua aposentadoria, ou seja, matéria completamente diversa da tratada pelo STF no Tema de Repercussão Geral nº 445/STF.
>
> 9. Nesse contexto, o termo inicial do prazo prescricional para o ajuizamento de ação de indenização contra ato do Estado ocorre no momento em que constatada a lesão e os seus efeitos, ou seja, a partir do deferimento do pedido voluntário de aposentaria do servidor, conforme o princípio da *actio nata*. Precedente[137].

f.4) Danos provocados em razão de ato que deva ser apurado na esfera criminal: O STJ fixa o termo inicial da prescrição para ajuizamento de ação de indenização por danos provocados em razão de fato que deva ser apurado na esfera criminal, não a data da violação do direito subjetivo, mas a da definição por sentença, no juízo criminal, que apure definitivamente o fato:

> 1. Impera a noção de independência entre as instâncias civil e criminal, uma vez que o mesmo fato pode gerar, em tais esferas, tutelas a diferentes bens jurídicos, acarretando níveis diversos de intervenção. Nessa seara, o novo Código Civil previu dispositivo inédito em seu art. 200, reconhecendo causa impeditiva da prescrição: "quando a ação se originar de fato que deva ser apurado no juízo criminal, não correrá a prescrição antes da respectiva sentença definitiva".
>
> 2. Estabeleceu a norma, em prestígio à boa-fé, que o início do prazo prescricional não decorre da violação do direito subjetivo em si, mas, ao revés, a partir da definição por

---

[136] STJ, 1ª T., REsp. 816.131/SP, Rel. Min. Teori Albino Zavascki, ac. 27.03.2007, *DJU* 07.05.2007, p. 285. No mesmo sentido, decisão que reconheceu o termo *a quo* como sendo "a sentença judicial que julgou improcedente a desapropriação indireta, reconhecendo as terras litigandas como pertencentes aos índios Xavantes, sendo o negócio de compra e venda nulo de pleno direito, cabendo ao lesado ação indenizatória contra quem vendera coisa alheia como própria" (STJ, 2ª T., REsp. 661.520/MT, voto do Relator Min. João Otávio de Noronha, ac. 23.10.2007, *DJU* 06.12.2007, p. 300).

[137] STJ, 1ª T., REsp. 1.840.570/RS, Rel. Min. Benedito Gonçalves, ac. 16.11.2021, *DJe* 23.11.2021.

sentença, no juízo criminal, que apure definitivamente o fato. A aplicação do art. 200 do Código Civil tem valia quando houver relação de prejudicialidade entre as esferas cível e penal – isto é, quando a conduta originar-se de fato também a ser apurado no juízo criminal –, sendo fundamental a existência de ação penal em curso (ou ao menos inquérito policial em trâmite).

3. Na hipótese, houve ação penal com condenação do motorista da empresa ré, ora recorrida, à pena de 02 (dois) anos de detenção, no regime aberto, além da suspensão da habilitação, por 06 (seis) meses, como incurso no art. 302 do Código de Trânsito Brasileiro, c/c art. 121, § 3°, do Código Penal, sendo que a *causa petendi* da presente ação civil foi o ilícito penal advindo de conduta culposa do motorista da empresa recorrida.

4. O novo Código Civil (art. 933), seguindo evolução doutrinária, considera a responsabilidade civil por ato de terceiro como sendo objetiva, aumentando sobejamente a garantia da vítima. Malgrado a responsabilização objetiva do empregador, esta só exsurgirá se, antes, for demonstrada a culpa do empregado ou preposto, à exceção, por evidência, da relação de consumo.

5. Assim, em sendo necessário – para o reconhecimento da responsabilidade civil do patrão pelos atos do empregado – a demonstração da culpa anterior por parte do causador direto do dano, deverá, também, incidir a causa obstativa da prescrição (CC, art. 200) no tocante à referida ação civil *ex delicto*, caso essa conduta do preposto esteja também sendo apurada em processo criminal. Dessarte, tendo o acidente de trânsito – com óbito da vítima – ocorrido em 27/3/2003, o trânsito em julgado da ação penal contra o preposto em 9/1/2006 e a ação de indenização por danos materiais e morais proposta em 2/7/2007, não há falar em prescrição[138].

Ainda que a responsabilidade civil seja do Estado, em razão de ato praticado por agente público, nessa qualidade, o termo *a quo* do prazo prescricional será a sentença penal definitiva:

a) 1. A jurisprudência desta Corte é pacífica no sentido de que o termo inicial da prescrição, em ação de indenização por ilícito penal praticado por agente do Estado, é o trânsito em julgado da ação penal condenatória. Precedentes: AgRg no Ag 1.383.364/SC, Rel. Min. Arnaldo Esteves Lima, Primeira Turma, *DJe* 25/05/2011; REsp 1.244.979/PB, Rel. Min. Herman Benjamin, Segunda Turma, *DJe* 20/05/2011; REsp 439.283/RS, Rel. Min. Denise Arruda, Primeira Turma, *DJ* 01.02.2006; REsp 842.174/RS, Rel. Min. Teori Albino Zavascki, Primeira Turma, *DJe* 25/02/2011; REsp 618.934/SC, Rel. Min. Luiz Fux, Primeira Turma, *DJ* 13/12/2004[139].

b) 1. Nos casos em que a pretensão de indenização por danos morais tem estrita relação de dependência com o fato apurado no juízo criminal, aplicam-se analogicamente as regras relativas à ação civil *ex delicto*, inclusive quanto ao prazo prescricional (CC/2002, art. 200). Precedentes.

2. Tendo os autores alegado prejuízos de ordem moral em razão da imputação de crimes dos quais vieram a ser posteriormente absolvidos, a apuração do suposto fato criminoso

---

[138] STJ, 4ª T., REsp. 1.135.988/SP, Rel. Min. Luis Felipe Salomão, ac. 08.10.2013, *DJe* 17.10.2013.

[139] STJ, 1ª T., AgRg no REsp. 1.325.252/SC, Rel. Min. Benedito Gonçalves, ac. 16.04.2013, *DJe* 19.04.2013. No mesmo sentido: STJ, 1ª T., REsp. 842.174/RS, Rel. Min. Teori Zavascki, ac. 17.02.2011, *DJe* 25.05.2011; STJ, 2ª T., REsp. 1.306.441/SP, Rel. Min. Og Fernandes, ac. 10.11.2015, *DJe* 18.11.2015.

na esfera criminal era questão prejudicial ao ingresso do pedido indenizatório na esfera cível, atraindo a incidência da regra do art. 200 do CC/2002, com fluência da prescrição somente a partir do trânsito em julgado da sentença na ação penal[140].

f.5) Dano moral por falecimento em acidente: O STJ fixa o prazo prescricional para cobrança de indenização por dano moral em razão de falecimento de ente querido, a data da morte e, não, o dia do acidente:

1. Diferentemente do que ocorre em direito penal, que considera o momento do crime a data em que é praticada a ação ou omissão que lhe deu causa, no direito civil a prescrição é contada da data da "violação do direito".

2. Na hipótese em que se discute dano moral decorrente do falecimento de ente querido, é a data do óbito o prazo inicial da contagem da prescrição, ainda que o acidente tenha ocorrido dias antes. Não é possível considerar que a pretensão a indenização em decorrência da morte nasça antes do evento que lhe deu causa[141].

f.6) Plágio: O STJ tem posicionamento divergente a respeito do início da contagem do prazo prescricional para ajuizamento de ação de indenização por plágio.

Entendendo que o prazo se inicia da publicação da obra plagiada, julgado da Terceira Turma, de relatoria da Ministra Nancy Andrighi:

1. O art. 189 do CC/2002 consagrou o princípio da *actio nata,* fixando como *dies a quo* para contagem do prazo prescricional a data em que nasce o direito subjetivo de ação por violação de direito, independentemente da efetiva ciência da vítima.

2. O art. 131 da Lei nº 5.988/1973 revogou o art. 178, § 10, VII, do CC/1916, pois regulou inteiramente a matéria tratada neste.

3. Revogada a Lei nº 5.988/1973 pela Lei nº 9.610/1998 e como art. 111 da lei revogadora (que dispunha sobre prazo prescricional) foi vetado, a matéria atinente à prescrição das ações relacionadas a direitos autorais patrimoniais passou a ser regida pelo art. 177 do CC/1916, aplicando-se o prazo prescricional de 20 anos, visto que não houve previsão expressa de repristinação do art. 178, § 10, VII, do CC/1916, conforme exige o art. 2º, § 3º, da LICC.

4. O CC/2002 não prevê um prazo prescricional específico para a violação de direitos do autor, de sorte que, com o seu advento, a matéria passou a ser regulada pelo art. 206, § 3º, V, que fixa um prazo prescricional de 03 anos para a pretensão de reparação civil, dispositivo de caráter amplo, em que se inclui a reparação de danos patrimoniais suportados pelo autor de obra intelectual[142].

Entretanto, em 2017, esta mesma Turma decidiu que o prazo prescricional se inicia da comprovada ciência da lesão pelo autor originário:

2. O surgimento da pretensão ressarcitória nos casos de plágio se dá quando o autor originário tem comprovada ciência da lesão a seu direito subjetivo e de sua extensão.

---

[140] STJ, 4ª T., AgInt no AREsp. 1.192.906/SP, Rel. Min. Raul Araújo, ac. 14.03.2023, *DJe* 08.05.2023.

[141] STJ, 3ª T., REsp. 1.318825/SE, Rel. Min. Nancy Andrighi, ac. 13.11.2012, *DJe* 21.11.2012.

[142] STJ, 3ª T., REsp. 1.168.336/RJ, Rel. Min. Nancy Andrighi, ac. 22.03.2011, *DJe* 16.09.2011.

A data da publicação da obra não serve, por si só, como presunção de conhecimento do dano.

3. A jurisprudência do Superior Tribunal de Justiça, em casos envolvendo o termo inicial da prescrição das demandas indenizatórias por dano extracontratual, tem prestigiado o acesso à justiça em detrimento da segurança jurídica, ao afastar a data do dano como marco temporal. Precedentes[143].

Segundo o relator desse acórdão, Ministro Ricardo Villas Bôas Cueva, o plágio tem como elemento caracterizador a dissimulação, o que dificultaria a defesa do autor se o prazo prescricional se iniciasse da publicação da obra. "Assim, o titular do direito não estaria somente obrigado a acompanhar todos os lançamentos literários relativos ao tema de sua obra, mas também a ler grande parte de seu conteúdo de modo constante e ininterrupto, sob pena de ver transcorrido o prazo trienal, aplicável às ações de reparação civil"[144].

Nosso entendimento, todavia, é o de que a contagem do prazo deve iniciar-se a partir da publicação da obra e, não, da ciência do autor lesado, tal como reconhecido no REsp.1.168.336/RJ. Conforme expusemos anteriormente, a tendência do Código Civil é o tratamento objetivo da prescrição, em razão da segurança jurídica. Se se admitir que o prazo prescricional somente começa a correr da ciência do plágio pelo autor, corre-se o risco de se criar verdadeiras imprescritibilidades. Ora, morto o autor, seus herdeiros poderiam pretender indenização indefinidamente, a pretexto de que nunca tomaram conhecimento do plágio.

A interpretação da Lei nº 9.610/1998 deve levar em consideração as razões do veto do art. 111, que previa expressamente que o prazo prescricional teria como termo inicial a data da ciência da infração, no sentido de que "o prazo prescricional de cinco anos deve ser contado da data em que se deu a violação, não da data do conhecimento da infração". A supressão dessa norma, que privilegiava o aspecto subjetivo da *actio nata* vinculando o nascimento da pretensão ao *conhecimento do dano* pelo ofendido teve o nítido propósito de evitar a inconveniência de sua adoção, em face da teoria objetiva sistematicamente observada pelo nosso direito, no que se relaciona com a prescrição. Com o veto, resguardou-se a submissão da pretensão patrimonial do titular do direito autoral à regra geral de fluência a contar do ato lesivo, objetivamente, como se passa com todos os atos ilícitos.

O atual Código é claro e categórico em estabelecer que é da *violação do direito* que nasce a pretensão e que é dessa violação que começa a fluir o prazo prescricional que, afinal, provocará a extinção da mesma pretensão (CC/2002, art. 189). Portanto, só por expressa previsão legal é que, por exceção, se admitirá a contagem do lapso prescricional

---

[143] STJ, 3ª T., REsp. 1.645.746/BA, Rel. Min. Ricardo Villas Bôas Cueva, ac. 06.06.2017, *DJe* 10.08.2017.

[144] No mesmo sentido: "Como regra, esse momento, à luz do art. 189 do CC/02, corresponde à data da violação do direito. No entanto, a jurisprudência desta Corte excepciona essa regra em algumas hipóteses de ilícitos extracontratuais, a fim de determinar que o prazo de prescrição somente passe a correr a partir do momento em que o ofendido tenha obtido ciência do dano, da sua extensão e da autoria da lesão. É inadmissível que se apene o titular do direito, mediante a deflagração do prazo prescricional, sem a constatação de efetiva inércia de sua parte, o que, de seu turno, pressupõe que possa ele exercitar sua pretensão. Contudo, quando a vítima sequer tem conhecimento da lesão ocorrida, ou de sua extensão e autoria, o exercício da pretensão resta, naturalmente, inviabilizado, não se podendo lhe atribuir qualquer comportamento negligente. Precedentes" (STJ, 3ª T., REsp. 1.785.771/RS, Rel. Min. Nancy Andrighi, ac. 18.08.2020, *DJe* 26.08.2020).

a partir do conhecimento do dano pelo ofendido, em vez de a partir da lesão a seu direito. A jurisprudência, às vezes, em caráter excepcional, admite que a *actio nata* se verifique ulteriormente ao ato ilícito. Mas o faz diante de situações de absoluta impossibilidade do exercício da pretensão antes que se certifique o real conhecimento da lesão e de sua efetiva natureza e dimensão. É o que se passa, por exemplo, com o acidente que acarreta a incapacidade permanente da vítima. Só a perícia é capaz de reconhecer a irreversibilidade desse tipo de dano, motivo pelo qual é firme a jurisprudência no sentido de que a prescrição da pretensão nascida da incapacidade permanente começa a ser contada, não do acidente que a provocou, e sim do laudo técnico que a constatou.

Não é esse, evidentemente, o caso do plágio, que ofende patrimonialmente o titular do direito autoral, no exato momento em que é praticado e que, não sendo então conhecido, é, pelo menos conhecível desde logo. Não há um empecilho jurídico ou fático que impeça, necessariamente, sua constatação imediata. A simples dificuldade de controle pelo autor não é suficiente para afastar a fluência da prescrição, cujo papel se liga à segurança jurídica que vai além dos interesses privados do credor e que não pode conviver com o risco da imprescritibilidade de pretensões puramente patrimoniais, como são as decorrentes do ato ilícito extracontratual.

Esse entendimento não deixa o autor desamparado, na medida em que o direito de defender sua obra e autoria é imprescritível. Assim, a qualquer momento, pode requerer seja retirada de circulação a obra plagiada, seja identificada sua autoria etc. O que prescreve é apenas o direito à indenização, caso tenha sofrido algum prejuízo patrimonial em razão do plágio.

f.7) Ação de indenização por invalidez permanente: o entendimento tranquilo do STJ é no sentido de que o prazo prescricional somente começa a correr a partir da data em que a vítima tem ciência inequívoca da sua invalidez. Entretanto, essa ciência não pode ser presumida, considerando-se, para tanto, a data do laudo médico:

> 2. O entendimento pacificado neste Superior Tribunal de Justiça é no sentido de que o termo inicial do prazo prescricional é a data em que a vítima tem ciência inequívoca da sua invalidez que, todavia, nos termos do art. 334 do CPC/1973, não pode ser presumida. Assim, a data de emissão de laudo médico atestando a invalidez permanente é considerada como prova do referido conhecimento inequívoco. Demais conjecturas fáticas que levam à presunção deste conhecimento não são aceitas pela jurisprudência consolidada nesta Corte Superior, à exceção da invalidez notória em hipóteses como amputação de membros ou quando o conhecimento anterior resulte comprovado na fase de instrução[145].

f.8) Ação de indenização em caso de responsabilidade civil por ato ilícito: o termo *a quo* do prazo prescricional é a data da ciência do fato ensejador da reparação:

> a) 2. Com base na teoria da *actio nata*, o termo inicial da prescrição é contado a partir do momento em que o titular do direito subjetivo violado obtém plena ciência da lesão

---

[145] STJ, 4ª T., AgInt no AREsp. 1.014.125/RS, Rel. Min. Luis Felipe Salomão, ac. 15.08.2017, *DJe* 18.08.2017.

e de toda sua extensão que, no caso, ocorreu com a deflagração da operação da Polícia Federal. Precedentes[146].

b) 1. O prazo prescricional, em caso de responsabilidade civil decorrente de ato ilícito, começa a correr da ciência do fato ensejador da reparação, nos termos da jurisprudência consolidada nesta Corte Superior[147].

c) Por aplicação da teoria da *actio nata*, o prazo prescricional, relativo à pretensão de indenização de dano material e compensação de dano moral, somente começa a correr quando o titular do direito subjetivo violado obtém plena ciência da lesão e de toda a sua extensão, bem como do responsável pelo ilícito, inexistindo, ainda, qualquer condição que o impeça de exercer o direito de ação[148].

f.9) Indenização por descumprimento do mandato: segundo o STJ, o termo inicial do prazo prescricional de 10 anos (art. 205, CC) é a data da ciência do inadimplemento pelo mandatário:

> 2. "Diante da impossibilidade de precisar o momento da ciência da lesão, deve ser mantida a data de deflagração da Operação Carmelina como o termo inicial do prazo prescricional para as ações indenizatórias propostas pelos clientes lesados, quando foi dada ampla publicidade aos ilícitos imputados ao réu. Aplicação da teoria da *actio nata*" (REsp 1750570/RS, Rel. Ministro Ricardo Villas Bôas Cueva, Terceira Turma, julgado em 11/09/2018, DJe 14/09/2018)[149].

g) Ação de regresso de pagamento de indenização em razão de acidente de trânsito: Para o STJ, o prazo prescricional para ajuizamento de ação regressiva que objetiva o ressarcimento de pagamento de indenização a vítima de acidente inicia-se com o trânsito em julgado da sentença em ação indenizatória:

> 1. O lapso prescricional da ação regressiva que objetiva o ressarcimento de pagamento de indenização a vítima de acidente automobilístico inicia-se no momento da efetiva lesão do direito material (princípio da *actio nata*), a saber, na data do trânsito em julgado da sentença em ação indenizatória, e não na data do efetivo pagamento do valor da condenação[150].

h) Vencimento antecipado de dívida: Segundo a Corte Superior, o vencimento antecipado da dívida é proteção conferida ao credor, a fim de protegê-lo de maiores prejuízos, tratando-se de mera faculdade e, não, obrigação. Sendo assim, não modifica o início de fluência do prazo prescricional, que continua a ser o termo originariamente previsto no contrato:

---

[146] STJ, 4ª T., AgInt no AREsp. 1.079.876/RS, Rel. Min. Antonio Carlos Ferreira, ac. 30.03.2020, *DJe* 01.04.2020.

[147] STJ, 4ª T., AgInt no AResp. 1.016.144/RS, Rel. Min. Luis Felipe Salomão, ac. 10.10.2017, *DJe* 13.10.2017.

[148] STJ, 3ª T., AgInt no AREsp. 639.598/SP, Rel. Min. Nancy Andrighi, ac. 13.12.2016, *DJe* 03.02.2017.

[149] STJ, 4ª T., AgInt no REsp. 1.745.193/RS, Rel. Min. Luis Felipe Salomão, ac. 15.03.2021, *DJe* 23.03.2021.

[150] STJ, 3ª T., AgRg no AREsp. 707.342/MG, Rel. Min. João Otávio de Noronha, ac. 04.02.2016, *DJe* 18.02.2016.

a) 4. O vencimento antecipado da dívida, ao possibilitar ao credor a cobrança de seu crédito antes do vencimento normalmente contratado, objetiva protegê-lo de maiores prejuízos que poderão advir da mora do devedor, sendo um instrumento garantidor das boas relações creditórias, revestindo-se de uma finalidade social. É, portanto, uma faculdade do credor e não uma obrigatoriedade, de modo que pode se valer ou não de tal instrumento para cobrar seu crédito por inteiro antes do advento do termo ordinariamente avençado, sendo possível, inclusive, sua renúncia no caso do afastamento voluntário da impontualidade pelo devedor (arts. 401, I, e 1.425, III, do CC).

5. O vencimento antecipado da dívida livremente pactuado entre as partes, por não ser uma imposição, mas apenas uma garantia renunciável, não modifica o início da fluência do prazo prescricional, prevalecendo, para tal fim, o termo ordinariamente indicado no contrato, que, no caso do mútuo imobiliário, é o dia do vencimento da última parcela (arts. 192 e 199, II, do CC)[151].

b) O vencimento antecipado da dívida livremente pactuado entre as partes, consubstancia uma faculdade ao credor (como tal renunciável), e não uma imposição, mantendo-se, para efeito de prescrição, o termo ordinariamente indicado no contrato, que é o dia do vencimento da última parcela (arts. 192 e 199, II, do CC), compreensão que se aplica à seara cambial[152].

i) Ação de nulidade de partilha da herança quando cumulada com investigação de paternidade: O STJ, por sua Terceira Turma, tem entendido, nos últimos tempos, que a ação de paternidade é imprescritível, razão pela qual pode ser ajuizada a qualquer momento. Isto, porém, não ocorre com a petição de herança, pretensão patrimonial decorrente do reconhecimento da paternidade. Entretanto, o prazo prescricional para o ajuizamento da ação de petição de herança, nesse entendimento, somente começará a fluir após a declaração da paternidade:

a) 2. A ação de investigação de paternidade é imprescritível, porquanto o interesse nela perseguido está intimamente ligado com o princípio da dignidade da pessoa humana, o que não ocorre, todavia, com a ação de petição e herança (Súmula 149/STF) ou, no caso, de nulidade da partilha, que para o autor terá o mesmo efeito. Tratando-se de filho ainda não reconhecido, o início da contagem do prazo prescricional só terá início a partir do momento em que for declarada a paternidade, momento em que surge para ele a pretensão de reivindicar seus direitos sucessórios. Considerando que, na espécie, não houve o julgamento da ação de investigação de paternidade, não há que se falar na consumação do prazo prescricional para postular a repercussão patrimonial deste reconhecimento, o qual sequer teve início[153].

---

[151] STJ, 3ª T., REsp. 1.489.784/DF, Rel. Min. Ricardo Villas Bôas Cueva, ac. 15.12.2015, *DJe* 03.02.2016. No mesmo sentido: "o vencimento antecipado das obrigações contraídas não altera o termo inicial para a contagem do prazo prescricional da ação cambial, que se conta do vencimento do título, tal como inscrito na cártula" (STJ, 3ª T., AgRg no Ag. 1.381.775/PR, Rel. Min. João Otávio de Noronha, ac. 25.06.2013, *DJe* 28.06.2013); STJ, 3ª T., AgInt no AREsp. 667.604/RJ, Rel. Min. Marco Aurélio Bellizze, ac. 14.10.2019, *DJe* 22.10.2019.

[152] STJ, 3ª T., AgInt no REsp 1576189/DF, Rel. Marco Aurélio Bellizze, ac. 14.08.2018, *DJe* 05.09.2018.

[153] STJ, 3ª T., REsp. 1.392.314/SC. Rel. Min. Marco Aurélio Bellizze, ac. 06.10.2016, *DJe* 20.10.2016.

b) A teor do art. 189 do Código Civil, o termo inicial para o ajuizamento da ação de petição de herança é a data do trânsito em julgado da ação de investigação de paternidade, quando, em síntese, confirma-se a condição de herdeiro[154].

Impende reconhecer, todavia, que, sem embargo de apoio em opiniões respeitáveis[155], esse novo posicionamento jurisprudencial rompe com antigo entendimento predominante, tanto doutrinário como pretoriano, inclusive de seus próprios precedentes[156] e, à falta de fundamentação convincente, não merece, *data venia*, nossa adesão.

É certo que a ação de petição de herança se funda no estado de família ou no direito sucessório do promovente. Mas, sua propositura tanto pode-se dar com apoio em *situação indiscutível*, como em *situação a ser comprovada* no processo, e que será declarada pela sentença ao dar acolhida à pretensão sucessória deduzida em juízo. Assim, por seu intermédio, "não se pede apenas a declaração da situação de herdeiro, mas pelo reconhecimento desta, a quota hereditária indevidamente em poder de terceiro"[157]. Assume a ação, por isso, múltipla eficácia "declaratória, condenatória e executiva". Tudo com vistas a cumprir o duplo objetivo presente no art. 1.824, do Código Civil, ou seja, o "reconhecimento judicial da qualidade de herdeiro que o autor se arroga" e a "integração dos bens que o demandado possui no ativo da herança ou da fração hereditária pertencente ao herdeiro e, temporariamente, em poder de outrem"[158].

Com efeito, sendo natural e logicamente cumulável a pretensão de investigação de paternidade com a de petição de herança[159] – fato que, aliás, é corriqueiro na experiência forense –, nada explica que a prescrição da última somente possa começar a fluir depois da declaração judicial do vínculo de parentesco entre o investigante e o autor da herança.

No momento em que falece o *de cujus*, nasce o direito do sucessor à herança respectiva. Se este não tem acesso a ela, a petição de herança, desde então, é uma *actio nata*, para efeitos prescricionais. Não se pode tratar a investigação de paternidade como envol-

---

[154]   STJ, 3ª T., REsp. 1.475.759/DF, Rel. Min. João Otávio de Noronha, ac. 17.05.2016, *DJe* 20.05.2016.

[155]   TARTUCE, Flávio. *Direito Civil*. 10. ed. Rio de Janeiro: Forense, 2017. v. 6, p. 127; GONÇALVES, Carlos Roberto. *Direito Civil brasileiro*. 6. ed. São Paulo: Saraiva, 2012. v. 7, p. 152; RIZZARDO, Arnaldo. *Direito das Sucessões*. 2. ed. Rio de Janeiro: Forense, 2006. p. 146; HIRONAKA, Giselda Maria Fernandes Novaes. *Comentários ao Código Civil*. São Paulo: Saraiva, 2007. v. 20, p. 202; FARIAS, Cristiano Chaves de; ROSENVALD, Nelson. *Curso de Direito Civil*. São Paulo: Atlas, 2015. v. 7, p. 191-192.

[156]   "Civil – Ação de investigação de paternidade, cumulada com pedido de herança – Prescrição – Súmula n. 149, do STF (...) O prazo prescricional da ação de petição de herança flui a partir da abertura da sucessão do pretendido pai, eis que é ela o fato gerador" (STJ, 3ª T., REsp. 17.556/MG, Rel. Min. Waldemar Zveiter, ac. 17.11.1992, *DJU* 17.12.1992, p. 24.242).

[157]   ALMEIDA, José Luiz Gavião de. *Código Civil comentado*. São Paulo: Atlas, 2003. v. XVIII, p. 188.

[158]   LEITE, Eduardo de Oliveira. *Comentários ao novo Código Civil*. 2. ed. Rio de Janeiro: Forense, 2003. v. XXI, p. 195.

[159]   A petição de herança não é uma ação de estado, pois se o fosse, seria imprescritível, como se passa com a investigação de paternidade. É uma reivindicação patrimonial, exercida em torno do acervo hereditário, fundada na condição de herdeiro daquele que, por qualquer razão, não teve acesso ao referido acervo. Pela via da petição de herança, o interessado cumula o pedido de reconhecimento de sua qualidade de herdeiro com o pedido da quota que lhe cabe na herança aberta. Por isso, "é muito comum a cumulação da ação de reconhecimento de paternidade com a de petição de herança. Da mesma forma, a petição de herança com declaratória de reconhecimento de união estável" (ALMEIDA, José Luiz Gavião de. *Código Civil comentado*. São Paulo: Atlas, 2003. v. XVIII, p. 188). No mesmo sentido: TARTUCE, Flávio. *Direito Civil*. 10. ed. Rio de Janeiro: Forense, 2017. v. 6. p. 118.

vendo uma questão prejudicial externa que tenha necessariamente de ser julgada antes da propositura da petição de herança. A cumulação de ambas é natural e se estabelece para funcionar uma como fundamento da outra.

Vão longe os remotos tempos em que a jurisprudência deixou assentado ser, de fato, imprescritível a ação de investigação de paternidade, não, porém, a de petição de herança (STF, Súmula 149), devendo, para esta, ter-se como termo inicial do prazo prescricional "a abertura da sucessão" (*Revista Forense*, 143/324)[160].

Podendo a declaração de paternidade ser demandada juntamente com a petição de herança, se o interessado retardar muito o ingresso em juízo, pode, por exemplo, ocorrer a acolhida da investigatória, enquanto a pretensão aos seus efeitos patrimoniais seja reconhecida como prescrita[161].

Nessa linha, o STF enfrentou caso em que a investigatória cumulada com petição de herança fora ajuizada mais de vinte anos após a abertura da sucessão, tendo restado decidido que era imprescritível o direito à investigação de paternidade, o que, entretanto, não impediu que se proclamasse a prescrição do direito de petição de herança, dado que ultrapassado o lapso prescricional maior previsto no Código Civil de 1916[162].

Com maestria Pontes de Miranda registra que são coisas distintas a ação de petição de herança e a ação de reivindicação da herança. Mas, "a petição de declaração da relação jurídica [de filiação] pode ser incluída na petição", embora nem sempre seja necessário. Cumuladas, deve-se "julgar primeiro, a ação declaratória; depois a de petição de herança". Estabelece-se, no entanto, uma "pretensão unitária à herança", à qual corresponde, também, uma "prescrição unitária". O prazo, hoje, é de dez anos (CC, art. 205), que se conta a partir do momento de tomada indevida da posse da herança[163], privando a parte de exercer seu direito sobre ela.

O Código Civil de 2002 não deixa dúvida acerca da possibilidade de o autor cumular, no mesmo processo, a demanda de reconhecimento do direito à herança com o pedido de sua entrega:

---

[160]   GOMES, Orlando; CARNEIRO, Nelson. *Do reconhecimento dos filhos adulterinos*. 2. ed. Rio de Janeiro: Forense, 1958. v. II, p. 637; STF, Pleno, EDcl no RE 74.100/SE, Rel. Min. Djaci Falcão, ac. 3.10.1973, *RTJ* 69/165; STF, 2ª T., RE 71.088/RJ, Rel. Min. Thompson Flores, ac. 6.09.1971, *RTJ* 59/535; TJMG, 1ª Câm. Cível, Ag Pct. 3.626, Rel. Des. Meneses Filho, ac. 9.08.1950, *Revista Forense*, 143/324; "se inexiste empecilho legal à propositura da investigação de paternidade, a ela pode ser cumulada a petição de herança, desde o momento da abertura da sucessão. Dessa forma, o prazo de prescrição da última ação continua sendo contado a partir do óbito do *de cujus*" (THEODORO JÚNIOR, Humberto. *Direito de família*. São Paulo: Leud, 1988. v. 2, p. 21). No mesmo sentido: OLIVEIRA FILHO, Bertoldo Mateus de. *Alimentos e investigação de paternidade*. 2. ed. Belo Horizonte: Del Rey, 1996, p. 168; PEREIRA, Caio Mário da Silva. *Instituição de Direito Civil*. 15. ed. Rio de Janeiro: Forense, 2004. v. VI, n. 436, p. 69; LISBOA, Roberto Senise. *Manual de direito civil*. 6. ed. São Paulo: Saraiva, 2010. v. 5, p. 343; NADER, Paulo. *Curso de direito civil*. 2. ed. Rio de Janeiro: Forense, 2008. v. 6, p. 129; LEITE, Eduardo de Oliveira. *Comentários ao novo Código Civil*. 2. ed. Rio de Janeiro: Forense, 2003. v. XXI, p. 197, nota 310; NERY JÚNIOR, Nelson; NERY, Rosa Maria de Andrade. *Código Civil Comentado e legislação extravagante*. 3. ed. São Paulo: RT, 2005. Comentário ao art. 1.825, nota 2, p. 841.

[161]   VELOSO, Zeno. *Direito brasileiro da filiação e paternidade*. São Paulo: Malheiros, 1997. n. 17, p. 36.

[162]   STF, 1ª T., RE 93.493/AL, Rel. Min. Clóvis Ramalhete, ac. 14.08.1981, *DJU* 13.11.1981, p. 11.415.

[163]   PONTES DE MIRANDA, Francisco Cavalcanti. *Tratado de Direito Privado*. Atualização de Giselda Hironaka e Paulo Lôbo. São Paulo: RT, 2012. t. LV, § 5.604, p. 187-188.

O herdeiro pode, em ação de petição de herança, demandar o reconhecimento de seu direito sucessório, para obter a restituição da herança, ou de parte dela, contra quem, na qualidade de herdeiro, ou mesmo sem título, a possua (art. 1.824).

Inexiste a exigência legal, como se vê, de prévia e obrigatória declaração do direito sucessório, como pré-requisito do ajuizamento da ação de petição de herança. É que na própria ação de petição de herança, "existe a discussão de uma questão prévia, qual seja, a condição de herdeiro (...) Assim, a ação de petição de herança objetiva não somente o reconhecimento da qualidade de herdeiro, mas também e principalmente sua integral satisfação no tocante ao acervo hereditário"[164]. Por isso, lembra Venosa que "é frequente que essa ação seja cumulada com ações de reconhecimento de filiação, de nulidade de testamento e outras conexas que giram em torno do direito e da condição de herdeiro"[165].

Diante do exposto, urge seja revista pelo STJ a posição adotada pela Terceira Turma sobre a contagem do prazo de prescrição da petição de herança. A prevalecer o critério de só fluir dito prazo depois do trânsito em julgado da sentença de reconhecimento da paternidade, estar-se-á ampliando a imprescritibilidade da investigatória para alcançar também a petição de herança. Ficaria ao puro alvedrio do interessado a fixação do termo inicial da prescrição de uma demanda essencialmente patrimonial. Por mais longa que fosse a procrastinação da propositura da investigação de paternidade, não teria início a prescrição da ação de petição de herança. Um prazo de dez anos (art. 205, do CC) poderia, sem dificuldade, transformar-se em vintenário, trintenário e até muito mais do que isto. Não se pode esquecer que, nos tempos atuais, se verifica um enérgico movimento universal contra os longos prazos de prescrição, corrente a que nosso Código de 2002 deu inteira adesão.

Em outros termos, a tese da Terceira Turma do STJ teria o condão de atribuir ao titular do direito sucessório o poder de ampliar sem limite a prescrição decenal estatuída pela lei civil, contrariando por vias transversas, a disposição de ordem pública do art. 192 do Código Civil, que proíbe às partes a alteração dos prazos prescricionais. Os fins político-institucionais do instituto da prescrição, comprometidos com a segurança dos negócios e com a tranquilidade do tráfego jurídico, não condizem com liberalidades em torno de prazos que a ordem jurídica quer curtos, certos e rígidos.

Nessa perspectiva, o que, *in casu*, merece prevalecer é a lição clássica, no sentido de que o prazo extintivo da ação de petição de herança "inicia-se com a abertura da sucessão e, no atual sistema é de dez anos, prazo máximo permitido no ordenamento"[166].

---

[164] VENOSA, Sílvio de Salvo. *Direito Civil.* Direito das sucessões. 11. ed. São Paulo: Atlas, 2011. p. 112.

[165] VENOSA, Sílvio de Salvo. *Direito Civil.* Direito das sucessões. 11. ed. São Paulo: Atlas, 2011. p. 113. "A situação típica, geralmente vista na prática sucessória, é a de um filho não reconhecido que pretende o seu reconhecimento posterior e inclusão na herança. Nessas hipóteses, a ação de petição de herança é cumulada com uma ação de investigação de paternidade" (TARTUCE, Flávio. *Direito Civil.* 10. ed. Rio de Janeiro: Forense, 2017. v. 6, p. 118).

[166] VENOSA, Silvio de Salvo. *Direito Civil.* Direito das sucessões. 11. ed. São Paulo: Atlas, 2011, p. 114. Observa o autor, com propriedade, que no sistema de 1916, o prazo era de vinte anos (Súmula 149 do STF). Aduz, mais, que "o foro competente para a ação de petição de herança é o do inventário (art. 96, CPC/1973; CPC/2015, art. 48), enquanto não ultimada a partilha. Feita a partilha a ação deve ser dirigida contra os possuidores indevidos dos bens hereditários, seguindo-se as regras gerais de competência" (VENOSA, Silvio de Salvo. *Direito Civil.* Direito das sucessões. 11. ed. São Paulo: Atlas, 2011, p. 114).

Esse entendimento foi abarcado pela Quarta Turma do STJ, em julgamento ocorrido em 10.12.2019[167]. Para esta Turma, a sentença que reconhece a paternidade possui efeitos retroativos, pois declara que a filiação sempre existiu. Assim, ainda que o herdeiro ainda não saiba de sua condição, o termo inicial para o ajuizamento da petição de herança ocorre imediatamente com a transmissão dos bens aos herdeiros, o que se dá com a abertura da sucessão. Na oportunidade, a Ministra Isabel Gallotti ressaltou a mesma preocupação aqui destacada: o acolhimento da tese de que o prazo prescricional para a petição de herança somente começa a fluir após o trânsito em julgado da sentença de reconhecimento da paternidade leva à imprescritibilidade desta ação.

Posteriormente, a Segunda Seção daquela Corte Superior, em julgamento de Embargos de Divergência em Agravo em Recurso Especial, decidiu a respeito da divergência até então havida entre as Terceira e Quarta Turmas. Por sete votos a dois, prevaleceu o entendimento que já vigia na Quarta Turma do STJ, segundo o qual, o termo inicial do prazo prescricional da pretensão de petição de herança é a abertura da sucessão, e não o trânsito em julgado da ação de investigação de paternidade:

> 2. O prazo prescricional para propor ação de petição de herança conta-se da abertura da sucessão, aplicada a corrente objetiva acerca do princípio da *actio nata* (arts. 177 do CC/1916 e 189 do CC/2002).
>
> 3. A ausência de prévia propositura de ação de investigação de paternidade, imprescritível, e de seu julgamento definitivo não constitui óbice para o ajuizamento de ação de petição de herança e para o início da contagem do prazo prescricional. A definição da paternidade e da afronta ao direito hereditário, na verdade, apenas interfere na procedência da ação de petição de herança[168].

Em 2023, a questão foi afetada ao rito dos recursos repetitivos, com o objetivo de "definir o termo inicial do prazo prescricional da petição de herança proposta por filho cujo conhecimento da paternidade tenha ocorrido após a morte" (Tema Repetitivo nº 1.200).

j) Ação indenizatória por falsificação de assinatura: segundo o STJ, o termo inicial da ação seria a data em que o titular do direito subjetivo violado obtém plena ciência da ofensa e sua extensão:

> 2. O início do prazo prescricional, com base na teoria da *actio nata*, não se dá necessariamente quando da ocorrência da lesão, mas sim quando o titular do direito subjetivo violado obtém plena ciência da ofensa e de sua extensão. Precedentes.
>
> 3. No caso, o termo inicial para a contagem do prazo prescricional é a data em que a autora tomou conhecimento de que uma assinatura falsa, em seu nome, havia sido

---

[167] "O termo inicial do prazo prescricional da pretensão de petição de herança conta-se da abertura da sucessão, ou, em se tratando de herdeiro absolutamente incapaz, da data em que completa 16 (dezesseis) anos, momento em que, em ambas as hipóteses, nasce para o herdeiro, ainda que não legalmente reconhecido, o direito de reivindicar os direitos sucessórios (*actio nata*). Nos termos da Súmula 149 do Supremo Tribunal Federal: 'É imprescritível a ação de investigação de paternidade, mas não o é a de petição de herança'" (STJ, 4ª T., AgInt no AREsp. 479.648/MS, Rel. Min. Raul Araújo, ac. 10.12.2019, *DJe* 06.03.2020).

[168] STJ, 2ª Seção, EAREsp. 1.260.418/MG, Rel. Min. Antonio Carlos Ferreira, ac. 26.10.2022, *DJe* 24.11.2022.

reconhecida como verdadeira pelo cartório do qual o réu é o titular. Na hipótese, essa ciência ocorreu após 26/4/2005, data em que o mandado de citação foi confeccionado, nos autos da ação de despejo por falta de pagamento baseada no contrato locatício em que a assinatura ilegítima fora aposta[169].

A nosso ver, impõe-se uma ressalva: se se trata apenas de reconhecer a falsidade de uma assinatura indevidamente reconhecida como autêntica, não há, em princípio, prazo prescricional a aplicar, pois as nulidades ou inexistências do ato jurídico são insusce-tíveis de prescrição. Mas, se o caso é de cobrança de indenização por dano decorrente do ato jurídico falso, tem-se uma situação de pretensão patrimonial sujeita a prazo de prescrição contado desde o ato ilícito. A contagem do prazo prescricional, *in casu*, segue a regra geral, que é objetiva e nada tem a ver com a data da ciência da falsidade praticada em detrimento do demandante. A hipótese, portanto, será de prescrição *objetiva* e não *subjetiva,* devendo prevalecer a regra geral.

k) Restituição de valores pagos a título de comissão de corretagem: a jurisprudência conta o prazo a partir da data do efetivo pagamento (desembolso total)[170].

l) Pretensão de indenização pela perda de uma chance: para o STJ, em caso de indenização pela perda de uma chance, em razão da não interposição do recurso competente pelo advogado, o termo inicial é a data em que o cliente tem ciência da atuação negligente do patrono que, no caso em análise, foi considerada como sendo o dia do término do contrato:

> 2. Cinge-se a controvérsia a definir o termo inicial da prescrição da pretensão de obter ressarcimento pela perda de uma chance decorrente da ausência de apresentação de agravo de instrumento.
>
> 3. O prazo prescricional é contado, em regra, a partir do momento em que configurada lesão ao direito subjetivo, sendo desinfluente para tanto ter ou não seu titular conhecimento pleno do ocorrido ou da extensão dos danos (art. 189 do CC/2002).
>
> 4. O termo inicial do prazo prescricional, em situações específicas, pode ser deslocado para o momento de conhecimento da lesão ao seu direito, aplicando-se excepcionalmente a *actio nata* em seu viés subjetivo.
>
> 5. Na hipótese, não é razoável considerar como marco inicial da prescrição a data limite para a interposição do agravo de instrumento, visto inexistirem elementos nos autos – ou a comprovação do advogado – evidenciando que o cliente tenha sido cientificado da perda de prazo para apresentar o recurso cabível.
>
> 6. No caso dos autos, com o término da relação contratual, o cliente lesionado teve (ou poderia ter tido) ciência da atuação negligente do advogado anterior, sendo este o marco inicial da prescrição[171].

---

[169]   STJ, 3ª T., AgInt no AREsp 1236957/RJ, Rel. Min. Moura Ribeiro, ac. 24.09.2018, *DJe* 27.09.2018.

[170]   STJ, 3ª T., REsp 1.724.544/SP, Rel. Min. Moura Ribeiro, ac. 02.10.2018, *DJe* 08.10.2018.

[171]   STJ, 3ª T., REsp. 1.622.450/SP, Rel. Min. Ricardo Villas Bôas Cueva, ac. 16.03.2021, *DJe* 19.03.2021.

m) Cobrança de honorários advocatícios:

m.1) Ação de arbitramento ajuizada pelos herdeiros do mandatário: Segundo o STJ, o prazo prescricional para que os herdeiros ajuízem ação de arbitramento dos honorários advocatícios não pagos ao *de cujus* que renunciara ao mandato, é o quinquenal, do art. 25 da Lei nº 8.906/94 e do art. 206, § 5º, do CC, contado a partir da data da renúncia ou revogação:

> 2 – Se apenas o advogado falecido manteve relação jurídica de serviços advocatícios com o cliente de quem se pretende cobrar os honorários, o fato de a ação ter sido ajuizada posteriormente ao seu falecimento pelos seus herdeiros não transforma a pretensão própria do advogado em pretensão própria dos herdeiros, uma vez que também as pretensões são transmissíveis com a morte pela saisine.
>
> 3 – Dado que os herdeiros deduzem a mesma pretensão titularizada pelo advogado e que apenas fora a eles transmitida pela saisine, não se aplica à hipótese o prazo prescricional decenal e residual previsto no art. 205 do CC/2002, mas, sim, o prazo prescricional quinquenal especificamente previsto nos arts. 25 da Lei nº 8.906/94 e 206, §5º, II, do CC/2002.
>
> 4 – Fixada a premissa de que os herdeiros não deduzem pretensão própria ao pleitear os honorários, descabe estabelecer, como termo inicial da prescrição, a data do falecimento do advogado que prestou os serviços advocatícios ao cliente, especialmente quando houver revogação ou renúncia ao mandato, como na hipótese, caso em que esse será o termo inicial, nos exatos termos do art. 25, V, da Lei nº 8.906/94[172].

m.2) Ação de cobrança ajuizada pelo patrono contra os herdeiros do mandante. Contrato com cláusula *quota litis*: em regra, o prazo prescricional para cobrança de honorários advocatícios em caso de falecimento do mandante é contado da data em que o advogado toma ciência da morte. Entretanto, havendo no contrato cláusula *quota litis*, condicionando o recebimento da verba à liberação dos valores da condenação, o termo inicial do prazo prescricional somente começa a correr quando a condição suspensiva é implementada:

> 3. O prazo prescricional é contado, em regra, a partir do momento em que configurada lesão ao direito subjetivo, sendo desinfluente para tanto ter ou não seu titular conhecimento pleno do ocorrido ou da extensão dos danos (art. 189 do CC/2002).
>
> 4. O termo inicial do prazo prescricional, em situações específicas, pode ser deslocado para o momento de conhecimento da lesão, aplicando-se excepcionalmente a *actio nata* em seu viés subjetivo. Precedentes.
>
> 5. Nas ações de cobrança de honorários advocatícios contratuais, ocorrendo o falecimento do mandante, o termo inicial da prescrição, em regra, é a data da ciência desse fato pelo advogado (mandatário).
>
> 6. A existência de cláusula *quota litis* em contrato de prestação de serviços advocatícios faz postergar o início da prescrição até o momento da implementação da condição suspensiva[173].

---

[172] STJ, 3ª T., REsp. 1.745.371/SP, Rel. p/ acórdão Min. Nancy Andrighi, ac. 26.10.2021, *Dje* 03.11.2021.

[173] STJ, 3ª T., REsp. 1.605.604/MG, Rel. Min. Ricardo Villas Bôas Cueva, ac. 20.04.2021, *DJe* 26.04.2021.

58 | Prescrição e Decadência • *Humberto Theodoro Júnior*

m.3) Honorários advocatícios contratados sob a condição de êxito da demanda judicial: em situações tais, a vitória processual constitui condição suspensiva, cuja implementação autoriza a cobrança dos honorários convencionais pelo advogado. Por isso, segundo o STJ, o termo inicial da prescrição será a data do êxito da demanda:

> 1. "É certo que, nos contratos de prestação de serviços advocatícios *ad exitum*, a vitória processual constitui condição suspensiva (artigo 125 do Código Civil), cujo implemento é obrigatório para que o advogado faça jus à devida remuneração. Ou seja, o direito aos honorários somente é adquirido com a ocorrência do sucesso na demanda" (REsp 1.337.749/MS, Rel. Ministro Luis Felipe Salomão, Quarta Turma, julgado em 14/02/2017, *DJe* de 06/04/2017).
>
> 2. Em tais contratações, o êxito na demanda é fator determinante não só do *an debeatur*, mas também do *quantum debeatur*, pois, além de definir o dever de adimplir, estabelece também a base de cálculo do valor a ser pago, caso devido.
>
> 3. Por essa razão, "O termo inicial do prazo de prescrição da pretensão ao recebimento de honorários advocatícios contratados sob a condição de êxito da demanda judicial, no caso em que o mandato foi revogado por ato unilateral do mandante antes do término do litígio judicial, à luz do princípio da actio nata, é a data do êxito da demanda, e não a da revogação do mandato" (AgInt no AREsp 1.106.058/RS, Rel. Ministro Ricardo Villas Bôas Cueva, Terceira Turma, julgado em 14/10/2019, *DJe* de 16/10/2019)[174].

n) Cobrança de obrigação sem termo certo: o STJ já decidiu que na falta de predeterminação de data para o cumprimento da obrigação, é necessário constituir em mora o devedor para, somente então, surgir a pretensão de cobrança e, por conseguinte, iniciar a contagem do prazo prescricional[175].

Na oportunidade, dispôs o relator que "para o exercício da pretensão deve haver interesse processual para a demanda". No caso em análise, existia contrato verbal entre as partes, sem termo certo para cumprimento das prestações. Assim, segundo os arts. 134 e 331, do CC, a obrigação poderia ser exigida de imediato. Por isso, segundo o acórdão, "não tendo sido pré-fixada data para o cumprimento da obrigação pactuada, os devedores NELSON e SÉRGIO deveriam ter sido constituídos em mora através de interpelação específica, ou seja, a mora é *ex personae*". E a data dessa notificação foi considerada o termo inicial da prescrição:

> Extrai-se do acórdão recorrido que, aos 24/3/2003, NELSON e SÉRGIO foram notificados por VALCIR, tendo havido contranotificação, informando que o valor dos bens transferidos não seria capaz de honrar com todo o débito junto ao BB, competindo, portanto, a VALCIR arcar com a diferença (e-STJ, fls. 44/58). Assim, considerando o dia 24/3/2003 como termo inicial da pretensão para a cobrança da obrigação de fazer com conversão em perdas e danos e o prazo prescricional decenal, conclui-se que ação proposta aos 18/7/2012 não se encontra prescrita.

---

[174] STJ, 4ª T., REsp. 1.777.499/RS, Rel. Min. Raul Araújo, ac. 22.11.2022, *DJe* 06.12.2022.

[175] STJ, 3ª T., REsp. 1.758.298/MT, Rel. Min. Moura Ribeiro, ac. 03.05.2022, *DJe* 05.05.2022.

12.4. Prazo para propositura da anulatória

A ação de anulação de arrematação é constitutiva negativa, e, como tal, sujeita-se a prazo decadencial, e não prescricional[176]. Resta saber a partir de qual momento começa a fluir dito prazo. Já se decidiu, a propósito de execução fiscal, que o *dies a quo* do prazo para ajuizamento da anulatória seria a lavratura do auto de arrematação[177]. No entanto, melhor entendimento é o que toma como termo inicial do prazo decadencial a data da expedição da carta de arrematação, visto que até então o pedido de anulação deve ser tratado como incidente do próprio processo executivo (CPC/2015, art. 903, §§ 2º e 3º). É após a expedição da carta de arrematação que a ação anulatória se torna a via necessária para a desconstituição da arrematação (art. 903, § 4º).

Enquanto não expedida a carta, não há interesse para justificar a anulação por meio de ação; o problema será solucionável pelo juiz da execução incidentalmente. O prazo extintivo não começará a fluir porque ainda não configurada a *actio nata*. "Não se podendo cogitar da anulação de um ato que ainda é passível de discussão nas vias de impugnação ordinárias (simples petição ou embargos), não há que se falar em fluência do prazo da ação anulatória"[178].

O STJ assentou, outrossim, que o prazo decadencial aplicável à anulatória da arrematação é o previsto no art. 178, II, do CC, ou seja, o de quatro anos. Esse dispositivo, no entanto, refere-se apenas à anulação por vício de consentimento ou fraude. Se a arrematação for anulável ou resolúvel por outro motivo, como, por exemplo, o preço vil ou a falta de pagamento do preço na alienação a prazo, a decadência dar-se-á em dois anos, como previsto no art. 179 do Código Civil[179].

12.5. Ônus da prova

Suscitado o incidente da prescrição, deverão ser apurados os seus requisitos, cabendo às partes o encargo de comprovar tanto o que diz respeito à fluência do prazo extintivo como aos obstáculos que o tenham eventualmente embaraçado.

---

[176] Cf. item 10, supra. "É antigo o entendimento desta Terceira Turma no sentido de que o direito de pleitear a anulação da arrematação de bem ou hasta pública está submetido ao prazo decadencial de 4 (quatro) anos previsto no art. 178, § 9º, V, *b*, do CC/1916 (embora com equivocada referência a prescrição), com correspondência no art. 178, II, do CC/02" (STJ, 3ª T., REsp 1.655.729/PR, Rel. Min. Nancy Andrighi, ac. 16.05.2017, *DJe* 26.05.2017. No mesmo sentido: STJ, 3ª T., EDcl no REsp. 1.447.756/PB, Rel. Min. Ricardo Villas Bôas Cueva, ac. 16.04.2015, *DJe* 24.04.2015).

[177] STJ, 2ª T., REsp 1.399.916/RS, Rel. Min. Humberto Martins, ac. 28.04.2015, *DJe* 06.05.2015; STJ, 2ª T., REsp 1.254.590/RN, Rel. Min. Mauro Campbell Marques, ac. 07.08.2012, *DJe* 14.08.2012.

[178] STJ, 3ª T., REsp 1.655.729/PR, Rel. Min. Nancy Andrighi, ac. 16.05.2017, *DJe* 26.05.2017. Lê-se no voto da Relatora: "Relembre-se que, segundo o princípio da *actio nata*, 'inicia o prazo de prescrição, como de decadência, ao mesmo tempo que nasce para alguém pretensão acionável (*Anspruch*), ou seja, no momento em que o sujeito pode, pela ação, exercer o direito contra quem assuma situação contrária (...)' (PEREIRA, Caio Mário da Silva. *Instituições de Direito Civil*. 9. ed. Rio de Janeiro: Forense, 1985. p. 483)".

[179] "Quando a lei dispuser que determinado ato é anulável sem estabelecer prazo para pleitear-se a anulação, será este de dois anos, a contar da data da conclusão do ato" (CC, art. 179).

Nesse sentido, o *onus probandi* divide-se da seguinte maneira: "Cabe ao devedor a prova do começo e do transcurso do prazo de prescrição. Ao credor, a da interrupção da prescrição"[180].

13. EFEITOS DA PRESCRIÇÃO

I – Extinção da pretensão e subsistência do direito

A consumação da prescrição não provoca imediatamente a extinção do direito da parte. Apenas a pretensão de fazê-lo atuar em juízo é que fica sujeita à boa vontade do devedor, visto que este poderá opor uma preliminar extintiva da acionabilidade.

O efeito da prescrição é, na verdade, uma *exceção* que se confere a alguém, contra o qual não se exerceu, durante determinado prazo, fixado por regra legal, a sua pretensão[181].

Desde as origens romanas, a prescrição sempre foi concebida como *exceção*. Protege-se o sujeito passivo da pretensão (que pode ser ou não realmente um devedor), proporcionando-lhe uma defesa processual. Com efeito, a simples exaustão do prazo não representa uma pronta liberação do sujeito contra quem se manifesta a pretensão. A este cabe deliberar sobre usar ou não os efeitos da prescrição. Há, destarte, apenas uma faculdade de que o interessado fará uso, de acordo com sua consciência[182].

Fazendo valer a prescrição, segundo conveniência própria, o demandado não eliminará o direito do autor. Apenas encobrirá, no dizer de Pontes de Miranda, parte de sua eficácia, aquela que diz respeito à tutela processual. O direito, em si mesmo, persistirá, sendo passível, inclusive, de pagamento voluntário válido e eficaz (não repetível). Se o devedor, após a prescrição, paga a dívida, satisfaz direito do credor; não há doação nem se dá falta de causa. É por isso que não se admite falar em repetição por pagamento indevido, na espécie (CC, art. 882). A prescrição, repita-se, não extingue o direito; gera apenas *exceção*.

Não produzida a exceção pelo demandado, a prescrição nenhum efeito exercerá sobre a ação, já que, embora o juiz possa, em tese, conhecê-la de ofício (a revogação do art. 194, conforme se acha demonstrado nos respectivos comentários, não eliminou a necessidade de iniciativa do devedor, na espécie – itens 34 a 38 *infra*), o sistema de direito material não autoriza a imediata extinção do direito do credor ao termo final do prazo de prescrição, e o próprio CPC determinou que a decretação pelo juiz não se fizesse "sem que antes seja dada às partes oportunidade de manifestar-se (art. 487, parágrafo único). Oposta a exceção, ter-se-á nela uma preliminar que, para alguns seria equivalente à de falta de interesse para agir (devido ao abandono do direito durante o prazo prescricional)[183], e

---

[180] PRIETO, F. Pantaleón. *Prescripción*. In: *Enciclopedia Jurídica Básica*. Madrid: Editorial Civitas, 1995. v. III, p. 5.013.

[181] PONTES DE MIRANDA, Francisco Cavalcanti. *Tratado de Direito Privado*. Parte Geral. Atualização de Otávio Luiz Rodrigues Júnior; Tilman Quarch e Jefferson Carús Guesdes. São Paulo: RT, 2012. t. VI. § 662, p. 219.

[182] PONTES DE MIRANDA, Francisco Cavalcanti. *Tratado de Direito Privado*. Parte Geral. Atualização de Otávio Luiz Rodrigues Júnior; Tilman Quarch e Jefferson Carús Guesdes. São Paulo: RT, 2012. t. VI. § 662, n. 8, p. 222.

[183] PANZA, Giuseppe. *Prescrizione*. In: *Digesto delle discipline privatistiche*. Torino: UTET, 1996. v. XIV, p. 241; *Contributo allo studio dela precrizione*. Napoli: Editore Jovene, 1984. p. 261, 30 e ss.

para outros configuraria uma questão, que, embora ligada ao mérito, deveria ser apreciada como prejudicial, ou seja, como preliminar de mérito[184].

O direito processual brasileiro optou por tratar a prescrição como tema de mérito (CPC/2015, art. 487, II), cuja solução faz coisa julgada material (CPC/2015, arts. 502 e 503), muito embora, ao acolher a exceção, a sentença deixe de examinar a existência efetiva, ou não, do direito material subjetivo em litígio. Assim, a prescrição apresenta-se como preliminar de mérito, como pretendia Liebman, que, aliás, foi o grande inspirador do legislador processual civil entre nós[185].

A circunstância de a lei processual brasileira autorizar o juiz a conhecer de ofício a prescrição (CPC/2015, art. 487, II), não desclassifica sua arguição de *exceção* para *objeção*[186], visto que, tanto a prescrição como a decadência "não serão reconhecidas sem que antes seja dada às partes oportunidade de manifestar-se" (CPC/2015, art. 487, parágrafo único). Assim, a última palavra, em matéria de prescrição, é a do devedor, que poderá impedir sua decretação, exercendo o direito de renunciar a seus efeitos, na forma do art. 191 do Código Civil[187]. Em outros termos, a decretação *ex officio* da prescrição pelo juiz somente acontecerá se a parte a quem aproveita, intimada a manifestar-se, vier a aquiescer, expressa ou tacitamente, com a aplicação da causa extintiva da pretensão deduzida em juízo pelo credor.

II – Prescrição em caso de compensação de dívidas

Em relação à compensação de dívidas, tema que também pode ser arguido através de exceção substancial, o STJ entende que a prescrição apenas a impedirá quando ocorrida antes do momento da coexistência das dívidas contrapostas:

> 4. A compensação é direito potestativo extintivo e, no direito brasileiro, opera por força de lei no momento da coexistência das dívidas. Para que as dívidas sejam compensáveis, elas devem ser exigíveis. Sendo assim, as obrigações naturais e as dívidas prescritas não são compensáveis. Todavia, a prescrição somente obstará a compensação se ela for anterior ao momento da coexistência das dívidas. Ademais, se o crédito do qual é titular a parte contrária estiver prescrito, é possível que o devedor, o qual também ocupa a posição de credor, desconte de seu crédito o montante correspondente à dívida prescrita. Ou seja, nada impede que a parte que se beneficia da prescrição realize, espontaneamente, a compensação. Por essa razão, ainda que reconhecida a prescrição pelo Tribunal local,

---

[184] LIEBMAN, Enrico Tulio. L'ordine delle questioni e l'eccezione di prescrizione. *Riv. Dir. Pr.*, p. 541, 1967 (apud *Digesto delle discipline privatistiche*. 4. ed. Torino: UTET, 1996. v. XIV. p. 241, nota 111).

[185] "O reconhecimento da prescrição na sentença importa em extinção do processo com julgamento do mérito, sendo irrelevante o dispositivo que, acolhendo-a, julga o autor carecedor da ação. A apelação interposta de sentença definitiva devolve ao Tribunal o conhecimento das questões atinentes ao remanescente conteúdo da lide, sobre os quais o juiz não se pronunciou na instância inferior" (TAMG, 2ª CC., Ap. 29.747, Rel. Juiz Caetano Carelos, *Revista Jurídica*, v. 132, p. 72).

[186] Fala-se em *objeção* quando a defesa do réu argui norma de ordem pública, cuja aplicação pelo juiz é obrigatória, independentemente de alegação da parte, a quem aproveita. Já a *exceção* é a defesa que somente a parte pode opor à pretensão do adversário, ficando o juiz absolutamente impedido de acolhê-la, no silêncio do interessado, sob pena de praticar decisão *extra petita*, portanto, nula.

[187] "A revogação do art. 194 do Código Civil pela Lei nº 11.280/2006, que determina ao juiz o reconhecimento de ofício da prescrição, não retira do devedor a possibilidade de renúncia admitida no art. 191 do texto codificado" (CEJ, Enunciado nº 295, sobre o CC/2002).

uma vez que a compensação foi realizada voluntariamente pela recorrida (exequente/embargada), não há óbice para que a perícia averigue se a compensação ensejou a quitação parcial ou total do débito decorrente do contrato de financiamento imobiliário. Assim, o indeferimento da perícia com fundamento na ocorrência de prescrição configura cerceamento de defesa[188].

14. AÇÃO, PRETENSÃO E EXCEÇÃO

Art. 190. A exceção prescreve no mesmo prazo em que a pretensão. (Código Civil)

Ação, no sentido material, e não processual, é a tutela que o Estado assegura, por meio dos órgãos judiciais, ao titular de qualquer direito ameaçado ou lesado (Constituição, art. 5º, XXXV). Nesse sentido, dispunha o art. 75 do Código Bevilaqua: "A todo direito corresponde uma ação, que o assegura"[189].

Quando o direito subjetivo corresponde à obrigação do sujeito passivo de realizar em favor do titular uma prestação, e essa a seu devido tempo não é cumprida, dá-se o *inadimplemento*. Dele, segundo o art. 189 do atual Código, nasce a *pretensão,* que nada mais é do que o poder de exigir a prestação devida pelo inadimplente[190].

Junto com a pretensão nasce a *ação* em sentido material, ou seja, o direito à tutela do órgão judicial para obter o resultado prático correspondente à pretensão. No plano processual, o exercício da pretensão provoca a movimentação de ação condenatória ou executiva.

A todas as pretensões correspondem ações. Mas nem todos os direitos materiais conduzem às pretensões, pois muitos conferem apenas faculdades, cujo exercício depende da vontade do titular, sem, entretanto, se correlacionarem com obrigação de prestar por parte do sujeito passivo. Desses direitos, ditos *formativos* ou *potestativos,* decorre apenas uma sujeição de quem deve suportar os efeitos do exercício da faculdade.

Quando o direito potestativo só pode se consumar com a intervenção do órgão judicial, ao titular cabe uma *ação* em sentido material, como meio de criar a situação jurídica nova em face do sujeito passivo. Esta ação não entra no regime da prescrição, porque não se funda em violação de direito e, por isso mesmo, não enseja pretensão. O titular do direito potestativo não reclama prestação alguma da contraparte. Impõe-lhe simplesmente o seu poder de criar uma nova situação jurídica. No plano do direito processual, a ação se apresenta como constitutiva, cujo exercício não se sujeita à prescrição. Os prazos para seu exercício são de decadência.

---

[188] STJ, 3ª T., REsp. 1.969.468/SP, Rel. Min. Nancy Andrighi, ac. 22.02.2022, *DJe* 24.02.2022.

[189] Este fenômeno deita raízes na *actio* do direito romano, que é coisa muito diversa da *ação* em sentido processual, a qual atua, não na relação privada entre as partes do vínculo jurídico material, mas na relação de direito público que se estabelece com o órgão judicial, para definir a solução do conflito jurídico (o litígio). Esta ação processual manifesta-se, independentemente de ser a parte efetivamente titular do direito material invocado, e se apresenta como um *direito subjetivo público,* naturalmente insuscetível de prescrição (Cf. nosso *Curso de Direito Processual Civil.* 58. ed. Rio de Janeiro: Forense, 2017. v. I, n. 91, p. 152).

[190] "Pretensão é a posição subjetiva de poder exigir de outrem alguma prestação positiva ou negativa" (PONTES DE MIRANDA, Francisco Cavalcanti. *Tratado de direito privado.* Parte Geral. São Paulo: RT, 2012. t. V, § 615, p. 533).

Há, ainda, as situações de incerteza, que, naturalmente, podem abalar a segurança do direito subjetivo material e, assim, devem contar com a tutela judicial para outorgar-lhes certeza e segurança. No plano processual, provocam o aparecimento de ações declaratórias, que, por sua própria função, não se sujeitam a prazos prescricionais; duram enquanto durar a incerteza, que visam a eliminar.

Aos direitos materiais, às pretensões que deles emanam, e às ações que os asseguram, contrapõem-se as *exceções*, meios de defesa com que o sujeito passivo resiste indiretamente ao exercício das pretensões e ações, neutralizando sua eficácia, a despeito da existência e validade do vínculo material entre as partes.

Para Pontes de Miranda, "a exceção, em direito material, contrapõe-se à eficácia do direito, da pretensão, ou da ação, ou de outra exceção. O excipiente exerce pretensão à tutela jurídica, como o que diz ter direito, pretensão e ação: ele o diz; por isso, excepciona"[191].

A exceção, para alguns, teria força constitutiva, por alterar a situação jurídica do que exerce o direito, a pretensão e a ação. Pontes de Miranda, todavia, afirma-lhe a natureza apenas declaratória. Embora seja contradireito, não se destina a eliminar o direito daquele que agiu primeiro. O acionado apenas lhe contrapõe outro direito, para tão somente "encobrir-lhe" a eficácia. Com a exceção, busca-se a declaração a respeito de tal direito. Nada mais.

Ao contrário de negar o direito em vias de exercício, a exceção supõe esse direito, mas supõe também um outro que toca ao excipiente. A propositura de uma exceção, por isso, assemelha-se com o exercício da ação. O que distingue as duas figuras "é apenas o estar a exceção em contraposição a algum direito ou efeito dele, sem no excluir, nem no modificar"[192]. No sentido processual, a exceção é uma defesa indireta, que atua em juízo sem negar o fato constitutivo do direito do autor, mas contrapondo-lhe outro a benefício do réu, cujos efeitos são capazes de neutralizar os do primeiro.

Os exemplos mais típicos de exceção substancial são o direito de retenção por benfeitorias, a *exceptio non adimpleti contractus* e a prescrição extintiva[193]. A arguição de qualquer dessas defesas não importa negação do direito material do demandante. Apenas lhe contrapõe outro direito do réu que, temporária ou definitivamente, "encobre-lhe" ou "neutraliza-lhe" a eficácia.

15. PRESCRITIBILIDADE DAS EXCEÇÕES

Tem-se mostrado infindável a discussão sobre sujeitar-se, ou não, as exceções ao efeito extintivo da prescrição. Os defensores da imprescritibilidade remontam às origens romanas da figura jurídica e se apoiam no brocardo *temporalia ad agendum perpetua sunt*

---

[191] PONTES DE MIRANDA, Francisco Cavalcanti. *Tratado de Direito Privado.* Parte Geral. Atualização de Otávio Luiz Rodrigues Júnior; Tilman Quarch e Jefferson Carús Guesdes. São Paulo: RT, 2012. t. VI. § 628, n. 2, p. 63.

[192] PONTES DE MIRANDA, Francisco Cavalcanti. *Tratado de Direito Privado.* Parte Geral. Atualização de Otávio Luiz Rodrigues Júnior; Tilman Quarch e Jefferson Carús Guesdes. São Paulo: RT, 2012. t. VI. § 628, n. 5, p. 64.

[193] Nos comentários ao art. 189, fizemos a distinção entre *exceção* e *objeção* e reconhecemos que a prescrição continua sendo objeto de exceção, mesmo depois que nossa lei passou a permitir sua aplicação de ofício pelo juiz (v. *retro*, o n. 13).

ad excipiendum. Traduzem-no como significando que aquilo que é temporário (prescritível) para a ação é perpétuo (imprescritível) para a exceção[194].

Todavia, o verdadeiro sentido do axioma, segundo Pontes de Miranda, deve ser apenas: "As ações são prescritíveis; as exceções não o são". Isto, contudo, não quer dizer que as exceções não se extingam jamais. Se a exceção está vinculada a uma ação, prescrita esta, extinta também estará aquela[195].

A corrente oposta equipara, para efeitos prescricionais, a ação e a exceção, de sorte que o decurso do tempo afetaria a ambas, "salvo exceção legal". Estaria, portanto, na vontade do legislador, afastar ou manter a prescritibilidade da exceção[196].

A solução do impasse está na distinção entre *exceção independente* (ou autônoma) e *exceção dependente* (ou não autônoma). É que há exceções que pressupõem uma pretensão a ser exercida pelo titular, e outras que são desvinculadas de qualquer pretensão. Para as dependentes, seria natural que, prescrita a pretensão, extinta também estaria a exceção dela proveniente[197].

Para as independentes, não se haveria de pensar em prescrição alguma. Como a exceção, por natureza, é algo que se manifesta posteriormente à ação, não se teria como pensar em prescrição acontecida antes desta. O excipiente não poderia perder o direito à sua defesa antes de ter podido exercê-lo.

O que sempre agravou a controvérsia foi o fato de o objeto das exceções nunca ter sido muito bem delimitado e não raro se classificarem como tais defesas comuns (extinção da dívida, por exemplo, por pagamento, por novação, por compensação, por decadência etc.).

Daí a tomada de posição do legislador brasileiro, cortando cerce a raiz da divergência. A regra legal é simplesmente a da prescritibilidade das exceções: a exceção prescreverá no mesmo prazo em que a pretensão.

Isto, porém, não elimina a existência de exceções permanentes que, de maneira alguma, podem extinguir-se pelo simples decurso do tempo. Quem, *v.g.*, cogitaria da prescritibilidade da exceção de coisa julgada, da exceção de pagamento, da exceção de

---

[194] "Realmente a exceção é um remédio para quem se mantém no uso de um direito, em estado normal. Não há, pois, inércia ou negligência a produzir consequências jurídicas" (CARVALHO DE MENDONÇA, Manuel Inácio. *Doutrina e prática das obrigações*. 4. ed. aum. e atual. pelo juiz José de Aguiar Dias. Rio de Janeiro: Forense, 1956. t. I, n. 438, p. 728). "Pode conseguir-se em qualquer tempo a proteção mediante exceção, ainda que tenha desaparecido, em virtude de prescrição extintiva, a proteção mediante ação" (RUGGIERO, Roberto de. *Instituições de direito civil*. Trad. Ary dos Santos. São Paulo: Saraiva, 1957. v. I, § 34º, p. 354).

[195] PONTES DE MIRANDA, Francisco Cavalcanti. *Tratado de Direito Privado*. Parte Geral. Atualização de Otávio Luiz Rodrigues Júnior; Tilman Quarch e Jefferson Carús Guesdes. São Paulo: RT, 2012. t. VI. § 635, n. 2, p. 96.

[196] PONTES DE MIRANDA, no sentido do texto, cita as lições de Savigny, Dernburg, Planck, entre outras (*Tratado de Direito Privado*. Parte Geral. Atualização de Otávio Luiz Rodrigues Júnior; Tilman Quarch e Jefferson Carús Guesdes. São Paulo: RT, 2012. t. VI. § 635, n. 2, p. 95).

[197] A regra é a de que, depois de prescrita a ação, "subsiste o direito de invocar a exceção (...) salvo se o conteúdo da exceção for o próprio conteúdo da ação, porque nesse caso, não havendo propriamente uma exceção, mas sim uma ação alegada pela via processual da exceção, claro está que, prescrita a ação, não subsiste a exceção" (CARPENTER, Luiz F. *Manual do Código Civil Brasileiro*. Parte geral. Da prescrição. Rio de Janeiro: Jacintho Ribeiro dos Santos, 1929. v. IV, n. 61 (apud CARVALHO SANTOS, J. M. de. *Código Civil brasileiro interpretado*. 7. ed. Rio de Janeiro: Freitas Bastos, 1958. v. III. p. 403).

compensação consumada antes de findo o prazo prescricional, e outras tantas defesas no mesmo teor? Antes da ação da parte contrária, jamais poderia o titular de tais exceções exercer qualquer pretensão que fizesse, por inércia, começar a fluir o prazo prescricional[198]. A qualquer tempo, essas exceções que são totalmente independentes, estariam sempre em condições de manejo; bastaria que a contraparte exercesse a ação, a qualquer tempo, para que se abrisse ensejo à contraposição da exceção. Não importa, nessa conjuntura, desde quanto tempo tenha acontecido o fato constitutivo do direito ao exercício da defesa que nela se traduz[199].

A regra, portanto, do art. 190, de que a exceção prescreve no mesmo prazo em que a pretensão aplica-se tão somente aos casos em que, pela via da exceção, o demandado oponha ao demandante o mesmo direito que antes poderia ter manejado, como pretensão, em via de ação.

Esse foi, sem dúvida, o propósito do legislador, como se deduz do parecer da Comissão Revisora do Projeto, que assim defendeu a regra finalmente traduzida no texto do art. 190:

> (...) o que se quer evitar é que, prescrita a pretensão, o direito com pretensão prescrita possa ser utilizado perpetuamente a título de exceção, como defesa[200].

O apoio doutrinário buscado em Hélio Tornaghi torna bem evidente o propósito e o alcance do dispositivo comentado:

> Note-se esta observação de HÉLIO TORNAGHI (*Instituições de processo penal*, v. I, p. 353, Ed. Forense, Rio de Janeiro, 1959): "Quando a exceção se funda em um direito do réu (por exemplo: a compensação se baseia no crédito do réu contra o autor), prescrito este, não há mais como excepcioná-lo". Se a exceção não prescreve, perduraria (a pretensão) *ad infinitum* (...)[201].

Carpenter lembra uma situação aventada por Savigny que se presta bem a exemplificar quando terá cabimento a regra do art. 190 do atual Código brasileiro: se o comprador de um animal o perdeu em razão de vício oculto e deixou escoar o prazo extintivo da ação redibitória sem intentá-la para exonerar-se do pagamento, não poderá, quando acionado

---

[198] "As exceções distinguem-se em próprias e impróprias. A exceção própria diz respeito à ampla defesa. A exceção imprópria é aquela que poderia ser alegada também autonomamente como uma pretensão. É a esta última que se refere o texto [do art. 190]. Quando o réu é demandado e somente pode opor seu direito por via de defesa, não há que se falar em prescrição. A prescrição pressupõe sempre um direito exercitável" (VENOSA, Sílvio de Salvo. *Código Civil Interpretado*. 2. ed. São Paulo: Atlas, 2011, p. 216).

[199] "Não prescrevem as exceções autônomas ou independentes" (as que nunca dependeram de pretensão ou que já não mais dependem, isto é, não prescrevem "as não fundadas em uma contraprestação") (PRIETO, F. Pantaleón. Prescripción. In: *Enciclopedia Jurídica Básica*. Madrid: Editorial Civitas, 1995. v. III, p. 5.009). Quem já pagou ou já compensou o débito não será obstado na oposição de tais defesas, a pretexto de prescrição. Sua invocação atual não envolve pretensão contra o demandante. Mas, se pretender compensar o débito atual com crédito antigo já prescrito, a exceção, que se funda em pretensão, estará extinta pela prescrição.

[200] MOREIRA ALVES, José Carlos. *A parte geral do projeto de Código Civil brasileiro*. São Paulo: Saraiva, 1986. p. 152. No mesmo sentido, Yussef Said Cahali, citando Aída Glanz: "quando a parte tiver concomitantemente direito à ação e à exceção, com conteúdo idêntico, prescrevendo ambas" (CAHALI, Yussef Said. *Prescrição e decadência*. São Paulo: RT, 2008. p. 42).

[201] MOREIRA ALVES, José Carlos. *Direito romano*. 2.ed. Rio de Janeiro: Forense, 1972, v. II. p. 152-153.

pelo preço, opor a exceção relativa aos defeitos do animal. Em tal situação, a prescrição da ação redibitória importou na extinção da exceção, porque esta teria o mesmo conteúdo daquela. Seria a própria ação prescrita que tardiamente intentaria[202].

O direito positivo brasileiro atual adotou a lição, entre outros, de Carpenter, que segundo o testemunho de Carvalho Santos traduz a melhor doutrina, e que, no seu modo de ver, é a verdadeira[203].

Nesse sentido o Enunciado 415 da V Jornada de Direito Civil: "O art. 190 do Código Civil refere-se apenas às exceções impróprias (dependentes/não autônomas). As exceções propriamente ditas (independentes/autônomas) são imprescritíveis".

16. DIREITO COMPARADO

O moderno Código Civil de Quebec dá ao problema da prescritibilidade da exceção, solução que se equipara à do atual Código brasileiro. Em seu art. 2.882 está previsto que:

> Mesmo que o prazo para se valer dele por ação direta tenha se expirado, pode ele sempre ser invocado como meio tendente a repelir uma ação, desde que tivesse ele podido constituir um meio de defesa válido para a ação, ao tempo em que podia ainda fundamentar uma ação direta. Esse meio, se for acolhido, não faz reviver a ação direta prescrita.

Na interpretação jurisprudencial, a regra do Código de Quebec, que já constava do Código anterior, tem o sentido, por exemplo, de que "para que um crédito prescrito possa ser oposto em compensação é necessário que a compensação tenha produzido seu efeito antes da prescrição"; e que "o comprador demandado pelo pagamento do preço da venda não pode se apoiar no art. 2.446 do CCBC (atual art. 2.882 do CCQ) para invocar em defesa a existência de vício oculto, visto que ele tinha a obrigação legal de denunciá-lo ao vendedor em um prazo razoável após sua descoberta"[204].

O atual Código brasileiro está, como se vê, em boa companhia, na tese esposada no art. 190, se se fizer sua adequada leitura, ou seja, se se limitar a aplicá-la às exceções *dependentes* (aquelas que reproduzem a ação).

---

[202] CARPENTER, Luiz Frederico Sauerbronn. *Manual do Código Civil Brasileiro*. Parte geral. Da prescrição. Rio de Janeiro: Jacintho Ribeiro dos Santos, 1929. v. IV, n. 61, p. 214 (apud CARVALHO SANTOS, J. M. de. *Código Civil brasileiro interpretado*. 7. ed. Rio de Janeiro: Freitas Bastos, 1958. v. III, p. 402).

[203] CARVALHO SANTOS, J. M de. *Código Civil brasileiro interpretado*. 7. ed. Rio de Janeiro: Freitas Bastos, 1958. v. III, p. 402.

[204] *"Même si le délai pour s'en prévaloir par action directe est expiré, le moyen que tend à repousser une action peut toujours être invoqué, à la condition qu'il ait pu constituer un moyen de défense valable à l'action, au moment où il pouvait encore fonder une action directe. Ce moyen, s'il est reçu, ne fait pas revivre l'action directe prescrite"* (BAUDOUIN, Jean-Louis; RENAUD, Yvon. *Code Civil du Québec annoté*. 4. ed. Montréal: W&L, 2001. t. II, p. 3.544, notas 1 e 2 ao art. 2.882).

Capítulo III

Da Renúncia à Prescrição

17. RENÚNCIA À PRESCRIÇÃO

Art. 191. A renúncia da prescrição pode ser expressa ou tácita, e só valerá, sendo feita, sem prejuízo de terceiro, depois que a prescrição se consumar; tácita é a renúncia quando se presume de fatos do interessado, incompatíveis com a prescrição. (Código Civil)

Renunciar, em termos jurídicos, quer dizer abrir mão de uma situação de direito, abdicando das faculdades ou vantagens por ela proporcionadas ao respectivo titular. Quem renuncia demite de si um direito subjetivo[1].

Para renunciar, a parte deve ter disponibilidade do direito, porque pela renúncia se pratica ato, sem dúvida, de alienação, e não apenas de gestão. Além disso, exige-se capacidade plena do agente[2].

No caso da prescrição, a autonomia de vontade é limitada porque as normas que lhe traçam os fundamentos são de ordem pública. A renúncia, por isso, é viável, mas apenas dentro dos limites que a lei predetermina[3].

Analisando-se os termos do art. 191, vê-se que o devedor somente poderá abdicar da prescrição, se observar os seguintes requisitos:

a) a prescrição já deve estar consumada;
b) a renúncia não pode causar prejuízo a terceiros.

Não se tolera a renúncia prévia porque, a se admitir tal, ficaria na vontade dos contratantes submeter ou não o negócio jurídico ao regime legal da prescrição. Bastaria uma

---

[1] "Renúncia é ato de vontade abdicativo, de despojamento, de abandono de um direito por parte do titular. Trata-se de ato totalmente dependente da vontade do renunciante, sem necessidade de aprovação ou aceitação de terceiro. É ato unilateral, não receptício, portanto" (VENOSA, Sílvio de Salvo. *Código Civil Interpretado*. 2. ed. São Paulo: Atlas, 2011, p. 216).

[2] Para Yussef Said Cahali, além da capacidade, deve-se ter em conta que a renúncia da prescrição é irretratável, podendo apenas ser anulada se decorrer de erro de fato, nos termos dos arts. 213 e 214 do CC (CAHALI, Yussef Said. *Prescrição e decadência*. São Paulo: RT, 2008, p. 43).

[3] Yussef Said Cahali destaca, ainda, que por sua natureza de liberalidade, "o despojamento gracioso de um direito pelo renunciante, equivalente a uma confissão, deve ser interpretada tal como é feita, não podendo o juiz ampliá-la ou restringi-la fora dos termos em que tiver se verificado" (CAHALI, Yussef Said. *Prescrição e decadência*. São Paulo: RT, 2008, p. 45).

simples cláusula no contrato para torná-lo fonte de obrigações perpétuas e imunes à extinção prescricional. Como a lei considera a prescrição um instrumento indispensável à estabilidade e segurança das relações jurídicas, não se concebe possam as partes burlar o regime que o ordenamento legal concebeu para um instituto reconhecidamente de ordem pública[4].

Depois que a obrigação se sujeitou ao regime da lei, e o prazo extintivo já se exauriu, o uso ou não da vantagem legal pelo devedor é algo que só lhe diz respeito. Não há mais razão de ordem pública para inibir-lhe a autonomia de vontade. Poderá, por isso, não fazer uso da exceção que lhe conferiu a prescrição, sem que isto represente uma ofensa ao regime legal traçado com vistas aos interesses da sociedade.

O que a lei não quer é a renúncia da prescrição futura, aquela cujo prazo nem sequer teve início. Para a que já se consumou e para a que já está em curso, o sistema da lei é outro, porquanto já, nessa altura, o que prevalece é o interesse privado do contratante e, consequentemente, a autonomia de vontade volta a ocupar sua posição de primazia. Ademais, convém ressaltar que a renúncia, quando validamente praticada, não torna a pretensão imprescritível: após ela, começa a correr um novo prazo de prescrição[5].

Três são as situações que poderão acontecer, em termos de renúncia aos efeitos da prescrição: a) o prazo ainda não começou a fluir, e nula será qualquer convenção abdicativa da prescrição futura, segundo a literalidade do art. 191; b) o prazo já está em andamento, e nada impede que o devedor abra mão do tempo transcorrido em seu favor, porque a lei expressamente atribui efeito interruptivo do prazo prescricional a qualquer ato seu de reconhecimento da obrigação prescribenda (art. 202, VI)[6]; c) o prazo prescricional já se completou, e seus efeitos benéficos ao devedor caem na sua livre disponibilidade (art. 191).

Embora o art. 191 se restrinja a regular a renúncia após consumada a prescrição, a que se fizer durante o prazo já em andamento operará como reconhecimento da dívida, e, assim, valerá como causa de interrupção. Se a lei atribui ao devedor o poder de interromper unilateralmente o prazo em curso, pouco sentido teria invocar a letra do art. 191 para afirmar a interdição da renúncia antes de consumado o lapso prescricional. Na verdade, não se estaria renunciando à prescrição futura, mas ao prazo já transcorrido[7].

---

[4] "*Solo la ley puede fijar los plazos de prescripción*" (Código Civil do Peru, art. 2.000). "Se fosse permitida a renúncia prévia, a prescrição perderia sua finalidade, que é de ordem pública, criada para a estabilização do direito" (VENOSA, Sílvio de Salvo. *Código Civil Interpretado*. 2. ed. São Paulo: Atlas, 2011, p. 216).

[5] PRIETO, F. Pantaleón. Prescripción. *Enciclopedia Jurídica Básica*. Madrid: Editorial Civitas, 1995. v. III, p. 5.013 (Nesse sentido: Código Civil de Quebec, art. 288).

[6] "Esta renúncia tem o efeito de interromper a prescrição, porque equivale ao reconhecimento da dívida" (ANDRADE, Manuel A. Domingues de. *Teoria geral da relação jurídica*. 8. reimpr. Coimbra: Almedina, 1998. v. II, n. 211, p. 455). Analisando a possibilidade de renúncia ao prazo ainda em curso, Sílvio de Salvo Venosa lembra a lição de Câmara Leal, admitindo a sua ocorrência, ao argumento de que, se a lei permite a renúncia tácita, implicitamente admitiria a renúncia da prescrição ainda em curso: "a própria lei estampa, entre as causas interruptivas da prescrição, o ato inequívoco, ainda que extrajudicial, que importa reconhecimento pelo devedor. Como a interrupção inutiliza o tempo decorrido do prazo prescricional, o reconhecimento do direito do titular pelo prescribente determina a renúncia da prescrição em curso". E continua o autor afirmando que, "afora esse caso, na hipótese de renúncia expressa, tendo em vista os termos peremptórios do dispositivo legal, não nos parece possível a renúncia da prescrição antes de consumada" (VENOSA, Sílvio de Salvo. *Código Civil Interpretado*. 2. ed. São Paulo: Atlas, 2011, p. 217).

[7] "Poderia pensar-se que, como o renunciável é a prescrição *vencida,* ficaria excluída tanto a renúncia anterior ao começo da prescrição como a que se fizesse estando esta já em curso. Ora, considero renun-

Pontes de Miranda, todavia, observa que a renúncia pura e simples à prescrição em curso nem sempre equivale ao reconhecimento automático da dívida. O devedor pode fazê-la (a hipótese será raríssima, mas pode acontecer) para propiciar a discussão sobre o mérito da obrigação, que ele não reconhece, mas de que não deseja liberar-se pela via da prescrição. Para valer a renúncia, no curso do prazo prescricional, como reconhecimento da obrigação e funcionar como causa interruptiva da prescrição, é necessário, para Pontes de Miranda, que o ato de vontade traduza, também, o interesse sobre a existência e validade do negócio jurídico[8], o que, no entanto, pode acontecer de forma expressa ou implícita, segundo o nosso entendimento. É, aliás, o que se deve presumir, segundo a experiência da vida, já que sai completamente do usual uma pessoa renunciar à prescrição com outro objetivo que não seja o de reconhecer sua obrigação. O contrário é que deveria ser demonstrado, já que dispensa prova a presunção formada a favor do que comumente acontece[9]. Quer isto dizer que a renúncia à prescrição no curso do prazo respectivo implica reconhecimento da dívida, segundo o que comumente acontece e, por isso, provoca interrupção da prescrição, em regra. Somente com prova em contrário é que se poderá excepcionalmente pretender que tal renúncia se fez com propósito diverso (isto é, sem a intenção de reconhecer a dívida). A objeção de Pontes de Miranda, portanto, corresponde à exceção raríssima, e não à regra que se tenha sempre de observar-se.

Aliás, não se sabe como justificar a hipótese aventada, pois para que renunciar à prescrição se o que se quer é manter viva a possibilidade de discutir futuramente a inexistência da obrigação? Ora, para tanto, bastaria ao devedor não fazer uso da exceção de prescrição, já que o juiz não pode, livremente, conhecer da matéria *ex officio,* apesar da revogação ao art. 194, conforme já demonstrado[10]. Logo, não é razoável pretender que alguém renuncie à prescrição em andamento para impedir a atuação do seu efeito extintivo, a não ser para reconhecer a existência do seu débito.

18. RENÚNCIA EXPRESSA E RENÚNCIA TÁCITA

Para produzir a eficácia abdicativa, não é preciso o devedor manifestar de maneira expressa a vontade de renunciar à prescrição. A lei não exige forma especial e reconhece igual efeito à renúncia expressa e à tácita.

A expressa pode ser feita por escritura pública ou por documento particular, qualquer que seja sua forma: como um aditivo contratual, uma declaração avulsa, uma carta, um

---

ciável o tempo já corrido na prescrição em andamento, porque na parte transcorrida é tempo *vencido;* e o que não é possível renunciar, tanto antes do começo do prazo como durante ele, é a prescrição que se ganhará se se concluir o prazo inteiro. Por outro lado, repelir a renunciabilidade (que admiti) do tempo já transcorrido carece de utilidade, visto que o renunciante pode interromper a prescrição (coisa que não diferirá da renúncia ao tempo já transcorrido) reconhecendo o direito (art. 1.973, *in fine*)" (ALBALADEJO, Manuel. *Derecho civil I* – Introducción y parte general. 14. ed. Barcelona: Bosch, 1996. t. I, v. II, § 107, p. 502, nota 84). No mesmo sentido: TORRENTE, Andrea; SCHLESINGER, Piero. *Manuale di diritto privato.* 16. ed. Milano: Giuffrè, 1999. § 82, p. 140.

[8] PONTES DE MIRANDA, Francisco Cavalcanti. *Tratado de Direito Privado.* Parte Geral. Atualização de Otávio Luiz Rodrigues Júnior; Tilman Quarch e Jefferson Carús Guesdes. São Paulo: RT, 2012. t. VI, § 695, n. 5, p. 271-272.

[9] O Código Civil de Quebec estatui, expressamente, que não se pode renunciar à prescrição antes de consumar-se, mas pode-se renunciar *"au bénéfice du temps écoulé pour celle commencée"* (art. 2.883).

[10] V., *retro,* o n. 13.

Prescrição e Decadência • Humberto Theodoro Júnior

telegrama etc. Admite-se até a forma verbal, comprovada por testemunhas[11], natural-mente, quando compatível com a natureza (art. 227, parágrafo único, do CC/2002; art. 442 e 444 do CPC/2015).

Tácita é a renúncia que o Código autoriza deduzir de atos do devedor que se mostrem incompatíveis com a prescrição (art. 191). É o que se passa, *v.g.*, a) com o pagamento total ou parcial da obrigação prescrita; b) a constituição de garantia após o prazo prescricional; c) o pedido de prazo para pagamento, nas mesmas condições; d) a realização de negócios de novação ou transação; e) a prática, enfim, de qualquer ato que represente reconhecer ainda como válida e exigível a dívida prescrita[12].

A jurisprudência do STJ entende como renúncia tácita apenas atos que possam ser explícita e irrefutavelmente reconhecidos como tal:

> 2. A renúncia tácita da prescrição somente se perfaz com a prática de ato inequívoco de reconhecimento do direito pelo prescribente. Assim, não é qualquer postura do obri-gado que enseja a renúncia tácita, mas aquela considerada manifesta, patente, explícita, irrefutável e facilmente perceptível.
> 3. No caso concreto, a mera declaração feita pelo devedor, no sentido de que poste-riormente apresentaria proposta de pagamento do débito decorrente das mensalidades escolares, não implicou renúncia à prescrição[13].

A renúncia há de ser ato livre e consciente do devedor. Se é conduzida a ela por astúcia (dolo) ou ameaças (coação) do credor, estará viciada e poderá ser anulada (art. 171, II). É a renúncia um negócio jurídico e, como tal, tem a validade afetada quando a declaração se ressente dos vícios de consentimento em geral.

---

[11] CARVALHO SANTOS, J. M. Código *Civil brasileiro interpretado*. 7. ed. Rio de Janeiro: Freitas Bastos, 1958. v. III, p. 375. "Expressa não significa que seja necessariamente escrita: pode-se expressar verbalmente a renúncia, provada por todos os meios permitidos" (VENOSA, Sílvio de Salvo. *Código Civil Interpretado*. 2. ed. São Paulo: Atlas, 2011, p. 217).

[12] CARVALHO SANTOS, J. M. de. *Código Civil brasileiro interpretado*. 7. ed. Rio de Janeiro: Freitas Bastos, 1958. v. III. "Se entiende que hay renuncia tácita cuando resulta de la ejecución de un acto incompatible con la voluntad de favorecerse con la prescripción" (Código Civil do Peru, art. 1.991). Para Sílvio de Salvo Venosa, a renúncia tácita pode operar-se ainda quando o prescribente não saiba do decurso do prazo da prescrição: "a renúncia tácita ocorre sempre que o prescribente, sabendo ou não da prescrição, pratica algum ato que importe no reconhecimento do direito, cuja ação está prescrita". Assim, "se praticar ato incompatível com ela, estará abrindo mão desse instituto. Não fora assim, poderia repetir o pagamento alegando erro, o que não se admite, porque não se repete dívida prescrita" (VENOSA, Sílvio de Salvo. *Código Civil Interpretado*. 2. ed. São Paulo: Atlas, 2011, p. 217).

[13] STJ, 4ª T., REsp. 1.250.583/SP, Rel. Min. Luis Felipe Salomão, ac. 03.05.2016, *DJe* 27.05.2016. Entenden-do ter havido renúncia tácita, a seguinte decisão da Corte Superior: "1. É fato incontestável nos autos que houve o reconhecimento expresso, por meio de certidão emitida pela Fundação Municipal de Saúde de Petrópolis, emitida em 11 de dezembro de 2006, do débito com a empresa recorrente referente a contrato de prestação de serviço de conserto de máquinas hospitalares, vigente no exercício financeiro de 2000. Ou seja, a certidão que reconheceu a existência de parcelas inadimplidas foi expedida quando o prazo prescricional já havia se consumado integralmente. 2. Assim, houve o reconhecimento administrativo do direito, e essa situação é incompatível com a fluência do prazo prescricional, configurando-se re-núncia tácita por parte da Administração, conforme a regra contida no art. 191 do CPC. E é a partir do reconhecimento dessa dívida que se inicia então novo prazo para o recorrente tutelar sua pretensão de perceber a dívida proveniente de contrato inadimplido" (STJ, 2ª T., REsp. 1.314.964/RJ, Rel. Min. Mauro Campbell Marques, ac. 18.09.2012, *DJe* 04.10.2012).

Seria a não arguição da prescrição, durante o processo, uma forma tácita de renúncia a ela? Nem sempre.

Se se chegar ao provimento jurisdicional definitivo em favor do credor, sem que o devedor tenha feito uso da competente exceção, seguramente sua atitude terá feitio de renúncia tácita à prescrição. É que o direito que nasce da prescrição para o devedor é o de resistir à pretensão, quando exercida pelo credor, mediante uma defesa indireta – a *exceptio praescriptionis* – que, sem negar o direito exercitado em juízo, irá neutralizá-lo, impedindo seu acolhimento pela sentença de mérito. Logo, se o devedor se sujeitou ao provimento judicial definitivo sem arguir tempestivamente a prescrição, terá a ela renunciado, porque a pretensão, agasalhada pela sentença definitiva, não estará mais sujeita a qualquer tipo de exceção. Extinta irremediavelmente estará a prescrição.

Enquanto, porém, o processo de conhecimento não tiver sofrido o julgamento definitivo, o silêncio do devedor acerca da prescrição não pode ser havido como renúncia tácita a ela, acabada e definitiva, visto que a lei lhe assegura a faculdade de argui-la a qualquer tempo e em qualquer grau de jurisdição (art. 193). Somente, pois, o julgamento de mérito, em caráter definitivo, faz extinguir a possibilidade para o devedor de arguir a prescrição.

Não havendo um momento certo para o manejo da exceção de prescrição, sua não oposição na fase processual reservada para a contestação da ação representa apenas uma renúncia temporária àquela modalidade de defesa indireta, operante tão somente para aquele momento, e sem eliminação total da possibilidade desse tipo de defesa indireta. No futuro, ainda, poderá ser utilizada, se da conveniência do demandado. Não se há de esquecer de que ao credor cabe o direito de arguir a prescrição a qualquer tempo e em qualquer grau de jurisdição (art. 193). Ao devedor e não ao juiz cabe decidir sobre o exercício ou não de tal faculdade e sobre o momento processual conveniente de fazê-lo. O certo, porém, é que, enquanto o devedor se mantém inerte, sua conduta é de renunciante à prescrição (art. 191), pois o juiz deverá respeitar sua opção de, até então, não fazer uso dessa faculdade legal e preferir o encaminhamento do processo rumo ao julgamento da lide em sua primitiva e total dimensão[14]. Assim como lhe cabe escolher o momento para a eventual arguição (art. 193), cabe-lhe, também, renunciá-la *pro tempore*. A renúncia de hoje não perdura para amanhã. Vale enquanto permanecer o mesmo propósito abdicativo do devedor. Aliás, nem mesmo a renúncia plena e expressa impede que a prescrição retome seu curso e, depois de completado novamente o novo prazo extintivo, venha o devedor a usar a respectiva exceção, ou renunciá-la outra vez (ver, *retro*, o nº 17 e, *infra*, o nº 20).

Por isso mesmo, a extinção do processo sem julgamento de mérito, em caso de o devedor não ter manejado a exceção, não equivale, de forma alguma, a uma renúncia tácita à prescrição. Isto porque, renovado o processo, reaberta estará a faculdade, para o devedor se defender amplamente, inclusive por meio da exceção de prescrição (defesa de mérito, não enfrentada nem extinta no processo anterior).

---

[14] Câmara Leal ensina, a propósito, que a lei presume que "a omissão da arguição da prescrição, durante o curso da causa principal, antes do seu julgamento definitivo, importa em renúncia tácita do prescribente" (CÂMARA LEAL, Antônio Luis da. *Da prescrição e da decadência*. Rio de Janeiro: Forense, 1959. n. 57, p. 88).

18.1. Inaplicabilidade da renúncia tácita do art. 191 do CC em desfavor da Fazenda Pública

Ainda em relação à renúncia tácita, o STJ afetou recurso especial ao regime repetitivo, para "definição acerca da ocorrência, ou não, de renúncia tácita da prescrição, como prevista no art. 191 do Código Civil, quando a Administração Pública, no caso concreto, reconhece o direito pleiteado pelo interessado" (Tema 1.109[15]).

O recurso foi recentemente julgado, fixando-se a tese de que "não ocorre renúncia tácita à prescrição (art. 191 do Código Civil), a ensejar o pagamento retroativo de parcelas anteriores à mudança de orientação jurídica, quando a Administração Pública, inexistindo lei que, no caso concreto, autorize a mencionada retroação, reconhece administrativamente o direito pleiteado pelo interessado"[16]. É que a edição de prévia lei autorizativa é condição indispensável para que a Administração Pública renuncie à prescrição que venha a importar na produção de efeitos retroativos que extrapolem a legislação ordinária de regência. Em suma, o que de fato restou assentado foi que a renúncia à prescrição, expressa ou tácita, como ato de disponibilidade de direito, só pode ser praticada pela Fazenda Pública quando autorizada por lei, razão pela qual a regra do art. 191 do CC é inaplicável a pretensões de entes públicos sujeitos ao "regime jurídico administrativo de direito público"[17].

19. CAPACIDADE PARA RENUNCIAR À PRESCRIÇÃO

Para renunciar validamente à prescrição, não basta a simples capacidade do agente. É preciso verificar a ocorrência da livre disponibilidade do direito material em jogo.

A renúncia, *in casu*, equivale ao "abandono de um direito adquirido", de sorte que para praticá-la exige-se a "capacidade de alienar"[18].

Feita pelo falido ou pelo insolvente civil, a *renúncia* não atinge a massa[19]. Não se admite, outrossim, que o representante legal renuncie à prescrição consumada em favor do absolutamente incapaz. Nem mesmo na competência do juiz se insere a de autorizar esse tipo de ato abdicativo, porquanto o que incumbe ao representante legal, sob supervisão judicial, são os atos de administração "em proveito" do incapaz (art. 1.741). Por isso, nem mesmo com autorização do juiz, pode o tutor ou curador dispor dos bens do absolutamente incapaz "a título gratuito" (arts. 1.749, II, e 1.781)[20]. A cominação expressa

---

[15] STJ, 1ª Seção, ProAfR no REsp. 1.928.910/RS, Rel. Min. Sérgio Kukina, ac. 28.09.2021, *DJe* 20.10.2021.

[16] STJ, 1ª Seção, REsp. 1.928.910/RS, Rel. Min. Sérgio Kukina, ac. 13.09.2023, acórdão ainda pendente de publicação. *Informativo de jurisprudência do STJ* n.º 787, de 19 de setembro de 2023. Disponível em: https://processo.stj.jus.br/jurisprudencia/externo/informativo/?aplicacao=informativo.ea.

[17] STJ, REsp 1.928.910/RS, Rel. Min. Sérgio Kukina, ac. 13.09.2023, acórdão ainda pendente de publicação.

[18] ALBALADEJO, Manuel. *civil I* – Introducción y parte general. 14. ed. Barcelona: Bosch, 1996. t. I, v. II, § 107, p. 502.

[19] PONTES DE MIRANDA, Francisco Cavalcanti. *Tratado de Direito Privado*. Parte Geral. Atualização de Otávio Luiz Rodrigues Júnior; Tilman Quarch e Jefferson Carús Guesdes. São Paulo: RT, 2012. t. VI, § 695, n. 3, p. 434.

[20] CÂMARA LEAL, Antônio Luis da. *Da prescrição e da decadência*. Teoria geral do direito civil. 2. ed. Rio de Janeiro: Forense, 1959, n. 46, p. 72. VENOSA, Sílvio de Salvo. *Código Civil Interpretado*. 2. ed. São Paulo: Atlas, 2011, p. 217.

para a violação desse preceito é a nulidade do ato de disposição, ainda que chancelado por alvará judicial (art. 1.749, *caput*)[21].

Mesmo o menor sob poder familiar não se submete à diferente modalidade de representação legal, pois os atos de disposição não figuram nos poderes dos pais sobre os bens dos filhos menores impúberes. Atos que ultrapassem os limites da simples administração só se podem praticar por autorização judicial, desde que comprovada a "necessidade" ou o "evidente interesse da prole" (art. 1.691). Não se vê como possa a renúncia à prescrição ser necessária ou do interesse do filho absolutamente incapaz, de sorte que, também aqui, a sanção legal é a nulidade do ato dispositivo (art. 1.691, parágrafo único).

A vedação não é de aplicar-se à renúncia da prescrição pelo filho relativamente incapaz[22]. Já então o ato não é do representante legal, mas do titular do direito. O pai apenas o assiste[23]. É anulável, todavia, a renúncia feita pelo menor impúbere sem a assistência do pai (art. 171, I)[24].

É em decorrência da indisponibilidade do direito do absolutamente incapaz à prescrição que o art. 194 dispunha ser cabível, na espécie, o seu pronunciamento pelo juiz *ex officio* (v., adiante, o nº 30).

20. EFEITO DA RENÚNCIA

A renúncia da prescrição não faz renascer a dívida, já que esta não se extinguira pelo decurso do prazo e da inércia do credor. Apenas a pretensão fora atingida, por força da exceção criada em benefício do devedor, que, se utilizada, neutralizaria a ação do credor[25].

Pela renúncia, o devedor abdica da exceção originada da prescrição. Seu efeito, portanto, consiste justamente na queda da referida exceção[26]. Desde o momento, porém, da renúncia, começa de novo a fluir o prazo prescricional. Não se trata, porém, de uma verdadeira interrupção de prescrição, porque, no sistema do art. 191, esta já deverá ter-se consumado. É uma nova prescrição que se iniciará e se sujeitará a todas as suas vicissitudes

---

[21] "A renúncia da prescrição é o abandono de um meio de defesa, que de modo algum se coaduna com a missão daquele que representa o incapaz" (OLIVEIRA, Almeida de. *Prescrição*, p. 189 [apud CARVALHO SANTOS, J. M. *Código Civil brasileiro interpretado*. 7. ed. Rio de Janeiro: Freitas Bastos, 1958. v. III, p. 377]).

[22] "Quanto aos relativamente incapazes, a corrente geral é pela admissibilidade de renúncia, uma vez que o incapaz seja assistido pelo seu representante legal" (CÂMARA LEAL, Antônio Luis da. *Da prescrição e da decadência*. Teoria geral do direito civil. 2. ed. Rio de Janeiro: Forense, 1959, n. 47, p. 72).

[23] CARVALHO SANTOS, J. M. *Código Civil brasileiro interpretado*. 7. ed. Rio de Janeiro: Freitas Bastos, 1958. v. III, p. 377.

[24] PONTES DE MIRANDA, Francisco Cavalcanti. *Tratado de Direito Privado*. Parte Geral. Atualização de Otávio Luiz Rodrigues Júnior; Tilman Quarch e Jefferson Carús Guesdes. São Paulo: RT, 2012. t. VI, § 695, n. 3, p. 269.

[25] Para Sílvio de Salvo Venosa, "o efeito da renúncia à prescrição é de natureza retro-operante e torna o negócio jurídico já prescrito plenamente eficaz, como se nunca houvesse sido extinto" (VENOSA, Sílvio de Salvo. *Código Civil Interpretado*. 2. ed. São Paulo: Atlas, 2011, p. 217).

[26] Yussef Said Cahali explica que a ocorrência da prescrição implica o aumento do patrimônio do devedor e a consequente diminuição do patrimônio do credor. Entretanto, a situação se altera quando o devedor renuncia à prescrição, o que envolveria "indiretamente uma diminuição patrimonial, equiparada à alienação" (CAHALI, Yussef Said. *Prescrição e decadência*. São Paulo: RT, 2008, p. 45).

(suspensões e interrupções), a partir de então[27]. Submeter-se-á a novo prazo igual (e por inteiro) ao que antes correra.

21. RENÚNCIA PREJUDICIAL A TERCEIROS

A renúncia à prescrição importa efeitos que podem repercutir sobre interesses de terceiros. Estando, por exemplo, insolvente o devedor, a eliminação do efeito prescricional sobre uma dívida aumentará o passivo concursal, em prejuízo dos demais credores. A renúncia, na espécie, corresponderá a um negócio jurídico em fraude dos credores, os quais poderão intentar a ação pauliana para reconhecimento de sua ineficácia, afastando, dessa maneira, o crédito do concurso do devedor insolvente[28]. Mas não é apenas a fraude contra credores que o art. 191 procura impedir, mas qualquer interesse jurídico de terceiro há de ser resguardado diante da renúncia da prescrição. O que se quer é que a renúncia não ultrapasse em seus efeitos a esfera jurídica do renunciante. Havendo reflexo sobre interesses de outras pessoas, a renúncia "não valerá", segundo o texto do dispositivo comentado.

Tome-se o seguinte exemplo: o proprietário prometeu vender um imóvel, o devedor não pagou o preço ajustado, e o prazo prescricional de execução do compromisso se esgotou, sem que qualquer ação fosse ajuizada. Tempos mais tarde, igual negócio foi praticado com outra pessoa. Se o promitente vendedor renunciar à prescrição relativamente ao primeiro contrato, não estará apenas abdicando de um direito próprio; estará também lesando os direitos do segundo promissário comprador, porque fará prevalecer a posição jurídica do primeiro. Daí o direito reconhecido àquele de opor-se à renúncia.

Diz a lei que tal renúncia "não vale", o que conduziria ao fenômeno da nulidade. Pontes de Miranda, todavia, ensina que, malgrado a literalidade do texto, o seu sentido é o da *ineficácia*, ou seja, os efeitos da renúncia não serão oponíveis aos terceiros prejudicados. O negócio vale entre o renunciante e o primitivo credor, "porém é ineficaz contra terceiros" (ineficácia relativa)[29].

22. AÇÃO DO TERCEIRO PREJUDICADO

O terceiro prejudicado não pode, no direito brasileiro, intervir na ação, em que o devedor, acionado por outrem, deixou de opor a exceção de prescrição ou, de qualquer forma, renunciou a ela[30]. A exceção de prescrição é defesa que compete apenas ao devedor, é reação dele contra a pretensão do credor[31].

---

[27]   PONTES DE MIRANDA, Francisco Cavalcanti. *Tratado de Direito Privado*. Parte Geral. Atualização de Otávio Luiz Rodrigues Júnior; Tilman Quarch e Jefferson Carús Guesdes. São Paulo: RT, 2012. t. VI, § 695, n. 6, p. 437.

[28]   CARVALHO SANTOS, J. M. de. *Código Civil brasileiro interpretado*. 7. ed. Rio de Janeiro: Freitas Bastos, 1958. v. III, p. 379, com apoio em LACERDA DE ALMEIDA, Francisco de Paula. *Dos efeitos das obrigações*. Rio de Janeiro: Freitas Bastos, 1934. § 92.

[29]   PONTES DE MIRANDA, Francisco Cavalcanti. *Tratado de Direito Privado*. Parte Geral. Atualização de Otávio Luiz Rodrigues Júnior; Tilman Quarch e Jefferson Carús Guesdes. São Paulo: RT, 2012. t. VI, § 695, n. 7, p. 438.

[30]   O direito argentino, entretanto, admite que os credores ou qualquer interessado possam opor a prescrição, ainda que o obrigado não a invoque ou a renuncie (art. 2.534).

[31]   PONTES DE MIRANDA, Francisco Cavalcanti. *Tratado de Direito Privado*. Parte Geral. Atualização de Otávio Luiz Rodrigues Júnior; Tilman Quarch e Jefferson Carús Guesdes. São Paulo: RT, 2012. t. VI, §

Os credores prejudicados, somente se houver concurso instaurado (falência ou insolvência civil), poderão arguir a prescrição, sem embargo da renúncia manifestada pelo devedor, porque no juízo concursal lhes cabe o direito de impugnar todos os créditos inexigíveis.

Se ainda não se instaurou o concurso, a reação dos credores prejudicados pela renúncia da prescrição não pode dar-se dentro da ação em que ela ocorreu, porquanto não são partes dela nem se legitimam a atuar como intervenientes. Não lhes cabendo impugnar créditos em execução singular, a defesa dos credores prejudicados contra a renúncia terá de ser feita por meio de ação pauliana, apoiada nos arts. 158 e 159[32].

Se, outrossim, a renúncia acontecer depois de aberto o juízo da falência ou da insolvência civil, o caso será de completa ineficácia, porque já não mais lhe cabe o poder de dispor de seus bens e direitos. A massa agirá como se inexistisse o ato abdicativo do insolvente. A garantia patrimonial comum será excutida sem sofrer prejuízo algum.

A renúncia, como objeto da pauliana, será tratada como negócio gratuito, se for manifestada sem correspectivo[33], podendo, todavia, configurar negócio oneroso, se vinculada a alguma contraprestação[34]. Para tanto, deverão se sujeitar aos requisitos da fraude contra credores, podendo a revocatória ser acionada até depois da sentença na causa em que se deu a renúncia à prescrição pelo devedor, pois tal decisão não tem autoridade de coisa julgada contra terceiros[35].

Sendo a renúncia gratuita, como ordinariamente é, não terá o credor prejudicado de provar a má-fé do devedor ou do *particeps fraudis*. Bastará a insolvência do renunciante, nos termos do art. 158[36]. Se onerosa, dependerá da comprovação dos requisitos do art. 159 (*eventus damni* e *consilium fraudis*).

Diversa é a situação de outros interessados cujos direitos (e não apenas a garantia patrimonial genérica) tenham sido afetados pela renúncia à prestação. O ato do devedor, na espécie, "não vale" para o terceiro prejudicado, nos termos do art. 191, isto é, o ato

---

672, n. 1, p. 302. "A prescrição não pode ser alegada por terceiro que não é parte no feito e nem demonstra legítimo interesse, em nada lhe aproveitando seu pronunciamento" (TJPR, 1ª CC., Ap. 19.462-9, Rel. Des. Troiano Neto, ac. 19.02.1992, *RTJ*, 186/96). Cumpre, entretanto, destacar lição de Serpa Lopes, no sentido de que, se a renúncia foi tácita, como, por exemplo, na hipótese de o devedor acionado por dívida prescrita permanecer inerte, o credor interessado poderá "intervir no processo e invocar a exceção não oposta pelo devedor" (SERPA LOPES, Miguel Maria de. *Curso de direito Civil*. 8. ed. Rio de Janeiro: Freitas Bastos, 1996, v. I, p. 575).

[32] PONTES DE MIRANDA, Francisco Cavalcanti. *Tratado de Direito Privado*. Parte Geral. Atualização de Otávio Luiz Rodrigues Júnior; Tilman Quarch e Jefferson Carús Guesdes. São Paulo: RT, 2012. t. VI, § 672, n. 2, p. 303.

[33] De ordinário a renúncia é "ato unilateral, não receptício" (CIMMA, Maria Rosa. Prescrizione e decadenza nel diritto romano e intermedio. In: *Digesto delle discipline privatistiche*. Torino: UTET, 1996. v. XIV, p. 245; LIMA, Pires de; VARELA, Antunes. *Código civil anotado*. 4. ed. Coimbra: Coimbra Editora, 1987. v. I, p. 275).

[34] LIMA, Pires de; VARELA, Antunes. *Código Civil anotado*. 4. ed. Coimbra: Coimbra Editora, 1987. v. I, p. 277.

[35] Código Civil português, art. 305º.

[36] CÂMARA LEAL, Antônio Luis da. *Da prescrição e da decadência*. Teoria geral do direito civil. 2. ed. Rio de Janeiro: Forense, 1959, n. 49, p. 75.

lesivo do direito alheio é submetido ao regime da *ineficácia relativa*: vale entre as partes, mas não produz efeito em relação ao terceiro prejudicado[37].

Diante dessa ineficácia, os terceiros exercerão seus direitos subjetivos contra o devedor como se não existisse o negócio da renúncia de prescrição. Movimentarão livremente suas pretensões e ações e se encontrarem alguma objeção do beneficiário da renúncia (embargos de terceiro, ou qualquer outra manifestação interventiva) lhe oporão a ineficácia relativa do art. 191. Não dependerão, portanto, da ação pauliana para invocar a prescrição invalidamente renunciada pelo devedor[38].

---

[37] PONTES DE MIRANDA, Francisco Cavalcanti. *Tratado de Direito Privado*. Parte Geral. Atualização de Otávio Luiz Rodrigues Júnior; Tilman Quarch e Jefferson Carús Guesdes. São Paulo: RT, 2012. t. VI, § 672, n. 3, p. 303-304.

[38] LIMA, Pires de; VARELA, Antunes. *Código Civil anotado*. 4. ed. Coimbra: Coimbra Editora, 1987. v. I, p. 277.

Capítulo IV

Das Regras sobre Prazo e Momento de Invocação da Prescrição

23. NATUREZA DAS REGRAS QUE FIXAM OS PRAZOS DE PRESCRIÇÃO

> **Art. 192. Os prazos de prescrição não podem ser alterados por acordo das partes. (Código Civil)**

De maneira geral, há um reconhecimento universal de que os prazos de prescrição se vinculam a princípios de ordem pública, porque atuam como instrumentos de certeza e segurança das relações jurídicas no meio social.

Todavia, o critério com que os diversos ordenamentos jurídicos enfrentam o problema da ampliação ou redução convencional dos prazos prescricionais não é uniforme. Na Espanha, por exemplo, onde o Código não admitia o ajuste pelas partes que ampliasse o prazo, passou-se mais modernamente a tolerar tanto a majoração como a redução, em nome da autonomia da vontade[1]. Na Alemanha, vedava-se a eliminação da prescrição e a ampliação do termo legal, mas não se impedia o encurtamento convencional do prazo da lei (BGB, § 225, que foi revogado). O Código do Peru é categórico: *"Sólo la ley puede fijar los plazos de prescripción"* (art. 2.000).

O Código português impõe a sanção de nulidade a qualquer convenção destinada a modificar os prazos legais da prescrição, ou a facilitar ou dificultar por outro modo as condições em que a prescrição opera os seus efeitos (art. 300º). Essa é também a orientação seguida pelo Código italiano (art. 2.936), pelo atual Código do Peru (art. 1.990) e pelo atual Código de Quebec (art. 2.284).

23.1. A interpretação das regras pertinentes à prescrição

As normas reguladoras da prescrição, notadamente as relacionadas com os prazos e a respectiva contagem, sujeitam-se aos critérios gerais de interpretação da lei (grama-

---

[1] ALBALADEJO, Manuel. *Derecho civil I* – Introducción y parte general. 14. ed. Barcelona: Bosch, 1996. t. I, v. II, § 107, p. 504.

Prescrição e Decadência • *Humberto Theodoro Júnior*

ticais, funcionais, teleológicos, históricos, sistemáticos etc.), com especial destaque para o próprio das normas restritivas de direitos subjetivos[2].

Sem dúvida, a prescrição é fenômeno que limita ou impede o exercício de direitos e, como tal, reclama tratamento hermenêutico restritivo. Por isso, se a situação é de dúvida quanto à ocorrência ou não da consumação do prazo ou da configuração da prescrição, o que se impõe é a respectiva rejeição dessa causa extintiva da pretensão[3].

Afinal, como decidiu o T. S. da Espanha, "na dúvida, há que se optar pelo prazo mais amplo de prescrição, o qual não é senão aplicação do critério de que a prescrição é de interpretação restritiva por ser um instituto não fundado em intrínseca justiça, logo, quando menos seja facilitada – e não se facilita se se aplica o prazo mais amplo –, mais se restringe sua aplicação"[4].

Esse critério restritivo deve, outrossim, prevalecer, tanto na interpretação da própria lei quanto dos dados concretos da instrução processual, de modo que as situações dúbias sejam sempre avaliadas favoravelmente ao titular da pretensão, ou seja, liberando-o dos efeitos negativos da prescrição.

24. A INDERROGABILIDADE DOS PRAZOS PRESCRICIONAIS NO DIREITO BRASILEIRO

Ao tempo do Código Beviláqua, não existia norma expressa acerca das convenções negociais em torno dos prazos de prescrição. A tese consagrada na doutrina, no entanto, foi sempre pela inadmissibilidade de tais negócios. Quanto à ampliação entendia-se que era inviável por importar verdadeira renúncia da prescrição antes de consumada. E a possibilidade de redução chegou a figurar em emenda ao Projeto, que, todavia, foi rejeitada no Congresso[5].

O Código de 2002 afastou, categoricamente, qualquer dúvida que ainda pudesse pairar sobre o tema. Os prazos de prescrição traçados pela lei não podem ser alterados por acordo das partes (art. 192).

Prevaleceu, destarte, o cunho de ordem pública, que faz que os dispositivos legais a respeito do tempo necessário à consumação da prescrição sejam insuscetíveis de derrogação por negócio jurídico entre os interessados[6]. Com isto, prestigiou-se a posição tradicional de nossa doutrina que se consolidara na lição de Pontes de Miranda:

---

[2]   Sujeitam-se à técnica da interpretação estrita, entre outras, as leis sobre contagem de prazos e as que estabelecem formalidades, bem como as fixadoras de condições para um ato jurídico ou recurso judiciário, assim como a inovação legislativa em termos latos, cuja literalidade contradiria outro preceito de lei ou recurso judiciário (MAXIMILIANO, Carlos. *Hermenêutica e aplicação do direito*. 7. ed. Rio de Janeiro: Freitas Bastos, 1961, p. 256).

[3]   ALBADEJO GARCIA, Manuel. *La prescripción extintiva*. 2. ed. Madrid: Centro de Estudios/Colegio de Registradores, 2004, p. 24.

[4]   ALBADEJO GARCIA, Manuel. *La prescripción extintiva*. 2. ed. Madrid: Centro de Estudios/Colegio de Registradores, 2004, p. 154.

[5]   CARVALHO SANTOS, J. M. de. *Código Civil brasileiro interpretado*. 7. ed. Rio de Janeiro: Freitas Bastos, 1958. v. III, p. 377-378.

[6]   "A prorrogação convencional do termo legal de prescrição importaria uma renúncia preventiva à prescrição, o que a lei não consente" (...) O mesmo ocorre com a "convenção destinada a abreviar o termo

O prazo de prescrição não pode ser diminuído, nem aumentado, por meio de negócio jurídico. Só a regra jurídica pode aumentá-lo, ou diminuí-lo[7].

E se a lei veda qualquer convenção que altere os prazos de prescrição, o impedimento há de prevalecer tanto para os negócios que diretamente ajustam prazos diferentes dos fixados em lei como para as modificações indiretas obtidas por meio de convenções inovativas em torno das causas de suspensão ou interrupção.

Se se reconhece que tais prazos se acham sob regime normativo de ordem pública, não cabe ao negócio jurídico pré-excluir causa legal de suspensão ou interrupção, nem criar novas causas obstativas nesse terreno, já que, em última análise, representariam ampliações do lapso fixado na lei[8].

"A sanção contra cláusulas, que aumentem ou diminuam o prazo, ou criem ou pré--excluam causas de suspensão, ou de interrupção, é a nulidade"[9], por ofensa à regra de ordem pública. Igual censura há de se fazer às inovações convencionais em torno do *dies a quo* do prazo legal, visto que estipulá-lo de maneira diferente equivale a modificar o próprio prazo.

Não merecem aplausos, por isso, certos julgados que, em contradição com a regra clara do art. 189 do Código Civil, consideram como termo inicial da prescrição para a pretensão indenizatória não a data do ato ilícito, mas aquela em que o titular do direito violado tomou efetivo conhecimento do dano[10]. É que, ao promover o deslocamento da contagem da prescrição da data da violação do direito para a data do conhecimento do dano (fora das exceções da lei), o que se está realmente fazendo é criar um verdadeiro caso de impedimento temporário à fluência da prescrição. Ora, as hipóteses de impedimento e suspensão da prescrição constam de rol taxativo da lei e, por isso mesmo, escapa do poder do juiz sua ampliação por meio de manobras interpretativas incompatíveis com o limite evidenciado pela natureza das regras legais pertinentes.

25. MOMENTO DE EXERCER A EXCEÇÃO DE PRESCRIÇÃO

Art. 193. A prescrição pode ser alegada em qualquer grau de jurisdição, pela parte a quem aproveita. (Código Civil)

Em princípio, todas as defesas de que dispõe o demandado hão de ser manifestadas na contestação, sob pena de preclusão (CPC, art. 336). Não é esse, porém, o regime que se aplica

---

legal (...) a prescrição tem um fundamento e uma finalidade de ordem pública, de onde se infere a impossibilidade de a vontade privada alterar os termos da lei" (RUGGIERO, Roberto de. *Instituições de direito civil*. Trad. Ary dos Santos. São Paulo: Saraiva, 1957. v. I, § 34º, p. 357, nota 12).

[7] PONTES DE MIRANDA, Francisco Cavalcanti. *Tratado de Direito Privado*. Parte Geral. Atualização de Otávio Luiz Rodrigues Júnior; Tilman Quarch e Jefferson Carús Guesdes. São Paulo: RT, 2012. t. VI, § 698, n. 1, p. 446.

[8] Nesse sentido é a doutrina portuguesa, cuja legislação impõe a sanção de nulidade a qualquer convenção que vise a modificar os prazos legais da prescrição: "a proibição estabelecida na lei e a solução prescrita para a sua violação (nulidade do negócio) explicam-se pelas razões de interesse e ordem pública (interna) que estão na base do instituto da prescrição, destinado a tutelar a certeza do direito e a segurança do comércio jurídico" (LIMA, Pires de; VARELA, Antunes. *Código Civil anotado*. 4. ed. Coimbra: Coimbra Editora, 1987. v. I, p. 274).

[9] PONTES DE MIRANDA, Francisco Cavalcanti. *Tratado de Direito Privado*. Parte Geral. Atualização de Otávio Luiz Rodrigues Júnior; Tilman Quarch e Jefferson Carús Guesdes. São Paulo: RT, 2012. t. VI, § 698, p. 448.

[10] STJ, 3ª T., REsp. 1.347.715/RJ, Rel. Min. Marco Aurélio Bellizze, ac. 25.11.2014, *DJe* 04.12.2014.

à exceção de prescrição. Por expressa disposição de lei, "a prescrição pode ser alegada em qualquer grau de jurisdição, pela parte a quem aproveita" (CC, art. 193). Está, portanto, essa defesa subtraída ao normal sistema da eventualidade traçado pela lei processual que obriga o réu a concentrar na contestação todas as questões suscitáveis contra a pretensão do autor[11].

A lei material eliminou a preclusão não apenas em primeiro grau de jurisdição, pois abriu ao devedor a possibilidade de alegar a prescrição, também, em qualquer grau de jurisdição. Quer isto dizer que, mesmo depois de sentenciada a causa, será lícita a arguição de prescrição por meio de recurso; e o tribunal não se permitirá furtar à apreciação do tema ao argumento de quebra do duplo grau de jurisdição, visto que tal exceção por mandamento de lei está fora desse regime. O tribunal haverá, portanto, de conhecer da prescrição mesmo que só tenha sido originariamente suscitada em segundo grau de jurisdição. Somente após encerrado o processo e formada a coisa julgada é que não mais poderá o devedor suscitar a prescrição da pretensão definitivamente acolhida em juízo[12].

Pontes de Miranda pretendeu subordinar a regra material da oponibilidade da exceção de prescrição a todo tempo ao princípio processual da preclusão. Como se trata de direito renunciável, teria a parte de argui-lo na primeira oportunidade em que falasse no processo. Se não ofereceu contestação poderia o revel, ao comparecer mais tarde em juízo, apresentar a exceção, desde que fizesse na primeira fala. Se, porém, contestou sem alegar a prescrição, estaria configurada a preclusão, porque o não uso da exceção teria configurado renúncia ao favor legal[13].

A tese que prevaleceu, todavia, não foi a de Pontes de Miranda, mas a que a grande maioria sufragou, no sentido de não se submeter a prescrição aos efeitos preclusivos normais do direito processual e que foi assim sintetizada:

> A prescrição pode ser alegada não só perante o juiz da demanda, como perante o juiz da apelação, como também perante o juiz da execução.
>
> Não exige a lei que a prescrição seja alegada na primeira vez em que a parte a quem aproveita a prescrição fale no feito. Até nas razões finais, é direito seu alegar a prescrição.
>
> Perante a instância superior, da apelação, a alegação pode ser feita nas respectivas razões, embora não tenha sido alegada a prescrição em primeira instância, pouco importando que o réu seja apelante ou apelado[14].

---

[11] "A invocação *judicial* da prescrição faz-se normalmente na ação movida pelo credor, mas nada impede que se faça por outra forma", inclusive por via de ação declaratória intentada pelo devedor (LIMA, Pires de; VARELA, Antunes. *Código Civil anotado*. 4. ed. Coimbra: Coimbra Editora, 1987. v. I, p. 275-276). A jurisprudência também admite no Brasil que o reconhecimento da prescrição seja objeto principal de ação declaratória (1º TACivSP, Ap. 274.972, Rel. Juiz Cândido Dinamarco, ac. 04.03.1981, *RT* 554/117; 1º TACivSP, Ap. 251.114, Rel. Juiz Carlos Ortiz, ac. 21.11.1978, *RT*, 525/130). [Nota do editorial: os denominados Tribunais de Alçada (TAC) foram extintos pela Emenda Constitucional 45/2004].

[12] "Cessa, contudo, a faculdade de alegá-la com o trânsito em julgado. A prescrição não pode ser alegada na fase de execução, porque, se o interessado não a alegou no processo de conhecimento, tacitamente a ela renunciou" (VENOSA, Sílvio de Salvo. *Código Civil interpretado*, cit., p. 218).

[13] PONTES DE MIRANDA, Francisco Cavalcanti. *Tratado de Direito Privado*. Parte Geral. Atualização de Otávio Luiz Rodrigues Júnior; Tilman Quarch e Jefferson Carús Guesdes. São Paulo: RT, 2012. t. VI, n. 5, p. 410-411 e § 691, n. 1, p. 415-416.

[14] CARVALHO SANTOS, J. M. de. *Código Civil brasileiro interpretado*. 7. ed. Rio de Janeiro: Freitas Bastos, 1958. v. III, p. 381.

Assim, fixou a jurisprudência que "a prescrição extintiva pode ser alegada em qualquer fase do processo, nas instâncias ordinárias, mesmo que não tenha sido deduzida na fase própria de defesa ou na inicial dos embargos à execução"[15].

O atual Código Civil, ao reiterar o texto do dispositivo do Código anterior, sem introduzir-lhe alteração substancial, endossou a interpretação consolidada que se lhe deu em doutrina e jurisprudência. É importante ressaltar, porém, que a alegabilidade em qualquer fase do processo é norma que se aplica exclusivamente à prescrição extintiva. A usucapião, embora possa ser alegada em defesa, isto somente será possível na contestação. À prescrição aquisitiva não se estende a norma do art. 193[16].

O fato de a lei permitir a alegação de prescrição a qualquer tempo não quer dizer que a decisão a seu respeito escape totalmente do sistema da preclusão. O que não preclui é o direito de alegar a prescrição. Exercida, porém, a faculdade de argui-la, ocorre a preclusão consumativa, que só se impede mediante tempestivo manejo de impugnação recursal[17]. Portanto, o art. 193 do Código Civil não autoriza que, resolvida a arguição, possa se renovar sucessivamente a questão prescricional. Em outros termos, enquanto não encerrado o processo, não há prazo para alegar a prescrição, não havendo, por isso, lugar para se cogitar de preclusão temporal. Suscitada a questão, em qualquer tempo e grau de jurisdição, configurar-se-á a preclusão consumativa, nos exatos termos dos arts. 505 e 507 do CPC[18].

Além disso, importante destacar entendimento do STJ no sentido de que, não tendo a parte alegado a prescrição oportunamente no processo e não tendo o juiz a reconhecido de ofício, afastada estará a possibilidade de ajuizamento de ação rescisória. Isto porque, a lei autoriza que o magistrado reconheça a prescrição *ex officio*, sem, contudo, obrigá-lo a fazê-lo, já que se trata de matéria de livre disposição das partes litigantes. Assim, a omissão do julgador não importa violação a literal disposição de lei, *in verbis*:

---

[15]   STJ, 4ª T., REsp. 157.840/SP, Rel. Min. Sálvio de Figueiredo, ac. 16.05.2000, *DJU* 07.08.2000, p. 109. "A prescrição pode ser arguida e decretada em qualquer instância, inclusive em sede de apelação, ainda que não alegada em contestação" (STJ, 1ª T., REsp. 241.619/SP, Rel. Min. Garcia Vieira, ac. 17.02.2000, DJU 20.03.2000, p. 54). No mesmo sentido: "Com o advento da Lei nº 11.280/2006, o ordenamento jurídico passou a admitir a decretação, de ofício, da prescrição da pretensão creditícia. Ora, se uma matéria qualquer pode ser apreciada de ofício pelo juízo, não se há de falar em preclusão haja vista tratar-se de matéria de ordem pública" (STJ, 3ª T., AgRg nos EDcl no AREsp. 490.095/MS, Rel. Min. Ricardo Villas Bôas Cueva, ac. 15.12.2015, *DJe* 02.02.2016); STF, 1ª T., RE 88.031-1/GO, Rel. Min. Soares Muñoz, ac. 18.12.1979, *RT*, 547/251; STF, Pleno, RE 80.537/SP, Rel. Min. Xavier de Albuquerque, ac. 06.08.1975, *RT*, 498/228; STJ, 4ª T., REsp. 767.246/RJ, Rel. Min. Jorge Scartezzini, ac. 19.10.2006, *DJU* 27.11.2006, p. 289; STJ, 2ª T., REsp. 1.027.769/RJ, Rel. Min. Castro Meira, ac. 23.02.2010, *DJe* 08.03.2010; STJ, 4ª T., EDcl. no AREsp. 99.533/PR, Rel. Min. Raul Araújo, ac. 19.06.2012, *DJe* 29.06.2012.

[16]   TJPR, 4ª CC., AI 15.732-0, Rel. Des. Bonfim Marins, ac. 22.04.1991, *Revista Jurídica*, 171/72; TJPR, 4ª C., Ap. 15.732-0, Rel. Des. Bonfim Marins, ac. 22.04.1991, *RT*, 670/134.

[17]   "Embora a matéria de ordem pública possa ser arguida em qualquer momento, uma vez decidida e não havendo recurso das partes, ocorre a preclusão" (STJ, 3ª T., AgInt nos EDcl no REsp. 1.613.722/PR, Rel. Min. Marco Aurélio Bellizze, ac. 23.05.2017, *DJe* 01.06.2017). No mesmo sentido: STJ, 4ª T., AgInt no REsp. 1.499.023/DF, Rel. Min. Antonio Carlos Ferreira, ac. 23.06.2020, *DJe* 13.08.2020.

[18]   "Nenhum juiz decidirá novamente as questões já decididas relativas à mesma lide ..." (CPC, art. 505). "É vedado à parte discutir no curso do processo as questões já decididas a cujo respeito se operou a preclusão" (CPC, art. 507).

2. A prescrição, compreendida como a perda da pretensão de exigir de alguém a realização de uma prestação, em virtude da fluência de prazo fixado em lei, tangencia, diretamente, como se pode perceber de sua definição, interesses adstritos exclusivamente às partes envolvidas. Isso porque a prescrição, refere-se a direitos subjetivos patrimoniais e relativos, na medida em que a correlata ação condenatória tem por finalidade obter, por meio da realização de uma prestação do demandado, a reparação dos prejuízos suportados em razão da violação do direito do autor. Não é por outra razão, aliás, que a prescrição, desde que consumada, comporta, à parte que a favoreça, sua renúncia, expressa ou tácita (ao contrário do que se dá com a decadência, que, diretamente, guarda em si, um interesse público). 2.1 Evidenciada a adstrição da prescrição aos interesses das partes e considerada a natureza dos direitos a que se refere, a possibilidade de o juiz dela conhecer, de ofício, tal como dispõe a lei adjetiva civil (de 1973, assim como a atual), refoge, em princípio, da lógica, e somente se justifica em nome da celeridade, efetividade e economia processual.

3. O fato de o magistrado não reconhecer, de ofício, a prescrição, incumbência que competia, necessariamente, à parte a que beneficiaria, caso quisesse valer-se da exceção substancial, não redunda na ofensa à literalidade do § 5º do art. 219 do CPC/1973, a subsidiar ação rescisória, com fulcro no art. 485, V, CPC/1973 (art. 966, V, CPC/2015), pois a norma processual não encerra ao juiz o dever de deliberar sobre a matéria de livre disposição das partes litigantes.

4. Se ao magistrado não se impõe o dever de se manifestar sobre a prescrição, embora seja a ele possível, sob o signo da celeridade processual, à parte que se beneficiaria com a sua declaração, ao contrário, caso seja sua intenção valer-se da exceção substancial em comento, não é dado furtar-se de suscitá-la no processo, sob pena de sua inércia configurar verdadeira renúncia a esse direito (de defesa à pretensão). 4.1 Com a superveniência da sentença transitada em julgado, opera-se, por conseguinte, a preclusão máxima, mediante a conformação da coisa julgada, reputando-se "deduzidas e repelidas todas as alegações e defesas, que a parte poderia opor assim ao acolhimento como à rejeição do pedido" (art. 474 do CPC/1973; art.508 do CPC/2015, com redação similar).

5. A violação literal de lei, como fundamento da ação rescisória, pressupõe que o órgão julgador delibere sobre a questão posta, conferindo indevida aplicação a determinado dispositivo legal ou deixando de aplicar preceito legal que, supostamente, segundo a compreensão do autor da rescisória, melhor resolva a matéria. Em uma ou outra situação, é indispensável que a questão aduzida na ação rescisória tenha sido objeto de deliberação na ação rescindenda, o que não se confunde com exigência de prequestionamento do dispositivo legal apontado.

5.1. No particular, a questão relacionada à prescrição, embora fosse possível, não foi tratada, de ofício, pelo juiz, tampouco foi suscitada, como seria de rigor, pela parte a que beneficiaria com o seu reconhecimento, caso fosse de seu interesse, não havendo, assim, nenhuma deliberação sobre a matéria no bojo da ação rescindenda. De todo inconcebível, assim, o manejo de ação rescisória, sob a tese de violação literal de lei, se a questão a qual o preceito legal apontado na ação rescisória deveria supostamente regular não foi objeto de nenhuma deliberação na ação originária[19].

---

[19] STJ, 3ª T., REsp 1749812/PR, Rel. Min. Marco Aurélio Bellizze, ac. 17.09.2019, *DJe* 19.09.2019.

Capítulo IV · DAS REGRAS SOBRE PRAZO E MOMENTO DE INVOCAÇÃO DA PRESCRIÇÃO | 83

Por fim, é de se ressaltar que, tratando-se de cumprimento de sentença, o executado somente poderá alegar prescrição se ela tiver ocorrido posteriormente à formação do título, uma vez que, àquela altura, eventual prescrição anterior terá sido abarcada pela eficácia preclusiva da coisa julgada, como reiteradamente tem entendido o STJ:

> 2. Em observância ao instituto da coisa julgada e sua eficácia preclusiva, apenas a prescrição consumada após a formação do título judicial exequendo é passível de conhecimento em impugnação do cumprimento de sentença, nos termos dos arts. 475-L, VI, do CPC/1973 e 525, § 1º, VII, do CPC/2015. Precedentes[20].

26. ARGUIÇÃO EM RECURSO EXTRAORDINÁRIO OU ESPECIAL

Os recursos extraordinário e especial são remédios impugnativos de função técnica, voltados para a tutela das normas federais (constitucionais e ordinárias). Por meio deles, não se discutem questões fáticas, mas apenas as questões de direito (isto é, *direito em tese*)[21]. E dentre estas não figuram indiscriminadamente toda e qualquer *quaestio iuris*, já que os recursos extremos só se ocupam do reexame daqueles que foram objeto de exame e solução no decisório impugnado[22].

A exceção de prescrição não pode ser suscitada originariamente no recurso extraordinário e no especial, em primeiro lugar, porque não se pode examinar a questão sem a análise de seu suporte fático (inércia do titular do direito não exercido da respectiva pretensão e decurso de tempo); a prescrição é, basicamente, uma *quaestio facti*, e não uma *quaestio iuris*[23]. Em segundo lugar, por representar uma inovação objetiva na causa, feita após julgamento recorrido, o que atenta contra o requisito recursal do prequestio-

---

[20] STJ, 4ª T., AgInt no AREsp. 1.828.492/SP, Rel. Min. Raul Araújo, ac. 07.06.2021, *DJe* 01.07.2021). No mesmo sentido: "Apenas a prescrição superveniente à formação do título pode ser alegada em cumprimento de sentença" (STJ, 3ª T., REsp. 1.931.969/SP, Rel. Min. Ricardo Villas Bôas Cueva, ac. 08.02.2022, *DJe* 11.02.2022).

[21] "A versão fática do acórdão é imodificável na instância extraordinária" (STF, 2ª T., AG 147.019/CE, Rel. Min. Carlos Velloso, ac. 13.04.1993, *RTJ* 152/612). "A instância especial recebe a situação fática da causa tal como a retrata a decisão recorrida" (STJ, 4ª T., ED no REsp. 8.880-0/SP, Rel. Min. Fontes de Alencar, ac. 03.10.1995, *RSTJ* 78/247). Por isso, esses recursos não comportam o reexame de prova (Súmula nº 279 do STF e Súmula nº 7 do STJ).

[22] "É inadmissível o recurso extraordinário, quando não ventilada, na decisão recorrida, a questão federal suscitada" (Súmula nº 282 do STF). "Orienta-se a jurisprudência do STF no sentido da indispensabilidade do pré-questionamento da questão federal suscitada no recurso especial" (STJ, Corte Especial, Emb. Div. no REsp. 6.854/RJ, Rel. Min. Antônio de Pádua Ribeiro, ac. 13.02.1991, *RSTJ* 30/341). No mesmo sentido: STJ, 4ª T., REsp. 63.971/RS, Rel. Min. Sálvio de Figueiredo, ac. 12.02.1996, *RSTJ* 84/268. "Quanto à alegação de que a necessidade de arguir a prescrição somente surgiu com o julgamento da apelação, o exame dos autos revela que o INSS não a submeteu ao exame do Tribunal Regional Federal da 3ª Região nos embargos de declaração ali opostos, nem ao do Superior Tribunal de Justiça por meio do recurso especial, o que inviabiliza a sua análise na presente ação, seja devido à preclusão consumativa, seja por não ser permitida a utilização da rescisória como sucedâneo recursal" (STJ, 3ª Seção, AR 4163/SP, Rel. p/ac. Min. Marco Aurélio Belizze, ac. 11.12.2013, *DJe* 15.09.2014).

[23] PONTES DE MIRANDA, Francisco Cavalcanti. *Tratado de Direito Privado*. Parte Geral. Atualização de Otávio Luiz Rodrigues Júnior; Tilman Quarch e Jefferson Carús Guesdes. São Paulo: RT, 2012. t. VI, § 690, n. 4, p. 409-410; CÂMARA LEAL, Antônio Luis da. *Da prescrição e da decadência*. Teoria geral do direito civil. 2. ed. Rio de Janeiro: Forense, 1959, n. 59, p. 91.

namento[24]. Se nem mesmo o exame da ofensa à Constituição dispensa o requisito do prequestionamento[25], com maior força o princípio haverá de ser observado na arguição de prescrição[26].

27. PRESCRIÇÃO DA EXECUÇÃO

Muito se controverteu, ao tempo do Código de 1916, em torno da prescrição após a sentença condenatória. Continuaria arguível a prescrição da ação não alegada durante o processo de conhecimento? Que prazo prevaleceria para a prescrição de cognição e que agora deveria voltar a correr depois da coisa julgada? Seria o mesmo prazo previsto para a ação, ou a execução estaria submetida a prazo próprio?

Tudo se resolveu pela superveniência dos Códigos de Processo Civil de 1939, de 1973, de 2015 e pela consolidação da jurisprudência.

Com efeito, o art. 535, VI, do CPC atual, prevê a arguição de prescrição nos embargos à execução de sentença, mas apenas quando a causa extintiva tiver acontecido depois do trânsito em julgado do *decisum*. O art. 525, § 1º, inc. VII, para disciplinar a impugnação ao cumprimento da sentença, repete a mesma norma.

Assim, a regra legal deixa claro que a sentença sepulta a prescrição anterior ao julgamento da causa. Se não foi excepcionada no processo de conhecimento, não poderá ser suscitada nos embargos à execução, porque isto ofenderia a coisa julgada.

Após a *res iudicata,* recomeça um novo prazo de prescrição. É este que poderá ser objeto de arguição, nos termos do art. 535, VI, do CPC, contra a execução da sentença, e não o que eventualmente tenha se consumado antes dela[27].

Quanto à duração da prescrição da sentença, a matéria já consta de jurisprudência sumulada pelo Supremo Tribunal Federal: "Prescreve a execução no mesmo prazo de prescrição da ação" (Súmula nº 150). Vale dizer: a citação do processo de cognição interrompe a prescrição por lei fixada para a ação e o trânsito em julgado da sentença que a acolheu faz reabrir o mesmo prazo a partir do momento em que ele se operou (isto é, em

---

[24] "Prescrição não arguida nas instâncias ordinárias não pode ser considerada no grau extraordinário" (STJ, 2ª T., REsp. 5.068, Rel. Min. Peçanha Martins, ac. 16.12.1992, *DJU* 22.03.1993, p. 4.524. No mesmo sentido: STJ, 1ª T., REsp. 115.316/DF-EDcl., Rel. Min. Demócrito Reinaldo, ac. 19.02.1998, *DJU* 30.03.1998, p. 12; STJ, 1ª T., AgRg no AG 303.293/SP, Rel. Min. Humberto Gomes de Barros, ac. 03.08.2000, *DJU* 18.09.2000, p. 114; STJ, 3ª T., AgRg no Ag. 976.861/GO, Rel. Min. Nancy Andrighi, ac. 11.03.2008, *DJe* 26.03.2008. Contra: STJ, 2ª T., REsp. 4034/SP, Rel. Min. Vicente Cernicchiaro, ac. 07.11.1990, *RSTJ* 17/457).

[25] STF, 1ª T., AG 115.865/RJ, Rel. Min. Sydney Sanches, ac. 16.10.1987, *RTJ* 139/940; STF, 2ª T., AG 145.912/ DF, Rel. Min. Paulo Brossard, ac. 18.05.1993, *RTJ* 150/636; STF, 1ª T., AG 149.271/SP, Rel. Min. Ilmar Galvão, ac. 26.04.1994, *RTJ* 157/1.040.

[26] "No que toca à alegada prescrição da ação petitória de herança, é de ver que a suscitação da *quaestio iuris* originariamente, em embargos declaratórios, não propicia o recurso extraordinário, à míngua do pré-questionamento" (STF, 2ª T., RE 104.893RS, Rel. Min. Djaci Falcão, ac. 15.12.1987, *DJU* 17.06.1988, p. 15.255).

[27] Presume a lei que "a omissão da arguição da prescrição, durante o curso da causa principal, antes de seu julgamento definitivo, importa em renúncia tácita do prescribente" (CÂMARA LEAL, Antônio Luis da. *Da prescrição e da decadência*, cit., n. 57, p. 88).

que o processo se findou). Não há qualquer inovação, nem para mais nem para menos, no lapso prescricional[28].

Dentro dessa linha, se o crédito exequendo se ampara em título cambiário, a prescrição da execução será aquela definida pela legislação específica[29].

Não se deve, contudo, tratar a prescrição da execução como simples efeito de interrupção da prescrição da pretensão existente antes da sentença[30]. Com a formação do título executivo nasceu uma nova situação jurídica para o titular: o direito à execução forçada, e a consequente pretensão de sujeitar o obrigado à realização da responsabilidade patrimonial. É em relação a essa nova pretensão que começará a fluir a prescrição, cujo prazo será igual ao que anteriormente prevalecera para a ação cognitiva (Súmula nº 150 do STF).

A distinção entre as duas prescrições é importante, porque se se tratasse apenas de uma interrupção de um só lapso prescricional não seria mais possível cogitar-se de interrupção alguma em relação à execução de sentença, porque o art. 202, *caput*, somente permite que a prescrição seja interrompida uma vez. Se, pois, já tivesse ocorrido a interrupção, por outro fato, antes da sentença, o prazo útil para sua execução poderia ficar muito estrito e, às vezes, até se anularia. No caso de obrigação passiva da Fazenda Pública, a situação seria pior ainda, porque se sabe que a lei, além de só permitir uma interrupção, reduz o prazo, após ela, à metade do lapso regular (Dec.-Lei nº 4.597/1932, art. 3º).

Esses embaraços e inconvenientes, todavia, não ocorrem justamente porque o caso não é de mera interrupção, mas de nascimento de outra prescrição, correspondente à ação nova surgida da sentença.

Corretamente, a jurisprudência já assentou que "a sentença de mérito não é ato interruptivo da prescrição, mas o termo final da controvérsia. A lide que dá ensejo ao processo de execução não se confunde com aquela que possibilitou o processo de conhecimento"[31]. Na linguagem carneluttiana, o processo de conhecimento cuida da lide de pretensão con-

---

[28]   No direito português, após a sentença, o prazo prescricional passa a ser o ordinário, se a pretensão julgada estivesse submetida a prazo menor (CPC, art. 311º, nº 1).

[29]   "O prazo prescricional da execução contra o emitente e o avalista de nota promissória é trienal" (STJ, 3ª T., AgInt nos EDcl no REsp. 1.583.753/GO, Rel. Min. Marco Aurélio Bellizze, ac. 08.08.2017, *DJe* 21.08.2017).

[30]   Para os defensores dessa tese, à qual não aderimos, "não há, no início da execução, exercício de nova pretensão por meio de nova ação, mas sim desdobramento da pretensão já manifestada pelo único direito de ação anteriormente exercido, ao ensejo do início do procedimento de cunho cognitivo no qual se formou o título executivo. (...) Não há, enfim, 'duas lides'" (SICA, Heitor Vitor Mendonça. *Cognição do juiz na execução civil*. São Paulo: Editora RT, 2017, p. 245-246). Por isso, a sentença "é ato judicial meramente interruptor da prescrição. E, assim sendo, desde sua data recomeça a correr a prescrição do direito e, demorando a execução, ou suspensa em qualquer ponto a instância da execução, por tanto tempo quanto tenha a lei fixado para a prescrição do direito declarado na sentença, prescrito ficará esse direito" (CASTRO, Amílcar de. *Comentários ao Código de Processo Civil*. Rio de Janeiro: Forense, 1941, v. 10, p. 426). Explica Heitor Vitor Mendonça Sica, nessa esteira, que "não haveria uma prescrição para ajuizar a execução e outra para processá-la; ambas representariam o mesmo fenômeno, embora incidente em momentos distintos. Tratar-se-ia de prescrição que havia sido interrompida pelo ajuizamento de demanda cognitiva, mas que voltou a fluir *ab initio* em razão da inércia do demandante em praticar atos que lhe competiam (para mover ou dar impulso a execução já movida). A esse fenômeno se convencionou chamar, há tempos de *prescrição intercorrente*" (SICA, Heitor Vitor Mendonça. *Cognição do juiz na execução civil*. São Paulo: Editora RT, 2017, p. 247).

[31]   STJ, 1ª T., REsp. 15.213-0/SP, Rel. Min. Humberto Gomes de Barros, ac. 01.03.1993, *RSTJ*, 47/186.

testada que se compõe por meio do acertamento operado por uma sentença; já o processo de execução trata da lide de pretensão apenas resistida, que nenhum acertamento reclama e que se realiza por atos jurisdicionais materiais (atos executivos e não sentença)[32].

Sendo diversas as pretensões num e noutro processo, a prescrição aplicável a cada um deles não pode ser vista como continuação da do outro. Daí a conclusão do STJ: "O prazo da prescrição da ação é um, outro devendo ser o prazo da prescrição da execução", pelo que, no caso da Fazenda Pública, não se deverá contar pela metade a prescrição da execução de sentença. Ao contrário, o que se deve cumprir é o preconizado pela Súmula nº 150 do STF: "Prescreve a execução no mesmo prazo de prescrição da ação"[33].

Uma vez que a sentença não interrompe a prescrição da ação, mas faz nascer a prescrição da execução, nada impede que o credor favorecido pelo título judicial promova, se entender necessário, a interrupção da prescrição da nova pretensão, isto é, a da *actio iudicati*. A regra do art. 202 não será empecilho, já que a interrupção acontecida no processo de conhecimento não se referiu à pretensão executiva, mas à de acertamento, que consumou na sentença.

Cumpre ressaltar, ainda, o Enunciado 463 da V Jornada de Direito Civil que dispõe: "a prescrição da pretensão executória não atinge o próprio direito material ou crédito que podem ser exercidos ou cobrados por outra via processual admitida pelo ordenamento jurídico".

27.1. Prescrição na fase de liquidação de sentença

A liquidação é um estágio preparatório do cumprimento de sentença. Em princípio, não correria a prescrição enquanto pendente o procedimento liquidatório, segundo a regra geral do parágrafo único do art. 202, do Código Civil, que prevê a retomada do prazo a partir do último ato do processo que o interromper. Entretanto, por criação doutrinária e pretoriana, construiu-se a teoria da prescrição intercorrente (v. item 79, abaixo), cuja contagem se baseia no abandono do processo pelo credor e, não, na sua extinção.

Nessa linha de entendimento, o STJ, tratando da paralisação do processo na fase de liquidação, assentou, em julgamento de recurso repetitivo, que foge da regra geral a liquidação por simples cálculos aritméticos, mesmo quando estes dependam de dados requisitados pelo juiz ao devedor (CPC, art. 524, §§ 3º, 4º e 5º), tendo sido firmada a seguinte tese:

> 6. Tese firmada: "A partir da vigência da Lei n. 10.444/2002, que incluiu o § 1º ao art. 604, dispositivo que foi sucedido, conforme Lei n. 11.232/2005, pelo art. 475-B, §§ 1º e 2º, todos do CPC/1973 [CPC/2015, art. 524, §§ 3º, 4º e 5º] não é mais imprescindível, para acertamento de cálculos, a juntada de documentos pela parte executada ou por terceiros, reputando-se correta a conta apresentada pelo exequente, quando a requisição judicial de tais documentos deixar de ser atendida, injustificadamente, depois de transcorrido o prazo legal. Assim, sob a égide do diploma legal citado, incide o lapso

---

[32] Cf. nosso *Processo de Execução*. 21. ed. São Paulo: LEUD, 2002, p. 46.

[33] STJ, REsp. 15.213-0/SP, cit., *RSTJ*, 47/189. No mesmo sentido: STJ, 6ª T., AgRg no Ag 1.252.704/PR, Rel. Min. Haroldo Rodrigues, ac. 02.02.2010, *DJe* 22.03.2010; STJ, 5ª T., REsp. 1.098.891/RS, Rel. Min. Arnaldo Esteves Lima, ac. 01.10.2009, *DJe* 16.11.2009.

Capítulo IV · DAS REGRAS SOBRE PRAZO E MOMENTO DE INVOCAÇÃO DA PRESCRIÇÃO | 87

prescricional, pelo prazo respectivo da demanda de conhecimento (Súmula 150/STF), sem interrupção ou suspensão, não se podendo invocar qualquer demora na diligência para obtenção de fichas financeiras ou outros documentos perante a administração ou junto a terceiros"[34].

A tese assentada, como visto, parte do princípio de que a paralisação do processo se deveu, na realidade, à inércia do próprio credor, já que este tinha a seu dispor expediente legal capaz de superar a omissão do devedor. Daí a configuração do abandono do processo, capaz de permitir a fluência do prazo prescricional antes do seu encerramento.

Outra questão interessante é a relacionada não com o retardamento dos atos até a liquidação, mas com o não requerimento da própria liquidação da sentença genérica. Releva notar que a liquidação não é uma nova ação, mas apenas uma fase do processo de conhecimento. Como a propositura da ação condenatória interrompe a prescrição, que só volta a correr do último ato do processo (art. 202, parágrafo único), a sentença quando ilíquida, mesmo transitando em julgado, não enseja a retomada da fluência do prazo prescricional. O encerramento do processo de conhecimento somente acontecerá depois de cumprida a fase liquidatória. Não há duas prescrições, uma para a pretensão de condenação e outra para a de liquidação.

Embora seja apenas fase do processo, a liquidação depende de iniciativa da parte (CPC, art. 509), que não só deve requerê-la, como produzir, nos autos, os elementos necessários à definição do *quantum debeatur* (CPC, arts. 510 e 511). Por isso, o não requerimento do procedimento liquidatório durante longo tempo, equivalendo a abandono do processo, gera prescrição intercorrente da pretensão condenatória, que ficou incompletamente satisfeita com a sentença apenas genérica[35]. Não é a execução que incorre, propriamente, na espécie, porque, enquanto não se liquida a sentença, nem sequer se pode ter como nascida a pretensão executiva.

Por outro lado, nas ações de responsabilidade civil, o responsável pela reparação, sendo considerado em mora desde a prática do ato ilícito, provoca a fluência do prazo da pretensão indenizatória desde a ocorrência do dano. Ajuizada a ação competente, a prescrição permanecerá interrompida enquanto não se alcançar a liquidação da respectiva condenação, sendo desinfluente o trânsito em julgado da sentença, se se tratar de condenação ilíquida. Ressalva-se apenas o caso de o interessado não promover a liquidação em prazo suficiente para verificação da prescrição intercorrente.

27.2. Prescrição da execução individual de sentença coletiva em ação civil pública

O STJ, em sede de recurso repetitivo, firmou as seguintes teses em relação à execução individual de sentença proferida em ação civil pública coletiva: (i) a prescrição é de cinco anos; (ii) o prazo é contado do trânsito em julgado da sentença coletiva, sendo desneces-

---

[34] STJ, 1ª Seção, REsp. 1.336.026/PE, Rel. Min. Og Fernandes, ac. 28.06.2017, *DJe* 30.06.2017.

[35] No direito português, a questão é tratada no art. 306º, 4: "Se a dívida for ilíquida, a prescrição começa a correr desde que ao credor seja lícito promover a liquidação; promovida a liquidação, a prescrição do resultado líquido começa a correr desde que seja feito o seu apuramento por acordo ou sentença passada em julgado".

sária a publicação de edital no órgão oficial para que os interessados possam intervir no processo como litisconsortes, providência do art. 94 da Lei nº 8.078/1990:

> a) 1. Para os efeitos do art. 543-C do Código de Processo Civil, foi fixada a seguinte tese: "No âmbito do Direito Privado, é de cinco anos o prazo prescricional para ajuizamento da execução individual em pedido de cumprimento de sentença proferida em Ação Civil Pública"[36].
>
> b) 9. Fincada a inaplicabilidade do CDC à hipótese, deve-se firmar a tese repetitiva no sentido de que o prazo prescricional para a execução individual é contado do trânsito em julgado da sentença coletiva, sendo desnecessária a providência de que trata o art. 94 da Lei n. 8.078/90.
>
> 10. Embora não tenha sido o tema repetitivo definido no REsp 1.273.643/PR, essa foi a premissa do julgamento do caso concreto naquele feito.
>
> 11. Em outros julgados do STJ, encontram-se, também, pronunciamentos na direção de que o termo *a quo* da prescrição para que se possa aforar execução individual de sentença coletiva é o trânsito em julgado, sem qualquer ressalva à necessidade de efetivar medida análoga à do art. 94 do CDC: AgRg no AgRg no REsp 1.169.126/RS, Rel. Ministro Jorge Mussi, Quinta Turma, *DJe* 11/2/2015; AgRg no REsp 1.175.018/RS, Rel. Ministro Rogério Schietti Cruz, Sexta Turma, *DJe* 1º/7/2014; AgRg no REsp 1.199.601/AP, Rel. Ministro Sérgio Kukina, Primeira Turma, *DJe* 4/2/2014; EDcl no REsp 1.313.062/PR, Rel. Ministro João Otávio de Noronha, Terceira Turma, *DJe* 5/9/2013[37].

Entretanto, o ajuizamento de liquidação coletiva pelo Ministério Público, extinta por ilegitimidade ativa do *Parquet,* interromperia, segundo entendimento adotado pela 3ª Turma do STJ, o prazo para a execução individual, uma vez que, na hipótese, não teria havido inércia dos credores individuais[38].

Posteriormente, no entanto, tal entendimento foi superado pela Corte Especial daquele Tribunal Superior, ao julgar o Recurso Especial nº 1.758.708/MS. Na oportunidade, restou decidido que a liquidação de sentença coletiva promovida pelo Ministério Público – que não possui legitimidade para tanto – não tem o condão de interromper o prazo prescricional para o exercício da pretensão individual, modulando-se os efeitos da decisão para as ações futuras, *in verbis:*

> 3. O objeto da liquidação de sentença coletiva, exarada em ação civil pública que versa sobre direitos individuais homogêneos, é mais amplo, porque nela se inclui a pretensão do requerente de obter o reconhecimento de sua condição de vítima/sucessor e da existência do dano individual alegado, além da pretensão de apurar o quanto lhe é devido (*quantum debeatur*).
>
> (...)
>
> 7. Uma vez concluída a fase de conhecimento, o interesse coletivo, que autoriza o Ministério Público a propor a ação civil pública na defesa de direitos individuais homogêneos, enquanto legitimado extraordinário, cede lugar, num primeiro momento, ao interesse

---

[36]   STJ, 2ª Seção, REsp. 1.273.643/PR, Rel. Min. Sidnei Beneti, ac. 27.02.2013, *DJe* 04.04.2013.

[37]   STJ, 1ª Seção, REsp 1.388.000/PR, Rel. Min. Og Fernandes, ac. 26.08.2015, *DJe* 12.04.2016.

[38]   STJ, 3ª T., AgInt no AREsp 1.347.746/MS, Rel. Min. Marco Aurélio Bellizze, ac. 18.03.2019, *DJe* 22.03.2019.

estritamente individual e disponível, cuja liquidação não pode ser perseguida pela instituição, senão pelos próprios titulares. Num segundo momento, depois de passado um ano sem a habilitação dos interessados em número compatível com a gravidade do dano, a legislação autoriza a liquidação coletiva – e, em consequência, a respectiva execução – pelo *Parquet*, voltada à quantificação da reparação fluida, porque desse cenário exsurge, novamente, o interesse público na perseguição do efetivo ressarcimento dos prejuízos globalmente causados pelo réu, a fim de evitar o enriquecimento sem causa do fornecedor que atentou contra as normas jurídicas de caráter público, lesando os consumidores.

8. Consequência direta da conclusão de que não cabe ao Ministério Público promover a liquidação da sentença coletiva para satisfazer, um a um, os interesses individuais disponíveis das vítimas ou seus sucessores, por se tratar de pretensão não amparada no CDC e que foge às atribuições institucionais do Parquet, é reconhecer que esse requerimento – acaso seja feito – não é apto a interromper a prescrição para o exercício da respectiva pretensão pelos verdadeiros titulares do direito tutelado.

9. Em homenagem à segurança jurídica e ao interesse social que envolve a questão, e diante da existência de julgados anteriores desta Corte, nos quais se reconheceu a interrupção da prescrição em hipóteses análogas à destes autos, gerando nos jurisdicionados uma expectativa legítima nesse sentido, faz-se a modulação dos efeitos desta decisão, com base no § 3º do art. 927 do CPC/2015, para decretar a eficácia prospectiva do novo entendimento, atingindo apenas as situações futuras, ou seja, as ações civil públicas cuja sentença seja posterior à publicação deste acórdão.

10. Convém alertar que a liquidação das futuras sentenças coletivas, exaradas nas ações civis públicas propostas pelo Ministério Público e relativas a direitos individuais homogêneos, deverão ser promovidas pelas respectivas vítimas e seus sucessores, independentemente da eventual atuação do *Parquet*, sob pena de se sujeitarem os beneficiados à decretação da prescrição[39].

27.3. Título executivo judicial que dá origem à execução de obrigação de fazer e de pagar

O STJ já assentou o entendimento segundo o qual a execução de sentença coletiva referente à obrigação de fazer não influi no prazo prescricional da execução da obrigação de pagar, decorrente do mesmo título.

Analisando os Embargos de Divergência em Recurso Especial nº 1.191.126/RS[40], o relator Ministro Og Fernandes dispôs que:

> Entendo que a melhor tese a ser adotada e pacificada está assentada no acórdão recorrido, pois que, ainda que originadas de um mesmo título judicial, as duas pretensões são distintas, motivo pelo qual o prazo prescricional para ambas inicia-se com o trânsito em julgado do título executivo judicial e corre paralelamente sem que o exercício da pretensão em uma obrigação reflita sobre a outra. Logo, deve prevalecer o entendimento segundo o qual o ajuizamento da execução coletiva da obrigação de fazer não repercute

---

[39] STJ, Corte Especial, REsp. 1.758.708/MS, Rel. Min. Nancy Andrighi, ac. 20.04.2022, *DJe* 11.05.2022.

[40] STJ, Corte Especial, EREsp 1.169.126/RS, Rel. Min. Og Fernandes, ac. 20.03.2019, *DJe* 11.06.2019.

na fluência do prazo prescricional da execução da obrigação de pagar, na medida em que as pretensões são distintas, não se confundem e têm regramento próprio.

Em voto vista, o Ministro Herman Benjamin esclareceu:

> Com o trânsito em julgado da sentença coletiva – que, além de condenar à obrigação de fazer (*in casu*, o implemento do reajuste nos contracheques dos servidores), impõe obrigação de pagar quantia certa referente aos valores retroativos –, é possível identificar a presença de interesse coletivo à Execução da obrigação de fazer e de interesses individuais de cada um dos substituídos ao cumprimento de ambas as obrigações. (...) A menos que a sentença transitada em julgado condicione a Execução da obrigação de pagar ao encerramento da Execução da obrigação de fazer (AgRg na ExeMS 7.219/DF, Rel. Ministro Luiz Fux, Primeira Seção, *DJe* 03.08.2009), não se pode deixar de reconhecer, desde então, a existência de pretensão ao processo de liquidação e Execução da sentença coletiva quanto à obrigação de pagar (Ação de Cumprimento)[41].

28. PRESCRIÇÃO DA EXECUÇÃO CIVIL DA SENTENÇA PENAL

Problema interessante surge a propósito da demora do julgamento da ação penal, que só vem acontecer depois de ultrapassado o tempo de prescrição civil da pretensão de reparação do dano.

Convém lembrar que a sentença condenatória penal é, independentemente de ação de cognição civil, *título executivo judicial* (art. 515, VI, do CPC). Diante dos títulos executivos judiciais, o que se deve perquirir é sobre a prescrição da *execução* e não mais da *ação*. Daí por que não importa que tenha transcorrido prazo maior do que o da prescrição da ação, antes da condenação penal. A prescrição, no juízo criminal, não se rege pelos prazos do direito civil, mas pelos do Código Penal.

Uma vez prolatada a condenação criminal com trânsito em julgado, surge o título judicial civil para executar-se a obrigação ressarcitória da responsabilidade do condenado. Da condenação penal, portanto, começa a fluir o prazo de prescrição da respectiva *execução civil*, sem maior relevância a ser emprestada à data em que o delito foi cometido, uma vez que são duas modalidades jurídicas distintas: a prescrição da ação e a prescrição da execução.

O STJ tem se ocupado do tema e vem decidindo que, na espécie, o termo inicial para efeito da prescrição da execução civil não é a data do ato ilícito danoso, porém a da ocorrência do trânsito em julgado criminal[42]. Com efeito, segundo aquela Corte Superior,

---

[41] No mesmo sentido: "1. A Corte Especial do STJ pacificou o entendimento de que o início da execução de sentença proferida em ação coletiva referente à obrigação de fazer não influi no prazo prescricional referente à execução da obrigação de pagar, não havendo que se falar em interrupção ou suspensão do prazo. 2. Aquele Colegiado consignou ainda que tal compreensão não se aplica nos casos em que a sentença transitada em julgado ou o juízo de execução tenha fixado condicionamento diverso" (STJ, 1ª T., REsp. 1.687.306/PB, rel. p/ acórdão Min. Gurgel de Faria, ac. 08.03.2022, *DJe* 07.04.2022).

[42] "A coisa julgada na instância penal constitui o termo inicial da contagem do prazo de prescrição da ação de indenização em face do Estado" (STJ, 1ª T., REsp 591.419/RS, Rel. Min. Luiz Fux, ac. 05.10.2004, *DJU* 25.10.2004, p. 232). No mesmo sentido: STJ, 1ª T., REsp. 302.165/MS, Rel. Min. José Delgado, ac. 05.04.2001, *DJU* 18.06.2001, p. 117; REsp. 302.579/SE, 1ª T., Rel. Min. José Delgado, ac. 05.04.2001, *DJU*

Capítulo IV · DAS REGRAS SOBRE PRAZO E MOMENTO DE INVOCAÇÃO DA PRESCRIÇÃO | 91

"enquanto pende a incerteza quanto à condenação, não se pode aduzir à prescrição, posto instituto vinculado à inação, inocorrente quando em curso inquérito policial militar para apurar responsabilidade de militar pela morte de outro colega de corporação". Se a ação penal não chegar a ser ajuizada, "o termo *a quo* da prescrição da ação indenizatória é a data do arquivamento do inquérito policial militar"[43].É por isso que o art. 200[44] prevê que, originando a responsabilidade civil de fato que deva ser objeto também de ação penal, a prescrição não correrá antes do trânsito em julgado da respectiva sentença criminal. Para Aline de Miranda Valverde Terra e Gisela Sampaio da Cruz Guedes, a hipótese é de causa suspensiva da prescrição e, não, de causa impeditiva do início de fluência do prazo prescricional[45].

A mesma situação encontra-se prevista na Lei das Sociedades Anônimas (Lei n⁰. 6.404/76), em seu artigo 288: "quando a ação se originar de fato que deva ser apurado no juízo criminal, não ocorrerá a prescrição antes da respectiva sentença definitiva, ou da prescrição da ação penal".

Estas disposições se justificam para evitar que a pretensão indenizatória prescreva – no exíguo prazo de três anos (art. 206, § 3⁰, V) – antes mesmo de decidida a questão no âmbito penal.

Importante ressaltar que, conforme aresto do TJSP lembrado na obra de Aline de Miranda Valverde Terra e Gisela Sampaio da Cruz Guedes[46], o disposto no art. 200 do Código Civil só se aplica aos prazos prescricionais, não abrangendo, portanto, os decadenciais:

> Impetrante alega afastamento da decadência em decorrência da aplicação do art. 200 do Código Civil, por tratar-se de crime de falsidade documental. Inaplicabilidade. Decadência prevista no Art. 23 da Lei n⁰ 12.016/09[47].

No julgamento, o Relator advertiu que, "se o prazo para impetrar mandado de segurança é decadencial, não prospera a alegação do apelante que diz que se aplica ao caso artigo do Código Civil referente à suspensão da prescrição por tratar-se de um crime, exatamente pela impossibilidade de se estender tal norma para a decadência".

Por fim, como a responsabilidade civil é independente da criminal (CC, art. 935), é perfeitamente possível que as duas ações – indenizatória e penal – corram simultaneamente em seus respectivos juízos. Nessa hipótese, pode ocorrer a prolação de sentenças conflitantes nas duas esferas jurídicas. Para o STJ, entretanto, a existência de contradição entre a sentença cível e a penal não é razão suficiente para justificar uma ação rescisória:

11.06.2001, p. 140; REsp. 279.086/MG, 1ª T., Rel. Min. José Delgado, ac. 01.03.2001, *DJU* 09.04.2001, p. 335; STJ, 2ª T., REsp. 997.761/MG, Rel. Min. Castro Meira, ac. 10.06.2008, *DJe* 23.06.2008.

[43] STJ, 1ª T., REsp 591.419/RS. No mesmo sentido: STJ, 2ª T., REsp. 1.443.038/MS, Rel. Min. Humberto Martins, ac. 12.02.2015, *DJe* 19.02.2015.

[44] "Art. 200. Quando a ação se originar de fato que deva ser apurado no juízo criminal, não correrá a prescrição antes da respectiva sentença definitiva".

[45] Responsabilidade civil. In TEPEDINO, Gustavo (org.). Fundamentos do direito civil. Rio de Janeiro: Forense, 2020. v. 4, p. 300.

[46] Responsabilidade civil *cit.,* p. 301.

[47] TJSP, Ap. 9176364-53.2009.8.26.0000, 2ª CDPriv., Rel. Des. José Carlos Ferreira Alves, ac. 16.07.2013, *DJe* 18.07.2013.

Ademais, a jurisprudência do STJ entende que não é documento novo aquele produzido após o julgamento da causa e que a ocorrência de decisões contraditórias no cível e no juízo criminal não induzem necessariamente a uma ação rescisória, ausentes as hipóteses mencionadas no art. 485 do Código de Processo Civil/1973 (art. 966 do CPC/2015). AgRg no Ag 1069357/RS, Rel. Ministro Carlos Fernando Mathias (Juiz Federal Convocado do TRF 1ª região), Quarta Turma, *DJe* 16/02/200; AgRg na MC 8.310/MG, Rel. Ministro Carlos Alberto Menezes Direito, Terceira Turma, *DJ* 25/10/2004, p. 333[48].

A consequência necessária do entendimento adotado pelo STJ é que uma vez transitada em julgado a sentença civil (condenatória ou absolutória), torna-se irrelevante, para efeito de responsabilidade indenizatória, o que for decidido posteriormente no juízo criminal acerca do mesmo ato ilícito.

29. ACOLHIDA JUDICIAL DA PRESCRIÇÃO *EX OFFICIO*

O art. 194, sem embargo de seu fundamental papel no instituto da prescrição e de reproduzir preceito universalmente consagrado, foi revogado pela Lei nº 11.280/2006, a pretexto de conferir maiores poderes ao juiz no aceleramento da solução dos processos. Convém, no entanto, observar que a lógica do sistema do direito material não é compatível com a outorga de poderes autoritários ao juiz em matéria de prescrição dos direitos patrimoniais disponíveis.

Observou-se nos comentários anteriores à revogação em tela[49] que o instituto da prescrição está impregnado de uma preocupação de ordem pública, enquanto voltado genericamente para atender à necessidade de certeza e segurança nas relações jurídicas, funcionando como impedimento à eternização dos litígios e como expediente adequado à conservação das situações jurídicas consolidadas pela longa duração no tempo.

Porém, uma vez consumada a prescrição, a usufruição dos seus efeitos liberatórios já não mais diz respeito ao interesse público. Cabe ao devedor julgar, no âmbito de seus interesses, a conveniência ou não de liberar-se da obrigação sem realizar a prestação que lhe é exigida e sem obter um julgamento a respeito de sua substância. Há nisso um problema ético que a lei não quer absorver. Daí a redação originária do art. 194 que vedava iniciativa ao juiz para suscitar a prescrição, sem provocação da parte, como aliás ocorria com todos os demais Códigos europeus de raízes romanistas.

Nosso Código, fiel a todo o sistema traçado para o instituto, aguardava, segundo a literalidade do art. 194, que o obrigado tomasse a iniciativa de arguir, diante da ação do titular da pretensão, a exceção de prescrição. Sem ela, a causa prosseguiria normalmente até a sentença de mérito, e a pretensão, mesmo depois de expirado o prazo prescricional, poderia ser acolhida em juízo, porque a prescrição, por si só, não extingue o direito subjetivo. Para que esse sistema funcionasse, o art. 194 proibia, expressamente, ao juiz "suprir, de ofício, a alegação de prescrição"[50].

---

[48]   STJ, 2ª T., REsp. 1.645.864/MS, Rel. Min. Herman Benjamin, ac. 07.03.2017, *DJe* 20.04.2017.

[49]   THEODORO JÚNIOR, Humberto. *Comentários ao novo Código Civil*. 3. ed. Rio de Janeiro: Forense, 2005. v. III, t. II, n. 323, p. 211-213.

[50]   "O devedor dispõe d'uma exceção extraída da prescrição oponível ao credor. A pretensão, não estando extinta de fato apenas pela prescrição, pode ser executada se aprouver ao credor. Assim, diante do

Capítulo IV · DAS REGRAS SOBRE PRAZO E MOMENTO DE INVOCAÇÃO DA PRESCRIÇÃO | 93

De tal sorte, a prescrição, como ditava sua própria natureza, não haveria de produzir efeito algum sobre a pretensão e a respectiva ação, se não fosse invocada por aquele a quem beneficiava. Com efeito, trata-se de um direito renunciável, até tacitamente, segundo dispõe a própria lei (art. 191, não modificado pela Lei n. 11.280/2006); razão pela qual se deixava ao arbítrio da parte servir-se ou não de suas vantagens e se vedava ao juiz a iniciativa de supri-lo, de ofício (art. 194)[51].

Ao contrário do que a literalidade do art. 189 sugere, nem mesmo a pretensão se extingue pelo simples decurso do prazo legal. Na verdade, a prescrição, no regime clássico respeitado originariamente pelo Código de 2002, era apenas uma defesa para o devedor: "*Prescrição é a exceção*, que alguém tem, contra o que não exerceu, durante certo tempo, que alguma regra jurídica fixa, a sua pretensão ou ação"[52].

Eis por que não se poderia confiar ao juiz o enfrentamento da prescrição sem que a matéria tivesse sido manejada pela parte. Do contrário, estaria substituindo o litigante no lineamento da defesa, transmudando sua posição no processo, de magistrado, para a de advogado.

Veremos, a seguir, que, sem embargo da revogação do art. 194, a sistemática básica da prescrição que nele se retratava não mudou totalmente.

30. DECLARAÇÃO *EX OFFICIO* DA PRESCRIÇÃO INTERCORRENTE EM EXECUÇÃO FISCAL

Por falta de bens penhoráveis, a execução da dívida ativa da Fazenda Pública, em virtude de legislação própria, se suspende e assim permanece enquanto não surgirem bens do devedor para a necessária expropriação executiva. Transcorrido, porém, o prazo legal de prescrição aplicável aos créditos públicos (cinco anos), a lei especial permite ao juiz reconhecer e decretar, de ofício, a prescrição intercorrente, devendo, contudo, ouvir previamente a Fazenda exequente. A regra inovadora consta do § 4º do art. 40, da Lei de Execução

---

processo, o juiz não pode acolher de ofício a prescrição para rejeitar a pretensão do credor; somente o devedor pode prevalecer-se dela" (WITZ, Claude. *Droit privé allemand*. Paris: LITEC, 1992. n. 689, p. 539).

[51] RUGGIERO, Roberto de. *Instituições de direito civil*. Trad. Ary dos Santos. São Paulo: Saraiva, 1957. v. I, § 34º, p. 366. É remansosa a jurisprudência de que, "em se tratando de direito material, disponível, é defeso ao magistrado conhecer de prescrição *ex officio*" (TFR-2ª R., 3ª T., Ap. 89.02.04274-0/RJ, Rel. Des. Arnaldo Lima, *DJU* 24.10.1991). Nem mesmo se tratando de prescrição intercorrente, o juiz poderá conhecê-la de ofício (TFR, 6ª T., Ap. 160.657/SP, Rel. Min. Carlos Velloso, *DJU* 19.12.1988; TRF-1ª R., 3ª T., Ap. 91.01.14231-3/DF, Rel. Juiz Tourinho Neto, *DJU* 11.11.1991, *Revista Jurídica*, 174/93; TJDF, 3ª T., Ap. 27.249/DF, Rel. Des. Vasquez Cruxên, *DJU* 20.05.1992). Em suma: não pode prevalecer "prescrição decretada de ofício" (STJ, 2ª T., REsp. 9.482/BA, Rel. Min. Ilmar Galvão, *DJU* 24.06.1991, p. 8.627; STJ, 2ª T., REsp. 50.018-4/MA, Rel. Min. Antonio de Pádua Ribeiro, ac. 28.09.1994, *RT*, 711/232; STJ, 2ª T., REsp. 22.721-9/RS, Rel. Min. Antonio de Pádua Ribeiro, ac. 19.09.1994, *RT*, 714/247.

[52] PONTES DE MIRANDA, Francisco Cavalcanti. *Tratado de Direito Privado*. Parte Geral. Atualização de Otávio Luiz Rodrigues Júnior; Tilman Quarch e Jefferson Carús Guesdes. São Paulo: RT, 2012. t. VI, § 662, n. 2, p. 219. "Ela se enquadra dogmaticamente entre as exceções *materiais* ou *substanciais* – em linguagem processual, defesas de mérito de que o juiz não pode conhecer de ofício, mas somente quando alegadas pelo réu" (BARBOSA MOREIRA, José Carlos. Notas sobre pretensão e prescrição no sistema do novo Código Civil brasileiro. *Revista trimestral de direito civil*, v. 11, p. 75, jul./set. 2002). A atuação da exceção substancial de prescrição conferida ao devedor "depende exclusivamente de sua vontade" (AMORIM FILHO, Agnelo. Critério científico para distinguir a prescrição da decadência e para identificar as ações imprescritíveis. *Revista de direito processual civil*, v. 3, 1962, p. 116).

Fiscal (Lei nº 6.830/1980), que foi acrescentado pela Lei nº 11.051, de 29.12.2004. Com esse dispositivo, duas questões problemáticas foram superadas: a admissibilidade da prescrição intercorrente no curso do processo judicial, e sua decretabilidade de ofício pelo juiz.

A regra é especial e, agora, foi estendida às obrigações civis, em razão da revogação do art. 194, do Código Civil. Em estrutura similar à observada na execução fiscal, o CPC regulou o procedimento a ser observado para que a prescrição intercorrente seja decretada na execução civil por iniciativa do juiz (art. 921, §§ 1º a 5º). Nada impede, porém, que, havendo requerimento do devedor (art. 193, do CC), venha o juiz a reconhecer prescrição intercorrente, por abandono da causa pelo credor (v. adiante, o n. 79).

Uma coisa, porém, é certa: o Código de Processo Civil posterior ao Código Civil não confere ao juiz o poder de decretar a prescrição, mesmo de ofício, sem prévia audiência das partes, seja ela a consumada anteriormente ao processo (art. 487, parágrafo único, do CPC), seja a intercorrente (art. 921, §§ 4º e 5º, do CPC). Dessa maneira, a legislação processual superveniente regula o reconhecimento de ofício da prescrição, preservando o direito das partes de interferir para, se for o caso, fazer prevalecer a autonomia delas quanto à conveniência de ser ou não extinto o processo, principalmente quando este for de conhecimento.

31. A INDISPONIBILIDADE DOS DIREITOS DO ABSOLUTAMENTE INCAPAZ RECONHECIDA PELO ART. 194 DO CC/2002

Como a não arguição da prescrição consumada é uma forma de renúncia, o art. 194 abria uma exceção ao regime da não aplicação *ex officio* do instituto, quando a pretensão deduzida em juízo se voltasse contra o absolutamente incapaz. A regra explicava-se por si mesma e atuaria ainda que não a tivesse formulado expressamente o legislador.

É que os direitos e interesses do absolutamente incapaz estão protegidos pela gestão de representantes legais que não contam com o poder de disposição. Somente por autorização judicial podem ditos representantes praticar atos de alienação, e, assim mesmo, se houver necessidade e vantagem para o incapaz. Daí a antiga ressalva do art. 194, em que se permitia ao juiz reconhecer, de ofício, a prescrição cujos efeitos beneficiavam o absolutamente incapaz, isto é, o menor de dezesseis anos, em razão da nova redação dada ao art. 3º, do Código Civil, pela Lei nº 13.146/2015.

Em relação a esse incapaz, o juiz, encontrando os elementos da prescrição nos autos, a declararia, sem ter de aguardar a propositura da competente exceção pelo representante legal. A relevância da tutela aos incapazes sobrepuja o princípio da disponibilidade das vantagens da prescrição. Mesmo porque o representante não tem disponibilidade sobre os direitos do representado, na espécie.

A excepcionalidade devia ser restritivamente interpretada, pelo que não podia, por analogia, ser estendida a outros litigantes, que não aquele arrolado no art. 3º. Escapavam de sua incidência, portanto, os relativamente incapazes, tanto que a lei prevê a responsabilidade civil das pessoas que deveriam assisti-los e deixaram a prescrição prejudicá-los (art. 195).

O que a revogação do art. 194 do Código Civil acarretou foi a generalização do que antes era uma exceção estrita, com a franquia ao juiz para conhecer e declarar, de ofício, a prescrição em qualquer caso. Não o fará, todavia, sem prévia oportunidade de manifestação concedida às partes (art. 487, parágrafo único, do CPC).

32. ARGUIÇÃO PELO MINISTÉRIO PÚBLICO

Discutia-se ao tempo do Código de 1916 sobre a possibilidade de a prescrição ser arguida pelo representante do Ministério Público, na defesa dos interesses dos incapazes.

Uma vez que o sistema do Código convive com a possibilidade de o juiz reconhecer, até de ofício, a prescrição em benefício do absolutamente incapaz, torna-se evidente que poderá fazê-lo também por provocação do Ministério Público, a quem compete exercer em juízo a defesa dos direitos privados indisponíveis (CF, art. 129, III). Não cremos, porém, que semelhante poder caiba ao Ministério Público nos casos de interesse de pessoas relativamente incapazes (art. 4º), já que não afetados pela indisponibilidade patrimonial como o absolutamente incapaz (art. 3º). Tanto assim que os seus atos, quando praticados sem a devida assistência, nem sequer são nulos, mas apenas anuláveis (art. 171, I).

33. ARGUIÇÃO PELO CURADOR

Se se trata de representante legal de incapaz (curador ou tutor) ou representante de massas dotadas de personalidade processual (síndico, administrador, inventariante), é indiscutível a legitimidade para manejar a exceção de prescrição em favor da pessoa ou entidade representada em juízo.

O mesmo é de reconhecer-se em relação ao curador especial, a que alude o art. 72 do CPC, nos casos em que lhe caiba intervir[53]. Com efeito, o curador especial, dito na tradição luso-brasileira curador à lide assume, na causa, a posição jurídica de representante da parte, cujos direitos e interesses deve defender amplamente, não só por meio de contestação, como por exceções e embargos[54].

34. A POSSIBILIDADE DE DECLARAÇÃO *EX OFFICIO* DA PRESCRIÇÃO

Ainda sob o regime da legislação processual antiga, a Lei nº 11.280, de 16.02.2006, alterou radicalmente o texto do § 5º, do art. 219 do CPC de 1973[55], ao cuidar dos poderes do juiz para conhecer e decidir da prescrição no curso do processo independentemente de provocação da parte, bem como revogou o art. 194, do CC[56], que proibia a iniciativa judicial na matéria.

A inovação consistiu na possibilidade de a prescrição ser reconhecida de ofício, pelo juiz, independentemente da natureza dos direitos em litígio e da capacidade das partes, sem sequer ouvir previamente os interessados.

Nas edições anteriores desta obra – e em outras publicações logo após a alteração legislativa –, manifestamos-nos no sentido de que a regra não teria o alcance que o afoito

---

[53] DINIZ, Maria Helena. *Comentários ao Código Civil*. São Paulo: Saraiva, 2003. v. 22, p. 41; MONTEIRO, Washington de Barros. *Curso de Direito Civil*. 39. ed. São Paulo: Saraiva, 2003. v. I, p. 341.

[54] SILVA, Ovídio Baptista da. *Comentários ao Código de Processo Civil*. São Paulo: RT, 2000. v. I, p. 85-86; BARBI, Celso Agrícola. *Comentários ao Código de Processo Civil*. 11. ed. Rio de Janeiro: Forense, 2002. v. I, n. 100, p. 90; STJ, 2ª T., Resp. 28.114/RJ, ac. 03.03.1997, Rel. Min. Adhemar Maciel, *RSTJ* 96/182.

[55] Nova redação do art. 219, § 5º: "O juiz pronunciará, de ofício, a prescrição". Correspondente ao art. 487, II e parágrafo único, do CPC/2015.

[56] A redação do artigo era: "o juiz não pode suprir, de ofício, a alegação de prescrição, salvo se favorecer a absolutamente incapaz".

legislador pretendeu, pois a sistemática da prescrição é própria do direito material, e na sede que lhe é específica não há, em regra, como fazer a vontade do juiz passar por cima da autonomia da vontade das partes, quando o que está em questão é um direito potestativo da livre disposição do respectivo titular.

Com efeito, a rejeição liminar da demanda, por meio de singela decretação *ex officio* pelo juiz, esbarra em grandes e insuperáveis obstáculos oriundos da natureza do instituto, que é intrinsecamente de direito material e não processual. É muito importante, por exemplo, a distinção, no plano substancial, entre prescrição e decadência, já que isto refletirá significativamente sobre a iniciativa de ofício do juiz em torno da matéria.

A diferença básica entre a prescrição e a decadência está em que aquela afeta e extingue a *pretensão* (*actio*) enquanto esta põe fim ao próprio direito subjetivo. Como a prescrição não elimina o direito, de onde provém a pretensão, o devedor assume, em razão do decurso do tempo legal e da inércia do credor, apenas uma *exceção* (defesa), de que é livre para usar ou não, caso queira se furtar ao cumprimento da prestação tardiamente reclamada pelo credor.

O direito material não prevê a extinção do direito do credor em virtude do transcurso do prazo prescricional. Segundo o art. 189 do Código Civil, da violação do direito pelo devedor (inadimplemento) nasce para o credor a pretensão (poder de exigir a prestação sonegada pelo devedor), a qual irá extinguir-se ao final do prazo fixado na lei.

Na estrutura clássica do direito material, só ao devedor cabia usar, ou não, a *exceção de prescrição* (Código Civil, art. 194). Tratava-se de faculdade, ou de direito disponível, renunciável expressa ou tacitamente. Bastaria o não uso da exceção para que fosse tida como renunciada por seu respectivo titular (Regra mantida pelo Código Civil, no art. 191, não alterado pela reforma de 2006).

Já na decadência, o juiz tem não apenas a possibilidade, mas o dever de pronunciá-la, com ou sem provocação da parte, porque, por seu intermédio, extingue-se o próprio direito subjetivo material (Código Civil, art. 210). Ao contrário da prescrição, de que o devedor tem livre poder de disposição, é irrenunciável a decadência (Código Civil, art. 209).

Em princípio, haveria, na ordem lógica e jurídica, uma verdadeira inviabilidade da decretação da prescrição fora da exceção manejada pelo devedor. Ao contrário da decadência, que é fatal e se atinge inexoravelmente pelo simples decurso do prazo da lei, sem sujeitar-se a suspensões e interrupções, a prescrição é naturalmente imprecisa, não havendo como detectá-la *prima facie*, tantos são os fatores que interferem em seu fluxo temporal, impedindo-o, suspendendo-o ou interrompendo-o, com muita frequência, e com feições de variados matizes (o Código Civil arrola às dezenas as causas de interrupção, impedimento e suspensão dos prazos prescricionais – arts. 197 a 204).

Nenhum juiz, portanto, tem condições de, pela simples leitura da inicial, reconhecer ou rejeitar uma prescrição. Não se trata de uma questão apenas de direito, como é a decadência, que se afere por meio de um simples cálculo do tempo ocorrido após o nascimento do direito potestativo de duração predeterminada. A prescrição não opera *ipso iure*, envolve necessariamente fatos verificáveis no exterior da relação jurídica, cuja presença ou ausência são decisivas para a configuração da causa extintiva da pretensão do credor insatisfeito. Sem dúvida, as questões de fato e de direito se entrelaçam profundamente, de sorte que não se pode tratar a prescrição como uma simples questão de direito

Capítulo IV · DAS REGRAS SOBRE PRAZO E MOMENTO DE INVOCAÇÃO DA PRESCRIÇÃO | **97**

que o juiz possa, *ex officio*, levantar e resolver liminarmente, sem o contraditório entre os litigantes. A prescrição envolve, sobretudo, questões de fato, que por versarem sobre eventos não conhecidos do juiz o inibem de pronunciamentos prematuros e alheios às alegações e conveniências dos titulares dos interesses em confronto.

À época da alteração legislativa, expusemos nossa impressão de que, sem embargo da reforma simplista do § 5º, do art. 219 do CPC/1973, o juiz não teria como decretar *ex officio* a prescrição de direitos patrimoniais, senão quando no direito material houvesse semelhante previsão. É o caso, *v.g.,* dos créditos tributários, cuja prescrição a Lei nº 6.830/1980, art. 40, § 4º, permite seja decretada incidentemente, sem depender de exceção da parte devedora. Isto, porém, decorre do regime do direito tributário, em que se atribui à prescrição algo mais que uma simples defesa para o contribuinte, mas a qualidade de uma causa de *extinção* do próprio crédito tributário (CTN, art. 156, inc. V). Esse regime, portanto, confere à prescrição contra o Fisco um caráter especial que mais se aproxima da decadência do que da figura típica da prescrição civil. Além do mais, a lei especial, *in casu*, não permite ao juiz decretar a prescrição intercorrente senão depois de ouvida a Fazenda exequente acerca da longa paralisação do processo executivo (Lei nº 6.830/1980, art. 40, § 4º, acrescido pela Lei nº 11.051/2004).

Muitas foram as críticas doutrinárias a respeito da alteração legislativa[57], o que levou o legislador processual de 2015 a remediar, de certa forma, as inconveniências da decretação de ofício da prescrição, determinando que esta não ocorra "sem que antes seja dada às partes oportunidade de manifestar-se" (art. 487, parágrafo único).

35. A SISTEMÁTICA DA PRESCRIÇÃO NO CÓDIGO CIVIL DE 2002

A despeito das alterações legislativas processuais, a questão acerca da declaração de ofício da prescrição deve ser analisada à luz da área do ordenamento jurídico que lhe é própria, levando sempre em conta tratar-se de tema pertencente, sobretudo, ao direito material.

O Código Civil brasileiro de 2002, tomando os Códigos da Alemanha e da Suíça como parâmetros, conceituou a prescrição como a perda da *pretensão* (art. 189), ideia

---

[57] Segundo Alexandre Freitas Câmara, "Inaceitável que se dê ao julgador o poder de reconhecer de ofício a prescrição se o prescribente a ela pode renunciar. Cabe ao jurista denunciar essa *incoerência* interna do ordenamento jurídico, que o torna *assistemático*" (CÂMARA, Alexandre Freitas. Reconhecimento de ofício da prescrição: uma reforma descabeçada e inócua. *Revista IOB de Direito Civil e Processual Civil*, n. 43, p. 110-121, set./out. 2006). Arruda Alvim também advertia: "A Lei nº 11.280/2006 revogou o art. 194, mas não revogou o art. 191, ambos do Código Civil. Incumbe ao intérprete estabelecer que deve haver um espaço para a aplicação do art. 191 do CC, precisamente porque não foi revogado. Ou, por outras expressões, há que se compatibilizar a aplicação do § 5º do art. 219 com esse art. 191. No fundo e em rigor – o que deve ser feito – é afastar a aplicação do art. 219, em sua literalidade, ao menos. O art. 191 do CC atribui ao réu o direito de ele não querer aproveitar-se da ocorrência da prescrição, mas, sim, vencer, porque, por exemplo, pagou, por isso que à prescrição pode renunciar *expressa* ou dessa ter renunciado *tacitamente*. Parece que atividade de ofício estabelecida no art. 219, § 5º, do CPC, não elimina esse direito" (ARRUDA ALVIM, José Manoel de. Lei nº 11.280, de 16.02.2006: análise dos arts. 112, 114 e 305 do CPC e do § 5º, do art. 219 do CPC. *Revista de Processo*, v. 143, p. 23, jan. 2007). No mesmo sentido: DIDIER JÚNIOR, Fredie. Aspectos processuais da prescrição: conhecimento *ex officio* e alegação em qualquer fase do processo. In: CIANCI, Mirna (Coord.). *Prescrição no Código Civil*: uma análise interdisciplinar. 3. ed. São Paulo: Saraiva, 2011, p. 157.

que se aproxima da *actio* romana e que é a de outros Códigos modernos como o do Peru (de 1989)[58], o do Uruguai[59] (compilado em 1994), o do Japão (reformado em 1999)[60], o de Quebec (de 1991)[61], e o da Rússia (2001)[62]. Para nosso sistema de direito civil, não há dúvida de que a prescrição não atinge o direito material do credor. Cinge-se a conferir uma *faculdade* de resistir à pretensão quando exercida tardiamente (Código Civil, art. 189).

Com isso, tornou-se mais prática, mais funcional e efetiva a diferenciação entre prescrição e decadência, pois, enquanto a prescrição conduz à extinção da *pretensão* (ação em sentido material, e não processual), a decadência provoca diretamente a extinção do próprio direito material da parte, e apenas reflexamente atinge a ação de direito material que o instrumentalizava, enquanto eficaz[63].

Por outro lado, a simples consumação do prazo de aperfeiçoamento da prescrição não faz desaparecer o direito subjetivo, e tampouco anula a pretensão dela emergente, enquanto o obrigado não fizer atuar a exceção respectiva[64]. Tanto é assim que a lei prevê a possibilidade de renúncia à prescrição somente depois de consumada (art. 191) e não considera repetíveis os pagamentos feitos com base em obrigação atingida pela prescrição (art. 882)[65].

Ora, se o credor já não tivesse, após a consumação da prescrição, nem direito nem mesmo pretensão, a que estaria renunciando, nessa altura, o devedor? Se se extinguissem direito e pretensão, na espécie, pelo só decurso do prazo prescricional, a que título se poderia considerar válido e irrepetível o pagamento voluntário da dívida prescrita realizado pelo devedor? É óbvio que só se renuncia a algo que, juridicamente, seja atual e exercitável. Se a prescrição operasse por si só, ao final do prazo da lei, o permissivo do

---

[58]   Código Civil do Peru, art. 1.989: *"La prescripción extingue la acción pero no el derecho mismo". Art. 1.992: "El juez no puede fundar sus fallos en la prescripción si no ha sido invocada."*

[59]   Código Civil do Uruguai, art. 1.216: *"Toda acción personal por deuda exigible se prescribe por veinte años."*

[60]   Código Civil do Japão, art. 145: *"Alegación de la prescripción: Los Tribunales no podrán fundar su decisión judicial en una prescripción que no haya sido alegada por la parte interesada."*

[61]   Código Civil de Quebec: segundo o art. 2.875 a prescrição extintiva é um meio, para o devedor, *"de se libérer par l'écoulement du temps et aux conditions determinées par la loi"*. Os tribunais não podem aplicá-lo de ofício (art. 2.878), porque *"la prescription est un moyen d'action ou d'exception qui ne concerne que des intérêts privés et qui est donc susceptible d'être invoqué, ordinairement au gré du bénéficiaire"* (Commentaires du Ministre de la Justice. In: BAUDOUIN, Jean-Louis; RENAUD, Yvon. Code Civil du Québec annoté. 4. ed. Montreal: Wilson & Lafleur, 2001. t. 2, p. 3.537).

[62]   Código Civil da Federação Russa, art. 195: "O prazo de prescrição da ação é o prazo durante o qual pode agir a pessoa cujo direito foi violado, para defender esse direito."

[63]   Também no Código do Peru está assente que *"la caducidad extingue el derecho y la acción correspondiente"* (art. 2.003).

[64]   Assim já era desde Roma, onde se atribuía à prescrição relevância de defesa em juízo, sem desconstituir ou extinguir o direito material da contraparte: o demandado, *"lungi dal far valere una propria situazione giuridica sostanziale, mira ad ottenere il rigetto della domanda attraverso lo strumento processuale dell'exceptio il cui carattere fondamentale è che 'con essa non si disconosce il diritto dell'attore o l'obiettività del fatto illecito contestato, ma vengono fatte valere talune circostanze che esonerano il convenuto dall'obbligo o dalla responsabilità, e che pertanto, se vere, pongono il giudice nell'alternativa di assolvere'. In altri termini, l'inerzia del creditore produce un'exceptio che paralizza la sua iniziativa processuale. L'exceptio annulla gli effeti dell'actio e tutto si svolge nell'ambito del processo"* (PANZA, Giuseppe. Prescrizione. In: Digesto delle discipline privatistiche. Torino: UTET, 1996. v. XIV, p. 227).

[65]   Nesse sentido, os Códigos: português, art. 304º, 2; alemão, § 214, 2; peruano, art. 1.275; argentino, art. 2.538.

Código à renúncia da prescrição consumada seria um *non sense*, pois o devedor estaria renunciando a nada, perante a fatal inexistência do direito do credor. Não existiria a situação jurídica sobre que a renúncia haveria de beneficiar e nada justificaria a lei disciplinar um ato abdicativo sem objeto e sem efeito.

A renúncia à prescrição, dentro do ordenamento jurídico, só se explica, do ponto de vista da lógica e do direito, pela subsistência do direito subjetivo e da pretensão do credor, ainda que já consumado o prazo prescricional. Da mesma forma, lógica e juridicamente, só se explica a validade e irrepetibilidade do pagamento voluntário da dívida prescrita pela subsistência do crédito e da pretensão, enquanto o devedor não fizer uso da faculdade de manejar contra o credor a *exceção de prescrição.*

Como a renúncia, a respeito de prescrição já consumada, pode ocorrer de forma expressa ou tácita (Código Civil, art. 191), basta o silêncio do devedor (ou sua inércia no manejo da *exceção* de que dispõe) para que a prescrição não opere no processo em que o credor está exercendo a pretensão. Daí por que o art. 194 (revogado inadequadamente pela reforma do Código de Processo Civil de 1973, por meio da Lei nº 11.280/2006) dispunha não poder o juiz suprir, de ofício, a alegação de prescrição (salvo apenas se favorecer a absolutamente incapaz)[66].

Diante desse quadro de direito material, chega-se à seguinte síntese: A violação de um direito subjetivo gera (faz nascer), para o respectivo titular, a *pretensão,* que se define como o poder ou a faculdade de exigir de alguém uma prestação (ação ou omissão)[67]. A pretensão sujeita-se a um prazo legal de exercício, que, findo sem que o credor a tenha feito valer em juízo, provocará a prescrição.

A prescrição, porém, não extingue o direito subjetivo material da parte credora. Cria apenas para o devedor uma *exceção* que, se for usada no processo de realização da pretensão do credor, acarretará a inibição desta. Se não exercitada a exceção, o direito do credor será tutelado normalmente em juízo, sem embargo de consumada a prescrição. E mesmo depois de a exceção ter sido acolhida, se o devedor efetuar o pagamento da prestação devida, ou renunciar aos efeitos da prescrição já operada, tudo se passará como se o direito do credor jamais tivesse sido afetado pelo efeito prescricional[68].

Isso porque a lei, em momento algum, cogitou de ver na prescrição uma causa de extinção do direito material do credor. Ao devedor é que se conferiu uma defesa especial, exercitável em nome da conveniência jurídica de não eternizar as disputas em torno de obrigações que permaneceram inexigidas durante longo tempo.

O efeito da prescrição, dessa maneira, é uma *exceção* que, quando exercida, neutraliza a pretensão, sem, entretanto, extinguir propriamente o direito subjetivo e material do credor. O direito do credor é fragilizado, mas não desaparece em razão apenas da longa inércia do titular em fazer atuar a *pretensão* nascida do inadimplemento do devedor. Dessa

---

[66] A ressalva em benefício dos incapazes era compreensível porque não se poderia pensar em renúncia de direitos ou benefícios legais por inércia dos representantes legais, uma vez que não lhes cabe o poder de dispor sobre os bens e direitos dos absolutamente incapazes. Se são indisponíveis, o juiz pode tutelá-los, de ofício.

[67] PRIETO, F. Pantaleón. Prescripción. In: *Enciclopedia jurídica básica.* Madrid: Editorial Civitas, 1995. v. III, p. 5008.

[68] V. *retro*, item n. 5.

maneira, adverte Barbosa Moreira: "A prescrição não subtrai arma alguma ao credor: cinge--se a fornecer ao devedor um escudo, do qual se poderá servir-se ou não, a seu talante"[69].

Essa, aliás, é a mesma situação registrada no regime dos Códigos de Portugal e da Espanha. No primeiro, prevê o art. 304º, nº 1, após completada a prescrição, o surgimento para o devedor, de uma "*faculdade* de recusar o cumprimento da prestação" que lhe exige o credor[70].

No direito espanhol, a doutrina abalizada de Albaladejo retrata bem a natureza da prescrição extintiva, no âmbito dos direitos patrimoniais disponíveis. Ensina o civilista que a chamada prescrição dos direitos (segundo uns) ou das ações (segundo outros), não importa a preferência conceitual, "consiste só em que a lei faculta ao sujeito passivo para, amparando--se no transcurso do tempo, se negue a fazer o que deve, quando se reclame no prazo de prescrição". Por criar uma *faculdade* de defesa (uma exceção), Albaladejo ensina que o direito do credor não se extingue, mas fica relegado "*a la buena voluntad del sujeto pasivo*"[71-72].

Tanto na Espanha como em Portugal (e não haveria de ser diferente no Brasil), o juiz não pode conhecer diretamente da prescrição, sem a provocação do devedor, porque o decurso do prazo legal não acarreta a extinção do direito do credor. "A prescrição dá azo, apenas, ao direito de a invocar; se este direito não for exercido, a obrigação mantém-se civil, não havendo quaisquer efeitos."[73]

O revogado art. 194 do Código Civil, destarte, não criava privilégio para o devedor, nem benesse para o credor, nem restringia aleatoriamente os poderes do juiz, ao vedar sua iniciativa em matéria de aplicação dos efeitos extintivos da prescrição. A interdição do decreto *ex officio* da prescrição decorria, lógica e necessariamente, da própria natureza do instituto, isto é, daquela mesma natureza que lhe conferia a qualidade de remédio de *defesa* (exceção), livremente disponível (renunciável).

Se ao juiz, portanto, se passa a conferir o poder de aplicar, de ofício, a prescrição no campo dos direitos patrimoniais disponíveis, simplesmente se terá abolido o caráter de defesa e facultatividade que a história do direito milenarmente construiu para a importante figura jurídica da prescrição.

---

[69] BARBOSA MOREIRA, José Carlos. O novo Código Civil e o direito processual. *Revista Forense*, v. 364, p. 186, 2002.

[70] A respeito do tema, merece destaque a lição atualíssima de Menezes Cordeiro: "A prescrição é uma posição privada, concedida, como vimos, no interesse do devedor. Este usá-la-á, ou não. A hipótese de um devedor, beneficiado pela prescrição, não a querer usar nada tem de anormal: poderão prevalecer aspectos morais ou, até, patrimoniais e pragmáticos: o comerciante preferirá pagar o que deve a fazer constar, na praça, que recorreu à prescrição, com prejuízo para o seu credor legítimo. Recorrer à prescrição é, em suma, uma opção que exige um claro acto de autodeterminação e isso no seio de uma posição privada (...) para ser eficaz, deve ser invocada, judicial ou extrajudicialmente (...) Em rigor, o simples decurso do prazo dá lugar ao aparecimento de um direito potestativo: o de invocar a prescrição" (CORDEIRO, António Manuel da Rocha e Menezes. *Tratado de Direito Civil Português* – Parte Geral. Coimbra: Almedina, 2005. t. IV, n. 79, p. 165).

[71] ALBALADEJO, Manuel. *La Prescripción extintiva*. 2. ed. Madrid: Centro de Estudios/Colegio de Registradores, 2004, p. 17.

[72] "*Consiste sólo en que la ley faculta al sujeto pasivo para, que amparándose en el transcurso del tiempo, se niegue a hacer lo que debe, cuando se le reclame pasado el plazo de prescripción*" (ALBALADEJO, Manuel. *La prescripción extintiva*. 2. ed. Madrid: Centro de Estudios/Colegio de Registradores, 2004, p. 16).

[73] CORDEIRO, António Manuel da Rocha e Menezes. *Tratado de Direito Civil Português* – Parte Geral. Coimbra: Almedina, 2005. t. IV, n. 82, p. 172.

E o pior: como se haverá de conciliar o novo poder do juiz, delineado a partir da revogação do art. 194 do Código Civil, com a faculdade de renúncia à exceção de prescrição que o art. 191 conserva para o devedor, mesmo depois de consumado o lapso prescricional? Se essa renúncia pode ser tácita, como quer a lei, basta ao devedor não opor a *exceção,* quando demandado pelo credor, para se tê-lo como renunciante aos favores da prescrição extintiva.

Mas se se admite que o juiz, passando sobre a vontade tácita do devedor, decrete de ofício a prescrição não arguida, o que, de fato, estará acontecendo, terá sido a abolição do direito potestativo conferido pelo art. 191 do Código Civil. Será, simplesmente, sua anulação ou revogação, o que desestruturaria, por completo, o sistema prescricional do direito privado organizado pelo Código Civil, em bases racionais e consagradas universalmente.

Por isso é que a revogação pura e simples do art. 194 do Código Civil não conduz à automática implantação de uma regra em sentido contrário à revogada, se se atentar para o enfoque lógico, histórico, sistemático e teleológico da regulamentação da prescrição, como um todo. Não será, apenas pelo fato de eliminar a regra que expressamente proibia o juiz de declarar a prescrição *ex officio*, que se terá de entender que terá sido instituída a possibilidade de fazê-lo, sempre, sem a provocação da parte interessada (o devedor).

De fato, não há mais a regra expressa que proibia a iniciativa do juiz, na espécie. Existe, porém, todo um sistema de direito material que não autoriza a imediata extinção do direito do credor ao termo final do prazo de prescrição; e que, ao contrário, preconiza sua sobrevivência sob a condição resolutiva do exercício da exceção de prescrição, deixando à livre disponibilidade do devedor. Além disso, existe norma processual superveniente que determina ao juiz, antes de extinguir a ação, com resolução do mérito, em razão da ocorrência da prescrição, que dê "às partes oportunidade de manifestar-se" (CPC/2015, art. 487, parágrafo único).

Em outras palavras: se cabe ao devedor renunciar à prescrição já consumada, de forma expressa ou tácita (art. 191); se a parte a quem aproveita a prescrição (o devedor) pode alegá-la (por exceção) em qualquer grau de jurisdição (art. 193); se o devedor não pode reaver o que houver pago para solver dívida prescrita (art. 882), a conclusão que se impõe é a de que o sistema do Código Civil está todo comprometido com a livre disponibilidade da prescrição consumada. Somente por força da vontade autônoma do beneficiário da regra prescricional é que esta será aperfeiçoada.

A estrutura jurídica do sistema é, inquestionavelmente, a de uma *exceção de direito material,* quer se mantenha ou não à disposição do art. 194 da lei substancial. É do sistema legal disciplinador da figura jurídica que se extrai o seu caráter de *exceção*, e não de mera *objeção.*

Exceção é exatamente a defesa, de direito material, cuja invocação é privativa do devedor[74]; enquanto a *objeção* consiste na simples suscitação de algo cujo conhecimento e solução pelo juiz deveriam dar-se de ofício[75]. Pretender que o juiz, no âmbito da lei

---

[74] Exceção em sentido estrito é "a alegação de defesa que, para ser conhecida pelo magistrado, precisa ter sido arguida pelo interessado" (DIDIER JÚNIOR, Fredie. *Curso de direito processual civil*. 6. ed. Salvador: JusPodivm, 2006. v. 1, p. 415).

[75] "Considera-se objeção a matéria de defesa que pode ser conhecida *ex officio* pelo magistrado. Existem objeções substanciais, como é o caso da decadência legal, do pagamento e das causas de nulidade absoluta do negócio jurídico (art. 168, parágrafo único, e art. 424 do CC-2002; art. 51 do Código de Defesa

processual, detenha o poder de declarar, por iniciativa própria, uma prescrição (relativa a direito patrimonial disponível) equivale a eliminar o caráter de exceção, com que se estrutura, sistematicamente, o instituto dentro do Código Civil.

Daí a irrelevância da supressão do art. 194 da lei civil, se o caráter de exceção se conserva íntegro na disciplina global e sistemática da prescrição. "Basicamente, não se permite ao magistrado o conhecimento de ofício de exceções substanciais por serem elas espécie de contradireito do réu em face do autor. Como contradireito, pode ser objeto de demanda autônoma. Assim, violaria o princípio da demanda (arts. 141 e 492 do CPC) o magistrado que levasse em consideração *exceções substanciais* não alegadas pelo réu. São exemplos de exceção substancial: a prescrição (art. 189 do CC); a compensação (arts. 368-380 do CC); o direito de retenção (art. 1.219 do CC); exceção de contrato não cumprido (art. 476 do CC) etc."[76].

Inadmissível, pois, que o juiz, sem ouvir o titular da faculdade legal, a revogue autoritariamente. Isto importaria transformar em interesse público aquilo que a lei material considera privado e, por isso mesmo, livremente disponível pelo respectivo beneficiário.

Por seu lado, o art. 332, § 1º, do CPC/2015, por cogitar de indeferimento da petição inicial em caso de prescrição, não autoriza a interpretação de que o juiz possa fazê-lo de plano, sem ouvir os interessados nem respeitar o disposto no art. 191 do Código Civil, já que a regra formal não pode ser interpretada ao arrepio da norma material, a que serve de instrumento de atuação, conforme a lição de Arruda Alvim[77].

36. AS REGRAS DO CPC/2015 QUANTO AO TEMA

Conforme já exposto, atento às manifestações contrárias da doutrina, o legislador processual de 2015, embora tenha mantido a possibilidade de decretação de ofício da prescrição, determinou que esta não se fizesse "sem que antes seja dada às partes oportunidade de manifestar-se" (parágrafo único, do art. 487, do CPC/2015). Desta forma, é oportunizado ao devedor renunciar à prescrição se assim o desejar, nos termos do art. 191 do Código Civil.

Nada obstante, o § 1º, do art. 332, do CPC/2015, ao cogitar de indeferimento da petição inicial em caso de prescrição do direito do autor, dispensou a ouvida prévia das partes. Mas deve-se ter em conta que a regra formal não deve ser interpretada ao arrepio da

---

do Consumidor), e processuais, como as questões relacionadas às condições da ação e aos pressupostos processuais (art. 267, § 3º, do CPC [de 1973])" (DIDIER JÚNIOR, Fredie. *Curso de direito processual civil*. 6. ed. Salvador: JusPodivm, 2006. v. 1, p. 416-417).

[76] DIDIER JÚNIOR, Fredie. *Curso de direito processual civil*. 6. ed. Salvador: JusPodivm, 2006. v. 1. p. 416.

[77] "Dessa forma [conclui Arruda Alvim] não nos parece que o juiz sem ouvir o réu e o autor possa, pura e simplesmente, indeferir a petição, proferindo, no fundo, julgamento de mérito (art. 269, IV). A tese defendida por Arruda Alvim mereceu acolhida pelas Jornadas de Direito Civil, patrocinadas pelo Centro de Estudos Jurídicos do Conselho da Justiça Federal, nos termos do Enunciado nº 295 (da IV Jornada), assim redigido: 'A revogação do art. 194 do Código Civil pela Lei nº 11.280/2006, que determina ao juiz o reconhecimento de ofício da prescrição, não retira do devedor a possibilidade de renúncia admitida no art. 191 do texto codificado.' Esse enunciado foi complementado pelo de nº 581, da VII Jornada de Direito Civil, que dispôs: 'A decretação *ex officio* da prescrição ou da decadência deve ser precedida de oitiva das partes'" (ARRUDA ALVIM, José Manoel da. Lei nº 11.280, de 16.02.2006: análise dos arts. 112, 114 e 305 do CPC e do § 5º, do art. 219 do CPC. *Revista de Processo*, v. 143, jan. 2007, p. 25).

norma material, a que serve de instrumento de atuação, mormente quando sua aplicação literal entra em conflito com os princípios constitucionais do processo, como a limitação obrigatória da sentença ao objeto litigioso e a proibição de qualquer decisão de mérito que envolva fundamento não submetido à consideração das partes (CPC, arts. 9º e 10)[78].

É justamente por isso que o próprio CPC, no art. 487, parágrafo único, dispõe expressamente que ao juiz incumbe, antes de extinguir qualquer processo com solução de mérito, fundada em prescrição não arguida pela parte, o dever de ensejar oportunidade de os interessados se manifestarem.

De mais a mais, o juiz nunca tem, de fato e de direito, condições seguras para, de ofício, decretar qualquer prescrição, já que, ao contrário do que ocorre com a decadência, não são fatais os prazos da lei para a perda da pretensão. Inúmeras situações de fato e de direito redundam em suspensão ou interrupção da prescrição (Código Civil, arts. 197 a 204), e só o credor está em condições de invocá-las e demonstrá-las. Admitir que o juiz aja à revelia do credor e do devedor, entra em contradição invencível com os poderes e faculdades que nascem do instituto da prescrição para um e outro, os quais se apresentam livremente disponíveis para os respectivos titulares, e cuja verificação assume a verdadeira natureza de condição de incidência do efeito extintivo sobre a pretensão deduzida em juízo. Em outras palavras: o juiz está inibido de decretar *ex officio* a prescrição porque, no comum dos casos, sequer tem condições de reconhecer, *in concreto*, se ela se consumou ou não.

Afigura-se irrelevante, destarte, a ressalva feita pelo art. 487, parágrafo único, do CPC/2015, já que, como visto, nenhum juiz tem, na prática, condições de, pela simples leitura da inicial, reconhecer ou rejeitar uma prescrição. Não se trata, na espécie, de uma questão apenas de direito, como é a decadência, que se afere por meio de um simples cálculo do tempo ocorrido após o nascimento do direito potestativo de duração predeterminada. A prescrição não opera *ipso iure*; envolve, necessariamente, fatos verificáveis no exterior da relação jurídica, cuja presença ou ausência são decisivas para a configuração da causa extintiva da pretensão do credor insatisfeito. Sem dúvida, as questões de fato e de direito se entrelaçam profundamente, de sorte que não se pode tratar a prescrição como uma simples questão de direito que o juiz possa, *ex officio*, levantar e resolver liminarmente, sem o contraditório entre os litigantes. A prescrição envolve, sobretudo, questões de fato, que, por versar sobre eventos não conhecidos do juiz, o inibem de pronunciamentos prematuros e alheios às alegações e conveniências dos titulares dos interesses em confronto.

Com efeito, se é difícil para o juiz decretar de ofício e liminarmente a prescrição *objetiva* do Código Civil (arts. 189, 205, e a maioria dos incisos do art. 206), impossível será fazê-lo nos casos de prescrição *subjetiva*, como a do art. 27 do Código de Defesa do

---

[78] "Não pode o magistrado decidir com base em questão de fato ou de direito, ainda que possa ser conhecida *ex officio*, sem que sobre ela sejam as partes intimadas a manifestar-se. Deve o juiz consultar as partes sobre esta questão não alvitrada no processo, e por isso não posta em contraditório, antes de decidir. Eis o dever de consultar, próprio de um processo cooperativo. Trata-se de manifestação da garantia do contraditório, que assegura aos litigantes o poder de tentar influenciar na solução da controvérsia" (DIDIER JÚNIOR, Fredie. Aspectos processuais da prescrição: conhecimento *ex officio* e alegação em qualquer fase do processo. In: CIANCI, Mirna (Coord.). *Prescrição no Código Civil*: uma análise interdisciplinar. 3. ed. São Paulo: Saraiva, 2011, p. 156).

Consumidor e alguns incisos do art. 206 do Código Civil. É que, em tais casos, além da interferência dos impedimentos, interrupções e suspensões, há a imprecisão do termo inicial da prescrição que se relaciona com um dado pessoal e subjetivo: a data do *conhecimento do dano e de sua autoria.*

Outras leis que autorizam decretação de prescrição no terreno tributário, sem provocação da parte devedora, não o fazem, todavia, sem condicionar a decisão a uma prévia audiência da Fazenda credora (Lei nº 6.830/1980, art. 40, § 4º), cautela que, com a devida vênia, não poderia ter sido omitida pelo Código de Processo Civil de 2015 a pretexto de rejeição liminar do pedido.

Nesse contexto, a melhor aplicação da norma deve ser feita dentro de uma visão sistemática que valorize a norma fundamental dos arts. 9º e 10 do CPC, os quais preconizam que nenhuma decisão pode ser proferida contra uma das partes, sem que ela seja previamente ouvida e que o juiz não pode decidir com base em fundamento sobre o qual as partes não tiveram oportunidade de se manifestar, "ainda que se trate de matéria sobre a qual deva decidir de ofício". Assim, o melhor será reconhecer que o juiz tem a iniciativa de suscitar, liminarmente e de ofício, a questão da prescrição e da decadência, mas só emitirá seu pronunciamento depois de ter ensejado ao autor prazo para se manifestar, seja no caso de sentença final, seja no de rejeição liminar da demanda.

37. UM GRAVE EQUÍVOCO IDEOLÓGICO COMETIDO PELO LEGISLADOR PROCESSUAL

Após a implantação do chamado *direito processual científico*, em substituição ao praxismo que vigorou até a metade do século XIX, o papel do juiz à frente do processo passou de espectador para ator na cena do debate judicial da causa. Como, entretanto, ninguém pode ser compelido a demandar em juízo, respeitou-se, como fundamento do processo civil, o princípio dispositivo no acesso à Justiça. Ao autor, e mais ninguém, cabe decidir sobre a conveniência, ou não, de provocar a instauração de um processo e de determinar-lhe o objeto. O direito de ação, por isso, se manteve na esfera da autonomia da vontade (CPC, art. 2º: "O processo começa por iniciativa da parte e se desenvolve por impulso oficial, salvo as exceções previstas em lei")[79]. Ao juiz, todavia, em nome do publicismo do direito processual moderno, se conferiu, após exercitado o direito de ação pelo autor, o comando do movimento do processo rumo ao provimento postulado (CPC, art. 2º).

Tendo sido imputado ao juiz não apenas o comando do processo, mas o dever de "velar pela duração razoável do processo" (CPC, art. 139, II), pensou-se que ampliando cada vez mais a interferência autoritária do juiz poder-se-ia superar a enorme, lamentável e crônica morosidade da prestação jurisdicional. Nessa linha de preocupação, as últimas reformas do Código de Processo Civil de 1973 concentraram-se, em grande parte, no incremento da iniciativa judicial e na redução da autonomia das partes. Essa preocupação foi mantida pelo atual Código de Processo Civil, muito embora se tenha adotado como norma fundamental o princípio cooperativo, que assegura às partes o direito de influir na formação do provimento jurisdicional (arts. 6º, 9º e 10).

---

[79] "O juiz decidirá o mérito nos limites propostos pelas partes" (CPC/2015, art. 141).

Sem atentar para a realidade de que, substancialmente, o maior interesse na composição do litígio pertence às partes e não ao juiz, predicamentos preciosos como o contraditório e o papel exclusivo desempenhado no diálogo entre as partes foram desprezados, e inovações arrojadas (para não dizer temerárias) foram realizadas no sentido de suprimir o duplo grau de jurisdição e a influência do recorrente sobre a identificação do objeto do recurso. Esdrúxulas inovações, como a do § 3º, do art. 515 do CPC/1973[80], que permitia ao Tribunal, de ofício, transformar a apelação contra decisão meramente terminativa em ensejo para imediato julgamento do mérito da causa em instância única, têm sido justificadas com o simplório apelo à necessidade de aumentar a celeridade dos julgamentos judiciais. Em nome de semelhante princípio, faz-se tábula rasa de valores e garantias conquistadas em lutas seculares da humanidade em prol do Estado Democrático de Direito, como o duplo grau de jurisdição, o contraditório, a ampla defesa e a liberdade individual no tratamento dos interesses e direitos pessoais disponíveis. É como se ninguém soubesse que a morosidade da Justiça pouco ou nada tem a ver com os procedimentos da lei, mas se deve maciçamente ao anacronismo dos serviços forenses e à completa indiferença dos que neles operam pelas modernas técnicas da administração[81].

Há nisso um profundo desvio ideológico na obra legislativa, pois é óbvio que não se faz acelerar o processo só com a exagerada atribuição de poderes autoritários ao juiz, se o notório atravancamento dos serviços não se dá pela excessiva necessidade de decisões, mas decorre, isso sim, da não tomada de decisões ou até da omissão de meros despachos. São as etapas mortas, constantemente entremeadas no curso do processo, em todas as instâncias, que condenam os processos à hibernação nos escaninhos das secretarias do juízo ou do gabinete dos juízes, relegando o encerramento do feito para futuro remoto e imprevisível[82].

O mesmo raciocínio equivocado se faz presente na reforma do CPC de 1973, com que a Lei nº 11.280/2006 pretendeu acelerar a solução das causas com a pretensa outorga de poderes ao juiz para decretar, sumariamente, e *ex officio*, a prescrição, sem qualquer ressalva nem mesmo para os casos de direitos puramente patrimoniais e disponíveis. Com isso, passa-se por cima da própria natureza de direitos e interesses situados, substancialmente, no âmbito da autonomia da vontade, quebrando-se um sistema cujo núcleo nem se situa no direito processual, mas no direito material, em que reconhecidamente não predomina a ordem pública e deve prevalecer, com soberania, a liberdade do titular de

---

[80] CPC/2015, art. 1.013, § 3º, I.

[81] Os problemas mais graves da Justiça, segundo Giuseppe Tarzia, e que provocam a enorme duração dos processos, dizem respeito ao *tempo de espera* ("tempos mortos") muito mais que aos *tempos de desenvolvimento* efetivo do juízo. "A sua evolução depende, portanto, em grande parte, da organização das estruturas judiciais e não das normas do Código de Processo Civil" (TARZIA, Giuseppe. O novo processo civil de cognição na Itália. *Revista Ajuris*, v. 65, p. 89, nov. 1995).

[82] Esse mal que contamina gravemente o processo já foi detectado há muito tempo por Niceto Alcalá Zamora Y Castillo: a desejada rapidez da resposta jurisdicional "somente se consegue evitando as *etapas mortas,* ou seja, a inatividade processual durante a qual os autos ou expedientes forenses permanecem paralisados nos escaninhos forenses" (ALCALÁ ZAMORA Y CASTILHO, Niceto. *Estudios de teoría general e historia del proceso*. México: UNAM, 1974 [apud PRATA, Edson. *Direito processual civil*. Uberaba. Ed. Vitória, 1980. p. 228]).

faculdade de caráter nitidamente privado. A simples celeridade processual não justifica tamanha supressão da iniciativa individual.

Sem falar que nem mesmo a abreviação do processo será atingida na maioria dos casos, visto que a sumária decretação da prescrição, sem o prévio contraditório, provocará fatalmente a interposição de recurso do autor, aumentando o volume de processos nos tribunais e retardando longamente a marcha do feito em primeira instância, sempre que a solução do recurso afastar o prematuro encerramento do processo pronunciado pelo juiz *a quo*. A causa, em lugar de ter sua tramitação simplificada, sujeitar-se-á a um pesado tumulto em seu nascedouro.

Nesse sentido, mais recentemente, Maria Clara Osuna Diaz Falavigna também criticou a revogação do art. 194, do Código Civil, alertando que, a despeito da intenção do legislador em acelerar o fim do processo, poderá o juiz pronunciar de ofício uma prescrição que não ocorreu, uma vez que a decisão será proferida "sem que tenha o juiz conhecimento das condições subjetivas inerentes à prescrição, antes mesmo de conhecer a presença de condições que a tenham suspendido ou interrompido, antes de saber se as partes renunciaram à prescrição"[83].

Por essa razão, a autora afirma que "não há celeridade sem um juízo cognitivo e este juízo é extremamente limitado sem a formação do contraditório". Assim, o § 5º do art. 219, do CPC/1973 seria, no seu entendimento, "uma medida inócua ao fim que se desejava", uma vez que, "mantendo-se a prudência necessária", o juiz não "conhecerá da prescrição sem a ciência de todas as condições subjetivas envolvidas"[84].

É justamente o que a Lei nº 11.280 intentou, de forma desastrosa, fazer com o tratamento processual da prescrição, relegando a nada a vontade daquele sob cuja autonomia a lei material deposita o poder de invocar e dispor livremente de uma exceção ou defesa que a mais ninguém diz respeito.

A mera celeridade processual jamais se prestará a justificar tamanha supressão de liberdade, em torno de um direito potestativo, como é a exceção de prescrição. É tempo – como adverte Cipriani – "de convencer-se que, quando se tolhem direitos às partes e dão poderes discricionários ao juiz, ou seja, quando se procura obter a eficiência em detrimento das garantias, não se resolve problema algum e se faz somente autoritarismo, tanto inútil, quanto contraproducente"[85].

Dessa forma, andou corretamente o legislador da nova lei processual civil ao determinar que o juiz, antes de julgar o mérito decretando a prescrição, dê "às partes oportunidade de manifestar-se" (CPC, art. 487, parágrafo único). A mesma determinação deveria ter

---

[83] FALAVIGNA, Maria Clara Osuna Diaz. O desacerto legislativo na revogação do art. 194 do Código Civil. In: CIANCI, Mirna (Coord.). *Prescrição no Código Civil*: uma análise interdisciplinar. 3. ed. São Paulo: Saraiva, 2011. p. 347.

[84] FALAVIGNA, Maria Clara Osuna Diaz. O desacerto legislativo na revogação do art. 194 do Código Civil. In: CIANCI, Mirna (Coord.). *Prescrição no Código Civil*: uma análise interdisciplinar. 3. ed. São Paulo: Saraiva, 2011. p. 347.

[85] "(...) *di convincersi che, quando si tolgono diritti alle parti e danno poteri discrezionali al giudice, ossia quando si cerca di ottenere l'efficienza a scapito delle garanzie, non si risolve alcun problema e si fa solo dell'autoritarismo, tanto inutile, quanto contraproducente*" (CIPRIANI, Franco. Il processo civile nello Stato democratico. In: V. GAROFOLI. *I'unità del sapere giuridico tra diritto penale e processo*. Milano: Giuffrè, 2005, p. 117-118).

sido repetida ao conferir ao juiz o poder de julgar liminarmente improcedente o pedido em razão da prescrição (art. 332, § 1º), o que infelizmente não ocorreu. Entretanto, conforme exaustivamente aqui demonstrado, o juiz não conseguirá decidir liminarmente a lide para decretar a prescrição, sem que antes ouça as partes a respeito das questões de fato que podem influir na sua ocorrência.

38. CONCLUSÕES RECOMENDÁVEIS EM FACE DA REVOGAÇÃO DO ART. 194 DO CÓDIGO CIVIL

A reforma da técnica processual de declaração da prescrição, levada a efeito pela Lei nº 11.280, de 16.02.2006, sob o confessado propósito de promover a celeridade da prestação jurisdicional, há de ser interpretada dentro do prisma da unidade da ordem jurídica e segundo as técnicas da interpretação sistemática, com prevalência das regras do direito material, inclusive as de natureza constitucional. À vista de tais critérios hermenêuticos, impõem-se as seguintes conclusões:

a) A revogação do art. 194 do Código Civil, realizada de maneira heterotópica, dentro de uma lei de reforma do Código de Processo Civil, não quebra necessariamente o conceito e a natureza do instituto da prescrição, figura típica do direito material, reconhecida, como tal, pela própria lei processual (há extinção do processo com resolução do mérito da causa, quando o juiz pronuncia a prescrição – art. 487, II, do CPC).

b) A sistemática do regime normativo substancial da prescrição e os objetivos sociais e éticos do instituto exigem que a aplicação dos efeitos extintivos da prescrição relacionados com direitos patrimoniais disponíveis fique sempre subordinada ao mecanismo da *exceção,* manejável pelo devedor, caso a caso, segundo suas conveniências, e na oportunidade que lhe aprouver (Código Civil, arts. 191 e 193), mesmo que o juiz tome a iniciativa de suscitar a apreciação da prescrição (CPC, art. 332, § 1º).

c) Dizendo respeito à questão subordinada, evidentemente, à autonomia da vontade, exercitável pelo devedor segundo razões de nítida feição ética, a intromissão do juiz para impor-lhe, de maneira autoritária, os efeitos da prescrição, atinge o nível de desrespeito a valores caros à ordem constitucional, como os tutelados pela garantia fundamental da liberdade individual e da dignidade da pessoa humana.

d) Além de tudo, a não fatalidade do prazo prescricional, sujeito que é a numerosos e constantes fatores de interrupção e suspensão (CC, arts. 197 a 204), não permite ao juiz sequer reconhecer, sem o concurso da parte, a consumação da prescrição, na generalidade dos casos. A decretação *in limine litis* da prescrição sem observância do contraditório – embora autorizada pelo CPC, art. 332, § 1º – agride o devido processo legal, violando interesses legítimos tanto do credor quanto do devedor, ao negar-lhes o eficaz contraditório e ampla defesa e privá-los do livre exercício de direitos e faculdades assegurados pela ordem jurídica material.

e) Os inconvenientes da decretação liminar da prescrição por meio da declaração *prima facie* de improcedência do pedido, são mitigados pela possibilidade de interposição de apelação, com abertura ao juiz do prazo de cinco dias para retratação, se for o caso (CPC, art. 332, § 3º).

f) Quanto ao reconhecimento da prescrição no curso do processo, na fase de resolução do mérito da causa, mesmo sendo permitido ao juiz decidir de ofício sobre a matéria (CPC, art. 487, II), não o fará "sem que antes seja dada às partes oportunidade de manifestar-se" (CPC, art. 487, parágrafo único).

g) Como se vê, a infeliz inovação autorizadora da decisão *ex officio* da prescrição foi, em boa parte, minimizada pelo novo tratamento formal dispensado ao tema pelo Código de Processo Civil de 2015.

Capítulo V

Da Responsabilidade Civil pela Ocorrência da Prescrição

39. RESPONSABILIDADE CIVIL DO ASSISTENTE DOS RELATIVAMENTE INCAPAZES

> **Art. 195. Os relativamente incapazes e as pessoas jurídicas têm ação contra os seus assistentes ou representantes legais, que derem causa à prescrição, ou não a alegarem oportunamente. (Código Civil)**

A prescrição não corre contra os absolutamente incapazes (Código Civil, art. 198, I), mas corre contra os relativamente incapazes. Estes, por sua vez, para agirem em defesa de seus interesses, dependem da assistência dos pais ou tutores (CC, arts. 1.634, VII, e 1.747, I). A omissão dessa assistência ou a deficiência dela podem redundar na ocorrência de prescrição de pretensões do incapaz assim como na falta de arguição dos favores da prescrição em face de pretensões de terceiro contra o incapaz. De uma forma ou de outra, ocorrerá prejuízo para o relativamente incapaz por fato imputável a quem o deveria assistir juridicamente.

Prevê o art. 195 a responsabilidade civil do assistente, em face do relativamente incapaz pelo evento danoso, se este lhe for imputável.

O Código anterior condicionava essa responsabilidade indenizatória às hipóteses de dolo ou negligência (art. 164). O atual deixou de lado essas especificações no tocante ao elemento subjetivo. Os assistentes responderão pelo prejuízo do relativamente incapaz se "derem causa à prescrição, ou não a alegarem oportunamente" (art. 195).

Parece que se optou por uma responsabilidade mais ampla[1], vinculada simplesmente à falta de exercício da pretensão, correspondente ao crédito do incapaz, ou à não arguição da prescrição, que atuaria em favor deste, quando demandado por crédito de terceiro. Não se pode, no entanto, qualificar dita responsabilidade como objetiva, visto que pressupõe uma falha no dever de prestar assistência ao incapaz. Em sua base, portanto, está uma omissão (negligência) de cautela necessária, configuradora de culpa *lato sensu*.

---

[1] "O presente artigo proporciona proteção mais ampla, pois não trata simplesmente da ação regressiva, nem se limita às situações de dolo ou negligência, aborda também a responsabilidade sem culpa. No entanto, importa sempre verificar o caso concreto" (VENOSA, Sílvio de Salvo. *Código Civil Interpretado*. 2. ed. São Paulo: Atlas, 2011, p. 218).

Não nos parece que se possa entrever a responsabilidade do assistente quando, por exemplo, tenha tomado as providências a seu alcance, contratando advogado legalmente habilitado para defender os direitos do incapaz, e este tenha sido omisso na arguição de prescrição, ou tenha retardado o aforamento da causa em nome do incapaz, deixando vencer o prazo prescricional contra sua pretensão. Em se tratando de matéria técnica, não está, na maioria dos casos, ao alcance do genitor, tutor ou curador saber como e quando se valer da prescrição ou dela se defender. Haverá, sempre, portanto, que confiar o problema a quem tenha condições de enfrentá-lo com a devida técnica. Na falta de busca desse socorro profissional é que se poderá, na maioria dos casos, localizar a culpa e a consequente responsabilidade do assistente pelas consequências da prescrição desfavoráveis ao incapaz.

40. OS ABSOLUTAMENTE INCAPAZES

A responsabilidade civil prevista no art. 195 restringe-se apenas aos relativamente incapazes, isto é, os maiores de dezesseis e menores de dezoito anos; os ébrios habituais; os viciados em tóxicos; aqueles que, por causa transitória ou permanente, não puderem exprimir sua vontade; e os pródigos (art. 4º).

Não se refere a regra do citado art. 195 aos absolutamente incapazes; primeiro, porque o texto legal é claro, ao prever a responsabilidade do assistente apenas em favor do relativamente incapaz; segundo, porque não haveria como, tecnicamente, ocorrer a hipótese de um absolutamente incapaz ser prejudicado pela prescrição (art. 198, I).

Quando o Projeto do Código de 2002 tramitava no Congresso, houve emenda que sugeria a introdução dos absolutamente incapazes entre os contemplados no dispositivo que veio a converter-se no atual art. 195. A proposição foi desacolhida pela Comissão Revisora, com os seguintes argumentos, de toda procedência:

> Alega a justificativa que se deve manter o disposto no art. 164 do Código atual que diz respeito aos incapazes em geral e não somente aos relativamente incapazes. Há equívoco nessa afirmação. Os comentadores do art. 164 do Código atual salientam que esse dispositivo só diz respeito aos relativamente incapazes, pois, pelo art. 169, I, do Código vigente, não corre prescrição *contra* os absolutamente incapazes, e a responsabilidade a que alude o art. 164 do Código Civil só se dá se os representantes "derem causa à prescrição". *Vide*, a propósito, CLÓVIS BEVILÁQUA, *Comentários*, vol. I, 9. ed., p. 465, Rio de Janeiro, 1951, e EDUARDO ESPÍNOLA, *Breves anotações ao Código Civil brasileiro*, vol. I, p. 476, Bahia, 1918. Pelo Projeto (art. 196, I) também não corre prescrição contra absolutamente incapaz[2].

Ademais, o juiz não depende do representante legal para conhecer da prescrição que favorece ao menor absolutamente incapaz, regra que persiste mesmo depois de a Lei nº 11.280, de 16.02.2006, ter revogado o art. 194 do Código Civil (ver, *retro*, o nº 31).

---

[2] MOREIRA ALVES, José Carlos. *A parte geral do projeto do Código Civil brasileiro*. São Paulo: Saraiva, 1986. p. 153-154. No mesmo sentido, são os comentários de CARVALHO SANTOS ao art. 164 do Código Civil de 1916 (*Código Civil brasileiro interpretado*. 7. ed. Rio de Janeiro: Freitas Bastos, 1958. v. III, p. 389).

41. RELATIVAMENTE INCAPAZ QUE NÃO TEM REPRESENTANTE LEGAL

Pode acontecer que o menor púbere seja órfão e não se encontre sob tutela, e às demais pessoas enumeradas no art. 4º não tenha sido dado curador. Em tal conjuntura, nenhuma aplicação terá o art. 195, visto que não haverá a quem imputar a responsabilidade civil pelos prejuízos decorrentes da prescrição.

No Código Civil alemão, há uma regra protetiva do relativamente incapaz, desprovido de representante legal, que suspende a consumação da prescrição até seis meses após a nomeação do assistente (art. 206)[3]. A solução, todavia, não pode ser adotada entre nós, porque nosso Código não contém norma equivalente e, em matéria de suspensão e interrupção da prescrição, só à lei compete disciplinar.

42. REPRESENTANTE DE PESSOA JURÍDICA

Como regra geral, o administrador de qualquer sociedade deve ter, no exercício de suas funções, o cuidado e a diligência que todo homem ativo e probo costuma empregar na administração de seus próprios negócios (CC, art. 1.011, *caput*). Por isso, torna-se responsável pelo prejuízo acarretado à pessoa jurídica, quando se omite em cautelas que seriam necessárias na condução dos negócios sociais. Ou seja, "os administradores respondem solidariamente perante a sociedade e os terceiros prejudicados, por *culpa* no desempenho de suas funções" (art. 1.016).

O art. 195, ao prever que a pessoa jurídica tem ação contra os representantes legais que derem causa à prescrição, ou não a alegarem oportunamente, está cuidando de uma gestão culposa como aquelas que são previstas genericamente nos arts. 1.011 e 1.016.

Naturalmente, não basta o fato de a pessoa jurídica ser prejudicada por uma prescrição para que seus administradores se tornem sujeitos à indenização pelos correspondentes prejuízos. Cada diretor, se houver mais de um, responderá pela área de negócios que lhe for atribuída. E dentro dela somente se obrigará pelos danos que lhe forem imputados por culpa. Assim, para que um gestor societário incorra na responsabilidade do art. 195, é preciso que, *in concreto*, tenha ele falhado na adoção de alguma medida inerente à sua função e que necessariamente teria de refletir sobre o problema da prescrição. Não há responsabilidade objetiva na espécie.

Na verificação da culpa do administrador de pessoa jurídica, cabem as mesmas observações já feitas a propósito do assistente do menor relativamente incapaz (item 39, *retro*).

---

[3]   Regra semelhante existe nos Códigos peruano (art. 1.994, que determina a suspensão da prescrição quando os incapazes não estão sob a guarda de seus representantes legais); argentino (art. 2.550, que estabelece que o juiz pode dispensar a prescrição já ocorrida contra o titular da ação, se dificuldades ou manobras dolosas obstaculizaram temporariamente o exercício da ação, devendo o titular fazer valer seus direitos dentro de seis meses seguintes à cessação dos obstáculos. Para o caso de incapazes sem representantes, o prazo de seis meses se computa a partir da cessação da incapacidade ou da aceitação do cargo pelo representante); português (art. 320º, 1, ao dispor que a prescrição não começa nem corre contra menores enquanto não tiverem quem os represente ou administre seus bens, salvo se respeitar a atos para os quais o menor tenha capacidade; e, ainda que o menor tenha representante legal ou quem administre os seus bens, a prescrição contra ele não se completa sem ter decorrido um ano a partir do termo da incapacidade).

43. A PRESCRIÇÃO EM FACE DOS SUCESSORES

> **Art. 196. A prescrição iniciada contra uma pessoa continua a correr contra o seu sucessor. (Código Civil)**

O Código anterior, por causa do emprego da palavra "herdeiro" no seu art. 165, gerou uma grave polêmica sobre a continuidade da prescrição em face do sucessor *inter vivos*. Pela literalidade do dispositivo, uma corrente liderada por Clóvis Beviláqua concluía que somente na sucessão hereditária, a prescrição iniciada contra uma pessoa prosseguiria contra seu sucessor[4]. De outro lado, Carpenter entendia que o art. 165 teria tido a intenção apenas de acentuar o efeito da prescrição na sucessão hereditária, sem, contudo, vetá-la ou restringi-la nas sucessões negociais (cessionários)[5].

O Código de 2002 eliminou o problema, pois o texto de seu art. 196 não dá mais ensejo à restrição interpretativa de Clóvis Beviláqua. O dispositivo é claro e amplo: "A prescrição iniciada contra uma pessoa continua a correr contra o seu sucessor" (e não apenas contra o "herdeiro", como outrora se dispunha).

A regra é basicamente a do Código Civil português: "Art. 308º: 1. Depois de iniciada, a prescrição continua a correr, ainda que o direito passe para novo titular. 2. Se a dívida for assumida por terceiro, a prescrição continua a correr em benefício dele, a não ser que a assunção importe reconhecimento interruptivo da prescrição"[6]. Não é diverso o disposto pelo Código Civil russo: "Art. 201. A mudança de partes na obrigação não acarreta modificação, nem para o prazo de prescrição da ação, nem para o modo de seu curso"[7].

Salvo, pois, os impedimentos dos arts. 197 e 198, que levam em conta a pessoa vinculada à relação jurídica, a prescrição flui normalmente sem ligação alguma com a titularidade do direito. Se ocorrer transferência do direito, a pretensão real ou pessoal chega ao sucessor com a mesma carga prescricional que pesava sobre o transmitente. O sucessor recebe o *tempus* que já correra para o sucedido, não se devendo fazer distinção entre sucessão a título universal e sucessão singular.

Na prescrição, o tempo, em regra, escoa-se objetivamente, sem se atender quem, no momento da exceção, seja o titular da pretensão. O cessionário e o herdeiro ficam expostos à exceção de prescrição que se poderia usar contra o cedente ou o autor da herança[8].

---

[4] Assim entendia, também, CARVALHO SANTOS, J. M. de. *Código Civil brasileiro interpretado*. 7. ed. Rio de Janeiro: Freitas Bastos, 1958. v. III, p. 394.

[5] De igual pensamento era PONTES DE MIRANDA, Francisco Cavalcanti. *Tratado de Direito Privado*. Parte Geral. Atualização de Otávio Luiz Rodrigues Júnior; Tilman Quarch e Jefferson Carús Guesdes. São Paulo: RT, 2012. t. VI, § 673, n. 1, p. 305.

[6] "Se o direito passar para novo titular, ao tempo que este estiver sem exigir o cumprimento da obrigação, somar-se-á o período em que também o não exigiu o titular anterior, desde que nenhum acto interruptivo tenha inutilizado este período" (LIMA, Pires de; VARELA, Antunes. *Código Civil anotado*. 4. ed. Coimbra: Coimbra Editora, 1987. v. I, p. 279).

[7] "Art. 201. *Le changemet de parties dans l'obligation n'entraîne de modification, ni pour le délai de prescription de l'action, ni pour la manieère dont il s'écoule*".

[8] PONTES DE MIRANDA, Francisco Cavalcanti. *Tratado de Direito Privado*. Parte Geral. Atualização de Otávio Luiz Rodrigues Júnior; Tilman Quarch e Jefferson Carús Guesdes. São Paulo: RT, 2012. t. VI, § 673, p. 305.

Nesse sentido, a jurisprudência do STJ:

> Cuidando-se de sucessão de obrigações, o regime de prescrição aplicável é o do sucedido e não o do sucessor, nos termos do que dispõe o art. 196 do CC/2002 (correspondente ao art. 165 do CC/1916): "A prescrição iniciada contra uma pessoa continua a correr contra o seu sucessor". Assim, o prazo prescricional aplicável ao Estado de Minas Gerais é o mesmo aplicável à Minas Caixa, nas obrigações assumidas pelo primeiro em razão da liquidação extrajudicial da mencionada instituição financeira[9].

Interessantes as conclusões de acórdão[10] do TRF da 5ª Região, ao distinguir a habilitação do herdeiro ou sucessor do *de cujus* no processo e o prazo de prescrição que, morto o credor, continua a correr contra o seu sucessor. Segundo aquele tribunal, na habilitação, o processo é suspenso, pois "não pode seguir adiante, a procuração, outorgada pelo falecido demandante, já não pode ser usada e, o resultado é o feito ficar suspenso, até o sucessor ou os herdeiros se habilitarem". Trata-se de regra processual (CPC, art. 313, I e § 4º) que visa "apenas, substituir, no feito, o morto por seu espólio, herdeiro ou sucessor", caso tenham interesse. "Habilita-se quem quer".

Diverso é o efeito decorrente do art. 196, do CC. "A prescrição, que antes corria contra uma pessoa, continua a correr contra o seu sucessor. O texto é bem claro: continua a correr contra o seu sucessor. Não se inicia, nem se interrompe. Continua. Prossegue". Continua o acórdão, explicando que "não há prazo para o sucessor se habilitar, porque a habilitação é problema de ordem adjetiva, interessando apenas ao feito, a fim de lhe dar sequência. Aqui, a matéria é de ordem substantiva, e, nesta, a prescrição continua a correr com ou sem habilitação do sucessor ou do herdeiro no feito respectivo".

Na hipótese analisada, entendeu a Turma Julgadora ter ocorrido a pretensão executiva, porque "nunca se expediu precatório ou RPV, em nome do *de cujus*, que veio a falecer em 17 de outubro de 2009. Constata-se, pois, que do trânsito em julgado ao pedido de habilitação/execução, requerido só em 6 de abril de 2017, dista mais de 5 anos, pelo que entendo que a pretensão executiva foi atingida pela prescrição".

44. PRESCRIÇÃO A FAVOR DO SUCESSOR

O art. 196 cuida apenas da prescrição contra o sucessor, ou seja, aquela que libera o devedor do sucedido. Não é diferente, todavia, o fenômeno no sentido inverso: a prescrição que corria a favor de uma pessoa prevalece também em benefício de seu sucessor singular ou universal.

Se, portanto, a obrigação não era personalíssima, a pretensão acompanha os bens e as relações ativas e passivas que se transferiram, com as mesmas ações e exceções exercitáveis antes da sucessão. O cessionário e o herdeiro do devedor podem, portanto, opor ao credor a exceção de prescrição que ao cedente e ao autor da herança cabia, aproveitando-se o tempo transcorrido antes da sucessão e, se necessário, o que se lhe seguiu após a transmissão. Em tema de exceção de prescrição, "a mudança de titular, de regra, é sem

---

[9] STJ, 4ª T., REsp. 1.077.222/MG, Rel. Min. Luis Felipe Salomão, ac. 16.02.2012, *DJe* 12.03.2012.

[10] TRF5 Região, 4ª T., Ag. 08073249420214050000, Rel. Des. Federal Marcos Antônio Garapa de Carvalho, ac. 31.01.2023, *DJe* 06.02.2023.

influência"[11]. Seja contra, seja a favor do sucessor, a prescrição não sofre, em princípio, prejuízo pelo fato da sucessão.

Assim, "considera-se que a prescrição iniciada a favor, ou contra, uma pessoa continua a correr a favor, ou contra, seus sucessores, de modo que o último prescribente, ou titular da ação, tem a seu favor, ou contra si, todo o tempo decorrido em relação aos seus antecessores, observados eventuais impedimentos ou suspensões intermitentes"[12].

44.1. Prescrição em caso de sub-rogação

Ocorre a sub-rogação quando terceiro paga a dívida do devedor, substituindo o credor originário na relação obrigacional. A obrigação não se extingue, propriamente, uma vez que o devedor continua vinculado à relação, mas agora em face de um novo credor[13].

O principal efeito da sub-rogação é a transferência ao novo credor de "todos os direitos, ações, privilégios e garantias do primitivo, em relação à dívida, contra o devedor principal e os fiadores" (CC, art. 349). Vale dizer, "a sub-rogação insere o *solvens* na exata posição jurídica que era ocupada pelo credor original". Conserva-se, pois, "a integridade da obrigação, com seu objeto principal e todos os seus acessórios, alterando-se tão somente o seu polo ativo"[14].

A sub-rogação, por ensejar a substituição do credor, muito se assemelha à cessão de crédito, mas com ela não se confunde, especialmente porque, no que nos interessa, "na cessão de crédito a prescrição iniciada contra o cedente continua a correr sem interrupção em relação ao cessionário, enquanto na sub-rogação, o curso da prescrição começa a correr do dia em que ela se inicia"[15]. Evidentemente que, "se já tiver incidido a prescrição" no momento da sub-rogação, "transfere-se para o sub-rogado simples obrigação natural"[16]. É que somente podem ser transferidos direitos existentes à época da sub-rogação.

Uma vez que a relação não se extingue, ocorrendo apenas a alteração do polo ativo, a natureza da obrigação permanece a mesma que, por conseguinte, se submete a idêntico prazo prescricional. Esse é o entendimento do STJ:

> 3. Uma vez efetivado o pagamento com sub-rogação, o sub-rogatário fica investido, em relação ao débito pago, de todos os direitos, ações, privilégios e garantias que o credor originário possuía. Logo, a prescrição da pretensão de ressarcimento rege-se pela natureza da obrigação originária, ou seja, do crédito sub-rogado, no caso, trabalhista. A sub-rogação não promove propriamente a extinção da obrigação, remanescendo o devedor originário incumbido de proceder a sua quitação, doravante, a credor diverso (o

---

[11] PONTES DE MIRANDA, Francisco Cavalcanti. *Tratado de Direito Privado.* Parte Geral. Atualização de Otávio Luiz Rodrigues Júnior; Tilman Quarch e Jefferson Carús Guesdes. São Paulo: RT, 2012. t. VI, § 673, n. 2, p. 306.

[12] CAHALI, Yussef Said. *Prescrição e decadência.* São Paulo: RT, 2008, p. 65.

[13] "A sub-rogação pessoal consiste na substituição do credor originário pela pessoa que efetivou o pagamento ou que emprestou dinheiro ao devedor para solvê-la" (OLIVEIRA, J. M. Leoni Lopes de. *Direito civil: obrigações.* 3. ed. Rio de Janeiro: Forense, 2019, p. 453).

[14] TEPEDINO, Gustavo; SCHREIBER, Anderson. *Fundamentos do Direito Civil.* Forense, Rio de Janeiro, 2020. v. 2. p. 254.

[15] OLIVEIRA, J. M. Leoni Lopes de. *Direito civil: obrigações.* 3. ed. Rio de Janeiro: Forense, 2019. p. 457.

[16] OLIVEIRA, J. M. Leoni Lopes de. *Direito civil: obrigações.* 3. ed. Rio de Janeiro: Forense, 2019. p. 459.

sub-rogatário). Em se tratando da mesma obrigação, portanto, não seria correto impor ao devedor originário prazos prescricionais diversos, como se cuidasse de pretensões advindas de vínculos obrigacionais distintos, do que efetivamente não se cuida[17].

É de se ressaltar, contudo, que a despeito de o novo credor se submeter ao prazo prescricional da obrigação originária, o termo inicial é a data do pagamento efetuado pelo terceiro:

> 5. Efetivada a sub-rogação do ex-sócio nos direitos do credor trabalhista, em razão do pagamento do débito trabalhista devido pela sociedade empresarial, permanecem todos os elementos da obrigação primitiva, inclusive o prazo prescricional (de dois anos), modificando-se tão somente o sujeito ativo (credor), e, também, por óbvio, o termo inicial do lapso prescricional, que, no caso, será a data do pagamento da dívida trabalhista[18].

É que, embora a relação obrigacional permaneça a mesma, o prazo iniciado em desfavor do credor originário não continua em relação ao terceiro que efetuou o respectivo pagamento. Segundo o princípio da *actio nata,* a prescrição somente pode se iniciar a partir do momento em que surge a pretensão do novo credor de exigir do devedor o cumprimento da prestação:

> Sendo incontroversa a sub-rogação havida, acrescenta-se o entendimento assente nesta Corte Superior segundo o qual a seguradora, ao se sub-rogar nos direitos do credor pode buscar o ressarcimento do que despendeu, desde que o faça dentro do prazo prescricional aplicável à relação jurídica originária e nos mesmos limites impostos ao segurado.
> Evidentemente, isso não implica esteja a seguradora sujeita ao interregno prescricional já deflagrado em face do segurado, porquanto, em virtude do princípio da *actio nata*, o prazo prescricional para o exercício da pretensão decorrente da sub-rogação e direito de regresso somente pode ser iniciado quando surja – para a seguradora – pretensão exercitável, circunstância apenas verificada quando realizado o pagamento da indenização ao segurado[19].

Reitere-se, todavia, a advertência de que o prazo prescricional contra o novo credor (sub-rogatário) só se reabre a partir do pagamento por ele efetuado quando a prescrição não tiver se consumado contra o credor primitivo (sub-rogado), antes da sub-rogação. Do contrário, pagando dívida prescrita, impossível será a reabertura, em prol do *solvens*, de um prazo prescricional já extinto, pela simples razão de que não se pode sub-rogar em ação e pretensão que o *accipiens* já não tinha ao tempo do pagamento.

---

[17]   STJ, 3ª T., REsp. 1.707.790/SP, Rel. Min. Marco Aurélio Bellizze, ac. 14.12.2021, *DJe* 17.12.2021.

[18]   REsp. 1.707.790/SP.

[19]   STJ, 4ª T., voto do relator no REsp. 1.848.369/MG, Rel. Min. Marco Buzzi, ac. 13.12.2022, *DJe* 06.03.2023. No mesmo sentido: STJ, 3ª T., REsp. 1.842.120/RJ, Rel. Min. Nancy Andrighi, ac. 20.10.2020, *DJe* 26.10.2020. Em sentido contrário, entendendo que o prazo prescricional iniciado contra o credor originário deve prosseguir em relação ao terceiro: MELO, Gustavo de Medeiros. Sub-rogação nos contratos de seguro: o termo inicial do prazo de prescrição. In: TZIRULNIK, Ernesto *et all* (org.). *Direito do Seguro: II congresso internacional de direito do seguro (CJF-STJ) e VIII Forum José Sollero Filho (IBDS)*. São Paulo: Roncarati, 2022, p. 957-965.

Capítulo VI
Das Causas que Impedem ou Suspendem a Prescrição

45. OBSTÁCULOS AO CURSO DA PRESCRIÇÃO

Prevê a lei impedimentos a que a prescrição comece a correr, bem como estabelece embaraços a que a prescrição já iniciada tenha prosseguimento. Se o obstáculo é anterior ao momento em que o prazo deveria começar a correr, diz que há um *impedimento*; se acontece já no curso do respectivo prazo, diz-se que há *suspensão* ou *interrupção* da prescrição, conforme a extensão do efeito sobre o tempo já transcorrido.

As causas que impedem a prescrição são as mesmas que a suspendem se já iniciada (CC, arts. 197 a 199). O Código, ao enumerá-las, as coloca sob a rubrica geral de "causas que impedem ou suspendem a prescrição". O que varia é apenas o momento de sua ocorrência: se o mesmo evento obstativo precede à pretensão, funciona como *impedimento* da prescrição; se é posterior, qualifica-se como causa de *suspensão*[1]. Todas as causas da espécie têm em comum a força de impedir a fluência do prazo prescricional. Enquanto perdurarem nada se computará na verificação do prazo prescricional.

Bem diferente dos *impedimentos* (causas *suspensivas*) são os fatos que a lei prevê como motivos de *interrupção* da prescrição (causas *interruptivas*). Enquanto as causas suspensivas apenas embaraçam a continuidade do prazo, sem, entretanto, anular o tempo eventualmente transcorrido, as causas interruptivas eliminam totalmente o lapso de tempo já vencido. Na suspensão, nada se conta enquanto perdurarem os efeitos da causa impeditiva, mas uma vez cessados estes, a marcha do prazo é retomada a partir do momento em que ocorreu a paralisação. Não se despreza o tempo corrido e conta-se, depois de cessada a suspensão, apenas o saldo do tempo da prescrição. Na interrupção, o passado extingue-se, de sorte que, após ela, começa-se de zero a nova contagem da prescrição (CC, art. 202, parágrafo único).

46. AS CAUSAS DE IMPEDIMENTO OU SUSPENSÃO

O Código distribui as causas de impedimento ou suspensão em três artigos (arts. 197, 198 e 199), que correspondem a três sortes de motivos:

---

[1] CÂMARA LEAL, Antônio Luis da. *Da prescrição e da decadência*. Teoria geral do direito civil. 2. ed. Rio de Janeiro: Forense, 1959, n. 96, p. 146.

a) as *causas subjetivas bilaterais*, que se ligam à situação pessoal de ambas as partes da relação jurídica a ser afetada pela prescrição – relações jurídicas entre cônjuges, entre ascendentes e descendentes e entre incapazes e seus representantes legais (art. 197);

b) as *causas subjetivas unilaterais*, que se referem à situação pessoal de uma só das partes da relação jurídica – incapazes, ausentes do país em serviço público, servidores das forças armadas em tempo de guerra (art. 198);

c) as *causas objetivas ou materiais*, que não se referem a circunstâncias pessoais dos sujeitos da relação jurídica sujeita aos efeitos da prescrição – obrigações sob condição suspensiva, a termo ou pendentes de ação de evicção (art. 199).

Essa separação entre as causas subjetivas e as objetivas não é despicienda, porque doutrina e jurisprudência estão acordes em que as causas pessoais de suspensão da prescrição são taxativas, ou seja, restringem-se apenas às hipóteses enumeradas na lei. Já as objetivas podem ser ampliadas, analogicamente, para compreender, também, aquele que se encontre absolutamente impedido de exercer a pretensão por fato não pessoal como, por exemplo, a força maior capaz de inibi-lo de agir[2].

47. A SUSPENSÃO DA PRESCRIÇÃO POR FORÇA MAIOR

Não há unanimidade no tratamento dos casos de impedimento ou suspensão da prescrição. Há os que tratam a matéria como excepcional e, portanto, não sujeita a ampliações interpretativas[3]. Há, porém, muitos doutores, com acolhida na jurisprudência, que defendem a suspensão, mesmo fora da enumeração da lei, em casos de absoluta impossibilidade de o titular da pretensão exercitá-la dentro do lapso da prescrição[4].

A nosso ver, a questão deve ser objeto de exame cuidadoso para não se agredir a teoria da prescrição, que se assenta sobre princípios de ordem pública, dos quais o intérprete não deve se afastar sem que outros princípios equivalentes o sustentem.

---

[2] CARVALHO SANTOS, J. M. *Código Civil brasileiro interpretado.* 7. ed. Rio de Janeiro: Freitas Bastos, 1958. v. III, p. 405; ANDRADE, Manuel A. Domingues de. *Teoria geral da relação jurídica.* 8. reimpr. Coimbra: Almedina, 1998. v. II, n. 212, p. 458.

[3] Pontes de Miranda ensina que "a lei civil brasileira não falou de suspensão da prescrição se há obstáculo legal ou judicial". Assim, conclui: "não se podem, a pretexto de decorrerem da natureza das coisas ou da equidade, criar espécies de interrupção, ou de suspensão, que não constem do Código Civil, ou de textos de lei" (PONTES DE MIRANDA, Francisco Cavalcanti. *Tratado de Direito Privado.* Parte Geral. São Paulo: RT, 2012. tomo VI, p. 317).

[4] Carvalho Santos defende a tese da ampliação das hipóteses objetivas de suspensão para nelas incluir "a força maior que impeça a pessoa de agir" (CARVALHO SANTOS, J. M. de. *Código Civil brasileiro interpretado.* 7. ed. Rio de Janeiro: Freitas Bastos, 1958. v. III, p. 405) e em abono de seu ponto de vista invoca PUGLIESE, BARASSI, FADDA e BENSA, LAURENT e AUBRY et RAU. De igual forma, Luiz Frederico Sauerbronn Carpenter, afirma que "o fundamento da suspensão do curso da prescrição é que o sujeito activo da acção está impossibilitado de exercer esta ou de interromper-lhe a prescrição. Portanto, toda vez que a lei tiver posto alguém na impossibilidade de exercitar sua acção ou de interromper-lhe a prescripção, terá a lei creado um caso de suspensão da prescripção da acção" (CARPENTER, Luiz Frederico Sauerbronn. *Manual do Código Civil Brasileiro.* Parte geral. Da prescrição. Rio de Janeiro: Jacintho Ribeiro dos Santos, 1929. v. IV, p. 268). Também, Sílvio de Salvo Venosa: "discute-se se os casos enumerados na lei são taxativos ou permitem ampliação. Há que se entender que deve haver a mitigação necessária. Assim sendo, quando há obstáculo invencível, independente da vontade do interessado, como, por exemplo, a desídia do escrivão do processo, é preciso entender ser caso de suspensão da prescrição" (VENOSA, Sílvio de Salvo. *Código Civil Interpretado.* 2. ed. São Paulo: Atlas, 2011, p. 220).

Em princípio, portanto, não se devem acolher fatos distintos daqueles que a lei enumera para ampliar ou embaraçar a fluência da prescrição. Só a lei tem poder nesse terreno. Se não previu, portanto, certo fato como suspensivo da prescrição, o intérprete, em princípio, não deve considerá-lo. Mas, principalmente, no terreno da atuação em juízo há outras regras importantes de onde se podem extrair princípios que muito auxiliarão no tratamento do problema da prescrição, que, afinal, embora sediado no direito material, se refere a prazo para o exercício de pretensão em juízo, por via de ação.

A propósito, é muito ponderada a lição de Manuel A. Domingues de Andrade, extraída justamente da sistemática processual portuguesa no tratamento dos prazos peremptórios, que o Código considera fatais e que, por isso, fazem extinguir o direito da parte pelo transcurso do respectivo termo. A lei, no entanto, põe a salvo a hipótese de "justo impedimento". É o que ocorre, também, no direito processual brasileiro (CPC/2015, arts. 222 e 223). Observa que, no âmbito do processo, alegado o impedimento, o juiz, se verificar que de fato ele ocorreu e que deve ser qualificado como justo, admitirá que a parte pratique o ato mesmo depois de vencido o prazo peremptório (entre nós: CPC/2015, art. 223).

Lembra Domingues de Andrade que, para o processo, "só se considera justo impedimento o evento imprevisto e estranho à vontade da parte e que a coloque na impossibilidade de praticar o ato por si ou por mandatário"[5]. Considera justa esta solução e preconiza sua adoção, também, para os casos de prescrição. Adverte que não se deve dar a eventos como doenças, terremotos, catástrofes, cessação de serviços forenses etc., a força de suspender longos prazos prescricionais a meio caminho de sua fluência. Não seria razoável paralisar a contagem da prescrição a cada dia que a parte adoecesse ou o fórum cerrasse suas portas, se ainda há longo tempo e ampla oportunidade para o titular da pretensão cuidar do seu ajuizamento.

Quando, porém, o embaraço grave e incontornável se dá nas vizinhanças do término da prescrição é razoável considerá-lo como justo motivo para impedir o trancamento do acesso da parte ao juízo.

Tal como se passa com os atos do processo em geral, o juiz diante do motivo de força maior, que impediu o credor de ajuizar a ação antes de consumada a prescrição, e uma vez reconhecida a justeza do motivo, deverá reconhecer em seu favor a suspensão do prazo extintivo da pretensão, dando valor, portanto, ao ajuizamento da demanda depois do prazo legal. Para tanto, é necessário que a parte proponha a ação tão logo superado o obstáculo que a impedia de agir e que o comprove satisfatoriamente[6].

O atual Código Civil português acolheu, expressamente, a doutrina exposta, dispondo que "a prescrição suspende-se durante o tempo em que o titular estiver impedido de fazer valer o seu direito, por motivo de força maior, no decurso dos últimos três meses do prazo (art. 321°, n° 1). Tratou, também, o dolo do credor, nas mesmas circunstâncias,

---

[5] CPC/2015, art. 223, § 1°: "Considera-se justa causa o evento alheio à vontade da parte e que a impediu de praticar o ato por si ou por mandatário".

[6] ANDRADE, Manuel A. Domingues de. *Teoria geral da relação jurídica*. 8. reimpr. Coimbra: Almedina, 1998. v. II, n. 212, p. 457-458.

como equivalente à força maior, para provocar a suspensão da prescrição preste a findar (art. 321º, nº 2)[7].

Também o Código de Quebec contempla, em caráter geral, a "impossibilidade de agir, por si ou por representante" (força maior), como impedimento à prescrição (art. 2.904). Na interpretação jurisprudencial canadense, a causa deve ser grave de tal modo que psicológica ou fisicamente o titular do direito se veja realmente impossibilitado de intentar a ação em juízo. É o caso, por exemplo, do estado psíquico provocado pela violência ou tortura, quando prive a vítima da capacidade de agir[8]. Não é possível à lei definir casuisticamente quando o credor está, ou não, impossibilitado de agir. É uma questão de fato a ser apreciada caso a caso. O juiz haverá de admitir a suspensão da prescrição por impossibilidade de agir somente com base em fatos concretos, tangíveis e que sejam capazes de sustentar a alegação de quem se diz vítima dela. Mas é certo que "uma perturbação psicológica intensa pode se prestar à justificação de uma impossibilidade de agir, suspendendo a prescrição"[9].

O Código Civil alemão também prevê a suspensão da prescrição quando o credor não possa perseguir judicialmente a sua pretensão por força maior (§ 206[10]). Da mesma forma, o Código Civil russo admite a suspensão da prescrição quando a ação não puder ser exercitada, em razão de um evento extraordinário ou inevitável em razão das circunstâncias (art. 202, 1, 1).

47.1. A suspensão e o impedimento da prescrição durante a pandemia do coronavírus (Lei nº 14.010/2020)

A Lei nº 14.010/2020 dispõe sobre o Regime Jurídico Emergencial e Transitório das relações jurídicas de Direito Privado (RJET) no período da pandemia do coronavírus (Covid-19). Em seu art. 3º, a legislação, especialíssima e transitória, determina que "os prazos prescricionais consideram-se impedidos ou suspensos, conforme o caso, a partir da entrada em vigor desta Lei até 30 de outubro de 2020".

O § 1º destaca o caráter subsidiário dessa lei, ao determinar que esse artigo não se aplicará "enquanto perdurarem as hipóteses específicas de impedimento, suspensão e interrupção dos prazos prescricionais previstas no ordenamento jurídico nacional". Vale dizer, se a prescrição já estiver impedida de se iniciar, suspensa ou interrompida quando a lei especial entrar em vigor, os prazos continuarão a ser regidos pelas regras específicas já aplicáveis à espécie.

---

[7] "É o caso, por exemplo, de o credor adoecer e não poder agir por si nem por intermédio de procurador, pedindo o cumprimento da obrigação (...) Está na base desta disposição a proteção daqueles que reservaram o fim do prazo para agir e se viram impossibilitados de o fazer" (LIMA, Pires de; VARELA, Antunes. *Código Civil anotado* 4. ed. Coimbra: Coimbra Editora, 1987. v. I, p. 289, nota 1 ao art. 321º).

[8] Da mesma forma, o atual Código Civil do Peru (de 1984) contém cláusula genérica que ordena a suspensão da prescrição "*mientras sea imposible reclamar el derecho ante un tribunal peruano*" (art. 1994, nº 8).

[9] BAUDOUIN, Jean-Louis; RENAUD, Yvon. *Code Civil du Québec annoté*. 4. ed. Montréal: W&L, 2001. t. II, p. 3.569, notas 2, 3 e 4.

[10] "§ 206: La prescrizione è sospesa finché il creditore, durante gli ultimi sei mesi del termine di prescrizione, non può perseguire guidizialmente la pretesa per forza maggiore".

A suspensão e o impedimento do curso do prazo prescricional são necessários em razão da grave crise socioeconômica que se instaurou com a pandemia do coronavírus, de modo a resguardar os direitos dos credores em geral. Trata-se de exemplo de força maior ou justo motivo a impedir que a parte ou seu advogado distribuam ações judiciais para evitar a prescrição de seus direitos[11].

Assim, excepcionalmente durante o período da pandemia – de 10 de junho de 2020 a 30 de outubro de 2020 –, os prazos prescricionais terão seu início impedido ou seu curso suspenso, em proteção aos direitos dos credores.

48. A PRESCRIÇÃO E O DOLO OU COAÇÃO CONTRA O TITULAR DA PRETENSÃO

Se o credor foi impedido por *dolo* (astúcia do devedor, para não permitir que a existência da obrigação, ou seu vencimento, fosse conhecido do interessado), ou por *coação* física ou moral (sequestro, cárcere privado, ameaças graves etc.), de ajuizar a ação antes do término da prescrição, não é preciso invocar a teoria da força maior ou do motivo justo para justificar o exercício do direito fora do prazo legal.

É que o dolo e a coação, além de provocarem vício de consentimento, constituem *ato ilícito,* que obriga o agente a indenizar todo o prejuízo causado à vítima. A prescrição seria justamente o prejuízo gerado pelo ato delituoso, cuja reparação caberia ao devedor realizar. Logo, a pretensão morta pela prescrição renasceria por força do delito[12].

O Código Civil português, no entanto, preferiu incluir o dolo do devedor como causa suspensiva da prescrição (art. 321º, nº 2). Para tanto "equipara ao motivo de força maior o dolo do obrigado"[13]. Também o moderno Código de Quebec arrola a impossibilidade de fato, física ou psicológica, de agir, e, portanto, a coação e o dolo, como causa de suspensão da prescrição (art. 2.904)[14].

---

[11] MAZZEI, Rodrigo; AZEVEDO, Bernardo. Prescrição: *"O Direito não Socorre aos que Dormem". E aos que se Isolam?* Disponível em: https://www.migalhas.com.br/coluna/migalhas-contratuais/323091/prescricao-o-direito-nao-socorre-aos-que-dormem--e-aos-que-se-isolam. Acesso em: 1º jul. 2020. No mesmo sentido, GAGLIANO, Pablo Stolze; OLIVEIRA, Carlos E. Elias de. *Comentários à Lei da Pandemia (Lei nº 14.010, de 10 de junho de 2020 - RJET): Análise Detalhada das Questões de Direito Civil e Direito Processual Civil.* Disponível em: https://flaviotartuce.jusbrasil.com.br/artigos/859582362/comentarios-a lei da pandemia lei-14010-2020. Acesso em: 1º jul. 2020. "Almejou o legislador pátrio, em face da grave situação econômica, desencadeada pela pandemia do coronavírus, obstar o transcurso do prazo prescricional, visando, com isso, a resguardar os interesses de credores em geral. Conclui-se que ficam impedidos ou suspensos, portanto, paralisados os prazos prescricionais para se formular a pretensão em juízo, o que se explica e, face da desordem derivada da pandemia, inclusive com forte influência na rotina na justiça brasileira" (LEITE, Gisele. Esclarecimentos sobre a Lei nº 14.010/2020 (Lei da Pandemia). *Revista Síntese: direito civil e processual civil,* n. 127, set.-out. 2020, p. 70).

[12] ANDRADE, Manuel A. Domingues de. *Teoria geral da relação jurídica.* 8. reimpr. Coimbra: Almedina, 1998. v. II, p. 458-459.

[13] "Nos termos do art. 253º, haverá dolo quando este tiver induzido ou mantido em erro o credor. Convenceu--o, por exemplo, de que o direito não existia ou já estava extinto" (LIMA, Pires de; VARELA, Antunes. *Código Civil anotado.* 4. ed. Coimbra: Coimbra Editora, 1987. v. I, p. 289, nota 2 ao art. 321º).

[14] BAUDOUIN, Jean-Louis; RENAUD, Yvon. *Code Civil du Québec annoté.* 4. ed. Montréal: W&L, 2001. t. II, p. 3.569-3.570.

49. IMPEDIMENTO OU SUSPENSÃO POR CAUSAS SUBJETIVAS BILATERAIS

Art. 197. Não corre a prescrição:

I – entre os cônjuges, na constância da sociedade conjugal;

II – entre ascendentes e descendentes, durante o poder familiar;

III – entre tutelados ou curatelados e seus tutores ou curadores, durante a tutela ou curatela. (Código Civil)

O art. 197 arrola três situações em que a prescrição não se inicia, ou, se iniciada, se suspende, todas fundadas em condição pessoal das duas partes da relação material.

Leva em conta o legislador, na estipulação dessas causas suspensivas, situações em que o vínculo familiar, a subordinação ou a representação criam obstáculo razoável ao exercício da pretensão[15].

50. CÔNJUGES

O Código anterior falava em suspensão ou impedimento da prescrição entre cônjuges, "na constância do matrimônio" (art. 168, I). Criticava-se a literalidade da lei, porque o fundamento do dispositivo era a convivência entre os cônjuges, que poderia desaparecer pela separação judicial, sem que o matrimônio se extinguisse[16]. A impropriedade foi abolida pelo Código de 2002, que subordina a suspensão da prescrição à "constância da sociedade conjugal", e não mais do matrimônio. Logo, fica claro que com a separação judicial cessa o impedimento da prescrição entre os cônjuges.

A regra do art. 197, I, vale tanto para as obrigações anteriores ao casamento como para as que se estabelecerem na constância da sociedade conjugal. Aplica-se, porém, apenas às obrigações patrimoniais. Não alcança, por razões óbvias, às ações não patrimoniais e as que nascem do direito de família[17].

As ações decorrentes do estado de família, proponíveis entre cônjuges, não podem sofrer impedimento pela constância do casamento porque seu exercício se faz justamente para fazer cumprir ou sancionar deveres que pressupõem o matrimônio. Não exercidos, portanto, no prazo que a lei lhes assinala, extinguem-se, mesmo que a sociedade conjugal

---

[15] RUGGIERO. *Instituições de direito civil*. Trad. Ary dos Santos. São Paulo: Saraiva, 1957. v. I, § 34º, p. 362. Sílvio de Salvo Venosa, lembrando lição de Clóvis Beviláqua, ensina que "as razões inspiradoras desse artigo são de ordem moral, a determinar o impedimento ou o curso da prescrição. As relações afetivas que devem existir entre essas pessoas justificam o preceito legal" (VENOSA, Sílvio de Salvo. *Código Civil Interpretado*. 2. ed. São Paulo: Atlas, 2011, p. 221).

[16] "Prescrição – Fluência entre cônjuges vedada pela lei – Casal separado judicialmente – Extinção da sociedade conjugal que impõe a inaplicabilidade da norma proibitiva" (TJSP, 4ª CC., Ap. nº 30.509-1, Rel. Des. Freitas Camargo, ac. 19.04.1983, *Jurisprudência Brasileira* v. 150/173). "O desquite não elimina a causa legal impeditiva do curso prescricional" (TJMG, 1ª CC., Ap. nº 50.180, Rel. Des. Hélio Costa, ac. 14.05.1979, *RT*, 526/193).

[17] PONTES DE MIRANDA, Francisco Cavalcanti. *Tratado de Direito Privado*. Parte Geral. Atualização de Otávio Luiz Rodrigues Júnior; Tilman Quarch e Jefferson Carús Guesdes. São Paulo: RT, 2012. t. VI, § 678, p. 326.

não tenha cessado. São, quase sempre, ações constitutivas sujeitas a prazos decadenciais, como as de anulação de casamento[18].

O fundamento da regra impeditiva da prescrição em análise é a preservação da paz e harmonia no seio da família, enquanto perdura a convivência matrimonial, evitando medidas que gerem desconfiança e quebra da identidade de interesses e ideias entre os consortes[19]. Com efeito, manter a prescrição na constância do casamento implicaria fomentar a dissensão no seio da família, arrastando os cônjuges a agirem judicialmente, um contra o outro, a fim de não deixarem periclitar o seu direito. É isto que cumpre evitar, no espírito da norma impeditiva da prescrição entre os cônjuges[20]. Não há razão, portanto, para limitar sua incidência às relações patrimoniais derivadas do casamento, como já se pretendeu ao tempo do Código velho[21]. Toda dívida entre os cônjuges se levada à cobrança judicial, sem dúvida, abalará a harmonia interna da família e, portanto, cumpre não estimular atitudes da espécie. A não fluência da prescrição está nesta linha de intenção e, assim, é de ser aplicada a qualquer tipo de pretensão patrimonial, sem indagação da respectiva fonte.

No caso de anulação do casamento, quem a provocou (o cônjuge de má-fé) não pode se prevalecer do tempo de convivência conjugal para os fins do art. 197, I. Contra ele deve-se contar o prazo prescricional como se o casamento nunca existira. Mas, ao cônjuge de boa-fé, no tocante à validade do casamento (putatividade que lhe assegura os efeitos matrimoniais, nos termos do art. 1.561), é de reconhecer-se a imunidade prescricional[22].

Por fim, é de se ressaltar que a suspensão ou o impedimento da prescrição deve-se aplicar também em relação aos companheiros, durante a união estável. Nesse sentido o Enunciado 296, da IV Jornada de Direito Civil, promovida pelo CEJ do Conselho da Justiça Federal: "não corre a prescrição entre os companheiros, na constância da união estável".

51. CÔNJUGES SEPARADOS

Não há dúvida, para o atual direito civil, em torno da fluência da prescrição entre os cônjuges separados judicialmente, mesmo antes do divórcio. Resta saber qual o regime prescricional entre os cônjuges separados apenas de fato. Jurisprudência antiga havia firmado, na interpretação do art. 168, I, do Código de 1916 (equivalente ao art. 197, I, atual), que a separação de fato não ensejaria a fluência da prescrição entre os cônjuges; ou seja,

---

[18]   CARVALHO SANTOS, J. M. *Código Civil brasileiro interpretado*. 7. ed. Rio de Janeiro: Freitas Bastos, 1958. v. III, p. 405-406; CÂMARA LEAL, Antônio Luis da. *Da prescrição e da decadência*. Rio de Janeiro: Forense, 1959. n. 97, p. 148; PONTES DE MIRANDA, Francisco Cavalcanti. *Tratado de Direito Privado*. Parte Geral. Atualização de Otávio Luiz Rodrigues Júnior; Tilman Quarch e Jefferson Carús Guesdes. São Paulo: RT, 2012. t. VI, § 678, p. 326-327.

[19]   CARPENTER, Luiz F. *Da prescrição*: artigos 161 a 179 do Código Civil. 3. ed. Rio de Janeiro: Nacional, 1958. v. I, n. 76, p. 310.

[20]   CÂMARA LEAL, Antônio Luis da. *Da prescrição e da decadência*. Teoria geral do direito civil. 2. ed. Rio de Janeiro: Forense, 1959, n. 101, p. 152-153.

[21]   CÂMARA LEAL, Antônio Luis da. *Da prescrição e da decadência*. Teoria geral do direito civil. 2. ed. Rio de Janeiro: Forense, 1959, n. 97, p. 147.

[22]   PONTES DE MIRANDA, Francisco Cavalcanti. *Tratado de Direito Privado*. Parte Geral. Atualização de Otávio Luiz Rodrigues Júnior; Tilman Quarch e Jefferson Carús Guesdes. São Paulo: RT, 2012. t. VI, § 678, p. 327.

não afetando a sociedade conjugal, a mera cessação fática da convivência do casal não teria reflexos sobre a regra impeditiva da fluência da prescrição entre marido e mulher[23].

Pensamos que, na atual concepção legal em que a união estável é tão protegida pelo direito como o próprio casamento (art. 1.723) e diante da autorização a que essa união possa ser estabelecida, eficazmente, por pessoa casada separada apenas de fato (art. 1.723, § 1º), não há mais justificativa para manter o impedimento à prescrição entre os cônjuges que, de qualquer maneira, fizeram cessar a convivência matrimonial.

Se, para formação de nova entidade familiar, a lei equipara a separação de fato à separação judicial, não há razão para que o regime da prescrição seja diverso nas duas situações equivalentes. Em ambas terá ocorrido a extinção da "constância da sociedade conjugal", de sorte que não terá lugar, em qualquer delas, a incidência da regra impeditiva da prescrição instituída pelo art. 197, I.

Nesse sentido, a lição de Yussef Said Cahali, para quem "terminando a sociedade conjugal, seja pela separação judicial, seja pelo divórcio, deixa de existir a partir de então obstáculo para a fluência do lapso prescricional"[24]. A jurisprudência do STJ não discrepa:

> 2. Na linha da doutrina especializada, razões de ordem moral ensejam o impedimento da fluência do curso do prazo prescricional na vigência da sociedade conjugal (art. 197, I, do CC/02), cuja finalidade consistiria na preservação da harmonia e da estabilidade do matrimônio.
>
> 3. Tanto a separação judicial (negócio jurídico), como a separação de fato (fato jurídico), comprovadas por prazo razoável, produzem o efeito de pôr termo aos deveres de coabitação, de fidelidade recíproca e ao regime matrimonial de bens (elementos objetivos), e revelam a vontade de dar por encerrada a sociedade conjugal (elemento subjetivo).
>
> 3.1. Não subsistindo a finalidade de preservação da entidade familiar e do respectivo patrimônio comum, não há óbice em considerar passível de término a sociedade de fato e a sociedade conjugal. Por conseguinte, não há empecilho à fluência da prescrição nas relações com tais coloridos jurídicos.
>
> 4. Por isso, a pretensão de partilha de bem comum após mais de 30 (trinta) anos da separação de fato e da partilha amigável dos bens comuns do ex-casal está fulminada pela prescrição[25].

Da mesma forma que a separação de fato do casal permite o início do cômputo do prazo para a prescrição extintiva, ocorrerá com as hipóteses de prescrição aquisitiva (usucapião). Nesse sentido, o entendimento do STJ:

---

[23] TJSP, 3ª CC., Ap. nº 68.230-1, Rel. Des. Flávio Pinheiro, ac. 20.05.1986, *JB* 139/159; TJSP, 7ª CC., Ap. nº 82.481-1, Rel. Des. Nelson Hanada, ac. 13.05.1987, *RJTJESP* 109/191. O STJ, analisando recurso especial cujos fatos ocorreram ainda na vigência do Código Civil anterior, decidiu ser necessário divórcio, não bastando a separação judicial, porque "a razão legal da subsistência da causa de impedimento da prescrição, enquanto não dissolvido o vínculo conjugal, reside na possibilidade reconciliatória do casal, que restaria minada ante o dilema do cônjuge detentor de um direito subjetivo patrimonial em face do outro" (STJ, 3ª T. REsp. 1.202.691/MG, Rel. Min. Nancy Andrighi, ac. 07.04.2011, *DJe* 14.04.2011).

[24] CAHALI, Yussef Said. *Prescrição e decadência*. São Paulo: RT, 2008. p. 85.

[25] STJ, 3ª T., REsp 1660947/TO, Rel. Min. Moura Ribeiro, ac. 05.11.2019, *DJe* 07.11.2019. No mesmo sentido: STJ, 4ª T., AgInt nos EDcl no AREsp. 2.117.166/SP, Rel. Min. Marco Buzzi, ac. 26.06.2023, *DJe* 30.06.2023.

3 – Duas espécies distintas de prescrição são reguladas pelo CC/2002: a extintiva, relacionada ao escoamento do lapso temporal para que se deduza judicialmente pretensão decorrente de violação de direito (arts. 189 a 206) e a aquisitiva, relacionada a forma de aquisição da propriedade pela usucapião (arts. 1.238 a 1.244). Precedente.

4 – A causa impeditiva de fluência do prazo prescricional prevista no art. 197, I, do CC/2002, conquanto topologicamente inserida no capítulo da prescrição extintiva, também se aplica às prescrições aquisitivas, na forma do art. 1.244 do CC/2002.

5 – A constância da sociedade conjugal, exigida para a incidência da causa impeditiva da prescrição extintiva ou aquisitiva (art. 197, I, do CC/2002), cessará não apenas nas hipóteses de divórcio ou de separação judicial, mas também na hipótese de separação de fato por longo período, tendo em vista que igualmente não subsistem, nessa hipótese, as razões de ordem moral que justificam a existência da referida norma. Precedente[26].

52. ASCENDENTES E DESCENDENTES

O impedimento pode derivar de situação obrigacional anterior à filiação, caso em que a superveniência do vínculo da paternidade provocará a suspensão da prescrição antes iniciada (*v.g.,* o crédito de terceiro junto ao genitor passou por sucessão ao filho menor). Se a obrigação entre pai e filho surgir originariamente entre eles, a prescrição não se iniciará, enquanto perdurar o poder familiar (antigo pátrio poder).

O impedimento é aplicável tanto em face do pai como da mãe, porque a ambos cabe o poder familiar em relação aos filhos menores (arts. 1.630 e 1.631). Refere-se a relações em que figurem ascendentes e descendentes, pouco importando qual seja, entre ele, o credor, ou o devedor. A prescrição não correrá nem contra o ascendente nem contra o descendente.

Não há uma expansão ilimitada do impedimento entre todos os ascendentes e todos os descendentes. A regra do art. 197, II, só opera entre os vinculados, entre si, pelo poder familiar. Em outros termos: não corre a prescrição entre pais e filhos, reciprocamente, enquanto sujeitos ao poder familiar, que indistintamente cabe ao pai e à mãe.

Assim já decidiu o Superior Tribunal de Justiça em relação à execução de alimentos: "de acordo com a jurisprudência deste Sodalício, não corre a prescrição contra menor absolutamente incapaz em execução de alimentos, tendo em vista o disposto no art. 197, inciso II, do Código Civil"[27].

Ocorrendo a extinção do poder familiar, se o filho for relativamente incapaz, começará a correr a prescrição. Se for absolutamente incapaz, a prescrição correrá contra o pai, não contra o filho, porque este continuará sob o impedimento unilateral do art. 198, I[28].

A regra do art. 197, II é aplicável tanto à filiação natural como à adotiva, mesmo porque a Constituição proíbe qualquer distinção entre os vários tipos de filiação (art. 227, § 6º)[29].

---

[26] STJ, 3ª T., REsp. 1.693.732/MG, Rel. Min. Nancy Andrighi, ac. 05.05.2020, *DJe* 11.05.2020.

[27] STJ, 4ª T., AgInt. no AREsp. 1.016.353/PR, Rel. Min. Luis Felipe Salomão, ac. 06.04.2017, *DJe* 18.04.2017. No mesmo sentido: STJ, 3ª T., REsp. 1.630.990/DF, Rel. Min. Moura Ribeiro, ac. 27.06.2017, *DJe* 03.08.2017.

[28] A simples suspensão do poder familiar não deve, por si só, afastar o impedimento da prescrição (CÂMARA LEAL, Antônio Luis da. *Da prescrição e da decadência.* Teoria geral do direito civil. 2. ed. Rio de Janeiro: Forense, 1959, n.102, p. 154-155).

[29] Yussef Said Cahali admite, ainda, a aplicação do artigo às situações em que a criança é colocada em família substituta, "não só sob o regime de adoção e tutela, mas também sob o regime de guarda (art.

Prescrição e Decadência • *Humberto Theodoro Júnior*

É bom lembrar que os impedimentos do art. 197, como todos os demais, referem-se apenas à prescrição, não tendo aplicação, em princípio, aos prazos de decadência[30].

A preocupação que fundamenta a regra em comento é a mesma do inciso anterior: evitar a desarmonia no seio da família, que poderia advir da necessidade de demandar, entre pai e filho, para evitar a perda da pretensão[31].

53. TUTELA E CURATELA

Durante a tutela e a curatela há uma situação que inibe o exercício da pretensão, reciprocamente, entre o incapaz e o seu representante legal. O incapaz não pode agir senão representado ou assistido pelo tutor ou curador. O representante legal deve zelar, antes de tudo, pelos interesses do incapaz. Daí por que não pode, ou não deve, fluir a prescrição, reciprocamente, entre o incapaz (tutelado ou curatelado) e seu representante legal (tutor ou curador).

Qualquer vínculo de natureza patrimonial sujeita-se à restrição do art. 197, III. Mas, não tem ela cabimento nos casos de prazos decadenciais, a não ser na ressalva feita pelo art. 208, quando se tratar de interesse do absolutamente incapaz (art. 198, I). Quando o prazo decadencial se voltar contra interesse de quem não seja incapaz, mesmo nas hipóteses enquadráveis no dispositivo comentado, não sofrerá ele o efeito impeditivo.

Suponha-se que ao pupilo se transfira, dentro da herança, um contrato no qual o tutor ocupa a posição de credor. Este, por fato ligado à formação do contrato, tem direito potestativo de promover a respectiva anulação. O prazo decadencial para intentar a ação anulatória (art. 178), que nessa hipótese corre contra o tutor, não se suspende pelo fato de a obrigação passiva ter passado pela sucessão ao tutelado. A regra de suspensão prevista no art. 197, III, não se aplica *in casu*, porque se refere apenas à prescrição, e o art. 208 não a estendeu, nem mesmo excepcionalmente, para a decadência.

54. IMPEDIMENTO OU SUSPENSÃO SUBJETIVA UNILATERAL

Art. 198. Também não corre a prescrição:

I – contra os incapazes de que trata o art. 3º;

II – contra os ausentes do País em serviço público da União, dos Estados ou dos Municípios;

III – contra os que se acharem servindo nas Forças Armadas, em tempo de guerra. (Código Civil)

O art. 198, ao contrário do anterior, somente se ocupa de um dos sujeitos da relação material que pode ser afetada pela prescrição. Enquanto o art. 197, para suspender

---

28 [do Estatuto da Criança e do Adolescente]) (...) Mas, conquanto pelo sistema legal não ocorra a transferência do poder familiar, a natureza da relação que se estabelece entre o guardião e o menor ou adolescente permite a aplicação da regra de suspensão da prescrição aqui prevista" (CAHALI, Yussef Said. *Prescrição e decadência*. São Paulo: RT, 2008, p. 86).

30 CÂMARA LEAL, Antônio Luis da. *Da prescrição e da decadência*. Teoria geral do direito civil. 2. ed. Rio de Janeiro: Forense, 1959, n. 102, p. 155.

31 CARVALHO SANTOS, J. M. de. *Código Civil brasileiro interpretado*. 7. ed. Rio de Janeiro: Freitas Bastos, 1958. v. III, p. 406.

a prescrição, arrola pessoas que devem ocupar, indistintamente, as duas posições da relação jurídica, o art. 198 só se aplica em favor de certos credores. O óbice à prescrição, portanto, favorece apenas as pessoas nele arroladas quando são credoras, ou seja, quando se coloquem como titulares da pretensão. Se se inverter a posição das partes, o credor não poderá se beneficiar do impedimento prescricional. Se o incapaz, por exemplo, for o devedor, a prescrição correrá normalmente, proporcionando-lhe a liberação com o esgotamento do prazo legal, sem interrupção ou suspensão. A norma favorece ao incapaz. Em síntese: o art. 197 institui favor recíproco para os contratantes e o art. 198 só beneficia um dos sujeitos da obrigação.

55. OS ABSOLUTAMENTE INCAPAZES

Contra os absolutamente incapazes não corre prescrição, enquanto perdurar a incapacidade. O art. 3º do Código Civil, com a redação dada pela Lei nº 13.146/2015, arrola como absolutamente incapazes apenas os menores de 16 (dezesseis anos).

Assim, não mais se incluem nessa categoria indivíduos que, embora maiores, eram tidos como absolutamente incapazes de praticar atos da vida civil por razões de enfermidade, deficiência mental ou por causa transitória[32].

Os menores de dezesseis anos, por fatores naturais, não têm aptidão para os atos da vida civil e, assim, colocam-se na dependência de representantes legais para a defesa de seus direitos. É essa impotência pessoal que leva a lei a favorecê-los com a não sujeição aos efeitos da prescrição. Trata-se de um benefício destinado a complementar a tutela especial que a ordem jurídica confere aos incapazes[33].

Se o direito pertencia a outra pessoa e nele sucedeu o incapaz, a partir da sucessão, suspende-se o fluxo prescricional.

A prescrição, no sistema do Código, não corre em prejuízo dos menores impúberes (até 16 anos de idade), qualquer que seja sua condição de direito: sob o poder familiar, sob tutela ou na orfandade, sem tutela:

> Diferentemente do que ocorre com o incapaz acometido de patologia – física ou mental –, percebe-se, em relação aos menores impúberes, que, independentemente de sua representação – seja pelos pais, seja pelo tutor –, o prazo prescricional fica suspenso até que ultrapasse a idade dos 16 anos, pois somente a partir de então é que se terá o termo inicial do referido prazo[34].

---

[32] Eram considerados absolutamente incapazes, além dos menores de 16 anos, os que, por enfermidade ou deficiência mental, não tivessem o necessário discernimento para a prática dos atos da vida civil; e os que, mesmo por causa transitória, não pudessem exprimir sua vontade.

[33] CÂMARA LEAL, Antônio Luis da. *Da prescrição e da decadência*. Teoria geral do direito civil. 2. ed. Rio de Janeiro: Forense, 1959, n. 107, p. 162.

[34] STJ, 4ª T., REsp; 1.272.982/SC, Rel. Min. Luis Felipe Salomão, ac. 19.04.2016, *DJe* 11.05.2016. No mesmo sentido: "Não se caracteriza a prescrição, havendo presença de menores interessados" (2º TACivSP, 8ª CC., Ap. nº 222.188-5, Rel. Juiz Mello Junqueira, ac. 29.07.1988, *JTA-RT* 112/386; STF, RE 84.731/RJ, 1ª T., Rel. Min. Cunha Peixoto, ac. 28.09.1976, *RT*, 505/252). Se a indenização acidentária é pleiteada pela viúva e filhos menores, não há prescrição nos termos do art. 169, I, do Código Civil de 1916 (2º TACivSP, 8ª CC, Ap. nº 127.465, Rel. Juiz José Cardinale, ac. 09.12.1981, *RT*, 566/156). Se a indenização por morte foi pleiteada apenas pela viúva, "irrelevante a circunstância de a vítima ter deixado filho menor, não podendo ser invocada a norma do art. 169, I, do Código Civil" (de 1916). A filha, porém, poderá

128 | Prescrição e Decadência • *Humberto Theodoro Júnior*

Entretanto, a jurisprudência do STJ é no sentido de que a suspensão aproveita apenas o absolutamente incapaz, ainda que a ação seja também proposta por uma pessoa capaz, se os direitos materiais discutidos em juízo forem distintos:

> Sendo o polo ativo da ação indenizatória composta por duas pessoas – uma, maior e capaz; a outra, absolutamente incapaz – a ressalva contida no art. 169, I, do Código Civil de 1916 [CC/2002, art. 198, I] não aproveita a parte que, desde o tempo do fato violador do direito, tem plena capacidade de fato e direito, se os direitos materiais de ambas forem distintos, não obrigando a presença do litisconsórcio necessário[35].

Situação interessante foi analisada pelo STJ, em que o beneficiário do seguro obrigatório (DPVAT) era menor à época do sinistro, ocorrido sob a égide do Código Civil de 1916. O prazo prescricional para requerer a indenização, que era de 20 anos, foi reduzido para três (CC/ 2002, art. 206, § 3º, IX). Se se tratasse de maior, na ocasião do ato ilícito, o prazo de 20 anos prevaleceria perante o Código Civil de 2002. Entretanto, como o beneficiário era menor, o prazo prescricional somente começaria a correr já na vigência do Código atual, reduzindo o prazo para três anos. Ou seja: a situação do incapaz seria pior do que a do maior. Assim, a manobra do acórdão foi para manter a prescrição de 20 anos, malgrado o tempo em que não correu o prazo prescricional pela menoridade do credor. O STJ, então, desprezou o efeito suspensivo da prescrição durante a menoridade. Contou a prescrição a partir do ato ilícito, fazendo com que o prazo prescricional do atual Código não fosse aplicado, *in verbis:*

> 2. A questão controvertida na presente via recursal consiste em saber se ocorreu a prescrição da ação de cobrança de indenização securitária advinda de seguro obrigatório (DPVAT), considerando a situação do autor, menor impúbere à época do sinistro, ocorrido sob a égide do CC/1916, e as novas regras de prescrição surgidas com a aprovação do CC/2002.
>
> 3. Na vigência do Código Civil de 1916, o prazo prescricional para a propositura de ação objetivando a cobrança do seguro obrigatório DPVAT era de 20 (vinte) anos, pois, tratando-se de pretensão de natureza pessoal, aplicava-se o prazo do art. 177 do CC/1916 (Súmula nº 124/TFR). A partir da entrada em vigor do novo Código Civil, o prazo passou a ser trienal, nos termos do art. 206, § 3º, IX, do CC/2002 (Súmula nº 405/STJ). Como houve diminuição do lapso atinente à prescrição, para efeitos de cálculo, deve ser observada a regra de transição de que trata o art. 2.028 do CC/2002 (Enunciado nº 299 da IV Jornada de Direito Civil).
>
> 4. Na hipótese, o autor era menor impúbere quando sucedeu o sinistro (acidente de trânsito de seu genitor), de modo que a prescrição não poderia correr em seu desfavor até que completasse a idade de 16 (dezesseis) anos, já que era absolutamente incapaz (art. 169 do CC/1916 e art. 198 do CC/2002). Em outras palavras, seria, em tese, beneficiado com tal norma que prevê uma causa impeditiva do prazo prescricional.
>
> 5. Ocorre que, no caso, a aplicação do art. 169 do CC/1916 (art. 198 do CC/2002), norma criada para proteger o menor impúbere, no lugar de lhe beneficiar, vai, na realidade,

---

pleitear seu direito próprio em outra ação (STJ, 3ª T., REsp. 7.505/SP, Rel. Min. Eduardo Ribeiro, *DJU* 27.05.1991).

[35] STJ, 2ª T., REsp. 203.631/SP, Rel. Min. João Otávio de Noronha, ac. 03.02.2005, *DJU* 09.05.2005, p. 322.

ser-lhe nociva. Como sabido, a finalidade de tal dispositivo legal é amparar, em matéria de prescrição, os absolutamente incapazes, visto que não podem exercer, por si próprios, ante a tenra idade, os atos da vida civil.

6. O intérprete não deve se apegar simplesmente à letra da lei, mas deve perseguir o espírito da norma, inserindo-a no sistema como um todo, para extrair, assim, o seu sentido mais harmônico e coerente com o ordenamento jurídico. Além disso, nunca se pode perder de vista a finalidade da lei (*ratio essendi*), isto é, a razão pela qual foi elaborada e os resultados ao bem jurídico que visa proteger (art. 5º da LINDB). De fato, a exegese não pode resultar em um sentido contraditório com o fim colimado pelo legislador.

7. A norma impeditiva do curso do prazo de prescrição aos menores impúberes deve ser interpretada consoante sua finalidade para não gerar contradições ou incoerências jurídicas. É dizer, o intuito protetivo da norma relacionada aos absolutamente incapazes não poderá acarretar situação que acabe por lhes prejudicar, fulminando o exercício de suas pretensões, sobretudo se isso resulta em desvantagem quando comparados com os considerados maiores civilmente.

8. Não pode o autor, menor impúbere à época do sinistro, ser prejudicado por uma norma criada justamente com o intuito de protegê-lo, sendo de rigor o afastamento, no caso concreto, do art. 169, I, do CC/1916 (art. 198 do CC/2002), sob pena de as suas disposições irem de encontro à própria *mens legis*. Precedente da Quarta Turma"[36].

55.1. Os curatelados impossibilitados de manifestar a vontade

O Estatuto da Pessoa com Deficiência (Lei nº 13.146/2015) alterou o art. 3º do Código Civil, que passa a definir como absolutamente incapaz de exercer os atos da vida civil apenas o menor de 16 (dezesseis) anos. Foram revogadas desse artigo as disposições sobre a incapacidade daqueles intitulados enfermos ou doentes mentais, bem como os que não conseguem manifestar sua vontade, ainda que transitoriamente. Foram excluídos, ainda, do art. 4º, que trata das pessoas classificadas pela lei material como incapazes relativamente a certos atos da vida civil, os excepcionais, sem desenvolvimento mental completo, e os que, por deficiência mental, tenham o discernimento reduzido. Incluíram-se, outrossim, aqueles que, por causa transitória ou permanente, não puderem exprimir sua vontade.

Além dessas alterações, o Estatuto declara que a deficiência não afeta a plena capacidade civil da pessoa, inclusive para exercer o direito à guarda, à tutela, à curatela e à adoção, como adotante ou adotando, em igualdade de oportunidades com as demais pessoas (art. 6º, VI). Essa disposição teve impactos diretos no Código de Processo Civil de 2015, na medida em que limita a interdição aos atos patrimoniais do interdito, alterando a sistemática do art. 757, da legislação processual.

Deve-se ressaltar, contudo, que o fim do Estatuto não foi, propriamente, acabar com a velha "interdição", mas apenas *limitá-la à esfera* patrimonial, evitando estender seus efeitos ao terreno da dignidade humana e aos direitos da personalidade[37]. Elimina-se a anulação da personalidade, traço marcante da incapacitação total própria da incapacidade absoluta,

---

[36]   STJ, 3ª T., REsp 1458694/SP, Rel. Min. Ricardo Villas Bôas Cueva, ac. 05.02.2019, *DJe* 15.02.2019.

[37]   SOUSA, Cláudio Roberto Alfredo de; PESSOA, Flávia Moreira Guimarães; ANDRADE, Layanna Maria Santiago. O novo conceito de deficiência e a coisa julgada nas ações de incapacidade. *Revista Magister de Direito Civil e Processual Civil*, n. 79, p. 74-77, jul./ago. 2017.

para estabelecer um estatuto do deficiente, que prime por sua tutela e inserção social. Nesse sentido, nunca se poderá tratar o interditando como um absolutamente incapaz. Quando, porém, se achar em condição mental que o prive do discernimento necessário para a prática dos negócios jurídicos, a representação por curador será inevitável.

Essa curatela, porém, "afetará tão somente os atos relacionados aos direitos de natureza patrimonial e negocial", como prevê o art. 85, *caput,* do Estatuto. Será tratada, outrossim, como "medida protetiva extraordinária, proporcional às necessidades e às circunstâncias de cada caso", nos termos do § 2º, do art. 85 do mesmo Estatuto.

Assim, caberá ao juiz, na sentença, definir a extensão da curatela, que poderá ir da assistência até a representação do deficiente na gestão patrimonial e negocial. Sendo o caso de curatela para suprir a completa privação de discernimento, a situação do deficiente, no plano da gestão econômica, será em tudo igual à do menor impúbere. Dessa forma, embora não seja mais o deficiente mental um absolutamente incapaz, como tal haverá de ser tratado e protegido, pelo menos no campo patrimonial e negocial[38].

Logo, a prescrição, que é fenômeno jurídico típico das relações negociais e patrimoniais, haverá de ser aplicada ao curatelado impossibilitado, por completo, de gerir seu patrimônio, de praticar negócios jurídicos, pessoalmente, em moldes iguais àqueles observados em relação aos menores absolutamente incapazes. Em outros termos, os impedimentos, suspensões e interrupções da prescrição, em face do curatelado, ocorrerão da mesma maneira verificada perante os absolutamente incapazes (menores de dezesseis anos)[39]. É que, conforme as dimensões dadas à curatela, o deficiente se colocará diante de impossibilidade de praticar atos jurídicos pessoalmente, tal como as crianças e adolescentes submetidos à representação dos genitores. Estando uns e outros diante da mesma impossibilidade de agir, por si sós, em defesa de seus direitos patrimoniais, não haverão, igualmente, de sofrer os efeitos nocivos da prescrição[40].

---

[38] "A depender do grau de deficiência (física, mental ou intelectual) a curatela pode ter diferentes extensões. (...) é possível apresentar as seguintes espécies de curatela: i) o curador pode se apresentar como um representante do relativamente incapaz para todos os atos jurídicos, porque este não possui qualquer condição de praticá-los, sequer em conjunto. Seria o caso de alguém que se encontra em coma ou a quem falta qualquer discernimento; ii) o curador pode ser um representante para certos e específicos atos e assistente para outros, em um regime misto, quando se percebe que o curatelando tem condições de praticar alguns atos, devidamente assistido, mas não possui qualquer possibilidade de praticar outros, como, por exemplo, os atos patrimoniais; iii) o curador será sempre um assistente, na hipótese em que o curatelando tem condições de praticar todo e qualquer ato, desde que devidamente acompanhado, para a sua proteção" (FARIAS, Cristiano Chaves de; CUNHA, Rogério Sanches; PINTO, Ronaldo Batista. *Estatuto da Pessoa com Deficiência comentado artigo por artigo*. 2. ed. Salvador: JusPodivm, 2016. p. 242).

[39] Waldir Macieira da Costa Filho admite que, em "casos excepcionais, de pessoas com deficiência grave, desprovidas totalmente de discernimento e possibilidade de exercício de todos os seus direitos, (...) teremos um processo de interdição de modo a considerá-la como absolutamente incapaz, mas sempre a partir de uma interpretação sistemática e integrativa e levando em conta os direitos humanos e os princípios constitucionais" (LEITE, Flávia Piva Almeida; RIBEIRO, Lauro Luiz Gomes; FILHO, Waldir Macieira da Costa. *Comentários ao Estatuto da Pessoa com Deficiência*. São Paulo: Saraiva, 2016. p. 371).

[40] Cristiano Chaves de Farias, Rogério Sanches Cunha e Ronaldo Batista Pinto, ao analisar a questão referente à prescrição, entenderam que se deve aplicar ao curatelado a teoria *contra non valentem agere non currit praescriptio* (contra aqueles que não podem agir, não fluem os prazos de prescrição). Essa teoria, segundo os autores, "propõe uma compreensão meramente exemplificativa, não expletiva, da norma legal, admitindo outras hipóteses paralisantes do lapso temporal [da prescrição] baseadas em fortuitos ou em causas que, embora não previstas em lei, obstam o exercício da pretensão pelo titular".

Os curatelados, é bom que se note, ficam imunes à prescrição que possa atingir suas pretensões creditícias. Esse regime, todavia, não beneficia os credores do deficiente equiparado patrimonialmente ao incapaz absoluto. Contra tais credores, a prescrição flui normalmente, se a pretensão não for tempestivamente exercitada contra o deficiente.

Por outro lado, a curatela parcial (incapacidade relativa), que coloque o deficiente sujeito apenas a restrições negociais, como a assistência, não o torna imune aos efeitos da prescrição, vantagem que aproveita apenas aos absolutamente incapazes (CC, arts. 195 e 198, I).

55.2. Prazos decadenciais

O art. 198 prevê a suspensão ou impedimento da prescrição e não da decadência, que, de ordinário, é fatal e não se sujeita a interrupções e suspensões. Todavia, para os absolutamente incapazes, a lei abre uma exceção e os favorece com o regime impeditivo também para os casos de decadência (arts. 198, I, e 208).

56. OS AUSENTES DO PAÍS

A ausência do País, por parte do titular da pretensão, é motivo legal determinante do impedimento ou suspensão da prescrição, desde que a permanência no exterior se deva a desempenho de serviço público da União, dos Estados e dos Municípios.

A regra aplica-se tanto aos serviços permanentes (como os da diplomacia) como aos transitórios (cumprimento de missão temporária). Não é preciso que se trate de serviço efetivo; aplica-se o preceito legal também a serviço em comissão[41].

O art. 198, II, estende-se, naturalmente, aos servidores das autarquias, que também são considerados funcionários públicos. Quanto aos que servem a outras entidades paraestatais, depende de existir lei que os equipare aos funcionários públicos[42]. A regra é exclusiva da prescrição. Não incide, portanto, sobre os prazos decadenciais (art. 207).

Embora a regra do dispositivo não trate do ausente, assim considerado aquele que desaparece de seu domicílio sem dar notícias e sem deixar representante ou procurador a quem caiba administrar-lhe os bens (CC, art. 22), o Enunciado 156, da III Jornada de Direito Civil admite a suspensão da prescrição contra o ausente, "desde o termo inicial do desaparecimento, declarado em sentença". Não há razão, todavia, para não observar o fluxo da prescrição antes que a situação jurídica da ausência seja definida por sentença. Quanto à decadência, nem mesmo a sentença de ausência tem força para impedi-la. A fatalidade é de sua natureza.

Assim, "um prazo prescricional não pode correr contra aquele que está incapacitado de agir, mesmo não havendo previsão legal para a suspensão ou interrupção do prazo. A proposição, destarte, diz respeito a uma compreensão equitativa, e não legalista, das hipóteses de suspensão e de interrupção dos prazos extintivos" (FARIAS, Cristiano Chaves de; CUNHA, Rogério Sanches; PINTO, Ronaldo Batista. *Estatuto da Pessoa com Deficiência comentado artigo por artigo*. 2. ed. Salvador: JusPodivm, 2016. p. 317).

[41] CARVALHO SANTOS, J. M. de. *Código Civil brasileiro interpretado*. 7. ed. Rio de Janeiro: Freitas Bastos, 1958. v. III, p. 410.

[42] PONTES DE MIRANDA, Francisco Cavalcanti. *Tratado de Direito Privado*. Parte Geral. Atualização de Otávio Luiz Rodrigues Júnior; Tilman Quarch e Jefferson Carús Guesdes. São Paulo: RT, 2012. t. VI, § 678, n. 9, p. 333.

57. SERVIÇO DE GUERRA

Durante o tempo em que o titular da pretensão estiver servindo às Forças Armadas (Exército, Marinha e Aeronáutica), em tempo de guerra, não correrá a prescrição. Não se exige que a pessoa esteja atuando no campo de batalha. Contenta-se a lei com o serviço militar em tempo de guerra e tanto faz se esteve servindo no País ou no exterior. Nem é preciso que a guerra seja contra inimigo estrangeiro. Deve-se aplicar o art. 198, III, também às guerras revolucionárias intestinas, que tanto embaraçam o exercício da pretensão como as guerras externas[43].

Nas guerras intestinas, todavia, a suspensão somente beneficia quem serve às Forças Armadas regulares, não aos insurretos. Os que se põem na ilegalidade, ainda que pertençam aos seus quadros não servem às Forças Armadas, pois atuam militarmente contra elas. Não se incluem, portanto, na área de incidência do art. 198, III[44].

É, outrossim, de considerar-se em guerra o militar brasileiro que integre força multinacional, a serviço de organismos internacionais como a ONU, mesmo que o País não esteja em guerra contra o governo do território em que o conflito se desenvolve e que a missão tenha o objetivo apenas de implantar a paz.

Por fim, não se subordina a suspensão do art. 198, III, à qualidade de militar daquele que serve em tempo de guerra. O impedimento prescricional "abrange não só os militares, como os civis, que estejam, por motivo de serviço, adstritos às forças militares"[45].

Aos militares em guerra e aos demais servidores nela envolvidos, corresponde a suspensão apenas da prescrição e não da decadência (art. 207).

58. IMPEDIMENTO OBJETIVO DA PRESCRIÇÃO

Art. 199. Não corre igualmente a prescrição:
I – pendendo condição suspensiva;
II – não estando vencido o prazo;
III – pendendo ação de evicção. (Código Civil)

As hipóteses do art. 199 são apenas impedimentos (e não causas de suspensão) porque se referem a obstáculos ao início do prazo de prescrição. Diante delas, o titular do direito ainda não tem pretensão que possa opor ao obrigado. Esta somente surge quando se deixa de realizar a prestação que o credor já tinha direito de exigir do devedor.

A prescrição é justamente a perda da pretensão pela inércia do titular em exercitá-la contra o obrigado durante longo tempo. Não havendo ainda pretensão a exercer, porque o devedor ainda não está sujeito ao dever de realizar a prestação a que corresponde o direito do credor, não se pode sequer cogitar de prescrição.

---

[43] CARVALHO SANTOS, J. M. de. *Código Civil brasileiro interpretado.* 7. ed. Rio de Janeiro: Freitas Bastos, 1958. v. III, p. 411.

[44] CÂMARA LEAL, Antônio Luis da. *Da prescrição e da decadência.* Teoria geral do direito civil. 2. ed. Rio de Janeiro: Forense, 1959, n. 119, p. 177.

[45] LIMA, Pires de; VARELA, Antunes. *Código Civil anotado.* 4. ed. Coimbra: Coimbra Editora, 1987. v. I, p. 287.

Capítulo VI · DAS CAUSAS QUE IMPEDEM OU SUSPENDEM A PRESCRIÇÃO | 133

Prescrição e exigibilidade são fenômenos indissociáveis, de sorte que só prescreve o que era exigível e, entretanto, deixou de ser exigido.

Obrigações a termo, ou sob condição suspensiva, são obrigações inexigíveis, enquanto não ocorre o vencimento previsto, ou não se verifica o implemento da condição. Durante o aguardo desses eventos, a obrigação existe, mas não é atual, isto é, não é exigível. Por isso, não corre ainda a prescrição, já que esta se refere à pretensão, que só nasce depois que o obrigado viola a obrigação, deixando de cumprir a prestação no momento adequado. Se este momento ainda não chegou, o impedimento à prescrição é total (art. 199, I e II). Não há prescrição, simplesmente.

Os impedimentos em questão aplicam-se indistintamente às ações reais e às pessoais.

59. CONDIÇÃO SUSPENSIVA

As condições são fatos futuros e incertos a que o nascimento ou a extinção de um direito ficam subordinados (art. 121). Diz-se suspensiva a condição que impede os efeitos do negócio jurídico enquanto não se verifica o evento condicionante (art. 125); e resolutiva a que, uma vez implementada, faz extinguir o direito a que se ligava (art. 127).

O direito sujeito à condição resolutiva é atual e exigível de imediato e assim perdura enquanto não se dá o evento futuro que o pode fazer extinguir (art. 128). Diante, porém, de uma condição suspensiva, o titular não chega a adquirir o direito respectivo, enquanto aguarda a superveniência do fato condicionante (art. 125).

Pode ocorrer prescrição diante do direito ligado a uma condição resolutiva, pois a prestação respectiva é exigível. Se o credor não usa os meios jurídicos para fazer atuar a pretensão (que é atual) pode perdê-la por prescrição. Tal, porém, é impossível de acontecer nas obrigações subordinadas à condição suspensiva, se o evento condicionante ainda não ocorreu. A situação é de expectativa. A parte não pode se considerar, ainda, titular de um direito subjetivo. Não tem pretensão a exercitar contra o sujeito passivo e, por conseguinte, não pode perdê-la por prescrição.

Não é apenas a condição derivada de cláusula negocial que se deve submeter à regra do art. 199, I. Equivale à condição suspensiva, para tal preceito, todo fato superveniente que, juridicamente, provoque suspensão do negócio que se pretende fazer valer em juízo[46].

Assim, se o devedor propõe ação de anulação ou de rescisão, tornando incerto o negócio litigioso, a consequência será a inexercitabilidade das pretensões do credor para exigir prestações oriundas do mesmo negócio[47]. Dever-se-á ter como suspensa a prescrição

---

[46] Por exemplo: "A situação judicial do protesto com a retenção dos títulos em cartório, seguida de ação declaratória de inexistência de relação cambial, obstaculiza o exercício da ação executiva, constituindo--se condição suspensiva da execução, impedindo o curso do prazo prescricional" (TARS, 1ª C., Ap. nº 191.139.401, Rel. Juiz Juracy Vilela de Souza, ac. 03.12.1991, *Revista Jurídica*, 176/113).

[47] Nesse sentido, as conclusões de João Batista Lopes, em parecer publicado: "b) não houve, na espécie, inércia ou negligência de A., que, durante décadas, vem defendendo sua posição jurídica, resistindo aos embaraços opostos pela devedora em ação anulatória do débito; c) a propositura de ação anulatória pelo devedor *comunica incerteza ao próprio direito* (Câmara Leal) de modo a autorizar a equiparação a uma condição suspensiva, presente a regra do art. 170, I, do Código Civil de 1916 [CC/2002, art. 199, I]" (LOPES, João Batista. Prescrição. Ação anulatória intentada pelo devedor. Suspensão do prazo prescricional. *Revista Dialética de Direito Processual*, São Paulo, n. 81, p. 144, dez. 2009).

sobre essas pretensões, enquanto se aguarda a solução da ação do devedor. O retardamento não será imputável à inércia do credor, mas ao embaraço do devedor, razão por que se defende sua equiparação a uma condição suspensiva.

Nesse sentido, o STJ já equiparou à condição suspensiva a retenção indevida, pela seguradora, da apólice solicitada pelo segurado:

> 2. O prazo prescricional de um ano não deve ser contado a partir da concisa recusa da seguradora, mas sim da data em que a seguradora atendeu à solicitação formulada pelo segurado a fim de que lhe fosse remetida cópia da apólice que celebrou por telefone, necessária à exata compreensão das razões que levaram à negativa de indenização. Em face do disposto no art. 199, I, do CC/2002, não há prescrição da ação de recebimento de indenização, pois, ao reter impropriamente a apólice solicitada pelo segurado, a própria seguradora deu causa à condição suspensiva.
>
> 3. A procrastinação da seguradora no que diz respeito à entrega de cópia da apólice ao segurado não pode lhe trazer benefícios, levando o consumidor de boa-fé à perda de seu direito de ação. É preceito consuetudinário, com respaldo na doutrina e na jurisprudência, que a parte a quem aproveita não pode tirar proveito de um prejuízo que ela mesma tenha causado[48].

Não se pode, porém, exagerar e estendê-la a quaisquer discussões ou divergências entre as partes. Somente causas que se fundam em motivos jurídicos podem ser contrapostas ao exercício da pretensão oriunda de uma obrigação já exigível. Não serão questões de fato ou questões apenas econômicas que irão transformar o direito atual do credor em direito condicional e, portanto, poderão suspender ou impedir a prescrição[49].

59.1. O *pactum de non petendo*

Pelo *pactum de non petendo*, figura antiquíssima que remonta ao direito romano, ajusta-se negocialmente o compromisso de não demandar em juízo acerca de determinada relação jurídica, durante certo tempo ou perpetuamente[50]. Trata-se, pois, de espécie de negócio processual, sem dúvida.

Entretanto, é bom esclarecer, desde logo, que o pacto de não demandar não se confunde com o pacto remissório. Enquanto este acarreta, gratuitamente, a extinção do direito material do credor (CC, art. 385)[51], o primeiro apenas *suspende* ou *elimina a pretensão*, entendida como o *poder de exigir a prestação* (i.e., a ação no sentido material), podendo o *pactum de non petendo* ser ajustado tanto de forma gratuita como onerosa[52].

---

[48] STJ, 3ª T., REsp. 1.176.628/RS, Rel. Min. Nancy Andrighi, ac. 16.09.2010, *DJe* 04.10.2010.

[49] CÂMARA LEAL, Antônio Luis da. *Da prescrição e da decadência*. Teoria geral do direito civil. 2. ed. Rio de Janeiro: Forense, 1959, n. 112, p. 168.

[50] MOREIRA ALVES, José Carlos. *Direito romano*. 2. ed. Rio de Janeiro: Forense, 1972, v. II, n. 222-III, p. 111.

[51] "A remissão da dívida, aceita pelo devedor, extingue a obrigação, mas sem prejuízo de terceiro" (CC, art. 385).

[52] A transação entre os litigantes, por exemplo, pode instituir um parcelamento da dívida demandada em juízo, acarretando a suspensão do processo pelo prazo necessário ao cumprimento voluntário do acordo (CPC, art. 922, *caput*). Assim, temporariamente, o credor ficará inibido de continuar exercitando o

Capítulo VI · DAS CAUSAS QUE IMPEDEM OU SUSPENDEM A PRESCRIÇÃO

Tal como se passa com a prescrição, o pacto de não demandar não acarreta extinção do direito subjetivo material, apenas *suspende a respectiva exigibilidade*, de modo que o pagamento voluntário, após tal avença, não é ato nulo, nem autoriza repetição de indébito. De acordo com o art. 882 do Código Civil, "não se pode repetir o que se pagou para solver dívida prescrita, ou cumprir *obrigação judicialmente inexigível*" (g.n.). Explica Frederico Távora:

> A segunda hipótese [do art. 882] é exatamente o caso do *pactum de non petendo*, a obrigação sobre a qual recai o pacto é judicialmente inexigível, mas o seu pagamento é irrepetível por força do dispositivo acima transcrito. O pagamento não é indevido: o credor terá recebido aquilo que fazia jus, conquanto não tivesse o poder de exigi-lo[53].

Vê-se, pois, que o pacto referido reflete tanto sobre o plano de direito material como no de direito processual, impedindo o exercício de pretensões, entre os contratantes, em juízo ou fora dele.

Questão relevante diz respeito à prescrição da pretensão sobre a qual existe um *pactum de non petendo*.

Se referido pacto *suspende a exigibilidade* do direito subjetivo material, age como hipótese de suspensão ou impedimento do curso da prescrição, nos termos do art. 199 do Código Civil: "Não corre igualmente a prescrição: I – pendendo condição suspensiva; II – não estando vencido o prazo".

Estipulando as partes um pacto *com prazo certo* (*pactum ad tempus*), o direito do credor, durante esse período, não é exigível, razão pela qual, igualmente, não poderá correr o prazo prescricional. Ficará este impedido de começar ou, se já em curso, restará suspenso[54].

Não havendo prazo determinado para o *pactum*, é ele denunciável a qualquer momento pelas partes, e, a partir daí, o curso da prescrição se iniciará ou voltará a correr, conforme o caso.

Quando, contudo, as partes celebram um *pactum de non petendo in perpetuum*, ou seja, de forma definitiva e perpétua, sem delimitação de tempo, a doutrina diverge em relação à prescrição.

---

direito de dar curso ao processo contra o devedor (CPC, art. 314). Em tal hipótese, "findo o prazo sem cumprimento da obrigação, o processo retomará o seu curso" (CPC, art. 922, parágrafo único). Cumprido o pactuado, extinguir-se-ão o processo, a pretensão, a ação e a própria obrigação, pela força natural do pagamento (CC, art. 304).

[53] TÁVORA FILHO, Frederico Soares. A viabilidade do *pactum de non petendo* no ordenamento jurídico brasileiro. *Revista de Processo*. São Paulo, v. 342, p. 27, ago. 2023. Cf., também, BARBOSA MOREIRA, José Carlos. Notas sobre pretensão e a prescrição no sistema do novo Código Civil. *Revista Trimestral de Direito Civil*, Rio de Janeiro, v. 3, n. 11, p. 67-78, jul.-set. 2002.

[54] Em face do direito italiano, está assentado que: "A decisão parte de uma interpretação do art. 2935 do *Codice Civile*, segundo o qual a prescrição começa a correr no dia em que o direito é exigível [art. 189, CC/2002]. Assim, quando firmado um *pactum de non petendo*, entende-se que a prescrição não pode correr, retornando seu curso após o término de vigência do pacto. Nessa solução – que é compatível com o ordenamento jurídico brasileiro – o *pactum* configura apenas suspensão do prazo prescricional, não violando o art. 192 do Código Civil (art. 2936, *Codice Civile*), na medida em que não importa em redução ou dilatação do prazo prescricional" (TÁVORA FILHO, Frederico Soares. A viabilidade do *pactum de non petendo* no ordenamento jurídico brasileiro. *Revista de Processo*. São Paulo, v. 342, ago. 2023, p. 47).

Antonio do Passo Cabral entende que esse pacto "não pode escamotear uma renúncia ao direito material", razão pela qual "tem que ser limitado temporalmente (é um acordo *ad tempus*), não podendo ser convencionado por período que extrapole o prazo prescricional ou decadencial", tampouco ser "admissível a promessa de não processar eterna"[55].

Em sentido diverso, ensina-se que, o *pactum de non petendo in perpetuum* deve ser considerado como uma *renúncia ao exercício do direito*, produzindo efeitos semelhantes à remissão da obrigação. Se o credor se obriga a não mais exigir a pretensão está, em verdade, liberando o devedor do cumprimento, abrindo mão do próprio direito. Nesse sentido, a lição de Paula Costa e Silva:

> Independentemente da expressão utilizada no texto negocial, passou a considerar-se o *pactum* como uma forma de renúncia pelo credor ao exercício do seu direito ou ao poder de satisfazer a prestação, ainda que coactivamente, perante o devedor. Através de tal renúncia, o credor não é privado do direito em si, mas apenas da possibilidade de fazê-lo valer. Por essa razão, fala-se de uma "renúncia ao exercício do direito" (*Einforderungsverzicht*). (...)
>
> Em conclusão: *a vigência de um pactum de non petendo vem tolher, em termos definitivos a possibilidade de impor judicialmente a realização de certa prestação.* Num sistema como o nosso, em que o princípio da instrumentalidade perante o Direito substantivo determina que "em processo não podem ser produzidos ou alçados efeitos que aquele direito material não admite", o comando constante da decisão final deverá reflectir a situação de Direito material, com todas as respectivas propriedades. E, como o tribunal não pode determinar o cumprimento de uma pretensão em relação à qual a ordem jurídica expressamente reconhece uma permissão de não cumprimento, *a vigência de um pactum de non petendo por tempo indeterminado não pode deixar de conduzir a uma decisão de absolvição do pedido*[56] (grifos no original).

Na lição da referida autora lusitana, portanto, se o direito subjetivo não existe mais, por inexigível, não há que se falar em prescrição.

O problema, a nosso ver, deve ser enfrentado à luz das circunstâncias fáticas e teleológicas em que o pacto de não demandar foi convencionado: é preciso descobrir qual foi concretamente a intenção dos contratantes, quando se interditou a exigibilidade de determinada obrigação:

a) se o real propósito dos contratantes foi impedir, total e definitivamente, que o credor exercesse o direito de exigir prestação certa, atual ou futura, o caso realmente não é de *pactum de non petendo,* mas de verdadeiro pacto remissório: o credor terá renunciado ao direito gerador da prestação que poderia exigir do devedor. É que não pode subsistir um direito eternamente inexigível. O pacto, portanto, importaria na espécie numa autêntica *renúncia* de direito e, assim, impossibilitado o surgimento de pretensão a seu respeito, não haveria lugar

---

[55] CABRAL, Antonio do Passo. *Pactum de non petendo*: a promessa de não processar no direito brasileiro. *Revista de Processo*, São Paulo, v. 305, p. 23-24, jul. 2020.

[56] COSTA E SILVA, Paula. *Perturbações no cumprimento dos negócios processuais*: convenções de arbitragem, pactos de jurisdição, cláusulas escalonadas e outras tantas novelas talvez exemplares, mas que se desejam de muito entretenimento. Salvador: JusPodivm, 2020, p. 70; 73-74.

para se cogitar de prescrição, já que esta não é outra coisa que a extinção da pretensão pelo decurso do tempo (CC, art. 189);

b) se as circunstâncias, de fato e de direito, demonstrarem que a vontade negocial não foi a de renunciar ao direito, mas apenas a de não o exigir, mesmo que não se tenha estipulado prazo para prevalência dessa obrigação negativa, ela não poderá ser eterna, pois a temporariedade é da essência das obrigações pessoais. Durará enquanto persistir o interesse jurídico que deu causa à convenção. Extinto este, extinta será também a interdição à pretensão convencionalmente suspensa: e daí iniciará ou reiniciará a fluência do prazo de prescrição aplicável à espécie.

Exemplifiquemos, para melhor entendimento do que pensamos: se a convenção inibitória se deu no bojo de uma transação, tendo figurado entre as concessões elementares à prevenção ou solução do litígio atual ou futuro divisado pelos contratantes, é natural que se lhe reconheça a força de extinguir, no todo ou em parte, o próprio direito afetado pela transação. Nessa hipótese não haverá, como é óbvio, prescrição a ser aplicada à pretensão que desapareceu por efeito definitivo da própria transação.

Quando, porém, a convenção de não demandar foi ajustada para, por exemplo, não tumultuar a execução de um contrato de trato sucessivo e de longa duração, tem-se um ajuste nascido naturalmente para prevalecer apenas enquanto não se exaurir a execução do contrato principal. Isto é de ocorrência frequente em grandes contratos de fornecimento e de empreitada. Finda a execução do contrato principal, iniciar-se-á a contagem da prescrição afetada pela convenção inibidora do exercício da pretensão indenizatória. O direito do credor não terá sido abalado ou prejudicado em razão da inibição temporária de sua exigibilidade.

Havendo dúvida ou dificuldade em reconhecer o momento em que cessou ou não a causa motivadora do pacto de não demandar, estabelece-se uma inibição não eterna, mas de duração indeterminada. Diante de tal modalidade contratual, cabe ao devedor pôr fim à sua obrigação por meio de resilição unilateral da convenção, promovida por meio de denúncia notificada à outra parte (CC, art. 473). A partir de então, inicia ou reinicia o curso da prescrição suspensa ou impedida.

Em conclusão: não existe o *pactum de non petendo* puro de duração eterna. Se ajustado com o objetivo de impedir para sempre o credor de exigir a prestação a que tem direito, o caso é de pacto remissório: extingue, pois, o direito e a ação que o tutela, não havendo lugar para aplicar a prescrição, já que esta pressupõe pretensão decorrente de violação de direito atual, sendo, pois, impensável prescrição em torno de direito já definitivamente extinto.

Em se tratando de verdadeiro ou puro *pactum de non petendo*, este será sempre de duração temporária, haja ou não prazo estipulado pelos contratantes. Cessada, de uma forma ou outra, a causa justificadora da convenção de não demandar, terá nascido ou renascido a faculdade de exigir o cumprimento da obrigação, até então, reprimida convencionalmente.

60. PRAZO VENCIDO

As obrigações podem ser à vista ou a prazo. As obrigações à vista são aquelas cuja prestação se mostra exigível de imediato. Nascimento e exigibilidade se dão simultaneamente. No ato ilícito, por exemplo, a obrigação de indenizar nasce no momento em que o agente causa o dano à vítima, e o direito desta de exigir a prestação correspectiva aparece na mesma oportunidade. Isto quer dizer que a pretensão começa a sofrer os efeitos da prescrição a partir do surgimento da própria obrigação, pois a lei, nas obrigações provenientes do ato ilícito, considera o devedor em mora, "desde que o praticou" (art. 398).

Nas obrigações a prazo, há um distanciamento entre o nascimento do direito subjetivo e a pretensão, visto que a exigibilidade da prestação só virá a ocorrer em época posterior ao primeiro evento.

Prazo e termo são ideias correlatas, mas não são a mesma coisa. Termo é o momento futuro previsto para o negócio jurídico começar a produzir seus efeitos ou para cessá-los. O primeiro é dito termo suspensivo e o segundo, termo resolutivo. Prazo é o espaço entre dois momentos no tempo: o que marca sua origem e o que determina sua extinção.

O vencimento de que cogita o art. 199, II, é um termo suspensivo. Marca o momento posterior à obrigação em que esta se tornará exigível. Enquanto não se verifica, não tem ainda o credor o poder de exigir do devedor que cumpra a prestação. Atingido o termo, que suspendia a eficácia do direito do credor, dá-se a exigibilidade e, se o devedor não realizar a prestação devida, nasce a pretensão que o credor poderá exercitar dentro do competente prazo prescricional. Se permanecer inerte, perderá a pretensão por força da prescrição.

Assim, obrigação não vencida não produz pretensão e não se sujeita, consequentemente, à prescrição.

Termo e condição não são a mesma coisa, embora produzam algumas consequências que se equivalem. O termo é um momento futuro que influencia a eficácia da obrigação, tornando-a exigível. A condição também tem essa função, mas o evento a que se subordina é incerto, pode, ou não, acontecer. É falível. O termo não impede a aquisição do direito, apenas protrai o momento de seu exercício (art. 131). Na condição, é o próprio direito que fica suspenso; o credor somente o adquirirá se acontecer o evento futuro. É a aquisição do direito, portanto, que fica suspensa, e não apenas o seu exercício (art. 125).

Os dois fenômenos, para o campo da prescrição, operam o mesmo efeito: impedem sua ocorrência. Não há que se pensar em prescrição tanto diante da obrigação sujeita a vencimento ainda não ocorrido, como em face de obrigação sujeita à condição suspensiva ainda não implementada.

Se se prevê que uma prestação será cumprida em trinta dias (termo) ou após o casamento de alguém (condição suspensiva), a situação jurídica é a mesma para a prescrição: esta somente correrá depois de exaurido o prazo de trinta dias, ou após o casamento adotado como condição da obrigação ajustada.

Na hipótese de a obrigação a termo se desdobrar em várias prestações, a prescrição correrá de maneira autônoma para as diversas parcelas, contando-se o prazo extintivo a partir do vencimento de cada prestação. Cada uma delas provocará, em seu termo, uma pretensão distinta e, por isso, um prazo prescricional próprio.

61. IMPEDIMENTO DA PRESCRIÇÃO PELA EVICÇÃO

Ocorre a evicção quando o adquirente de uma coisa a perde para terceiro que a reivindica ostentando direito melhor do que aquele que o transmitente utilizara para sustentar a alienação. A lei assegura ao adquirente evicto ação para recuperar do alienante o preço pago e as perdas e danos decorrentes de perda da coisa (art. 450).

Esta ação, no entanto, somente será viável uma vez consumada a perda, por sentença definitiva. Logo, enquanto não se soluciona a ação de evicção, não nasce para o adquirente a pretensão de indenização contra aquele de quem houve a coisa reivindicada pelo terceiro ao adquirente.

Daí a regra do art. 199, III, que impede a prescrição contra o adquirente evicto na pendência da ação de evicção. Será do trânsito em julgado da sentença de procedência desta causa que se iniciará a prescrição da ação indenizatória de regresso do adquirente contra o alienante[57].

Na verdade, não há suspensão, mas inexistência de prescrição, já que esta somente pode começar da *actio nata,* e para o adquirente da coisa a ação de regresso contra o alienante é, antes do julgamento da evicção, *actio non nata.* "A pretensão do adquirente não pode começar de prescrever porque ainda não nasceu"[58].

A regra do art. 199, III, tal como já se passava ao tempo do Código de 1916, é tautológica e, por isso, despicienda. Trata do óbvio. O efeito seria o mesmo, havendo ou não o preceito legal.

61.1. Prazo prescricional da evicção

Ocorrida a evicção, a lei assegura ao adquirente evicto ação para recuperar do alienante o preço pago e as perdas e danos decorrentes de perda da coisa (Código Civil, art. 450). Essa ação, sob pena de prescrição, deve ser ajuizada no prazo de dez anos previsto no art. 205 do CC. É que a evicção, por se tratar de garantia contratual, submete-se ao prazo prescricional de 10 anos, ante a ausência de estipulação específica inferior no Código Civil (sobre a prescrição de pretensão relativa à responsabilidade contratual, ver item 93):

> a) Agravo interno no Agravo em Recurso Especial. Ação de evicção. Indenização por danos materiais e morais. Reparação civil contratual. Prescrição decenal. Art. 205 do Código Civil de 2002. Ausência de impugnação a fundamento do acórdão recorrido. Súmula 283/STF. Agravo Interno desprovido[59].
>
> b) Entretanto, já se decidiu: "Independentemente do seu *nomen juris*, a natureza da pretensão deduzida em ação baseada na garantia da evicção é tipicamente de reparação civil decorrente de inadimplemento contratual, a qual se submete ao prazo prescricional de três anos, previsto no art. 206, § 3º, V, do CC/2002"[60]. Trata-se, porém, de entendi-

---

[57] CÂMARA LEAL, Antônio Luis da. *Da prescrição e da decadência*. Teoria geral do direito civil. 2. ed. Rio de Janeiro: Forense, 1959, n. 114, p. 171; CARVALHO SANTOS, J. M. de. *Código Civil brasileiro interpretado*. 7. ed. Rio de Janeiro: Freitas Bastos, 1958. v. III, p. 417.

[58] "Não se precisava redigir tal regra jurídica. Para que nasça a pretensão, por evicção, é conceptualmente necessário que tenha sido evicto o adquirente; se o não foi, não há tal pretensão, e seria absurdo, pois não há a pretensão, que se cogitasse de prescrição" (PONTES DE MIRANDA, Francisco Cavalcanti. *Tratado de Direito Privado*. Parte Geral. Atualização de Otávio Luiz Rodrigues Júnior; Tilman Quarch e Jefferson Carús Guesdes. São Paulo: RT, 2012. t. VI, § 670, n. 5, p. 292).

[59] STJ, 3ª T., AgInt no AREsp. 1.611.241/MS, Rel. Min. Marco Aurélio Bellizze, ac. 25.05.2020, *DJe* 28.05.2020.

[60] STJ, 3ª T., REsp. 1.577.229/MG, Rel. Min. Nancy Andrighi, ac. 08.11.2016, *DJe* 14.11.2016. O entendimento do STJ era no sentido de que a prescrição de pretensão contratual era de três anos, consoante já

mento superado pelo STJ, por meio de sua Corte Especial, que reconheceu a aplicação da prescrição decenal cabível em qualquer pleito de indenização derivado de violação de contrato, desde que inexista previsão legal diferente[61].

62. A AÇÃO CIVIL E A AÇÃO PENAL

Art. 200. Quando a ação se originar de fato que deva ser apurado no juízo criminal, não correrá a prescrição antes da respectiva sentença definitiva. (Código Civil)

A responsabilidade civil é independente da criminal (CC, art. 935), de sorte que para a vítima do crime, ou seus dependentes, demandarem a competente indenização, não há necessidade de aguardar o desfecho da ação penal.

No entanto, há casos em que o julgamento criminal interfere no plano da responsabilidade civil: a) a condenação criminal, transitada em julgado, independentemente de qualquer ação civil, tem força de título executivo judicial no cível (CPC/2015, art. 515, VI; CPP, art. 63); b) negada a autoria do delito ou reconhecida a excludente de criminalidade, não mais se poderá discutir a respeito desses fatos no cível (CC, art. 935, 2ª parte; CPP, arts. 66 e 67)[62].

Dessa maneira, embora se dê, em princípio, a independência entre o criminal e o cível, há, em muitos casos, uma intercomunicação entre as duas jurisdições e, às vezes, o decidido no processo penal prevalece na esfera civil também.

Daí a regra do art. 200 que estabelece não correr a prescrição quando o fato causador da pretensão civil constituir crime, que, por isso, deverá ser objeto de apuração criminal[63]. A suspensão, no entanto, só terá lugar quando a matéria discutida no juízo criminal for prejudicial ao juízo cível e a ação penal for ajuizada antes do termo do prazo prescricional civil[64]. De fato, o que o dispositivo pretende é evitar sentenças conflitantes e contraditórias entre os juízos cível e criminal, "especialmente quando a decisão deste for determinante para o daquele, autorizando que a vítima aguarde a solução do ilícito penal para desencadear a demanda indenizatória cível". Daí por que, para Carlos Roberto Gonçalves, o

---

demonstrado. Atualmente, entretanto, é tranquila a jurisprudência quanto à aplicação do prazo decenal na hipótese.

[61] STJ, Corte Especial, EREsp 1.281.594/SP, Rel. Min. Benedito Gonçalves, ac. 15.05.2019, *DJe* 23.05.2019.

[62] "Intercomunicam-se as jurisdições cível e criminal. A segunda repercute de modo absoluto na primeira quando reconhece o fato ou a autoria. Nesse caso, a sentença condenatória criminal constitui título executório no cível. Se negar o fato ou a autoria, também de modo categórico, impede, no juízo cível, questionar-se o fato. Diferente, porém, se a sentença absolutória criminal se apoiar em ausência ou insuficiência de provas, ou na inconsciência da ilicitude. Remanesce, então, o ilícito civil" (STJ, 2ª T., REsp. 975/RJ, Rel. Min. Vicente Cernicchiaro, ac. 07.02.1990, *RSTJ* 7/400). No mesmo sentido: STJ, 4ª T., REsp. 1.354.346/PR, Rel. Min. Luis Felipe Salomão, ac. 17.09.2015, *DJe* 26.10.2015.

[63] "Não corre o prazo de prescrição no tocante à parte do pedido indenizatório cuja causa de pedir é conduta em persecução no juízo criminal (Código Civil, art. 200)" (STJ, 4ª T., REsp. 1.280.825/RJ, Rel. Min. Maria Isabel Gallotti, ac. 21.06.2016, *DJe* 29.08.2016).

[64] "Na prática, a maior dificuldade será definir se a matéria discutida no juízo criminal é efetivamente uma questão prévia, uma prejudicial. Importa analisar as hipóteses no caso concreto. (...) Estabelecida a prejudicialidade, o termo inicial da prescrição terá, como regra, o trânsito em julgado da sentença penal definitiva" (VENOSA, Sílvio de Salvo. *Código Civil Interpretado*. 2. ed. São Paulo: Atlas, 2011, p. 223).

Código criou "uma nova causa de suspensão da prescrição, distinta das mencionadas nos arts. 197 a 199. Essa inovação se fazia necessária em razão de o prazo para a prescrição da pretensão da reparação civil ter sido reduzido, no novo diploma, para apenas três anos"[65].

Assim, praticado o delito causador do dano, inicia-se o prazo prescricional de três anos para a reparação civil, que será suspenso com a instauração do procedimento criminal para apuração do fato[66]. De fato, a suspensão prevista no art. 200 "incidirá independentemente do resultado alcançado na esfera criminal. Tal entendimento prestigia a boa-fé objetiva, impedindo que o prazo prescricional para deduzir a pretensão reparatória se inicie previamente à apuração definitiva do fato no juízo criminal, criando uma espécie legal de *actio nata*"[67].

Esclarecedores são os fundamentos trazidos pela Ministra Nancy Andrighi, em seu voto proferido no REsp. 1.393.699, para a aplicação desse dispositivo. Segundo a eminente Relatora, o Código Civil não exige, para que incida a suspensão da prescrição, "que o fato – leia-se materialidade e autoria – dependa *necessariamente*, de verificação na esfera penal". Segundo a relatora:

> A regra inserta no art. 200 do CC/2002 não ofende a teoria da *actio nata*, tampouco a independência das esferas cível e criminal, porquanto o prazo em curso da prescrição da pretensão reparatória se suspende apenas no momento em que o mesmo fato é apurado na esfera criminal, passando o ofendido, então, a ter também a faculdade de executar ou liquidar a sentença penal transitada em julgado. Se o procedimento criminal não for iniciado no lapso temporal de 3 (três) anos, não há falar, logicamente, em suspensão da prescrição da pretensão reparatória no juízo cível, de modo que, nesse caso, a inércia da parte em propor a ação de conhecimento naquele prazo será punida com a extinção daquela pretensão, restando-lhe apenas a possibilidade de executar a sentença definitivamente proferida pelo juízo criminal[68].

Com efeito, o art. 200 do Código Civil não criou uma regra de impedimento da prescrição, que somente começaria a correr após o trânsito em julgado de eventual condenação criminal. Senão, correr-se-ia o risco de o prazo prescricional jamais iniciar-se, bastando que não houvesse o ajuizamento da ação penal ou a instauração de inquérito policial. Esta, obviamente, não é a sistemática adotada pela legislação no que se refere à prescrição.

Ocorrido o delito danoso nasce, imediatamente, a pretensão da vítima para requerer a justa reparação, iniciando-se a contagem do prazo prescricional de três anos (CC, arts. 189 e 206, § 3º, V).

O que se deduz, portanto, do preceito é que a prescrição correrá desde o delito, mas não se encerrará enquanto o processo penal estiver pendente.

---

[65] GONÇALVES, Carlos Roberto. *Direito civil brasileiro*: parte geral. São Paulo: Saraiva, 2013. v. I, p. 525.

[66] "A aplicação do art. 200 do Código Civil tem valia quando houver relação de prejudicialidade entre as esferas cível e penal – isto é, quando a conduta originar-se de fato também a ser apurado no juízo criminal –, sendo fundamental a existência de ação penal em curso (ou ao menos inquérito policial em trâmite)" (GAGLIANO, Pablo Stolze; PAMPLONA, Rodolfo. *Novo curso de direito civil*: parte geral. São Paulo: Saraiva, 2011. v. I, p. 507).

[67] STJ, 3ª T., REsp. 1.987.108/MG, Rel. Min. Nancy Andrighi, ac. 29.03.2022, *DJe* 01.04.2022.

[68] STJ, 3ª T., REsp. 1.393.699/PR, Rel. Min. Nancy Andrighi, ac. 19.11.2013, *DJe* 24.02.2014.

Na verdade, o que se suspende é o termo final da prescrição, que ficará protelado no aguardo do desfecho do processo em torno do mesmo fato discutido no cível[69]. Com esse mecanismo atende-se à prevalência do juízo penal sobre o cível, no que se refere à apuração da autoria do delito e da responsabilidade de seu agente. Se a prescrição civil acontecesse antes do encerramento do processo criminal, a condenação do acusado perderia a força de título executivo civil. O delinquente sofreria a sanção penal, mas não teria de indenizar o dano da vítima ou de seus dependentes.

Foi para evitar que isso acontecesse e que sempre o condenado no crime tivesse de sujeitar-se, também, ao dever de reparar o dano civil, que o art. 200 veio impedir que a pretensão civil prescrevesse antes do julgamento definitivo do processo-crime.

Por outro lado, uma vez obtida a condenação penal, o prazo prescricional começa a correr por inteiro, visto que em se tratando de execução de sentença o prazo é igual ao da ação, mas não é o mesmo. Refere-se à prescrição da execução (pretensão executiva) e não mais à ação condenatória (pretensão exaurida com o julgamento do processo primitivo) (v. comentários ao art. 193).

A jurisprudência do STJ é farta no sentido de que a suspensão ocorrerá havendo prejudicialidade entre as esferas cível e criminal e desde que haja a instauração da ação ou, ao menos, do inquérito penal:

> 1. Impera a noção de independência entre as instâncias civil e criminal, uma vez que o mesmo fato pode gerar, em tais esferas, tutelas a diferentes bens jurídicos, acarretando níveis diversos de intervenção. Nessa seara, o Código Civil de 2002 previu dispositivo inédito em seu art. 200, reconhecendo causa impeditiva da prescrição: "quando a ação se originar de fato que deva ser apurado no juízo criminal, não correrá a prescrição antes da respectiva sentença definitiva".
>
> 2. Estabeleceu a norma, em prestígio à boa-fé, que o início do prazo prescricional não decorre da violação do direito subjetivo em si, mas, ao revés, a partir da definição por sentença, no juízo criminal, que apure definitivamente o fato. A aplicação do art. 200 do Código Civil tem valia quando houver relação de prejudicialidade entre as esferas cível e penal – isto é, quando a conduta originar-se de fato também a ser apurado no juízo criminal –, sendo fundamental a existência de ação penal em curso (ou ao menos inquérito policial em trâmite)[70].
>
> 3. Inaplicabilidade da regra do art. 200 do CC/2002 ao caso, em face da inocorrência de relação de prejudicialidade entre as esferas cível e criminal, pois não instaurado inquérito policial ou iniciada ação penal.
>
> 4. Interpretação sistemática e teleológica do art. 200 do CC/2002, com base na doutrina e na jurisprudência cível e criminal desta Corte[71].

---

[69] Em tema de suspensão, há "causas suspensivas da prescrição" e "causas suspensivas do termo da prescrição". Por isso, "se se trata de uma suspensão do termo, a causa suspensiva só impede que o tempo da prescrição se complete" (ANDRADE, Manuel A. Domingues de. *Teoria geral da relação jurídica*. 8. reimpr. Coimbra: Almedina, 1998. v. II, n. 212, p. 456).

[70] STJ, 4ª T., REsp. 1.135.988/SP, Rel. Min. Luis Felipe Salomão, ac. 08.10.2013, *DJe* 17.10.2013.

[71] STJ, 3ª T., REsp. 1.180.237/MT, Rel. Min. Paulo de Tarso Sanseverino, ac. 19.06.2012, *DJe* 22.06.2012. Caso a ação penal não tenha sido instaurada, entende a Corte Superior: "o termo inicial da prescrição da ação indenizatória, nos casos em que não chegou a ser ajuizada a ação penal, é a data do arquivamento

Capítulo VI · DAS CAUSAS QUE IMPEDEM OU SUSPENDEM A PRESCRIÇÃO

63. OS CREDORES SOLIDÁRIOS E A SUSPENSÃO DA PRESCRIÇÃO

> **Art. 201. Suspensa a prescrição em favor de um dos credores solidários, só aproveitam os outros se a obrigação for indivisível. (Código Civil)**

Na solidariedade ativa, numa só obrigação, concorre mais de um credor (art. 264), hipótese em que "cada um dos credores solidários tem direito a exigir do devedor o cumprimento da prestação por inteiro" (art. 267).

No que toca à suspensão da prescrição, o fato que favorece a um dos credores solidários não se estende aos demais. Considera-se esse benefício legal como personalíssimo, de maneira a caber apenas à pessoa singularmente contemplada no dispositivo que o regula[72].

O Código argentino anterior tinha dispositivo mais amplo que o nosso, excluindo dos efeitos da prescrição os cointeressados (art. 3.981). Essa não foi a posição do Código atual, em seu art. 2.540, ao dispor que a suspensão da prescrição não se estende a favor nem contra os interessados, exceto se se tratar de obrigações solidárias ou indivisíveis. Como se vê, a legislação argentina atual é contrária à nossa, que somente amplia os efeitos da prescrição quando a obrigação solidária for indivisível.

Assim, se entre vários credores solidários figura um contra o qual legalmente não corre prescrição (um menor ou um incapaz, por exemplo), os outros cocredores não se eximirão dos efeitos da prescrição. Uma vez consumada esta, apenas o beneficiário da isenção prescricional continuará com o direito de cobrar a sua parte no crédito.

Se o beneficiário da suspensão cede seu direito a outrem, extingue-se a causa impeditiva e a prescrição passará a correr contra o cessionário[73]. Mas o tempo em que houve a suspensão em favor do cedente continuará computável pelo cessionário[74].

Há, porém, uma exceção aberta pelo art. 201: quando a obrigação for indivisível, a suspensão em benefício de qualquer um dos credores solidários a todos aproveitará.

Obrigação indivisível, segundo o art. 258, é aquela cuja prestação tem por objeto uma coisa ou um fato não suscetíveis de divisão, por sua natureza, por motivo de ordem econômica ou dada a razão determinante do negócio jurídico.

---

do inquérito policial" (STJ, 3ª T., REsp. 1.409.035/PR, Rel. Min. Moura Ribeiro, ac. 25.08.2015, *DJe* 04.09.2015).

[72] CÂMARA LEAL, Antônio Luis da. *Da prescrição e da decadência*. Teoria geral do direito civil. 2. ed. Rio de Janeiro: Forense, 1959, n. 128, p. 184. "Advertia Clóvis que o curso da prescrição ou a impossibilidade de seu início importa um benefício, e este somente pode ser invocado pela pessoa em favor de quem foi estabelecido. Por isso, apesar da solidariedade da obrigação, credores não favorecidos pelo benefício da suspensão sujeitam-se aos efeitos da prescrição, que não corre contra o seu consorte beneficiado, por qualquer dos motivos que a lei contempla" (CAHALI, Yussef Said. *Prescrição e decadência*. São Paulo: RT, 2008, p. 96).

[73] "Se o credor a favor de quem foi suspensa a prescrição transmitir o seu crédito, o prazo prescricional volta a fluir a partir da transmissão, pois as causas de suspensão possuem natureza pessoal" (NEGRÃO, Theotonio; BONDIOLI, Luis Guilherme Aidar; GOUVÊA, José Roberto Ferreira; FONSECA, João Francisco Naves da. *Código Civil e legislação civil em vigor*. 35. ed. São Paulo: Saraiva, 2017. nota 1 ao art. 201, p. 141).

[74] CÂMARA LEAL, Antônio Luis da. *Da prescrição e da decadência*. Teoria geral do direito civil. 2. ed. Rio de Janeiro: Forense, 1959, n. 128, p. 185.

Mas o benefício instituído pelo art. 201 não se baseia apenas na solidariedade: exige, também, que a obrigação seja indivisível. Só com a conjugação dos dois fatos – solidariedade e indivisibilidade – dar-se-á o aproveitamento, por todos os credores, da suspensão prescricional verificada apenas em relação a um deles[75].

---

[75] "A extensão do benefício do art. 169 do CC – de 1916 – aos demais interessados, nos termos do art. 171 (atual art. 201), está na dependência da solidariedade entre os credores e da indivisibilidade do objeto da obrigação (TJSP, EI 198.573, Rel. Des. Oliveira Andrade, ac. 09.05.1974, *Jur. Brasileira*, 53/268).

Capítulo VII

Das Causas que Interrompem a Prescrição

64. INTERRUPÇÃO DA PRESCRIÇÃO

Interrupção da prescrição é o evento, previsto em lei, que inutiliza a prescrição em andamento[1]. O art. 202 enumera, taxativamente, os casos em que se dá a interrupção da prescrição.

Ao contrário da suspensão, que apenas paralisa temporariamente o fluxo do prazo prescricional, a interrupção apaga ou destrói, por completo, a prescrição já iniciada. Apontam-se três diferenças básicas entre as duas figuras jurídicas:

> a) o fundamento da suspensão é a impossibilidade ou dificuldade, reconhecida pela lei, para o exercício da ação, de modo que a inércia do titular não pode ser atribuída à negligência; e o fundamento da interrupção é o exercício do direito, posto judicialmente (ou não) em atividade, cessando, assim, a inércia do titular; b) a suspensão paralisa, apenas, o curso da prescrição, de modo que, cessada a causa que a determinou, o seu curso anterior prossegue; ao passo que a interrupção faz cessar o curso já iniciado e em andamento, não o paralisando, apenas, de maneira que, cessada a causa interruptiva, o seu curso anterior não prossegue, mas se inicia um novo curso, começando a correr novamente a prescrição; c) as causas suspensivas independem da vontade das partes, são fatos objetivos que ocorrem sem que essas tenham para isso cooperado; as causas interruptivas, pelo contrário, dependem da vontade das partes, são fatos subjetivos, provocados e determinados, diretamente, por essas[2].

Como causas subjetivas que são, podem ser classificadas em função da parte que provoca a interrupção, em dois grupos[3]:

a) atos do titular da pretensão contra quem corre a prescrição (art. 202, I a V);

b) atos do obrigado, ou prescribente (pessoa a favor de quem corre a prescrição) (art. 202, VI).

---

[1] ANDRADE, Manuel A. Domingues de. *Teoria geral da relação jurídica*. 8. reimpr. Coimbra: Almedina, 1998. v. II, n. 213, p. 459; CÂMARA LEAL, Antônio Luis da. *Da prescrição e da decadência*. Teoria geral do direito civil. 2. ed. Rio de Janeiro: Forense, 1959, n. 129, p. 186.

[2] CÂMARA LEAL, Antônio Luis da. *Da prescrição e da decadência*. Teoria geral do direito civil. 2. ed. Rio de Janeiro: Forense, 1959, n. 129, p. 186-187.

[3] ANDRADE, Manuel A. Domingues de. *Teoria geral da relação jurídica*. 8. reimpr. Coimbra: Almedina, 1998. v. II, n. 213, p. 459.

65. CAUSAS NATURAIS DE INTERRUPÇÃO

No direito comparado, costuma-se falar em causa civil e causa natural de interrupção da prescrição. Isto, porém, se deve ao sistema único de tratamento da prescrição que, em alguns Códigos, se aplica à prescrição aquisitiva e à extintiva, como se passa, por exemplo, no Código francês e no espanhol. Nessa sistemática, a interrupção natural acontece no campo da posse e, portanto, é fenômeno exclusivo da prescrição aquisitiva ou usucapião (paralisação ou cessação da posse durante certo lapso de tempo).

Como nosso direito positivo disciplina separadamente a usucapião e a prescrição, e esta se aplica somente à extinção das pretensões, não há lugar para classificar sua extinção em civil ou natural. Ela é sempre fruto de ato voluntário das partes, é sempre civil.

Escritores antigos, às vezes, consideravam prescrição extintiva a perda de direitos reais, como a servidão, pelo não uso (CC, art. 1.389, III), e a retomada do exercício da servidão era qualificada como causa natural interruptiva.

A hipótese, perante o atual direito brasileiro, não configura prescrição, visto que o não uso, de maneira alguma, se pode considerar como não exercício de pretensão, frente a direito violado (CC, art. 189); e ainda que se admitisse alguma equiparação, a retomada do uso não interromperia a prescrição, mas a eliminaria definitivamente, visto que após o prazo extintivo não voltaria a correr. Se, no futuro, novamente se desse o não uso, o novo prazo extintivo nenhum vínculo teria com o primitivo; seria uma nova causa de extinção do direito real que teria se implantado. O quadro legal da prescrição, entre nós, portanto, não comporta a figura da extinção natural, e se resume, claramente, às hipóteses de extinção civil[4].

66. OPORTUNIDADE DA INTERRUPÇÃO

> **Art. 202. A interrupção da prescrição, que somente poderá ocorrer uma vez, dar-se-á:**
> **I – por despacho do juiz, mesmo incompetente, que ordenar a citação, se o interessado a promover no prazo e na forma da lei processual;**
> **II – por protesto, nas condições do inciso antecedente;**
> **III – por protesto cambial;**
> **IV – pela apresentação do título de crédito em juízo de inventário ou em concurso de credores;**
> **V – por qualquer ato judicial que constitua em mora o devedor;**
> **VI – por qualquer ato inequívoco, ainda que extrajudicial, que importe reconhecimento do direito pelo devedor.**
> **Parágrafo único. A prescrição interrompida recomeça a correr da data do ato que a interrompeu, ou do último ato do processo para a interromper. (Código Civil)**

Interromper é, no caso da prescrição, inutilizá-la, apagando todo seu efeito produzido até o momento em que se verifica o fato interruptivo.

---

4   CÂMARA LEAL, Antônio Luis da. *Da prescrição e da decadência*. Teoria geral do direito civil. 2. ed. Rio de Janeiro: Forense, 1959, n. 131, p. 188-190.

Só se interrompe o que já está acontecendo e que ainda não se findou. Em se tratando de prescrição, para que ocorra a interrupção é necessário que já tenha sido deflagrado o curso do prazo e que o seu termo final ainda não tenha acontecido.

Não se interrompe a prescrição, portanto, antes que a pretensão tenha nascido, ou seja, antes do vencimento da obrigação; nem se pode recorrer à interrupção contra prescrição já consumada.

Todas as causas interruptivas indicadas pelo art. 202 somente têm a eficácia nele prevista quando ocorridas no intervalo entre o vencimento da obrigação e o vencimento do prazo prescricional.

Consumada a prescrição, seus efeitos são definitivos para o credor. Apenas o devedor poderá evitar que a pretensão do credor se extinga, fazendo uso da faculdade da renúncia (art. 191). Esta renúncia, contudo, é ato unilateral do devedor, é mera faculdade dele. Por isso mesmo não dispõe o credor de nenhuma força para compelir o devedor a praticá-la.

67. UNICIDADE DA INTERRUPÇÃO

No sistema do Código anterior, não havia limites para o recurso à interrupção da prescrição. Enquanto não extinta a pretensão, o credor poderia fazer uso da faculdade legal de interromper a prescrição, quantas vezes lhe aprouvesse. Isto fazia que a imprescritibilidade, por via indireta, fosse provocada pela vontade unilateral do credor. Bastaria utilizar o expediente interruptivo sempre que se avizinhasse o fim do prazo extintivo. Num *moto-contínuo*, o prazo legal de prescrição seria sempre reaberto.

Inspirado no fundamento do instituto, que é evitar a perpetuidade da incerteza e insegurança nas relações jurídicas, o atual Código restringe a uma só vez a possibilidade de ocorrer a interrupção (art. 202, *caput*).

A novidade manifesta-se apenas no âmbito do direito civil, porque em relação ao direito público, é antiga em nosso ordenamento jurídico a regra, similar à do dispositivo comentado, que só permite uma interrupção de prescrição em face das obrigações passivas da Fazenda Pública (Dec. 20.910, de 06.01.1932, art. 8º).

O Código, porém, não adotou a sistemática do Dec. 20.910, em toda extensão, porque, em relação aos débitos fazendários, o prazo prescricional após a única interrupção possível, conta-se pela metade. Isto não acontece nas relações civis comuns (art. 202, parágrafo único), de sorte que, em face delas, após a interrupção o prazo se contará por inteiro, novamente.

Não importa que existam vários caminhos para se obter a interrupção da prescrição. Usado um deles, a interrupção alcançada será única. Não terá o credor como se valer de outra causa legal para renovar o efeito interruptivo. Se usar o protesto judicial, por exemplo, não terá eficácia de interrupção o posterior ato de reconhecimento da dívida pelo devedor. Vale dizer, a citação não afetará a prescrição se alguma outra causa interruptiva houver ocorrido antes da propositura da ação. Mas, durante o processo não fluirá a prescrição interrompida antes dele, permitindo, assim, a continuidade da marcha processual até que se alcance a coisa julgada.

148 | Prescrição e Decadência • *Humberto Theodoro Júnior*

Pelo mesmo motivo, quando se sucederem diversas ações sobre a mesma obrigação, somente a primeira citação produzirá a interrupção da prescrição[5]. Verificada a interrupção pela citação, o fluxo prescricional permanecerá paralisado durante toda a duração do processo, recomeçando a correr, por inteiro, do ato que lhe puser fim (Código Civil, art. 202, parágrafo único). Se, porém, a prescrição já estava interrompida antes da citação, permanecerá ela sem andamento na pendência do outro processo, mas, uma vez encerrado este, a retomada não se dará a partir de zero, pois permanecerá computável o lapso transcorrido até o momento do ajuizamento da causa. Esta é a consequência necessária da reconhecida falta de força do ato citatório para interromper a prescrição, na espécie.

Essa questão, contudo, não é pacífica na doutrina. Arruda Alvim, por exemplo, entende que a interrupção que só pode ser feita uma vez "refere-se à interrupção fora do âmbito do processo", sob pena de se admitir que o processo que viesse a ser intentado posteriormente ao ato extrajudicial interruptivo da prescrição teria de terminar dentro de determinado período (de acordo com o prazo prescricional fixado por lei), sob pena de prescrição do direito do autor durante a marcha processual[6].

Completa o autor que, "de resto, parece curial que a interrupção realizada fora do processo destina-se, exata e precisamente, a que, ainda que correndo novamente a prescrição, possa se promover processo judicial. Outro raciocínio, por isso mesmo – na imensa maioria das hipóteses –, reduziria à inutilidade essa interrupção ocorrida fora do processo, e esse entendimento não está abrigado pelo texto"[7].

A nosso ver, não há razão para ignorar a regra da única interrupção quando se coteja a ocorrida extrajudicialmente com a que deveria ocorrer posteriormente em virtude do ajuizamento da demanda. O risco de o prazo prescricional continuar fluindo e se encerrar antes de findo o processo, simplesmente não existe. É que o ajuizamento da demanda corresponde ao exercício da pretensão que, por si só, afasta a incidência da prescrição: enquanto o processo estiver em curso, o autor estará exercitando a pretensão, sendo impossível cogitar-se da inércia essencial à sua extinção pela via prescricional. Pouco importa que a citação não tenha mais eficácia interruptiva, se o exercício da pretensão

---

[5]   Nesse sentido: "A propositura de demanda judicial pelo devedor, seja anulatória, seja de sustação de protesto, que importe em impugnação do débito contratual ou de cártula representativa do direito do credor, é causa interruptiva da prescrição. Precedentes. Em se tratando de causa interruptiva judicial, a contagem do prazo prescricional reinicia após o último ato do processo, ou seja, o trânsito em julgado. Precedentes. Conforme dispõe o art. 202, *caput*, do CC/2002, a interrupção da prescrição ocorre somente uma única vez, ainda mais quando se trata, como na hipótese dos autos, da mesma causa interruptiva" (STJ, 3ª T., REsp 1810431/RJ, Rel. Min. Nancy Andrighi, ac. 04.06.2019, *DJe* 06.06.2019).

[6]   ARRUDA ALVIM, José Manoel da. Da prescrição intercorrente. In: CIANCI, Mirna (Coord.). *Prescrição no Código Civil*. 3. ed. São Paulo: Saraiva, 2011. p. 129.

[7]   ARRUDA ALVIM, José Manoel da. Da prescrição intercorrente. In: CIANCI, Mirna (Coord.). *Prescrição no Código Civil*. 3. ed. São Paulo: Saraiva, 2011. p. 130. Segundo Leonardo de Faria Beraldo, a melhor interpretação a respeito da questão seria a de que a prescrição somente pode ser interrompida uma única vez com base no mesmo fundamento jurídico. Assim, "se já houve uma interpelação judicial, e, consequentemente, ocorreu a interrupção da prescrição (art. 202, V, do CC/2002), não pode o credor pretender interpelar o devedor, anos depois, com essa mesma finalidade. Por outro lado, caso a ação cabível seja proposta, então necessariamente ocorrerá nova interrupção da prescrição, só que, agora, com base em outro inciso do dispositivo legal (art. 202, I, do CC/2002)" (BERALDO, Leonardo de Faria. Ensaio sobre alguns pontos controvertidos acerca da prescrição no direito brasileiro. In: CIANCI, Mirna [Coord.]. *Prescrição no Código Civil*. 3. ed. São Paulo: Saraiva, 2011. p. 232).

(propositura da ação) tiver ocorrido antes de consumado o lapso prescricional renovado[8]. O que não vale é, a pretexto do tempestivo ajuizamento de uma ação, ter-se como interrompida a prescrição para outras ações que a mesma relação jurídica autorizaria e que não foram ajuizadas dentro do prazo reaberto pela interrupção acontecida antes da única demanda aforada. Estas novas pretensões é que não podem contar com uma interrupção prescricional que a demanda anterior não teve o condão de produzir.

A primeira demanda ajuizada após a interrupção extrajudicial, entretanto, não depende de nova interrupção para escapar da eficácia extintiva da prescrição. Bastará, para tanto, que o ajuizamento ocorra antes de consumado o prazo prescricional em andamento[9].

Nesse sentido, farto entendimento do STJ:

a) 2. O propósito recursal é definir se é possível a interrupção do prazo prescricional em razão do ajuizamento de ação declaratória de inexigibilidade dos débitos pelo devedor quando já tiver havido anterior interrupção do prazo prescricional pelo protesto das duplicatas.

3. Conforme dispõe o art. 202, *caput*, do CC/2002, a interrupção da prescrição ocorre somente uma única vez para a mesma relação jurídica. Precedente.

4. Na espécie, os protestos das duplicatas foram promovidos nos meses de outubro e novembro de 2012, momento em que, nos termos do art. 202, III, do CC/2002, houve a interrupção do prazo prescricional. O posterior ajuizamento da ação declaratória de inexigibilidade de débitos pela recorrente, ainda que indiscutivelmente seja causa interruptiva da prescrição, não tem o condão, contudo, de promover nova interrupção do prazo prescricional, uma vez que este já havia sido interrompido com o protesto das cártulas.

5. A prescrição de 3 (três) anos (art. 206, § 3º, VIII, do CC/2002) operou-se em 2015, sendo que a ação de execução de título executivo extrajudicial somente foi ajuizada pela recorrida em 2019[10].

b) 1. Nos termos do art. 202, *caput*, do Código Civil, a prescrição pode ser interrompida somente uma única vez.

---

[8] Lilian Kiomi Ito Ishikawa entende que ocorrida a interrupção extrajudicialmente, o ajuizamento de posterior ação "obsta o curso do prazo prescricional". Segundo a autora, "com a propositura da ação, após interrupção anterior do prazo prescricional, haverá o efetivo exercício do direito ou faculdade processual e o prazo prescricional não mais fluirá, no mesmo raciocínio utilizado para a preclusão consumativa". Vale dizer, ao ajuizar a ação no curso do prazo prescricional já interrompido anteriormente, o autor estará exercendo o seu direito de ação dentro do novo prazo iniciado, "ocorrendo a consumação do direito de propositura da ação, de forma que não mais poderá praticar o mesmo ato" (ISHIKAWA, Liliane Kiomi Ito. Interrupção do prazo prescricional. In: CIANCI, Mirna [Coord.]. *Prescrição no Código Civil*. 3. ed. São Paulo: Saraiva, 2011. p. 261-262).

[9] Para bem compreender o alcance da regra que só admite uma interrupção da prescrição (CC, art. 202, *caput*), imagine-se o direito à indenização de dano material e moral proveniente de um mesmo ato ilícito. O ofendido, às vésperas do termo final da prescrição, promove sua interrupção por meio de protesto. Tempos mais tarde ajuíza ação, exercendo a pretensão apenas à reparação do dano material. A citação se aperfeiçoa sem eficácia interruptiva, permitindo que a sentença condenatória seja pronunciada tempos após o esgotamento do prazo prescricional prorrogado, amparada no tempestivo exercício da pretensão se, antes do encerramento da primeira demanda, o ofendido propuser outra ação em busca da reparação do dano moral, poderá esbarrar na prescrição, se a segunda demanda tiver sido aforada além do término do lapso prescricional que a citação do processo anterior não teve condições de interromper.

[10] STJ, 3ª T., REsp 1.963.067/MS, Rel. Min. Nancy Andrighi, ac. 22.02.2022, *DJe* 24.02.2022.

2. Logo, em razão do princípio da unicidade da interrupção prescricional, mesmo diante de uma hipótese interruptiva extrajudicial (protesto de título) e outra em decorrência de ação judicial de cancelamento de protesto e título executivo, apenas admite-se a interrupção do prazo pelo primeiro dos eventos[11].

Portanto, a eventual ação de nulidade do título intentada pelo devedor não deve ser tratada como pretexto para o credor não executar a dívida dentro do prazo prescricional reiniciado a partir do protesto, ou de qualquer outro evento que o tenha interrompido. Mesmo porque, é bom lembrar, "a propositura de qualquer ação relativa a débito constante de título executivo não inibe o credor de promover-lhe a execução" (CPC, art. 784, § 1º).

Por outro lado, é interessante observar que o Código acabou com o mito de que a fatalidade seria traço distintivo entre a prescrição e a decadência: os prazos decadenciais seriam sempre fatais e só os prescricionais se sujeitariam às causas legais de suspensão ou interrupção. Agora, o art. 207 admite que há casos em que a lei aplica à decadência as regras de suspensão ou interrupção da prescrição e o art. 202 torna o prazo prescricional insuscetível de novas interrupções depois de interrompido uma vez. O que era prorrogável, portanto, transforma-se em improrrogável a partir da interrupção. Isto demonstra que a fatalidade não é da essência da decadência. É apenas o modo comum de ela operar, que, entretanto, pode ser afastado sem que a figura jurídica da decadência se desnature. O mesmo acontece com a prorrogabilidade da prescrição. Trata-se de dado geral do instituto cujo afastamento, em certas circunstâncias, não compromete a sua natureza. O que realmente difere as duas figuras jurídicas é o objeto sobre que incidem: a prescrição atinge a *pretensão* e não o direito subjetivo do credor (somente pode referir-se processualmente às ações condenatórias), enquanto a decadência refere-se aos *direitos potestativos* (por ela extinguem-se os próprios direitos sem pretensão, isto é, aqueles que se exercem por meio das *ações constitutivas*).

68. CAUSAS DE INTERRUPÇÃO

Analisando o elenco das causas de interrupção contido no art. 202, podemos classificá-las em duas categorias:

a) na primeira, reúnem-se as hipóteses em que a interrupção se dá por ato do titular da pretensão (nos I a V);

b) na segunda, figura o ato interruptivo por ato do devedor (nº VI).

Quando a interrupção é praticada pelo credor, seu ato corresponde a alguma forma de exercício do direito (a pretensão dele derivada é posta em atuação de alguma forma): ou reclama diretamente que o obrigado cumpra a prestação devida; ou inicia as respectivas exigências em juízo, propondo-lhe a demanda adequada.

Quando a interrupção parte do obrigado, nota-se em seu comportamento a vontade de não se prevalecer dos efeitos extintivos derivados da inércia do titular: o devedor toma a iniciativa de reconhecer a subsistência do direito do credor.

---

[11] STJ, 4ª T., REsp. 1.786.266/DF, Rel. Min. Antonio Carlos Ferreira, ac. 11.10.2022, *DJe* 17.10.2022. No mesmo sentido: STJ, 3ª T., AgInt no REsp. 1.673.838/SP, Rel. Min. Ricardo Villas Bôas Cueva, ac. 03.05.2023, *DJe* 08.05.2023.

Capítulo VII · DAS CAUSAS QUE INTERROMPEM A PRESCRIÇÃO | **151**

De qualquer maneira, a interrupção da prescrição figura entre os direitos facultativos ou potestativos cujo exercício é exclusivo do respectivo titular. Assim como a prescrição não pode ser declarada por iniciativa do juiz sem prévia audiência das partes, também a interrupção dela não entra na esfera dos poderes inquisitivos do magistrado[12].

69. CITAÇÃO OU AJUIZAMENTO DA AÇÃO

O Código Civil de 1916 previa que a prescrição se interromperia pela citação válida (art. 172, I). Já o Código de Processo Civil de 1973 dispunha que a citação válida interromperia a prescrição (art. 219, *caput*), mas esse efeito retroagiria à data da propositura da ação, se o ato citatório se efetuasse no prazo legal (art. 219, § 2º). Aproximando-se a regra material da processual, o Código de 2002 estipulou que a prescrição se interrompe pelo despacho do juiz, mesmo incompetente, que ordenar a citação, desde que o interessado a promova no prazo e na forma da lei processual (art. 202, I). Por último, o Código de Processo Civil de 2015 repetiu a norma de que a interrupção da prescrição, operada pelo despacho que ordena a citação, ainda que proferido por juízo incompetente, retroagirá à data da propositura da ação (art. 240, § 1º), o que, entretanto, só ocorrerá se a citação se viabilizar no prazo de dez dias após o aludido despacho (§ 2º, do mesmo art. 240).

Por mais que se alterem os enunciados legais, ora atribuindo a interrupção à citação, ora ao despacho que a ordena, uma coisa é certa: sem a citação, o efeito interruptivo em causa não se produz. Haja ou não retroatividade dessa eficácia, a condição *sine qua non* para que a ação ajuizada acarrete a interrupção é que o demandado tenha sido citado. Logo, a citação é que define a interrupção, podendo, em alguns casos, operar efeitos retroativos, e, em outros casos, não. O que varia, portanto, é o momento em que a citação produz a interrupção da prescrição. É ela, assim, a verdadeira causa de interrupção prescricional, já que sem citação, o ajuizamento da ação é impotente para alcançar tal eficácia.

70. DINÂMICA DA INTERRUPÇÃO DA PRESCRIÇÃO POR MEIO DA CITAÇÃO

Isto posto, podemos afirmar que o art. 202 do Código Civil conjuga-se com o art. 240, § 1º, do Código de Processo Civil de 2015, em que se aponta, entre os efeitos da citação válida, o de interromper a prescrição, efeito esse que, conforme o caso, pode retroagir ou não ao momento da propositura da ação (que se confunde com o despacho que ordena a citação). O fenômeno é de direito material, mas realiza-se, na espécie, por meio de ato processual. Daí figurar sua disciplina tanto no direito civil como no processo civil.

A citação, no processo de conhecimento, é o ato oficial pelo qual o réu ou o interessado é chamado a juízo para se defender (CPC, art. 238). A diligência deverá ser

---

[12] "A interrupção da prescrição constitui uma contraexecução tendente a superar a exceção de extinção do crédito" (isto é, da pretensão) "por inércia e, portanto, deve ser arguida pela parte interessada, não podendo ser pronunciada de ofício, ainda que tenham sido produzidos documentos idôneos a formar a prova da interrupção" (BIGLIAZZI GERI, Lina et al. *Diritto civile* – Norme, soggetti e rapporto giuridico. Torino: UTET, 1987. v. I, t. I, n. 83, p. 398, nota 299). Mesmo quando o juiz, como em nosso direito civil, possa tomar iniciativa de apreciar a prescrição sem requerimento da parte, não poderá fazê-lo sem ensejar ao devedor a oportunidade de manifestar-se, caso em que este poderá impedir sua decretação, renunciando, expressa ou tacitamente, aos efeitos da prescrição consumada.

efetivada em até 45 (quarenta e cinco) dias a partir da propositura da ação (CPC, art. 238, parágrafo único). O mesmo ocorre nas tutelas cautelares requeridas em caráter antecedente, que visem à conversão em posterior ação principal (CPC, arts. 303 a 308). No processo de execução, é pela citação que se convoca o devedor a realizar a prestação prevista no título executivo, sob pena de sofrer a execução forçada (CPC, arts. 906, 815 e 829). Na ação monitória, a citação é para pagar ou embargar (CPC, art. 701). E nos procedimentos de jurisdição voluntária, os interessados são citados para acompanhá-los e respondê-los (CPC, art. 721). Há, portanto, citação em todos os tipos de processo, sejam ou não contenciosos. Em todos eles, se o feito girar sobre algum direito do qual derive uma pretensão, o ato citatório terá força interruptiva sobre a respectiva prescrição. Não importa a modalidade de prestação jurisdicional reclamada. A citação sempre se prestará a interromper a prescrição[13]. O importante é que o direito subjetivo deduzido em juízo se identifique com aquele cuja pretensão está sujeita à prescrição. É indiferente que se trate de ação de conhecimento, executiva ou procedimento administrativo; é também irrelevante ser a ação condenatória, declaratória ou constitutiva. Se o que, por exemplo, se quer declarar é a relação jurídica que contém a mesma obrigação básica da pretensão que se quer evitar, a citação a interromperá[14].

Mas não se pode estender a interrupção a todas as pretensões derivadas de uma obrigação, se o que na ação se pôs em juízo foi apenas um litígio parcial. Numa demanda sobre certo dano derivado de um ato ilícito, não se pode pretender que esteja interrompida a prescrição sobre pretensões relativas a outros danos não questionados, embora derivados do mesmo evento.

É preciso ter presente que nossa lei considera como objeto da prescrição a *pretensão* e não o direito subjetivo. De sorte que, sendo várias as pretensões, cada uma delas sujeitar-se-á a uma prescrição própria. Se o titular impede a prescrição de uma, não quer dizer que tenha salvado todas as demais. Provocando, por exemplo, um ato ilícito, danos emergentes e lucros cessantes, mas tendo a vítima proposto ação de indenização apenas dos primeiros, não terá a citação interrompido a prescrição da pretensão relativa aos lucros. Da mesma forma, a ação de indenização de danos materiais não interrompe

---

[13] "A propositura de demanda judicial pelo devedor, seja anulatória, seja de sustação de protesto, que importe em impugnação do débito contratual ou de cártula representativa do direito do credor, é causa interruptiva da prescrição, nos termos do art. 172, V do CC [CC/2002, art. 202, V]. Quando a interrupção de prescrição se der em virtude de demanda judicial, o novo prazo só correrá da data do último ato do processo, que é aquele pelo qual o processo se finda" (STJ, 3ª T., REsp. 216382/PR, Rel. Min. Nancy Andrighi, ac. 03.08.2004, *DJU* 13.12.2004 p. 352).

[14] Quando se tratar de ação declaratória ou constitutiva só haverá interrupção da prescrição se a demanda for preparatória de posterior pleito condenatório ou executivo. Se tudo se exaurir no plano da constitutividade, ou na declaratividade, não se terá em jogo pretensão alguma cujo exercício pudesse ter impedido a prescrição. Por exemplo: se a declaratória é de que ou não cabe ou houve a prorrogação de um contrato, não interferirá a citação sobre a prescrição em curso relativamente às prestações já vencidas e que não se discutem no processo atual. Da mesma forma, a citação em uma ação constitutiva, como a renovatória de locação, não interrompe a prescrição em torno dos aluguéis em atraso ou da reparação de danos causados ao imóvel pelo locatário. Para o STJ, "a citação válida em ação declaratória interrompe a prescrição na respectiva ação condenatória" (STJ, 5ª T., REsp. 606.138/RS, Rel. Min. Gilson Dipp, ac. 17.06.2004, *DJU* 02.08.2004, p. 542). No mesmo sentido: STJ, 3ª T., REsp. 1.354.361/SP, Rel. Min. Nancy Andrighi, ac. 09.04.2013, *DJe* 15.05.2013.

a prescrição dos danos morais, mesmo que relativos ao mesmo ato ilícito. Questões fora do processo, portanto, não são alcançadas pela interrupção de prescrição nele ocorrida[15].

Yussef Said Cahali ressalta que a prescrição é interrompida não apenas pela provocação judicial por parte do credor. Se o devedor ajuizar ação para questionar o débito, alegando nulidade ou redução do valor pretendido pelo credor, a demanda também terá o condão de interromper a prescrição[16]. Nesse sentido, o entendimento do STJ:

> a) Ensino. Mensalidade. Prescrição. Ação de consignação em pagamento intentada pela aluna. Interrupção da prescrição da ação de cobrança contra a mãe da menor. A ação de consignação em pagamento ajuizada pela aluna interrompe a fluência do prazo prescricional da ação de cobrança ajuizada contra a mãe, tendo por objeto o mesmo contrato de prestação de serviços. Recurso conhecido e provido em parte[17].
>
> b) 1. Pretensão recursal dos autores buscando ver reconhecida a prescrição dos juros remuneratórios incidentes no contrato que sofreu revisão judicial, sob o fundamento de que a casa bancária deixou de promover ação de cobrança do saldo devedor. Rejeição. Proposta a demanda revisional, interrompe-se e suspende-se o prazo prescricional para manejo de eventuais ações por iniciativa do credor, até advento do trânsito em julgado da sentença a ser proferida na contenda ajuizada pelo mutuário[18].
>
> c) É assente, nas Turmas que compõem a Segunda Seção desta Corte, o entendimento de que "a propositura de demanda judicial pelo devedor, seja anulatória, seja de sustação de protesto, que importe em impugnação do débito contratual ou de cártula representativa do direito do credor, é causa interruptiva da prescrição" (REsp 1.321.610/SP, Terceira Turma, Relatora Ministra Nancy Andrighi, *DJe* de 27/2/2013)[19].

Nesse sentido, também, o Enunciado 416, da V Jornada de Direito Civil: "A propositura de demanda judicial pelo devedor, que importe impugnação do débito contratual ou de cártula representativa do direito do credor, é causa interruptiva da prescrição".

70.1. Regras processuais a observar

A citação interrompe a prescrição desde o momento do despacho judicial que a autorizou. Mas, para isto ocorrer, é necessário que o interessado a promova no prazo e na forma da lei processual, como deixa claro o art. 202 do Código Civil.

Pela literalidade do inciso I do art. 202, tem-se a impressão de que o efeito interruptivo estaria no despacho que ordena a citação e não propriamente nesta. A verdade é que o

---

[15] "A citação interrompe a prescrição, dela não se podendo cogitar enquanto a ação pende de julgamento; esse efeito, todavia, só se produz em relação ao que foi objeto do pedido" (STJ, 1ª Seção, AR 384/PR, Rel. Min. Ari Pargendler, ac. 14.05.1997, *RSTJ* 98/23).

[16] "Mas o devedor pode provocar o sujeito ativo, promovendo contra este uma ação visando (*sic*) que se declare prescrita a ação do sujeito ativo, por se ter completado o respectivo prazo. Certamente, essa sua demanda, pelo seu caráter dúplice, provoca interrupção da prescrição. O mesmo se diz da demanda do sujeito passivo, visando a (*sic*) nulidade ou redução do pretendido crédito do sujeito ativo, que embasaria eventual ação visando (*sic*) sua cobrança" (CAHALI, Yussef Said. *Prescrição e decadência*. São Paulo: RT, 2008, p. 105).

[17] STJ, 4ª T., REsp. 436.056/SP, Rel. Min. Ruy Rosado de Aguiar, ac. 24.09.2002, *DJU* 18.11.2002, p. 228.

[18] STJ, 4ª T., AgRg no Ag. 1.244.895/PR, Rel. Min. Marco Buzzi, ac. 20.03.2012, *DJe* 09.04.2012.

[19] STJ, 4ª T., AgRg no AREsp. 108.978/SP, Rel. Min. Antônio Carlos Ferreira, ac. 05.04.2016, *DJe* 11.04.2016.

despacho em si não tem força alguma para interromper a prescrição se não se lhe seguir o ato de comunicação processual. Por outro lado, a eficácia retroativa da citação até a data do despacho nem sempre acontece, já que, se não observado o prazo da lei processual, a citação interromperá a prescrição, se ainda não consumada, na data de sua efetivação e não na época da ordem judicial que a determinou. É que a citação, por si só, representa uma interpelação (a mais enérgica das interpelações porque operada em juízo). Nela, a qualquer tempo que se efetive, sempre se terá o protesto que a lei trata isoladamente como causa interruptiva da prescrição (CC, art. 202, II)[20].

Dessa maneira, a citação sempre terá eficácia adequada para interromper a prescrição; desde, é óbvio, que sua consumação ainda não tenha acontecido. Só se interrompe a prescrição, por qualquer dos eventos previstos em lei, se ainda estiver em andamento o respectivo prazo. Quanto ao momento da interrupção, vai depender do cumprimento, ou não, dos prazos e requisitos do art. 240 e §§ do CPC, ou seja:

a)   se atendidas as exigências da lei processual, mencionadas nos referidos dispositivos, a interrupção retroagirá à data do despacho judicial que ordenou a citação;

b)   se realizada a citação fora dos prazos do CPC, não se pode afirmar que a prescrição não foi interrompida; existirá o efeito interruptivo normal da citação, a partir dela, e não do despacho judicial[21].

Mas, se a inicial tiver que ser emendada pelo autor, por não ter preenchido os requisitos do art. 319 do CPC, a interrupção da prescrição retroagirá à data em que a emenda for realizada:

> (...) a interrupção da prescrição, na forma prevista no § 1º do artigo 219 do Código de Processo Civil, retroagirá à data em que petição inicial reunir condições de desenvolvimento válido e regular do processo, o que, no caso, deu-se apenas com a emenda da inicial, momento em que já havia decorrido o prazo prescricional[22].

Quid iuris se o juiz retardar injustificadamente o despacho da petição inicial, ultrapassando o termo da prescrição? Ficaria o credor prejudicado pela inércia do órgão judicial? A resposta deve ser pela negativa. Segundo a lei processual, a propositura da ação dá-se pelo ato de protocolo da petição inicial (CPC, art. 312). Dessa maneira, se faltar o despacho, prevalecerá a data do protocolo como marco fixado para retroação do ato interruptivo da prescrição operado em consequência da citação, como se deduz da regra do art. 312, *in fine*, do CPC. *In casu*, a interpretação deve ser sistemática, levando em conta não só a literalidade da norma material, mas conjugando-a, também, com o disposto na lei processual, que, aliás, há de ser a prevalente em termos de eficácia dos atos praticados

---

[20]   "O que interrompe a prescrição não é a propositura da ação, mas a citação do réu" (ANDRADE, Manuel A. Domingues de. *Teoria geral da relação jurídica*. Coimbra: Almedina, 1998. v. II, n. 213, p. 459).

[21]   PONTES DE MIRANDA, Francisco Cavalcanti. *Tratado de Direito Privado*. Parte Geral. Atualização de Otávio Luiz Rodrigues Júnior; Tilman Quarch e Jefferson Carús Guesdes. São Paulo: RT, 2012. t. VI, § 681, n. 13, p. 364-365.

[22]   STJ, 4ª T., AgInt no AREsp. 2.235.620/PR, Rel. Min. Raul Araújo, ac. 08.05.2023, *DJe* 17.05.2023. No mesmo sentido: STJ, 3ª T., EDcl no REsp. 1.527.154/PR, Rel. Min. Ricardo Villas Bôas Cueva, ac. 27.10.2015, *DJe* 03.11.2015.

em juízo[23]. Nesse sentido, o Enunciado 417, da V Jornada de Direito Civil: "O art. 202, I, do CC deve ser interpretado sistematicamente com o art. 219, § 1º, do CPC [CPC/2015, art. 240, § 1º], de modo a se entender que o efeito interruptivo da prescrição produzido pelo despacho que ordena a citação é retroativo até a data da propositura da ação".

70.2. Prazos do CPC

Prevê o art. 240, § 2º, do CPC que, para o efeito interruptivo da citação retroagir à data da propositura da ação, deverá o autor promovê-la nos dez dias seguintes ao despacho que a ordenar[24].

O CPC/1973 previa que este prazo, quando não fosse possível sua observância, poderia ser ampliado, a requerimento da parte, até noventa dias (§ 3º do art. 219). O CPC não cuida de prorrogação do prazo de citação. Afirma, somente, que "a parte não será prejudicada pela demora imputável exclusivamente ao serviço judiciário" (art. 240, § 3º). Destarte, qualquer que seja o atraso, distingue entre o que decorreu de omissão da parte e o ocasionado por deficiência dos serviços cartorários. Somente nos casos de demora imputável ao autor é que não ocorrerá o efeito retroativo da citação em matéria de interrupção de prescrição. No segundo caso, sempre estará ressalvado, em benefício da parte, a retroação de que cogita o art. 238, do CPC[25].

Nesse sentido, a Súmula 106 STJ: "Proposta a ação no prazo fixado para o seu exercício, a demora na citação, por motivos inerentes ao mecanismo da Justiça, não justifica o acolhimento da arguição de prescrição ou decadência".

Nessa esteira, se o atraso é todo da responsabilidade do serviço forense, e nada tem a parte que diligenciar, nada também se pode imputar ao autor; e o atraso eventual não prejudicará seu direito de ver a interrupção da prescrição reconhecida no dia em que requerer a providência judicial contra o réu, mesmo que a citação ocorra além do prazo da lei e ainda que sem prorrogação do juiz[26].

O importante é verificar se a parte não provocou, de alguma forma, o retardamento da diligência, pois isto é que será decisivo para determinar a não retroação dos efeitos da citação[27].

---

[23] YARSHELL, Flávio Luiz. Prescrição. Interrupção pela citação. Confronto entre o novo Código Civil e o Código de Processo Civil. *Revista Síntese de direito civil e processual civil.* Porto Alegre, v. 24, p. 138, jul./ago. 2003.

[24] Promover a citação não é executá-la, mesmo porque não é a parte que executa o ato citatório, mas o órgão judiciário competente. Promover a citação, pelo autor, corresponde a requerê-la e diligenciar todos os dados e elementos para que o órgão judiciário a possa executar.

[25] "Quando os autores praticam os atos necessários para que seja a citação feita, não podem ser, por culpa da máquina judiciária, penalizados com a prescrição, na moldura da Súmula nº 106, sendo desnecessário, na linha de precedente da Corte, o requerimento de prorrogação a que se refere o art. 219, § 3º, do CPC" (STJ, 3ª T., REsp. 12.229/SP, Rel. Min. Menezes Direito, ac. 12.08.1996, *DJU* 17.03.1997, p. 7.495).

[26] "Prescrição – Atraso na citação – Ação ajuizada oportunamente. Despacho de citação retardado por motivo de férias forenses. Interrupção consumada. Recurso extraordinário conhecido e provido" (STF, RE 86.159, Rel. Min. Xavier Albuquerque, ac. 19.04.1977, *RTJ*, 81/287).

[27] "O despacho interruptivo da prescrição, proferido no prazo, não perde sua eficácia se a parte promoveu os meios para a citação e esta não se cumpre, em tempo, por motivo imputável ao serviço" (STF, 1ª T., RE 111.687/SP, Rel. Min. Rafael Mayer, ac. 03.04.1987, *RTJ*, 121/1.239). No mesmo sentido: STJ, 2ª T., REsp. 11.411-0/DF, Rel. Min. Antônio de Pádua Ribeiro, ac. 30.06.1993, *DJU* 02.08.1993, p. 14.228; STJ, 4ª T.,

Em suma, os atrasos que decorrem exclusivamente dos serviços judiciários não prejudicam o autor (art. 240, § 3º)[28].

O efeito retroativo da citação aplica-se, também, à decadência e aos demais prazos extintivos previstos em lei (CPC, art. 240, § 4º). O atual Código foi expresso quanto à decadência, o que não ocorria na lei anterior, embora esse instituto também estivesse naturalmente incluído, uma vez que se previa o alcance de "todos os prazos extintivos previstos em lei" (CPC/1973, art. 220).

70.3. Suprimento da citação

Se a citação se frustra, ou se ela é nulamente praticada, não há que se pensar em interrupção da prescrição somente em face do ajuizamento da causa. É a citação válida que, nos termos do art. 240, do CPC, tem o condão de interrompê-la.

Se a nulidade do ato citatório, no entanto, se dever apenas à incompetência do juiz que a ordenou, a lei ressalva a sua eficácia no plano da prescrição. A comunicação processual, inválida para o feito em que ocorreu, será, não obstante, capaz de interromper o fluxo prescricional. A lei lhe reconhece autonomia e eficácia como se tratasse de um protesto ou uma interpelação avulsa (CC, art. 202, I).

A falta de citação, ou a nulidade desta por outro motivo que não a incompetência, podem ser supridas, nos termos do Código de Processo Civil de 2015, se o réu comparecer aos autos (art. 239, § 1º). Em tal eventualidade, a prescrição será interrompida pela presença do demandado, que funcionará com os mesmos efeitos da citação. Se esta tiver sido deferida pelo juiz e não tiver sido efetivada sem culpa do autor, o comparecimento espontâneo do réu provocará retroação da interrupção prescricional para a data do despacho. Se houver responsabilidade do autor pela inocorrência do ato citatório, o comparecimento espontâneo do réu interromperá a prescrição na data em que este se der no processo.

Nesse sentido, a lição de Yussef Said Cahali, o qual, ao analisar a questão, ressalta não ser possível deduzir, genericamente, que o comparecimento espontâneo do réu interrompe a prescrição "como se tivesse havido citação, desde o despacho na petição". Deve-se, isto sim, verificar a data em que o comparecimento ocorreu – se dentro do prazo legal de dez dias para citação ou no limite da prorrogação que era admitida ao juiz conceder –, para o fim de se constatar se houve ou não a interrupção da prescrição[29].

REsp. 45.422-0/RJ, Rel. Min. Torreão Braz, ac. 10.04.1995, *DJU* 03.05.1999, p. 151. Entretanto, "tendo as instâncias de origem reconhecido a desídia do autor em promover a citação, não pagando as custas da carta precatória depois de reiterados ofícios, forçoso reconhecer a não interrupção da prescrição, nos termos do art. 219, § 4º, do CPC". (STJ, 4ª T., AgRg no AREsp. 353.702/DF, Rel. Min. Luis Felipe Salomão, ac. 15.05.2014, *DJe* 22.05.2014).

[28] "Proposta a ação no prazo fixado para o seu exercício, a demora na citação, por motivos inerentes ao mecanismo da justiça, não justifica o acolhimento da arguição de prescrição ou decadência" (STJ, Súmula nº 106). Havendo, porém, culpa do autor, como, por exemplo, se demora injustificadamente o recolhimento do depósito inicial previsto no art. 488, II, CPC [CPC/2015, art. 968, II], ou se não informa logo o endereço do citando, ou não emenda no prazo dado pelo juiz a petição inicial incompleta ou defeituosa, consuma-se a prescrição ou a decadência se o despacho que ordena a citação não foi cumprido no prazo legal (STF, 2ª T., RE 114.920-5/RJ, Rel. Min. Carlos Madeira, ac. 09.08.88, *RT*, 636/234; STJ, 2ª Seção, AR 108/MG, Rel. Min. Nilson Naves, ac. 11.12.1991, *RSTJ* 39/17).

[29] CAHALI, Yussef Said. *Prescrição e decadência*. São Paulo: RT, 2008, p. 101.

70.4. Extinção do processo sem resolução do mérito

O processo em que aconteceu a citação pode não ter prosseguimento até o julgamento definitivo, ou de mérito. Por falta de pressuposto processual, pode-se anular. Por falta de condição da ação, pode-se incorrer em carência de ação (falta de legitimidade ou de interesse). O autor pode ainda desistir da ação.

Em tais casos, desapareceriam os efeitos da citação sobre a prescrição? A resposta é negativa. Não é o processo que interrompe a prescrição, mas a citação nele efetuada. Uma vez interrompida pela citação, não se preocupa nossa lei com o destino que poderá ter a demanda subsequentemente. Qualquer, portanto, que seja o desate do processo, a citação válida (ou apenas viciada por incompetência do juiz) continuará operando como causa interruptiva da prescrição[30].

O que pode impedir a eficácia da citação, em termos de prescrição, é a invalidade do próprio ato citatório, e nunca a do processo que a motivou[31].

O STJ, entretanto, por sua 4ª Turma, já decidiu que, vindo a ser extinto o processo por inércia do autor (CPC, art. 485, II e III), a citação perde a força de interromper a prescrição[32]. Com a devida vênia, não se entende como um ato perfeito e acabado, como a citação inicial, possa perder seu efeito natural, pelo fato ulterior da extinção do processo sem julgamento do mérito. Não é ao processo que a lei confere a força interruptiva da prescrição, mas ao ato isolado da citação, por sua natural função interpelativa, função essa que, aliás, pode ser exercida por vários outros atos isolados, judiciais e extrajudiciais previstos pelo direito material (Código Civil, art. 202). O processo pode interferir na duração do efeito interruptivo, fazendo-o durar por maior ou menor tempo antes de iniciar a recontagem da prescrição (Código Civil, art. 202, parágrafo único), mas não no fato mesmo da interrupção, cujo aperfeiçoamento é instantâneo e se confunde com o do próprio ato citatório.

A extinção do processo, sendo evento muito posterior à citação, a nosso ver, se depara com a interrupção da prescrição já inteiramente consumada e não há lei alguma que lhe confira eficácia retroativa para suprimir os efeitos materiais do ato jurídico perfeito operado por meio da citação inicial da demanda. A própria Corte Superior já se posicionou reiteradamente nesse sentido:

> a citação válida em processo extinto, sem julgamento do mérito, excepcionando-se as causas de inação do autor (art. 267, incisos II e III, do CPC [CPC/2015, art. 485, II e III]), interrompe a prescrição[33]

---

[30] CÂMARA LEAL, Antônio Luis da. *Da prescrição e da decadência*. Teoria geral do direito civil. 2. ed. Rio de Janeiro: Forense, 1959, n. 135, p. 197.

[31] "É interruptiva da prescrição a citação válida e eficaz realizada em sede de execução que, quando do julgamento de embargos, veio a ser extinta, por impossibilidade da cumulação dos pedidos" (STJ, 4ª T., REsp. 47.790-5/SP, Rel. Min. Sálvio de Figueiredo, ac. 31.05.1994, *DJU* 27.06.1994, p. 16.989).

[32] STJ, 4ª T., REsp. 523.264/RS, Rel. Min. Jorge Scartezzini, ac. 12.12.2006, *DJU* 26.02.2007, p. 594. No mesmo sentido: STJ, 4ª T., AgRg no AREsp. 779.587/RS, Rel. Min. Marco Buzzi, ac. 03.10.2017, *DJe* 13.10.2017.

[33] STJ, 3ª T., AgRg na MC nº 18.033/RS, Rel. Min. Sidnei Beneti, ac. 16.06.2011, *DJe* 29.06.2011. No mesmo sentido: STJ, 3ª T., REsp. 947.264/ES, Rel. Min. Nancy Andrighi, ac. 25.05.2010, *DJe* 22.06.2010; STJ, 1ª T., AgRg no AREsp. 54.953/SP, Rel. Min. Arnaldo Esteves Lima, ac. 02.10.2012, *DJe* 15.10.2012.

O STJ já entendeu que nem mesmo a extinção do processo em razão da ilegitimidade da parte afasta os efeitos da citação: "Em caso de aparente legitimidade passiva, a citação da primeira demandada é válida para interromper o prazo prescricional relativamente à litisdenunciada, retroativamente à data da propositura da ação principal"[34].

Interessante situação foi analisada pela Corte Superior. A ação foi ajuizada contra o antigo proprietário do veículo, uma vez que não teria ocorrido a transferência. Nessa hipótese, a alteração do polo passivo, mesmo após o prazo de um ano do ajuizamento da ação, não foi motivo para afastar a interrupção da prescrição. Segundo o STJ, o erro da indicação do réu derivou de ato imputável ao próprio dono atual do veículo. Assim, não pode ele prevalecer de sua culpa para pretender o reconhecimento da prescrição, por retardamento de sua citação:

> 1. Debate-se o marco de interrupção do prazo prescricional em razão da citação do real legitimado passivo ter ocorrido após mais de um ano da propositura da ação.
> 2. A ação foi inicialmente proposta contra aparente proprietário do veículo envolvido em acidente que resultou no falecimento do cônjuge da autora, vindo a ocorrer sua extromissão e substituição pelo recorrente em virtude de petição de denunciação da lide.
> 3. A natureza da pretensão – no caso, da intervenção de terceiro – é determinada pelo conteúdo do pedido formulado (extromissão de parte), sendo irrelevante o *nomen iuris* atribuído, revelando, portanto, tratar-se de nomeação à autoria.
> 4. A alteração dos elementos da demanda após a citação somente é admitida em hipóteses legais excepcionais, como no caso em que o equívoco na indicação de parte ilegítima decorre de sua aparente legitimidade passiva. Nesses casos, a indicação do real legitimado por meio da nomeação à autoria é dever do réu aparente em homenagem aos princípios da boa-fé processual e da cooperação.
> 5. Informado o real legitimado passivo, deve o autor promover sua oportuna citação, considerando-se para fim de apuração de tempestividade não a data da propositura da demanda, mas o processamento da nomeação à autoria.
> 6. Promovidos os atos de citação pela autora na oportunidade processualmente assegurada, a interrupção da prescrição retroage à data da propositura da ação[35].

70.5. Citação pessoal e outras formas de citação

O Código Civil de 1916 arrolava a *citação pessoal* como causa de interrupção da prescrição (art. 172, I), o que poderia ensejar alguma dúvida com relação aos efeitos das citações fictas ou indiretas. O Código atual, ratificando o que já era entendido pela doutrina e jurisprudência, eliminou qualquer qualificativo da citação, dispondo simplesmente que a interrupção da prescrição ocorrerá pelo despacho do juiz que ordenar a citação, se o interessado a promover no prazo e na forma da lei processual (CC, art. 202, I).

Por conseguinte, a eficácia interruptiva da citação independe da forma com que é efetuada, compreendendo tanto a pessoal quanto a feita de forma indireta, como se dá nos casos de citação por edital ou com hora certa (CPC, arts. 256 e 252). Desde que se

---

[34] STJ, 3ª T., REsp. 1.679.199/SP, Rel. Min. Ricardo Villas Bôas Cueva, ac. 14.05.2019, *DJe* 24.05.2019.

[35] STJ, 3ª T., REsp 1705703/SP, Rel. Min. Marco Aurélio Bellizze, ac. 02.10.2018, *DJe* 08.10.2018.

Capítulo VII · DAS CAUSAS QUE INTERROMPEM A PRESCRIÇÃO | 159

observem as cautelas da lei processual, a citação do obrigado, em qualquer de suas modalidades, sempre será idônea a produzir a interrupção da prescrição.

70.6. Citação e mora pré-constituída

Há casos em que a mora já se acha configurada antes do exercício da ação em juízo. Basta lembrar a hipótese corriqueira de obrigação sujeita a vencimento certo e predeterminado. Segundo a regra do art. 397, *caput,* do Código Civil, "o inadimplemento da obrigação, positiva e líquida, no seu termo, constitui de pleno direito em mora o devedor". Se, pois, o credor ingressa em juízo para exigir o cumprimento da prestação, a citação do devedor obviamente não irá constituí-lo em mora; funcionará apenas como causa de interrupção da prescrição, cujo prazo já vinha fluindo desde o vencimento da obrigação. Com efeito, esse é o teor do art. 240, *caput*, do CPC ao dispor que a citação "constitui em mora o devedor, ressalvado o disposto nos arts. 397 e 398 da Lei nº 10.406, de 10 de janeiro de 2002".

O mesmo se pode dizer de dívidas não sujeitas a vencimento certo: quando, a seu respeito, o credor houver cuidado de interpelar o devedor por alguma forma idônea, antes do pleito judicial, a *mora solvendi*, desde então, já estará configurada (Código Civil, art. 397, parágrafo único).

A citação constituirá o devedor em mora, portanto, quando a *mora solvendi* ainda não houver se aperfeiçoado antes do ingresso da demanda em juízo (o Código de Processo Civil, no art. 240, *caput* e § 1º, prevê, para a citação, tanto a eficácia da constituição em mora como da interrupção da prescrição).

Se o devedor ainda não estava em mora, a citação, como um equivalente da interpelação, irá colocá-lo em mora. Isto, no entanto, não o impede de exercer o direito de evitá-la, realizando a prestação no prazo da citação. Tal ocorrendo, o processo se extinguirá, sem que o réu tenha de suportar qualquer espécie de condenação ou sanção processual. É que o ajuizamento da ação teria sido prematuro, em virtude da ausência de mora ao tempo do aforamento da demanda, e a satisfação do crédito teria ocorrido após a citação, mas antes que a *mora solvendi* se configurasse. Somente se o prazo de contestação transcorrer sem o cumprimento da obrigação é que a mora estará consolidada e o inadimplemento se sujeitará à condenação à prestação devida e aos encargos da sucumbência. É em semelhante conjuntura que se pode divisar a citação funcionando como causa de constituição da mora, equivalente à interpelação.

Há casos, porém, em que a constituição em mora é uma imposição legal, assumindo o papel de uma condição de procedibilidade, cuja inobservância conduz à carência de ação por falta de interesse (inadequação do remédio processual nos moldes em que foi impetrado). É o que se passa, por exemplo, com a ação em que se pretende a rescisão do compromisso de compra e venda de imóvel. A mora, ainda que haja cláusula resolutória expressa, dependerá de interpelação do promissário comprador em atraso, e sem essa providência preparatória não será cabível a ação de rescisão do pré-contrato (Dec.-lei nº 745/1969)[36].

---

[36] À interpelação prévia exigida pelo Dec.-Lei nº 745/1969, corresponde "a condição de admissibilidade, de antessuposto da ação de rescisão do contrato. Por isso, a ação não deve ser admitida sem prévio aviso"

Em face da função peculiar que o Dec.-lei nº 745/1969 conferiu à notificação do promissário comprador já em mora, e que consiste em dar-lhe uma oportunidade de emendá-la antes do aforamento da ação de rescisão do compromisso de compra e venda, não haverá nova oportunidade para purga da mora no prazo da contestação. Transcorrido o prazo dado ao devedor pelo Dec.-lei nº 745/1969, sua mora torna-se inadimplemento absoluto, motivo pelo qual não haverá mais como sujeitar o promitente vendedor a receber as prestações definitivamente descumpridas[37].

Outro caso em que a interpelação prévia se torna indispensável é aquela referente à obrigação prevista em título executivo, sempre que inexista vencimento certo predeterminado. Uma vez que a *exigibilidade* da obrigação é requisito indispensável da execução forçada (CPC, arts. 786 e 783), "sem prévia notificação para constituição em mora do devedor a execução carece de condição de procedibilidade, que não é suprida pela citação"[38].

Por fim, cumpre ressaltar que nem sempre se admite que a citação supra a interpelação prévia, principalmente quando a ação é manejada não apenas para exigir os encargos da mora, mas especificamente para pleitear a resolução do contrato.

A jurisprudência, a propósito, faz uma distinção entre *(i)* cobrar alguma prestação e *(ii)* pleitear a resolução do contrato por inadimplemento. O art. 240, do CPC, que atribui força interpelativa à citação, para constituir em mora o devedor, aplica-se ao primeiro caso, não ao segundo. Se se trata, não de reclamar prestação exigível, mas de optar pelo rompimento do contrato descumprido, a regra de direito material é que, inexistindo cláusula resolutória expressa, o exercício da pretensão rescisória deve ser precedido de interpelação judicial.

Com efeito, o Código Civil prevê que "a cláusula resolutiva expressa opera de pleno direito", mas "a tácita depende de interpelação judicial" (art. 474). Por isso, nos casos de rescisão (CC, art. 475), a pretensão do contratante prejudicado nasce da mora do cocontratante faltoso, fato que deve necessariamente ocorrer antes do ingresso da demanda em juízo. A ausência desse requisito inviabiliza o pleito de resolução contratual, já que, para os fins do art. 475 do Código Civil, a falta de prévia constituição em mora "não é suprida pela citação"[39]. Enfim, para o Superior Tribunal de Justiça, "a citação inicial somente se presta a constituir mora nos casos em que a ação não se funda na mora do réu, hipótese em que esta deve preceder ao ajuizamento"[40]. Se, por exemplo, o comprador pretende

---

(MOURA, Mário Aguiar. *Promessa de compra e venda*. 2. tir. Rio de Janeiro: AIDE, 1987. n. 88, p. 296). "A jurisprudência é caudal no sentido de exigir a prévia interpelação para a constituição em mora, para fins de rescisão contratual, haja ou não cláusula resolutiva expressa" (MOURA, Mário Aguiar. *Promessa de compra e venda*. 2. tir. Rio de Janeiro: AIDE, 1987. n. 88, p. 293).

[37] MOURA, Mário Aguiar. *Promessa de compra e venda*. 2. tir. Rio de Janeiro: AIDE, 1987, n. 88, p. 296. "A jurisprudência está solidamente assentada no sentido de que a notificação imposta pelo Dec.-Lei nº 745/1969, quando desacolhida pelo promissário comprador tem a força de transformar sua mora em inadimplemento absoluto, caso em que, após a citação na ação de rescisão do contrato, não se reabrirá oportunidade para a purga da mora" (STJ, 4ª T., REsp. 21.130/RJ, Rel. Min. Sálvio de Figueiredo Teixeira, ac. 11.05.1993, *DJU* 07.06.1993, p. 11.262); STJ, 4ª T., REsp. 15.489/SP, Rel. Min. Sálvio de Figueiredo Teixeira, ac. 6.6.1994, *RSTJ* 66/235; STF, 1ª T., RE 86.357, Rel. Min. Cunha Peixoto, ac. 13.05.1977, *RTJ* 85/1002.

[38] STJ, 3ª T., REsp. 576.038/BA, Rel. Min. Castro Filho, Rel. p/ ac. Humberto Gomes de Barros, ac. 25.09.2007, *DJU* 06.11.2007, p. 168.

[39] STJ, 4ª T., REsp. nº 780.324/PR, Rel. Min. Luis Felipe Salomão, ac. 24.08.2010, *DJe* 09.09.2010.

[40] STJ, 4ª T., REsp. nº 159.661/RS, Rel. Min. Sálvio de Figueiredo Teixeira, ac. 09.11.1999, *RSTJ* 132/413. No mesmo sentido: STJ, 4ª T., REsp. nº 734.520/MG, Rel. Min. Hélio Quaglia Barbosa, ac. 21.06.2007,

indenização por atraso na entrega da mercadoria ou por defeito dela, pode aforar a demanda sem prévia interpelação. A citação constituirá, por si, a mora do devedor. O mesmo acontecerá quando o vendedor exigir do comprador o pagamento do preço do bem que já lhe foi entregue. Se, porém, pela não entrega da mercadoria, o que pretende o comprador é a resolução do contrato de que não conste cláusula resolutiva expressa, somente poderá fazê-lo depois de prévia interpelação judicial (Código Civil, art. 474). Não haverá lugar para a aplicação do art. 240, *caput*, do CPC.

70.7. A interrupção da prescrição em hipótese de medida provisória antecedente

O Código de Processo Civil atual eliminou a dualidade de regime processual em relação às medidas cautelares, de modo que tanto a tutela conservativa quanto a satisfativa são tratadas, em regra, como objeto de mero incidente processual, que pode ser suscitado na petição inicial ou em petição avulsa (art. 294, parágrafo único, do CPC).

Como as particularidades do caso podem dificultar o imediato aforamento do pedido principal, o Código prevê também a possibilidade de ser o pedido de tutela de urgência formulado em *caráter antecedente*. Em tal circunstância, a petição inicial, tratando-se de tutela cautelar, conterá, de início, apenas o pedido da medida urgente, fazendo, contudo, indicação da lide e seu fundamento de fato e de direito (art. 305). Quando se referir à tutela satisfativa, exige-se que, também, se proceda "à indicação do pedido de tutela final", além dos requisitos reclamados para a medida cautelar antecedente (art. 303, *caput*).

Porém, mesmo quando se trata de tutela antecedente, o pedido principal deverá ser formulado, nos mesmos autos, no prazo de 30 dias da efetivação da medida urgente, se esta for de natureza cautelar (art. 308). Sendo de natureza satisfativa, o prazo será de 15 dias ou outro maior que o juiz entender compatível com o caso (art. 303, § 1º, I). Isto é, mesmo nas tutelas urgentes cautelares, em que o promovente não necessita, desde logo, especificar o pedido principal, este, a seu tempo, será formulado adequadamente nos próprios autos em que ocorrer o provimento antecedente ou preparatório, sem necessidade de iniciar uma ação principal apartada. *Não haverá, como se vê, dois processos.* Ainda que o caso seja de tutela urgente antecedente, tudo se passa *dentro de um só processo*.

A pretensão de medida urgente, destarte, apresenta-se como parcela eventual da ação que objetiva solucionar o litígio, quer quando a antecede e a prepara, quer quando a complementa já em seu curso. Daí por que, como ensina Daniel Amorim Assumpção Neves, "caso a elaboração do pedido principal ocorra antes da prolação da sentença cautelar, haverá uma conversão do processo cautelar em processo principal, sendo interpretada a expressão 'mesmos autos', utilizada no *caput* do art. 308 do Novo CPC, como mesmo processo"[41].

DJU 15.10.2007, p. 279; STJ, 4ª T., REsp. nº 220.209/PR, Rel. Min. Ruy Rosado de Aguiar, ac. 21.09.1999, *DJU* 03.11.1999, p. 118; STJ, 3ª T., REsp. nº 981.750/MG, Rel. Min. Nancy Andrighi, ac. 13.04.2010, *DJe* 23.04.2010; STJ, 4ª T., REsp. nº 176.435/SP, Rel. Min. Sálvio de Figueiredo Teixeira, ac. 17.06.1999, *DJU* 09.08.1999, p. 172; STJ, 4ª T., REsp. nº 109.716/SP, Rel. Min. Aldir Passarinho, ac. 22.03.2001, *DJU* 04.02.2002, p. 364.

[41] NEVES, Daniel Amorim Assumpção. *Novo código de processo civil comentado artigo por artigo*. 2. ed. Salvador: JusPodivm, 2017. p. 525. Existirá, portanto, uma única ação, mas com procedimentos específicos para o pedido cautelar e o principal, traçados pelo Código. Como bem destacado por Cassio Scarpinella

162 | Prescrição e Decadência • *Humberto Theodoro Júnior*

De fato, o procedimento *é único*, tanto que o pedido principal é deduzido nos próprios autos, sem necessidade de adiantamento de novas custas, e o réu será *intimado* (não citado) para comparecer à audiência de conciliação ou e mediação[42].

A citação única do processo único, no início da relação processual também única, cumpre todos os objetivos e efeitos da citação inicial, entre os quais o de interromper a prescrição e impedir a decadência, quando o ajuizamento da demanda se der tempestivamente, é claro.

70.8. Alguns julgados do STJ sobre interrupção da prescrição pela citação

a) Ajuizamento de ação de antecipação de prova:

O Código de Processo Civil de 1973 cuidava da prova antecipada sempre tendo em vista sua utilização em processo futuro e, por isso, regulava o instituto a partir do fundamento de que a antecipação se justificaria pelo risco ou dificuldade da respectiva produção na fase adequada do procedimento normal. Havia, no entanto, construção doutrinária que defendia a existência de um direito autônomo à prova, exercitável, em determinadas circunstâncias, sem cogitar de qualquer futuro processo[43].

O CPC de 2015 adere a esse posicionamento, regulando, sob a denominação "produção antecipada de prova", casos em que se combate o risco de prejuízo para a instrução de processo atual ou iminente e, também, casos em que a parte age em busca de conhecimento de fatos que possam esclarecer sobre a conveniência de não demandar ou de obter composição extrajudicial para controvérsias (CPC, art. 381, II e III).

O entendimento do STJ, à época do CPC de 1973, era no sentido de que "a cautelar de antecipação de prova interrompe a prescrição quando se tratar de medida preparatória

---

Bueno, "o que há, antes e depois do advento do CPC de 2015, é ação no sentido de o autor exercer seu direito de romper a inércia jurisdicional e agir ao longo do processo visando à concretização da tutela jurisdicional. Se, para tanto, põe-se a necessidade de assegurar o seu direito, basta que formule pedido neste sentido. Este pedido é uma dentre várias manifestações possíveis do pleno exercício do direito de ação, e não a própria ação em si mesma considerada. É ato de postulação, nos precisos termos do art. 17" (BUENO, Cassio Scarpinella. *Curso sistematizado de direito processual civil*. 11. ed. São Paulo: Saraiva Educação, 2021. vol. 1. p. 740).

[42] "A intimação será feita a seus advogados ou pessoalmente, dispensada nova *citação* do réu, que já integra o processo (o mesmo processo, que é um só, a despeito da dualidade de pedidos) para todos os fins desde sua citação para os efeitos do art. 306, já que tudo se passa em um só processo, que teve início com o pedido de tutela cautelar antecedente" (BUENO, Cassio Scarpinella. *Curso sistematizado de direito processual civil*. 11. ed. São Paulo: Saraiva Educação, 2021. vol. 1. p. 741).

[43] Numa concepção atualizada do devido processo legal compromissada com a justiça e efetividade da prestação jurisdicional, "a prova [também] pode e deve ser vista como elemento pelo qual os interessados avaliam suas chances, riscos e encargos em processo futuro, e pelo qual norteiam sua conduta, inclusive de sorte a evitar uma decisão imperativa" (YARSHELL, Flavio Luiz. *Antecipação da prova sem o requisito da urgência e direito autônomo à prova*. [Tese] – Faculdade de Direito da USP, São Paulo, s.d. n. 24, p. 129). Daniel Amorim Assumpção Neves, nessa ordem de ideias, admite que a produção antecipada de prova, como ação probatória autônoma (não cautelar), possa ser utilizada "como forma de preparação para qualquer demanda principal, sempre que os dados necessários ou úteis à propositura correta de tal demanda exigirem a produção de uma prova pericial" (NEVES, Daniel Amorim Assumpção. *Ações probatórias autônomas*. São Paulo: Saraiva, 2008. p. 356-357).

Capítulo VII · DAS CAUSAS QUE INTERROMPEM A PRESCRIÇÃO | **163**

de outra ação tornando inaplicável, nesses casos, o verbete sumular n. 154/STF, editado sob a égide do CPC/1939"[44].

Se a citação em produção antecipada de provas, como medida cautelar, servia para o fim de interromper a prescrição, com maior razão agora, que a legislação processual confere caráter principal e autônomo à medida. Permanece, portanto, válido o entendimento da Corte Superior.

b) Interrupção pela impetração de mandado de segurança prévio à ação indenizatória:

A Corte Superior já entendeu que a impetração de mandado de segurança interrompe a prescrição para ajuizamento de ação de cobrança.

> a) 1. Em nosso sistema, o prazo prescricional está submetido ao princípio da *actio nata*: seu termo inicial é a data a partir da qual a ação poderia ter sido proposta. É assim também em relação às dívidas da Fazenda Pública, cujas ações, segundo texto expresso de lei, "prescrevem em cinco anos contados da data do ato ou fato do qual se originarem" (art. 1º do Decreto 20.910/1932).
>
> 2. No caso, a lesão ao direito, que fez nascer a pretensão à indenização, decorreu do ato que eliminou o candidato do concurso, razão pela qual o prazo da prescrição teve início na data da cientificação do ato lesivo.
>
> 3. Todavia, a propositura de demanda (mandado de segurança) para ver reconhecida a ilegitimidade do exame psicotécnico (e, portanto, da ilicitude da conduta do agente, que é pressuposto da responsabilidade civil, ainda que objetiva), constituiu causa interruptiva do prazo prescricional para a ação indenizatória, nos termos do art. 172, II, do CC/1916 (art. 202, I, do CC/2002) e do art. 219 do CPC[45].
>
> b) 1. A impetração do mandado de segurança interrompe a fluência do prazo prescricional de modo que, tão somente após o trânsito em julgado da decisão nele proferida, é que voltará a fluir a prescrição da ação ordinária para cobrança das parcelas referentes ao quinquênio que antecedeu a propositura do *writ*. Precedentes[46].

c) Ajuizamento de ação de nulidade de ato administrativo:

O STJ já decidiu que a citação em ação que declara a nulidade de ato administrativo interrompe a prescrição.

> 1. O art. 1º do Decreto 20.910/1932 fixa como termo inicial da prescrição quinquenal a data do ato ou fato que deu origem à ação de indenização.
>
> 2. O direito de pedir indenização, pelo clássico princípio da *actio nata*, surge quando constatada a lesão e suas consequências, fato que desencadeia a relação de causalidade e leva ao dever de indenizar.

---

[44] STJ, 4ª T., REsp. 202.564/RJ, Rel. Min. Sálvio de Figueiredo Teixeira, ac. 02.08.2001, *DJU* 01.10.2001, p. 220.

[45] STJ, 1ª T., REsp. 718.269/MA, Rel. Min. Teori Albino Zavascki, ac. 15.03.2005, *DJU* 29.03.2005, p. 200.

[46] STJ, 6ª T., AgRg no AF. 726.029/MS, Rel. Min. Maria Thereza de Assis Moura, ac. 05.03.2009, *DJe* 23.03.2009.

3. A citação em ação anteriormente ajuizada, que declara a nulidade do ato administrativo que dá ensejo ao pedido de indenização, constitui causa interruptiva da prescrição, nos moldes dos arts. 202, I, do Código Civil e 219 do CPC[47].

d) Ação declaratória visando à rescisão do contrato interrompe a prescrição da ação condenatória:

1. Discussão acerca da interrupção da prescrição para ação condenatória de reparação de danos com fundamento na prática de ato ilícito, decorrente de citação válida efetivada em prévia ação declaratória de rescisão contratual.

2. A autora pretende ser indenizada pelos danos sofridos em decorrência da rescisão contratual declarada por sentença e que foi provocada pela prática de atos ilícitos pela ré, também reconhecidos na sentença declaratória.

3. Esta Corte reconhece, em algumas hipóteses, que a citação válida em ação declaratória interrompe a prescrição na respectiva ação condenatória, nos termos do art. 219 do Código de Processo Civil.

4. Na hipótese, o pedido da ação declaratória caracteriza a causa de pedir para a ação indenizatória, restando, portanto, clara a relação entre elas e, por isso, justifica-se a interrupção da prescrição, na esteira dos precedentes desta Corte[48].

e) Interrupção do prazo prescricional pelo ajuizamento de ação trabalhista:

O STJ reconheceu o efeito interruptivo da citação em reclamação trabalhista, julgada improcedente, por inexistir no caso relação de emprego, para o fim de viabilizar posterior ajuizamento de ação para cobrança da remuneração do serviço prestado.

1. Reconhecido o efeito interruptivo do prazo prescricional, decorrente de citação válida ocorrida em reclamação trabalhista anteriormente ajuizada entre as partes, e julgada improcedente, conforme o artigo 172, I, do Código Civil de 1916.

2. Declarada a improcedência do pedido na justiça laboral – no sentido de que relação de trabalho havida entre as partes não era relação de emprego –, abriu-se ao autor o ensejo de buscar sua pretensão de remuneração perante o Juízo comum, com lastro em idêntica causa de pedir (o alegado período trabalhado sem remuneração), desta feita com apoio em instituto de Direito Civil (contrato de prestação de serviços). Descaracterizada, portanto, a inação que define o instituto da prescrição, uma vez que não houve inércia em relação àquela pretensão de ser remunerado pelo trabalho prestado[49].

Em outra oportunidade, entretanto, o STJ consignou que a interrupção da prescrição operada pelo ajuizamento de ação trabalhista anterior supõe que haja identidade entre as partes nas duas ações:

3. O propósito recursal é definir i) se o ajuizamento de ação trabalhista pelo representante legal da empresa recorrente impõe a interrupção do prazo prescricional relativo

---

[47] STJ, 2ª T., Res. 1.176.344/MG, Rel. Min. Eliana Calmon, ac. 06.04.2010, *DJe* 14.04.2010.

[48] STJ, 3ª T., REsp. 1.354.361/SP, Rel. Min. Nancy Andrighi, ac. 09.04.2013, *DJe* 15.04.2013.

[49] STJ, 4ª T., REsp. 1.119.708/DF, Rel. Min. Raul de Araújo, ac. 19.09.2013, *DJe* 26.03.2014.

à pretensão de cobrança do débito pela prestação de serviços de auditoria; e ii) se há erro material a ser corrigido no tocante ao valor da causa.

4. A *ratio essendi* do art. 202, I, do CC/2002 é favorecer o autor que já não mais se encontra na inércia pela proteção de seu direito.

5. A citação válida ocorrida no bojo de ação trabalhista anteriormente ajuizada tem o condão de interromper o prazo prescricional. Precedente.

6. Na espécie, contudo, não se constata a identidade de partes e causas de pedir hábeis a caracterizar a ausência de inércia do titular do direito, o que impede, deste modo, a interrupção da prescrição[50].

No caso em análise, como bem destacado pela relatora, "a reclamatória trabalhista foi ajuizada por Celso André Geron em face de Linea Florestal S/A, ao passo que o protesto dos títulos que, nesta demanda, alega-se serem inexigíveis, foi feito pela Paraná Auditores Associados S/S". Destarte, não havendo identidade entre as partes nas duas ações, reconheceu-se a ocorrência da prescrição. É que "a ausência de inércia, a fim de interromper o curso do lapso prescricional, deve partir do próprio titular do direito em si, não se configurando, desta feita, quando a ação posterior é ajuizada por parte diversa, não obstante baseada em um mesmo débito".

f) Petição que, embora mencione o cumprimento de sentença, não discrimina o valor executado, nem junta memória de cálculo ou requer o cumprimento, não interrompe o prazo prescricional:

2. O pedido de cumprimento de sentença interrompe a prescrição.

3. Petição que, apesar de mencionar a expressão cumprimento de sentença, não traz em seu bojo definição do valor a ser executado, memória de cálculos discriminada e atualizada e pedido para que haja o referido cumprimento não tem o condão de interromper o prazo prescricional[51].

g) Pedido de desarquivamento dos autos não interrompe a prescrição:

O STJ já decidiu que o pedido de desarquivamento dos autos não tem o condão de interromper a prescrição.

1. Na linha da jurisprudência desta Corte, o prazo da prescrição da execução é o mesmo da ação de conhecimento, a teor da Súmula 150 do STF, fluindo a partir do trânsito em julgado da sentença condenatória. Precedentes.

2. A petição onde consta o pedido de desarquivamento dos autos não pode ser tida como causa interruptiva da prescrição, visto que não se amolda às hipóteses descriminadas nos incisos do artigo 202 do Código Civil.

3. O pedido de cumprimento de sentença é que tem o condão de interromper a prescrição[52].

---

[50] STJ, 3ª T., Resp. 1.893.497/PR, Rel. Min. Nancy Andrighi, ac. 17.08.2022, *DJe* 19.08.2021. No mesmo sentido: STJ, 4ª T., AgInt no AREsp. 1.699.577/SP, Rel. Min. Maria Isabel Gallotti, ac. 24.05.2021, *DJe* 27.05.2021.

[51] STJ, 4ª T., AgRg no Ag. 1.185.461/DF, Rel. Min. João Otávio de Noronha, ac. 27.04.2010, *DJe* 11.05.2010.

[52] STJ. 4ª T., REsp. 1.155.060/DF, Rel. Min. Marco Buzzi, ac. 01.03.2016, *DJe* 10.03.2016.

h) Proposta de renegociação de dívida:

Segundo o Superior Tribunal de Justiça, "a simples proposta de renegociação de dívida feita pelo credor, sem a especificação da dívida a que se refere e sem o reconhecimento inequívoco de tal dívida pelo devedor, não é causa de interrupção da prescrição"[53].

De fato, entre as causas de interrupção de prescrição figura o ato inequívoco, ainda que extrajudicial, que importe reconhecimento do direito pelo devedor (CC, art. 202, VI). Atos de iniciativa do credor, fora dos enumerados pelo referido dispositivo legal, nenhum efeito interruptivo exercem sobre a fluência da prescrição de obrigação já vencida.

i) Ajuizamento de ação anulatória interrompe o prazo prescricional para dedução de pedido indenizatório relacionado ao mesmo objeto da primeira demanda:

> 2. Ação indenizatória promovida por sócio de associação desportiva por supostos prejuízos de ordem moral e material que afirma ter suportado em virtude de perseguição e práticas ofensivas promovidas por conselheiros do clube, que teriam ensejado a aplicação contra si de sanções internas, suspensões e até mesmo a exclusão dos quadros sociais da referida associação.
>
> 3. Acórdão recorrido que rechaça a tese de prescrição trienal da pretensão indenizatória considerando o fato desta demanda ter sido ajuizada no curso de ação anulatória da decisão do Conselho Deliberativo da associação ré que concluiu pela exclusão do autor e que foi julgada procedente de modo definitivo.
>
> 4. A Terceira Turma do Superior Tribunal de Justiça firmou a orientação de que o ajuizamento da ação anulatória torna litigiosa a relação jurídica entre as partes, interrompendo o prazo prescricional para a dedução de eventual pedido indenizatório relacionado ao mesmo objeto da primeira demanda, haja vista a relação de prejudicialidade existente entre as duas ações. Precedente.
>
> 5. Em se tratando de ação indenizatória que traduz pretensões fundadas em múltiplas causas de pedir, a eventual ocorrência da prescrição deve ser aferida considerando-se a data dos fatos relacionados a cada uma delas, não havendo falar em extinção do feito quando verificado que ao menos uma diga respeito a fatos não alcançados pelo transcurso em branco do lapso prescricional[54].

j) Ação declaratória em que se discute a ilegalidade de conduta constitui impedimento à fluência da prescrição da pretensão:

> 1. O propósito recursal consiste em determinar se está prescrita a pretensão indenizatória fundada em exclusão ilegal dos quadros de cooperativa.
>
> 2. O critério para a fixação do termo inicial do prazo prescricional como o momento da violação do direito subjetivo foi aprimorado em sede jurisprudencial, com a adoção da teoria da *actio nata*, segundo a qual o prazo deve ter início a partir do conhecimento, por parte da vítima, da violação ou da lesão ao direito subjetivo.
>
> 3. Não basta o efetivo conhecimento da lesão a direito ou a interesse, pois é igualmente necessária a ausência de qualquer condição que impeça o pleno exercício da pretensão.

---

[53] STJ, 4ª T., AgInt no Resp. 1.680.272/MT, Rel. Min. Lázaro Guimarães, ac. 19.10.2017, *DJe* 25.10.2017.

[54] STJ, 3ª T., REsp. 1.852.820/SP, Rel. Min. Ricardo Villas Bôas Cueva, ac. 02.08.2022, *DJe* 05.08.2022.

Precedentes desta Corte. Sendo assim, a pendência do julgamento de ação declaração em que se discute a ilegalidade da conduta constitui empecilho ao início da fluência da prescrição da pretensão indenizatória amparada nesse ato.

4. Ao aguardar o julgamento da ação declaratória para propor a ação de indenização, a vítima exteriorizou sua confiança no Poder Judiciário, a qual foi elevada à categoria de princípio no CPC/2015, em função de sua relevância[55].

71. PROTESTO JUDICIAL

O inciso II do art. 202 refere-se ao protesto processado judicialmente, segundo as regras do Código de Processo Civil de 2015 (arts. 726 a 729).

Embora inserido entre os procedimentos de jurisdição voluntária, o protesto judicial é um feito puramente administrativo. Nele não há discussão entre os interessados e o juiz não profere qualquer tipo de sentença (CPC, arts. 728 e 729).

O interessado deve demonstrar legítimo interesse, porquanto não pode ser promovido, para fins de interromper a prescrição, por quem não tenha vínculo com a obrigação que lhe serve de base[56].

Aplicam-se ao procedimento do protesto, para fins de interrupção de prescrição, "as mesmas condições" previstas para a citação[57]. Vale dizer: ainda que autorizado por juiz incompetente, o protesto interrompe a prescrição; e os efeitos retroagem à data do despacho judicial, se a intimação se der com observância dos prazos e requisitos do art. 240 e seus §§, do CPC. Aplicam-se, pois, todas as observações já feitas nos tópicos anteriores acerca da interrupção por meio da citação, inclusive no que se refere à recontagem do prazo, que somente correrá "da data do último ato do processo, que é aquele pelo qual o processo se finda"[58].

O STJ já reconheceu a legitimidade do sindicato para promover o protesto interruptivo do prazo prescricional da ação executiva em nome da categoria, agindo como substituto processual:

> 1. É firme o entendimento desta Corte no sentido de que "os Sindicatos agem em juízo na qualidade de substitutos processuais, tendo ampla legitimidade ativa para agir tanto nos feitos cognitivos, quanto nas liquidações, como, ainda, nas execuções" (REsp 1.225.034/RJ, Rel. Min. Eliana Calmon, Segunda Turma, *DJe* 22/10/12)[59].

---

[55] STJ, 3ª T., REsp. 1.494.482/SP, Rel. p/ acórdão Min. Nancy Andrighi, ac. 24.11.2020, *DJe* 18.12.2020.

[56] "Medida cautelar de protesto ajuizada para interromper prazo prescricional referente a contrato habitacional. Deve ser indeferido por falta de legítimo interesse o protesto formulado por quem não demonstra vínculo com a relação jurídica invocada" (STJ, 3ª T., REsp 1.200.075/RJ, Rel. Min. Nancy Andrighi, ac. 23.10.2012, *DJe* 13.11.2012).

[57] "Em repetição do art. 172, II, do Código Civil anterior, o Código tem em vista aqui (art. 202, II) o *protesto judicial*, porque é feito em juízo, sujeito a disposições inerentes à citação do réu. É aquele deferido pelo juiz, ainda que incompetente" (CAHALI, Yussef Said. *Prescrição e decadência*. São Paulo: RT, 2008, p. 125).

[58] STJ, 3ª T., REsp. 1.512.283/SP, Rel. Min. Nancy Andrighi, ac. 14.08.2018, *DJe* 17.08.2018.

[59] STJ, 1ª T., AgRg no Ag. 1.399.632/PR, Rel. Min. Arnaldo Esteves Lima, ac. 04.12.2012, *DJe* 10.12.2012.

72. PROTESTO CAMBIAL

O Código anterior somente admitia ao protesto judicial a força de interromper a prescrição. Quanto às modalidades extrajudiciais de protesto, era unânime a opinião, em doutrina e jurisprudência, que lhes não reconhecia igual eficácia, inclusive aos protestos cambiários[60].

O atual Código rompeu com essas antigas restrições, e, visando a entrar no ritmo da vida comercial contemporânea, ávida por informalidade e celeridade na condução dos negócios jurídicos, incluiu o protesto cambial no elenco das causas de interrupção da prescrição (art. 202, III). De fato, se no protesto cambial se procura e se obtém o mesmo tipo de documentação de vontade manifestada de que trata o protesto judicial, se ambos não são mais do que variações de uma mesma figura jurídica, cuja diferenciação se dá apenas no procedimento e nos agentes operacionais, não havia razões para continuar afastando o protesto dos títulos de crédito das causas interruptivas das prescrições.

O protesto cambiário é, na verdade, ato *extrajudicial solene,* cujo processamento se dá perante Oficial Público, independentemente de intervenção de advogado, e cujo objetivo principal é assegurar o exercício de certos direitos cambiários.

Consiste essa medida na documentação solene ou formal da apresentação do título ao devedor, feita por intermédio do Oficial Público, para comprovar a falta de pagamento ou aceite, total ou parcial, e, assim, assegurar o exercício dos direitos cambiários regressivos contra coobrigados (protesto *necessário*), e ainda, apenas para obter prova especial e solene da ocorrência (protesto *facultativo*).

De fato, "o protesto cambial ou equivalente, além do sentido clássico de evidenciar a impontualidade do devedor, demonstra que o credor não está inerte"[61].

Os casos e requisitos de protesto são determinados pelas leis especiais que regulam os diversos tipos de títulos de crédito.

A Lei nº 9.492, de 10.09.1997, definiu com maior amplitude a competência e a regulamentação dos serviços concernentes ao protesto de títulos e outros documentos de dívida. Além do maior detalhamento procedimental, essa lei inovou quanto aos títulos protestáveis, que tradicionalmente eram apenas os títulos cambiários e outros títulos de crédito similares e, eventualmente, algum outro documento expressamente arrolado em lei especial. Com a Lei nº 9.492 passaram a ser protestáveis, genericamente, "os documentos de dívida", a par dos títulos de crédito. Uma vez, porém, que o protesto visa a comprovar a mora do devedor e como esta pressupõe "dívida líquida e exigível" (Código Civil, art. 397), não será qualquer documento de dívida que se apresentará como protestável, mas apenas o que retratar obrigação líquida, certa e exigível. Em outros termos, no regime da Lei nº 9.492 a expressão "outros documentos de dívida" corresponde aos papéis a que se atribui a qualidade de título executivo judicial ou extrajudicial, para fins de execução por quantia certa (CPC, art. 784), dentre os quais se destacam a própria sentença civil condenatória, a escritura pública, e qualquer documento público assinado pelo devedor,

---

[60] PONTES DE MIRANDA, Francisco Cavalcanti. *Tratado de Direito Privado.* Parte Geral. Atualização de Otávio Luiz Rodrigues Júnior; Tilman Quarch e Jefferson Carús Guesdes. São Paulo: RT, 2012. t. VI, § 682, n. 2, p. 214.

[61] VENOSA, Sílvio de Salvo. *Código Civil Interpretado*. 2. ed. São Paulo: Atlas, 2011, p. 225.

ou particular assinado pelo devedor e duas testemunhas, desde que atendam às exigências de liquidez, certeza e exigibilidade (art. 783)[62].

Pode-se interromper pelo protesto extrajudicial, na sistemática vigente, não apenas a prescrição das pretensões derivadas dos títulos cambiários, mas também os que provêm de todos os negócios instrumentalizados em documentos passíveis de protesto, nos termos da Lei nº 9.492, de 10.09.1997.

Entretanto, já entendeu o STJ que o protesto de letra de câmbio não aceita e que não circulou não tem o condão de interromper o prazo prescricional da dívida do sacado, que serviu de causa subjacente para a emissão do título de crédito. Segundo o acórdão,

> 6. A citação do nome do sacado na letra de câmbio não gera para ele, no entanto, qualquer efeito cambial, independentemente da existência de uma outra relação jurídica subjacente que tenha servido de ensejo para o saque da cártula. Aplicação do princípio da autonomia das relações cambiais.
>
> 7. O aceite é o ato por meio do qual o sacado se vincula à ordem de pagamento emitida pelo sacador, tornando-se o responsável principal pela dívida inscrita na letra de câmbio. É elemento eventual do título, pois a eficácia cambial da letra de câmbio e sua circulação não dependem, em regra, do aceite; e facultativo, porque é dado segundo exclusivamente segundo a vontade do sacado, não podendo nem mesmo o protesto pela recusa do aceite obrigá-lo a aceitar a ordem de pagamento.
>
> 8. Na letra de câmbio com vencimento a vista, a apresentação para aceite é dispensável, pois a apresentação ao sacado já é dada, imediatamente, para pagamento. Nessa hipótese, o portador apresenta o título para protesto por falta de pagamento, com a finalidade de exercer os direitos cambiários contra os devedores indiretos da dívida nele inscrita, e não para tornar o sacado aceitante.
>
> 9. O protesto é um ato solene de prova da recusa ou da falta de aceite ou de pagamento que tem por propósito conservar os direitos do portador da cártula em face do devedor direito – o sacado aceitante – ou dos devedores indiretos – sacador, endossantes e seus avalistas.
>
> 10. O protesto também pode produzir outros efeitos, como a comprovação da impontualidade injustificada, para efeitos falimentares, ou a interrupção da prescrição, na forma do art. 202, III, do CC/2002.
>
> 11. Na letra de câmbio sem aceite, tanto o protesto por falta ou recusa de aceite quando o por falta ou recusa de pagamento devem ser tirados contra o sacador, que emitiu a ordem de pagamento não honrada, e não contra o sacado, que não pode ser compelido, sequer pelo protesto, a aceitar a obrigação inserida na cártula.
>
> Inteligência do art. 21, § 5º, da Lei nº 9.492/1997.
>
> 12. Se não há responsável principal – por falta de aceite – e se é impossível o exercício de direito de regresso contra os devedores indiretos – seja porque a cártula não circulou, seja porque não realizado o protesto no tempo próprio –, a letra de câmbio deixa de ter natureza de título de crédito, consistindo em um mero documento, produzido unilateralmente pelo sacador.

---

[62] Para uma informação mais detalhada acerca do sistema implantado pela Lei nº 9.492, de 10.09.1997, v. nosso *Processo Cautelar*. 20. ed. São Paulo: LEUD, 2002. n. 308 e ss.

13. A prescrição interrompida pelo protesto cambial se refere única e exclusivamente à ação cambiária e somente tem em mira a pretensão dirigida ao responsável principal e, eventualmente, aos devedores indiretos do título, entre os quais não se enquadra o sacado não aceitante. Aplicação do princípio da autonomia das relações cambiais.

14. Na hipótese concreta, a recorrente sacou letra de câmbio em que apontou como sacada a recorrida e se colocou na posição de beneficiária da ordem de pagamento, levando o título a protesto com o propósito de interromper o prazo prescricional para a cobrança da dívida que serviu de ensejo à emissão da cártula.

15. Na hipótese dos autos, a recorrente, ao protestar o título contra a recorrida não aceitante, tirou o protesto indevidamente contra pessoa que não poderia ser indicada em referido ato documental, praticando, assim, ato ilícito, devendo, pois, responder pelas consequências de seus atos; e a interrupção da prescrição pelo protesto do título não se dá em relação à dívida causal que originou a emissão da cártula[63].

72.1. Interpelação extrajudicial

Mais importante que a previsão dos atos de constituição em mora pela via judicial é a questão de reconhecer-se também à interpelação extrajudicial o efeito de interromper a prescrição. O art. 202, V, ao referir-se somente ao ato judicial dá a ideia de ser atributo apenas da interpelação processada em juízo aquela eficácia interruptiva.

Se, para o atual Código, não é apenas o protesto judicial que interrompe a prescrição (pois, o protesto extrajudicial de títulos tem a mesma força), não há razão para deixar de reconhecer igual eficácia também às interpelações extrajudiciais, operadas por via do Registro de Títulos e Documentos, ou entregues pessoalmente ao obrigado, mediante recibo ou protocolo.

É que, em outro passo, o Código de 2002 flexibilizou também a forma de constituir em mora o devedor, quando se tem necessidade de lançar mão da interpelação. Antigamente, entendia-se que tal interpelação, por falta de previsão em lei, em sentido contrário, somente poderia ser sob a forma judicial. Com o Código atual, "a mora se constitui mediante interpelação judicial ou extrajudicial" (art. 397, parágrafo único). Equiparou-se, em eficácia jurídica, a interpelação extrajudicial à interpelação judicial.

Ora, interpelar e protestar são expedientes que correspondem aos mesmos objetivos: comprovar a manifestação de vontade do credor e preservar seus direitos diante do devedor. Por esse meio, o credor faz chegar ao obrigado a pretensão de haver o que lhe cabe, diante da obrigação existente entre as partes.

Se esse protesto ou interpelação, operado extrajudicialmente, tem a força de colocar o devedor em mora, nos parece razoável reconhecer-lhe essa mesma força, quando se trata de impedir a consumação da prescrição. É o rumo indicado pela modernização do direito obrigacional exigida pela sociedade contemporânea.

Nesse sentido, é bom lembrar que o Código italiano já prevê que não apenas a citação e os atos judiciais se prestam a interromper a prescrição, pois seu art. 2.943 dispõe que "a prescrição é também interrompida por qualquer outro ato que possa constituir em mora

---

[63] STJ, 3ª T., REsp. 1.748.779/MG, Rel. Min. Nancy Andrighi, ac. 19.05.2020, *DJe* 25.05.2020.

Capítulo VII · DAS CAUSAS QUE INTERROMPEM A PRESCRIÇÃO | **171**

o devedor"[64]. Interrompe a prescrição, na Itália, destarte, "qualquer ato que constitua em mora o devedor"[65]. E o art. 1.219 do Código italiano prevê que a mora pode ser provocada mediante simples intimação feita por escrito. Não há razão para pensar-se diferentemente em relação ao nosso direito.

73. APRESENTAÇÃO DO TÍTULO DE CRÉDITO EM JUÍZO SUCESSÓRIO

Aberta a sucessão hereditária, a lei permite aos credores do falecido um caminho não contencioso para reclamar o pagamento de seus créditos. Mediante petição, acompanhada de prova literal da dívida, será formulado nos autos do inventário, antes da partilha, o pedido de pagamento. Havendo acordo de todos os interessados, o juiz autorizará a separação de dinheiro, ou de bens, da herança, para que o espólio satisfaça o crédito habilitado (CPC, art. 642, *caput* e §§ 1º e 2º). Não havendo concordância das partes, o credor será remetido para as vias ordinárias (CPC, art. 643, *caput*).

Essa apresentação do título de crédito no inventário, o Código Civil considera como causa interruptiva da prescrição (art. 202, IV), haja ou não aprovação do crédito pelos sucessores. Nesse caso, a interrupção "somente cessa com o trânsito em julgado da decisão que julgue o mérito do pedido de pagamento, ou com o último ato do processo, se parou o procedimento. Se foi retirado por vontade do apresentante antes da audiência do inventariante, cessa a interrupção; se remetido o interessado às instâncias ordinárias, a interrupção cessa, porque esse foi o último ato do juiz, trânsito em julgado"[66].

Já se pretendeu, no passado, admitir que esse procedimento fosse cabível diante de qualquer crédito, até mesmo daqueles ajustados sem instrumento escrito[67]. O vigente Código de Processo Civil, todavia, não permite tal exegese, pois seu art. 642, § 1º, é muito claro ao exigir que a petição de pagamento de dívida no inventário se deva fazer mediante exibição de "prova literal" da obrigação.

74. APRESENTAÇÃO DO TÍTULO DE CRÉDITO EM CONCURSO DE CREDORES

Tanto o devedor civil como o comercial, quando incorrem em insolvência, sujeitam-se à execução coletiva, que, para o primeiro recebe o nome de *insolvência civil* (CPC/1973, arts. 748 e segs., mantido pelo CPC, art. 1.052), e, para o segundo, o de *falência* (Lei nº 11.101/2005).

Em ambos os casos, instaura-se o concurso universal de credores, para o qual são convocados todos os que tenham títulos de crédito a realizar contra o insolvente. As execuções singulares são vetadas após a implantação do juízo coletivo.

---

[64] *"Art. 2.943- La prescrizione è inoltre interrotta da ogni altro atto che valga a costituire in mora il debitore"* (Código Civil italiano).

[65] RUGGIERO. *Instituições de direito civil*. Trad. Ary dos Santos. São Paulo: Saraiva, 1957. v. I, § 34º, p. 364.

[66] PONTES DE MIRANDA. *Comentários ao Código de Processo Civil*. 3. ed. Rio de Janeiro: Forense, 1996. tomo III, p. 244.

[67] CÂMARA LEAL, Antônio Luis da. *Da prescrição e da decadência*. Teoria geral do direito civil. 2. ed. Rio de Janeiro: Forense, 1959, n. 137, p. 201-202.

As diversas habilitações dos credores do insolvente equivalem a um feixe de execuções, cuja soma forma a execução global ou universal. Dessa maneira, quando cada credor apresenta seu título ao concurso está, na verdade, exercendo a ação tendente a realizar a pretensão que corresponde ao direito que tem perante o insolvente.

Por isso, o art. 202, IV, trata a apresentação de título de crédito em concurso de credores como causa interruptiva da prescrição. Com efeito, nessa atitude do credor, configura-se o exercício da pretensão oriunda do não pagamento de seu crédito pelo devedor que veio a cair em insolvência. Com a habilitação, cessa a inércia do credor e entra em prática a ação em juízo para realizar a pretensão insatisfeita.

Em relação à falência, é sabido que a sentença declaratória opera efeitos imediatos, com a formação da *massa falida subjetiva*, composta da massa de credores, que concorrerá para a satisfação de seus créditos. Concomitantemente, forma-se a *massa falida objetiva*, com a afetação do patrimônio do falido como um todo. Segundo o STJ, a decretação da falência tem o condão de interromper e suspender alguns prazos prescricionais: a) é interrompido o prazo de usucapião de imóvel pertencente ao falido, "pois o possuidor (seja ele o falido ou terceiros) perde a posse pela incursão do Estado na sua esfera jurídica"; e, b) suspende-se o prazo prescricional das obrigações de responsabilidade do falido frente a seus credores:

> 4. A sentença declaratória da falência produz efeitos imediatos, tão logo prolatada pelo juízo concursal.
>
> 5. O bem imóvel, ocupado por quem tem expectativa de adquiri-lo por meio da usucapião, passa a compor um só patrimônio afetado na decretação da falência, correspondente à massa falida objetiva. Assim, o curso da prescrição aquisitiva da propriedade de bem que compõe a massa falida é interrompido com a decretação da falência, pois o possuidor (seja ele o falido ou terceiros) perde a posse pela incursão do Estado na sua esfera jurídica.
>
> 6. A suspensão do curso da prescrição a que alude o art. 47, do DL 7.661/1945 cinge-se às obrigações de responsabilidade do falido para com seus credores, e não interfere na prescrição aquisitiva da propriedade por usucapião, a qual interrompida na hora em que decretada a falência devido à formação da massa falida objetiva[68].

Na atual legislação falimentar, o art. 6º da Lei nº 11.101/2005 dispõe que "a decretação da falência ou o deferimento do processamento da recuperação judicial suspende o curso da prescrição e de todas as ações e execuções em face do devedor, inclusive aquelas dos credores particulares do sócio solidário". Encerrada a falência, com o trânsito em julgado da sentença, "o prazo prescricional relativo às obrigações do falido recomeça a correr" (art. 157).

Em se tratando de recuperação judicial, a suspensão se opera por até 180 (cento e oitenta) dias, contados do deferimento de seu processamento (art. 6º, § 4º).

Releva destacar que a recontagem da prescrição pelo saldo do prazo legal, englobará tanto a cobrança do saldo residual dos credores que se habilitaram na massa falida, como o crédito daqueles que não participaram do concurso[69].

---

[68]   STJ, 3ª T., REsp. 1.680.357/RJ, Rel. Min. Nancy Andrighi, ac. 10.10.2017, *DJe* 16.10.2017.

[69]   GONÇALVES, Fernando; MOURÃO, Gustavo César. In: CORRÊA-LIMA, Osmar Brina; CORRÊA-LIMA, Sérgio Mourão. *Comentários à Nova Lei de Falência e Recuperação de Empresas*. Rio de Janeiro: Forense, 2009. p. 1.050.

75. ATO JUDICIAL DE CONSTITUIÇÃO EM MORA DO DEVEDOR

A possibilidade de a prescrição ser interrompida em juízo por outro ato de constituição em mora, além da citação, já vinha previsto no Código anterior (art. 172, IV).

Pontes de Miranda identificava tais atos processuais como sendo a notificação, a interpelação e o protesto[70].

O protesto judicial já fora objeto do inciso II do artigo comentado. Restariam, então, a notificação e a interpelação, que nem sempre veiculam uma pretensão, mas que eventualmente podem fazê-lo e, como tal, teriam força para interromper a respectiva prescrição.

Recorrendo-se ao direito processual, podem ser caracterizadas as três figuras ora cogitadas.

No regime do CPC/1973, o protesto judicial era tido como gênero das manifestações em juízo da intenção de exercitar pretensão de ressalva ou de conservação de direitos[71]. A notificação e a interpelação correspondiam a espécies dessa atividade processual conservativa, aplicáveis a casos especialmente previstos na lei[72].

Agora, o CPC/2015 define a notificação em seu art. 726, dispondo: "quem tiver interesse em manifestar formalmente sua vontade a outrem sobre assunto juridicamente relevante poderá notificar pessoas participantes da mesma relação jurídica para dar-lhes ciência de seu propósito". E a interpelação no art. 727: "poderá o interessado interpelar o requerido, no caso do art. 726, para que faça ou deixe de fazer o que o requerente entenda ser de seu direito". Prevê, ainda, o protesto judicial (art. 726, § 2º), mas não especifica em que consistirá ele.

Como a notificação veicula manifestação de vontade endereçada a outrem, a respeito de propósito do declarante em torno de relação jurídica travada entre ambos (art. 726), e a interpelação consiste na convocação de alguém a fazer ou deixar de fazer algo que o promovente considere seu direito (art. 727), resta ao protesto judicial a função de documentação residual de qualquer pretensão que não verse sobre cumprimento de obrigações entre os sujeitos de determinada relação jurídica (notificação), nem sobre exigência de prestações devidas ao promovente (interpelação).

Com o protesto, portanto, o interessado promove medida em juízo destinada a documentar certa declaração de vontade, cientificando solenemente o destinatário do propósito do promovente de ressalvar ou conservar direitos e prevenir responsabilidades.

---

[70] PONTES DE MIRANDA, Francisco Cavalcanti. *Tratado de direito privado*. São Paulo: RT, 2012. t. VI, § 685, n. 1, p. 376.

[71] FADEL, Sérgio Sahione. *Código de Processo Civil Comentado*. Rio de Janeiro: J. Konfino, 1974. v. IV, p. 306.

[72] "O protesto, a notificação e a interpelação (arts. 867 e seguintes do CPC) [NCPC, alguns sem correspondentes e arts. 728 e 729] são procedimentos judiciais não contenciosos que ostentam índole meramente conservativa de direitos. Assim, a função da cautelar de notificação é tão somente transmitir à outra parte acerca de um direito que será eventualmente exercido. Impossibilidade de se determinar, pela via eleita, a imposição de obrigações à requerida" (TRF-1, 1ª Câm. Suplementar, AC 0021694-06.2004.4.01.3400, Rel. Juiz Federal Miguel Angelo de Alvarenga Lopes [conv.], ac. 18.06.2013, *DJe* 05.07.2013).

Sua finalidade, por exemplo, pode ser:

a) *prevenir responsabilidade,* como, *v.g.,* o caso do engenheiro que elaborou o projeto e nota que o construtor não está seguindo seu plano técnico;

b) *prover a conservação de seu direito,* como no caso de protesto interruptivo de prescrição;

c) *prover a ressalva de seus direitos,* como no caso de protesto contra a alienação de bens, que possa reduzir o devedor à insolvência e deixar o credor sem meios de executar seu crédito.

O protesto não acrescenta nem diminui direitos ao promovente[73]. Apenas conserva ou preserva direitos porventura preexistentes. Não tem feição de litígio e é essencialmente unilateral em seu procedimento. O outro interessado apenas recebe ciência dele.

No caso frequente do protesto contra alienação de bens, não se vê nele o exercício de nenhuma pretensão imediata contra os requeridos. Apenas se busca evitar que o adquirente venha a ocultar-se na alegação de boa-fé em demanda futura sobre irregularidades do negócio jurídico. Para que o protesto, portanto, se preste a interromper a prescrição, é necessário que se refira a negócio já consumado e que em face dele já tenha nascido pretensão oponível ao requerido.

O protesto pode ser tido como gênero das manifestações em juízo da intenção de exercitar uma pretensão de ressalva ou conservação de direitos[74].

A notificação e a interpelação são espécies dessa atividade, processual conservativa, aplicáveis em casos especialmente previstos na lei.

Consiste a *notificação,* com propriedade, na cientificação da vontade do notificante que se faz a outrem, sobre assunto juridicamente relevante. É o que se dá, por exemplo, quando o senhorio *notifica* o locatário o seu propósito de cessar a relação locatícia, determinando prazo para desocupação do prédio alugado, sob pena de ajuizamento da ação de despejo.

Pela notificação, o que se faz, com propriedade, é a comprovação solene de uma declaração de vontade, para atingir-se um fim de direito material. O que o locador ou o comodante fazem, por meio da notificação, nos contratos sem prazo, é justamente a *denúncia do contrato.* A notificação é, assim, o instrumento de um ato substancial de ruptura do vínculo contratual. Por meio dela, a vontade atua no mundo jurídico, criando uma situação jurídica nova, que vai legitimar, em seguida, a retomada da coisa pelo interessado (locador ou comodante) através da via processual contenciosa adequada.

A *interpelação,* por sua vez, tem o fim específico de servir ao credor para fazer conhecer ao devedor a exigência de cumprimento da obrigação, sob pena de ficar constituído em mora[75].

A notificação é expediente que se adapta bem a transmitir pretensões entre os sujeitos de relação jurídica e, assim, conforme seus termos, tem idoneidade para interromper prescrição.

---

[73] AMERICANO, Jorge. *Comentários ao Código de Processo Civil do Brasil.* 2. ed. São Paulo: Saraiva, 1960. v. III, p. 110.

[74] FADEL, Sérgio Sahione. *Código de Processo Civil comentado.* Rio de Janeiro: J. Konfino, 1974. v. IV, p. 306.

[75] AMERICANO, Jorge. *Comentários ao Código de Processo Civil do Brasil.* 2. ed. São Paulo: Saraiva, 1960. v. III, p. 110.

A interpelação, se empregada em sua função típica, não pode se prestar a interromper a prescrição. Isto porque, segundo o próprio Código Civil, é por meio dela que se constitui em mora o devedor por obrigação de prazo indeterminado (art. 397). Ora, se a mora virá da interpelação, somente após ela a obrigação se tornará exigível. A pretensão, que faz iniciar a prescrição, seria posterior à interpelação. Dessa maneira, não pode a interpelação interromper algo que, a seu tempo, inexiste. Dela nasce o prazo prescricional e não a interrupção dele.

Para ter-se a interpelação como causa interruptiva é preciso recorrer a situações anômalas: ou o rótulo da medida é usado com desvio técnico de função, fazendo as vezes da notificação ou do protesto; ou embora vencida a prestação, acomodações ulteriores entre as partes tenham tornado inseguro o momento de sua exigibilidade (prazos de espera e outros ajustes similares). A interpelação, na espécie, teria a função de resguardar a boa-fé e dar ensejo a que o devedor cumpra a prestação em momento certo e sem os inconvenientes da execução judicial.

76. RECONHECIMENTO DO DIREITO PELO DEVEDOR

Pelo art. 202, VI, a prescrição pode interromper-se por qualquer ato do devedor que importe *reconhecimento do direito do credor*.

Esse reconhecimento tanto pode acontecer em juízo como fora dele. Não se sujeita a qualquer exigência de forma, e não precisa configurar, obrigatoriamente, um negócio jurídico, isto é, uma declaração de vontade emitida com a intenção dirigida à produção de determinado efeito jurídico. Nem mesmo é preciso que o reconhecimento se dê literalmente acerca do débito. Basta que, de forma inequívoca, a vontade expressada pelo devedor corresponda ao seu assentimento à existência da obrigação[76].

Nem mesmo exige a lei que o ato interruptivo seja um reconhecimento direto e expresso. Pode dar-se de forma indireta e tácita. O que se deve entrever no ato de vontade é uma adesão consciente do devedor ao direito do credor, de sorte que, ao fazê-la, o declarante tenha apenas ciência de que o titular do direito reconhecido eventualmente possa se servir da declaração para fazê-lo atuar[77]. É a lei que atribui efeito ao reconhecimento e não a intenção da parte. É nesse sentido que Planck afirma que o reconhecimento do direito capaz de interromper a prescrição "é reputado um puro fato de manifestação de vontade, não uma declaração de vontade, que tenha em vista um ato jurídico"[78].

---

[76] *"Nel silenzio della legge, è irrelevante il modo e libera la forma in cui il riconoscimento si manifesta. L'atto di ricognizione dell diritto altrui richiede soltanto il requisito della volontarietà non già l'intento di produrre l'effetto di interrompere la prescrizione del diritto: come tale si tratta di una semplice dichiarazione di scienza (per di più surrogabile da comportamenti non dichiarativi)"* (BIGLIAZZI GERI, Lina et al. *Diritto civile* – Norme, soggetti e rapporto giuridico. Torino: UTET, 1987. v. I, t. I, p. 400, nota 301).

[77] "Assim, interrompe a prescrição carta do devedor reconhecendo a legitimidade da dívida, bem como o pagamento parcial da dívida ou de juros. Tais atitudes, na verdade, declaram a renúncia à prescrição do lapso já decorrido" (VENOSA, Sílvio de Salvo. *Código Civil Interpretado*. 2. ed. São Paulo: Atlas, 2011, p. 225).

[78] PLANCK. *Code civil allemand traduit et annoté*, n. 62, nota 1 (apud CÂMARA LEAL, Antônio Luis da. *Da prescrição e da decadência*. Rio de Janeiro: Forense, 1959. n. 140, p. 205-206).

O que se exige, segundo Pontes de Miranda, é tão somente "o enunciado de conhecimento, de convicção, sobre a existência da obrigação"[79].

Nem a forma escrita é imposta pela lei, razão por que é de aceitar-se a prova do reconhecimento inequívoco do direito, pelo devedor, até mesmo por meio de testemunhas[80].

O STJ já reconheceu que, para a interrupção da prescrição "é suficiente a prática de ato inequívoco de reconhecimento do direito pelo prescribente, sendo desnecessário que esse ato seja dirigido ao credor"[81].

Quanto às maneiras indiretas ou implícitas de reconhecer o direito e, assim, interromper a prescrição, a doutrina cita inúmeros exemplos, sendo os mais comuns, o pagamento parcial, o pedido de prazo para resgatar a dívida, o fornecimento de garantias, a promessa de pagamento, a prestação de contas[82].

A jurisprudência do STJ, por sua vez, já reconheceu interrompida a prescrição:

> a) pela "confissão realizada por meio de certidão individual emitida pelo Tribunal, acerca da existência de dívida de valor consolidado em favor de servidor público integrante de seu quadro"[83];
>
> b) pelo "inequívoco reconhecimento do débito pela Administração pela prática de atos extrajudiciais, como a publicação de comunicado"[84];
>
> c) pela "emissão de notas promissórias pelos réus, em substituição ao termo de confissão de dívida"[85];
>
> d) pelo "reconhecimento administrativo do débito"[86].

Adverte-se, contudo, que o pagamento parcial, desvinculado de qualquer relacionamento com outras prestações do mesmo débito, nem sempre é prova inequívoca do reconhecimento do remanescente do direito do credor, o mesmo acontecendo com tentativas frustradas de acerto de contas e com a declaração que reconhece apenas parte da dívida. Em situações duvidosas como essas, não se pode ter como interrompida a prescrição,

---

[79] PONTES DE MIRANDA, Francisco Cavalcanti. *Tratado de Direito Privado*. Parte Geral. Atualização de Otávio Luiz Rodrigues Júnior; Tilman Quarch e Jefferson Carús Guesdes. São Paulo: RT, 2012. t. VI, § 686, n. 1, p. 378.

[80] PONTES DE MIRANDA, Francisco Cavalcanti. *Tratado de Direito Privado*. Parte Geral. Atualização de Otávio Luiz Rodrigues Júnior; Tilman Quarch e Jefferson Carús Guesdes. São Paulo: RT, 2012. t. VI, § 686, n. 1, p. 379; CÂMARA LEAL, Antônio Luis da. *Da prescrição e da decadência*. Teoria geral do direito civil. 2. ed. Rio de Janeiro: Forense, 1959, n. 140, p. 205; BIGLIAZZI GERI, Lina et al. *Diritto civile* – Norme, soggetti e rapporto giuridico. Torino: UTET, 1987. v. I, t. I, p. 400, nota 301.

[81] STJ, 4ª T., REsp. 1.002.074/RS, Rel. Min. João Otávio de Noronha, ac. 04.08.2011, *DJe* 12.09.2011.

[82] BIGLIAZZI GERI, Lina et al. *Diritto civile* – Norme, soggetti e rapporto giuridico. Torino: UTET, 1987. v. I, t. I, p. 401, nota. 301; LEAL, Antônio Luis da. *Da prescrição e da decadência*. Teoria geral do direito civil. 2. ed. Rio de Janeiro: Forense, 1959, n. 140, p. 206; PONTES DE MIRANDA, Francisco Cavalcanti. *Tratado de Direito Privado*. Parte Geral. Atualização de Otávio Luiz Rodrigues Júnior; Tilman Quarch e Jefferson Carús Guesdes. São Paulo: RT, 2012. t. VI, § 686, n. 3 e 4, p. 380-381.

[83] STJ, 3ª Seção, REsp. 1.112.114/SP, Rel. Min. Arnaldo Esteves, ac. 09.09.2009, *DJe* 08.10.2009.

[84] STJ, 2ª T., REsp. 1.192.901/SP, Rel. Min. Eliana Calmon, ac. 17.06.2010, *DJe* 01.07.2010.

[85] STJ, 4ª T., EDcl. no AgRg no AREsp. 452.998/SP, Rel. Min. Luis Felipe Salomão, ac. 26.04.2014, *DJe* 01.08.2014.

[86] STJ, 6ª T., AgRg no Ag 805.509/SP, Rel. Min. Maria Thereza, ac. 24.05.2007, *DJU* 11.06.2007, p. 384.

porquanto, para os fins do art. 202, VI, o reconhecimento do direito do credor, embora possa admitir forma livre e tácita, tem de ser inequívoco.

Da mesma forma, o STJ já entendeu que o pedido de prazo, para análise de documentos, não pode ser considerado como ato inequívoco de reconhecimento de dívida:

> 2. Nos termos do art. 202, VI, do CC/02, é causa interruptiva do prazo prescricional "qualquer ato inequívoco, ainda que extrajudicial, que importe reconhecimento do direito pelo devedor".
>
> 3. Segundo a doutrina, "é preciso que haja reconhecimento: o escrito do devedor que não reconhecer, inequivocamente a obrigação, não interrompe a prescrição".
>
> 4. Na hipótese dos autos, o pedido de concessão de prazo para analisar os documentos apresentados pela recorrida apenas poderia ser considerado como ato inequívoco que importasse em reconhecimento de débito (direito de receber) apenas se fosse destinado ao pagamento de valores, mas nunca para analisar a existência do próprio débito[87].

77. RETOMADA DA PRESCRIÇÃO

Segundo o parágrafo único do art. 202, a prescrição recomeça a correr após sua interrupção. Há, porém, duas formas de conseguir o efeito interruptivo: por ato de eficácia instantânea e por meio de processo cujo curso se prolonga no tempo.

Na primeira hipótese, que compreende os protestos, a interpelação, a notificação e o reconhecimento do direito do credor, a retomada do prazo prescricional é imediata, isto é, começa a partir da data em que o ato interruptivo aconteceu.

O STJ, analisando a interrupção ocorrida pela concordância do devedor com as retenções de parcelas do acordo, entendeu que o prazo voltou a fluir a partir do recebimento da última parcela do acordo:

> 1. O Código Civil de 1916 dispõe no art. 172, V, que o reconhecimento inequívoco do débito por parte do devedor interrompe o prazo prescricional. Diz, em seguida, no art. 173, que o prazo volta a curso a partir do ato que o interrompeu, ou do último ato que importasse nesse reconhecimento.
>
> 2. Na espécie, a concordância do recorrente com as retenções efetuadas pela recorrida nas parcelas do acordo caracterizou ato inequívoco de reconhecimento do débito, acarretando, assim, a interrupção do prazo prescricional que só voltou a fluir em 15/10/1998, com o recebimento da última parcela do acordo[88].

A hipótese aventada no acórdão pressupõe, naturalmente, que, por circunstâncias particulares, o último pagamento não foi suficiente para quitar todas as obrigações do devedor. Mas, se o prazo previsto no acordo escoou sem que a dívida fosse solvida, a prescrição voltará a correr da data em que o pagamento deveria ter acontecido, ou seja, no termo final do prazo de espera convencionado.

---

[87] STJ, 3ª T., REsp 1677895/SP, Rel. Min. Nancy Andrighi, ac. 06.02.2018, *DJe* 08.02.2018.

[88] STJ, 3ª T., REsp. 1.280.206/RS, Rel. Min. Massami Uyeda, ac. 11.10.2011, *DJe* 26.10.2011.

Nos casos em que o credor tem de se valer de processo judicial para interromper a prescrição – citação em juízo e a apresentação do título de crédito em inventário ou concurso de credores – a retomada do curso prescricional ficará suspensa, no aguardo do fim do procedimento respectivo. Será do *último ato* do processo que se reiniciará a contagem da prescrição.

O último ato no processo de conhecimento é ordinariamente o trânsito em julgado da sentença. Pode, no entanto, a participação do credor não durar até aquele momento final. Ele pode ter sido excluído do feito antes de seu encerramento (ex.: sua habilitação no inventário foi recusada; na ação cognitiva, um dos litisconsortes facultativos foi excluído antes do julgamento de mérito por ter, *v.g.*, feito algum acordo com o réu). Para esses litigantes, o último ato do processo terá sido aquele em que sua exclusão se tornou definitiva.

Quando o processo se anula, por vício que atinge toda a relação processual, assim mesmo se aproveita o ato inicial que interrompeu a prescrição, isto é, a citação ou a apresentação do título em juízo. Nesse caso, dispõe o Código italiano, em regra que se deve observar também entre nós, que "remanesce válido o efeito interruptivo e o novo período de prescrição começa da data do ato interruptivo" (art. 2.945). Prevalecerá, portanto, a data da citação e não a do encerramento do processo, se dele nada se puder validamente aproveitar a não ser o ato citatório (v., em seguida, o nº 78).

Em se tratando de prescrição contra a Fazenda Pública, uma vez interrompido o seu curso, o prazo volta a fluir, pela metade, da data do ato que a interrompeu ou do último ato ou termo do respectivo processo, nos termos do art. 9º do Decreto nº 20.910/1932. Por isso, segundo orientação do STJ, em mandado de segurança impetrado por servidor público, a sua impetração "interrompe a fluência do prazo prescricional para a ação de cobrança das parcelas relativas ao quinquênio anterior à propositura do *writ*, voltando a fluir, pela metade, após o seu trânsito em julgado"[89].

78. PROCESSO ANULADO OU EXTINTO SEM RESOLUÇÃO DE MÉRITO

Na discussão do Projeto que se converteu no atual Código Civil, houve propostas no sentido de que a desistência da ação, a anulação do processo, ou a sua extinção sem julgamento de mérito invalidariam a interrupção da prescrição provocada pela citação inicial. Essas proposições foram rejeitadas porque não eram coerentes com o sistema projetado, que valorizava toda forma inequívoca do credor de quebrar a inércia na reação contra a violação de seu direito, em matéria de interrupção da prescrição.

Coerentemente, a Comissão Revisora, na esteira da boa e mais atualizada doutrina, assentou que "o direito interruptivo não se dá em atenção à sentença, mas decorre da citação. A propositura da ação demonstra inequivocamente que o autor, cujo direito diz violado, não está inerte. Se o simples protesto judicial basta para interromper a prescrição, por que não bastará a citação em processo que se extinga sem julgamento de mérito?"[90].

---

[89] STJ, 1ª T., AgInt nos Edcl no REsp. 1.973.809/DF, Rel. Min. Regina Helena Costa, ac. 15.12.2022, *DJe* 31.01.2023.

[90] MOREIRA ALVES, José Carlos. *A parte geral do projeto de Código Civil brasileiro*. São Paulo: Saraiva, 1986. p. 154.

Pelo Código, portanto, a interrupção se dá com a inequivocidade de que o titular do direito violado não está inerte. Se se admite que a citação, mesmo ordenada por juiz incompetente, ostenta a força interruptiva da prescrição, não pode ser diferente o tratamento a ser dispensado à citação efetivada em processo que, posteriormente, vem a extinguir-se, sem julgamento de mérito, por qualquer razão de ordem formal. A posição adotada pelo Código não deixa dúvida sobre a solução a se dar ao problema, que é, à evidência, a mais plausível e a mais consentânea com os objetivos da interrupção de prescrição. "É preciso atentar" – como destacou a Comissão Revisora – "para o fato de que a prescrição é para punir a inércia do titular do direito violado, e não para proteger o violador do direito. Se há nulidade processual, nem por isso se deve desproteger aquele para beneficiar este, pois aquele demonstrou não estar inerte"[91].

Qualquer que seja, então, a causa da extinção prematura do processo (falta de pressuposto processual ou carência de ação, desistência da ação ou anulação do processo), a citação, se não foi ela mesma praticada de forma nula, conservará sua natural eficácia de interromper a prescrição.

Dele sempre se aproveitará o ato citatório, como causa eficiente para quebrar a inércia do credor. Assim, ainda que imprestável o processo para atingir-se o julgamento do mérito da causa, a prescrição terá sido interrompida pela citação e sua retomada deverá observar o disposto no parágrafo único do art. 202. Assim, aliás, já vinha decidindo o Superior Tribunal de Justiça, antes mesmo do atual Código Civil[92] (sobre o tema, v. item 70.4, *retro*).

Pontes de Miranda, no entanto, lembrava a existência de entendimento no sentido de que a extinção do processo por desistência inutilizaria o efeito interruptivo da citação[93]. Essa era de fato a orientação predominante no direito comparado[94], mas sempre por previsão expressa de textos legais de redação diversa da adotada pelo Código brasileiro. A exegese doutrinária e jurisprudencial, levando em conta a especificidade do antigo art. 173 (literalmente mantida pelo parágrafo único do art. 202 do Código de 2002), não se deixava influenciar pelo direito estrangeiro. Sem qualquer distinção entre o processo encerrado com julgamento de mérito e o extinto por desistência ou absolvição da instância, considerava-se a citação como interrupção "não instantânea" da prescrição, mas "duradoura". Com a citação destrói-se, num instante, o prazo prescricional transcorrido; todavia, o efeito interruptivo não desaparece desde logo, mas, pelo contrário, persiste,

---

[91] MOREIRA ALVES, José Carlos. *A parte geral do projeto de Código Civil brasileiro*. São Paulo: Saraiva, 1986, p. 155.

[92] STJ, 4ª T., REsp. 47.790-5/SP, Rel. Min. Sálvio de Figueiredo, ac. 31.05.1994, *DJU* 27.06.1994, p. 16.989. "Acórdão que parte da premissa de que simples fato de se declarar extinto um processo não retira da citação nele ocorrida a eficácia de interromper a prescrição. Tal arresto não ofende o art. 175 do Código Civil" [de 1916] (STJ, 1ª T., REsp. 60.259-9/SP, Rel. Min. Humberto Gomes de Barros, *DJU* 22.05.1995, p. 14.373).

[93] PONTES DE MIRANDA, Francisco Cavalcanti. *Tratado de Direito Privado*. Parte Geral. Atualização de Otávio Luiz Rodrigues Júnior; Tilman Quarch e Jefferson Carús Guesdes. São Paulo: RT, 2012. t. VI, § 681, n. 6, p. 359.

[94] Código Civil português, art. 327º, nº 2; Código Civil uruguaio, art. 1.237; Código Civil italiano, art. 2.945, 3º comma; Código Civil argentino, art. 2.547.

impedindo, enquanto não paralisado o andamento do processo, que recomece a fluência do novo prazo de prescrição[95]. Vale dizer:

> Enquanto o processo estiver em andamento, enquanto se desenvolver para formação dos elementos constitutivos, da causa, a interrupção inicial não deixa de produzir os seus efeitos, porque, no dizer de Orozimbo Nonato, ela é continuativa e o contrário seria conceber uma prescrição sem o elemento fundamental da inércia do autor (Direito, vol. 22, p. 269)[96].

Carvalho Santos, de forma expressa, ensinava que a interrupção duradoura prevista no art. 173 do Código velho (atual parágrafo único do art. 202) somente não se aplicava ao processo em que a própria citação fosse nula. Nos demais casos de processo anulado, como, *v.g.*, cumulação indevida de ações, a retomada do prazo de prescrição haveria de se dar a partir do "último ato da ação anulada"[97].

Para Câmara Leal, não se deveria adotar a orientação do direito comparado, como a dos Códigos francês, italiano, alemão, chileno etc., em que expressamente não se atribui à citação, mas à demanda, o efeito interruptivo da prescrição. Nosso direito, todavia, não se preocupou com o resultado da demanda nessa matéria, para que se tivesse como interrompida duradouramente a prescrição. "Do destino da demanda não se cogitou o nosso Código, de modo que, qualquer que seja sua sorte, ela não retrotrairá, influindo sobre a interrupção, para infirmá-la."[98] Enquanto pende o processo em que se deu a citação válida do devedor, não correrá novamente o prazo prescricional. Não importa o motivo da extinção da demanda – se por meio de julgamento de mérito, por desistência ou qualquer outra causa de encerramento do feito –, "somente com o último termo da demanda ou quando esta tiver o fim é que começa a correr o prazo para a prescrição"[99].

Pensamos que, tendo o atual Código conservado a mesma norma do Código de 1916, não haverá razão para se afastar da doutrina e da jurisprudência que se tornaram consolidadas entre nós, e que se tornaram tão claras no magistério de Carvalho Santos e Câmara

---

95   CÂMARA LEAL, Antônio Luis da. *Da prescrição e da decadência*. Teoria geral do direito civil. 2. ed. Rio de Janeiro: Forense, 1959, n. 150, p. 217; CARPENTER, Luiz Frederico Sauerbronn. *Da prescrição*: artigos 161 a 179 do Código Civil. 3. ed. Rio de Janeiro: Nacional, 1958. v. I, n. 148, p. 393; CARVALHO SANTOS, J. M. de. *Código Civil brasileiro interpretado*. 7. ed. Rio de Janeiro: Freitas Bastos, 1958. v. III, p. 436.

96   TJRS, 3ª CC., Ap. 2.756, ac. 27.06.1946, Rel. Des. João Soares (BUSSADA, Wilson. *Código Civil brasileiro interpretado pelos tribunais*. Rio de Janeiro: Liber Juris, 1980. v. I, t. III, n. 1.071, p. 168). No mesmo sentido: TJRS, 2ª C., Ag. Pet. 3.123, ac. 22.10.1947, Rel. Des. Homero Martins Baptista, idem, n. 1.072, p. 169; TJDF, 5ª CC., Ag. Pet. 1.936, ac. 01.03.1937, Rel. Des. Burle de Figueiredo, *RT* 108/779, idem, n. 1.073, p. 169-170.

97   CARVALHO SANTOS, J. M. de. *Código Civil brasileiro interpretado*. 7. ed. Rio de Janeiro: Freitas Bastos, 1958. v. III, p. 437; TJSP, ac. 11.02.1932, *RT* 81/541.

98   CÂMARA LEAL, Antônio Luis da. *Da prescrição e da decadência*. Teoria geral do direito civil. 2. ed. Rio de Janeiro: Forense, 1959, n. 135, p. 197.

99   CÂMARA LEAL, Antônio Luis da. *Da prescrição e da decadência*. Teoria geral do direito civil. 2. ed. Rio de Janeiro: Forense, 1959, n. 150, p. 218. "Se o processo sofre intermitência, quer pela absolvição, interrupção ou perempção da instância, quer pela perempção, desistência ou anulação da ação, e o direito não chega a ser decidido, é claro que, para efeito da interrupção prescricional, se deve considerar como último ato do processo aquele em que se verificou a sua intermitência, começando, desde então, a correr o novo prazo da prescrição" (CÂMARA LEAL, Antônio Luis da. *Da prescrição e da decadência*. Teoria geral do direito civil. 2. ed. Rio de Janeiro: Forense, 1959, n. 150, p. 220).

Leal. Não vale a pena inová-las apenas para fazer concessões a direitos estrangeiros que, sabidamente, adotam textos normativos diversos do nosso atual art. 202, parágrafo único.

78.1. Quando a citação não interrompe a prescrição

Quando se extingue o processo sem julgamento de mérito, em regra, subsiste o efeito interruptivo da citação válida nele promovida. Há situações, contudo, em que o fundamento da sentença extintiva necessariamente atinge a citação, mesmo que esta tenha sido realizada de forma processualmente válida[100]. São exemplos de extinção do processo com afastamento da força interruptiva de prescrição da citação: a) o acolhimento da exceção de litispendência, porque a interrupção já teria ocorrido no primeiro processo e não se admite que a prescrição seja interrompida mais de uma vez (art. 202, *caput*); b) a exceção de coisa julgada, pela mesma razão, pode retirar toda a eficácia interruptiva da citação; c) no caso de carência de ação por ilegitimidade de parte, a citação não interrompe a prescrição, porque o ato interruptivo para surtir tal efeito deve ser promovido entre pessoas dotadas de interesse jurídico (art. 203); a extinção por impossibilidade jurídica não deixa sobreviver o efeito da citação sobre a prescrição, porque teria veiculado pedido de quem não teria pretensão em sentido jurídico (art. 189).

Já no caso de extinção por falta de interesse, em que, *v.g.*, o autor lança mão de remédio processual inadequado, pretensão existe e a citação conserva sua força interruptiva, mesmo que o processo não tenha condições de atingir a sentença de mérito. Da mesma maneira, a desistência da ação (CPC, art. 485, VIII), se manifestada sem renúncia ao direito disputado em juízo, não impede que o autor renove a propositura da ação e não invalida a interrupção da prescrição operada pela citação válida ocorrida no processo anterior[101].

Finalmente, observa Pontes de Miranda que "a citação, na ação declaratória ou autônoma, não tem os efeitos que teria a ação principal em que se pede a condenação, a constituição, o mandado ou a execução. Assim, quem pede a declaração de que há relação jurídica entre o autor e o réu, que gerou ou vai gerar a cobrança em determinada data, não interrompe a prescrição, nem constitui em mora"[102]. É que por meio da ação puramente declaratória, o autor não exercita pretensão alguma (não exerce o poder de exigir a prestação devida pelo réu), e permanecendo a inércia quanto à pretensão não há impedimento à fluência do prazo de sua prescrição (art. 189).

78.2. Liminar que inibe a ação do credor

Se a pretensão do credor sofre impedimento de acesso à Justiça em razão de liminar deferida em ação intentada pelo devedor, não se há de pensar que em favor deste possa fluir o prazo de prescrição, enquanto perdurar a medida judicial inibitória erguida contra o credor.

---

[100] PONTES DE MIRANDA, Francisco Cavalcanti. *Comentários ao Código de Processo Civil*. 3. ed. Rio de Janeiro: Forense, 1996. t. III, p. 233-234.

[101] PONTES DE MIRANDA, Francisco Cavalcanti. *Comentários ao Código de Processo Civil*. 3. ed. Rio de Janeiro: Forense, 1996. t. III, p. 234.

[102] PONTES DE MIRANDA, Francisco Cavalcanti. *Comentários ao Código de Processo Civil*. 3. ed. Rio de Janeiro: Forense, 1996. t. III, p. 234.

Para o STJ, em circunstância análoga, a liminar funciona como causa interruptiva da prescrição, que somente volta a correr depois de cassada a liminar ou de julgada improcedente a demanda em que a medida fora deferida. Será juridicamente impossível ao credor, durante o tempo de vigência da liminar, propor a ação que correspondia a seu direito, de modo que outra solução não há senão a de reconhecer que a medida interrompeu o prazo de prescrição, que terá de ser restituído por inteiro, após a cessação do embaraço judicial[103].

79. PRESCRIÇÃO INTERCORRENTE

Segundo a regra do art. 202, parágrafo único, durante o curso do processo, em cujo bojo ocorreu a interrupção da prescrição, o prazo desta não flui, permanecendo suspenso até o último ato do feito. Somente após o encerramento do processo é que o prazo prescricional voltará a correr. Na verdade, enquanto marcha o processo, o titular do direito está continuamente exercitando a pretensão manifestada contra o adversário. Não está inerte na defesa de seu direito, razão pela qual não se conta a prescrição na pendência do processo.

Essa eficácia suspensiva, todavia, pressupõe um processo de andamento regular. Se o autor abandona a causa e, por deixar de praticar os atos que lhe incumbem para que o desenvolvimento da relação processual se dê, a condena à paralisia, não pode sua inércia ficar impune. A mesma causa que justificava a prescrição antes do ajuizamento da ação volta a se manifestar frente ao abandono do feito a meio caminho. O processo, paralisado indefinidamente, equivale, incidentalmente, ao não exercício da pretensão e, por isso, justifica ao réu o manejo da exceção de prescrição, sem embargo de não ter se dado ainda a extinção do processo.

Arruda Alvim, analisando o parágrafo único do art. 202 do CC, entende que a expressão "último ato" constante do dispositivo significa, "em caso de paralisação, o derradeiro ato praticado num processo, antes da paralisação"[104]. Segundo o autor, "com o curso normal do processo, a cada ato 'renova-se' ou 'revigora-se' pontualmente, pela prática de atos, a situação de interrupção da prescrição, em relação à pretensão que é o objeto do processo, porquanto o andamento do processo, com a prática de atos processuais, significa, em termos práticos, a manutenção desse estado"[105]. Assim, pesa sobre o

---

[103] O caso concreto examinado pelo STJ referia-se a uma ação de falência que o credor ficou impedido de ajuizar porque a liminar determinou a sustação do protesto, sem o qual não seria possível aforar a ação falimentar. Quando a medida restritiva foi superada, já teria sido ultrapassado o prazo prescricional da lei de quebras. Daí o reconhecimento do STJ de que a prescrição ficara interrompida (STJ, 4ª T., Resp. 251.678/SP, Rel. Min. Hélio Quaglia Barbosa, ac. 04.09.2007, *DJU* 24.09.2007, p. 310). Precedente: REsp. 674.125/GO, *DJU* 12.03.2007, p. 219.

[104] ARRUDA ALVIM, José Manoel de. Da prescrição intercorrente. In: CIANCI, Mirna (Coord.). *Prescrição no Código Civil*. 3. ed. São Paulo: Saraiva, 2011, p. 115.

[105] ARRUDA ALVIM, José Manoel de. Da prescrição intercorrente. In: CIANCI, Mirna (Coord.). *Prescrição no Código Civil*. 3. ed. São Paulo: Saraiva, 2011, p. 116. Nesse sentido, ainda: "de forma correta, não raro se ressalva que o último ato do processo – apto a manter a interrupção da prescrição – não é qualquer um, mas sim aquele que de alguma forma expresse ou reflita o ânimo do titular do direito de fazer valer a respectiva posição jurídica de vantagem. (...) Assim é possível que a prescrição se consume ainda que o processo não seja extinto. Como dito, é a inércia do interessado que justifica esse tipo de fenômeno"

autor um ônus permanente, "que é o de que, tendo iniciado o processo, deve diligenciar para que este caminhe, com vistas ao seu término"[106].

Diante da necessidade de reprimir a conduta desidiosa do credor, que não dá sequência ao processo, se concebeu a figura da *prescrição intercorrente*, que, se não foi prevista pelo legislador, está implícita no princípio informador do instituto e da sistemática da prescrição[107]. Em 2022, a Lei nº 14.382 incluiu o art. 206-A ao Código Civil, dispondo expressamente sobre a prescrição intercorrente, nos seguintes termos: "a prescrição intercorrente observará o mesmo prazo de prescrição da pretensão, observadas as causas de impedimento, de suspensão e de interrupção da prescrição previstas neste Código e observado o disposto no art. 921 da Lei nº 13.105, de 16 de março de 2015".

A regra do art. 202, parágrafo único, deixa de ser aplicável porque seu pressuposto é o processo dinâmico e regular e não o estático e irregular. A partir, portanto, do momento em que o feito se paralisou, por culpa do autor, volta a fluir o prazo de prescrição[108]. Uma vez ultrapassado o tempo legal, poderá o devedor requerer e obter, nos próprios autos, o decreto da prescrição intercorrente[109]. Isto porque o devedor não pode ser prejudicado pela inércia do autor, que "não permitirá que se pratique o último ato do processo (sentença), extinguindo o feito e autorizando a nova fluência do prazo prescritivo"[110]. Mas, para que se acolha essa modalidade excepcional de prescrição é indispensável que a inércia processual seja de exclusiva responsabilidade do credor.

Nesse contexto, o STJ já decidiu que, optando o credor por aguardar o julgamento do recurso, sem efeito suspensivo, interposto contra a sentença que julgou os embargos do devedor improcedentes, para promover o prosseguimento da execução, não enseja a prescrição intercorrente:

(YARSHELL, Flávio Luiz. Prescrição intercorrente e sanções por improbidade administrativa. In: CIANCI, Mirna (Coord.). *Prescrição no Código Civil*. 3. ed. São Paulo: Saraiva, 2011, p. 143).

[106] ARRUDA ALVIM, José Manoel de. Da prescrição intercorrente. In: CIANCI, Mirna (Coord.). *Prescrição no Código Civil*. 3. ed. São Paulo: Saraiva, 2011, p. 117. "A chamada prescrição intercorrente é aquela relacionada com o desaparecimento da proteção ativa, no curso do processo, ao possível direito material postulado, expressado na pretensão deduzida; quer dizer, é aquela que se verifica pela inércia continuada e ininterrupta no curso do processo por segmento temporal superior àquele em que ocorre a prescrição em dada hipótese" (ARRUDA ALVIM, José Manoel de. Da prescrição intercorrente. In: CIANCI, Mirna (Coord.). *Prescrição no Código Civil*. 3. ed. São Paulo: Saraiva, 2011, p. 120).

[107] "Verifica-se a prescrição, desde que o processo esteve parado em cartório, sem nenhum ato ou termo de movimento, pelo tempo prescricional da respectiva ação" (TJMG, 2ª CC., Embs. 2.110, Rel. Des. J. Benício, ac. 17.04.1944, *Minas Jurídica*, 1º/66; BUSSADA, Wilson. *Código Civil brasileiro interpretado pelos tribunais*. Rio de Janeiro: Liber Juris, 1980. v. I, t. III, n. 1.075, p. 170). No mesmo sentido: "a prescrição intercorrente se consuma na hipótese em que a parte, devendo realizar ato indispensável à continuação do processo, deixa de fazê-lo, deixando transcorrer o lapso prescricional" (STJ, 6ª T., REsp. 474.771/SP, Rel. Min. Vicente Leal, ac. 04.02.2003, *DJU* 24.02.2003, p. 333).

[108] É de ter-se, por exemplo, como prescrita a execução em que o credor recusa a nomeação de bens feita pelo devedor e fica mais de cinco anos sem se manifestar sobre o destino do processo (1º TACivSP, 4ª C., Ap. nº 442.968-5, Rel. Juiz Donaldo Armelin, ac. 30.04.1991, *RT*, 680/117).

[109] "Prescrição intercorrente. Reconhecimento nos próprios autos. Admissibilidade. Desnecessidade de embargos do devedor. Extinção do processo decretada" (1º TACivSP, 7ª C., Ap. nº 367.266-3, Rel. Juiz Vasconcellos Pereira, ac. 19.05.1987, *RT*, 624/105).

[110] ROSENVALD, Nelson; FARIAS, Cristiano Chaves de. *Curso de Direito Civil*. 13. ed. São Paulo: Atlas, 2015. v. 1, p. 636.

1. Pendente recurso destituído de efeito suspensivo de sentença que julgou os embargos do devedor improcedentes, o exequente poderá optar entre promover a execução, sujeitando-se à responsabilização por perdas e danos caso provido o apelo do executado, ou aguardar o resultado do julgamento. Trata-se de faculdade do credor, de modo que não se pode impor à parte, sob pena de prescrição intercorrente, que arque com os riscos e promova a execução sem aguardar o pronunciamento definitivo do Tribunal[111].

Se o processo se imobilizou por deficiência do serviço forense, por manobra do devedor ou por qualquer outro motivo alheio ao autor, não se poderá cogitar da prescrição intercorrente, por longo que seja o retardamento da marcha do feito[112].

A Lei nº 11.051, de 29.12.2004, ao modificar a Lei de Execução Fiscal (art. 40, § 4º) consagrou a prescrição intercorrente nos executivos paralisados por ausência de bens penhoráveis do devedor e, além do mais permitiu que o decreto judicial seja *ex officio*, desde que previamente ouvida a Fazenda Pública exequente. Posteriormente, o CPC de 2015 também previu o instituto no art. 921, § 4º, tornando-o aplicável genericamente a toda e qualquer execução paralisada por falta de citação do devedor ou de bens penhoráveis.

79.1. A prescrição intercorrente e o Código de Processo Civil de 2015

O CPC/1973 não regulou a prescrição intercorrente, o que não impediu sua aplicação pela jurisprudência, como forma de evitar a eternização das obrigações ajuizadas, impedindo o estabelecimento de dívidas imprescritíveis. O Código de Processo Civil de 2015, contudo, inovou ao tratar, expressamente, da prescrição intercorrente na execução por quantia certa. Nos termos da legislação processual, decorrido o prazo de um ano da suspensão da execução pelo fato de o executado não possuir bens penhoráveis, sem que seja localizado o executado ou que sejam encontrados bens passíveis de constrição, os autos serão arquivados em caráter provisório (art. 921, § 2º), podendo ser reativados a qualquer tempo, desde que surjam bens a executar (§ 3º).

O primeiro problema provocado por essa suspensão é definir até quando perdurará a paralisia do processo. E o segundo é saber que destino terá a execução quando a suspensão durar mais do que o prazo legal de prescrição da obrigação exequenda. O Código de Processo Civil de 2015 enfrentou esses problemas no art. 921 e deu-lhes as seguintes soluções:

(a) A suspensão decretada por falta de bens a penhorar é destinada a prevalecer inicialmente durante o prazo fixo de um ano, dentro do qual permanecerá também suspensa a prescrição (§ 1º).

(b) A suspensão, depois de ultrapassado um ano, acarretará o arquivamento dos autos (§ 2º), sem, entretanto, acarretar a extinção do processo.

(c) No curso do processo, a prescrição da execução tem como *termo* inicial a ciência (pelo exequente) da primeira tentativa infrutífera de localização do devedor ou de bens penhoráveis, e será *suspensa* por uma única vez, pelo prazo máximo de um ano, previsto no § 1º do art. 921 (é o que dispõe o § 4º do mesmo artigo, com a redação da Lei nº 14.195/2021).

---

[111] STJ, 4ª T., REsp. 1.549.811/BA, Rel. Min. Maria Isabel Gallotti, ac. 15.12.2020, *DJe* 01.02.2021.

[112] STF, 1ª T., RE 99.963, Rel. Min. Alfredo Buzaid, ac. 07.06.1983, *RTJ*, 109/759.

(d) Efetivada a citação, a intimação do devedor ou a constrição de bens penhoráveis, interrompido será o prazo de prescrição, o qual não corre durante o tempo necessário à citação e à intimação do devedor, bem como às formalidades da penhora, desde que o credor cumpra os prazos previstos na lei processual ou fixados pelo juiz (§ 4º-A, acrescido pela Lei nº 14.195/2021).

(e) Transcorrido prazo suficiente para aperfeiçoar a prescrição da pretensão do credor, o juiz, depois de ouvidas as partes, no prazo de quinze dias, poderá, de ofício, reconhecer a prescrição intercorrente extinguindo o processo, sem ônus para as partes (§ 5º, alterado pela Lei nº 14.195/2021).

Observe-se que, uma vez consumado o lapso prescritivo, a audiência das partes não se destina a convocá-las a dar prosseguimento à execução. Nessa altura, se não demonstrada alguma causa de interrupção da prescrição, outro destino não terá o processo senão a sua extinção por força da perda legal da pretensão do exequente (Código Civil, art. 189).

A prévia intimação do exequente ao decreto da prescrição já ocorrida resulta apenas do dever de obediência ao contraditório em seu aspecto moderno da *não surpresa* (art. 9º, *caput*, do CPC). Serve, portanto, para dar-lhe oportunidade "tão somente, de demonstrar suposto equívoco do julgador na contagem do prazo, ou causa interruptiva ou suspensiva da prescrição, sem supressão de instância"[113].

Essa dinâmica da contagem da prescrição intercorrente sujeita-se a uma regra especial de direito intertemporal, que consiste em ter como termo inicial do respectivo prazo a data de vigência do atual Código (art. 1.056), para os processos já suspensos no regime da lei anterior[114].

Justifica-se a prescrição intercorrente com o argumento de que a eternização da execução é incompatível com a garantia constitucional de duração razoável do processo e de observância de tramitação conducente à rápida solução dos litígios (CF, art. 5º, LXXVIII). Tampouco, se pode admitir que a inércia do exequente, qualquer que seja sua causa, redunde em tornar imprescritível uma obrigação patrimonial. O sistema de prescrição, adotado por nosso ordenamento jurídico, é incompatível com pretensões obrigacionais imprescritíveis. Nem mesmo se subordina a prescrição civil a algum tipo de culpa por parte do credor na determinação da inércia no exercício da pretensão. A prescrição, salvo os casos legais de suspensão ou interrupção, flui objetivamente, pelo simples decurso do tempo[115].

---

[113] REIS, José Maria dos; REIS, Francis Vanine de Andrade. Da prescrição intercorrente na execução civil: incompletude do texto do inciso III do art. 791 do CPC. *AMAGIS Jurídica*, Belo Horizonte, ano VI, n. II, p. 69, jul./dez. 2014.

[114] Convém ressaltar que a prescrição intercorrente se acha regulada, de forma expressa, apenas para as execuções de obrigações por quantia certa. O que, entretanto, não afasta a possibilidade de prescrição intercorrente em outros processos, tradicionalmente aceita pela doutrina e pela jurisprudência, em função do abandono da causa pelo demandante. A regra do CPC/2015, art. 921, é especial e leva em conta peculiaridades da obrigação exequenda, de modo a estendê-la até a casos em que falte culpa ao credor pela paralisação do processo, como é o caso de ausência de bens penhoráveis. É nesse prisma que a prescrição legal é especial. Nos demais processos, a paralisação, para acarretar a prescrição intercorrente, deve se originar de fato imputável à parte, qual seja o abandono da causa, negligentemente provocado.

[115] Não entra na definição o elemento subjetivo. Dois apenas são os seus elementos essenciais: "o tempo e a inércia do titular". Nada mais do que isto (PEREIRA, Caio Mário da Silva. *Instituições de Direito Civil*. 20. ed. Rio de Janeiro: Forense, 2004. v. I, n. 121, p. 683).

Daí a criação pretoriana da apelidada *prescrição intercorrente*, agora adotada expressamente pelo CPC (art. 921, § 4º), que se verifica justamente quando a inércia do processo perdure por tempo superior ao lapso da prescrição prevista para a obrigação disputada em juízo. Assim é que, decorrido o prazo de um ano de suspensão da execução por ausência de bens penhoráveis, sem que o exequente se manifeste, retoma curso o prazo de prescrição suspenso desde quando se inviabilizou o prosseguimento da execução pelos motivos arrolados no § 1º do referido art. 921. Mas, para que essa prescrição se aperfeiçoe e seja decretada, acarretando a extinção do processo, o juiz deverá ouvir previamente as partes, no prazo de quinze dias (§ 5º, alterado pela Lei nº 14.195/2021), a fim de que seja cumprida a garantia do contraditório. Naturalmente, essa audiência só se dará na pessoa do exequente, se o executado não tiver se feito presente nos autos, por intermédio de advogado.

O CPC acabou, também, com a divergência que existia à época do Código anterior, quanto à possibilidade de o juiz reconhecer a prescrição superveniente, sem a provocação do executado. O art. 194 do Código Civil, que vedava ao juiz o pronunciamento *ex officio* da prescrição, foi revogado pela Lei nº 11.280/2006. O art. 487, II, do CPC, por isso admite que possa ser declarada de ofício pelo juiz, embora não deva fazê-lo sem antes dar oportunidade às partes de manifestar-se (art. 487, parágrafo único). Diante dessa sistemática, o posicionamento da jurisprudência do Superior Tribunal de Justiça passou a ser o seguinte[116]:

(a) se se tratar de execução fiscal, sob regência do art. 40, § 4º da Lei nº 6.830/1980, antes de decretar a prescrição intercorrente no processo suspenso por falta de bem a penhorar, o juiz deverá ouvir a Fazenda exequente (e não o executado), para ensejar-lhe a arguição e comprovação de algum fato obstativo ou suspensivo do efeito da prescrição (a observação vale também para a prescrição intercorrente na execução civil, tendo em vista o disposto no art. 921, § 5º, do CPC, alterado pela Lei nº 14.195/2021);

(b) se se tratar de prescrição consumada antes da citação do devedor, o seu reconhecimento poderá ser feito de ofício no despacho de indeferimento da petição inicial, sem depender de alegação ou audiência de qualquer das partes (CPC, arts. 332, § 1º, c/c 487, parágrafo único). Nesse caso, entretanto, a prescrição não é intercorrente, pois se consumou antes do ajuizamento da ação.

Com efeito, o art. 921, § 4º, do CPC disciplina a prescrição intercorrente da execução por quantia certa por falta de bens a penhorar ou não localização do devedor. Isto, porém, não quer dizer que essa modalidade de prescrição somente possa ocorrer em relação às obrigações de prestação em dinheiro, como já ressaltamos.

---

[116] "1. A prescrição pode ser decretada pelo juiz *ex officio* por ocasião do recebimento da petição inicial do executivo fiscal, ou antes de expedido o mandado de citação, porquanto configurada causa de indeferimento liminar da exordial, nos termos do art. 295, IV, c/c art. 219, § 5º, do CPC, bem assim de condição específica para o exercício do direito da ação executiva fiscal, qual seja, a exigibilidade da obrigação tributária materializada na CDA. (…) 5. O advento da aludida lei possibilita ao juiz da execução decretar *ex officio* a prescrição intercorrente, desde que previamente ouvida a Fazenda Pública para que possa suscitar eventuais causas suspensivas ou interruptivas do prazo prescricional (Precedentes: REsp 803.879/RS, Relator Ministro José Delgado, Primeira Turma, *DJ* de 03 de abril de 2006; REsp 810.863/RS, Relator Ministro Teori Albino Zavascki, Primeira Turma, *DJ* de 20 de março de 2006; REsp 818.212/RS, Relator Ministro Castro Meira, Segunda Turma, *DJ* de 30 de março de 2006) (…)" (STJ, 1ª T., REsp. 1.004.747/RJ, Rel. Min. Luiz Fux, ac. 06.05.2008, *DJe* 18.06.2008).

Toda pretensão derivada de obrigação descumprida se sujeita à extinção por prescrição depois de perdurar a inércia do credor pelo tempo estabelecido em lei (Código Civil, art. 189), o qual varia conforme o tipo de obrigação (CC, art. 205). A prescrição, por outro lado, tanto pode referir-se à pretensão condenatória como à executória, de modo que, mesmo depois de exercida a ação de conhecimento dentro do prazo prescricional previsto, uma nova prescrição começa a correr após o trânsito em julgado e que diz respeito à pretensão de executar a sentença. Se tal não se der, ocorrerá a segunda prescrição em face de uma só obrigação. E esta prescrição pode acontecer em torno de qualquer pretensão executiva, não havendo motivo para admiti-la tão somente em referência às obrigações de pagar quantia certa. Imagine-se o caso em que o locador, depois de obter sentença de despejo, deixa de promover a desocupação do prédio locado, mantendo a relação *ex locato* por mais de dez anos. Não poderá, obviamente, requerer a expedição do mandado *de evacuando* depois de prazo tão longo. Para recuperar a posse do imóvel, terá de ajuizar nova ação de despejo, porquanto a pretensão de exigir cumprimento para a primitiva sentença terá se extinguido por força da prescrição da pretensão executiva não exercida em prazo hábil após o trânsito em julgado do título judicial.

Enfim, seja judicial ou extrajudicial o título, a execução sujeita-se à prescrição em prazo igual àquele que antes se aplicava à pretensão exercitável no processo de conhecimento. As regras do art. 921 e parágrafos, do CPC, são específicas para as obrigações cuja execução depende de penhora. Para as demais, bastará a paralisação do processo executivo, sem qualquer justificativa, por tempo suficiente para configurar a prescrição intercorrente.

79.2. A prescrição intercorrente e a jurisprudência do STJ anterior ao CPC/2015

A prescrição intercorrente não era regulada no CPC/1973, como fenômeno aplicável à execução civil, mas acabou sendo acatada pela jurisprudência, como necessidade evidente de evitar a eternização das obrigações ajuizadas, isto é, de impedir o estabelecimento de dívidas imprescritíveis.

À falta de tratamento legislativo para o tema, a jurisprudência estabeleceu alguns requisitos para a decretação dessa modalidade prescricional, os quais se embasaram analogicamente na disciplina do abandono da causa (CPC/1973, art. 267, II: "extingue se o processo, sem resolução de mérito (...) quando ficar parado durante mais de um ano por *negligência das partes*").

Nessa linha de entendimento, restou assentado pelo STJ[117] que:

> "Não flui o prazo da prescrição intercorrente no período em que o processo de execução fica suspenso por ausência de bens penhoráveis".
>
> *(a)* "A prescrição intercorrente pressupõe desídia do credor que, intimado a diligenciar, se mantém inerte".
>
> *(b)* Não tendo sido constatado comportamento negligente do exequente ou abandono da causa, "não há como se reconhecer a ocorrência de prescrição".

---

[117]   STJ, 4ª T., REsp 774.034/MT, Rel. Min. Raul Araújo, ac. 18.06.2015, *DJe* 03.08.2015.

(c) O reconhecimento da prescrição intercorrente pressupõe abandono da causa pela parte, cuja configuração requer "intimação pessoal dela para que desse seguimento ao feito"[118].

Em síntese, a jurisprudência consolidada daquela alta Corte é no sentido de que "para reconhecimento da prescrição intercorrente, é imprescindível a comprovação da inércia do exequente, bem como sua intimação pessoal para diligenciar nos autos"[119]. A nosso ver, essa orientação pretoriana, construída sob o regime da lei velha, foi inteiramente superada pela regulamentação com que o CPC preencheu a lacuna do anterior e que consta do art. 921, III e §§ 1º a 7º, com a redação da Lei nº 14.195/2021[120].

Com efeito, para a nova e expressa disciplina normativa, verificada a ausência de bens penhoráveis, cabe ao juiz, de ofício, suspender a execução pelo prazo de um ano, durante o qual também a prescrição ficará suspensa (art. 921, § 1º). Passado mais um ano, os autos serão arquivados, se até então não surgirem bens a penhorar (§ 2º). Nessa altura, uma vez que o processo tenha permanecido, sem manifestação do exequente durante um ano a contar de sua suspensão (§ 1º), começará *ex lege* "a correr o prazo de prescrição intercorrente" (§ 4º). Em nenhum momento a disciplina do CPC/2015 cogita de inércia culposa ou de abandono da causa pelo exequente. Parte, ao contrário, apenas da inviabilidade objetiva de penhorar bens do executado.

Portanto, tudo flui automaticamente no esquema legal. Não há necessidade de apurar culpa ou razão para explicar a inércia processual. Tudo se analisa e avalia objetivamente em face da ocorrência de um processo arquivado e não reativado pelo exequente durante o prazo estatuído em lei. Fácil, em suma, é verificar que a opção do legislador não foi, na espécie, punir inércia culposa ou abandono da causa por parte do exequente. Apenas o decurso do tempo e a inércia processual foram por ele levados em consideração. Sua preocupação foi única e exclusivamente submeter a obrigação inserida num processo inviabilizado a um regime que não lhe confira a indesejável condição de imprescritibilidade prática.

Nesse sentido, nem mesmo a omissão do juiz em ordenar tempestivamente o arquivamento do processo deve ser entendida como fato impeditivo da prescrição intercorrente. Basta que se verifique o prazo de um ano após a constatação de falta de bens penhoráveis,

---

[118] "A eg. Segunda Seção do STJ, em sede de Incidente de Assunção de Competência no REsp 1.604.412/SC, sob a relatoria do ilustre Min. Marco Aurélio Bellizze, firmou tese de que 'Incide a prescrição intercorrente, nas causas regidas pelo CPC/73, quando o exequente permanece inerte por prazo superior ao de prescrição do direito material vindicado, conforme interpretação extraída do art. 202, parágrafo único, do Código Civil de 2002', e de que 'termo inicial do prazo prescricional, na vigência do CPC/1973, conta-se do fim do prazo judicial de suspensão do processo ou, inexistindo prazo fixado, do transcurso de 1 (um) ano (aplicação analógica do art. 40, § 2º, da Lei nº 6.830/1980)'. No caso, evidencia-se a ocorrência da prescrição intercorrente, uma vez que o feito executivo, cuja pretensão se sujeita ao prazo prescricional de 3 (três) anos, permaneceu paralisado, por inércia do exequente, por mais de 5 (cinco) anos" (STJ, 4ª T., AgInt no AREsp 182.405/MT, Rel. Min. Lázaro Guimarães ac. 11.09.2018, *DJe* 30.10.2018).

[119] STJ, 4ª T., AgRg no REsp 1.521.490/SP, Rel. Min. Maria Isabel Gallotti, ac. 12.05.2015, *DJe* 19.05.2015. No mesmo sentido: STJ, 4ª T., AgRg no AREsp 277.620/DF, Rel. Min. Antonio Carlos Ferreira, ac. 17.12.2013, *DJe* de 3.2.2014; STJ, 3ª T., AgRg no AREsp 593.723/SP, Rel. Min. Marco Aurélio Bellizze, ac. 14.04.2015, *DJe* 24.04.2015.

[120] CPC/1973, art. 791, III.

para que se comece a fluir a prescrição intercorrente, que se consumará, mesmo sem que os autos tenham sido provisoriamente arquivados. O importante é que o processo inerte não se torne causa de imprescritibilidade da obrigação exequenda, somente em função de uma frustrada execução.

Convém ressaltar que, já na vigência do Código de 2015, o STJ, diante de controvérsias que não chegaram a ser superadas totalmente ao tempo do Código anterior, houve por bem uniformizar o tratamento a ser dado aos processos pendentes, ao tempo da entrada em vigor do Código atual, principalmente em face da regra transitória disposta no art. 1.056 do CPC/2015. Assim, restaram fixadas as seguintes teses em incidente de assunção de competência:

> 1.1 Incide a prescrição intercorrente, nas causas regidas pelo CPC/73, quando o exequente permanece inerte por prazo superior ao de prescrição do direito material vindicado, conforme interpretação extraída do art. 202, parágrafo único, do Código Civil de 2002.
>
> 1.2 O termo inicial do prazo prescricional, na vigência do CPC/1973, conta-se do fim do prazo judicial de suspensão do processo ou, inexistindo prazo fixado, do transcurso de um ano (aplicação analógica do art. 40, § 2º, da Lei 6.830/1980).
>
> 1.3 O termo inicial do art. 1.056[121] do CPC/2015 tem incidência apenas nas hipóteses em que o processo se encontrava suspenso na data da entrada em vigor da novel lei processual, uma vez que não se pode extrair interpretação que viabilize o reinício ou a reabertura de prazo prescricional ocorridos na vigência do revogado CPC/1973 (aplicação irretroativa da norma processual).
>
> 1.4. O contraditório é princípio que deve ser respeitado em todas as manifestações do Poder Judiciário, que deve zelar pela sua observância, inclusive nas hipóteses de declaração de ofício da prescrição intercorrente, devendo o credor ser previamente intimado para opor algum fato impeditivo à incidência da prescrição.[122]

Parece-nos, diante desse posicionamento uniformizador, que o entendimento atual do STJ é o de que, uma vez aperfeiçoado o prazo prescricional dentro do processo suspenso, a intimação do credor não será para que se dê novo impulso ao seu andamento, mas apenas e tão somente para "opor algum fato impeditivo à incidência da prescrição", regra essa observável tanto nos processos paralisados na vigência do Código anterior como na do Código atual.

79.3. Prescrição intercorrente e morte do credor

A morte do credor, por si só, não exerce influência alguma sobre o prazo prescricional em curso. De acordo com o art. 196 do Cód. Civil, a prescrição iniciada contra uma pessoa continuará, automaticamente, a correr contra o seu sucessor.

Todavia, há de se levar em conta o efeito suspensivo da morte da parte sobre o andamento do processo e o comportamento do credor antes de seu óbito, ou seja: a solução será diferente sobre o processo até então em curso regular e sobre o processo paralisado em virtude de abandono ou desinteresse do credor demandante:

---

[121] Art. 1.056 do CPC/2015: "Considerar-se-á como termo inicial do prazo da prescrição prevista no art. 924, inciso V, inclusive para as execuções em curso, a data de vigência deste Código".

[122] STJ, 2ª Seção, REsp 1.604.412/SC, Rel. Min. Marco Aurélio Bellizze, ac. 27.08.2018, *DJe* 22.08.2018.

I – No primeiro caso (processo de curso regular) a prescrição foi interrompida quando do ajuizamento da ação e deverá permanecer suspensa até o último ato do processo, voltando a correr a partir daí (Cód. Civil, art. 202, parágrafo único). A prescrição que já não corria contra o credor continuará a não fluir contra seu espólio ou seus sucessores. A morte, dessa forma, não altera a contagem da prescrição, que já estava paralisada, com retomada prevista somente para depois do último ato do processo. Deve-se, porém, proceder à habilitação do sucessor da parte, o que acarretará uma inevitável ampliação da duração temporal do processo, o que, entretanto, não tornará irregular o seu curso. Apenas o processo ficará suspenso durante o tempo indispensável à substituição do autor falecido pelo seu sucessor, sem que isto tenha reflexos sobre a prescrição que, naquela altura, já não corria mesmo.

Pode acontecer que o procedimento de substituição de parte se frustre, por não ter acolhido, o espólio ou o sucessor do autor, a intimação para promover a respectiva habilitação, no prazo que o juiz designou. Se tal acontecer, o processo será extinto sem julgamento do mérito (CPC, art. 313, § 2º, II), em razão de falta de pressuposto do seu desenvolvimento válido e regular (CPC, art. 485, IV).

A prescrição, até então suspensa, e que, fora interrompida com o ajuizamento voltará a fluir por inteiro, mas não se sujeitará a outra nova interrupção (art. 202 do CC).

II – Por outro lado, a morte do autor que abandonara o processo, dando ensejo à fluência da prescrição intercorrente e que vem nessa situação a falecer, não tem o condão de suspender o prazo prescricional. É que esse novo prazo surgiu supervenientemente à propositura da ação e tem como causa fato gerador próprio, que não se confunde com aquele motivador da interrupção da prescrição, por ocasião do ajuizamento da ação, e que deverá, dentro do processo regular, conservar paralisada a prescrição até o "último ato do processo" (CC, art. 202, parágrafo único).

Desde o momento em que o autor deixou de praticar o ato necessário ao prosseguimento do processo, perdeu-se a condição de regularidade, e configurou-se aquele "último ato do processo", termo final do efeito interruptivo decorrente do ajuizamento da causa (CC, art. 202, parágrafo único). Desse modo, estando em curso o prazo prescricional, reiniciado, não tem a morte do credor efeito sobre a sua continuidade. Incide a regra comum de direito material, segundo a qual "a prescrição iniciada contra uma pessoa continua a correr contra o seu sucessor" (CC, art. 196).

Em tal conjuntura, ou o sucessor se habilita a tempo de dar andamento regular ao processo abandonado pelo credor, antes de sua morte, ou deixando de fazê-lo em tempo útil, não terá como impedir que a prescrição intercorrente iniciada em vida do credor se complete e extinga a pretensão herdada através da sucessão.

Nesse sentido é a abalizada lição de Arruda Alvim e Thereza Alvim:

> (...) é preciso ressaltar que mesmo tendo havido, pelo credor, conduta tendente ao recebimento do crédito, hipótese de interrupção da prescrição, ainda assim o ordenamento jurídico exige uma *constante* atuação do credor. Caso a interrupção da prescrição se dê por força da citação do devedor em processo judicial, o direito impõe ao autor/credor um ônus *permanente*, impedindo-o de ser desidioso. Cumprido esse ônus, há o *reforço* do "estado de interrupção da prescrição", que se mantém até o momento em que o credor se torna, eventualmente, desidioso, deixando de tomar as providências que lhe cabiam.

A partir desse momento, volta a fluir o prazo prescricional. É o que o art. 202, parágrafo único do CC/2002 chama de "último ato do processo". Se a partir desse momento transcorrer o exato tempo previsto pela lei civil para o exercício do direito, ocorre a chamada prescrição intercorrente[123].

Em acórdãos antigos, o STJ já decidiu que não haveria prescrição intercorrente em caso de suspensão do processo por morte da parte[124].

Observa, porém, Arruda Alvim que esses casos não apreciaram processos paralisados por abandono ou desídia do autor, anteriormente à suspensão por óbito, o que é muito diferente daqueles em que o curso do processo já não era regular por ter deixado, a parte, de praticar ato necessário ao respectivo prosseguimento. No AgRg no AREsp 523.598/RJ, por exemplo, ficou muito claro que se negou o reconhecimento da prescrição intercorrente porquanto esta "somente ocorre quando o processo fica paralisado por desídia da parte, o que não é o caso". Daí a conclusão correta da Arruda Alvim, de que os aludidos precedentes do STJ não se aplicam, em caráter vinculante (CPC, art. 927), "aos casos em que a parte falece sem ter antes disso, agido de maneira desidiosa no processo"[125].

Em suma: o art. 196 do CC/2002 – que manda a prescrição iniciada contra uma pessoa continuar contra o seu sucessor – aplica-se indistintamente a todas as hipóteses em que houver prazo prescricional em curso, inclusive a que corresponde à prescrição intercorrente provocada por desídia ou abandono da causa pelo credor, cujo efeito é justamente a retomada da fluência da prescrição, independentemente da extinção formal do processo. Logo, "se durante o processo judicial volta a fluir o prazo prescricional anteriormente interrompido com a citação – caso de desídia de credor –, deve-se dizer que a morte do credor faz incidir o art. 196 do CC/2002".

79.4. Prescrição intercorrente no processo de conhecimento

Como se viu no item 79 *supra*, embora a prescrição intercorrente tenha sido positivada, no âmbito do procedimento executivo, pela Lei nº 11.051/2004 (LEF, art. 40, § 4º) e pelo CPC/2015, no art. 921, § 2º, sua aplicação não se limita às execuções.

---

[123] ALVIM, Arruda; ALVIM, Thereza. Morte da parte e suspensão do processo. Repercussão no prazo prescricional. *Revista de Processo*, v. 301, p. 32.

[124] STJ, 2ª T., AgRg no AREsp 282.834/CE, Rel. Min. Og Fernandes, ac. 01.04.2014, *DJe* 22.04.2014; STJ, 1ª T., AgRg no AREsp 387.111/PE, Rel. Min. Ari Pargendler, ac. 12.11.2013, *DJe* 22.11.2013.

[125] ARRUDA ALVIM, José Manoel de; ALVIM, Thereza. Morte da parte e suspensão do processo. Repercussão no prazo prescricional. *Revista de Processo*, v. 301, p. 27. Explicam os autores: "...no caso de sobrevir a morte da parte quando *ainda está interrompida a prescrição* [por decorrência da citação], a consequência jurídica é a manutenção da interrupção, não porque a morte é causa suspensiva ou interruptiva de tal prazo, mas porque o processo judicial, que impede a prescrição, é alargado em sua duração, à vista do fato jurídico *morte*. De outro lado, no caso de sobrevier a morte do credor quando o prazo prescricional *estiver em curso*, haja ou não ação judicial, a consequência jurídica é a continuação do prazo prescricional, que passa a correr, agora, contra os sucessores, universais ou singulares, na exata medida do art. 196 do CC/2002, correspondente ao art. 165 do CC/1916" (ARRUDA ALVIM, José Manoel de; ALVIM, Thereza. Morte da parte e suspensão do processo. Repercussão no prazo prescricional. *Revista de Processo*, v. 301, p. 28-29).

A regra geral da qual se originou a denominada prescrição intercorrente, abarcou explicitamente a *pretensão condenatória*, ou seja, aquela que flui antes mesmo de *nascer a pretensão executiva* pela sentença.

O processo, seja ele de conhecimento ou executivo, deve ter regular andamento, razão pela qual o autor que deixa de praticar os atos que lhe incumbem, paralisando indevidamente o curso da ação, deve ser penalizado. Repita-se, não se trata de hipótese exclusiva da execução ou do cumprimento de sentença.

O entendimento é corroborado pelo art. 206-A, do CC, com redação dada pela Lei nº 14.382/2022, que cuida da prescrição *da pretensão* de forma genérica, reportando--se ao processo executivo apenas no tocante ao procedimento (art. 921 do CPC/2015) a observar-se quando a arguição acontecer em processo da espécie, o que de maneira alguma equivale a impedir que a prescrição intercorrente também possa se verificar na pendência de processo cognitivo, se analisado o contexto histórico em que esse fenômeno foi acatado pelo direito brasileiro.

Nessa perspectiva, a prescrição intercorrente sempre pode ser alegada também em processo de conhecimento, quando a paralisação da ação se dê por inércia do autor, por período superior ao prazo prescricional previsto para a respectiva pretensão no direito material, sem conotação, pois, com a natureza do processo. Veja, por exemplo, a Súmula 264/STF, que dispõe verificar-se "a prescrição intercorrente pela paralisação da ação rescisória por mais de 5 anos", caso em que obviamente o processo é de cognição e não de execução.

Esse entendimento jurisprudencial do STF remonta a precedentes de 1958 e 1963[126], ainda sob o regime do Código Civil de 1916 e do Código de Processo Civil de 1939, em torno, como já visto, de processo de conhecimento e não de execução. Há, é certo, quem, em doutrina recente formada na vigência do CPC de 2015 (art. 921 e parágrafos, altera-dos pela Lei nº 14.195/2021), considere inaplicável a prescrição intercorrente à pretensão exercitada em processo de conhecimento, em face da norma traçada pelo art. 206-A do CC/2002, advinda da Lei nº 14.382/2022[127].

Essa argumentação restritiva, porém, não encontra amparo no texto legal em questão, já que este cogita claramente de prescrição intercorrente da *pretensão*, sem relacioná--la com o tipo de processo e, afinal, faz remissão ao disposto no art. 921, do CPC, com intuito de determinar o procedimento aplicável quando for o caso de arguição no curso de execução. A distinção decorre da particularidade do evento, porque a lei regula a prescrição de maneira especial, quando relacionada à pretensão executiva derivada de obrigação por quantia certa. Diversamente do que se dá numa ação cognitiva, a pretensão exercitada no curso de execução por quantia certa sujeita-se tão somente a paralisação do feito, sem qualquer conotação com abandono intencional ou culposo do credor. Basta que, objetivamente, inexistam bens penhoráveis ou que o executado não seja localizado

---

[126] STF, 2ª T., RE 37.016/RS, Rel. Min. Antonio Villas Boas, ac. 12.08.1958, *DJU* 23.10.1958, p. 501; STF, Tribunal Pleno, RE 37.016 EI/RS, Rel. Min. Pedro Chaves, ac. 07.06.1963, *DJU* 19.07.1963, p. 642.

[127] GAGLIANO, Pablo Stolze; VIANA, Salomão. A prescrição intercorrente e a nova MP nº 1.040/21 (Medida Pro-visória de "Ambiente de Negócios"). Disponível em: https://www.mprj.mp.br/documents/20184/540394/a_prescrio_intercorrente__pablo_stolze.pdf. Acesso em: 4 out. 2023.

Capítulo VII · DAS CAUSAS QUE INTERROMPEM A PRESCRIÇÃO | 193

para a citação, e que em razão disso o processo de execução tenha permanecido suspenso por prazo suficiente para justificar a perda da pretensão executiva[128]. Ao contrário, a paralisação do processo de conhecimento deve ser fruto de negligência da parte para ser penalizada (art. 485, II e III, do CPC/2015)[129].

Portanto, observando cautelas procedimentais distintas, a pretensão em geral pode extinguir-se no curso irregular tanto do processo de conhecimento como de execução.

80. LEGITIMAÇÃO PARA PROMOVER A INTERRUPÇÃO DA PRESCRIÇÃO

Art. 203. A prescrição pode ser interrompida por qualquer interessado. (Código Civil)

O Código anterior descrevia os que podiam promover a interrupção da prescrição, discriminando-os em três categorias: I – o titular do direito em vias de prescrição; II – quem legalmente o represente; e III – o terceiro que tenha legítimo interesse (art. 174). O atual Código resumiu tudo numa só ideia: todo aquele que tiver *interesse* na situação jurídica em vias de prescrição pode promover sua interrupção.

Interesse é a posição de uma pessoa favorável à satisfação de uma necessidade. Se esse interesse tem apoio no direito, diz-se interesse jurídico. Se a ordem jurídica não o tutelar, o interesse será simples interesse, e operará em outros planos como o moral, o social, o econômico etc., mas não será interesse jurídico e, portanto, não se beneficiará da tutela organizada pela lei. Para interromper a prescrição, o agente deverá ser titular de alguma relação jurídica que sofrerá prejuízo caso a pretensão em vias de extinção não se conserve.

Obviamente, o maior interessado na manutenção da pretensão é o seu titular, porque é por meio dela que irá fazer atuar seu direito subjetivo, exigindo do obrigado a devida prestação. Para tal fim é possível agir pessoalmente ou por meio de representante legal, ou por mandatário, como de resto se passa em relação ao gozo dos direitos em geral.

---

[128] De acordo com jurisprudência vinculante do STJ, a suspensão da execução e a fluência do prazo de prescrição intercorrente se dão automaticamente, ou seja, sem depender de requerimento da parte ou de decisão expressa do juiz. "O que importa para a aplicação da lei é que a Fazenda Pública tenha tomado ciência da inexistência de bens penhoráveis no endereço fornecido e/ou da não localização do devedor. Isso é o suficiente para inaugurar o prazo, ex lege" (STJ, 1ª Seção, REsp 1.340.553/RS- Recurso Repetitivo, Rel. Min. Mauro Campbell Marques, ac. 12.09.2018, *DJe* 16.10.2018). A tomada de posição do STJ teve a virtude de deixar claro que "não somente por negligência e inércia do ente público é que o instituto da prescrição poderia efetivar-se". Segundo a correta interpretação doutrinária, "tal decisão é importante pois, muitas vezes – embora o credor não se mantenha inerte – não há possibilidade de atos expropriatórios em face do devedor por questões como, por exemplo, a total inexistência de bens e valores sob sua propriedade (...). A prescrição intercorrente existe para impedir a judicialização *ad infinitun* dos processos de execução, com fulcro nos princípios da celeridade e da duração razoável do processo previstos no art. 5º, inciso LXXVIII da Constituição Federal (...). A decisão proferida no Recurso Especial nº 1.340.553 ...não foi tomada como medida de 'benevolência' aos executados, mas como um modo de desafogar o judiciário e poupar custos para a União Federal" (CUSTÓDIO, Mônica Thaís da Silva; GREGORI, Matheus Silva de. O excesso de execuções fiscais no âmbito da União: os impactos do REsp 1.340.553 em termos econômicos. *Revista dos Tribunais*, São Paulo, v. 1.031, p. 247, set. 2021). O precedente em questão foi firmado sobre a execução fiscal, mas a tese respectiva aplica-se a todas as execuções por quantia certa cogitadas pelo art. 921 do CPC/2015.

[129] "A prescrição intercorrente se consuma na hipótese em que a parte, devendo realizar ato indispensável à continuação do processo, deixa de fazê-lo, deixando transcorrer o lapso prescricional" (STJ, 6ª T., REsp 474.771/SP, Rel. Min. Vicente Leal, ac. 04.02.2003, *DJU* 24.02.2003, p. 333).

Os terceiros, que não são sujeitos da pretensão e que, portanto, não terão como atuá-la contra o obrigado, podem, no entanto, agir para conservá-la. Terão de invocar, para tanto, uma outra situação jurídica, cuja efetividade sofrerá prejuízo com a prescrição da pretensão alheia.

O credor de outro credor, que corre o risco de tornar-se insolvente, tem legítimo interesse em evitar a prescrição, porque o crédito na iminência de ser atingido pela prescrição pode ser o meio jurídico de realizar seu direito creditício contra o prescribente. Se o crédito do devedor pode ser penhorado ou arrestado, para assegurar a realização do direito do terceiro, pode este, também, promover a interrupção da prescrição em torno desse mesmo direito.

Não é preciso que já exista um direito atual do terceiro sobre o crédito alheio, como o penhor ou caução. Basta o seu direito de usá-lo para realização de seu crédito. Portanto, "qualquer credor do credor, quando haja interesse na cobrança, para se pagar, conforme negócio jurídico respeito a isso, e não só o credor pela caução, pode promover a interrupção da prescrição"[130].

A seguradora, responsável pela cobertura do contrato de transporte, por exemplo, pode, após o sinistro, usar do protesto contra o culpado pelo acidente, mesmo antes de ter se sub-rogado no direito do segurado. Se ainda não pagou a indenização securitária, não pode, ainda, demandar regressivamente contra o causador do sinistro. Não se lhe pode, todavia, negar o interesse que tem em manter fora do efeito prescricional a obrigação do responsável pelo ato ilícito. Ocorre em favor da seguradora, que está na iminência de indenizar o segurado, o legítimo interesse que justifica a interrupção da prescrição[131].

Já se decidiu, porém, que antes do pagamento do segurado e, portanto, antes da sub-rogação nos direitos deste, o protesto da seguradora não teria força para interromper a prescrição em face do causador do sinistro. A ineficácia da medida decorreria da "falta de liame jurídico entre o devedor e a seguradora"[132]. Ora, a lei não exige, para a interrupção da prescrição, que a iniciativa seja do titular do direito em vias de extinguir-se, mas que se trate de medida tomada por "qualquer interessado" (art. 203). Basta, pois, que exista um "interesse jurídico" – ou seja, que exista uma relação jurídica entre o que promove a interrupção e o titular do direito em risco de prescrever, relação essa que possa sofrer algum prejuízo caso a temida prescrição se consume[133]. A seguradora tem, legalmente, o direito de sub-rogar-se na ação do segurado contra o culpado pelo sinistro. Isto decorre da própria natureza do contrato de seguro. Esse interesse é jurídico e é relevante para enquadrá-la na legitimação reconhecida pelo art. 203. Não é, pois, necessário, para o protesto interruptivo, que a seguradora promovente já tenha se sub-rogado no crédito cuja prescrição se intenta impedir. Basta a possibilidade jurídica de que tal sub-rogação ocorra para propiciar-lhe a iniciativa voltada para a medida interruptiva.

---

[130] PONTES DE MIRANDA, Francisco Cavalcanti. *Tratado de Direito Privado*. Parte Geral. Atualização de Otávio Luiz Rodrigues Júnior; Tilman Quarch e Jefferson Carús Guesdes. São Paulo: RT, 2012. t. VI, § 688, n. 3, p. 403.

[131] 1º TACviSP, 6ª CC., Ap. nº 334.229, Rel. Juiz Alberto Marinho, ac. 05.03.1985, *RT*, 596/116.

[132] 1º TACivSP, Gr. Câm. Esp., EI 396.015/8-02, Rel. Juiz Amauri Lelo, ac. 16.02.1989, *JB* 148/283.

[133] "A prescrição poderá ser interrompida por terceiro que tenha legítimo interesse em assim agir" (TJSP, 4ª CC., Ap. 127.733, Rel. Des. Evaristo dos Santos, ac. 05.03.1964, *RT* 374/181).

81. LIMITES SUBJETIVOS DA INTERRUPÇÃO DA PRESCRIÇÃO

> **Art. 204. A interrupção da prescrição por um credor não aproveita aos outros; semelhantemente, a interrupção operada contra o codevedor, ou seu herdeiro, não prejudica aos demais coobrigados.**
>
> **§ 1º A interrupção por um dos credores solidários aproveita aos outros; assim como a interrupção efetuada contra o devedor solidário envolve os demais e seus herdeiros.**
>
> **§ 2º A interrupção operada contra um dos herdeiros do devedor solidário não prejudica os outros herdeiros ou devedores, senão quando se trate de obrigações e direitos indivisíveis.**
>
> **§ 3º A interrupção produzida contra o principal devedor prejudica o fiador. (Código Civil)**

A regra geral é que os atos de interrupção não aproveitam nem atingem pessoas diversas daquelas entre as quais tiveram lugar[134].

Trata-se do princípio *de persona ad personam non fit interruptio,* que o art. 204, em seu *caput,* adota nos seguintes termos: "a interrupção da prescrição por um credor não aproveita aos outros"; da mesma forma, "a interrupção operada contra codevedor, ou seu herdeiro, não prejudicará aos demais coobrigados".

A própria lei abre exceções, levando em conta peculiaridades de determinadas obrigações, frente às quais concorrem vários titulares ou vários obrigados, sem que os fatos ocorridos diante de um possam deixar de repercutir sobre os outros (art. 204, §§ 1º, 2º e 3º). É o que se passa com os casos de obrigações solidárias e indivisíveis (arts. 264 e 258).

82. OBRIGAÇÕES SOLIDÁRIAS

A solidariedade pode ser ativa ou passiva. Há solidariedade ativa quando, na mesma obrigação, concorre mais de um credor, cada um com direito a exigir a dívida toda. A solidariedade passiva, por outro lado, faz que, numa só obrigação, estejam presentes mais de um devedor, cada um obrigado à dívida inteira (art. 264).

Não basta, todavia, a existência de vários credores ou vários devedores para que a obrigação se torne solidária. A solidariedade, na verdade, é exceção e só se verifica quando alguma disposição de lei a imponha ou quando o negócio jurídico a estabeleça (convenção das partes) (art. 265).

A regra geral, ao contrário, nas obrigações plurissubjetivas, é a divisibilidade, de sorte que, havendo mais de um credor ou mais de um devedor, na mesma obrigação, esta, pela lei, se dividirá em tantas obrigações, iguais e distintas, quantos os credores ou devedores (art. 257).

Sendo distintas as obrigações, a cada uma delas corresponderá uma pretensão, e, por sua vez, cada uma dessas pretensões se sujeitará, separadamente, à prescrição. Se, por exemplo, o credor de uma obrigação de R\$ 100.000,00 falece e o crédito passa para dois herdeiros, cada um deles será titular da obrigação de R\$ 50.000,00, que poderá ser exigida separadamente. Se um dos herdeiros exerce a pretensão junto ao devedor de maneira

---

[134] RUGGIERO. *Instituições de direito civil.* Trad. Ary dos Santos. São Paulo: Saraiva, 1957. v. I, § 34º, p. 365.

a interromper a prescrição, seu ato somente produzirá efeito em relação à metade do crédito havido na sucessão hereditária. O outro herdeiro, permanecendo inerte, sofrerá as consequências da prescrição, sem embargo da diligência do primeiro. Incide a regra geral do *caput* do art. 204: "a interrupção da prescrição por um credor não aproveita aos outros". O mesmo acontecerá com a coobrigação passiva. Se, em vez do crédito, os dois herdeiros receberam uma dívida, cada um responderá somente pela metade da obrigação. O credor, sendo diligente para cobrar apenas de um deles, interromperá a prescrição contra aquele contra quem exerceu a pretensão; contra o outro, a prescrição prevalecerá.

Em síntese: a obrigação divisível provoca a divisão também das pretensões e consequentemente das prescrições. Daí por que, sendo autônomas as prescrições, a interrupção de cada uma delas não repercute sobre as demais.

Isto, porém, não acontecerá se a obrigação estiver sob o regime da solidariedade ativa ou passiva. Já então, como a pretensão é exercitável por inteiro, por qualquer titular, ou contra qualquer codevedor, a interrupção de um credor solidário favorece a todos os demais. Da mesma forma, se a solidariedade for passiva, a interrupção contra um dos devedores estende seus efeitos contra todos os coobrigados (art. 204, § 1º)[135].

83. A MORTE DO DEVEDOR SOLIDÁRIO

A solidariedade é um fenômeno puramente jurídico, enquanto a indivisibilidade decorre da natureza da coisa. Se a prestação tem por objeto coisa ou fato insuscetível de divisão, o cumprimento da obrigação será necessariamente indivisível (art. 258); e assim permanecerá, mesmo que haja sucessão e se multipliquem os respectivos sujeitos.

A solidariedade, porém, não se liga ao objeto da prestação, mas à situação subjetiva da relação obrigacional. Não é a natureza da coisa devida que impõe a solidariedade; são os termos em que a obrigação for assumida pelos interessados que lhe darão o feitio da solidariedade.

Por isso, a lei não sujeita a obrigação solidária a conservar sempre essa característica. Entre os sujeitos originários, a obrigação se manterá dentro do regime da solidariedade enquanto não inteiramente cumprida (art. 275). Falecendo, contudo, o credor solidário, ou o devedor solidário, a divisão entre os herdeiros eliminará a solidariedade. Cada herdeiro do credor solidário receberá apenas uma cota da obrigação e não terá mais o direito de exigir o débito por inteiro (art. 270). De igual modo, se falecer um dos devedores solidários, seus diversos herdeiros não serão mais tratados no regime da solidariedade. Cada um deles será obrigado apenas pela quota da dívida que for incluída em seu quinhão (art. 276).

A morte, ou mais propriamente, a partilha *causa mortis*[136] atua como causa de cessação da solidariedade, no que toca à passagem da obrigação solidária ativa ou passiva para os diversos sucessores do sujeito primitivo da relação obrigacional. Daí por que "a

---

[135] "O mesmo ocorre na solidariedade passiva. A interrupção feita a um dos devedores (já que todos são responsáveis pela totalidade da dívida) a todos prejudica, inclusive a seus herdeiros, porque se trata de convenção tratada de maneira una, decorrente da lei ou da vontade das partes" (VENOSA, Sílvio de Salvo. *Código Civil Interpretado*. 2. ed. São Paulo: Atlas, 2011, p. 227).

[136] Enquanto indiviso o acervo hereditário, o espólio conserva-se como sujeito de obrigação solidária (art. 276). Aliás, "até a partilha, o direito dos herdeiros, quanto à propriedade e posse da herança, será indivisível" (art. 1.791), regime que é simétrico ao das responsabilidades pelas obrigações passivas (Cf.

interrupção operada contra um dos herdeiros do devedor solidário não prejudica aos outros herdeiros ou devedores" (art. 204, § 2º).

Isto, porém, só acontece quando vários são os sucessores. Se o morto somente deixa um herdeiro, este ocupará por inteiro sua posição no vínculo obrigacional e a solidariedade subsistirá.

Não obstante a morte e a partilha da obrigação entre vários sucessores, a exigibilidade da prestação por inteiro de cada um deles será mantida se o objeto da prestação for indivisível (arts. 270, *in fine,* e 276, 1ª parte). Não é a solidariedade que determina essa solução, é a natureza da coisa que impõe o regime das obrigações indivisíveis. A prescrição, portanto, continuará sendo interrompível, por inteiro, mesmo que a iniciativa seja de um só dos sucessores ou seja manejada contra um só deles[137].

A solidariedade desaparece na sucessão em que figuram vários herdeiros. A indivisibilidade, porém, não se altera pela sucessão nas mesmas condições. Logo, "a interrupção contra um dos devedores conserva integralmente os direitos (*rectius*: as pretensões) do credor contra todos, produzindo, assim, efeitos de uma verdadeira solidariedade. A interrupção feita por um herdeiro de um dos diversos titulares de um direito ou obrigação indivisível falecido aproveita a esse herdeiro, aos seus coerdeiros e aos demais titulares; da mesma maneira, a interrupção operada contra um herdeiro de um dos diversos responsáveis por um direito ou obrigação indivisível falecido prejudica a esse herdeiro, aos seus coerdeiros e aos demais responsáveis"[138].

84. FIADOR

O § 3º do art. 204 institui mais uma exceção à pessoalidade da interrupção da prescrição. É o caso da obrigação garantida por fiança.

Segundo tal dispositivo, a interrupção operada contra o principal devedor prejudica o fiador. Explica-se a norma como consequência do princípio da acessoriedade: sendo a fiança uma obrigação acessória, deve seguir a sorte da principal. Assim como a fiança se extingue com a extinção da obrigação a que adere, também deverá conservar-se enquanto se mantiver a obrigação principal.

É assim que, interrompida a prescrição da pretensão contra o devedor afiançado, *ipso facto* estará interrompida a da pretensão acessória contra o garante fidejussório. Não há necessidade de um ato interruptório especial para o fiador[139].

CARVALHO SANTOS, J. M. de. *Código Civil brasileiro interpretado.* 7. ed. Rio de Janeiro: Freitas Bastos, 1958. v. III, p. 455).

[137] "Se o direito em discussão é indivisível, a interrupção da prescrição por um dos credores a todos aproveita" (STJ, 4ª T., REsp. 10.138-0/MG, Rel. Min. Barros Monteiro, ac. 20.10.1992, *JSTJ* 42/122). Essa é a determinação da parte final do art. 204, § 2º: "a interrupção operada contra um dos herdeiros do devedor solidário não prejudica os outros herdeiros ou devedores, *senão quando se trate de obrigações e direitos indivisíveis*".

[138] CARVALHO SANTOS, J. M. de. *Código Civil brasileiro interpretado.* 7. ed. Rio de Janeiro: Freitas Bastos, 1958. v. III, p. 456).

[139] "Se o credor interrompe a prescrição contra o devedor, interrompe-a também naturalmente contra o fiador, independentemente de qualquer notificação especial" (MONTEIRO, Washington de Barros. *Curso de direito civil.* 13 ed. São Paulo: Saraiva, 1975, v. 1, p. 315).

O contrário, porém, não é verdadeiro. Se se interromper apenas contra o fiador, a pretensão contra o afiançado não será beneficiada. É o acessório que segue o principal e não o contrário[140]. Admite-se, excepcionalmente, que a interrupção operada em face do fiador prejudique o devedor principal se houver solidariedade entre eles. Nesse sentido é a jurisprudência do STJ:

> 1. O Código Civil, em seu art. 204, *caput,* prevê, como regra, o caráter pessoal do ato interruptivo da prescrição, haja vista que somente aproveitará a quem o promover ou prejudicará aquele contra quem for dirigido (*persona ad personam non fit interruptio*).
>
> 2. Entre as exceções, previu o normativo que, interrompida a prescrição contra o devedor afiançado, *ipso facto*, estará interrompida a pretensão acessória contra o garante fidejussório (princípio da gravitação jurídica), nos termos do art. 204, § 4º, do CC.
>
> 3. A interrupção operada contra o fiador não prejudica o devedor afiançado (a recíproca não é verdadeira), haja vista que o principal não acompanha o destino do acessório e, por conseguinte, a prescrição continua correndo em favor deste.
>
> 4. Como disposição excepcional, a referida norma deve ser interpretada restritivamente, e, como o legislador previu, de forma específica, apenas a interrupção em uma direção – a interrupção produzida contra o principal devedor prejudica o fiador –, não seria de boa hermenêutica estender a exceção em seu caminho inverso.
>
> 5. No entanto, a interrupção em face do fiador poderá, sim, excepcionalmente, acabar prejudicando o devedor principal, nas hipóteses em que a referida relação for reconhecida como de devedores solidários, ou seja, caso renuncie ao benefício ou se obrigue como principal pagador ou devedor solidário, a sua obrigação, que era subsidiária, passará a ser solidária, e, a partir de então, deverá ser norteada por essa sistemática (CC, arts. 204, § 1º, e 275 a 285)[141].

Assim que o fiador paga a dívida principal, ocorre a sub-rogação, razão pela qual o prazo prescricional para que exerça o seu direito de regresso é o mesmo da obrigação primitiva: "O fiador que paga integralmente o débito objeto de contrato de locação fica sub-rogado nos direitos do credor originário (locador), mantendo-se todos os elementos da obrigação primitiva, inclusive o prazo prescricional"[142].

Em matéria de coobrigações cambiárias, em face da autonomia que entre elas se estabelece, não se pode aplicar as regras comuns da solidariedade. Por isso, a interrupção da prescrição contra um coobrigado não se estende aos demais[143].

---

[140] BEVILÁQUA, Clóvis. *Código Civil dos Estados Unidos do Brasil comentado*. Rio de Janeiro: F. Alves, 1959. v. I, p. 367, comentário ao art. 176; SANTOS, J. M. de. *Código Civil brasileiro interpretado*. 7. ed. Rio de Janeiro: Freitas Bastos, 1958. v. III, p. 457.

[141] STJ, 4ª T., REsp. 1.276.778/MS, Rel. Min. Luis Felipe Salomão, ac. 28.03.2017, *DJe* 28.04.2017.

[142] STJ, 3ª T., REsp 1769522/SP, Rel. Min. Nancy Andrighi, ac. 12.03.2019, *DJe* 15.03.2019.

[143] "Em se tratando de título cambial ou cambiariforme, nas relações entre avalista e avalizado, não se aplica a regra do direito comum (art. 176, § 1º, do Código Civil – de 1916), mas sim a Lei Uniforme, art. 71. A interrupção da prescrição operada contra o emitente não se estende ao seu avalista" (STJ, 4ª T., REsp. 5.449/SP, Rel. Min. Athos Carneiro, *DJU* 02.09.1991, p. 11.814).

Segundo Yussef Said Cahali,

> existente controvérsia quanto a envolver a interrupção da prescrição o avalista e coobrigados da cambial, tendo se limitado o novel codificador civil a referir apenas que "a interrupção contra o devedor prejudica o fiador", certamente não se pretende que fossem atingidos por esse efeito, além dele, também o avalista e demais coobrigados cambiários[144].

85. LITISCONSÓRCIO NECESSÁRIO E INTERRUPÇÃO DA PRESCRIÇÃO

Questiona-se, às vezes, sobre se o litisconsórcio necessário se submeteria, em matéria de interrupção da prescrição, ao regime das obrigações solidárias, ou não.

O problema está em dimensionar o efeito da citação, quando não se estende a todos os litisconsortes dentro do prazo da prescrição. Urge definir se o autor que não promover a *in ius vocatio* de todos os litisconsortes necessários, poderia fazê-lo com eficácia, depois de consumado o termo prescricional, valendo-se do prazo processual previsto no art. 115, parágrafo único do CPC[145].

Os que pretendem validar a tardia citação invocam a regra própria da interrupção das pretensões derivadas das obrigações solidárias, já que diante delas, basta interromper a prescrição contra um dos coobrigados para que todos os demais sofram os efeitos da citação (art. 204, § 1º)[146].

Acontece que o litisconsórcio necessário nem sempre se assenta sobre obrigação solidária, pois às vezes decorre de simples imposição da lei. Além disso, o prazo que se estabelece entre os litisconsortes, muitas vezes, é decadencial e não prescricional.

Assim, se se tratar realmente de obrigação solidária, os litisconsortes serão todos atingidos pela interrupção desde que um deles, pelo menos, seja citado no prazo útil (antes de consumada a prescrição). Esse efeito expansivo, no entanto, não terá nascido do litisconsórcio, mas da relação jurídica material que nele se debate.

Quando, porém, o prazo para o exercício da ação for decadencial (por exemplo: o da ação de anulação de negócio jurídico por vício de consentimento, ou o da ação rescisória de sentença), o litisconsórcio necessário, ou não, nenhuma repercussão terá sobre a situação dos interessados cuja citação não se verifique antes de expirado o prazo extintivo da ação. É que os prazos de decadência não se suspendem nem se interrompem, são fatais (art. 207).

---

[144] CAHALI, Yussef Said. *Prescrição e decadência*. São Paulo: RT, 2008, p. 142.

[145] Dispõe o art. 114 do CPC/2015: "O litisconsórcio será necessário por disposição da lei ou quando, pela natureza da relação jurídica controvertida, a eficácia da sentença depender da citação de todos que devam ser litisconsortes".
Art. 115, Parágrafo único. "Nos casos de litisconsórcio passivo necessário, o juiz determinará ao autor que requeira a citação de todos que devam ser litisconsortes, dentro do prazo que assinar, sob pena de extinção do processo".

[146] "A interrupção efetuada contra um dos réus, litisconsorte necessário, obriga aos demais litisconsortes" (TJSP, 6ª CC., Ap. nº 185.435, Rel. Des. Dimas de Almeida, ac. 13.02.1970, *RT*, 417/161). No mesmo sentido: TJSP, 7ª C, AI 157.938-1, Rel. Des. Evaristo dos Santos, ac. 04.12.1991, *RJTJESP* 137/331).

Portanto, se a ação rescisória, *v.g.*, tinha que necessariamente ser proposta contra dois réus, e apenas um deles foi citado dentro do prazo decadencial da ação, por omissão imputável ao autor, não lhe será possível emendar a falha no saneamento previsto no parágrafo único do art. 115 do CPC. Sobre o tema já se pronunciou o Superior Tribunal de Justiça, mais de uma vez: "Ação rescisória. Litisconsórcio necessário. É indispensável para a formação do litisconsórcio necessário passivo de todos aqueles que participaram da ação onde foi proferida a decisão rescindenda. E tendo de há muito exaurido o decurso do prazo decadencial para os litisconsortes não citados, inútil é a citação. Extinção do processo da ação rescisória"[147].

O acórdão de origem, mantido pelo STJ, considerou que, no litisconsórcio necessário da ação rescisória, não é suficiente a citação parcial dos réus no prazo decadencial. É necessário que todos sejam oportunamente citados, sendo inaplicáveis, na espécie, o art. 115, parágrafo único, do CPC, que só atua quando ainda não esgotado o prazo de decadência da rescisória, e o art. 176, § 1º do Código Civil de 1916 (atual art. 204, § 1º). Isto porque este último preceito "alude ao instituto da solidariedade, de direito material, e não ao litisconsórcio, de direito processual, regulado, quanto à sua formação, no referido art. 47 [art. 114, do CPC/2015]" (TJMG).

Em outro aresto, o STJ examinou, especificamente, o caso de litisconsórcio necessário e, também, rejeitou a submissão do tema às regras de interrupção da prescrição próprias das obrigações solidárias, julgando inviável a invocação da analogia na espécie. Assentou-se que a eventual existência do litisconsórcio necessário "de nenhum modo haveria de conduzir a que incidisse norma pertinente à dívida solidária", como a do art. 176, § 1º do Código Civil [de 1916], que permite interromper a prescrição contra todos os coobrigados à base da citação de apenas alguns deles. Explicou o acórdão:

> Havendo solidariedade passiva, o credor poderá cobrar a dívida, por inteiro, de qualquer dos devedores. Por isso mesmo ser-lhe-á lícito acionar qualquer deles isoladamente. No litisconsórcio necessário, dar-se-á exatamente o contrário. A eficácia da sentença dependerá da presença de todos os litisconsortes. Não se percebe por que a norma pertinente àquele instituto de direito material haja de incidir apenas porque presentes os pressupostos de distinto instituto, de direito processual, com raízes inteiramente diferentes[148].

---

[147] STJ, 2ª T., REsp. 8.689-0/MG, Rel. Min. José de Jesus Filho, ac. 02.12.1992, *DJU* 01.02.1993, p. 454. No mesmo sentido: STF, Pleno, AR 1.206, Rel. Min. Célio Borja, ac. 27.10.88, *DJU* 03.03.89, p. 2.512. Há, porém, um antigo aresto do STF em que se decidiu que, em caso de litisconsórcio unitário, "a citação de litisconsorte necessário, antes de decorrido o prazo de decadência, prejudica, ou afeta, quanto a isso, os demais litisconsortes (...)" isto é, "não ocorre a decadência com relação aos demais, desde que determinada sua citação posteriormente, essa se faça, como se fez, no caso regularmente" (STF, 1ª T., RE 103.766/RS, Rel. Min. Sydney Sanches, ac. 18.04.1986, *RTJ*, 117/1263). No mesmo sentido: STF, 2ª T., RE 85.049/RS, Rel. Min. Moreira Alves, *RTJ*, 94/219).

[148] STJ, 3ª T., REsp. 32.800-0/SP, Rel. Min. Eduardo Ribeiro, ac. 16.08.1994, *RSTJ* 63/354. No mesmo sentido: "1. O réu da ação em que se proferiu o acórdão rescindendo é parte passiva indispensável na ação rescisória do respectivo julgado. Proposta a rescisória contra o assistente litisconsorcial, o réu, assistido, deve figurar como litisconsorte passivo necessário. 2. Decorrido o prazo decadencial para interposição da rescisória (CPC, art. 495) [CPC/2015, art. 975] já não pode a ação ser proposta contra novo réu, sendo, consequentemente, impossível a regularização da relação processual nos termos do disposto

Em conclusão, não sendo caso de solidariedade, não se foge da decadência ou da prescrição entre os litisconsortes necessários, se, por culpa do autor, não se realiza a citação de todos os coobrigados antes do termo do prazo extintivo.

86. LIMITES OBJETIVOS DA INTERRUPÇÃO

Se várias são as pretensões que decorrem do direito do credor e este, ao interromper a prescrição, apenas se refere a uma delas, só esta será atingida pelos efeitos interruptivos.

"A interrupção" – lembra Pontes de Miranda – limita-se à pretensão que está em causa, e não se estende a qualquer outra que se irradie da mesma relação jurídica que é *res deducta*"[149].

É natural que assim seja, pois se o Código considera como objeto da prescrição a *pretensão* que nasce da violação do direito subjetivo (art. 189), não é a relação jurídica existente entre as partes que irá sofrer os efeitos da interrupção, mas a pretensão invocada no momento do ato interruptivo.

Se, nessa ordem de ideias, o contrato gerou várias prestações e o credor, no protesto ou na citação, relaciona umas e se omite em relação às demais, só aquelas e não estas terão a prescrição interrompida. Se, *v.g.,* do ato ilícito decorreu dano emergente, lucros cessantes e danos morais, e a vítima propôs ação para pleitear apenas o primeiro prejuízo, as pretensões referentes aos demais continuarão sujeitas a curso normal da prescrição, sem sofrer efeito algum da ação proposta. "Se a pretensão é parcial, a interrupção, quanto à parte, não se contagia ao resto"[150].

Compreende-se, porém, na interrupção da pretensão ao principal a dos seus acessórios: se a interrupção, por exemplo, se refere ao capital, compreendidos estarão os juros e multas derivados do não pagamento daquele.

Pelas dimensões objetivas da causa, lembra Pontes de Miranda que uma ação meramente declaratória não pode interromper a prescrição, mesmo porque, por seu intermédio, o autor não exerce pretensão alguma em face do réu[151].

---

no art. 47 do CPC [CPC/2015, art. 115, parágrafo único]" (STJ, 1ª Seção, AR 2009/PB, Rel. Min. Teori Albino Zavascki, ac. 14.04.2004, *DJU* 03.05.2004, p. 86).

[149] PONTES DE MIRANDA, Francisco Cavalcanti. *Tratado de Direito Privado.* Parte Geral. Atualização de Otávio Luiz Rodrigues Júnior; Tilman Quarch e Jefferson Carús Guesdes. São Paulo: RT, 2012. t. VI, § 688, p. 401.

[150] PONTES DE MIRANDA, Francisco Cavalcanti. *Tratado de Direito Privado.* Parte Geral. Atualização de Otávio Luiz Rodrigues Júnior; Tilman Quarch e Jefferson Carús Guesdes. São Paulo: RT, 2012. t. VI, § 688, n. 1, p. 402.

[151] PONTES DE MIRANDA, Francisco Cavalcanti. *Comentários ao Código de Processo Civil.* 3. ed. Rio de Janeiro: Forense, 1996. t. III, p. 234.

Capítulo VIII

Dos Prazos da Prescrição. Generalidades

87. INOVAÇÕES

As principais inovações, em matéria de prazos prescricionais, no Código de 2002, foram a adoção de prazo ordinário único (eliminou-se a incômoda distinção entre a prescrição máxima das ações pessoais e das ações reais), e sua redução de vinte para dez anos. As duas medidas correspondem a uma tendência geral observada no direito comparado, pelos Códigos e reformas do século XX.

Com o passar do tempo – observa Paolo Gallo – se nota, realmente, uma crescente tendência a reduzir cada vez mais a duração dos prazos de prescrição:

> A aceleração da vida que se deu nos tempos modernos a partir da revolução industrial não devia, de fato, tardar a produzir seus efeitos também sobre a duração dos prazos da prescrição. O primitivo prazo de trinta anos, expressão de uma sociedade estática e rural, se mostra à primeira vista inadequado às exigências da moderna vida de relação. Nas principais codificações do novo século, o prazo geral de prescrição foi reduzido, em regra, a apenas dez anos. A isto se acrescentou, ainda, uma expressiva proliferação das prescrições menores, para todos os casos nos quais a exigência de uma pronta definição das relações pendentes se fez sentir com maior veemência[1].

As alterações de prazo não se restringiram, no atual Código Civil brasileiro, ao prazo de prescrição ordinária, pois também entre os prazos específicos menores vários sofreram modificações, tanto para mais como para menos, embora as reduções tenham sido as mais frequentes.

O Código cuidou de disciplinar o problema de direito intertemporal, que seria inevitável, visto que inúmeros foram os prazos iniciados sob o regime anterior cujo vencimento ocorrera na vigência do novo. A solução foi apontada no art. 2.028, que, entretanto, não dispensou o recurso aos ensinamentos da doutrina e à experiência da jurisprudência, mesmo porque o tema não é novo e tem sido vivido em reiteradas oportunidades aqui e alhures.

---

[1] GALLO, Paolo. Prescrizione e decadenza in diritto comparato. In: *Digesto delle discipline privatistiche*. Torino: UTET, 1996. v. XIV, p. 251 (trecho de nossa tradução).

87.1. A prescrição e o Código de Defesa do Consumidor

O atual Código Civil, seguindo o rumo do direito comparado, adotou a política da redução geral dos prazos da prescrição. O Código do Consumidor, elaborado numa época em que a prescrição ordinária da lei civil se dava no dilatado prazo de vinte anos, estipulou para as ações de reparação de danos por fato do produto ou serviço o prazo prescricional de cinco anos (art. 27). Instalou-se, sem dúvida, um descompasso entre a lei geral e a lei consumerista, porque para o Código Civil de 2002 a prescrição das ações de reparação de dano, não importa qual o montante e qual a repercussão social, é de apenas três anos (art. 206, § 3º, V).

Como as leis gerais não revogam as especiais (Lei de Introdução, art. 2º, § 2º), a prescrição prevista no CDC continuará vigendo, até que, *de lege ferenda*, se adapte a lei especial à política prescricional em boa hora adotada pelo Código Civil de 2002.

Uma coisa, porém, deve ser observada: a prescrição quinquenária do CDC só subsiste para as ações de responsabilidade civil oriundas de danos causados por fato do produto ou do serviço (CDC, art. 27).

Nesse sentido:

> 1. No precedente firmado em sede de repercussão geral (RE 646.331/RJ – Tema 210/STF) o STF afastou expressamente a aplicação da Convenção de Montreal ao dano moral, uma vez que não estaria regulado pelo acordo aludido, atraindo a aplicação da lei geral, no caso, o CDC. No caso, a pretensão deduzida na origem diz respeito unicamente à compensação por dano moral por atraso em voo. Desse modo, ausente regulação da matéria em acordo internacional, aplica-se o lustro prescricional previsto no art. 27 do CDC.
>
> 2. No caso, pressuposto pelo acórdão recorrido que o atraso aéreo remonta a 23/12/2015, e a ação respectiva foi ajuizada em 01/11/2020 (fls. 281-282), deve ser afastada a prescrição para compensar o dano moral decorrente, já que não ultrapassado o prazo de cinco anos entre a lesão e o ajuizamento da ação respectiva, a teor do que previsto no art. 27 do CDC[2].

Sendo a pretensão relativa à cobrança indevida, o STJ já sedimentou o seu entendimento no sentido de que a prescrição a ser adotada é a do Código Civil:

– A incidência da regra de prescrição prevista no art. 27 do CDC tem como requisito essencial a formulação de pedido de reparação de danos causados por fato do produto ou do serviço, o que não ocorreu na espécie.

– Ante a ausência de disposições no CDC acerca do prazo prescricional aplicável à prática comercial indevida de cobrança excessiva, é de rigor a aplicação das normas relativas à prescrição insculpidas no Código Civil[3].

---

[2]   STJ, 4ª T., AgInt no REsp. 1.944.539/RS, Rel. Min. Luis Felipe Salomão, ac. 22.011.2021, *DJe* 25.11.2021.

[3]   STJ, 3ª T., REsp. 1.032.952/SP, Rel. Min. Nancy Andrighi, ac. 17.03.2009, *DJe* 26.03.2009. No mesmo sentido: STJ, 2ª T., REsp. 1.660.377/RS, Rel. Min. Herman Benjamin, ac. 06.06.2017, *DJe* 19.06.2017; STJ, 3ª T., REsp. 1.534.831/DF, Rel. Min. Nancy Andrighi, ac. 20.02.2018, *DJe* 02.02.2018.

Se se trata de exigir cumprimento de prestação contratual, para a qual o Código Civil tenha estabelecido prazo específico, a prescrição será a nele prevista, e não a do Código do Consumidor. É o caso, por exemplo, do contrato de seguro, cujo lapso prescricional, tanto para a pretensão do segurado, como do segurador, é de um ano (art. 206, § 1º, II). Dessa maneira, "o prazo quinquenal, assinalado no art. 27 do Código de Defesa do Consumidor, só se aplicará quando o segurado pretender indenização de danos causados por fato do serviço, e não o simples adimplemento do contrato"[4]. É o que se passa, *v.g.*, quando a seguradora se obriga a transportar o veículo sinistrado para receber os reparos ou quando se dispõe ela mesma a providenciar o conserto, e ao executar esses serviços, provoca dano ou destruição do bem sob seus cuidados. Para a reparação desse prejuízo acarretado pelo defeito do serviço, é que se haverá de recorrer ao prazo prescricional do art. 27 do CDC.

Um aspecto importante a observar é o critério de definição do *dies a quo* do prazo prescricional. O Código Civil segue o critério objetivo, ou seja, conta-se o prazo a partir da lesão do direito do credor, pouco importando tenha ele, ou não, efetivo conhecimento da violação (inadimplemento) praticada pelo devedor. No Código do Consumidor, o sistema é subjetivo: não basta a lesão do direito, é necessário que o consumidor tenha conhecimento do dano e da respectiva autoria. É a partir desse conhecimento que se contará o prazo de cinco anos previsto no art. 27 do CDC. Mas, não importa a eventual renovação ou repetição do dano no tempo, em decorrência do produto. Se o consumidor já tomou conhecimento da lesão, a fluência da prescrição é contínua e não se reinicia periodicamente pela simples reiteração dos efeitos maléficos do produto[5].

Outra regra do CDC que envolve o tema da prescrição é a contida em seu art. 43, § 5º. Segundo tal dispositivo, cabe ao Sistema de Proteção ao Crédito não fornecer informações de notas restritivas depois de consumada a prescrição "relativa à cobrança de débitos do consumidor". Acontece que, quando o fornecedor se documenta com algum título de crédito, há duas prescrições a considerar: a da ação cambiária (executiva) e a da ação de cobrança (cognitiva). A compra e venda (ou a prestação de serviços) é realmente o negócio básico da operação de consumo. Pouco importa que o eventual título de crédito (duplicata ou cheque) emitido entre as partes esteja sujeito à prescrição própria. Ocorrida esta, apenas a ação cambiária (executiva) sofrerá seus efeitos extintivos. Subsistirá a ação de cobrança, como instrumento hábil para haver o preço do contrato de consumo. Enquanto não atingida pela prescrição que lhe for própria, viva estará a pretensão nascida do negócio jurídico subjacente. Dessa necessária distinção decorre que, sendo de cinco anos a prescrição no caso de "cobrança de dívidas líquidas, constante de instrumento público ou particular" (Código Civil, art. 206, § 5º, I), as informações restritivas do SPC somente devem cessar após o quinto ano do registro, conforme vem entendendo o Superior Tribunal de Justiça[6].

---

[4]   SOUZA, Sylvio Capanema de. A prescrição no contrato de seguro e o novo Código Civil. *Revista da EMERJ*, Rio de Janeiro, v. 6, n. 21, p. 25, 2003.

[5]   STJ, 2ª T., REsp. 304.724/RJ, Rel. Min. Humberto Gomes de Barros, ac. 24.05.2005, *DJU* 22.08.2005, p. 259.

[6]   "A prescrição a que se refere o art. 43, § 5º do Código de Defesa do Consumidor é a da ação de cobrança e não da ação executiva. Em homenagem ao § 1º do art. 43 as informações restritivas de crédito devem

87.2. Particularidades da prescrição e da decadência, em matéria de responsabilidade civil, segundo o Código de Defesa do Consumidor

O CDC prevê a responsabilidade civil do fornecedor em duas situações diferentes: a) por *fato danoso* acarretado pelo produto ou serviço (arts. 12 a 17), caso em que se cogita de um *acidente de consumo*; e b) *por vício do produto ou serviço* (arts. 18 a 25), algo correspondente, de alguma forma, e com maiores dimensões, aos *vícios redibitórios* do Código Civil.

Um defeito do automóvel, por exemplo, pode acarretar um capotamento, com danos graves para a pessoa do consumidor ou de terceiros. As consequências do *fato* provocado pelo produto defeituoso ultrapassam o seu valor econômico, e atingem, exteriormente, o patrimônio do consumidor e de outras pessoas envolvidas no acidente. Fala-se, então, em *acidente de consumo*[7], ao qual se aplica a disciplina dos arts. 12 a 17 do CDC. Em outros casos, o defeito do produto se resume à sua própria estrutura, comprometendo sua utilização normal. Não se registram, entretanto, danos externos para o consumidor ou terceiros. É na qualidade ou na quantidade apenas que o consumidor se sente frustrado nas suas expectativas. É aí que, então, se pode cogitar de *vício do produto ou serviço* (art. 18, *caput*, do CDC), a exemplo do que se passa no regime dos vícios redibitórios previstos no Código Civil[8-9].

A responsabilidade civil de que trata o CDC sujeita-se a prazos, ora de decadência, ora de prescrição. Ao cuidar da ação contra os vícios redibitórios (art. 26), a legislação

---

cessar após o quinto ano de registro" (STJ, 3ª T., REsp. 522.891/RS, Rel. Min. Humberto Gomes de Barros, ac. 28.06.2004, *RSTJ* 183/306-307). No mesmo sentido: STJ, 4ª T., REsp. 535.645/RS, Rel. Min. César Asfor Rocha, ac. 23.09.2003, *DJU* 24.11.2003, p. 324.

[7] MARÇAL, Sérgio Pinheiro. Código de defesa do consumidor: definições, princípios e o tratamento da responsabilidade civil. *Revista de Direito do Consumidor*, n. 6, p. 105, abr./jun. 1993; CARVALHO, José Carlos Maldonado de. Decadência e prescrição no CDC: vício e fato do produto e do serviço. *Revista da EMERJ – Escola da Magistratura do Rio de Janeiro*, v. 10, n. 140, p. 119, 2007.

[8] "Uma vez caracterizado o dano por *fato do produto ou serviço*, são responsáveis, nos termos do art. 12, *caput*, do CDC, o fabricante, o produtor, o construtor, nacional ou estrangeiro, e o importador independentemente de culpa. Já, ao revés, em se tratando de dano decorrente de *vício do produto ou serviço*, a responsabilidade é de todos os que participaram da cadeia – de produção – circulação (art. 3º, *caput*, do CDC), solidariamente (arts. 18 e 20, CDC)" (CARVALHO, José Carlos Maldonado de. Decadência e prescrição no CDC: vício e fato do produto e do serviço. *Revista da EMERJ – Escola da Magistratura do Rio de Janeiro*, v. 10, n. 140, 2007, p. 121).

[9] Cumpre destacar que a cadeia de corresponsabilidade varia de acordo com o tipo de dano: (i) em relação aos *vícios do produto,* a responsabilidade civil é, sem dúvida, de maior espectro subjetivo, pois abrange todos os fornecedores que tenham atuado na cadeia de produção e distribuição. Compreende, portanto, não só o fabricante, mas também e sempre os comerciantes que tenham promovido a colocação do produto no mercado de consumo (CDC, arts. 3º e 18); (ii) no caso de *fato do produto*, a responsabilidade civil, na literalidade da lei, não envolve todos os figurantes na cadeia de fornecimento, mas apenas o criador do produto (o fabricante, o produtor e o construtor), e, em relação ao produto estrangeiro, o importador (CDC, art. 12). Os intervenientes posteriores na cadeia de produção e distribuição não respondem pelos danos configuradores do chamado *fato do produto*. A interpretação do dispositivo, no entanto, tem sido flexibilizada, no sentido de inserir, em alguns casos, o comerciante na responsabilidade objetiva e solidária pelo dano derivado de *fato do produto*, como, por exemplo, se o fabricante, o construtor, o produtor ou o importador não puderem ser identificados (sobre o tema, ver nosso *Direitos do consumidor*. 9. ed. Rio de Janeiro: Forense, 2017. parte II, capítulo I, itens 1.4 a 1.6).

consumerista estipula prazos especiais dentro dos quais se assegura ao consumidor o direito potestativo de reclamar dos defeitos aparentes ou ocultos: a) *trinta dias,* quando se tratar de fornecimento de serviços ou produtos não duráveis (inciso I); b) *noventa dias,* tratando-se de serviços ou produtos duráveis (inciso II)[10]. Ditos prazos são textualmente definidos pelo art. 26 do CDC como de *decadência,* por representarem causas de extinção dos direitos a que se referem[11].

Para os efeitos dos vícios redibitórios, qualificam-se os produtos como duráveis ou não duráveis levando-se em consideração sua maior ou menor durabilidade, "mensurada em termos de tempo de consumo"[12].

Para a pretensão de ressarcimento do dano derivado de *fato do produto ou do serviço,* ou seja, para as hipóteses dos arts. 12 a 17, o CDC estipula o prazo de cinco anos, a ser contado do "conhecimento do dano e de sua autoria" (art. 27)[13]. Para essa situação, o Código define o prazo extintivo como de *prescrição;* e o faz corretamente, pois não se trata de extinguir direito, mas apenas de pôr fim à *pretensão,* tal como se prevê no art. 189 do Código Civil, ao conceituar-se a prescrição.

A jurisprudência do STJ também distingue a responsabilidade civil decorrente do inadimplemento contratual daquela advinda de danos causados por fato do produto ou serviço:

> 2. Outrossim, é certo que a "responsabilidade civil decorrente de inadimplemento contratual não se assemelha àquela advinda de danos causados por fato do produto ou serviço (acidente de consumo) cujo prazo prescricional para exercício da pretensão à reparação é o quinquenal previsto no art. 27 do Código de Defesa do Consumidor" (AgRg no AREsp 521.484/SP, Rel. Ministro Marco Buzzi, Quarta Turma, julgado em

---

[10]   Se o defeito for aparente, o prazo decadencial do direito de reclamar conta-se da entrega do produto ou da conclusão do serviço (CDC, art. 26, § 1º). No caso de vício oculto, conta-se o prazo da data em que o defeito tornar-se conhecido (CDC, art. 26, § 3º).

[11]   "O propósito recursal é o afastamento da prejudicial de decadência e prescrição em relação ao pedido de obrigação de fazer e de indenização decorrentes dos vícios de qualidade e quantidade no imóvel adquirido pelo consumidor. É de 90 (noventa) dias o prazo para o consumidor reclamar por vícios aparentes ou de fácil constatação no imóvel por si adquirido, contado a partir da efetiva entrega do bem (art. 26, II e § 1º, do CDC). No referido prazo decadencial, pode o consumidor exigir qualquer das alternativas previstas no art. 20 do CDC, a saber: a reexecução dos serviços, a restituição imediata da quantia paga ou o abatimento proporcional do preço. Cuida-se de verdadeiro direito potestativo do consumidor, cuja tutela se dá mediante as denominadas ações constitutivas, positivas ou negativas" (STJ, 3ª T., REsp 1721694/SP, Rel. Min. Nancy Andrighi, ac. 03.09.2019, *DJe* 05.09.2019).

[12]   "Assim, os produtos alimentares, de vestuário e os serviços de dedetização, por exemplo, são não duráveis, ao passo que os eletrodomésticos, veículos automotores e os serviços de construção civil, são duráveis" (DENARI, Zelmo et al. *Código Brasileiro de Defesa do Consumidor*: comentado pelos autores do anteprojeto. 10. ed., Rio de Janeiro: Forense, 2011. v. I, p. 244). "Desta forma, os bens de consumo dividem-se em bens duráveis e não duráveis, levando-se em conta a possibilidade de uma utilização prolongada no tempo" (GOMES, Marcelo Kokke. *Responsabilidade civil dano e defesa do consumidor.* Belo Horizonte: Del Rey, 2001. p. 152).

[13]   "I. A ação de indenização movida pelo consumidor contra o prestador de serviço, por falha relativa à prestação do serviço, prescreve em cinco anos, ao teor do art. 27 do CDC" (STJ, 4ª T., AgRg no Ag 1.068.449/SC, Rel. Min. Aldir Passarinho Júnior, ac. 17.03.2009, *DJe* 20.04.2009). No mesmo sentido: STJ, 3ª T., AgRg no AREsp. 602.851/SC, Rel. Min. Marco Aurélio Bellizze, ac. 16.12.2014, *DJe* 02.02.2015.

11.11.2014, *DJe* 17.11.2014)[14]. Em se tratando inadimplemento contratual, o prazo prescricional será de 10 anos:

> Quando, porém, a pretensão do consumidor é de natureza indenizatória (isto é, de ser ressarcido pelo prejuízo decorrente dos vícios do imóvel) não há incidência de prazo decadencial. A ação, tipicamente condenatória, sujeita-se a prazo de prescrição. À falta de prazo específico no CDC que regule a pretensão de indenização por inadimplemento contratual, deve incidir o prazo geral decenal previsto no art. 205 do CC/02, o qual corresponde ao prazo vintenário de que trata a Súmula 194/STJ, aprovada ainda na vigência do Código Civil de 1916 ("Prescreve em vinte anos a ação para obter, do construtor, indenização por defeitos na obra")[15].

Em promessas de compra e venda, havendo rescisão por culpa da construtora/incorporadora, o prazo para requerer a restituição dos valores pagos a título de comissão de corretagem ou de serviço de assistência técnico imobiliária (SATI) é de três anos[16].

Nos casos de empreitada de edifícios ou de outras construções consideráveis, há uma regra especial sobre defeitos da obra. Prevê o art. 618 do Código Civil que o construtor (empreiteiro de materiais e execução) responde, pelo prazo de cinco anos, pela solidez e segurança da edificação. O parágrafo único do mencionado artigo, por sua vez, estipula um prazo decadencial de cento e oitenta dias para a propositura da ação para reclamar contra os defeitos da construção, prazo esse que se conta a partir do aparecimento do vício.

O prazo decadencial do parágrafo único do art. 618 refere-se apenas ao prazo de garantia, ou seja, para requerer o abatimento proporcional do preço ou a redibição do contrato. Nesse sentido, o enunciado 181 da III Jornada de Direito Civil da Justiça Federal: "O prazo referido no art. 618, parágrafo único do CC refere-se unicamente à garantia prevista no *caput,* sem prejuízo de poder o dono da obra, com base no mau cumprimento do contrato de empreitada, demandar perdas e danos".

Destarte, o prazo decadencial do parágrafo único de referido art. 618 não se aplica às ações indenizatórias, uma vez que a jurisprudência consolidada do STJ é no sentido de que estas, para os fins da Súmula 194/STJ, sujeitam-se à prescrição e não à decadência[17].

Nesse sentido, a jurisprudência do STJ:

> a) 3. A "solidez e segurança do trabalho de empreitada de edifícios ou outras construções consideráveis" foram destacadas pelo legislador (artigo 618 do Código Civil) para fins de atendimento ao prazo irredutível de garantia de cinco anos, não con-

---

[14] STJ, 4ª T., AgInt no AREsp 438.665/RS, Rel. Min. Luis Felipe Salomão, QUARTA ac. 19.09.2019, *DJe* 24.09.2019. No mesmo sentido: STJ, 3ª T., REsp. 1.497.254/ES, Rel. Min. Ricardo Villas Bôas Cueva, ac. 18.09.2018, *DJe* 24.09.2018.

[15] STJ, 3ª T., REsp 1721694/SP, Rel. Min. Nancy Andrighi, ac. 03.09.2019, *DJe* 05.09.2019.

[16] STJ, 3ª T., REsp. 1.737.992/RO, Rel. Min. Paulo de Tarso Sanseverino, ac. 20.08.2019, *DJe* 23.08.2019.

[17] "Ademais, 'quando a pretensão do consumidor é de natureza indenizatória (isto é, de ser ressarcido pelo prejuízo decorrente dos vícios do imóvel) não há incidência de prazo decadencial. A ação, tipicamente condenatória, sujeita-se a prazo de prescrição' (REsp n. 1.819.058/SP, Relatora Ministra Nancy Andrighi, Terceira Turma, julgado em 03.12.2019, *DJe* 05.12.2019)" (STJ, 3ª T., AgInt no AREsp 1.897.767/CE, Rel. Min. Marco Aurélio Bellizze, ac. 21.03.022, *DJe* 24.03.2022).

substanciando, contudo, critério para aplicação do prazo prescricional enunciado na Súmula 194 do STJ[18].

b) 1. Nos termos da jurisprudência desta Corte, 'à falta de prazo específico no CDC que regule a pretensão de indenização por inadimplemento contratual, deve incidir o prazo geral decenal previsto no art. 205 do CC/02, o qual corresponde ao prazo vintenário de que trata a Súmula 194/STJ, aprovada ainda na vigência do Código Civil de 1916 ("Prescreve em vinte anos a ação para obter, do construtor, indenização por defeitos na obra") (REsp 1.534.831/DF, Rel. Ministro Ricardo Villas Bôas Cueva, Rel. p/ Acórdão Ministra Nancy Andrighi, Terceira Turma, julgado em 20.02.2018, *DJe* 02.03.2018).

2. Outrossim, é certo que "a responsabilidade civil decorrente de inadimplemento contratual não se assemelha àquela advinda de danos causados por fato do produto ou do serviço (acidente de consumo), cujo prazo prescricional para exercício da pretensão à reparação é o quinquenal previsto no artigo 27 do Código de Defesa do Consumidor" (AgRg no AREsp 521.484/SP, Rel. Ministro Marco Buzzi, Quarta Turma, julgado em 11.11.2014, *DJe* 17.11.2014)[19].

c) 4. Consoante o entendimento firmado pela e. Terceira Turma, a pretensão do consumidor de ser indenizado pelo prejuízo decorrente da entrega de imóvel com vícios de construção não se sujeita a prazo decadencial, quer previsto no Código Civil, quer previsto no CDC.

5. O prazo de 5 anos previsto no *caput* do art. 618 do CC/2002 é de garantia. Não se trata, pois, de prazo prescricional ou decadencial.

6. Quanto ao prazo prescricional para pleitear a indenização correspondente, sendo o art. 27 do CDC exclusivo para as hipóteses de fato do produto ou serviço, à falta de prazo específico no CDC que regule a hipótese de inadimplemento contratual, aplica-se o prazo geral de 10 anos previsto no art. 205 do CC/2002, o qual corresponde ao prazo vintenário de que trata a Súmula 194/STJ, aprovada na vigência do art. 177 do CC/1916[20].

Eventual ação de indenização pelos prejuízos sofridos em razão de defeitos da obra, portanto, submete-se ao prazo prescricional de cinco anos, na forma do art. 27 do CDC[21]. Não se tratando de relação de consumo, o prazo prescricional será de dez anos, nos termos do art. 205 do CC[22].

---

[18] STJ, 4ª T., AgInt no AREsp 438.665/RS, Rel. Min. Luis Felipe Salomão, ac. 19.09.2019, *DJe* 24.09.2019.

[19] STJ, 4ª T., AgInt no AREsp. 438.665/RS, Rel. Min. Luis Felipe Salomão, ac. 19.09.2019, *DJe* 24.09.2019.

[20] STJ, 3ª T., AgInt no AREsp. 2.092.461/SP, Rel. Min. Nancy Andrighi, ac. 12.06.2023, *DJe* 14.06.2023.

[21] Súmula 602/STJ: "O Código de Defesa do Consumidor é aplicável aos empreendimentos habitacionais promovidos pelas sociedades cooperativas".

[22] A matéria relativa ao prazo prescricional em razão de inadimplemento contratual é bastante controvertida na doutrina e na jurisprudência pátrias. Ora se aplica o prazo de dez anos, ora o prazo de três anos, relativo à reparação civil (art. 206, § 3º, V, do CC). "Bem, em nosso sentir, o prazo previsto no parágrafo único deste artigo concerne apenas a eventuais vícios de qualidade que prejudiquem a economicidade ou a utilização da obra realizada. Ou seja, o dono da obra terá o prazo *decadencial de 180 dias* para redibir o contrato, rejeitando a obra, ou, eventualmente, pleitear o abatimento no preço, caso constate qualquer defeito desta natureza. (...) Se, entretanto, tiver havido dano proveniente de falha na estrutura da obra, por defeito de segurança ou solidez, o direito de pleitear a *reparação por perdas e danos poderá ser postulado no prazo prescricional de três (CC) ou cinco anos (CDC)*, como visto acima, caso cuide ou não de relação de consumo" (GAGLIANO, Pablo Stolze; PAMPLONA FILHO, Rodolfo. *Curso de direito civil*. 5. ed. São Paulo: Saraiva, 2012. v. 4, t. II, p. 312). Consoante será demonstrado no item 92 abaixo, entendemos que o prazo trienal da reparação civil aplica-se tão somente ao dano decorrente de ilícito

A jurisprudência do STJ já se posicionou quanto à prescrição decenal, na espécie: "É de cinco anos o prazo previsto no artigo 618, do Código Civil para responsabilização do construtor por defeito do serviço e de dez anos o prazo para a ação de indenização pelos prejuízos dele decorrentes. Assim, proposta a ação dentro do prazo de cinco anos da entrega da obra, não há que se falar em prescrição"[23].

A norma do Código Civil quanto ao prazo de garantia de cinco anos se sobrepõe à disciplina do Código do Consumidor, mas somente tem aplicação nos defeitos graves de construção, quais sejam, os que afetam a solidez e segurança do edifício. Os vícios menores da obra continuam submetidos ao prazo decadencial de reclamação previsto na legislação consumerista (CDC, art. 26, II): trinta ou noventa dias.

Voltaremos ao tema da prescrição e da decadência no direito consumerista, com mais vagar, nos comentários ao art. 207 (item 128.1).

87.3. A prescrição na arbitragem e mediação

Entende-se por arbitragem a instituição jurídica por meio da qual um particular, terceiro em face da relação conflituosa, compõe o litígio que envolve duas ou mais partes, desempenhando a missão jurisdicional que estas lhe conferem[24].

Com efeito, não obstante apoiada no pressuposto de uma autorização contratual, o novo procedimento arbitral, uma vez instaurado, *em tudo se equipara à jurisdição oficial*, já que nem mesmo o compromisso depende necessariamente de intervenção judicial, nem tampouco a sentença arbitral tem sua eficácia subordinada a qualquer crivo de aprovação em juízo[25].

Nossa lei atual, destarte, abraçou "a teoria publicística da natureza jurídica da arbitragem", ao "imprimir à sentença arbitral força obrigacional, com os mesmos efeitos da sentença proferida pelo Judiciário, inclusive condenatório"[26] (Lei nº 9.307/1996, art. 31).

A última e mais enérgica demonstração da adoção da teoria jurisdicional ou publicística da arbitragem, pelo direito brasileiro, está no art. 3º inserido no Código de Processo Civil/2015, ao estabelecer que "não se excluirá da apreciação jurisdicional ameaça ou lesão a direito". E completa, em seu § 1º, que "é permitida a arbitragem, na forma da lei". Além disso, o art. 515, VII é claro ao qualificar como título executivo judicial "a sentença arbitral", independentemente da cláusula de homologação em juízo.

Uma vez que a arbitragem em tudo se equipara à jurisdição estatal, a ela devem ser aplicadas alguns preceitos relativos à prescrição. É o que se analisará em sequência:

---

stricto sensu. Nas hipóteses de descumprimento do contrato, o regime principal é o do contrato ao qual deve aderir o dever de indenizar como acessório, cabendo-lhe função própria do plano sancionatório. Assim, ou se aplica a prescrição geral do art. 205, ou outra regra especial aplicável *in concreto*. *In casu*, não havendo prazo especial previsto em lei, deve-se aplicar a regra geral (dez anos).

[23] STJ, 4ª T., AgRg no Ag. 1.366.111/MG, Rel. Min. Luis Felipe Salomão, ac. 06.09.2012, *DJe* 18.09.2012.

[24] JARROSSON, Charles. *La notion d'arbitrage*. Paris: Librairie Generale de Droit et de Jurisprudence, 1987, nº 785, p. 372.

[25] "Inegável, portanto, que a atuação do árbitro na solução do litígio constitui exercício de função jurisdicional, com fundamento em lei" (FARIA, Marcela Kohlbach de. *Ação anulatória da sentença arbitral aspectos e limites*. Brasília: Gazeta Jurídica, 2014, n.º 2.2, p. 29).

[26] MARTINS, Pedro Antônio Batista. Anotações sobre a arbitragem no Brasil e o Projeto de Lei do Senado n.º 78/92. *Revista Forense*, n. 332, out.-nov.-dez. 1995, p. 145.

I – Reconhecimento de ofício pelo árbitro

Conforme analisado nos itens 29, 34 a 38 supra, atualmente é dado ao juiz reconhecer de ofício a prescrição, faculdade esta também aplicável ao árbitro[27]. Da mesma forma, em razão do *princípio do contraditório*, que deve ser respeitado no procedimento arbitral (art. 21, § 2º, da Lei n.º 9.307/1996[28]), o árbitro não deverá reconhecer a prescrição de pronto. Vale dizer, "o árbitro pode (e deve), provocar de ofício a discussão sobre o tema, instando as partes ao debate a respeito, e inclusive, facultando ao por ela favorecido a oportunidade de renunciar ao benefício"[29]. Se assim não agir, violado estará o contraditório, mormente em razão da impossibilidade do julgamento surpresa.

II – Interrupção do prazo prescricional pela instauração da arbitragem

Outro ponto merece destaque em relação à prescrição na arbitragem: Na justiça comum, citado o réu, a prescrição retroage à data da propositura da ação, ainda que o despacho que ordena a citação tenha sido proferido por juízo incompetente (CPC/2015, art. 240, § 1º). Dada a natureza jurisdicional da arbitragem, não mais se discute que o ajuizamento do procedimento arbitral também tem o condão de interromper a prescrição[30].

Uma vez que entre o pedido de instauração da arbitragem e sua efetiva instituição pela aceitação da nomeação pelo árbitro decorre algum lapso temporal, a lei de arbitragem estabeleceu que a interrupção da prescrição deverá retroagir à data do requerimento da instauração do procedimento, ainda que seja posteriormente extinta por ausência de jurisdição (art. 19, § 2º).

Portanto, na sistemática disciplinada pela disposição legal inovadora da Lei de Arbitragem brasileira, a mera solicitação de abertura ou o requerimento inicial da instituição da arbitragem é suficiente para salvaguardar a pretensão do demandante. Inexiste, no procedimento arbitral, uma citação ordenada pela autoridade judicial, como se passa no processo judicial.

A instituição da arbitragem é precedida apenas de um requerimento ou solicitação à entidade competente e de uma notificação promovida pela Câmara de Arbitragem para que a parte contrária tome conhecimento da iniciativa da parte promovente. Nessa altura, nem mesmo se pode divisar a existência de um juízo arbitral, o que só se constituirá, mais tarde, quando da aceitação do encargo pelos árbitros, mediante o competente termo de aceite, firmado em conjunto com as partes.

---

[27] "Uma vez afastada a restrição (com a revogação expressa do art. 194 do Código Civil), ao julgador (juiz ou árbitro no exercício pleno da jurisdição) caberá apreciar a matéria, independentemente de provocação pelas partes" (CAHALI, Francisco José. Prescrição, arbitragem, mediação e outros meios extrajudicial de solução de conflitos – MESCs. *Revista dos Tribunais*, v. 1000, fev. 2019, p. 42).

[28] "Art. 21. (...) § 2º. Serão, sempre, respeitados no procedimento arbitral *os princípios do contraditório, da igualdade das partes, da imparcialidade do árbitro e de seu livre convencimento*" (g.n.).

[29] CAHALI, Francisco José. Prescrição, arbitragem, mediação e outros meios extrajudicial de solução de conflitos – MESCs. *Revista dos Tribunais*, v. 1000, fev. 2019, p. 43.

[30] "Sendo assim, se a opção pela arbitragem impede a atuação da jurisdição estatal, não há como subtrair da arbitragem o efeito de interromper a prescrição. Se assim não for, a duração do processamento da arbitragem poderia acarretar a prescrição da pretensão nela brandida à míngua de qualquer interrupção do pertinente lapso prescricional" (ARMELIN, Donaldo. Prescrição e arbitragem. *Revista de Arbitragem e Mediação*, vol. 15, out./dez. 2007, *apud* CAHALI, Francisco José. Prescrição, arbitragem, mediação e outros meios extrajudicial de solução de conflitos – MESCs. *Revista dos Tribunais*, v. 1000, fev. 2019, p. 47).

A rigor, esse é o momento em que se tem como instituído o juízo arbitral e interrompida efetivamente a prescrição, cujos efeitos, nos termos do art. 19, § 2º, da Lei de Arbitragem, retroagirão até a data do requerimento de instauração do pretendido juízo arbitral.

Não me parece que, se o prazo prescricional vencer no espaço compreendido entre o requerimento e a instituição da arbitragem, estaria irremediavelmente consumada a prescrição, sem lugar para se cogitar do efeito retroativo daquele evento[31]. Diante da clareza do enunciado do atual art. 19, § 2º, da Lei de Arbitragem, o efeito retroativo do ato interruptivo oriundo da instituição de arbitragem retroage *ex vi legis* ao momento em que a referida instituição foi requerida. Desse modo, pouco importa se tal instituição somente veio a aperfeiçoar-se já depois de vencido o prazo prescricional. O que a lei determina é que a prescrição não esteja consumada quando do requerimento de instauração da arbitragem. Se a ulterior instituição do juízo arbitral ultrapassou o termo final da prescrição, o fato é irrelevante porque a lei assegura ao promovente da arbitragem o direito de ver a eficácia interruptiva retroagir à data do requerimento da sua instauração.

Assim, a "interrupção da prescrição deverá [seja o caso de cláusula cheia, cláusula vazia ou compromisso arbitral], entendemos que a interrupção da prescrição deve [sempre] retroagir à data da iniciativa das partes em provocar a solução arbitral"[32], ou seja:

a) "se a arbitragem decorre de cláusula cheia, é fácil vincular a interrupção da prescrição ao *pedido de instauração do procedimento,* especialmente tratando-se de arbitragem institucional";

b) tratando-se de cláusula vazia e compromisso arbitral, a interrupção retroagirá à provocação da solução arbitral: "desde aquela comunicação inicial por via postal [Lei de Arbitragem, art. 6º], se o caso, até a só assinatura do compromisso, quando este é a origem da arbitragem"[33].Sobre o tema, adverte Francisco José Cahali que em razão da diversidade de procedimentos para a instauração do juízo arbitral que podem estar previstos no compromisso arbitral, "o importante é verificar em qualquer das hipóteses possíveis, a manifestação inequívoca da parte no exercício do seu direito de provocar a jurisdição arbitral para a solução do litígio instaurado – a *intenção de litigar*"[34].

---

[31] "Diante da iminência de consumar-se a prescrição antes da instituição da arbitragem, há quem recomende o uso imediato pelo interessado de algum dos outros meios interruptivos previstos pelo Código Civil, como *v.g.,* o protesto judicial, para evitar a extinção da pretensão" (AZEVEDO NETO, Mauro Cunha. A interrupção da prescrição arbitral em face das alterações introduzidas na Lei nº 9.307/96. In: CAHALI, Francisco José; RODOVALHO, Thiago; FREIRE, Alexandre (coords.). *Arbitragem: estudos sobre a Lei nº 13.123, de 26.05.2015.* São Paulo: Saraiva, 2016, p. 441).

[32] CAHALI, Francisco José. Lei nº 9.307/1996 consolidada com a Lei n. 13.129/2015 – destacadas as modificações com breves comentários. In: CAHALI, Francisco José; RODOVALHO, Thiago; FREIRE, Alexandre (coords.). *Arbitragem: estudos sobre a Lei nº 13.123, de 26.05.2015.* São Paulo: Saraiva, 2016, p. 617.

[33] CAHALI, Francisco José. Lei nº 9.307/1996 consolidada com a Lei nº 13.129/2015 – destacadas as modificações com breves comentários. In: CAHALI, Francisco José; RODOVALHO, Thiago; FREIRE, Alexandre (coords.). *Arbitragem: estudos sobre a Lei nº 13.123, de 26.05.2015.* São Paulo: Saraiva, 2016, p. 617.

[34] CAHALI, Francisco José. Prescrição, arbitragem, mediação e outros meios extrajudicial de solução de conflitos – MESCs. *Revista dos Tribunais,* v. 1000, fev. 2019, p. 49.

III – Suspensão do prazo prescricional pela instalação da mediação

O Código de Processo Civil de 2015, em seu art. 3º, prestigia os chamados *meios alternativos de solução de conflitos,* que vêm a ser aqueles que se prestam a pacificar litígios sem depender da sentença judicial. Entre esses métodos de solução consensual de conflitos encontra-se a mediação.

A mediação corre mediante intervenção de terceiro imparcial que encaminha as partes a negociar e alcançar uma solução consensual para a controvérsia em que se acham envolvidas. Na definição da Lei n.º 13.140/2015, "considera-se mediação a atividade técnica exercida por terceiro imparcial sem poder decisório, que, escolhido ou aceito pelas partes, as auxilia e estimula a identificar ou desenvolver soluções consensuais para a controvérsia" (art. 1º, parágrafo único).

A lei especial considera instituída a mediação na data para a qual for marcada a primeira reunião (art. 17, *caput).* Enquanto transcorrer o procedimento, "ficará suspenso o prazo prescricional" (art. 17, parágrafo único). Entretanto, como bem ressaltado por Francisco José Cahali, se o contrato do qual surgiu o litígio contiver cláusula de mediação ou cláusula escalonada para resolução de conflitos, pode-se entender suspensa a prescrição "a partir do momento em que a parte inicia o procedimento, e não da data da primeira reunião", pois desde antes já está transcorrendo a mediação[35].

Não obtida a conciliação, o prazo prescricional deverá retomar seu cômputo a partir da ciência das partes sobre o termo de encerramento da mediação[36]. Segundo a lei, o procedimento será encerrado com a lavratura do seu termo final, que ocorrerá "quando for celebrado acordo ou quando não se justificarem novos esforços para a obtenção de consenso, seja por declaração do mediador nesse sentido ou por manifestação de qualquer das partes" (art. 20, *caput).*

A legislação específica autoriza a autocomposição por meio da mediação para pessoa jurídica de direito público. Nessa hipótese, a prescrição considera-se suspensa com a instauração do procedimento administrativo, que ocorre "quando o órgão ou entidade pública emitir juízo de admissibilidade, retroagindo a suspensão da prescrição à data da formalização do pedido de resolução consensual do conflito" (art. 34, *caput,* e § 1º).

87.4. A prescrição na Lei de Defesa da Concorrência

A Lei nº 12.529/2011 estrutura o Sistema Brasileiro de Defesa da Concorrência e dispõe sobre a prevenção e a repressão às infrações contra a ordem econômica, orientada pelos ditames constitucionais de liberdade de iniciativa, livre concorrência, função social da propriedade, defesa dos consumidores e repressão ao abuso do poder econômico (art. 1º).

Constituem infração da ordem econômica, independentemente de culpa, os atos que tenham por objeto ou possam produzir os seguintes efeitos, ainda que não sejam alcançados: "I – limitar, falsear ou de qualquer forma prejudicar a livre concorrência ou

---

[35] CAHALI, Francisco José. Prescrição, arbitragem, mediação e outros meios extrajudicial de solução de conflitos – MESCs. *Revista dos Tribunais,* v. 1000, fev. 2019, p. 53.

[36] CAHALI, Francisco José. Prescrição, arbitragem, mediação e outros meios extrajudicial de solução de conflitos – MESCs. *Revista dos Tribunais,* v. 1000, fev. 2019, p. 55.

a livre iniciativa; II – dominar mercado relevante de bens ou serviços; III – aumentar arbitrariamente os lucros; e IV – exercer de forma abusiva posição dominante" (art. 36).

Referidas condutas podem ensejar ações punitivas pela administração e de indenização pelos prejudicados.

A pretensão punitiva da administração pública federal, direta e indireta, objetivando apurar infrações da ordem econômica, prescreve em 5 (cinco) anos, contados da data da prática do ilícito ou, no caso de infração permanente ou continuada, do dia em que tiver cessada a prática do ilícito.

A prescrição é interrompida, segundo a lei, por meio de "qualquer ato administrativo ou judicial que tenha por objeto a apuração da infração contra a ordem econômica mencionada no *caput* deste artigo, bem como a notificação ou a intimação da investigada" (art. 46, § 1º). E, durante a vigência do compromisso de cessação[37] ou do acordo em controle de concentrações,[38] o prazo prescricional ficará suspenso (art. 46, § 2º).

A lei trata, ainda, da prescrição intercorrente no § 3º, do art. 46, ao dispor que "incide a prescrição no procedimento administrativo paralisado por mais de 3 (três) anos, pendente de julgamento ou despacho, cujos autos serão arquivados de ofício ou mediante requerimento da parte interessada, sem prejuízo da apuração da responsabilidade funcional decorrente da paralisação, se for o caso".

Quando, porém, tratar-se de ação de indenização por perdas e danos sofridos em razão da prática de atos que constituam infração da ordem econômica – que pode ser ajuizada individualmente ou para a defesa de direitos individuais homogêneos –, o prazo prescricional é de 5 anos, contados a partir da ciência inequívoca do ilícito (art. 46-A, § 1º). Considera-se, por exemplo, que a publicação do julgamento final do processo administrativo pelo Cade acarreta *ex lege* a ciência inequívoca, para os prejudicados, pelo ato ilícito (art. 46-A, § 2º). Por fim, a prescrição não correrá durante o curso do inquérito ou do processo administrativo no âmbito do Cade (art. 46-A, *caput*, incluído pela Lei nº 14.470/2022), salvo, é claro, a hipótese de prescrição intercorrente admitida pelo § 3º do art. 46.

88. REGIME DA PRESCRIÇÃO DO CRÉDITO TRIBUTÁRIO

De acordo com o art. 174 do CTN, "a ação para a cobrança do crédito tributário prescreve em cinco anos, contados da sua constituição definitiva". Para definir o termo inicial da prescrição, em relação a tais créditos, é, pois, importante apurar quando ocorre a constituição dessa modalidade creditícia: para o art. 113, § 1º, do CTN, a obrigação tributária nasce com a ocorrência do fato gerador, mas o crédito tributário, após o fato gerador, precisa ser constituído, para, finalmente, ser exigido judicialmente. E a constituição, na técnica tributária, só se dá com o lançamento (art. 142 do mesmo CTN).

---

[37] "Art. 85. Nos procedimentos administrativos mencionados nos incisos I, II e III do art. 48 desta Lei, o Cade poderá tomar do representado compromisso de cessação da prática sob investigação ou dos seus efeitos lesivos, sempre que, em juízo de conveniência e oportunidade, devidamente fundamentado, entender que atende aos interesses protegidos por lei" (art. 85 da referida lei).

[38] O art. 92 da lei tratava do acordo em controle de concentrações, mas foi vetado.

Interessa para a prescrição, portanto, não a data em que ocorreu o fato gerador, mas aquela em que o crédito tributário foi definitivamente constituído (CTN, art. 174) por meio do lançamento efetuado administrativamente pelo órgão fazendário competente. Como há diversas modalidades de lançamento previstas pelo CTN, é preciso pesquisar como a constituição do crédito tributário se aperfeiçoará em cada uma delas para, então, determinar o momento inicial da respectiva prescrição.

Lançamento, segundo o CTN, é o procedimento administrativo observado para determinar a matéria tributável, calcular o montante do tributo devido, identificar o sujeito passivo e, sendo o caso, propor a aplicação da penalidade cabível (art. 142). Em outros termos: "em princípio, o objetivo do lançamento é reunir em procedimento administrativo os elementos essenciais que compõem e identificam a obrigação tributária"[39].

O direito tributário prevê três espécies de lançamento: *(i)* lançamento por *declaração*, também denominado lançamento *misto; (ii)* lançamento *de ofício* (ou *direto); (iii)* lançamento por *homologação*. O STJ, no REsp. 965.361/SC[40], identificou as seguintes regras, para a contagem prescricional em cada uma dessas espécies de lançamento:

(a) *lançamento de ofício ou por declaração:* a prescrição conta-se da notificação pelo Fisco ao contribuinte, desde que inexista qualquer causa de suspensão da exigibilidade do crédito tributário ou de interrupção da prescrição;

(b) *lançamento por homologação de tributo declarado e não pago:* a prescrição quinquenal conta-se do vencimento marcado pelo Fisco para pagamento do tributo declarado, desde que inexista suspensão de exigibilidade ou interrupção da prescrição;

(c) *lançamento por homologação quando tenha havido suspensão da exigibilidade do crédito tributário antes do vencimento do prazo para pagamento:* o prazo prescricional será contado a partir do momento em que ocorrer o desaparecimento da causa da suspensão da exigibilidade do crédito tributário;

(d) *lançamento por homologação em que houve alguma causa para interrupção da prescrição* (estas causas se acham previstas taxativamente no art. 174 do CTN): o prazo prescricional será restituído por inteiro ao Fisco a partir da causa interruptiva.

O STJ já cogitou, também, da suspensão da prescrição em lançamento por homologação quando ocorrida a causa de suspensão da exigibilidade, depois de vencido o prazo para pagamento. A tese, porém, não é aceita pelo STF, para quem a suspensão da exigibilidade não interfere no cômputo do prazo de prescrição já em curso[41].

Os casos de interrupção da prescrição tributária, enumerados taxativamente pelo art. 174 do CTN, são: *(i)* despacho do juiz que ordenar a citação em execução fiscal; *(ii)* protesto judicial; *(iii)* qualquer ato judicial que constitua em mora o devedor; e, *(iv)*

---

[39] NUNES, Cleucio Santos. *Curso completo de direito processual tributário.* 2. ed. São Paulo: Saraiva, 2018, n. 3.1.1, p. 167.

[40] STJ, 1ª T., REsp. 965.361/SC, Rel. Min. Luiz Fux, ac. 05.05.2009, *DJe* 27.05.2009.

[41] STF, 1ª T., RE 93871, Rel. Min. Néri da Silveira, ac. 20.10.1981, *DJU* 18.12.1981, p. 12.943.

qualquer ato inequívoco, ainda que extrajudicial, que importe em reconhecimento do débito pelo devedor.

Segundo o STJ, "o pedido de parcelamento fiscal, ainda que indeferido, interrompe o prazo prescricional, pois caracteriza confissão extrajudicial do débito" (Súmula 653/STJ).

Já os casos de suspensão da exigibilidade do crédito tributário, que obviamente suspendem o prazo prescricional, constantes do art. 151, são: *(i)* a moratória; *(ii)* o depósito do seu montante integral; *(iii)* as reclamações e os recursos, nos termos das leis reguladoras do processo tributário administrativo; *(iv)* a concessão de medida liminar em mandado de segurança; *(v)* a concessão de medida liminar ou de tutela antecipada, em outras espécies de ação judicial; e, *(vi)* o parcelamento.

Há um caso especial de suspensão da prescrição que, segundo o art. 2º, § 3º, da Lei nº 6.830/1980, que dura por 180 dias depois de inscrito o débito em Dívida Ativa, a qual se destina à preparação do ajuizamento da Execução Fiscal. O dispositivo, entretanto, incorre em inconstitucionalidade, porque provém de lei ordinária em contraposição aos casos de suspensão do CTN. É que prescrição e decadência são matérias reservadas à lei complementar pela Constituição[42].

A inconstitucionalidade, todavia, é parcial, ocorrendo apenas quanto aos créditos tributários. Para a execução fiscal de dívida ativa não tributária, a regra do § 3º do art. 2º da LEF subsiste incólume.

Se o crédito foi atacado por ação anulatória pelo contribuinte, a prescrição, que foi suspensa, deverá ser contada a partir do trânsito em julgado da decisão que cassou a sentença em favor do contribuinte:

> 1. Por falta de previsão legal, a sentença favorável ao sujeito passivo impugnada por recurso da Fazenda Pública dotado de efeito suspensivo não suspende a exigibilidade do crédito tributário. Precedentes: AgRg nos EDcl no REsp 1.049.203/SC, Rel. Ministra Denise Arruda, Primeira Turma, *DJe* 11/12/2009; AgRg na MC 15.496/PR, Rel. Ministro Herman Benjamin, Segunda Turma, *DJe* 21/08/2009.
>
> 2. Já o acórdão da apelação que confirma essa sentença, no caso de natureza declaratória, produz efeitos desde logo, infirmando a certeza do correspondente crédito inscrito em dívida ativa e, por conseguinte, impedindo o ajuizamento da execução fiscal.
>
> 3. Somente depois de anulado ou reformado o aludido acórdão é que, não ocorrendo nenhuma causa de suspensão de exigibilidade (art. 151 do CTN), o fisco estará autorizado a proceder à cobrança do crédito tributário referente ao direito então controvertido, iniciando-se a contagem da prescrição para o ajuizamento da execução fiscal do trânsito em julgado desse novo provimento judicial.

---

[42] "Tanto no regime constitucional atual (CF/88, art. 146, III, *b*), quanto no regime constitucional anterior (art. 18, § 1º, da EC 01/69), as normas sobre prescrição e decadência de crédito tributário estão sob reserva de lei complementar. Precedentes do STF e do STJ. Assim, são ilegítimas, em relação aos créditos tributários, as normas estabelecidas no § 2º, do art. 8º e do § 3º do art. 2º da Lei nº 6.830/1980, que, por decorrerem de lei ordinária, não podiam dispor em contrário às disposições anteriores, previstas em lei complementar" (STJ, AI no Ag 1.037.765/SP, Rel. Min. Teori Albino Zavascki, Corte Especial, jul. 02.03.2011, *DJe* 17.10.2011). No mesmo sentido: STJ, REsp 1.326.094/PE, Rel. Min. Mauro Campbell Marques, 2ª Turma, jul. 16.08.2012, *DJe* 22.08.2012). Súmula Vinculante nº 8/STF: "São inconstitucionais o parágrafo único do artigo 5º do Decreto-Lei nº 1.569/1977 e os artigos 45 e 46 da Lei nº 8.212/1991, que tratam de prescrição e decadência de crédito tributário".

Capítulo VIII · DOS PRAZOS DA PRESCRIÇÃO. GENERALIDADES | **217**

4. Hipótese em que: (i) o primeiro acórdão da apelação que mantinha a sentença favorável ao contribuinte e impedia a Fazenda Pública de promover a cobrança judicial, proferido em 12/03/1997, foi desconstituído, por vício de procedimento, em sede de ação rescisória, cuja decisão transitou em julgado em 24/10/2008; (ii) ainda dentro do lustro prescricional, o tribunal local, em 17/06/2009, proferiu o segundo julgamento da apelação, em que também manteve a sentença, o que configurou novo óbice à cobrança; (iii) esse segundo acórdão da apelação foi novamente cassado em sede de reclamação, com trânsito em julgado em 09/11/2010; (iv) ao proceder ao terceiro julgamento da apelação, a Corte estadual, em 26/11/2014, inverteu seu julgado, reformando a sentença.

5. Nesse contexto, a prescrição deve ser contada do trânsito em julgado do acórdão da reclamação (09/11/2010), pois somente a partir desse provimento foi afastado o segundo acórdão da apelação e, por conseguinte, o entrave judicial à promoção da pretensão executória por parte da Fazenda Pública[43].

Interessante notar que, segundo a legislação tributária, a concessão de medida liminar em mandado de segurança é causa de suspensão da exigibilidade do crédito, enquanto ela perdurar, não configurando a citação no *writ* como motivo de interrupção da prescrição para a Fazenda Pública. Com efeito, somente o despacho do juiz que ordena a citação em execução fiscal é capaz de interromper a contagem do prazo (art. 174, parágrafo único, I).

Em razão dessa sistemática tributária, uma vez suspensa a exigibilidade do crédito por força de liminar concedida em mandado de segurança, a prescrição volta a correr da sua revogação, sendo desnecessário aguardar o trânsito em julgado da ação:

A concessão de liminar em mandado de segurança é causa de suspensão da exigibilidade do crédito tributário (art. 151, IV, do CTN). Conforme destacado em um dos acórdãos paradigmas, "diversamente do recurso administrativo que suspende a exigibilidade do crédito tributário enquanto persiste o contencioso administrativo (inciso III do artigo 151 do CTN), não é a mera existência de discussão judicial sobre o crédito tributário que suspende a sua exigibilidade, mas a existência de medida liminar, durante o tempo de sua duração, ou a concessão da ordem, a inibir a adoção de qualquer medida visando à satisfação do crédito por parte da Fazenda Nacional" (EREsp. 449.679/RS, Rel. Ministro Hamilton Carvalhido, Primeira Seção, *DJe* 1º/2/2011).

5. Na hipótese dos autos, considerando que a liminar que suspendeu a exigibilidade do crédito tributário foi revogada definitivamente em 26/11/1998 e que os recursos especiais e extraordinários interpostos pela ora recorrente foram desprovidos de eficácia suspensiva, o reconhecimento do transcurso do prazo prescricional a que se refere o art. 174, *caput*, do CTN, é medida que se impõe, já que a execução fiscal foi ajuizada somente em 4/11/2009, ou seja, após o transcurso do prazo de 5 anos[44].

Em relação à prescrição tributária, o STJ já decidiu, ainda, que interrompido o prazo da cobrança do crédito tributário em razão do pedido de adesão do Refis, uma vez que representa confissão extrajudicial do débito (art. 174, parágrafo único, IV), eventual exclusão do contribuinte do regime de parcelamento pela Fazenda não teria o condão

---

[43] STJ, 1ª T., AREsp 1.280.342/RS, Rel. Min. Gurgel de Faria, ac. 15.10.2019, *DJe* 11.11.2019.

[44] STJ, 1ª Seção, EAREsp. 407.940/RS, Rel. Min. Og Fernandes, ac. 10.05.2017, *DJe* 29.05.2017.

de, imediatamente, fazer retomar a contagem do respectivo prazo. Isto porque, por força da Resolução CG/Refis 9/2001, a exclusão do regime do Refis depende de instauração de processo administrativo que, nos termos do art. 151, III, do CTN, configura causa de suspensão da exigibilidade do crédito até decisão final administrativa. Nessa esteira, somente após a decisão final da autoridade fiscal acerca da exclusão do contribuinte do programa de Refis que se retomaria a fluência da prescrição:

> 5. Nos termos do art. 5º, § 1º, da Lei nº 9.964/2000, "a exclusão do Refis implicará exigibilidade imediata da totalidade do crédito confessado e ainda não pago (...)".
>
> 6. Por seu turno, a Resolução CG/Refis 9/2001, com a redação dada pela Resolução CG/Refis 20/2001 – editada conforme autorização legal do art. 9º da Lei nº 9.964/2000 para o fim de regulamentar a exclusão –, impõe instauração de processo administrativo, a partir da publicação do ato de exclusão, em respeito aos princípios do contraditório e da ampla defesa.
>
> 7. Diante da literalidade dos textos normativos, enquanto não formalizada a exclusão do contribuinte, mediante publicação do respectivo ato e abertura do processo administrativo, não há falar em exigibilidade dos valores parcelados no Refis.
>
> 8. Em outras palavras, a partir da concretização da hipótese que autoriza a exclusão do Refis (1.11.2001), surge a pretensão para o alijamento do contribuinte irregular nesse parcelamento (prazo decadencial para constituir o contribuinte na condição de excluído), situação inconfundível com o prazo prescricional, que somente será iniciado após a conclusão do processo administrativo de exclusão.
>
> 9. O STJ possui orientação pacificada no sentido de que, instaurado o contencioso administrativo, a exigibilidade do crédito tributário fica suspensa até a decisão final. Exemplo tradicional nesse sentido é o caso dos pedidos de compensação pendentes de análise pelo Fisco.
>
> 10. É correto concluir, com base na análise da legislação tributária acima mencionada e nos precedentes jurisprudenciais, que, enquanto pendente de solução final, inexiste o atributo da "exigibilidade" do crédito tributário devido pelo contribuinte excluído do Refis. Por essa razão, o singelo ato unilateral de indeferimento da opção pelo respectivo regime de parcelamento não determina o reinício do lapso prescricional[45].

88.1. O regime da prescrição em face da execução fiscal

I – Prescrição

A execução fiscal, regulada pela Lei nº 6.830/1980, não cuida apenas dos créditos tributários, mas de todos os créditos da Fazenda Pública inscritos em dívida ativa.

Em matéria de prescrição, a Lei nº 6.830/1980 prevê que a inscrição em dívida ativa suspende a prescrição, "por 180 dias, ou até a distribuição da execução fiscal, se esta ocorrer antes de findo aquele prazo" (art. 2º, § 3º). Após essa suspensão, o regime de interrupção e consumação da prescrição do crédito fiscal segue a regra geral do Código Civil, salvo no tocante à interrupção pela citação do executado. É que o art. 8º, II, da LEF dispõe

---

[45] STJ, 2ª T., REsp. 1.144.963/SC, Rel. Min. Herman Benjamin, ac. 20.11.2012, *DJe* 18.12.2012.

que "a citação pelo correio considera-se feita na data da entrega da carta no endereço do executado", não exigindo que o receptor seja o próprio citando.

Dessa maneira, diversamente do CPC/2015, que prevê seja a citação postal feita pessoalmente à parte, contra a assinatura do recibo (art. 248, § 1º), a LEF reconhece citado o executado mediante simples entrega da carta no seu endereço. Nesse sentido, a jurisprudência pacífica do STJ:

> a) "1. Nos termos do art. 8º, inciso I, da *Lei de Execuções Fiscais*, para o aperfeiçoamento da citação, basta que seja entregue a carta citatória no endereço do executado, colhendo o carteiro o ciente de quem a recebeu, ainda que seja outra pessoa, que não o próprio citando"[46].
>
> b) "A jurisprudência do Superior Tribunal é no sentido de que a *Lei de Execução Fiscal* traz regra específica sobre a questão no art. 8º, II, que não exige seja a correspondência entregue ao seu destinatário, bastando que o seja no respectivo endereço do devedor, mesmo que recebida por pessoa diversa, pois, presume-se que o destinatário será comunicado. 3. Agravo regimental não provido"[47].

É bom registrar que a prescrição dos créditos públicos é toda ela submetida ao prazo de cinco anos, nos termos do art. 1º do Decreto nº 20.910/1932. Mesmo nos casos dos créditos tributários, que se sujeitam a contagens diferenciadas, o prazo é também quinquenal (CTN, art. 174, *caput*).

II – Redirecionamento da execução fiscal

Na hipótese de redirecionamento da execução fiscal, a Primeira Seção do STJ, em julgamento de recurso especial repetitivo, definiu o *dies a quo* da prescrição quinquenal do crédito tributário, nos seguintes termos:

a) "o legislador não disciplinou especificamente o instituto da prescrição para o redirecionamento", uma vez que o CTN "discorre genericamente a respeito da prescrição (art. 174 do CTN) e, ainda assim, o faz em relação apenas ao devedor original da obrigação tributária";

b) Em face da lacuna da lei, o entendimento já muito consolidado do STJ é o de que a execução fiscal não é imprescritível. "Com a orientação de que o art. 40 da Lei nº 6.830/1980, em sua redação original, deve ser interpretado à luz do art. 174 do CTN, definiu que, constituindo a citação da pessoa jurídica o marco interruptivo da prescrição, extensível aos devedores solidários (art. 125, III, do CTN), o redirecionamento com fulcro no art. 135, III, do CTN deve ocorrer no prazo máximo de cinco anos, contado do aludido ato processual (citação da pessoa jurídica)";

---

[46] STJ, 1ª T., AgRg no REsp 432.189/SP, Rel. Min. Teori Albino Zavascki, ac. 26.08.2003, *DJU* 15.9.2003, p. 236.

[47] STJ, 1ª T., AgRg no REsp 1.178.129/MG, Rel. Min. Benedito Gonçalves, ac. 10.08.2010, *DJe* de 20.8.2010. No mesmo sentido: STJ, 2ª T., AgRg no REsp. 1.227.958/RS, Rel. Min. Cesar Asfor Rocha, ac. 24.05.2011, *DJe* 07.06.2011.

c) A jurisprudência das Turmas que compõem a Seção de Direito Público do STJ, reconheceu a necessidade de se distinguir situações jurídicas que, por apresentarem características peculiares, devem ter exegese diferenciada;

d) Assim, se a dissolução irregular for preexistente à citação da pessoa jurídica, o termo inicial da prescrição para o redirecionamento corresponderá: (i) à data da diligência que resultou negativa, nas situações regidas pela redação original do art. 174, parágrafo único, I, do CTN; ou b) à data do despacho do juiz que ordenar a citação, para os casos regidos pela redação do art. 174, parágrafo único, I, do CTN conferida pela Lei Complementar 118/2005;

e) Se, contudo, a dissolução irregular ocorrer depois da citação do estabelecimento empresarial, o prazo prescricional correrá da data da prática de ato inequívoco indicador do intuito de inviabilizar a satisfação do crédito tributário, data esta a ser demonstrada pelo Fisco.

A tese fixada no referido julgamento foi, portanto, a seguinte:

(i) o prazo de redirecionamento da Execução Fiscal, fixado em cinco anos, contado da diligência de citação da pessoa jurídica, é aplicável quando o referido ato ilícito, previsto no art. 135, III, do CTN, for precedente a esse ato processual; (ii) a citação positiva do sujeito passivo devedor original da obrigação tributária, por si só, não provoca o início do prazo prescricional quando o ato de dissolução irregular for a ela subsequente, uma vez que, em tal circunstância, inexistirá, na aludida data (da citação), pretensão contra os sócios-gerentes (conforme decidido no REsp 1.101.728/SP, no rito do art. 543-C do CPC/1973, o mero inadimplemento da exação não configura ilícito atribuível aos sujeitos de direito descritos no art. 135 do CTN). O termo inicial do prazo prescricional para a cobrança do crédito dos sócios-gerentes infratores, nesse contexto, é a data da prática de ato inequívoco indicador do intuito de inviabilizar a satisfação do crédito tributário já em curso de cobrança executiva promovida contra a empresa contribuinte, a ser demonstrado pelo Fisco, nos termos do art. 593 do CPC/1973 (art. 792 do novo CPC – fraude à execução), combinado com o art. 185 do CTN (presunção de fraude contra a Fazenda Pública); e, (iii) em qualquer hipótese, a decretação da prescrição para o redirecionamento impõe seja demonstrada a inércia da Fazenda Pública, no lustro que se seguiu à citação da empresa originalmente devedora (REsp 1.222.444/RS) ou ao ato inequívoco mencionado no item anterior (respectivamente, nos casos de dissolução irregular precedente ou superveniente à citação da empresa), cabendo às instâncias ordinárias o exame dos fatos e provas atinentes à demonstração da prática de atos concretos na direção da cobrança do crédito tributário no decurso do prazo prescricional[48].

III – Prescrição intercorrente

A LEF prevê, expressamente, a ocorrência da prescrição intercorrente, que pode ser reconhecida até mesmo de ofício pelo juiz, observado o seguinte procedimento:

---

[48] STJ, 1ª Seção, REsp 1201993/SP, Rel. Min. Herman Benjamin, ac. 08.05.2019, *DJe* 12.12.2019. No mesmo sentido: STJ, 2ª T., EDcl no AgRg no Ag. 1.335.110/SP, Rel. Min. Francisco Falcão, ac. 22.06.2020, *DJe* 26.06.2020.

Art. 40. O Juiz suspenderá o curso da execução, enquanto não for localizado o devedor ou encontrados bens sobre os quais possa recair a penhora, e, nesses casos, não correrá o prazo de prescrição.

§ 1º Suspenso o curso da execução, será aberta vista dos autos ao representante judicial da Fazenda Pública.

§ 2º Decorrido o prazo máximo de 1 (um) ano, sem que seja localizado o devedor ou encontrados bens penhoráveis, o Juiz ordenará o arquivamento dos autos.

§ 3º Encontrados que sejam, a qualquer tempo, o devedor ou os bens, serão desarquivados os autos para prosseguimento da execução.

§ 4º Se da decisão que ordenar o arquivamento tiver decorrido o prazo prescricional, o juiz, depois de ouvida a Fazenda Pública, poderá, de ofício, reconhecer a prescrição intercorrente e decretá-la de imediato. (Incluído pela Lei nº 11.051, de 2004)

§ 5º A manifestação prévia da Fazenda Pública prevista no § 4º este artigo será dispensada no caso de cobranças judiciais cujo valor seja inferior ao mínimo fixado por ato do Ministro de Estado da Fazenda.

O STJ, por sua 1ª Seção, fixou, em recurso repetitivo, a premissa de que "nem o Juiz e nem a Procuradoria da Fazenda Pública são os senhores do termo inicial do prazo de 1 (um) ano de suspensão previsto no *caput*, do art. 40, da LEF, somente a lei o é (ordena o art. 40: '[...] o juiz suspenderá [...]'). Não cabe ao Juiz ou à Procuradoria a escolha do melhor momento para o seu início. No primeiro momento em que constatada a não localização do devedor e/ou ausência de bens e intimada a Fazenda Pública, inicia-se automaticamente o prazo de suspensão, na forma do art. 40, *caput*, da LEF".[49]

A partir desse pressuposto, o acórdão do STJ firmou as seguintes teses com força vinculante (CPC, art. 927, III):[50]

(a) "4.1.) O prazo de 1 (um) ano de suspensão do processo e do respectivo prazo previsto no art. 40, §§ 1º e 2º, da Lei nº 6.830/1980 – LEF tem início automaticamente na data da ciência da Fazenda Pública a respeito da não localização do devedor ou da inexistência de bens penhoráveis no endereço fornecido, havendo, sem prejuízo dessa contagem automática, o dever de o magistrado declarar ter ocorrido a suspensão da execução".

(b) "4.1.1.) Sem prejuízo do disposto no item 4.1., nos casos de execução fiscal para cobrança de dívida ativa de natureza tributária (cujo despacho ordenador

---

[49] STJ, 1ª Seção, EDcl no REsp 1.340.553/RS, Rel. Min. Mauro Campbell Marques, ac. 27.02.2019, *DJe* 13.03.2019: "1. (...) Indiferente aqui, portanto, o fato de existir petição da Fazenda Pública requerendo a suspensão do feito por 30, 60, 90 ou 120 dias a fim de realizar diligências, sem pedir a suspensão do feito pelo art. 40, da LEF. Esses pedidos não encontram amparo fora do art. 40 da LEF que limita a suspensão a 1 (um) ano. Também indiferente o fato de que o Juiz, ao intimar a Fazenda Pública, não tenha expressamente feito menção à suspensão do art. 40, da LEF. O que importa para a aplicação da lei é que a Fazenda Pública tenha tomado ciência da inexistência de bens penhoráveis no endereço fornecido e/ou da não localização do devedor. Isso é o suficiente para inaugurar o prazo, *ex lege*. 2. De elucidar que a 'não localização do devedor' e a 'não localização dos bens' poderão ser constatadas por quaisquer dos meios válidos admitidos pela lei processual (*v.g.* art. 8º, da LEF). A Lei de Execuções Fiscais não faz qualquer discriminação a respeito do meio pelo qual as hipóteses de 'não localização' são constatadas, nem o repetitivo julgado".

[50] STJ, 1ª Seção, REsp 1.340.553/RS, Rel. Min. Mauro Campbell Marques, ac. 12.09.2018, *DJe* 16.10.2018.

da citação tenha sido proferido antes da vigência da Lei Complementar nº 118/2005), depois da citação válida, ainda que editalícia, logo após a primeira tentativa infrutífera de localização de bens penhoráveis, o Juiz declarará suspensa a execução".

(c)   "4.1.2.) Sem prejuízo do disposto no item 4.1., em se tratando de execução fiscal para cobrança de dívida ativa de natureza tributária (cujo despacho ordenador da citação tenha sido proferido na vigência da Lei Complementar nº 118/2005) e de qualquer dívida ativa de natureza não tributária, logo após a primeira tentativa frustrada de citação do devedor ou de localização de bens penhoráveis, o Juiz declarará suspensa a execução".

(d)   "4.2.) Havendo ou não petição da Fazenda Pública e havendo ou não pronunciamento judicial nesse sentido, findo o prazo de 1 (um) ano de suspensão inicia-se automaticamente o prazo prescricional aplicável (de acordo com a natureza do crédito exequendo) durante o qual o processo deveria estar arquivado sem baixa na distribuição, na forma do art. 40, §§ 2º, 3º e 4º, da Lei nº 6.830/1980 – LEF, findo o qual o Juiz, depois de ouvida a Fazenda Pública, poderá, de ofício, reconhecer a prescrição intercorrente e decretá-la de imediato".

(e)   "4.3.) A efetiva constrição patrimonial e a efetiva citação (ainda que por edital) são aptas a interromper o curso da prescrição intercorrente, não bastando para tal o mero peticionamento em juízo, requerendo, *v.g.*, a feitura da penhora sobre ativos financeiros ou sobre outros bens. Os requerimentos feitos pelo exequente, dentro da soma do prazo máximo de 1 (um) ano de suspensão mais o prazo de prescrição aplicável (de acordo com a natureza do crédito exequendo) deverão ser processados, ainda que para além da soma desses dois prazos, pois, citados (ainda que por edital) os devedores e penhorados os bens, a qualquer tempo – mesmo depois de escoados os referidos prazos –, considera-se interrompida a prescrição intercorrente, retroativamente, na data do protocolo da petição que requereu a providência frutífera".

(f)   "4.4.) A Fazenda Pública, em sua primeira oportunidade de falar nos autos (art. 245 do CPC/1973, correspondente ao art. 278 do CPC/2015), ao alegar nulidade pela falta de qualquer intimação dentro do procedimento do art. 40 da LEF, deverá demonstrar o prejuízo que sofreu (exceto a falta da intimação que constitui o termo inicial – 4.1., onde o prejuízo é presumido), por exemplo, deverá demonstrar a ocorrência de qualquer causa interruptiva ou suspensiva da prescrição".

(g)   "4.5.) O magistrado, ao reconhecer a prescrição intercorrente, deverá fundamentar o ato judicial por meio da delimitação dos marcos legais que foram aplicados na contagem do respectivo prazo, inclusive quanto ao período em que a execução ficou suspensa".

O acórdão do REsp 1.340.553/RS foi bem analítico quanto à situação de fato em que as teses firmadas se fundaram, cumprindo, assim, a recomendação do art. 926, § 2º, do CPC. A divulgação delas pós-acórdão, no entanto, se deu de forma bem mais sucinta, de modo que, ao aplicá-las, é aconselhável reportar-se ao acórdão paradigma, para que eventuais dificuldades interpretativas sejam contornadas. Eis como as referidas teses vinculantes foram, afinal, sintetizadas:

(a) "O prazo de 1 (um) ano de suspensão do processo e do respectivo prazo prescricional previsto no art. 40, §§ 1º e 2º, da Lei nº 6.830/1980 – LEF tem início automaticamente na data da ciência da Fazenda Pública a respeito da não localização do devedor ou da inexistência de bens penhoráveis no endereço fornecido, havendo, sem prejuízo dessa contagem automática, o dever de o magistrado declarar ter ocorrido a suspensão da execução".

(b) "Havendo ou não petição da Fazenda Pública e havendo ou não pronunciamento judicial nesse sentido, findo o prazo de 1 (um) ano de suspensão inicia-se automaticamente o prazo prescricional aplicável".

(c) "A efetiva constrição patrimonial e a efetiva citação (ainda que por edital) são aptas a interromper o curso da prescrição intercorrente, não bastando para tal o mero peticionamento em juízo, requerendo, *v.g.*, a feitura da penhora sobre ativos financeiros ou sobre outros bens".

(d) "A Fazenda Pública, em sua primeira oportunidade de falar nos autos (art. 245 do CPC/1973, correspondente ao art. 278 do CPC/2015), ao alegar nulidade pela falta de qualquer intimação dentro do procedimento do art. 40 da LEF, deverá demonstrar o prejuízo que sofreu (exceto a falta da intimação que constitui o termo inicial – 4.1., onde o prejuízo é presumido), por exemplo, deverá demonstrar a ocorrência de qualquer causa interruptiva ou suspensiva da prescrição".

De qualquer forma, deve-se reconhecer que restou bem evidenciado que as teses vinculantes assentadas levaram em conta a circunstância em que a norma do art. 40, e seus parágrafos, da Lei nº 6.830/1980 se aplica na falta de formalização da suspensão do executivo fiscal por ato do juiz, e na ausência de diligência da Fazenda Pública que fosse exitosa na superação do evento causador da suspensão automática da execução.

88.2. Prescrição na execução contra a Fazenda Pública

Os bens públicos, isto é, os bens pertencentes à União, aos Estados e aos Municípios, são legalmente impenhoráveis (CC, art. 100; CPC, art. 82). Daí a impossibilidade de execução contra a Fazenda Pública nos moldes comuns, ou seja, mediante penhora e expropriação. Prevê o atual CPC, portanto, um procedimento específico tanto para o cumprimento de sentença, quanto para a execução de título extrajudicial por quantia certa contra a Fazenda Pública, o qual não tem a natureza própria de execução forçada, visto que se faz sem penhora e arrematação, vale dizer, sem expropriação ou transferência forçada de bens.

A pretensão de natureza econômica, seja a condenatória, seja a executiva, sujeita-se à prescrição, devendo-se observar que, na sucessão do acertamento por sentença e do cumprimento (execução forçada) desta, verificam-se duas prescrições distintas: a da ação e a da execução. Não se há, pois, de pensar que, na espécie, a sentença condenatória funcione como uma causa interruptiva de um único prazo prescricional, que apenas provocaria o reinício de sua contagem na fase executiva do processo. Se assim fosse, a prescrição interrompida teria de ser contada, perante a Fazenda, pela metade, e outra interrupção não mais teria cabimento em face da mesma pretensão, por força do art. 3º do Decreto-lei nº 4.597/1942[51].

Entretanto, dita regra diz respeito à prescrição intercorrente, aquela que se verifica em relação à pretensão objeto de procedimento que ainda não deu satisfação à pretensão do credor. Se se trata de fato extintivo do credor posterior ao processo findo, não se pode cogitar interromper uma prescrição que não mais se acha em andamento: somente se há de pensar numa outra prescrição, referente, pois, a uma outra pretensão nascida após a sentença transitada em julgado no processo de conhecimento[52].

O art. 535, VI, do CPC deixa claro que a Fazenda Pública pode impugnar a execução de sentença, mediante arguição de prescrição, mas não daquela pertinente à ação condenatória, mas da que nasceu e se consumou depois do trânsito em julgado do decisório exequendo. É certo, assim, que há duas prescrições distintas: a da pretensão condenatória e a da pretensão executória.

Em caráter geral, está assente na jurisprudência que o prazo de prescrição aplicável à execução da sentença é o mesmo que se aplica à ação da qual o título executivo judicial se originou (Súmula nº 150/STF)[53]. Assente também se acha na jurisprudência que, após o trânsito em julgado da condenação, só se pode discutir a prescrição da execução e nunca a da ação: "A prescrição acontecida antes do trânsito em julgado não pode ser apreciada por ocasião do cumprimento da sentença, sob pena de afronta à coisa julgada"[54].

88.2.1. Cancelamento do precatório e prescrição da execução contra a Fazenda Pública

A execução de sentença contra a Fazenda Pública, de obrigação de quantia certa, se processa por expedição de ofício requisitório, que se cumpre mediante depósito pela entidade devedora, em conta gerida pelo tribunal competente, cujo presidente deverá efetuar o pagamento ao exequente.

---

[51] "A prescrição das dívidas passivas, direitos e ações a que se refere o Decreto nº 20.910, de 6 de janeiro de 1932, somente pode ser interrompida por uma vez, e recomeça a correr, pela metade do prazo, da data do ato que a interrompeu, ou do último do processo para a interromper..." (Decreto-lei nº 4.597/1942, art. 3º).

[52] "Só há se falar em renúncia, expressa ou tácita, à prescrição por manifestação da Administração que expresse reconhecimento de dívida postulada posteriormente ao decurso do respectivo prazo prescricional. É a lógica de que somente é possível renunciar àquilo que já se aperfeiçoou sob o domínio do renunciante. Por tal razão, a renúncia ao prazo prescricional não produz efeito idêntico àquele *decorrente da interrupção do prazo prescricional, que ocorre durante o lapso em curso. Isto porque não se interrompe o prazo quando ele já extinguiu.* Em consequência, não pode ser aplicada a regra que beneficia a recorrida pelo *reinício do prazo pela metade*" (g.n.) (STJ, 2ª T., REsp 1.314.964/RJ, Rel. Min. Mauro Campbell Marques, ac. 18.09.2012, *DJe* 04.10.2012).

[53] No caso da execução de sentença contra a Fazenda Pública, prevalece o prazo prescricional de cinco anos estipulado pelo art. 1º do Decreto nº 20.910/1932 para todas as dívidas passivas da União, dos Estados e dos Municípios, bem como para todo e qualquer direito ou ação contra a Fazenda federal, estadual ou municipal, seja qual for a sua natureza.

[54] NEGRÃO, Theotôneo *et al. Código de Processo Civil e legislação processual em vigor.* 49. ed. São Paulo: Saraiva, 2018, p. 567, nota 20 ao art. 525; STJ, 3ª T., REsp 1.381.654/RS, Rel. Min. Paulo de Tarso Sanseverino, ac. 05.11.2013, *DJe* 11.11.2013.

A Lei nº 13.463/2017, no tocante à Fazenda Nacional, instituiu um prazo de dois anos para que o exequente proceda, junto ao tribunal, ao levantamento do depósito correspondente ao seu crédito, sob pena de ser cancelado o precatório (ou a RPV) e transferido o valor depositado para a conta única do Tesouro Nacional (art. 2º, § 1º).

Cancelado, assim, o precatório (ou a RPV), ressalvou o art. 3º, *caput*, da referida Lei a possibilidade de o credor requerer ao juízo da execução a expedição de "novo ofício requisitório". Vale dizer que o crédito e o respectivo título não seriam cancelados em razão da inércia bienal do credor, mas para provocar sua satisfação teria de ser reiniciado o processo executivo contra a Fazenda devedora.

Essa esdrúxula inovação acarretou séria divergência jurisprudencial, inclusive dentro do STJ, em torno do regime prescricional aplicável a esse novo procedimento de cumprimento da sentença. Ora, aplicava-se o prazo quinquenal que era, desde a coisa julgada, o próprio da prescrição das ações de qualquer natureza contra a Fazenda Pública,[55] ora se se decidia que, a pretexto da ausência de previsão de prazo estipulado na Lei nº 13.463/2017 para a renovação da execução cancelada, que o caso era de direito potestativo exercitável a todo o tempo, sem sujeição, portanto, a qualquer prazo extintivo[56].

Toda essa celeuma perdeu sentido, depois que o Supremo Tribunal Federal, em ação de controle de constitucionalidade, declarou "a inconstitucionalidade material do art. 2º, *caput* e § 1º, da Lei nº 13.463/2017", por ofensa ao devido processo legal e do princípio da proporcionalidade[57]. Simplesmente, não há mais lugar para cancelamento de precatório e RPV fora do processo judicial e muito menos de forma automática.

88.2.2. *Prescrição da pretensão ao ressarcimento de danos havidos em razão dos desfalques em conta individual vinculada ao Pasep*

Desde a Constituição Federal de 1988, a União deixou de depositar valores nas contas do Pasep do trabalhador, limitando-se sua responsabilidade ao recolhimento mensal ao Banco do Brasil das respectivas contribuições. Afastou-se, assim, da gestão do Fundo. A partir de então, nos termos do art. 5º da LC nº 8/1970, cabe ao Banco do Brasil a administração do Programa, competindo-lhe manter contas individualizadas para cada servidor e cobrar uma comissão de serviço. Por isso, a responsabilidade por eventuais

---

[55] "A pretensão de expedição de novo precatório ou nova RPV, após o cancelamento de que trata o art. 2º da Lei nº 13.463/2017, não é imprescritível" (STJ, 2ª T., REsp 1.859.409/RN, Rel. Min. Mauro Campbell Marques, ac. 16.06.2020, *DJe* 25.06.2020)

[56] "Com efeito, por ausência de previsão legal quanto ao prazo para que o credor solicite a reexpedição do precatório ou RPV, não há que se falar em prescrição, sobretudo por se tratar do exercício de um direito potestativo, o qual não estaria sujeito à prescrição, podendo ser exercido a qualquer tempo" (STJ, 1ª T., REsp 1.856.498/PE, Rel. Min. Napoleão Nunes Maia Filho, ac. 06.10.2020, *DJe* 13.10.2020).

[57] "A mora do credor em relação ao levantamento dos valores depositados na instituição financeira deve ser apurada no bojo do processo de execução, sem necessidade de cancelamento automático das requisições em ausência de prévia ciência ao interessado. Violação do devido processo legal (art. 5º, LIV, CF) e do princípio da proporcionalidade. Revela-se desproporcional a imposição do cancelamento automático após o decurso de dois anos do depósito dos valores a título de precatório e RPV. A atuação legislativa não foi pautada pela proporcionalidade em sua faceta de vedação do excesso" (STF, Pleno, ADI 5.755/DF, Rel. Min. Rosa Weber, ac. 30.06.2022, *DJe* 04.10.2022).

saques indevidos ou má gestão dos valores depositados na conta do Pasep é da instituição gestora, ou seja, do Banco do Brasil, e não mais da União.

Nesse contexto, eventuais ações de indenização por prejuízos provocados em razão de má gestão do banco, saques indevidos ou não aplicação de índices de juros e correção monetária devidos, devem, segundo entendimento do STJ, ser ajuizadas contra o Banco do Brasil, no prazo prescricional geral de dez anos (CC, art. 205), afastada a prescrição de cinco anos relativa aos débitos das pessoas jurídicas de direito público.

Isso porque o prazo quinquenal do art. 1º do Decreto-Lei nº 20.910/1932:

> (...) não se aplica às pessoas jurídicas de direito privado. No caso em espécie, sendo a ação proposta contra o Banco do Brasil, sociedade de economia mista, deve-se afastar a incidência do referido dispositivo, bem como da tese firmada no julgamento do Recurso Especial 1.205.277/PB, sob a sistemática dos Recursos Repetitivos, de que: "É de cinco anos o prazo prescricional da ação promovida contra a União Federal por titulares de contas vinculadas ao PIS/PASEP visando à cobrança de diferenças de correção monetária incidente sobre o saldo das referidas contas, nos termos do art. 1º do Decreto-Lei nº 20.910/32" (grifei).
>
> 9. Assim, "as ações movidas contra as sociedades de economia mista não se sujeitam ao prazo prescricional previsto no Decreto-Lei nº 20.910/1932, porquanto possuem personalidade jurídica de direito privado, estando submetidas às normas do Código Civil"[58].

O antigo entendimento do STJ no sentido de que nas ações judiciais nas quais se pleiteia a recomposição do saldo existente em conta vinculada ao Pasep, a União deve figurar no polo passivo da demanda[59], relacionava-se com atos praticados no regime da gestão do Pasep por meio do Conselho Diretor do Fundo, órgão integrante do Ministério da Fazenda.

As teses fixadas, atualmente, pelo STJ, em relação ao tema, reportam-se à gestão das contas do Pasep pelo Banco do Brasil e são as seguintes:

> i) o Banco do Brasil possui legitimidade passiva *ad causam* para figurar no polo passivo de demanda na qual se discute eventual falha na prestação do serviço quanto à conta vinculada ao Pasep, saques indevidos e desfalques, além da ausência de aplicação dos rendimentos estabelecidas pelo Conselho Diretor do referido programa; ii) a pretensão ao ressarcimento dos danos havidos em razão dos desfalques em conta individual vinculada ao Pasep se submete ao prazo prescricional decenal previsto pelo art. 205 do Código Civil; e iii) o termo inicial para a contagem do prazo prescricional é o dia em que o titular, comprovadamente, toma ciência dos desfalques realizados na conta individual vinculada ao Pasep.

---

[58] STJ, 1ª Seção, REsp. 1.895.936/TO, Rel. Min. Herman Benjamin, ac. 13.09.2023, *DJe* 21.09.2023, Tema 1.150.

[59] STJ, 1ª Seção, REsp 1.205.277/PB, Rel. Min. Teori Albino Zavascki, ac. 27.06.2012, *DJe* 01.08.2012, Tema 545.

89. O REGIME DA PRESCRIÇÃO EM RELAÇÃO AOS CRÉDITOS TRABALHISTAS

Assim como ocorre com os créditos tributários, as obrigações trabalhistas são regidas por normas específicas previstas na Consolidação das Leis do Trabalho (CLT), razão pela qual a elas não se aplicam as disposições do Código Civil.

Em 2017, a CLT sofreu reforma, por meio da Lei nº 13.467/2017, oportunidade em que o regime da prescrição dos créditos trabalhistas foi alterado.

89.1. Prescrição e decadência em relação aos créditos de relação de trabalho

Diante das pretensões do ex-empregado contra seu ex-empregador, oriundas do contrato laboral extinto, costuma-se falar que *duas prescrições* – uma de dois anos e outra de cinco – teriam sido previstas pelo art. 7º, inc. XXIX, da Constituição. Na realidade, contudo, os dois prazos ali estipulados são de natureza diversa.

Assim, após a extinção do contrato de trabalho, assinala a Constituição o *prazo de dois anos* para que o ex-empregado reclame os créditos constituídos durante a prestação de serviços e que não tenham sido voluntariamente satisfeitos pelo ex-empregador. Trata-se de um *prazo decadencial*, e, por isso, *fatal*, não suscetível de interrupção ou suspensão. No seu termo final, extinguir-se-á, pela inércia da parte, o próprio direito, acaso existente, de reclamar eventuais créditos remanescentes da relação laboral finda.

De outro lado, enquanto não ultrapassado o biênio constitucional, subsiste a pretensão do trabalhador de cobrar do patrão os créditos surgidos durante a vigência da relação empregatícia. A esta pretensão é que se aplicará a prescrição quinquenal, mencionada no art. 7º, XXIX, da CF, calculada parcela por parcela vencida antes da cessação da relação empregatícia. Aqui, sim, trata-se de *prazo prescricional*, em sentido técnico, que conduz apenas à perda da *pretensão* e não do direito propriamente dito. Daí a possibilidade de sujeitar-se a eventuais impedimentos, suspensões e interrupções, nas hipóteses arroladas na lei civil.

89.2. Regra geral dos prazos prescricionais

O art. 11, *caput*, da CLT prevê que "a pretensão quanto a créditos resultantes das relações de trabalho prescreve em cinco anos para os trabalhadores urbanos e rurais, até o limite de dois anos após a extinção do contrato de trabalho". Trata-se de redação idêntica à do art. 7º, XXIX da CF/1988.

O sistema, portanto, na ótica da doutrina trabalhista, prevê dois prazos prescricionais[60] – um geral de cinco anos e outro específico de dois anos – que podem, se superpor ou não, e que levam em conta a circunstância de estar ou não extinta a *vigência do contrato de trabalho*.

Antes da alteração legislativa, já existia, quanto às prescrições superpostas, controvérsia a respeito do momento em que se iniciaria a contagem do prazo quinquenal

---

[60] COIMBRA, Rodrigo. A reforma trabalhista de 2017 e a prescrição. *Revista dos Tribunais*, São Paulo, v. 984, p. 90, out. 2017.

retroativo (prazo geral), tendo em vista a previsão de que a ação poderia ser ajuizada pelo empregado até dois anos, após extinta a relação de trabalho (prazo específico).

Apesar de a Lei nº 13.467 não ter esclarecido a questão, parece permanecer vigente a Súmula 308 do TST que firma o entendimento de que o prazo quinquenal retroativo começa a contar da data do ajuizamento da ação, *in verbis*: "respeitado o biênio subsequente à cessação contratual, a prescrição da ação trabalhista concerne às pretensões imediatamente anteriores a cinco anos, contados da data do ajuizamento da reclamação e, não, às anteriores ao quinquênio da data da extinção do contrato".

Assim, a CLT prevê dois prazos extintivos distintos, que devem ser observados sucessivamente: a) o prazo *prescricional* de *cinco anos* para cobrar créditos resultantes do contrato de trabalho – tenha ou não sido extinta a relação; b) o prazo *decadencial* de *dois anos*, contados do término do contrato, para ajuizamento da ação de cobrança dos créditos (prazo específico aplicável às relações empregatícias já encerradas). Nessa segunda hipótese, o prazo quinquenal geral será contado, regressivamente, a partir da data da reclamação trabalhista.

Ainda em relação ao prazo bienal, deve-se esclarecer que a decadência começa a fluir após o término do aviso prévio, na medida em que este "integra o contrato de trabalho para todos os efeitos jurídicos" (art. 487, § 1º, da CLT). Assim, "embora o desligamento de fato do trabalhador seja na data em que for comunicado, a relação jurídica se projeta, para todos os efeitos jurídicos, até a data final do aviso prévio"[61].

89.3. Prescrição relativa a acidente de trabalho

Em se tratando de ação referente a acidente de trabalho – em face da Emenda Constitucional 45/2004, que conferiu competência à Justiça do Trabalho para processar e julgar as ações de indenização decorrentes de relação de emprego, o prazo prescricional variará de acordo com a data do evento: a) se o acidente ocorrer depois da EC 45, aplicar-se-á a prescrição trabalhista prevista no art. 7º, XXIX da CF (repetida pelo art. 11, da CLT, com a redação dada pela Lei nº 13.467/2017). Ou seja, *cinco anos*, até o limite de dois anos a contar da extinção do contrato de trabalho; b) se o acidente ocorreu antes da EC 45, incidirá, na espécie, a prescrição de *três anos*, prevista no art. 206, § 3º, V, do Código Civil.

Nesse sentido é a Súmula 91, do TST: "Aplica-se o prazo prescricional previsto no art. 7º, XXIX da Constituição Federal à pretensão de pagamento de indenização por danos patrimoniais e extrapatrimoniais decorrentes de acidente do trabalho ou de doença a ele equiparada ocorridos após a edição da Emenda Constitucional nº 45/2004".

Assim também o Enunciado 420 da V Jornada de Direito Civil: "Não se aplica o art. 206, § 3º, V, do Código Civil às pretensões indenizatórias decorrentes de acidente do trabalho, após a vigência da Emenda Constitucional n. 45, incidindo a regra do art. 7º, XXIX, da Constituição da República".

---

[61]   COIMBRA, Rodrigo. A reforma trabalhista de 2017 e a prescrição. *Revista dos Tribunais*, São Paulo, v. 984, out. 2017, p. 90.

Em qualquer caso, o prazo começará a fluir da ciência inequívoca do trabalhador a respeito das lesões e não propriamente da data do evento danoso. Esses os termos da Súmula 230, do STF[62], e 278, do STJ[63].

Nesse sentido, o Enunciado 579, da VII Jornada de Direito Civil do CJF dispõe que, "nas pretensões decorrentes de doenças profissionais ou de caráter progressivo, o cômputo da prescrição iniciar-se-á somente a partir da ciência inequívoca da incapacidade do indivíduo, da origem e da natureza dos danos causados".

89.4. Prescrição relativa às verbas de FGTS

A Lei nº 8.036/1990 dispõe sobre o Fundo de Garantia do Tempo de Serviço (FGTS) e, em seu art. 23, § 5º, previu em sua redação primitiva a prescrição trintenária para a cobrança de valores relativos aos depósitos do fundo. Entretanto, o texto desse dispositivo foi objeto de alteração pela Lei nº 13.932/2019 para eliminar o privilégio do FGTS à prescrição trintenária.

Ocorre que, muito antes, em sede de agravo em recurso extraordinário com repercussão geral, o STF já havia reconhecido a inconstitucionalidade de referido dispositivo legal, determinando a aplicação quinquenal do art. 7º, XXIX, da CF:

> Recurso extraordinário. Direito do Trabalho. Fundo de Garantia por Tempo de Serviço (FGTS). Cobrança de valores não pagos. Prazo prescricional. Prescrição quinquenal. Art. 7º, XXIX, da Constituição. Superação de entendimento anterior sobre prescrição trintenária. Inconstitucionalidade dos arts. 23, § 5º, da Lei nº 8.036/1990 e 55 do Regulamento do FGTS aprovado pelo Decreto 99.684/1990. Segurança jurídica. Necessidade de modulação dos efeitos da decisão. Art. 27 da Lei nº 9.868/1999. Declaração de inconstitucionalidade com efeitos *ex nunc*. Recurso extraordinário a que se nega provimento[64].

Em seu voto, o eminente Relator afirmou não haver dúvida de que os valores devidos ao FGTS são "créditos resultantes das relações de trabalho", já que o fundo "é um direito de índole social e trabalhista, que decorre diretamente da relação de trabalho". Assim, o relator entendeu que "esta Corte deve, agora, revisar o seu posicionamento anterior para consignar, à luz da diretriz constitucional encartada no inciso XXIX do art. 7º da CF, que o prazo prescricional aplicável à cobrança de valores não depositados no Fundo de Garantia por Tempo de Serviço (FGTS) é quinquenal". Explicou, ainda:

> A jurisprudência desta Corte não se apresentava concorde com a ordem constitucional vigente quando entendia ser o prazo prescricional trintenário aplicável aos casos de recolhimento e de não recolhimento do FGTS. Isso porque o art. 7º, XXIX, da Constituição de 1988 contém determinação expressa acerca do prazo prescricional aplicável à propositura das ações atinentes a "créditos resultantes das relações de trabalho" (...) Desse modo, tendo em vista a existência de disposição constitucional

---

[62] Súmula 230: "A prescrição da ação de acidente do trabalho conta-se do exame pericial que comprovar a enfermidade ou verificar a natureza da incapacidade".

[63] Súmula 278: "O termo inicial do prazo prescricional, na ação de indenização, é a data em que o segurado teve ciência inequívoca da incapacidade laboral".

[64] STF, Pleno, ARE 709.212/DF, Rel. Min. Gilmar Mendes, ac. 13.11.2014, *DJe* 19.02.2015.

expressa acerca do prazo aplicável à cobrança do FGTS, após a promulgação da Carta de 1988, não mais subsistem as razões anteriormente invocadas para a adoção do prazo de prescrição trintenário.

Aquela Corte Superior também modulou os efeitos da decisão para que "aqueles cujo termo inicial da prescrição ocorra após a data do presente julgamento, aplica-se, desde logo, o prazo de cinco anos. Por outro lado, para os casos em que o prazo prescricional esteja em curso, aplica-se o que ocorrer primeiro: 30 anos, contados do termo inicial, ou 5 anos, a partir da decisão".

Por fim, cumpre ressaltar que o STJ possui entendimento sumulado no sentido de que "a prescrição da ação para pleitear os juros progressivos sobre os saldos de conta vinculada do FGTS não atinge o fundo de direito, limitando-se às parcelas vencidas" (Súmula 398).

Nesse sentido, o seguinte julgamento em recurso especial repetitivo daquela Corte Superior:

> 2. "Os optantes pelo FGTS, nos termos da Lei nº 5.958, de 1973, têm direito à taxa progressiva de juros na forma do art. 4º da Lei nº 5.107/1966" (Súmula 154/STJ).
>
> 3. Não há prescrição do fundo de direito de pleitear a aplicação dos juros progressivos nos saldos das contas vinculadas ao Fundo de Garantia por Tempo de Serviço-FGTS, mas tão só das parcelas vencidas antes dos trinta anos que antecederam à propositura da ação, porquanto o prejuízo do empregado renova-se mês a mês, ante a não incidência da taxa de forma escalonada. Precedente: REsp 910.420/PE, Rel. Min. José Delgado, *DJ* 14.05.2007[65].

O entendimento, contudo, merece apenas uma correção. Após o julgamento do ARE 709.212 acima citado, o prazo prescricional passou a ser de cinco anos, e não o trintenário fixado pela Lei nº 8.036/1990.

89.5. Prescrição total ou parcial, em caso de prestações sucessivas

O § 2º do art. 11 da CLT, com a redação dada pela Lei nº 13.467/2017, dispõe que: "tratando-se de pretensão que envolva pedido de prestações sucessivas decorrentes de alteração ou descumprimento do pactuado, a prescrição é *total*, exceto quando o direito à parcela esteja também assegurado por preceito de lei". Por prescrição *total* entende-se a que afeta o fundo do direito gerador de prestações sucessivas. Por prescrição *parcial,* a que afeta apenas as prestações, uma a uma, à medida dos respectivos vencimentos. Com efeito, a regra positivada pela Lei nº 13.467/2017 repete os termos da Súmula 294 do TST.

Segundo a doutrina, a Súmula veio para colocar fim a uma discussão, chegando a um ponto médio:

> Se a lesão for relacionada com parcela de natureza contratual e o empregado não demandar o empregador mesmo no curso da relação de emprego, haverá prescrição total. Se a lesão decorrer de afronta a dispositivo legal, a prescrição será parcial, ou seja, dentro do prazo não abrangido pela prescrição, as diferenças serão devidas, mesmo que a lesão

---

[65]   STJ, 1ª Seção, REsp. 1.110.547/PE, Rel. Min. Castro Meira, ac. 22.04.2009, *DJe* 04.05.2009.

original tivesse ocorrido em período anterior. Isso ocorre porque a lesão se renovaria mês a mês e adentraria dentro do período não abrangido pela prescrição[66].

A diferença, então, reside na caracterização do ato lesivo ao empregado. Se se tratar de lesão contratual, o ato será anulável e, portanto, a prescrição é total, contando-se o prazo quinquenal a partir da lesão ao direito. Assim, transcorrido o prazo de cinco anos, a pretensão fica totalmente prescrita, não podendo mais ser discutida qualquer parcela relativa à lesão[67].

Se, contudo, a norma desrespeitada estiver especificada em lei, o ato será nulo, incidindo, na espécie, a prescrição parcial. Nessa hipótese, o prazo quinquenal é renovado a cada mês em que houver o inadimplemento. "Com isso, as prestações de origem legal cujo inadimplemento é renovado mês a mês, projetam-se para dentro do período não prescrito (últimos cinco anos contados do ajuizamento da ação), mesmo que a lesão (início do inadimplemento) tenha ocorrido há mais de cinco anos do ajuizamento da ação"[68].

Como se pode observar, o tratamento da matéria é parecido com o que ocorre no Código Civil. As prestações sucessivas relativas a obrigações civis, quando não atingido o *fundo do direito,* prescrevem parcialmente, mês a mês, não havendo que se falar em prescrição total. Com efeito, desdobram-se, para fins de prescrição, em múltiplas obrigações. Cada prestação vencida é tratada como uma pretensão individualizada e sujeita à prescrição própria (art. 206, §§ 2º e 3º). Embora cuidando de prazo decadencial, mas usando raciocínio também aplicável a prazo prescricional, merece ser lembrado o precedente do STF em que se decidiu que o prazo decadencial para impetrar mandado de segurança, em se tratando de cumprimento de prestações de trato sucessivo, é contado a partir de cada novo ato[69]. Se, porém, violação atingir a fonte das prestações, a prescrição do *fundo do direito* acarreta, necessariamente, a prescrição de todas as prestações nele fundadas, vencidas e vincendas.

89.6. Interrupção da prescrição

O § 3º do art. 11 da CLT, inserido pela Lei nº 13.467/2017, prevê que "a interrupção da prescrição somente ocorrerá pelo ajuizamento de reclamação trabalhista, mesmo que

---

[66] COIMBRA, Rodrigo. A reforma trabalhista de 2017 e a prescrição. *Revista dos Tribunais*, São Paulo, v. 984, out. 2017, p. 94.

[67] São exemplos de matérias sujeitas à prescrição total: supressão ou alteração de comissões, supressão de realização e de pagamento de horas extras, diferenças salariais resultantes de planos econômicos, horas extras pré-contratadas (COIMBRA, Rodrigo. A reforma trabalhista de 2017 e a prescrição. *Revista dos Tribunais*, São Paulo, v. 984, out. 2017, p. 95).

[68] COIMBRA, Rodrigo. A reforma trabalhista de 2017 e a prescrição. *Revista dos Tribunais*, São Paulo, v. 984, out. 2017, p. 97. São exemplos, citados pelo autor, de pretensões sujeitas à prescrição parcial: equiparação salarial, desvio de função, diferença de gratificação semestral que teve seu valor congelado, diferenças salariais decorrentes da inobservância dos critérios de promoção estabelecidos em plano de cargos e salários criado pela empresa (COIMBRA, Rodrigo. A reforma trabalhista de 2017 e a prescrição. *Revista dos Tribunais*, São Paulo, v. 984, out. 2017, p. 97-98).

[69] STF, 2ª T., RMS 24.736/DF, Rel. Min. Joaquim Barbosa, ac. 03.05.2005, *DJU* 05.08.2005, p. 119. Nesse sentido, também, a Súmula 85, do STJ, relativa à prescrição contra a Fazenda Pública: "nas relações jurídicas de trato sucessivo em que a Fazenda Pública figure como devedora, quando não tiver sido negado o próprio direito reclamado, a prescrição atinge apenas as prestações vencidas antes do quinquênio anterior a propositura da ação".

em juízo incompetente, ainda que venha a ser extinta sem resolução do mérito, produzindo efeitos apenas em relação aos pedidos idênticos".

A situação é semelhante àquela regulada pelo Código Civil[70]. O ajuizamento de reclamatória trabalhista interrompe a prescrição, ainda que perante juízo incompetente, produzindo efeitos mesmo se julgada improcedente, sem resolução de mérito. Entretanto, deve-se ressaltar, que para o Código de Processo Civil, não basta o ajuizamento da ação para que se obtenha de imediato o efeito interruptivo da prescrição. É necessário que a citação se faça no prazo legal, para que a interrupção realmente se dê, com efeito retroativo ao ajuizamento da ação (CPC/2015, art. 240 e parágrafos).

Já em relação à execução dos créditos tributários, o CTN prevê a interrupção da prescrição pelo mero "despacho do juiz que ordenar a citação em execução fiscal" (art. 174, parágrafo único, I). Essa regra, como se vê, coincide com aquela do art. 11-A da CLT, com a redação dada pela Lei nº 13.467/2017, na qual também se prevê que a interrupção da prescrição somente ocorrerá pelo ajuizamento de reclamação trabalhista, sem qualquer menção à realização da citação.

89.7. Prescrição intercorrente

A prescrição intercorrente foi trazida expressamente à CLT pela Lei nº 13.467/2017, que criou o art. 11-A, nos seguintes termos:

> Art. 11-A. Ocorre a prescrição intercorrente no processo do trabalho no prazo de dois anos.
>
> § 1º A fluência do prazo prescricional intercorrente inicia-se quando o exequente deixa de cumprir determinação judicial no curso da execução.
>
> § 2º A declaração da prescrição intercorrente pode ser requerida ou declarada de ofício em qualquer grau de jurisdição.

Antes desta nova reforma, o TST possuía entendimento no sentido de ser inaplicável à Justiça do Trabalho a prescrição intercorrente, nos termos de sua Súmula 114. Tal posicionamento se justificava pela redação do art. 878, da CLT, que conferia poderes ao juiz para promover a execução de ofício. Tratava-se do princípio de impulso de ofício da execução pelo juiz trabalhista.

Agora, segundo a nova redação dada ao art. 878, a execução deve ser promovida pelas partes, somente se admitindo a promoção de ofício pelo juiz "nos casos em que as partes não estiverem representadas por advogado". Uma vez que ao juiz não é mais dado impulsionar a execução de ofício, salvo na hipótese de as partes não estarem representadas por advogado, é perfeitamente aplicável ao processo trabalhista a prescrição intercorrente. Se o reclamante permanecer inerte pelo prazo de dois anos, a contar da data em que a reclamada deixar de cumprir determinação judicial, sua pretensão há de prescrever.

---

[70] "A citação válida em processo extinto, sem julgamento do mérito, excepcionando-se as causas de inação do autor (art. 267, incisos II e III, do CPC [NCPC, art. 485, II e III]), interrompe a prescrição" (STJ, 3ª T., AgRg na MC nº 18.033/RS, Rel. Min. Sidnei Beneti, ac. 16.06.2011, *DJe* 29.06.2011).

Capítulo VIII · DOS PRAZOS DA PRESCRIÇÃO. GENERALIDADES | **233**

Tal como ocorre na legislação processual civil, o juiz poderá, de ofício, reconhecer a prescrição intercorrente, extinguindo o processo (CPC/2015, art. 921, § 5º). Entretanto, deverá ouvir previamente as partes, a fim de se respeitar o contraditório (art. 487, parágrafo único, do CPC/2015)[71].

90. A PRESCRIÇÃO E O DIREITO INTERTEMPORAL

Quando uma lei nova interfere nos prazos prescricionais, a preocupação histórica sempre se situou no plano do direito adquirido e, consequentemente, na necessidade de evitar efeitos retroativos que pudessem desestabilizar a situação jurídica consolidada.

Nessa ordem de ideias, uma posição é tranquila: as prescrições iniciadas e terminadas sob a vigência da mesma lei sujeitam-se apenas a ela; são imunes a qualquer efeito oriundo de modificação operada por lei nova em relação aos respectivos prazos. Assim, "prescrição iniciada e consumada sob o império de norma pretérita, regula-se pela mesma, quer a hodierna aumente, quer diminua os requisitos e prazos"[72]. Prevalece, plenamente, o direito adquirido, mantendo-se intacta a situação jurídica consolidada antes da inovação legislativa[73].

Não se resolve, porém, pelo direito adquirido, o conflito intertemporal de leis quando o prazo de prescrição não se completou sob o império da lei anterior e a inovação da norma superveniente resultou em redução ou ampliação do referido prazo. Não se pode impor a continuidade da regência da lei anterior, porque o curso de prazo inacabado não corresponde a direito adquirido nem a situação jurídica consolidada. Enquanto não se aperfeiçoa a prescrição, a parte que dela irá se beneficiar tem apenas uma esperança ou uma simples expectativa, tanto que a mera quebra da inércia pelo credor tem a força de eliminar, por completo, o prazo transcorrido de forma incompleta[74].

Deve, por isso, prevalecer a norma antiga sobre o que sucedeu durante sua vigência, isto é, sobre o início do prazo e as vicissitudes de sua fluência como fatos impeditivos e suspensivos ocorridos antes do advento da lei inovadora[75].

---

[71] "A declaração da prescrição de ofício deve respeitar o disposto no art. 487, parágrafo único, do CPC, que determina que a prescrição e a decadência não serão reconhecidas sem que antes seja dada às partes oportunidade de manifestar-se, sendo vedada a decisao surpresa" (COIMBRA, Rodrigo. A reforma trabalhista de 2017 e a prescrição. *Revista dos Tribunais*, São Paulo, v. 984, out. 2017, p. 102).

[72] MAXIMILIANO, Carlos. *Direito intertemporal ou teoria da retroatividade das leis*. 2. ed. Rio de Janeiro: Freitas Bastos, 1955. n. 219, p. 240.

[73] "Se a prescrição se consumou anteriormente à entrada em vigor da nova Constituição, é ela regida pela lei do tempo em que ocorreu, pois, como salientado no despacho agravado, 'não há que se confundir eficácia imediata da Constituição a efeitos futuros de fatos passados com a aplicação dela a fato passado'. A Constituição só alcança os fatos consumados no passado quando expressamente o declara, o que não ocorre com referência à prescrição" (STF, 1ª T., Ag. em AI 139.004-3/MG, Rel. Min. Moreira Alves, ac. 04.08.1995, *DJU* 02.02.1996, p. 853).

[74] O regime intertemporal da prescrição equivale ao dos fatos jurídicos complexos ou de formação continuada. Subordina-se "à lei em vigor na data do termo prescricional", porque "antes que se verifique o *dies ad quem*, não se pode cogitar de direito adquirido" (BATALHA, Wilson de Souza Campos. *Direito intertemporal*. Rio de Janeiro: Forense, 1980. p. 241).

[75] MAXIMILIANO, Carlos. *Direito intertemporal ou teoria da retroatividade das leis*. 2. ed. Rio de Janeiro: Freitas Bastos, 1955. n. 206, p. 241.

A questão mais complicada de que se tem ocupado a doutrina é como fazer a conciliação entre as parcelas do tempo prescricional que se passaram sob regimes de leis diversas.

Savigny[76] e Windscheid[77], entre outros, tentaram equacionar o conflito. Para Savigny, a lei nova que aumenta o prazo deve ser aplicada imediatamente; e a que o diminui faz que o prazo reduzido comece a ser contado do início da vigência da inovação, desconsiderando-se o tempo já escoado. Para Windscheid, tanto numa como noutra hipótese, dever-se-ia computar o tempo já transcorrido, com certos temperamentos: a soma dos dois períodos não poderia ser maior do que o prazo anterior nem menor que o prazo atual; e de maneira alguma a lei nova poderia provocar a consumação do prazo em data anterior à sua vigência[78].

A Lei de Introdução ao Código Civil da Alemanha (art. 169) adotou expressamente esse critério, explicitando-o da seguinte maneira: "Se o tempo da prescrição conforme o Código Civil é mais breve do que segundo as leis anteriores, contar-se-á o prazo mais curto, a partir do advento do Código. Se, entretanto, o lapso maior fixado em normas antigas transcorrer mais cedo do que o menor determinado pelo Código Civil, a prescrição completar-se-á mediante o decurso mais longo"[79].

Entre nós, a jurisprudência tem seguido igual orientação, como se vê do seguinte aresto do Supremo Tribunal Federal, a propósito da redução do prazo prescricional provocado pelo Código Tributário Nacional:

> Prescrição. Direito intertemporal. Caso em que o prazo prescribente fixado na lei nova é menor do que o prazo prescricional marcado na lei anterior. Feita a contagem do prazo prescribente marcado na lei nova (isso a partir da vigência dessa lei), e se ocorrer que ele termine em [sic] antes de findar-se o prazo maior fixado na lei anterior, é de considerar o prazo menor previsto na lei posterior, contado esse prazo a partir da vigência da segunda lei[80].

Em obra clássica sobre o tema, Paul Roubier sintetiza o efeito da lei nova sobre o prazo prescricional em curso nos seguintes termos:

---

[76] SAVIGNY, Frederic Charles de. *Traité de droit romain*. Paris: F. Didot, 1845. v. VIII, p. 418-426 (apud BATALHA, Wilson de Souza Campos. *Direito intertemporal*. Rio de Janeiro: Forense, 1980, p. 244, nota 3).

[77] WINDSCHEID, Bernhard (apud PORCHAT, Reynaldo. *Da retroatividade das leis civis*. São Paulo: Duprat, 1909. p. 50 e ss.); BATALHA, Wilson de Souza Campos. *Direito intertemporal*. Rio de Janeiro: Forense, 1980, p. 244, nota 3.

[78] É a doutrina que ganhou foros de dominante, inclusive, no direito brasileiro (MAXIMILIANO, Carlos. *Direito intertemporal ou teoria da retroatividade das leis*. 2. ed. Rio de Janeiro: Freitas Bastos, 1955. n. 214, p. 250; SERPA LOPES, Miguel Maria de. *Curso de direito civil*. Rio de Janeiro: Freitas Bastos, 1995. v. II, p. 37-39; PORCHAT, Reynaldo. *Da retroatividade das leis civis*. São Paulo: Duprat, 1909, n. 43; CARPENTER, Luiz F. *Da prescrição*. Rio de Janeiro: Nacional, 1929. v. II, p. 596).

[79] MAXIMILIANO, Carlos. *Direito intertemporal ou teoria da retroatividade das leis*. 2. ed. Rio de Janeiro: Freitas Bastos, 1955. p. 250, nota 2.

[80] STF, 1ª T., RE 79.327/SP, Rel. Min. Antônio Neder, ac. 03.10.1978, TACivSP, Ap. nº 139.329, Rel. Juiz Campos Mello, ac. 09.09.1970, *RT*, 419/204; STF, 1ª T., RE 74.135, Rel. Min. Djaci Falcão, ac. 16.06.1972, *RTJ*, 63/534; STF, Súmula nº 445: "A Lei nº 2.437, de 07.03.1955, que reduz prazo prescricional, é aplicável às prescrições em curso na data de sua vigência (01.01.1956), salvo quanto aos processos então pendentes".

a) no caso de a lei nova ampliar o prazo para prescrever, a prescrição deve continuar até que o prazo se consuma, computando naturalmente o tempo corrido sob a lei anterior. Se a lei nova poderia obstar à prescrição, pode com maior razão alongá-la; dá-se, simplesmente, a continuação do prazo iniciado ao tempo da lei velha, fazendo-o atingir o limite ampliado pela lei nova;

b) no caso de a lei nova abreviar o prazo para prescrever, a nova disposição não poderá ser aplicada imediatamente ao prazo em curso, sem o risco de ser retroativa; com efeito, o novo prazo poderia já ter-se completado sob a lei anterior. Por isso, começa-se a contar o prazo novo (reduzido) a partir da data de vigência da lei nova. Todavia, sua fluência será adicionada ao tempo transcorrido durante a lei anterior e a soma não poderá ultrapassar o prazo maior, ou seja, aquele estipulado pela lei revogada. O prazo novo (menor) será interrompido no momento em que sua soma com o lapso anterior completar o tempo previsto na lei revogada. Somente correrá todo o prazo previsto na lei nova quando o seu termo se der antes de perfazer o tempo da lei velha;

c) as alterações que a lei nova introduz acerca do início do prazo prescricional ou de seu termo final devem ser entendidas como ampliação ou redução da prescrição, pois é o que de fato provocam. Assim, o prazo inovado deverá ser aplicado da mesma forma prevista para as hipóteses cogitadas nas letras "a" e "b" *supra*[81];

d) as causas de interrupção ou suspensão regulam-se pelas leis do momento em que se verificam; se são criadas pela lei nova, não retroagem e só interferem no prazo em curso a partir da vigência da nova regra[82].

O atual Código Civil brasileiro resolveu enfrentar o problema de direito intertemporal em suas disposições transitórias e o fez no tocante a todos os prazos inovados. Estatuiu-se no art. 2.028 uma regra relativa às reduções de prazo, porque para as ampliações não há problema algum, devendo simplesmente aplicar-se contagem do lapso instituído pela lei nova, computando-se o tempo já transcorrido sob o regime da lei anterior.

Quanto ao encurtamento do prazo, a regra transitória do Código de 2002 manda conservar o regime da lei revogada, sempre que ao tempo da entrada em vigor da lei atual já houver transcorrido mais da metade do tempo previsto na regra antiga. Para os casos em que houver transcorrido menos da metade do prazo da lei antiga, dar-se-á, normalmente, a submissão ao prazo novo a partir da vigência do atual Código.

Destarte, dois regimes de adaptação de prazos em curso deverão ser observados, conforme a dimensão do tempo transcorrido na vigência da lei antiga, ou seja:

a) Se o prazo da lei velha já tiver sido consumado em mais da metade, continuará sob o comando da lei de seu início até o tempo nela estipulado. A lei nova não lhe será aplicada.

---

[81] ROUBIER, Paul. *Le droit transitoire* (conflits des lois dans le temps). 2. ed. Paris: Dalloz et Sirey, 1960. p. 300.

[82] ROUBIER, Paul. *Le droit transitoire* (conflits des lois dans le temps). 2. ed. Paris: Dalloz et Sirey, 1960. p. 299.

b) Se apenas uma porção igual ou inferior à metade tiver se passado, ao entrar em vigor o atual Código, passará a ser aplicado o prazo reduzido instituído pela disposição atual.

Para a hipótese "a", não haverá dificuldade alguma de direito intertemporal, porque o regime legal será um só. O prazo iniciado dentro do império da lei velha continuará por ele regido até o final. É para a hipótese "b" que se haverá de conciliar o tempo passado antes da lei nova com o transcorrido depois dela. Para tanto, ter-se-á de adotar o mecanismo tradicional preconizado por Roubier e que sempre mereceu a consagração da jurisprudência nacional em situações semelhantes: conta-se o prazo da lei nova a partir de sua vigência, mas não se despreza a fração já transcorrida antes dela. O prazo menor será aplicado, mas se antes de seu vencimento completar-se o prazo antigo (maior), este é que prevalecerá, pois não seria lógico que, tendo a lei nova determinado a redução do prazo prescricional, sua aplicação acabasse por proporcionar à parte um lapso maior ainda que o da lei velha. Se, porém, o prazo novo (o menor) terminar antes de ultimada a contagem do antigo, é por aquele e não por este que a prescrição se consumará.

Veja-se o caso de um prazo de cinco anos que se reduziu para três (art. 206, § 3º, I, II e III):

a) se, *v.g.*, transcorreram três anos no regime velho, a prescrição se dará normalmente em cinco anos, como se não tivesse ocorrido a inovação do Código atual;

b) se, no entanto, houvesse transcorrido apenas um ano, a prescrição se dará quando se completarem quatro anos (um da lei velha mais três da nova);

c) se, finalmente, houvesse transcorrido dois anos e meio antes da lei nova, a prescrição se dará ao completarem-se cinco anos (dois anos e meio mais dois anos e meio depois da lei nova), porque o prazo antigo (maior) completou-se antes do prazo menor contado a partir da lei nova.

Uma coisa é certa: não se pode de forma alguma, a pretexto de não ter transcorrido a metade do prazo antigo, aplicar-se retroativamente o prazo menor da lei nova a contar do nascimento da pretensão. Isto acarretaria um intolerável efeito retroativo, que, muitas vezes, conduziria a provocar a consumação da prescrição em data até mesmo anterior à vigência do atual Código. Imagine-se uma causa de reparação de ato ilícito, cujo prazo prescricional se reduziu de vinte para três anos. Se o evento danoso se passou cinco ou seis anos antes do atual Código, a se aplicar desde o início o lapso trienal, este estaria vencido muito tempo antes da vigência da lei inovadora. É claro que não se pode aceitar uma interpretação que conduza a um resultado injurídico como esse.

Portanto, o art. 2.028 apenas deve incidir, para aplicar o prazo novo reduzido pelo atual Código, se este for contado a partir de sua entrada em vigor. Somente assim se evitará o risco do absurdo de provocar a lei superveniente a surpresa de uma prescrição consumada retroativamente (ou seja, em época em que o Código não tinha vigência).

Essa é a interpretação que a jurisprudência vem utilizando para resolver, *v.g.*, o problema da redução da prescrição da indenização por ato ilícito, de vinte para três anos, por exemplo. A argumentação em que se fundou um julgado do antigo 1º Tribunal de Alçada Civil de São Paulo foi a seguinte:

O advento do novo Código Civil não implica a admissibilidade de se reconhecer a prescrição retroativa. A redução do prazo prescricional antes regulado pela lei revogada deve ser computada a partir da vigência da nova regra e não retrocede à data do fato lesivo. Caso contrário, o detentor do direito seria surpreendido pelo seu inesperado desaparecimento, fulminado seu direito pela prescrição pelo simples advento da lei nova. Prazo prescricional que se regulou pelo CC de 1916, art. 177, sendo de 20 anos a contar da data do evento danoso. Prazo reduzido para 3 anos pelo novo Código Civil, Lei nº 10.406, a contar de sua entrada em vigor, 10.01.2003[83].

90.1. A necessidade de submeter-se aos princípios básicos do direito intertemporal

Mesmo não havendo ato jurídico perfeito ou direito adquirido a proteger, a lei nova não pode surpreender o titular de situações jurídicas, operando retroativamente. Segundo antigas e consolidadas concepções de direito intertemporal, há dois grandes princípios dominando esse segmento do saber jurídico:

1º) o princípio de *não retroatividade* da lei; e

2º) o princípio do *efeito imediato* da lei.

Pelo primeiro, a lei nova não deve ser aplicada aos fatos anteriores à sua entrada em vigor[84]. Inspira-se o princípio na necessidade de dar segurança às situações validamente estabelecidas sob império da lei velha, pois não seria justo, mas arbitrário, golpear o interessado com medidas de consequências negativas que não prevaleciam ao tempo em que o evento ocorreu. Razões políticas podem, é verdade, afastar o princípio, que não é absoluto senão quando está em jogo ofensa ao direito adquirido, mas sempre em caráter excepcional e adequadamente justificado. De qualquer maneira, não existindo norma expressa em contrário, a lei nova não altera a situação jurídica estabelecida segundo a lei do tempo em que o fato aconteceu.

Outrossim, pelo segundo princípio do direito intertemporal, a lei nova deve ser aplicada a todos os fatos posteriores à sua entrada em vigor[85]. Delimitando a incidência da lei velha e assegurando a área de atuação da lei nova, o princípio garante a unidade da legislação e impõe, para o futuro, a inovação normativa, sem prejudicar os efeitos dos fatos anteriores à sua vigência.

É por isso que, determinando o atual Código que certas prescrições sejam desde logo submetidas ao prazo menor por ele instituído, não se deve iniciar sua contagem senão a partir da entrada em vigor da lei inovadora, para não surpreender o interessado com extinção de situação jurídica que o Código velho não previa para o tempo transcorrido sob sua regência. Dessa maneira, observar-se-ão os dois grandes princípios do direito intertemporal: o tempo transcorrido sob o Código anterior permanece por ele regido e o prazo menor será imediatamente aplicado ao tempo que de sua vigência em diante transcorrer.

---

[83] 1º TACivSP, 2ª CC., Ag. 1.280.000-9, Rel. Juiz Amado de Faria, ac. 16.06.2004, *RT* 832/246-247.

[84] "La nouvelle loi ne s'applique pas aux faits antérieurs à son entrée en vigueur" (LE ROY, Yves; SCHOENENBERGER, Marie-Bernadette. *Introduction générale au droit suisse*. Bruxelas: Bruylant, 2002. p. 116).

[85] "La nouvelle loi s'applique à tous les faits postérieurs à son entrée en vigueur" (LE ROY, Yves; SCHOENENBERGER, Marie-Bernadette. *Introduction générale au droit suisse*. Bruxelas: Bruylant, 2002. p. 117).

A conclusão a que se chega é que o art. 2.028, querendo criar regra transitória original, não logrou afastar o princípio clássico genialmente concebido por Roubier, para harmonizar, em tema de prescrição, os efeitos dos prazos transcorridos sob vigência de leis diferentes.

90.2. Compatibilização do art. 2.028 com o princípio da irretroatividade das leis

O fato de a regra de direito intertemporal inscrita no art. 2.028 determinar que a prescrição se regerá pela lei nova quando sob a vigência do Código revogado tiver transcorrido menos da metade do prazo nele estipulado, não tem o sentido de autorizar a contagem retroativa do prazo da lei nova desde o momento em que a prescrição se iniciou, ou seja, antes mesmo de estar em vigência o atual Código. Isto iria contra o princípio geral da irretroatividade das normas, que preconiza a incidência de qualquer lei apenas sobre os fatos que ocorrerem a partir de sua regência. Não é pelo fato de o prazo prescricional incompleto não ser fonte de direito adquirido que se possa pensar que o legislador tenha o poder de estatuir para o passado um novo regime de efeitos aplicando-o ao tempo transcorrido sob o comando da lei velha[86]. Estar-se-ia, em semelhante hipótese, contrariando um princípio geral que não depende, para sua observância, de existir, ou não, direito adquirido, e que limita naturalmente o poder do legislador.

Explica Pietro Perlingieri, em lição que bem se aplica à exegese do art. 2.028:

> São limites gerais para a função legislativa o princípio da *irretroatividade* e a *reserva das leis*. A lei é idônea para regular as relações jurídicas surgidas no momento posterior àquele em que a norma entrou em vigor (11. disp. prel.)[87].

Mesmo garantindo a Constituição italiana, de forma explícita, apenas a irretroatividade da lei penal (art. 25 cost.), isto não equivale à autorização para que outras leis possam ser editadas com vistas ao passado. É que, como ensina Perlingieri, nas demais searas do direito, "a irretroatividade é um *princípio*". As pessoas que confiaram nas leis do tempo em que os atos e fatos ocorreram não podem ter sua confiança quebrada pela surpresa de uma nova regulamentação para aquilo que já aconteceu antes da lei inovadora. Nesse sentido é que se entende operar a *irretroatividade* como "limite geral ao poder legislativo enquanto expressão de outros valores constitucionais".

É ainda de Perlingieri a advertência de que somente uma razão muito excepcional (e explícita) pode conduzir o legislador a disciplinar eventos pretéritos, pois a irretroatividade, como exigência da estrutura normativa do Estado de Direito, "é uma regra essencial do

---

[86] A prescrição, em seu aspecto de duração temporal, envolve a constituição de "um *direito de aquisição complexa*, decorrente da realização de vários elementos, situando-se numa de suas modalidades: a de *direito de aquisição sucessiva*, pois só é obtido mediante o decurso de certo lapso de tempo. É adquirido dia a dia com o correr sucessivo do tempo" (DINIZ, Maria Helena. *Comentários ao Código Civil*. São Paulo: Saraiva, 2003. v. 22, p. 63). Assim, no campo do direito intertemporal, não se pode simplesmente excluir o tempo pretérito do regime da lei revogada, nem impedir que a lei nova se aplique sobre a porção do lapso prescricional ainda por transcorrer.

[87] PERLINGIERI, Pietro; FEMIA, Pasquale. *Manuale di diritto civile*. 3. ed. Napoli: Edizioni Scientifiche Italiane, 2002. n. 24, p. 46.

sistema". Por isso, a ela deve ater-se, uma vez que a certeza das relações passadas constitui uma garantia indispensável para a convivência civil e tranquilidade dos cidadãos[88].

O art. 2.028, ao cuidar dos prazos iniciados sob o regime do Código anterior, não determinou que sua incidência fosse retroativa, nem tinha motivos plausíveis para quebrar o princípio fundamental da irretroatividade. Se mandou aplicar redução de prazo em situações iniciadas sob a disciplina da lei pretérita, é lógico que isto somente começará a dar-se a partir da entrada em vigor do novo dispositivo[89].

Prescrição menor instituída pelo Código de 2002 pode, sem dúvida, ser aplicada a pretensões nascidas ao tempo do Código revogado, mas a contagem do prazo reduzido terá de ser feita apenas do dia em que entrou em vigor a nova disposição legal. De forma alguma se deve cogitar de iniciar a contagem em época anterior a essa vigência, sob pena de, sem maior justificativa, quebrar-se um princípio importante como o da irretroatividade das leis[90].

Continua sempre atual a lição de Campos Batalha de que se o prazo menor da lei nova tiver de ser observado em face de pretensão nascida no regime anterior, "aplica-se o prazo da lei nova, contando-se o prazo a partir da vigência desta"[91].

---

[88] PERLINGIERI, Pietro; FEMIA, Pasquale. *Manuale di diritto civile*. 3. ed. Napoli: Edizioni Scientifiche Italiane, 2002. n. 24, p. 46.

[89] A regra, em matéria de alteração do regime prescricional, é: "se o encurtar, o novo prazo começará a correr por inteiro a partir da lei revogadora, salvo disposição transitória em sentido contrário" (DINIZ, Maria Helena. *Comentários ao Código Civil*. São Paulo: Saraiva, 2003. v. 22, p. 28). O *decurso do tempo* em si mesmo é um *fato jurídico*, no processo de aquisição do direito à prescrição (DINIZ, Maria Helena. *Comentários ao Código Civil*. São Paulo: Saraiva, 2003. v. 22, p. 33). A lei nova não poderá desprezar a *patrimonialidade* em jogo na aquisição sucessiva em questão, ao longo do correr do tempo. A retroatividade da nova lei, sobre prescrição não pode ignorar "a patrimonialidade do prazo já transcorrido" (DINIZ Maria Helena. *Comentários ao Código Civil*. São Paulo: Saraiva, 2003. v. 22, p. 63). A retroação, na espécie, é "vedada pelo direito intertemporal" (Idem, p. 64). Não se pode admitir, pois, que o Código novo desrespeite o Código anterior, em relação à "patrimonialidade" contida no tempo transcorrido sob o regime deste. O decurso do prazo já acontecido é *fato quase já consumado*, conforme a lei precedente", motivo por que a lei nova "não poderá sujeitá-lo de imediato ao seu domínio, ou, pelo menos, não deverá fazê-lo sem a fixação de certos limites" (DINIZ, Maria Helena. *Comentários ao Código Civil*. São Paulo: Saraiva, 2003. v. 22, p. 66).

[90] Explica Pablo Stolze Gagliano que o prazo prescricional reduzido pela lei nova não poderia ser aplicado ao período de tempo transcorrido antes da modificação legislativa, mas apenas a partir da vigência desta, porque a não ser assim a pretensão, muitas vezes, poderia até extinguir-se antes mesmo da entrada em vigor do novo prazo: "não se diga que o prazo já estaria consumado, pois este entendimento fulminaria de morte grande parte dos direitos das vítimas [de danos oriundos de ato ilícito] que ainda não foram a juízo (são apenas três anos!). Ademais, estar-se-ia dando aplicação retroativa ao novo Código, o que, como vimos, sob o prisma técnico, não é admissível (...). Observe-se, finalmente, que esta regra [a do art. 2.028] só terá aplicabilidade se a lei nova *reduzir um prazo previsto na lei revogada*, de forma que, se houver aumento, deve ser aplicado o novo prazo, computando-se o tempo decorrido na vigência da lei antiga" (In: ALVIM, Arruda; ALVIM, Thereza [Coord.]. *Comentários ao Código Civil brasileiro*. Rio de Janeiro: Forense, 2008. v. XVII, p. 588-589).

[91] BATALHA, Wilson de Souza Campos. *Lei de introdução ao Código Civil*. São Paulo: Max Limonad, 1957. v. I, t. I, p. 229 e ss. (apud GAGLIANO, Pablo Stolze; PAMPLONA FILHO, Rodolfo. *Novo curso de direito civil*. Parte geral. São Paulo: Saraiva, 2002. v. I, p. 508).

Capítulo IX

Dos Prazos de Prescrição no Código Civil

91. PRAZO ORDINÁRIO DE PRESCRIÇÃO

Art. 205. A prescrição ocorre em 10 (dez) anos, quando a lei não lhe haja fixado prazo menor. (Código Civil)

Estipula o Código o prazo ordinário de dez anos como sendo aquele a ser observado sempre que outro específico não tenha sido previsto pela lei.

Várias são as pretensões que no Código ou em leis especiais se acham contempladas com prescrições específicas, que obviamente hão de prevalecer sobre a regra geral do art. 205. O decênio ordinário, portanto, é destinado às pretensões para as quais não se tenha previsto prazo diferente seja no Código, seja em lei extravagante.

O art. 205 é, outrossim, regra pertinente ao direito privado. Em nada afeta as prescrições estabelecidas pelo direito público, como, *v.g.*, as tributárias etc., que continuam regidas pela legislação própria. No entanto, havendo lacuna na própria disciplina publicística, o teto do Código Civil torna-se aplicável, pela função supletiva que se lhe reconhece dentro do ordenamento jurídico em geral, no que se relaciona com os atos jurídicos em sentido *lato*.

Houve sensível redução do prazo ordinário, entre o Código anterior e o atual, pois aquele o fixava em vinte anos, enquanto este o faz em apenas dez anos. Não merece censura alguma a inovação, que se afina com a orientação que vem sendo seguida por Códigos modernos como o da Itália (art. 2.946) e o de Quebec (art. 2.922). Ambos adotam o mesmo prazo que o atual Código brasileiro escolheu[1]. Os Códigos da Argentina e da Rússia fixaram prazos gerais ainda mais reduzidos, cinco e três anos, respectivamente.

Países como a Alemanha e a França, que conservam Códigos antigos, nos quais a prescrição ordinária chegava ao longo tempo de trinta anos, tiveram que recorrer à jurisprudência criativa para evitar os inconvenientes de prazos incompatíveis com a agilidade

---

[1] Em caráter geral, o Código de Quebec estabeleceu dois prazos prescricionais ordinários: o de dez anos para as ações que se destinam a atuar no direito real imobiliário (art. 2.923); e o de três anos para as ações referentes a direito pessoal, se não houver outra disposição especial a ser aplicada (BAUDOUIN, Jean-Louis; RENAUD, Yvon. *Code Civil du Québec annotté*. 4. ed. Montréal: W&L, 2001. t. II, p. 593).

dos negócios no mundo atual. Em vez de literalmente aplicar-se a prescrição ordinária tem-se dado preferência, na prática, a buscar na analogia com casos assemelhados um meio de aplicarem-se prazos menores. Com isso se tentava contornar a disposição codificada que se reconhecia totalmente inadequada às necessidades do comércio jurídico moderno[2].

Nessa ordem de ideias, reconhece-se na França que prazos como o do Código Napoleão não coadunam com o contexto econômico e social de nossa época, e que a tendência legislativa, no direito comparado, se manifesta pela redução do prazo de prescrição ordinário rumo ao limite de dez anos[3].

Houve, em tempos recentes, reforma da prescrição na Alemanha a qual, atualmente, adota o prazo de três anos como o aplicável à prescrição ordinária[4].

O moderníssimo Código de Quebec, editado no final do século XX, fixou, também, em dez anos a prescrição geral, para as ações reais, e em apenas três anos, para as pessoais (arts. 2.922 e 2.923).

Como se vê, andou bem o atual Código brasileiro na redução que fez operar no tempo prescritivo máximo.

92. AÇÕES REAIS E AÇÕES PESSOAIS

Outro ponto de insatisfação com o regime prescricional do Código de 1916 situava-se na estipulação de prazos ordinários diferenciados para as ações pessoais e as reais, submetendo estas a lapsos menores do que o estipulado para aquelas[5].

Esse problema foi também superado. O prazo da prescrição ordinária de dez anos aplica-se, hoje, indistintamente a todas as pretensões para as quais não se tenha previsto prazo menor. Pouco importa verse o litígio sobre direito pessoal ou real. O prazo extintivo máximo é único.

Seguiu-se, também, nesse tema, o exemplo de codificações modernas como a portuguesa (art. 309°), e a italiana (art. 2.946). A quebequense (arts. 2.922 e 2.923) manteve os tetos diferentes, reduzindo-os, porém, sensivelmente.

Segundo a jurisprudência antiga, sujeitam-se ao prazo da prescrição maior (hoje dez anos): a ação de adjudicação compulsória[6]; ação de cobrança do empréstimo, após

---

[2] *"En effet, le délai de droit commun posé par le § 195 BGB est beaucoup long et la pratique montre qu'il favorise largement l'inertie de certains créanciers. Le Bundesgerichtshof a déja essayé d'y remédier partiellement en soumettant, par analogie, certaines prétentions à de delais de prescription plus courts"* (WITZ, Claude. *Droit privé allemand*. Paris: LITEC, 1992. n. 695, p. 532).

[3] TERRÉ, François; SIMLER, Philippe; LEQUETTE, Yves. *Droit civil*. Les obligations. 6. ed. Paris: Dalloz, 1996. n. 1.377, p. 1.093-1.094.

[4] *"§ 197. Il termine ordinario di prescrizione è di tre anni"*. *Codice civile tedesco*. Trad. Salvatore Patti. Milano: Giuffrè, 2005.

[5] CARVALHO SANTOS, J. M. de. *Código Civil brasileiro interpretado*. 7. ed. Rio de Janeiro: Freitas Bastos, 1958. v. III, p. 460-462; CARPENTER, Luiz F. Prescrição – usucapião. *Revista Forense*, v. 39, p. 15.

[6] 1º TACivSP, 4ª CC., Ap. nº 419.706-4, Rel. Juiz Octaviano Lobo, ac. 28.03.1990, *RT*, 667/108; 1º TACivSP, 3ª C., Ap. nº 431.330-4, *RT*, 667/108, Rel. Juiz Ferraz Nogueira, ac. 10.01.1990, *RT*, 652/102; 1º TACivSP, 8ª C., Ap. nº 346.670, Rel. Juiz Roberto Rubens, ac. 25.03.1986, *RT*, 607/121. Atualmente, a jurisprudência do STJ firmou-se no sentido de que a ação de adjudicação compulsória, no caso de compromisso de compra e venda de imóvel, não se sujeita à prescrição, só sendo prejudicada pela consumação da usucapião (STJ, 3ª T., REsp 1.489.565/DF, Rel. Min. Ricardo Villas Bôas Cueva, ac. 05.12.2017, *DJe* 18.12.2017; STJ, 4ª T., REsp 369.206, Rel. p/ac. Ruy Rosado de Aguiar, ac. 11.03.2003, *DJU* 30.06.2003, p. 254).

a prescrição do cheque[7]; ação de ressarcimento decorrente da venda *a non domino*[8]; ação de cobrança de despesas condominiais extraordinárias[9]; ação de indenização por inadimplemento do contrato[10]; ação de adimplemento ruim[11]; ação de sonegação de juros e correção monetária de caderneta de poupança[12]; ação sobre falta de documentação de importação[13]; ação de retrocessão[14]; ação de desapropriação indireta[15]; ação de reparação de danos por prejuízos de defeitos graves de mudas para plantio[16]; ação de anulação de partilha por exclusão de herdeiro[17]; ação de sonegados[18]; ação de estranho prejudicado pelo inventário e partilha[19]; ação de proteção ao nome comercial e à marca[20]; ação de indenização pelo uso indevido de marca[21]; ação de petição de herança[22]; ação de prestação de contas[23]; ação de nulidade de partilha ofensiva de fideicomisso[24]; ação de resolução de

---

[7] 1º TACivSP, 3ª C., Ap. nº 414.718-4, Rel. Juiz Antonio de Pádua Ferraz Nogueira, ac. 27.11.1989, *RT*, 650/114; TARS, 5ª CC., Ap. nº 195.088.984, Rel. Juiz Rui Portanova, ac. 28.09.1995. In: RODRIGUES FILHO, Eulâmpio. *Código Civil anotado*. 3. ed. Porto Alegre: Síntese, 2001. p. 325. A atual jurisprudência do STJ, porém, é no sentido de que "prescrita a ação executiva do cheque, assiste ao credor a faculdade de ajuizar a ação cambial por locupletamento ilícito, no prazo de 2 (dois) anos (art. 61 da Lei nº 7.357/1985); ação de cobrança fundada na relação causal (art. 62 do mesmo diploma legal) e, ainda, ação monitória, no prazo de 5 (cinco) anos, nos termos da Súmula 503/STJ" (STJ, 3ª T., REsp 1.677.772/RJ, Rel. Min. Nancy Andrighi, ac. 14.11.2017, *DJe* 20.11.2017. No mesmo sentido: STJ, 2ª Seção, REsp 1.101.412/SP, Rel. Min. Luís Felipe Salomão, ac. 11.12.2013, *DJe* 03.02.2014).

[8] STJ, 3ª T., REsp. 7.452/SP, Rel. Min. Waldemar Zveiter, ac. 21.05.1991, *RT*, 678/209.

[9] 2º TACivSP, 5ª C, Ap. nº 187.693-6, Rel. Juiz Alves Beviláqua, ac. 04.02.1986, *RT*, 609/151; 1º TARJ, 8ª C., Ap. nº 10.870, Rel. Juiz Edvaldo Tavares, ac. 03.10.1984, *RT*, 600/206. Na vigência do CC/2002, a jurisprudência do STJ "firmou-se no sentido de que o prazo prescricional aplicável à pretensão de cobrança de taxas condominiais é de 5 (cinco) anos" (STJ, 3ª T., AgRg no AREsp 607.182/RJ, Rel. Min. Ricardo Villas Bôas Cueva, ac. 03.12.2015, *DJe* 14.12.2015).

[10] TJMS, 1ª C., Ap. nº 68.270, Rel. Des. Oliveira Leite, ac. 17.09.1985, *RT*, 610/196; STJ, 3ª T., REsp. 1.159.317/SP, Rel. Min. Sidnei Beneti, ac. 11.03.2014, *DJe* 18.03.2014; STJ, 4ª T., AgRg no AREsp. 707.210/RJ, Rel. Min. Luis Felipe Salomão, ac. 18.08.2015, *DJe* 5.08.2015; STJ, 3ª T., AgRg no REsp. 1.462.661/PI, Rel. Min. Paulo de Tarso Sanseverino, ac. 20.08.2015, *DJe* 26.08.2015. Entretanto, deve-se ressaltar que há divergência no próprio STJ que, recentemente, decidiu pela aplicação da prescrição trienal para a hipótese de inadimplemento contratual: STJ, 3ª T., REsp. 1.281.594/SP, Rel. Min. Marco Aurélio Bellizze, ac. 22.11.2016, *DJe* 28.11.2016. Sobre o tema, ver item 92.

[11] 1º TACivSP, 3ª C., Ap. nº 260.383, Rel. Juiz Geraldo Roberto, ac. 27.02.1980, *RT*, 542/106.

[12] 1º TACivSP, 2ª T., Ap. nº 634.972-8, Rel. Juiz Serra Rebouças, ac. 03.05.1995, *RT*, 721/159.

[13] TJSP, 2ª CC., Ap. nº 21.725-1, Rel. Des. Sydney Sanches, ac. 13.04.1982, *RT*, 560/70.

[14] TJSP, 9ª CC., Ap. nº 192.093-2/8, Rel. Des. Aldo Magalhães ac. 13.08.1992, *RT*, 695/100; STF, Pleno, ERE 104.591-4/RS, Rel. Min. Djaci Falcão, ac. 11.03.1987, *RT*, 620/221.

[15] STJ, 1ª T., REsp. 7.553-0/SP, Rel. Min. Milton Pereira, ac. 22.09.1993, *RSTJ* 72/24.

[16] 1º TACivSP, 2º GC., AR 348.800, Rel. Juiz José Roberto Bedran, ac. 25.05.1988, *RT*, 631/131.

[17] TJMT, 2ª C., Ap. nº 8.688, Rel. Des. Leão Neto do Carmo, ac. 04.05.1976, *JB* 16/134; TJSP, 1ª C., Ap. nº 166.572-1/9, Rel. Des. Euclides de Oliveira, ac. 30.06.1992, *RT*, 689/154.

[18] STF, 1ª T., RE 85.944-6/RJ, Rel. Min. Néri da Silveira, ac. 15.12.1987, *RT*, 645/208.

[19] TJSP, 4ª C., Ap. nº 115.077-1, Rel. Des. Alves Braga, ac. 12.10.1989, *RT*, 648/72; TJSP, 2ª CC., Ap. nº 20.018-1, Rel. Des. Sylvio do Amaral ac. 24.08.1982, *RT*, 569/55.

[20] STJ, 4ª T., REsp. 34.862-0/SP, Rel. Min. Ruy Rosado de Aguiar, *DJU* 21.11.1994; TFR, 4ª T., Ap. nº 75.833, Rel. Juiz Armando Rollemberg, ac. 13.02.1984, *JB* 144/108.

[21] STJ, 4ª T., REsp. 34.983-0/SP, Rel. Min. Fontes de Alencar, ac. 13.12.1993, *RT*, 719/269.

[22] TJSP, 6ª C., Ap. nº 278.176, Rel. Des. Ferreira Prado, ac. 18.09.1980, *RT*, 555/105.

[23] TJGO, 2ª CC., Ap. nº 40.323-3/188, Rel. Des. Fenelon Teodoro dos Reis, ac. 26.09.1996, *RT*, 737/359.

[24] TJSP, 4ª C., Ap. nº 36.662-1, Rel. Des. Alves Braga, ac. 01.12.1983, *RT*, 584/66.

doação[25]; ação de revogação de doação[26]; ação de nulidade da doação inoficiosa[27]; ação de proteção à própria imagem[28]; ação cominatória de desocupação de passeio público[29]; ação de evicção[30]; ação de retrocessão[31]; ação de nulidade absoluta da partilha de separação consensual[32] ou de divórcio[33]; ação de ofensa a contrato sobre direito autoral[34]; ação de repetição de indébito relativa a valores indevidamente cobrados por serviço de telefonia[35]; restituição de quantias em razão de contrato de *leasing*[36]; ação revisional de contrato bancário[37]; indenização pelo extravio de mercadoria transportada via aérea[38]; reparação de danos causados por advogado no cumprimento do contrato[39]; ação de cumprimento contratual contra sociedade de economia mista[40]; cobrança de honorários advocatícios em razão de extinção do mandato por morte do advogado[41] etc.

93. RESPONSABILIDADE CONTRATUAL

Há grande divergência jurisprudencial e doutrinária a respeito do prazo prescricional a ser adotado nas hipóteses de inadimplemento contratual. Ora aplica-se o prazo geral de dez anos, ora o trienal do art. 206, § 3º, V, referente à reparação civil.

O STJ, em 2019, uniformizou sua jurisprudência quanto à questão. Segundo orientação mais antiga e majoritária daquela Corte – inclusive com decisão da Segunda Seção –, o termo "reparação civil" do art. 206, § 3º, V, do Código Civil (prescrição trienal) dizia respeito apenas às hipóteses de responsabilidade extracontratual ou aquiliana:

> a) I. Nas demandas em que se discute o direito à complementação de ações em face do descumprimento de contrato de participação financeira firmado com sociedade anônima, a pretensão é de natureza pessoal e prescreve nos prazos previstos no artigo 177 do Código Civil revogado e artigos 205 e 2.028 do Novo Código Civil[42].

---

[25]   TJSP, 4ª C., Ap. nº 13.215, Rel. Des. Carvalho Neves, ac. 03.09.1981, *RT*, 564/112.

[26]   TJSP, 4ª C., Férias, Ap. nº 228.526-2, Rel. Des. Luiz Tâmbara, ac. 08.03.1994, *RJTJESP* 155/107.

[27]   STJ, 3ª T., REsp. 1.049.078/SP, Rel. Min. Ricardo Villas Bôas Cueva, ac. 18.12.2012, *DJe* 01.03.2013. *In casu*, o STJ adotou o prazo vintenário do Código de 1916, que hoje passou a ser decenal, que começará a contar a partir do registro do ato jurídico que se pretende anular.

[28]   TJSP, 4ª C., AI 229.213-1, Rel. Des. Cunha Cintra, ac. 16.06.1994, *RJTJESP* 161/219.

[29]   TJSP, 3ª C., MS 139.201-1, Rel. Des. Mattos Fariam, ac. 26.02.1991, *RJTJESP* 132/374.

[30]   TJSP, 2ª C., Ap. nº 125.416-1, Rel. Des. Costa de Oliveira, ac. 14.08.1990, *RJTJESP* 131/123.

[31]   STF, 1ª T., RE 104.591-4/RS, Rel. Min. Octávio Gallotti, ac. 18.04.1986, *RT*, 608/237.

[32]   TJSP, 6ª C., Ap. nº 165.257-1/0-SJ, Rel. Des. Ernani de Paiva, ac. 30.04.1992, *RT*, 684/71.

[33]   TJSP, 6ª CC., Ap. nº 165.257-1, Rel. Des. Ernani de Paiva, ac. 30.04.1992, *JB* 176/315.

[34]   STJ, 3ª T., REsp. 1.159.317/SP, Rel. Min. Sidnei Beneti, ac. 11.03.2015, *DJe* 18.03.2014.

[35]   STJ, Corte Especial, EREsp. 1.515.546/RS, Rel. Min. Laurita Vaz, ac. 18.05.2016, *DJe* 15.06.2016.

[36]   STJ, 3ª T., REsp. 1.174.760/PR, Rel. Min. Nancy Andrighi, ac. 01.12.2011, *DJe* 09.12.2011.

[37]   STJ, 3ª T., REsp. 1.326.445/PR, Rel. Min. Nancy Andrighi, ac. 04.02.2014, *DJe* 17.02.2014.

[38]   STJ, 4ª T., AgRg no Ag. 1.362.384/SP, Rel. Min. Aldir Passarinho Júnior, ac. 03.02.2011, *DJe* 17.02.2011.

[39]   STJ, 3ª T., REsp. 645.662/SP, Rel. Min. Gomes de Barros, ac. 28.06.2007, *DJU* 01.08.2007, p. 456.

[40]   STJ, 3ª T., AgRg no AREsp. 138.074/SP, Rel. Min. João Otávio de Noronha, ac. 06.08.2013, *DJe* 22.08.2013.

[41]   STJ, 3ª T., REsp. 665.790/SC, Rel. Min. Nancy Andrighi, ac. 25.09.2006, *DJU* 30.10.2006., p. 296.

[42]   STJ, 2ª Seção, REsp. 1.033.241/RS, Rel. Min. Aldir Passarinho Júnior, ac. 22.10.2008, *DJe* 05.11.2008.

Capítulo IX · DOS PRAZOS DE PRESCRIÇÃO NO CÓDIGO CIVIL | **245**

b) 2. O artigo 206, § 3º, V, do Código Civil cuida do prazo prescricional relativo à indenização por responsabilidade civil extracontratual, disciplinada pelos artigos 186, 187 e 927 do mencionado Diploma[43].

Assim, se não houver prazo específico para as ações de responsabilidade contratual, aplica-se a prescrição geral de dez anos do art. 205:

a) 2. Com efeito, a prescrição da pretensão autoral não é regida pelo art. 27 do CDC. Porém, também não se lhe aplica o art. 206, § 3º, inciso V, do Código Civil de 2002, haja vista que o mencionado dispositivo possui incidência apenas quando se tratar de responsabilidade civil extracontratual.

3. No caso, cuida-se de ação de indenização do mandante em face do mandatário, em razão de suposto mau cumprimento do contrato de mandato, hipótese sem previsão legal específica, circunstância que faz incidir a prescrição geral de 10 (dez) anos do art. 205 do Código Civil de 2002, cujo prazo começa a fluir a partir da vigência do novo diploma (11.1.2003), respeitada a regra de transição prevista no art. 2.028[44].

b) 1. O art. 131 da Lei nº 5.988/1973 revogou o art. 178, § 10, VII, do CC/16, que fixava prazo prescricional de 05 anos por ofensa a direitos do autor, pois regulou inteiramente a matéria tratada neste.

2. Revogada a Lei nº 5.988/1973, pela Lei nº 9.610/98, que não dispôs sobre prazo prescricional e nem determinou a repristinação do 178, § 10, VII, do CC/1916, a matéria passou a ser regulada pelo art. 177 do CC/1916, aplicando-se o prazo prescricional de 20 anos.

3. O Código Civil de 2002 não trouxe previsão específica quanto ao prazo prescricional incidente em caso de violação de direitos do autor, sendo de se aplicar o prazo de 03 anos (artigo 206, § 3º, V) quando tiver havido ilícito extracontratual ou então o prazo de 10 anos (artigo 205), quando a ofensa ao direito autoral se assemelhar a um descumprimento contratual, como na hipótese[45].

Embora houvesse decisões esparsas do STJ quanto à aplicação do prazo trienal à hipótese, em 2016 a Terceira Turma reviu categoricamente o posicionamento em prol da observância da prescrição decenal, assentando a incidência do prazo do art. 206, § 3º, V, a toda e qualquer ação indenizatória, inclusive as pertinentes à responsabilidade civil contratual:

2. O termo "reparação civil", constante do art. 206, § 3º, V, do CC/2002, deve ser interpretado de maneira ampla, alcançando tanto a responsabilidade contratual (arts. 389 a 405) como a extracontratual (arts. 927 a 954), ainda que decorrente de dano exclusivamente moral (art. 186, parte final), e o abuso de direito (art. 187). Assim, a prescrição das pretensões dessa natureza originadas sob a égide do novo paradigma do Código Civil de 2002 deve observar o prazo comum de três anos. Ficam ressalvadas as pretensões cujos prazos prescricionais estão estabelecidos em disposições legais especiais[46].

---

[43] STJ, 4ª T., REsp. 1.222.423/SP, Rel. Min. Luis Felipe Salomão, ac. 15.09.2011, *DJe* 01.02.2012.

[44] STJ, 4ª T., REsp. 1.150.711/MG, Rel. Min. Luis Felipe Salomão, ac. 06.12.2011, *DJe* 15.03.2012. No mesmo sentido: STJ, 3ª T., REsp 1750570/RS, Rel. Min. Ricardo Villas Bôas Cueva, ac. 11.09.2018, *DJe* 14.09.2018.

[45] STJ, 3ª T., REsp. 1.159.317/SP, Rel. Min. Sidnei Beneti, ac. 11.03.2014, *DJe* 18.03.2014. No mesmo sentido: STJ, 4ª T., Resp. 1.280.825/RJ, Rel. Min. Maria Isabel Gallotti, ac. 21.06.2016, *DJe* 29.08.2016; STJ, 3ª T., AgInt no Resp. 1.698.259/SP, Rel. Min. Paulo de Tarso Sanseverino, ac. 01.07.2019, *DJe* 02.08.2019.

[46] STJ, 3ª T., REsp. 1.281.594/SP, Rel. Min. Marco Aurélio Bellizze, ac. 22.11.2016, *DJe* 28.11.2016.

Segundo o Relator do acórdão, Ministro Marco Aurélio Bellizze,

> a melhor interpretação é, pois, aquela que, observando a lógica e a coerência do sistema estabelecido pelo Código de 2002 para as relações civis, dá tratamento unitário ao prazo prescricional, quer se trate de responsabilidade civil contratual, quer se trate de responsabilidade extracontratual, reconhecendo, assim, em caráter uniforme, o prazo prescricional trienal para todas essas espécies de pretensões.

A orientação encontra apoio, também, no Enunciado 419, da V Jornada de Direito Civil do CEJ: "o prazo prescricional de três anos para a pretensão de reparação civil aplica-se tanto à responsabilidade contratual quanto à responsabilidade extracontratual".

Segundo essa nova orientação da Terceira Turma, portanto, não havendo prazo específico para a prescrição da relação contratual inadimplida, é de se aplicar o prazo trienal, porque o termo "reparação civil" do art. 206, § 3º, V, do CC abrange a responsabilidade contratual e extracontratual.

Entretanto, em maio de 2019, a Corte Especial daquela Corte, analisando os Embargos de Divergência, preservou o entendimento anterior segundo o qual a prescrição, em caso de responsabilidade contratual, será de dez anos:

> II – A prescrição, enquanto corolário da segurança jurídica, constitui, de certo modo, regra restritiva de direitos, não podendo assim comportar interpretação ampliativa das balizas fixadas pelo legislador.
>
> III – A unidade lógica do Código Civil permite extrair que a expressão "reparação civil" empregada pelo seu art. 206, § 3º, V, refere-se unicamente à responsabilidade civil aquiliana, de modo a não atingir o presente caso, fundado na responsabilidade civil contratual.
>
> IV – Corrobora com tal conclusão a bipartição existente entre a responsabilidade civil contratual e extracontratual, advinda da distinção ontológica, estrutural e funcional entre ambas, que obsta o tratamento isonômico.
>
> V – O caráter secundário assumido pelas perdas e danos advindas do inadimplemento contratual, impõe seguir a sorte do principal (obrigação anteriormente assumida). Dessa forma, enquanto não prescrita a pretensão central alusiva à execução da obrigação contratual, sujeita ao prazo de 10 anos (*caso não exista previsão de prazo diferenciado*), não pode estar fulminado pela prescrição o provimento acessório relativo à responsabilidade civil atrelada ao descumprimento do pactuado (g.n.).
>
> VI – Versando o presente caso sobre responsabilidade civil decorrente de possível descumprimento de contrato de compra e venda e prestação de serviço entre empresas, está sujeito à prescrição decenal (art. 205, do Código Civil).
>
> Embargos de divergência providos[47].

Nessa esteira, prevalece agora no STJ o entendimento anterior de que o prazo prescricional para pretensões decorrentes de inadimplemento contratual será, em regra, de

---

[47] STJ, Corte Especial, EREsp 1.281.594/SP, Rel. p/ Acórdão Min. Felix Fischer, ac. 15.05.2019, *DJe* 23.05.2019. No mesmo sentido: STJ, 2ª Seção, EREs 1.280.825/RJ, Rel. Min. Nancy Andrighi, ac. 27.06.2018, *DJe* 02.08.2018; STJ, 3ª T., REsp. 1.758.298/MT, Rel. Min. Moura Ribeiro, ac. 03.05.2022, *DJe* 03.05.2022.

dez anos. Ressalvou-se, porém, que a prescrição decenal cederá àquela eventualmente prevista, em caráter específico, para o contrato violado[48].

Judith Martins-Costa, analisando as diversas decisões do STJ a respeito do assunto, defende a aplicação que prevaleceu quanto ao prazo decenal. Segundo a autora, não se pode conferir tratamento igual à responsabilidade contratual e aquiliana, uma vez que na história do direito privado, sempre foram tratadas de maneiras distintas pelo direito:

> A razão é simples: a violação a direito absoluto e o inadimplemento de um direito de crédito são fontes de obrigações que não se confundem nem na tradição seguida por nosso Direito, nem na natureza das coisas, noção cuja importância está em conexão com a exigência primária de justiça de tratar igualmente aquilo que é igual e desigualmente aquilo que é desigual[49].

Além disso, para Judith Martins-Costa, havendo conflito entre os contratantes em razão de descumprimento do ajuste, as partes colocam-se a negociar visando a recompor a relação. Essa negociação demanda tempo e tranquilidade "para dedicar-se às idas e vindas implicadas em uma negociação complexa". Destarte, se se aplicar o prazo prescricional exíguo de três anos, "as partes tenderão a não negociar (ou a encerrar bruscamente as negociações) para não ter impedida a apreciação de sua pretensão"[50].

A nosso ver, as duas posições adotadas pelo STJ mostram-se equivocadas, *data venia*. Com efeito, o termo "reparação civil" do art. 206, § 3º, V, do CC se refere apenas ao *ilícito extracontratual* como afirmado recentemente, ou seja, à responsabilidade aquiliana, conforme entendimento anterior do próprio STJ. Entretanto, não se pode afirmar que, em toda e qualquer situação de inadimplemento contratual será aplicada a prescrição decenal.

Quando a norma do art. 206, § 3º, inciso V, fala em prescrição da "pretensão de reparação civil", está realmente cogitando da obrigação que nasce do ato ilícito *stricto sensu*. Não se aplica, portanto, às hipóteses de violação do contrato, já que as perdas e danos, em tal conjuntura, se apresentam com função secundária. O regime principal é o do contrato, ao qual deve aderir o dever de indenizar como acessório, cabendo-lhe função própria do plano sancionatório. Enquanto não prescrita a pretensão principal (a referente à obrigação contratual) não pode prescrever a respectiva sanção (a obrigação pelas perdas e danos). Daí que enquanto se puder exigir a prestação contratual (porque não prescrita a respectiva pretensão), subsistirá a exigibilidade do acessório (pretensão ao equivalente econômico e seus acréscimos legais que incluem as perdas e danos).

O Código Civil, em seu art. 206, estabeleceu vários prazos específicos, todos inferiores a dez anos, para relações contratuais, que devem ser observados também no caso de danos derivados do descumprimento do contrato, tais como: o contrato de hospedagem ou de fornecimento de víveres para consumo no próprio estabelecimento (§ 1º, I); o seguro (§ 1º, II); o contrato de locação (§ 3º, I); a prestação de serviços dos profissionais liberais (§ 5º,

---

[48] STJ, REsp 1.281.594/SP.

[49] MARTINS-COSTA, Judith. Responsabilidade contratual: prazo prescricional de dez anos. *Revista dos Tribunais*, n. 979, p. 230, maio 2017.

[50] MARTINS-COSTA, Judith. Responsabilidade contratual: prazo prescricional de dez anos. *Revista dos Tribunais*, n. 979, p. 232, maio 2017.

II). Destarte, o prazo geral de dez anos, previsto no art. 205, somente será utilizado para os contratos que não se submeterem à regulação específica no art. 206, e nunca naqueles para os quais o Código prevê prescrição em prazo menor.

É, então, a prescrição geral do art. 205, ou outra especial aplicável *in concreto*, que, em regra, se aplica à pretensão derivada do contrato, seja originária ou subsidiária a pretensão. Esta é a interpretação que prevalece no Direito italiano (Código Civil, art. 2.947), em que se inspirou o Código brasileiro para criar uma prescrição reduzida para a pretensão de reparação do dano[51].

De fato, alguns julgados do STJ já adotam o entendimento:

> a) No caso, cuida-se de ação de indenização do mandante em face do mandatário, em razão de suposto mau cumprimento do contrato de mandato, hipótese sem previsão legal específica, circunstância que faz incidir a prescrição geral de 10 (dez) anos do art. 205 do Código Civil de 2002, cujo prazo começa a fluir a partir da vigência do novo diploma (11.1.2003), respeitada a regra de transição prevista no art. 2.028[52].
>
> b) O prazo de prescrição de pretensão fundamentada em inadimplemento contratual, não havendo regra especial para o tipo de contrato em causa, é o decenal, previsto no art. 205 do Código Civil[53].

93.1. Alguns julgados do STJ sobre descumprimento contratual

Diante do persistente debate sobre o tema e para finalizar a análise do prazo prescricional em caso de descumprimento contratual, impende ressaltar alguns julgados da Corte Superior, nos quais restou aplicado o prazo decenal do art. 205, em razão de inexistência de prazo menor específico no art. 206. Trata-se de casos anteriores ao REsp. 1.281.594/SP, cujo julgamento implicou revisão de posições anteriores da mesma Terceira Turma do STJ:

a) Ação relativa a contrato de compra e venda de imóvel:

O STJ já entendeu que ações relativas a contrato de compra e venda de imóvel prescrevem em dez anos:

> a) Recurso Especial. Violação dos arts. 458 e 535 do CPC. Não ocorrência. Ação de rescisão contratual c/c indenização por perdas e danos e dano moral. Contrato de compra e venda de imóvel. Atraso na entrega da obra. Inadimplemento contratual. Prazo prescricional. Art. 205 do CC. Divergência jurisprudencial não demonstrada.

---

[51] "L'art. 2.947 c.c. riguarda esclusivamente il fatto illecito previsto dagli art. 2.043 e segg. c.c., che è fonte di *responsabilità* extracontrattuale, e non l'inademp. di obbligazioni derivanti da contratto" (CIAN, Giorgio; TRABUCCHI, Alberto. *Commentario Breve al Codice Civile*. 4. ed. Padova: CEDAM, 1996. p. 2.946). Cf. também GAZZONI, Francesco. *Manuale di diritto privato*. 9. ed. aggiornata e con riferimenti di dottrina e di giurisprudenza. Napoli: Edizioni Scientifiche Italiane, 2001. p. 112.

[52] STJ, 4ª T., REsp. 1.150.711/MG, Rel. Min. Luis Felipe Salomão, ac. 06.12.2011, *DJe* 15.03.2012. No mesmo sentido: STJ, 3ª T., AgInt no Resp. 1.654.373/RS, Rel. Min. Nancy Andrighi, ac. 21.08.2018, *DJe* 31.08.2018.

[53] STJ, 4ª T., AgInt no REsp. 1.957.468/MA, Rel. Min. Luis Felipe Salomão, ac. 20.06.2022, *DJe* 24.06.2022. No mesmo sentido: STJ, 3ª T., REsp. 1.159.317/SP, Rel. Min. Sidnei Beneti, ac. 11.03.2014, *DJe* 18.03.2014; STJ, 4ª T., Resp. 1.280.825/RJ, Rel. Min. Maria Isabel Gallotti, ac. 21.06.2016, *DJe* 29.08.2016; STJ, 3ª T., AgInt no Resp. 1.698.259/SP, Rel. Min. Paulo de Tarso Sanseverino, ac. 01.07.2019, *DJe* 02.08.2019.

Capítulo IX · DOS PRAZOS DE PRESCRIÇÃO NO CÓDIGO CIVIL | 249

1. Afasta-se a ofensa aos arts. 458 e 535 do CPC quando a Corte de origem examina, de modo claro e objetivo, as questões que delimitam a controvérsia.

2. Aplica-se o prazo prescricional decenal previsto no art. 205 do CC nas pretensões indenizatórias decorrentes de inadimplemento contratual[54].

b) 1. A restituição dos valores pagos, diante da rescisão de contrato de promessa de compra e venda de imóvel, constitui consectário natural do próprio desfazimento do negócio.

2. A pretensão ao recebimento de valores pagos, que não foram restituídos diante de rescisão judicial, por sentença que não tenha decidido a respeito da restituição, submete-se ao prazo prescricional de 10 (dez) anos, previsto no artigo 205 do Código Civil, e não ao prazo de 3 (três) anos, constante do artigo 206, § 3º, incisos IV e V, do mesmo diploma[55].

b) Ação referente a contrato de empréstimo:

O STJ posicionou-se no sentido de que a ação para discutir inadimplemento de contrato de empréstimo prescreve no prazo de dez anos:

Direito civil e do consumidor. Recurso especial. Relação entre banco e cliente. Consumo. Celebração de contrato de empréstimo extinguindo o débito anterior. Dívida devidamente quitada pelo consumidor. Inscrição posterior no SPC, dando conta do débito que fora extinto por novação. Responsabilidade civil contratual. Inaplicabilidade do prazo prescricional previsto no artigo 206, § 3º, V, do Código Civil.

1. O defeito do serviço que resultou na negativação indevida do nome do cliente da instituição bancária não se confunde com o fato do serviço, que pressupõe um risco à segurança do consumidor, e cujo prazo prescricional é definido no art. 27 do CDC.

2. É correto o entendimento de que o termo inicial do prazo prescricional para a propositura de ação indenizatória é a data em que o consumidor toma ciência do registro desabonador, pois, pelo princípio da *actio nata*, o direito de pleitear a indenização surge quando constatada a lesão e suas consequências.

3. A violação dos deveres anexos, também intitulados instrumentais, laterais, ou acessórios do contrato – tais como a cláusula geral de boa-fé objetiva, dever geral de lealdade e confiança recíproca entre as partes –, implica responsabilidade civil contratual, como leciona a abalizada doutrina com respaldo em numerosos precedentes desta Corte, reconhecendo que, no caso, a negativação caracteriza ilícito contratual.

4. O caso não se amolda a nenhum dos prazos específicos do Código Civil, incidindo o prazo prescricional de dez anos previsto no artigo 205, do mencionado Diploma[56].

Como já exposto, nosso entendimento é no sentido de que realmente não se aplica a prescrição trienal à ação de danos oriundos de responsabilidade civil contratual. Isto, contudo, não implica reconhecer, automaticamente, a incidência sempre da prescrição decenal, própria das pretensões para as quais o Código não estabeleça prazo específico no art. 206. Muitas obrigações contratuais são contempladas com prazos prescricionais próprios indicados pelo referido art. 206. São esses os prazos a serem observados para

---

[54] STJ, 3ª T., REsp. 1.591.223/PR, Rel. Min. João Otávio de Noronha, ac. 02.06.2016, *DJe* 09.06.2016.

[55] STJ, 3ª T, REsp. 1.297.607/RS, Rel. Min. Sidnei Beneti, ac. 12.03.2013, *DJe* 04.04.2013.

[56] STJ, 4ª T., REsp. 1.276.311/RS. Rel. Min. Luis Felipe Salomão, ac. 20.09.2011, *DJe* 17.10.2011.

as ações reparatórias do descumprimento contratual. Não necessariamente o prazo geral do art. 205 do CC, como, aliás, ressaltou a Corte Especial do STJ no já citado REsp 1.281.594/SP.

c) Ação de restituição do pagamento antecipado do valor residual garantido nos contratos de arrendamento mercantil:

Analisando questão referente à rescisão de contrato de arrendamento mercantil, o STJ posicionou-se no sentido de que a ação para a cobrança de restituição de quantias pagas em razão de contrato de *leasing* prescreve em dez anos:

> 3. Desfeito o arrendamento mercantil, e não importa a causa, nada justifica a manutenção, com o arrendador, do valor residual garantido e pago por antecipação, devendo ser devolvidos ao arrendatário os valores recebidos a título de VRG. Precedentes.
>
> 4. O diploma civil brasileiro divide os prazos prescricionais em duas espécies. O prazo geral decenal, previsto no art. 205, destina-se às ações de caráter ordinário, quando a lei não houver fixado prazo menor. Os prazos especiais, por sua vez, dirigem-se a direitos expressamente mencionados, podendo ser anuais, bienais, trienais, quadrienais e quinquenais, conforme as disposições contidas nos parágrafos do art. 206.
>
> 5. Não se tratando de pedido fundado no princípio que veda o enriquecimento sem causa, mas de restituição de quantias em razão de contrato de *leasing*, cuja natureza contratual, como já decidiu esta Corte, basta para conferir caráter pessoal às obrigações dele decorrentes, a prescrição para essa ação é a geral[57].

d) Ação de indenização por danos morais e materiais contra o mandatário, por descumprimento do contrato:

O STJ já decidiu ser de dez anos o prazo prescricional para ação de indenização por danos provocados pelo mandatário em razão do descumprimento do mandato:

> 6. Nas ações de indenização do mandante contra o mandatário incide o prazo prescricional de 10 (dez) anos, previsto no art. 205 do Código Civil, por se tratar de responsabilidade proveniente de relação contratual. Precedentes.
>
> 7. O fato de o advogado-mandatário ostentar procuração com poderes para transigir não afasta a responsabilidade pelos prejuízos causados por culpa sua ou de pessoa para quem substabeleceu, nos termos dos arts. 667 do Código Civil e 32, *caput*, do Estatuto da Advocacia.
>
> 8. A responsabilidade pelos danos decorrentes do abuso de poder pelo mandatário independe da prévia anulação judicial do ato praticado, pois o prejuízo não decorre de eventual nulidade, mas, sim, da violação dos deveres subjacentes à relação jurídica entre o advogado e o assistido.
>
> 9. É indevido o abatimento proporcional, no cálculo do prejuízo suportado pela parte autora, de parcela relativa a honorários advocatícios contratuais se não houve o cumprimento integral do contrato e a remuneração devida estava atrelada ao proveito econômico obtido pelo cliente no processo originário.

---

[57] STJ, 3ª T., REsp. 1.174.760/PR, Rel. Min. Nancy Andrighi, ac. 01.12.2011, *DJe* 09.12.2011.

Capítulo IX · DOS PRAZOS DE PRESCRIÇÃO NO CÓDIGO CIVIL | 251

10. Esta Corte firmou o entendimento de que, em se tratando de indenização por danos decorrentes de responsabilidade contratual, os juros moratórios fluem a partir da citação tanto para os danos morais quanto para os materiais[58].

e) Ação decorrente de descumprimento de contrato de incorporação imobiliária:

Ausente previsão legal específica para o caso, a ação do adquirente contra a incorporadora que visa à cobrança da multa prevista no art. 35, § 5º, da Lei nº 4.591/1964 se submete ao prazo prescricional geral de dez anos do art. 205 do Código Civil. Precedentes[59].

94. CÁLCULO DO PRAZO

Não há uma regra especial de como contar o prazo de prescrição, que o possa submeter a regime diferente dos demais prazos do Código. Com efeito, prevê o art. 132 que, "salvo disposição legal ou convencional em contrário, computam-se os prazos, excluindo o dia do começo, e incluído o do vencimento". É o critério que há de ser observado na contagem da prescrição[60].

A propósito, se não há norma especial, há de prevalecer a geral. O dia em que nasce a pretensão para o credor não se leva em conta, mas o dia final será integralmente considerado, de sorte que a ação deverá ser intentada até o último dia do prazo, inclusive[61].

Na verdade, o dia inicial (*dies a quo*) nunca se conta, porque o fato que gera a ação nunca, ou quase nunca, acontece à zero hora. Computá-lo, portanto, importaria tratar como dia apenas um fragmento do dia. No final, o prazo não corresponderia ao previsto na lei, pois o cômputo do fragmento em seu início impediria que no término se tivesse consumado todo o tempo dado à parte pela lei. Para que, então, a parte disponha da inteireza do prazo é necessário desprezar o dia do início (pois dele só se dispôs de um pedaço).

94.1. Definição do termo inicial

Há dois sistemas de determinar o *dies a quo* para apuração do prazo prescricional: a) o *objetivo*, que faz a contagem da prescrição fluir a partir do momento em que nasce o direito de exigir a prestação a cargo do devedor, sem levar em conta o conhecimento ou

---

[50] STJ, 3ª T., REsp 1750570/RS, Rel. Min. Ricardo Villas Bôas Cueva, ac. 11.09.2018, *DJe* 14.09.2018. No mesmo sentido: STJ, 4ª T., REsp. 1.150.711/MG, Rel. Min. Luis Felipe Salomão, ac. 06.12.2011, *DJe* 15.03.2012; STJ, 3ª T., AgRg no REsp. 1.460.668/DF, Rel. Min. Ricardo Villas Bôas Cueva, ac. 15.10.2015, *DJe* 23.10.2015; STJ, 3ª T., REsp. 1.750.570/RS, Rel. Min. Ricardo Villas Bôas Cueva, ac. 11.09.2018, *DJe* 14.09.2018.

[59] STJ, 4ª T., REsp. 1.805.143/DF, Rel. Min. Maria Isabel Gallotti, ac. 14.09.2021, *DJe* 27.09.2021.

[60] CÂMARA LEAL, Antônio Luis da. *Da prescrição e da decadência*. Rio de Janeiro: Forense, 1959. n. 160, p. 236; CARPENTER, Luiz Frederico Sauerbronn. *Da prescrição*. Rio de Janeiro: Nacional, 1929. v. II, p. 450.

[61] Não se entende como PONTES DE MIRANDA tenha defendido a tese da computabilidade do dia inicial da prescrição, se ele mesmo ensina que o prazo de ano se encerra em igual dia e mês que se iniciou, no ano final. Ora se tivesse de computar o dia inicial terminaria na véspera e não no mesmo dia (PONTES DE MIRANDA, Francisco Cavalcanti. *Tratado de Direito Privado*. Parte Geral. Atualização de Otávio Luiz Rodrigues Júnior; Tilman Quarch e Jefferson Carús Guesdes. São Paulo: RT, 2012. t. VI, § 697, p. 444-445).

desconhecimento efetivo do credor; o que importa é simplesmente o momento em que a exigibilidade da prestação faz surgir a *actio nata* (possibilidade de pleitear em juízo a prestação descumprida); e; b) o *subjetivo*, que leva em conta não o nascimento do direito subjetivo de pleitear, mas o tempo do conhecimento que dele teve o credor.

A regra geral, traduzida no art. 189, filia o Código Civil brasileiro ao sistema objetivo[62], já que é a partir da violação do direito que "nasce a pretensão", a qual irá prescrever pelo simples decurso do prazo estatuído nos arts. 205 e 206[63].

De tal sorte, na configuração do instituto da prescrição, a lei nacional, em princípio, não levou em conta o aspecto subjetivo do comportamento do credor. Saiba ele, ou não, do nascimento da *pretensão* provocada pela violação cometida pelo devedor, desde então fluirá normalmente o prazo que irá afinal causar a prescrição. Apenas, por exemplo, em casos especiais como o de certos tipos de seguro, o art. 206 determina, expressamente, a contagem a partir da "ciência do fato gerador da pretensão" (§ 1º, II, *b*).

O sistema objetivo não foi uma invenção do Código brasileiro, pois a ele também se filiava o BGB, que lhe foi fiel até a reforma aprovada em 2002. Desde então, a lei alemã passou a observar um sistema misto, capaz de conciliar o sistema subjetivo com o objetivo. Determinando que a prescrição deveria ser contada apenas a partir da tomada de conhecimento do fato gerador do direito de pleitear a prestação, o Código alemão pôde reduzir a velha prescrição ordinária de trinta anos para apenas três anos (§ 195)[64].

No entanto, para evitar que se pudesse postergar indefinidamente o início da prescrição, adotou-se supletivamente o sistema objetivo, para instituir um prazo adicional máximo de dez anos (§ 199, III): os dois prazos, se superpõem e se originam do mesmo termo inicial (momento do nascimento da pretensão), mas se regem por regras diversas: o menor segue-se pelo sistema subjetivo, e o segundo, pelo sistema objetivo. Dessa maneira, o prazo decenal começa assim que nasce o direito de pleitear a prestação e, ao findar, provocará sua prescrição, pouco importando a data em que o credor tenha tomado ciência da existência do referido direito. Não ultrapassará, portanto, a prescrição do direito alemão atual, de dez anos, objetivamente apurados[65].

Sistema interessante de prescrição foi adotado pelo Código Civil da Federação Russa (de 2001) mediante combinação dos critérios objetivo e subjetivo: o prazo geral de pres-

---

[62] "O Código Civil de 2002, assim como o fazia o de 1916, adota orientação de cunho objetivo, estabelecendo a data da lesão de direito, a partir de quando a ação pode ser ajuizada, como regra geral para o início da prescrição, excepcionando os demais casos em dispositivos especiais. Assim, não se deve adotar a ciência do dano como o termo inicial do prazo se a hipótese concreta não se enquadra nas exceções" (STJ, 4ª T., REsp. 1.280.825/RJ, Rel. Min. Maria Isabel Gallotti, ac. 21.06.2016, *DJe* 29.08.2016). No mesmo sentido: STJ, 1ª Seção, REsp. 1.003.955/RS, Rel. Min. Eliana Calmon, ac. 12.08.2009, *DJe* 27.11.2009.

[63] Diferentemente do Código Civil, o Código de Defesa do Consumidor adota, na ação de indenização por defeito do produto ou do serviço, o critério *subjetivo*, prevendo que a prescrição de 5 (cinco) anos correrá a partir do conhecimento do fato danoso e de sua autoria (CDC, art. 27).

[64] Exclui-se da regra o efetivo conhecimento acerca das circunstâncias que constituem a reclamação, e da identidade do devedor, o caso de negligência grosseira do credor (Código alemão, § 199, I).

[65] Na nova orientação do Código alemão, "de modo geral, o pleito prescreve no prazo de três anos, a contar da data em que o credor tomar conhecimento de sua existência, ou não o faz, devido a uma negligência grosseira, havendo, porém, um prazo máximo de dez anos a contar da data em que passa a existir o direito de pleitear" (CANARIS, Claus-Wilhelm. O novo direito das obrigações na Alemanha. *Revista da EMERJ*, Rio de Janeiro, v. 7, n. 27, p. 111, 2004).

crição da ação foi fixado em três anos (art. 196), que deve ser contado a partir do dia em que a pessoa teve conhecimento, ou deveria ter tido conhecimento, da violação de seu direito (art. 200, nº 1). Entretanto, há uma distinção: (i) fluirá a prescrição do vencimento da obrigação quando esteja vinculada a um prazo determinado para cumprimento; ou (ii) a partir do momento em que, nas obrigações sem prazo, nasça para o titular o direito de exigir a respectiva prestação (art. 200, nº 2). Há, ainda, no Código russo, ações imprescritíveis (como as referentes a direitos pessoais não patrimoniais e a direitos dos depositantes à restituição dos depósitos bancários) (art. 208). Entre os casos de não sujeição à prescrição figuram as demandas de indenização dos danos causados à vida ou à saúde da pessoa natural (pensionamentos). No entanto, após escoado o prazo de três anos, contado do momento em que teve origem o direito à indenização, serão computados apenas os danos relativos aos três anos anteriores ao exercício da ação (art. 208, 3ª parte). Assim, o direito ao pensionamento não prescreve, mas as pensões exigíveis somente retroagem até três anos antes do ajuizamento da demanda. As mais antigas prescrevem.

95. A REDUÇÃO DA PRESCRIÇÃO E O DIREITO INTERTEMPORAL

O problema de direito intertemporal criado pela redução do prazo prescricional ordinário de 20 (vinte) para 10 (dez) anos já foi enfrentado e solucionado pela doutrina e pela jurisprudência nacionais, ao tempo do Código anterior, quando também houve uma redução de 30 (trinta) para 20 (vinte) anos. No comentário feito à Seção IV (Dos prazos da prescrição), item nº 89, já se demonstrou o fundamento da orientação adotada.

O acórdão do Supremo Tribunal Federal no RE 79.327/SP sintetiza com precisão como se deve fazer nos casos em que a prescrição se iniciou na vigência da lei anterior e deve prosseguir sob império do Código novo, em que se prevê lapso menor:

> Prescrição. Direito intertemporal. Caso em que o prazo prescribente fixado na lei nova é menor do que o prazo prescricional marcado na lei anterior. Feita a contagem do prazo prescribente marcado na lei nova (isso a partir da agência dessa lei), e se ocorrer que ele termine em [sic] antes de findar-se o prazo maior fixado na lei anterior, é de considerar o prazo menor previsto na lei posterior, contado esse prazo a partir da vigência da segunda lei[66].

A operação de direito intertemporal para a adaptação dos prazos de prescrição em curso à redução imposta pelo Código Civil de 2002 foi muito simplificada pela disposição transitória do art. 2.028, que assim deverá ser aplicada: a) se, na entrada em vigor do atual Código, tiverem transcorrido mais de dez anos, a prescrição determinada pela lei anterior continuará vigendo, isto é, sua consumação dar-se-á aos vinte anos, levando-se em conta o tempo fluído antes da lei atual; b) se o prazo corrido antes do Código de 2002 limitar-se a dez anos ou menos, a nova prescrição decenal vigorará a partir da entrada

---

[66] STF, 1ª T., RE 79.327/SP, Rel. Min. Antônio Neder, ac. 03.10.1978, *RTJ*, 88/568; TACivSP, Ap. nº 139.329, Rel. Juiz Campos Mello, ac. 09.09.1970, *RT*, 419/204; STF, 1ª T., RE 74.135, Rel. Min. Djaci Falcão, ac. 16.06.1972, *RTJ*, 63/534; STF, Súmula nº 445: "A Lei nº 2.437, de 07.03.1955, que reduz prazo prescricional, é aplicável às prescrições em curso na data de sua vigência (01.01.1956), salvo quanto aos processos então pendentes".

em vigor da lei atual e, nesse caso, desprezar-se-á o tempo transcorrido anteriormente[67]. Mesmo porque, sendo igual ou inferior à metade do novo, este jamais se vencerá, antes de aperfeiçoar-se o lapso de vinte anos da lei revogada. No caso, porém, das ações reais, em que o prazo de quinze anos se reduziu para dez, pode tornar-se necessário o emprego da técnica tradicional de conciliação dos lapsos corridos antes e depois da lei inovadora. Não bastará, simplesmente, aplicar-se o prazo novo. É que tendo fluído metade (sete anos e meio), o prazo reduzido (dez anos), sendo contado a partir da vigência do Código de 2002, iria proporcionar à parte uma prescrição de dezessete anos e meio, maior, portanto, que a traçada pelo Código velho. Antes, pois, de completarem-se os dez anos da lei nova, estarão completos os quinze anos da lei pretérita e, nessa altura, dever-se-á ter como consumada a prescrição. Do contrário, a norma que reduziu o prazo de prescrição acabaria por ampliá-lo.

Nesse sentido, o Enunciado 299, da IV Jornada de Direito Civil do CEJ: "Iniciada a contagem de determinado prazo sob a égide do Código Civil de 1916, e vindo a lei nova a reduzi-lo, prevalecerá o prazo antigo, desde que transcorrido mais de metade deste na data da entrada em vigor do Código de 2002. O novo prazo será contado a partir de 11 de janeiro de 2003, desprezando-se o tempo anteriormente decorrido, salvo quando o não aproveitamento do prazo já vencido implicar aumento do prazo prescricional previsto na lei revogada, hipótese em que deve ser aproveitado o prazo já transcorrido durante o domínio da lei antiga, estabelecendo-se uma continuidade temporal".

96. PRESCRIÇÃO ÂNUA

> **Art. 206. Prescreve:**
> **§ 1º Em 1 (um) ano:**
> **I – a pretensão dos hospedeiros ou fornecedores de víveres destinados a consumo no próprio estabelecimento, para o pagamento da hospedagem ou dos alimentos.**
> **II – a pretensão do segurado contra o segurador, ou a deste contra aquele, contado o prazo:**
> **a) para o segurado, no caso de seguro de responsabilidade civil, da data em que é citado para responder à ação de indenização proposta pelo terceiro prejudicado, ou da data que a este indeniza, com a anuência do segurador;**
> **b) quanto aos demais seguros, da ciência do fato gerador da pretensão;**
> **III – a pretensão dos tabeliães, auxiliares da justiça, serventuários judiciais, árbitros e peritos, pela percepção de emolumentos, custas e honorários;**
> **IV – a pretensão contra os peritos, pela avaliação dos bens que entraram para a formação do capital de sociedade anônima, contado da publicação da ata da assembleia que aprovar o laudo;**
> **V – a pretensão dos credores não pagos contra os sócios ou acionistas e os liquidantes, contado o prazo da publicação da data de encerramento da liquidação da sociedade. (Código Civil)**

---

[67] Enunciado 50 do CEJ (I Jornada de Direito Civil): "A partir da vigência do novo Código Civil, o prazo prescricional das ações de reparação de danos que não houver atingido a metade do tempo previsto no Código Civil de 1916 fluirá por inteiro nos termos da nova lei (art. 206)".

A menor prescrição prevista pelo atual Código é a de um ano. O prazo deve ser contado de tal modo que finde, no ano seguinte, em igual dia e mês daquele em que se deu a ocorrência que fez nascer a pretensão; ou no dia imediato, se faltar exata correspondência (art. 132, § 3º).

97. HOSPEDEIROS E FORNECEDORES DE VÍVERES PARA CONSUMO NO PRÓPRIO ESTABELECIMENTO

O inciso I do § 1º do art. 206 cuida dos créditos dos proprietários de hotéis, pensões, hospedarias, restaurantes, bares e similares, correspondentes ao preço da hospedagem ou dos alimentos fornecidos a seus clientes.

A contagem da prescrição se fará conforme o acordo negocial havido entre as partes. Se nada se ajustar, o pagamento deve ser à vista, e contar-se-á o prazo a partir da data em que se deu o fornecimento. Se se avençou qualquer tipo de prazo para o pagamento, será a partir do vencimento dele, ou das prestações periódicas, se for o caso, que se deverá contar a prescrição. Nos casos de fornecimento constante ou duradouro, é usual, o acerto periódico (por semana, mês, quinzena etc.). Quando isto acontecer, a prescrição se contará, separadamente para cada parcela, a partir do respectivo termo[68].

O credor de hospedagem ou de alimentos tem direito ao penhor legal sobre bens e pertences que o consumidor tiver consigo, nos respectivos estabelecimentos (art. 1.467, I).

Há um procedimento judicial para especialização do penhor legal (CPC/2015, arts. 703 a 706). A citação nele efetuada interrompe a prescrição ânua, que só volta a correr depois de tornada definitiva a homologação do penhor (art. 202, parágrafo único).

Nesse dispositivo não estão incluídos os estabelecimentos de educação ou ensino que, de alguma forma, fornecem refeições aos alunos (o que era previsto no art. 178, § 6º, VII, do CC/1916). Destarte, não havendo previsão específica, a prescrição, para esses casos, será de dez anos (art. 205)[69].

98. CONTRATO DE SEGURO

A prescrição ânua aplica-se a ambas as partes do contrato de seguro, ou seja, ao segurador e ao segurado: àquele, no tocante ao preço do seguro (prêmio) e outros direitos derivados do contrato ou de seu descumprimento; a este, quanto à indenização do sinistro e outros encargos de responsabilidade do segurador, como os do art. 771, parágrafo único, e do art. 773[70].

---

[68] "O prazo prescricional se conta do vencimento, e não mais do último pagamento, como estabelecia o Código anterior. Se foi convencionado o pagamento em parcelas periódicas, o prazo prescricional será contado do vencimento de cada uma delas" (CAHALI, Yussef Said. *Prescrição e decadência*. São Paulo: RT, 2008, p. 145).

[69] CAHALI, Yussef Said. *Prescrição e decadência*. São Paulo: RT, 2008, p. 145.

[70] Segundo jurisprudência antiga do STJ a prescrição ânua cabe para a pretensão de exigir o reconhecimento e pagamento da indenização devida, segundo o contrato de seguro. Se a obrigação já foi reconhecida e o pagamento já se fez, embora de forma incompleta, "a ação de cobrança do complemento da indenização prescreve no prazo longo dos direitos pessoais" e não no exíguo prazo de um ano (STJ, 4ª T., REsp. 453.221/MG, Rel. Min. Ruy Rosado de Aguiar, ac. 26.05.2003, *RSTJ* 186/427). No mesmo sentido: STJ, 3ª T., REsp. 159.878/SP, Rel. Min. Waldemar Zveiter, ac. 04.08.1998, *DJU* 14.09.1998, p. 57. Entretanto,

No sistema do Código anterior, havia dois prazos prescricionais em torno dos contratos de seguro; um ano, quando o fato se verificasse no país, e dois anos, quando ocorresse no exterior (art. 178, § 6º, II, e § 7º, V). O Código atual unificou ditos prazos submetendo a pretensão derivada do contrato de seguro sempre ao prazo de um ano, pouco importando onde tenha se dado o fato constitutivo do direito (art. 206, § 1º, II)[71].

98.1. Seguro de responsabilidade civil

Há, porém, uma distinção a ser feita, em função do tipo de risco acobertado pelo seguro:

a) Se se trata de seguro de responsabilidade civil, é preciso aguardar a propositura da ação indenizatória por parte da vítima do dano; ou a satisfação extrajudicial da indenização (art. 206, § 1º, II, *a*). A pretensão ao seguro não nasce do acidente, mas da reivindicação do ofendido, pela via judicial. Uma vez citado o segurado, no processo instaurado pelo terceiro prejudicado, começa a fluir a prescrição, entre as partes do contrato de seguro[72].

Cabe ao segurado denunciar a lide ao segurador, nos termos do art. 125, II, do CPC/2015, podendo este contestar o pedido do autor e tornar-se litisconsorte passivo ao lado do denunciado (CPC/2015, art. 128, I). Pode, outrossim, limitar-se a acompanhar o processo, para aguardar o julgamento da ação e a consequente definição de sua responsabilidade regressiva, conforme a sentença seja de procedência, ou não, do pleito indenizatório (CPC/2015, art. 129). Admite, também, o CPC que o segurado, em lugar da denunciação da lide, use ação regressiva à parte (art. 125, § 1º). Nessa hipótese, deverá ficar atento ao prazo de prescrição, porque sua fluência já estaria em curso desde a citação ocorrida na ação indenizatória e poderá se esgotar antes do encerramento desta.

Quando o segurado, sem ter sido demandado em juízo, acerta sua responsabilidade extrajudicialmente e paga o prejuízo da vítima, com anuência da seguradora, a prescrição se conta a partir da data do pagamento, desde que autorizado pelo segurador.

O STJ entende que se o pagamento é feito parceladamente, o prazo começa a contar da data da quitação da última parcela:

> Na ocorrência de transação judicial em ação indenizatória por danos materiais e morais sofridos por terceiro (vítima de acidente de trânsito), o termo inicial do prazo prescricional para o segurado buscar da seguradora, em ação de regresso, o reembolso do

---

o entendimento recente do STJ é no sentido de que o pedido de complementação de indenização já paga também prescreve no prazo ânuo: "O Superior Tribunal de Justiça consolidou entendimento no sentido de que, nas ações de complementação de seguro, onde o pagamento da indenização foi efetuado a menor, a prescrição é ânua, tendo como termo inicial a data da ciência, pelo segurado, do pagamento incompleto pela seguradora" (STJ, 4ª T., AgRg no Ag. 1.174.335/RJ, Rel. Min. Maria Isabel Gallotti, ac. 24.04.2012, *DJe* 05.05.2014). No mesmo sentido: STJ, 3ª T., AgRg no Ag. 1.277.705/GO, Rel. Min. Nancy Andrighi, ac. 21.10.2010, *DJe* 03.11.2010.

[71] "Quanto à pretensão do segurado (§ 1º, II), o direito vigente suprime a distinção de prazos entre fato ocorrido no País ou no Exterior" (VENOSA, Sílvio de Salvo. *Código Civil Interpretado*. 2. ed. São Paulo: Atlas, 2011, p. 230).

[72] "Ação do segurado contra o segurador. Prescrição. Cobertura de danos materiais a terceiro. Fluência do prazo de um ano (art. 178, § 6º, II, do CC de 1916) a partir da data em que o terceiro reclamou do segurado a indenização coberta pelo contrato, e não da data do sinistro. Atuação do princípio da *actio nata*" (1º TACivSP, 4ª C., Rel. Juiz Amauri Ielo, ac. 21.03.1990, *RT*, 659/113).

que despendeu, haja vista a contratação de seguro de responsabilidade civil, é a data do pagamento da última parcela do acordo[73].

Se tal pagamento não for autorizado pelo segurador, será fato inoponível a este. É que, no seguro de que se trata, a lei proíbe ao segurado "reconhecer sua responsabilidade, ou confessar a ação, bem como transigir com o terceiro prejudicado, ou indenizá-lo diretamente, sem anuência expressa do segurador" (art. 787, § 2º). Agindo contra a lei, não poderá exercer a pretensão contra o segurador.

b) Quando se trata de outros seguros, a pretensão, seja do segurado, seja do segurador, conta-se da data em que o titular da pretensão tenha ciência do respectivo fato gerador. Se é, por exemplo, a pretensão de reclamar a indenização pelo risco acobertado, conta-se da data em que o segurado toma ciência da recusa do segurador em indenizar o sinistro. É nesse momento que ocorre o fato gerador da sua pretensão indenizatória, segundo a técnica do art. 189, do CC; se é a exigência de pagamento do prêmio, a partir do vencimento da obrigação.

No caso do sinistro, pode ser que o segurado não tenha ciência imediata do ocorrido. Quando tal se der, o prazo prescricional só começará a correr do momento em que a parte tomar conhecimento do fato gerador de sua pretensão indenizatória[74]. O mesmo pode acontecer com o segurador[75].

No caso de cobrança do prêmio, não, porque o vencimento é sempre conhecido do credor. Entretanto, a regra para o seguro de responsabilidade civil do transportador rodoviário de carga, de apólice aberta, é diferente, uma vez que o prêmio não tem data certa e anteriormente fixada para pagamento. Por isso, assim fixou o STJ em relação ao termo inicial do prazo ânuo:

> 5. Para o seguro de responsabilidade civil do transportador rodoviário de carga (RCTR-C e RCF-DC), de apólices abertas, em virtude de os transportadores terrestres não saberem quando serão chamados a recolher as mercadorias, tampouco o valor e o local de destino, a entrega da averbação com os detalhes necessários à caracterização do risco é feita no dia seguinte à emissão dos conhecimentos ou manifestos de carga. Com base nos pedidos de averbação recebidos, geralmente em cada mês de vigência do seguro, a seguradora extrai a conta mensal de prêmio, encaminhando-a ao segurado para o respectivo pagamento (Resolução-CNSP nº 219/2010 e Circular-SUSEP nº 422/2011).

---

[73] STJ, 3ª T., AgRg nos EDcl no REsp. 1.413595/RS, Rel. Min. Ricardo Villas Bôas Cueva, ac. 10.05.2016, *DJe* 20.05.2016.

[74] "Contrato de seguro. Danos causados pela execução de obras de construção civil – Responsabilidade. Início do prazo a partir do conhecimento, pelo segurado, do prejuízo causado. Prazo não fluído" (TJSP, 1ª CC., Ag. 23.911-1, Rel. Des. Octávio Stucchi, ac. 25.05.1982, *RT*, 567/78). "À falta de elementos seguros, caberá ao juízo de 1º grau estabelecimento do mal que o aflige, fixando, assim, o termo inicial da prescrição" (STJ, 4ª T., REsp. 40.176-3/SP, Rel. Min. Barros Monteiro, ac. 09.09.1997, *DJU* 10.11.1997, p. 57.768).

[75] É importante observar que o nascimento da pretensão à indenização securitária não se confunde com o momento do sinistro. Acontece quando, comunicado o evento danoso ao segurador – o que o segurado terá de fazer tão logo saiba do sinistro (CC, art. 771, *caput*) – o pagamento da obrigação securitária é recusado. O direito do segurado é violado nesse momento e não quando toma conhecimento do sinistro. O fato gerador da pretensão acontece quando a recusa do segurador é levada à ciência do segurado. É então que ocorre a *actio nata* e a prescrição tem início.

6. A pretensão da seguradora de exigir do segurado os prêmios inadimplidos nasce com o vencimento de cada título de cobrança (fato gerador da pretensão), ocasião em que terá fluência o prazo prescricional (art. 206, § 1º, II, "b", do CC), que pode ser, a depender da natureza do prêmio, o esgotamento da data-limite para o pagamento originado da emissão da apólice (prêmio inicial), da emissão da fatura ou conta mensal (prêmio de averbação) ou da emissão do aditivo ou endosso (prêmio residual).

7. Na hipótese, os prêmios cobrados passaram a ser exigíveis do segurado após a emissão de fatura ou de conta mensal (prazo de vencimento de até 30 dias), pois foram calculados conforme os percursos realizados pelo transportador rodoviário, com base no valor dos bens ou mercadorias declarados no conhecimento ou manifesto de carga e na averbação.

8. Na situação sob exame, tendo sido observado o prazo de 1 (um) ano entre a propositura da ação de execução de título executivo extrajudicial e os vencimentos mensais dos prêmios oriundos das averbações, não há falar em ocorrência da prescrição de parcela alguma.

9. O prazo prescricional ânuo para a seguradora cobrar do segurado prêmios inadimplidos nos seguros de responsabilidade civil do transportador rodoviário de carga (RCTR-C e RCF-DC) conta-se a partir do vencimento de cada título, ficha de compensação ou boleto, sendo, para os prêmios calculados com base no valor dos bens ou mercadorias averbados (apólice aberta), o vencimento de cada fatura ou conta mensal[76].

No caso, porém, de outras pretensões geradas pela infração contratual do segurado, o segurador quase sempre tomará ciência do fato tempos depois de sua ocorrência.

98.2. Prescrição em face do terceiro beneficiário do seguro

A prescrição ânua dos contratos de seguro aplica-se ao segurado e ao segurador, conforme se vê do texto da lei. Não se estende, contudo, ao terceiro beneficiário do seguro, que não figura como parte na relação contratual. Do contrato, resulta uma estipulação em favor de terceiro, sempre que o segurador se obriga a indenizar outrem que não o segurado[77].

Ao tempo do Código de 1916, muito se discutiu a respeito do assunto, nos tribunais. Conclui-se, todavia, que somente por analogia seria possível cogitar-se estender a prescrição da parte contratual ao terceiro beneficiário da estipulação o que, entretanto, não se mostrava admissível em termos de prescrição[78]. Desta maneira, o terceiro, diante

---

[76] STJ, 3ª T., REsp. 1.947.702/SP, Rel. Min. Ricardo Villas Bôas Cueva, ac. 07.12.2021, *DJe* 13.12.2021.

[77] PONTES DE MIRANDA, Francisco Cavalcanti. *Tratado de Direito Privado*. Parte Geral. Atualização de Otávio Luiz Rodrigues Júnior; Tilman Quarch e Jefferson Carús Guesdes. São Paulo: RT, 2012. t. VI, § 707, n. 2, p. 524; CARVALHO SANTOS, J. M. de. *Código Civil brasileiro interpretado*. 7. ed. Rio de Janeiro: Freitas Bastos, 1958. v. III, p. 478.

[78] "Sendo princípio trivial de direito que os textos sobre prescrição devem ser interpretados restritivamente, não seria possível ampliá-lo (o dispositivo sobre o contrato de seguro) para abranger caso não previsto na lei" (CARVALHO SANTOS, J. M. de. *Código Civil brasileiro interpretado*. 7. ed. Rio de Janeiro: Freitas Bastos, 1958. v. III, p. 478). "A prescrição em um ano não se aplica às ações de terceiro beneficiário contra o segurador" (TJSP, 3ª CC., Ap. nº 11.955, ac. 15.03.1977, Rel. Des. Nauro Collaço, *Jurisprudência Catarinense*, v. 15-16, p. 224). No mesmo sentido: TJSP, 2ª CC., Ap. nº 1.108/74, Rel. Des. Vátel Pereira, ac. 17.09.1975, *RT*, 488/182; TJSC, 1ª CC., Ap. nº 10.431, Rel. Des. Alves Pedrosa, ac. 17.07.1975, *RT*, 482/202; TAGB, 3ª CC., Ap. nº 22.551, Rel. Juiz Carlos Gualda, ac. 22.06.1972, *Arquivos TAGB* 9/191; STF, *RT*, 219/583.

do segurador, se não houvesse regra específica, disporia do prazo de prescrição comum às pretensões de reparação civil[79]. Por isso mesmo, o art. 206, § 3º, IX, do atual Código, previu que a pretensão do beneficiário contra o segurador é de três anos (ou seja, a mesma da "pretensão de reparação civil" (art. 206, § 3º, V), e não a de um ano, fixada para o próprio segurado em litígio com o segurador (art. 206, § 1º, II).

No seguro de responsabilidade civil, é importante observar que o segurado cria uma garantia de indenização em favor da vítima, que é assumida pelo segurador (art. 787 do Código Civil). O mecanismo é, pois, de uma estipulação em favor de terceiro. É como beneficiário dessa estipulação, que o terceiro se sujeita ao prazo prescricional do art. 206, § 3º, IX (três anos) para exercer sua pretensão em face do segurador[80].

O Código atual, portanto, eliminou a antiga controvérsia, criando uma prescrição própria para o beneficiário do seguro, distinta daquela que prevalece para os contratantes, que é de um ano (art. 206, § 1º, II).

98.3. Seguro em grupo

Discutiu-se muito sobre a aplicabilidade, ou não, da prescrição ânua ao beneficiário do seguro em grupo. Chegou-se a decidir que dita prescrição somente teria cabimento nas relações entre a seguradora e a empresa contratante, porque o beneficiário não seria segurado, no contrato de seguro em grupo[81].

A divergência se instalou dentro do próprio STJ, onde havia correntes nos dois sentidos, ou seja, tanto no que recusava, como no que conferia a condição de segurado ao beneficiário, e não à empresa estipulante[82].

Finalmente, a polêmica se pacificou com a prevalência da tese de que o verdadeiro segurado, no contrato de seguro em grupo, não é a empresa estipulante, mas o aderente (isto é, o beneficiário). Razão pela qual o STJ sumulou o entendimento de que "a ação de indenização do segurado em grupo contra a seguradora prescreve em um ano"[83].

Nesse sentido:

> 1. Na relação securitária decorrente de contrato de seguro facultativo em grupo, a empregadora-estipulante qualifica-se como mera mandatária dos segurados e não como terceira. Precedentes.
>
> 2. A ação de cobrança da seguradora contra a empregadora-estipulante relativa a prêmios não pagos de seguro de vida em grupo sujeita-se ao prazo prescricional de 1 ano. Precedentes[84].

---

[79] Seguro. Beneficiário. Prescrição: "Lapso de um ano (art. 178, § 6º, II, do CC) que se refere somente ao segurado e ao segurador. Beneficiário que, não se confundindo com o estipulante, goza do prazo geral de 20 anos" (1º TACivSP, 7ª C., Ap. nº 414.821-6, Rel. Juiz Renato Takiguthi, ac. 20.02.1990, *RT*, 657/99).

[80] Sobre o tema, ver item 112 desta obra.

[81] STJ, 3ª T., REsp. 1.907/SP, Rel. Min. Gueiros Leite, ac. 14.05.1990, *RT*, 660/209.

[82] Qualificando-se a empresa estipulante como mera mandatária dos segurados (art. 21, § 2º, do Dec.-Lei nº 73, de 21.11.1966), a pretensão destes últimos está sujeita à prescrição ânua do art. 178, § 6º, II, do Código Civil" – de 1916 (STJ, 4ª T., REsp. 9.524/SP, Rel. Min. Barros Monteiro, *RSTJ* 61/389).

[83] STJ, Súmula 101.

[84] STJ, 3ª T., AgRg no REsp. 1.492.981/RJ, Rel. Min. Moura Ribeiro, ac. 06.10.2015, *DJe* 09.10.2015. No mesmo sentido: STJ, 3ª T., AgRg no REsp. 947.078/RJ, Rel. Min. Paulo de Tarso Sanseverino, ac. 02.06.2011, *DJe* 10.06.2011.

98.4. Comunicação do sinistro ao segurador e o começo da fluência da prescrição

Outro ponto que oferece certa dificuldade é o pertinente ao curso do prazo anual depois que o segurado comunica o sinistro ao segurador (art. 771). A lei simplesmente dispõe que dito prazo deve ser contado a partir do momento "da ciência do fato gerador da pretensão". Acontece, porém, que não pode desde logo acionar o segurador para exigir-lhe o cumprimento do contrato de seguro. Primeiro tem de comunicar-lhe o sinistro e pedir-lhe a cobertura, na forma contratual. Esta terá de processar internamente o pedido e analisar o sinistro para verificar se a pretensão do segurado realmente se enquadra no seguro ajustado. Nisso consiste a fase administrativa necessária à qual se dá a denominação de "regulação e liquidação do sinistro", e sem a qual o segurado não se acha, ainda, credenciado a exigir o pagamento da indenização garantida pelo segurador. Enquanto se cumprem os trâmites contratuais e regulamentares, ainda não tem o segurado interesse que justifique a propositura de ação contra o segurador. O interesse, na espécie, surgirá da decisão negativa que se der ao pedido de cobertura. Aí sim a inércia do segurado em recorrer às vias judiciais ensejará a fluência do prazo prescricional.

Enquanto estiver cumprindo o procedimento do pleito extrajudicial imposto pela natureza do contrato e pela regulamentação que o cerca, a pretensão estará sendo exercitada, porque não é apenas em juízo que se exercem pretensões, como adverte Pontes de Miranda[85]. Ainda não estará, entretanto, sofrendo violação, capaz de provocar o início do curso da prescrição, tal como exige o art. 189 do CC.

Com efeito, se é certo que o pedido extrajudicial da indenização não é previsto pela lei como causa idônea para interromper a prescrição, corresponde, entretanto, a uma obrigação legal de segurado, que condiciona o exercício do direito à indenização ajustada pelo contrato de seguro (art. 771). Assim, a abertura pelo segurado do procedimento junto ao segurador, para receber a indenização que lhe cabe, "não interrompe o prazo prescricional, mas apenas o suspende, recomeçando daí a contagem do tempo faltante", como vinha decidindo o STJ[86]. Na verdade, todavia, não o suspende, e sim o impede. Se o direito do segurado ainda não foi lesado, não pode iniciar-se o prazo prescricional. O segurador ainda não viu nascer a *actio nata*. Não pode, então, ser suspenso o prazo para exercício de uma ação que ainda não nasceu. É depois da recusa da seguradora que o lapso prescricional, portanto, começará a correr por inteiro, não pelo saldo. O caso, até aquele instante, é simplesmente de *impedimento* da prescrição, não de *interrupção* e tampouco de *suspensão*.

É bom de ver que o seguro é exemplo marcante de que o contrato, em muitos casos, deve ser enfocado no plano jurídico atual como *processo,* ou seja, como ente complexo e dinâmico, gerador de uma cadeia de atos sucessivos e coordenados para atingir o fim, ou objetivo, visado pela convenção. Não gera, portanto, o direito à prestação de imediato. É preciso percorrer a cadeia de todos os atos, para que tal direito nasça para o credor, e, sendo violado, dê origem à pretensão de exigir-lhe o cumprimento.

---

[85]   PONTES DE MIRANDA, Francisco Cavalcanti. *Tratado de Direito Privado.* Parte Geral. Atualização de Otávio Luiz Rodrigues Júnior; Tilman Quarch e Jefferson Carús Guesdes. São Paulo: RT, 2012. t. VI, § 660, p. 207.

[86]   STJ, 4ª T., REsp. 8.770/SP, Rel. Min. Athos Carneiro, ac. 16.04.1991, *RT*, 670/195.

Capítulo IX · DOS PRAZOS DE PRESCRIÇÃO NO CÓDIGO CIVIL | **261**

Não corre, de tal sorte, o prazo ânuo, iniciado a partir do conhecimento do sinistro pelo segurado, no intervalo necessário para o processamento do pedido indenizatório junto ao segurador. O que autorizará, após isto, o ajuizamento da causa relativa ao seguro será a solução dada ao pleito extrajudicial, ou seja, a decisão de não cumprir o contrato. A partir daí, então, se deverá contar a totalidade do prazo prescricional[87].

98.5 O posicionamento do STJ sobre o tema

O STJ já se posicionou no sentido de ser necessária a *ciência inequívoca* do segurado a respeito da recusa por parte do segurador, para que se possa cogitar de prescrição entre as partes do contrato de seguro:

> Por ciência inequívoca entende-se aquela que não dá margem para dúvidas a respeito da sua ocorrência, o que só se obtém, em princípio, mediante assinatura do segurado: (i) no mandado expedido no processo de notificação judicial; ou (ii) no recibo de notificação extrajudicial, feita por intermédio do cartório de títulos e documentos; ou (iii) no aviso de recebimento (A.R.) de correspondência enviada pela via postal; ou (iv) em qualquer outro documento que demonstre de formal cabal que o segurado soube da negativa da seguradora e a respectiva data desse conhecimento.
>
> Para efeito de fluência do prazo prescricional da pretensão à indenização do segurado contra a seguradora, a data da correspondência enviada pela seguradora com a recusa do pagamento é absolutamente irrelevante para se determinar a data da ciência inequívoca do segurado a respeito de tal recusa, porque a única data válida para tanto é a data em que o segurado assinou o comprovante de recebimento de tal comunicação, seja ela o aviso de recebimento, o recibo da notificação do cartório de títulos e documentos ou o mandado expedido no processo da notificação judicial[88].

É de se ressaltar, contudo, o entendimento do STJ no sentido de que, em alguns casos, não basta a simples recusa do segurador para que o prazo prescricional tenha prosseguimento, mas é necessário determinar a data em que o segurado recebe cópia do contrato celebrado, documento este essencial para que tome conhecimento das exatas razões que levaram à negativa do pagamento da indenização. É o que se passa quando o segurador não tenha cuidado de enviar a apólice do segurado, antes da ocorrência do sinistro. Eis um julgado paradigmático daquela alta Corte:

> 1. Deve ser remetida cópia da apólice contratada ao segurado, ainda que a celebração do contrato tenha se dado por via telefônica. Conforme determina o art. 6º, III, do CDC, o fornecedor ou prestador de serviços tem o dever de informar devidamente o consumidor sobre os termos do contrato oferecido, prestando os esclarecimentos necessários para a perfeita compreensão quanto aos direitos e obrigações deles oriundas, especialmente quando a contratação é feita por telefone.
>
> 2. O prazo prescricional de um ano não deve ser contado a partir da concisa recusa da seguradora, mas sim da data em que a seguradora atendeu à solicitação formulada pelo

---

[87]   TJRS, 5ª CC., Ap. nº 596.032.078, Rel. Des. Luiz Gonzaga Pilar Hofmeister, ac. 29.08.1996. In: RODRIGUES FILHO, Eulâmpio. *Código Civil anotado*. 3. ed. São Paulo: Síntese, 1996. p. 344.

[88]   STJ, 3ª T., REsp. 888.083/ES, Rel. Min. Nancy Andrighi, ac. 21.06.2007, *DJU* 29.06.2007, p. 620.

262 | Prescrição e Decadência • *Humberto Theodoro Júnior*

segurado a fim de que lhe fosse remetida cópia da apólice que celebrou por telefone, necessária à exata compreensão das razões que levaram à negativa de indenização. Em face do disposto no art. 199, I, do CC/2002, não há prescrição da ação de recebimento de indenização, pois, ao reter impropriamente a apólice solicitada pelo segurado, a própria seguradora deu causa à condição suspensiva.

3. A procrastinação da seguradora no que diz respeito à entrega de cópia da apólice ao segurado não pode lhe trazer benefícios, levando o consumidor de boa-fé à perda de seu direito de ação. É preceito consuetudinário, com respaldo na doutrina e na jurisprudência, que a parte a quem aproveita não pode tirar proveito de um prejuízo que ela mesma tenha causado[89].

Por outro lado, o STJ já entendeu que a recusa administrativa da seguradora em indenizar o sinistro, a par de pôr fim ao impedimento à fluência do prazo prescricional até então observada, pode configurar verdadeira causa interruptiva, como aquela que se passa ordinariamente na hipótese de reconhecimento do direito do segurado, pela seguradora:

> Todavia, a Súmula nº 229 do STJ não esgota todas as possibilidades envolvidas no comunicado de sinistro feito à seguradora, sendo possível vislumbrar situações em que haverá a interrupção – e não há suspensão – do prazo prescricional. Apesar do pedido de indenização ter efeito suspensivo, esse efeito é inerente apenas à apresentação do comunicado de sinistro pelo segurado. Há de se considerar, em contrapartida, que a resposta da seguradora pode, eventualmente, caracterizar causa interruptiva do prazo prescricional, notadamente aquela prevista no art. 172, V, do CC/1916 (atual art. 202, VI, do CC/2002), qual seja, a prática de ato inequívoco, ainda que extrajudicial, que importe reconhecimento do direito pelo devedor. Recurso especial a que se nega provimento[90].

98.6. Prescrição diferente na previsão do CDC e do CC

Outro ponto de controvérsia é o relativo à aplicação, ou não, ao contrato de seguro, do prazo prescricional de cinco anos estatuído pelo Código de Defesa do Consumidor para a pretensão indenizatória do consumidor perante o fornecedor (art. 27). A jurisprudência do Superior Tribunal de Justiça, no entanto, pacificou-se no sentido de que a prescrição ânua do Código Civil (art. 206, § 1º, II) é especial e afasta a quinquenal da lei consumerista, deixando certo, outrossim, que o termo inicial do prazo é o da recusa total ou parcial do pagamento da indenização pela seguradora (ver, adiante, o item 98.8)[91].

98.7. Evolução da jurisprudência sobre a contagem da prescrição em caso de seguro

De início, o Superior Tribunal de Justiça entendia, na exegese do art. 178, § 6º, II do Código de 1916 (que continha norma igual à do art. 206, § 1º, II, *b* do Código de 2002)

---

[89] STJ, 3ª T., REsp. 1.176.628/RS, Rel. Min. Nancy Andrighi, ac. 16.09.2010, *DJe* 04.10.2010.

[90] STJ, 3ª T., REsp. 875.637/PR, Rel. Min. Nancy Andrighi, ac. 19.03.2009, *DJe* 26.03.2009.

[91] STJ, 2ª Seção, Emb. Div. no REsp. 474.147/MG, Rel. Min. César Asfor Rocha, ac. 14.04.2004, *DJU* 13.09.2004, p. 171. Precedentes: REsp. 402.953/RJ, *DJU* 26.08.2002; REsp. 492.821/SP, *DJU* 23.06.2003; REsp. 555.065/RJ, *DJU* 15.12.2003; REsp. 518.625/RJ, *DJU* 25.02.2004; REsp. 480.276/RJ, *DJU* 28.10.2003; REsp. 232.483/RJ, *DJU* 27.03.2000; STJ, 4ª T., REsp. 953.296/SC, Rel. Min. Honildo Amaral de Mello Castro, ac. 03.11.2009, *DJe* 16.11.2009.

Capítulo IX · DOS PRAZOS DE PRESCRIÇÃO NO CÓDIGO CIVIL | **263**

que o *fato gerador da pretensão do segurado*, a partir do qual se deveria contar a prescrição derivada do contrato de seguro, era o seu conhecimento acerca do sinistro[92].

Mais tarde, em face de divergências internas, a Segunda Seção assentou a tese de que, comunicado o sinistro à seguradora, não poderia correr a prescrição enquanto não se decidisse o pleito indenizatório a ela endereçado pelo segurado. O entendimento acabou consolidado na Súmula 229 do STJ, assim enunciada: "O pedido do pagamento de indenização à seguradora suspende o prazo de prescrição até que o segurado tenha ciência da decisão".

Nessa altura, o termo *a quo* da prescrição continuava sendo a data do conhecimento, pelo segurado, da ocorrência do dano. Mas, a instauração do procedimento de pagamento do seguro paralisava a fluência do prazo, que somente retomava seu curso a partir da comunicação da resposta negativa da seguradora.

Em decisões posteriores, antes mesmo da entrada em vigor do CC/2002, a posição do Superior Tribunal de Justiça evoluiu para considerar o procedimento de verificação e liquidação do sinistro como o verdadeiro fato gerador da pretensão do segurado, de sorte que a ofensa ao seu direito à indenização ocorreria no momento em que a seguradora lhe comunicasse a recusa de indenizar. Desse momento, portanto, e não da data do sinistro, é que se deve contar o prazo ânuo estabelecido pelo Código para o exercício da ação do segurado contra a seguradora. O argumento para sustentar dito posicionamento tem sido o de que é a ciência do segurado "sobre a recusa no pagamento da cobertura securitária que fez surgir o direito de ação contra a empresa seguradora"[93].

Essa exegese parecia consolidada no Superior Tribunal de Justiça porque foi tranquila em várias decisões[94], principalmente após o CC/2002.

Na maioria das vezes, contudo, essa orientação pretoriana não gerava alteração significativa em face do que antes estabelecera a Súmula 229 do STJ, no sentido de atribuir ao pedido de pagamento do segurado força suspensiva e não interruptiva do prazo prescricional. É que entre o conhecimento do sinistro pelo segurado e sua comunicação à seguradora, em regra, não deve mediar tempo algum: Sob pena de perder o direito à indenização, cabe ao segurado comunicar-lhe o sinistro tão logo saiba da ocorrência, dispõe o CC/2002[95]. Nenhuma protelação, sem motivo justificado, deve ocorrer, no cumprimento da obrigação do segurado de provocar, imediatamente à ocorrência do dano, o procedi-

---

[92] STJ, 4ª T., REsp. 59.352/SP, Rel. Min. Ruy Rosado de Aguiar, ac. 12.06.1995, *DJU* 14.08.1995, p. 24.030.

[93] "O fato a que se refere o art. 178, parágrafo 6º, Inciso II, do Código Civil, do qual é computado prazo prescricional de um ano, refere-se à ciência do segurado sobre a recusa no pagamento da cobertura securitária, que faz surgir o direito de ação contra a empresa seguradora" (STJ, 4ª T., Resp. 227.792/SP, Rel. Min. Aldir Passarinho Júnior, ac. 04.05.2000, *DJU* 21.08.2000, p. 143).

[94] "Na esteira dos julgados da 2ª Seção desta Corte, o termo inicial do prazo prescricional ânuo previsto no art. 178, § 6º, II do revogado Código Civil Brasileiro é a data em que o segurado teve conhecimento inequívoco da recusa do pagamento da indenização pela seguradora, fato este que faz surgir o direito de ação para o adimplemento coercitivo" (STJ, 4ª T., Resp. 305.746/MG, Rel. Min. Fernando Gonçalves, ac. 26.08.2003, *DJU* 08.09.2003). No mesmo sentido: STJ, 4ª T., Resp. 492.821/SP, Rel. Min. Sálvio de Figueiredo, ac. 15.05.2003, *DJU* 23.06.2003, p. 386; STJ, 3ª T., Resp. 462.876/SP, Rel. Min. Castro Filho, ac. 26.11.2002, *DJU* 19.12.2002, p. 363.

[95] Código Civil de 2002, art. 771, *caput*: "Sob pena de perder o direito à indenização, o segurado participará o sinistro ao segurador, logo que o saiba, e tomará as providências imediatas para minorar-lhe as consequências".

mento junto à seguradora tendente a obter a indenização prevista no contrato de seguro. Portanto, não devendo transcorrer praticamente prazo algum entre o conhecimento do sinistro e sua participação à seguradora, o *dies a quo* do prazo prescricional começaria a fluir realmente da data em que fosse comunicada ao segurado a recusa de indenização.

Todavia, nem sempre as coisas se passam com essa imediatidade, já que a complexidade de muitos sinistros exige do segurado diligências demoradas para reconhecer a própria ocorrência e extensão do dano, bem como para constatar o seu possível enquadramento na cobertura securitária, disso podendo resultar transcurso de prazo que absorva quase todo o lapso da prescrição aplicável na espécie (apenas um ano, nos termos do art. 206, § 1º, II e § 3º, IX, do CC/2002). A prevalecer a suspensão prevista pela Súmula 229, em muitos casos, após a decisão denegatória da seguradora, não remanesceria praticamente prazo necessário ao segurado para propor a competente ação indenizatória. Não obstante, há recentes decisões do STJ que, pelo menos em aparência, retornam ao antigo entendimento de que a fluência do prazo prescricional começaria do fato gerador da pretensão indenizatória (confundindo-se este com o sinistro), suspendendo-se com o pedido de indenização feito à seguradora e voltando a fluir, pelo saldo, após eventual recusa. Eis alguns exemplos:

> a) 1. Nos termos do art. 206, § 1º, II, do CC/2002, a ação de indenização fundada em contrato de seguro de veículo contra a seguradora prescreve em um ano e o termo inicial deve ser contado a partir da ciência do fato gerador da pretensão indenizatória, somente ficando suspenso entre eventual comunicação do sinistro à seguradora e a data da ciência do segurado da recusa do pagamento da indenização. Precedentes[96].
>
> b) O prazo [da prescrição] tem início da data em que o segurado tomou conhecimento da incapacidade, permanecendo suspenso entre a comunicação do sinistro e a resposta da recusa do pagamento. Não suspende o prazo eventual pedido de reconsideração[97].

No entanto, *data venia*, nosso entendimento não acolhe esse posicionamento inconstante do STJ[98], já que, como demonstrado, o segurado não possui pretensão à indenização imediatamente após o sinistro, mas, sim, depois de realizada sua regulação e liquidação pela seguradora. Portanto, a pretensão passível de incorrer em prescrição só surgiria quando a seguradora, após o procedimento liquidatório, recusar o pagamento da indenização. É por isso que o pedido de pagamento feito pelo segurado não pode ser tratado como causa de suspensão da prescrição, porque no momento de sua manifestação não há, ainda, violação alguma ao direito decorrente do contrato de seguro[99].

---

[96] STJ, 3ª T., AgRg no REsp. 1.493.127/SP, Rel. Min. Moura Ribeiro, ac. 17.05.2016, *DJe* 20.05.2016.

[97] STJ, 4ª T., AgRg no Ag 1.312.098/MT, Rel. Min. Luis Felipe Salomão, ac. 21.06.2011, *DJe* 18.08.2011. No mesmo sentido: STJ, 4ª T., AgRg no Ag 1.324.549/SP, Rel. Min. Maria Isabel Gallotti, ac. 25.09.2012, *DJe* 01.10.2012.

[98] Em decisão de 2017, a 3ª Turma voltou a decidir no sentido de que o prazo de prescrição "ficará suspenso entre a comunicação do sinistro e a data da recusa do pagamento da indenização" (STJ, 3ª T., AgRg no REsp 1.551.482/SP, Rel. Min. Marco Aurélio Bellizze, ac. 17.10.2017, *DJe* 27.10.2017).

[99] "Por outro lado, é coerente com o entendimento de que não se pode considerar a data da ocorrência do evento que vem a ser avisado como sinistro como o termo inicial do prazo prescricional da pretensão do segurado em face do segurador. Este entendimento, com efeito, baseia-se na alegação de que o prazo para o exercício da pretensão do segurado não apenas tem de ser exíguo, mas também de computar-se desde

O contrato de seguro confere à obrigação nele ajustada o caráter de um processo através do qual os direitos dos contratantes se constituem e se aperfeiçoam progressivamente, por meio de uma sucessão de fatos inter-relacionados. Dessa maneira, não basta a pactuação do contrato para que o segurado possa ser considerado credor da indenização nele prevista. Há de acontecer o sinistro, e não apenas o sinistro. É preciso, ainda, que o evento seja comunicado ao segurador, a quem cabe regulá-lo, para determinar se o sinistro ocorrido se enquadra na cobertura securitária, definindo, em caso positivo, a liquidação da indenização cabível. Somente após esse procedimento liquidatório é que o segurado pode exigir o cumprimento da obrigação contraída pelo segurador. É nessa altura que, recusado o pagamento, se poderá ter como nascida a pretensão passível da prescrição ânua prevista no Código Civil.

Com efeito, dispõe o art. 189 que "violado o direito, nasce para o titular a pretensão", e será esta que se extinguirá pela prescrição nos prazos estabelecidos pelos arts. 205 e 206, do mesmo Código.

Não há lugar para confundir, em tal conjuntura, o sinistro como o fato gerador da pretensão do segurado e, por isso mesmo, como termo inicial do prazo prescricional respectivo. Antes da recusa do segurador em reconhecer e liquidar o sinistro como fato acobertado pela apólice, não terá havido violação alguma ao direito do segurado. Não terá nascido a pretensão e, por conseguinte, não terá começado a fluir a prescrição. É indispensável, na dinâmica contratual, que o segurado cumpra a obrigação de comunicar o sinistro ao segurador e que esse cumpra o dever contratual de certificar sua ocorrência e de liquidar a indenização acaso cabível. É nessa postura do segurador que se configura o *fato gerador da pretensão* do segurado, cuja ciência marca o *dies a quo* do respectivo prazo de prescrição, tudo nos termos do art. 206, § 1º, II, *b*, do CC.

Nascerá, também, a pretensão do segurado à competente indenização, quando o segurador regular e liquidar o sinistro, reconhecendo o direito e o montante da indenização a que faz jus o segurado. Tanto pela recusa como pelo reconhecimento do direito do segurado, sua pretensão terá nascido, dando início ao curso da prescrição, se o titular do direito à prestação indenizatória não promover desde logo a exigência do respectivo pagamento.

Poder se-á objetar que a contagem da prescrição somente a partir da recusa de pagamento pelo segurador deixaria nas mãos do segurado a ampliação do prazo prescricional, de maneira imprevisível, já que bastaria sua inércia para que o termo inicial do prazo restasse postergado indefinidamente. De fato, se tal ocorresse estar-se-ia diante de um expediente incompatível com a natureza e o regime da prescrição no direito civil contemporâneo. A verdade, contudo, é que tal protelação é impossível dentro da sistemática do contrato de seguro, pelo motivo básico de a lei impor ao segurado a obrigação de comunicar o sinistro ao segurador, tão logo saiba de sua ocorrência, "sob pena de perder o direito à indenização" (art. 771).

---

o momento da sua ocorrência, a fim de não malbaratar com pendências a gestão dos recursos geridos pelas seguradoras" (PIZA, Paulo Luiz de Toledo. Provisão de sinistros ocorridos e não avisados, aviso de sinistro e cômputo do prazo prescricional da pretensão do segurado em face do segurador. *Revista Brasileira de Direito Comercial*, n. 3, p. 39, fev./mar. 2015).

Logo, o retardamento injustificado no cumprimento dessa obrigação jamais terá o efeito pernicioso de dilatar a incidência da prescrição, já que conduzirá à pesadíssima pena legal de perda do direito do segurado à indenização pelo sinistro não avisado tempestivamente.

Não há, de tal sorte, empecilho algum a que a contagem da prescrição se conte a partir do encerramento do procedimento de regulação e liquidação do sinistro ou do momento em que o segurador manifeste perante o segurado a recusa de indenização aos danos decorrentes do sinistro tempestivamente comunicado.

Em 2022, a Terceira Turma do STJ julgou no mesmo sentido de nosso entendimento no seguinte julgado, que foi seguido em outras oportunidades:

> 4. Com relação aos seguros em geral, na vigência do CC/16, a Segunda Seção assentou a tese de que não poderia transcorrer prazo prescricional algum enquanto a seguradora não decidisse o pleito indenizatório endereçado a ela pelo segurado. Editou-se, assim, o enunciado da Súmula 229. Todavia, ainda na vigência desse diploma civilista, passou a jurisprudência do STJ a perfilhar a tese segundo a qual o termo inicial do prazo prescricional seria o momento da recusa de cobertura pela seguradora, ao fundamento de que só então nasceria a pretensão do segurado em face da seguradora.
>
> 5. Com o advento do CC/02, alterou-se a redação da alínea "b" do II do § 1º do art. 206, estabelecendo como termo inicial do prazo prescricional a data da ciência do "fato gerador da pretensão". A interpretação desse dispositivo em conjunto com o estabelecido no art. 771 do mesmo diploma legal conduz à conclusão de que, antes da regulação do sinistro e da recusa de cobertura nada pode exigir o segurado do segurador, motivo pelo qual não se pode considerar iniciado o transcurso do prazo prescricional tão somente com a ciência do sinistro. Por essa razão, é, em regra, a ciência do segurado acerca da recusa da cobertura securitária pelo segurador que representa o "fato gerador da pretensão"[100].

A tergiversação da jurisprudência do STJ, em torno da fluência da prescrição da ação do segurado contra a seguradora se deve, em boa parte, à Súmula 229, que foi superada pelo CC/2002 e continua com a aparência de permanecer vigendo. Daí, portanto, a necessidade de cancelamento ou de revisão do seu texto.

98.8. A prescrição do contrato de seguro e o Código de Defesa do Consumidor

Uma vez que o art. 27 do CDC prevê o prazo de cinco anos para a pretensão à reparação pelos danos causados por fato do produto ou do serviço, objeto de relação de consumo, indaga-se como compatibilizar dita regra com o prazo ânuo instituído pelo Código Civil para a pretensão indenizatória derivada do contrato de seguro.

Em primeiro lugar, deve-se lembrar de que nem todo contrato de seguro configura contrato de consumo, mas apenas aqueles em que o segurado de fato for um contratante não profissional e, por isso, se posicionar como parte em condição de vulnerabilidade negocial. Para os ajustes entre empresários, portanto, não se haverá de cogitar de regras do Código de Defesa do Consumidor. Todo o regime do seguro será o do Código Civil.

---

[100] STJ, 3ª T., REsp. 1.970.111/MG, Rel. Min. Nancy Andrighi, ac. 15.03.2022, *DJe* 30.03.2022. No mesmo sentido: STJ, 3ª T., Resp. 2.063.132/SP, Rel. Min. Ricardo Villas Bôas Cueva, ac. 13.06.2023, *DJe* 19.06.2023.

Mesmo, porém, no contrato sujeito à tutela da legislação de consumo, a prescrição da pretensão do segurado de exigir o cumprimento do contrato por parte da seguradora não se sujeita ao prazo do art. 27 do CDC, como tem entendido o Superior Tribunal de Justiça.

Embora não se possa ignorar a disposição do CDC que incluiu entre as relações de consumo a correspondente ao contrato de seguro (art. 3º, § 2º), a tese esposada pelo STJ é a de que "a ação de indenização do segurado contra a seguradora, decorrente do contrato de seguro, prescreve em um ano, não tendo aplicação o art. 27 do CDC". Isto porque tal norma, ao fixar o prazo prescricional de cinco anos, se refere apenas às "ações de reparação de danos por fato de serviço, que não guarda relação com a responsabilidade civil decorrente do inadimplemento contratual"[101].

Já antes do Código Civil de 2002, portanto, entendia o STJ que o CDC não tinha revogado o art. 178, § 6º, II do Estatuto Civil de 1916. E depois do advento do CDC, surgiu o Código Civil de 2002, que manteve a regra da prescrição ânua para o contrato de seguro. Com isso, valorizou a posição dos que prestigiavam o prazo vigente desde o tempo do Código de 1916 e que chegou mesmo a figurar em Súmula do STJ, editada ao tempo em que o CDC já se encontrava em vigor, tendo como motivo o contrato de seguro em grupo, que, sem dúvida, é contrato de consumo[102].

98.9. Alguns julgados do STJ sobre o tema de seguros

a) Seguros de invalidez:

O STJ já sedimentou o entendimento, inclusive em sede de recurso repetitivo, segundo o qual o prazo prescricional de um ano começa a correr da data em que o segurado toma conhecimento inequívoco da invalidez total ou parcial, o que, em regra, ocorre com o laudo pericial:

> a) 1. Para fins do art. 543-C do CPC/1973:
>
> 1.1. O termo inicial do prazo prescricional, na ação de indenização, é a data em que o segurado teve ciência inequívoca do caráter permanente da invalidez.
>
> 1.2. Exceto nos casos de invalidez permanente notória, a ciência inequívoca do caráter permanente da invalidez depende de laudo médico, sendo relativa a presunção de ciência[103].
>
> b) 1. A Segunda Seção desta Corte Especial, (Resp. 1388030/MG), sob o rito dos recursos especiais repetitivos, consolidou o entendimento no sentido de que o termo inicial do prazo prescricional, na ação de indenização, é a data em que o segurado teve ciência inequívoca do caráter permanente da invalidez.
>
> 2. O entendimento pacificado neste Superior Tribunal de Justiça é no sentido de que o termo inicial do prazo prescricional é a data em que a vítima tem ciência inequívoca da sua invalidez que, todavia, nos termos do art. 334 do CPC/1973, não pode ser presumida. Assim, a data de emissão de laudo médico atestando a invalidez permanente é conside-

---

[101]   STJ, 4ª T., Resp. 232.483/RJ, Rel. Min. Sálvio de Figueiredo, ac. 15.02.2000, *DJU* 27.03.2000, p. 113.

[102]   "A ação de indenização do segurado em grupo contra a seguradora prescreve em um ano" (STJ, Súmula 101).

[103]   STJ, 2ª Seção, REsp. 1.388.030/MG, Rel. Min. Paulo de Tarso Sanseverino, ac. 11.06.2014, *DJe* 01.08.2014.

rada como prova do referido conhecimento inequívoco. Demais conjecturas fáticas que levam à presunção deste conhecimento não são aceitas pela jurisprudência consolidada nesta Corte Superior, à exceção da invalidez notória em hipóteses como amputação de membros ou quando o conhecimento anterior resulte comprovado na fase de instrução[104].

O entendimento encontra-se sumulado pelo STJ: "O termo inicial do prazo prescricional, na ação de indenização, é a data em que o segurado tem ciência inequívoca da incapacidade laborativa" (Súmula 278).

Em se tratando do seguro DPVAT, dispõe a Súmula 573 do STJ: "Nas ações de indenização decorrente de seguro DPVAT, a ciência inequívoca do caráter permanente da invalidez, para fins de contagem do prazo prescricional, depende de laudo médico, exceto nos casos de invalidez permanente notória ou naqueles em que o conhecimento anterior resulte comprovado na fase de instrução".

b) Conhecimento inequívoco da invalidez:

O STJ já entendeu que o reconhecimento da gravidade da doença, por si só, não leva à conclusão de que o segurado tinha conhecimento inequívoco da incapacidade:

> I – Segundo a jurisprudência pacífica desta a. Corte, o cômputo do prazo prescricional de um ano para o ajuizamento da ação objetivando o recebimento de indenização securitária tem início a partir da ciência inequívoca da invalidez (assim compreendida, incapacidade laboral). Referido entendimento restou, inclusive, cristalizado no Enunciado n. 278 da Súmula desta a. Corte;

> II – Na hipótese dos autos, embora o Tribunal de origem tenha reconhecido, nos termos do Enunciado n. 278 da Súmula desta Corte, que o termo inicial da contagem do lapso prescricional é o conhecimento inequívoco do segurado sobre sua incapacidade laborativa, adotou como critério, para sua definição, a gravidade da patologia, isoladamente considerada, desconsiderando, inclusive, laudo pericial efetuado especificamente para tal finalidade;

> III – Efetivamente, tem-se que o simples reconhecimento, em tese, da gravidade da doença de que padece o segurado (*in casu*, a insuficiência renal crônica), bem como a submissão deste ao tratamento correlato (qual seja, a sessões de hemodiálise), não leva à conclusão de que o segurado já teria condições de ter conhecimento inequívoco sobre a incapacidade laborativa decorrente;

> IV – Por conhecimento inequívoco da invalidez, compreende-se a ciência despida de qualquer dúvida acerca da capacidade laborativa. Nessa medida e em regra, é por meio da perícia médica, ante os conhecimentos técnicos a ela inerentes, que se revela possível atestar que determinada patologia torna o doente incapaz para o trabalho, dando-lhe, por conseguinte, ciência desta informação. Não se olvida, contudo, ser possível, excepcionalmente, que o segurado, por meio de outros elementos, obtenha conhecimento de sua invalidez. Estes elementos, contudo, deverão restar muito bem delineados e demonstrados nos autos (Resp n. 310.896, Relatora Ministra Nancy Andrighi, *DJe* 11.6.2001). *In casu*, ao contrário, restou claro, nos termos gizados pelo próprio Tribunal de origem, que tais elementos não vieram aos autos[105].

---

[104] STJ, 4ª T, AgInt. no AREsp. 1.014.125/RS, Rel. Min. Luis Felipe Salomão, ac. 18.08.2017, *DJe* 18.08.2017.

[105] STJ, 3ª T., REsp. 1.179.416/PR, Rel. Min. Massami Uyeda, ac. 03.05.2011, *DJe* 18.05.2011.

c) Ação de cobrança do seguro obrigatório (DPVAT):

O STJ já sumulou o entendimento de que "a ação de cobrança do seguro obrigatório (DPVAT) prescreve em três anos" (Súmula 405). Segundo a Corte Superior, a prescrição trienal ocorre tanto para o pedido de indenização, quanto para a pretensão relativa à diferença de valores pagos pela seguradora. Nesse sentido, inclusive, decisão proferida em recurso repetitivo:

> a) 1. A pretensão de cobrança e a pretensão a diferenças de valores do seguro obrigatório (DPVAT) prescrevem em três anos, sendo o termo inicial, no último caso, o pagamento administrativo considerado a menor[106].
>
> b) 2. O DPVAT exibe a qualidade de seguro obrigatório de responsabilidade civil e, portanto, prescreve em 3 anos a ação de cobrança intentada pelo beneficiário[107].

A jurisprudência do STJ decorre da posição adotada pelo Código Civil que distingue a ação contra o segurador promovida pelo segurado daquela intentada pelo terceiro beneficiário do seguro. Enquanto a primeira prescreve em um ano (CC, art. 206, § 1º, II), a segunda sujeita-se à prescrição trienal (CC, art. 206, § 3º, IX)[108].

d) Pretensão contra a não renovação de seguro de vida em grupo após várias renovações automáticas:

O STJ já sedimentou o seu entendimento no sentido de ser abusiva a conduta da seguradora em não renovar o seguro de vida, após várias renovações automáticas. Entretanto, quanto ao prazo prescricional para a pretensão indenizatória do segurado contra a seguradora não há posição ainda firmada, ora decidindo pela aplicação do prazo ânuo, ora do prazo trienal:

> a) 6. A causa de pedir da indenização, na hipótese, é a responsabilidade extracontratual da seguradora, decorrente da alegada abusividade e ilicitude da sua conduta de não renovar o contrato sem justificativa plausível, em prejuízo dos seus consumidores.
>
> 7. Esta Corte já reconheceu ser abusiva a negativa de renovação do contrato de seguro de vida, mantido sem modificações ao longo dos anos, por ofensa aos princípios da boa-fé objetiva, da cooperação, da confiança e da lealdade, orientadores da interpretação dos contratos que regulam as relações de consumo.
>
> 8. Tendo em vista a interpretação de caráter restritivo que deve ser feita acerca das normas que tratam de prescrição, dentre as quais está a do art. 206, § 1º, II, do Código Civil, não é possível ampliar sua abrangência, de modo a abarcar outras pretensões,

---

[106] STJ, Segunda Seção, REsp. 1.418.347/MG, Rel. Min. Ricardo Villas Bôas Cueva, ac. 08.04.2015, *DJe* 15.04.2015.

[107] STJ, 4ª T., AgRg no Ag. 1.311.846/MT, Rel. Min. Luis Felipe Salomão, ac. 15.12.2011, *DJe* 01.02.2012.

[108] "No Código Civil de 2002 a prescrição para as ações fundadas em seguro obrigatório passou a ter regra específica, consoante disposto no art. 206, § 3º, inciso IX (três anos), proibindo-se a aplicação da regra geral (art. 205) ou qualquer outro prazo mais vantajoso para os interesses de qualquer das partes" (TJSP, Ap. 1.175.458-0/4). NEGRÃO, Theotonio et al. *Código Civil e legislação civil em vigor*. 30. ed. São Paulo: Saraiva, 2011. p. 127, nota 4a ao art. 206.

ainda que relacionadas, indiretamente, ao contrato de seguro. Aplicação, na hipótese, do art. 206, § 3º, V, do CC/2002[109].

b) 1. Em se tratando de ação em que se postula indenização decorrente de recusa da seguradora em renovar seguro de vida em grupo, a prescrição é ânua, por força da aplicação do art. 206, § 1º, II, do CC/2002. Precedentes[110].

e) Pretensão da seguradora contra a resseguradora:

Segundo a jurisprudência do STJ, a pretensão da seguradora contra a resseguradora também prescreve em um ano:

1. A qualificação jurídica do resseguro como um contrato de seguro decorre do fato de a resseguradora obrigar-se, mediante o pagamento de um prêmio, a proteger o patrimônio da seguradora/cedente do risco substanciado na responsabilidade desta perante seu segurado. Logo, presentes as características principais da relação securitária: interesse, risco, importância segurada e prêmio.

2. Qualquer pretensão do segurado contra o segurador, ou deste contra aquele, prescreve em um ano (art. 178, § 6º, do Código Civil/1916 e art. 206, II, do Código Civil atual), regra que alcança o seguro do segurador, isto é, o resseguro[111].

f) Discussão quanto à validade de cláusula contratual:

Segundo o STJ, o prazo prescricional de ação para discussão de validade de cláusula contratual é de um ano:

I – A ação para discussão de validade de cláusula contratual reguladora do critério de reajuste dos prêmios mensais pagos ao seguro de saúde, por ser inerente à relação entre segurado e segurador e não relacionada a defeito do serviço, sujeita-se ao prazo ânuo previsto no Código Civil.

II – No caso de seguro de saúde, em que o prêmio é pago mensalmente, constituindo relação de trato sucessivo, o lapso prescricional nasce a partir do pagamento de cada parcela indevida. Sendo assim, são passíveis de cobrança tão somente as quantias indevidamente desembolsadas nos doze meses que precederam à propositura da demanda[112].

g) Ação de cobrança de cobertura relacionada a contrato de mútuo habitacional:

A ação de cobrança relativa a seguro realizado no contrato de mútuo habitacional também prescreve em um ano, segundo a jurisprudência do STJ:

---

[109] STJ, 3ª T., REsp. 1.273.311/SP, Rel. Min. Nancy Andrighi, ac. 01.10.2013, *DJe* 10.10.2013.

[110] STJ, 4ª T., AgRg no REsp. 1.426.153/RS, Rel. Min. Luis Felipe Salomão, ac. 04.08.2015, *DJe* 19.08.2015. No mesmo sentido: STJ, 3ª T., REsp. 1.369.787/SC, Rel. Min. Nancy Andrighi, ac. 20.06.2013, *DJe* 01.08.2013.

[111] STJ, 3ª T., REsp. 1.170.057/MG, Rel. Min. Ricardo Villas Bôas Cueva, ac. 17.12.2013, *DJe* 13.02.2014.

[112] STJ, 3ª T., REsp. 794.583/RJ, Rel. Min. Castro Filho, ac 26.09.2006, *DJU* 23.10.2006, p. 312. No mesmo sentido: "a pretensão do segurado de revisar cláusulas do contrato e também a de reaver valores pagos a maior prescrevem em um ano, por aplicação do art. 178, § 6º, II do CC/1916, correspondente ao 206, § 1º, *b*, do CC/2002" (STJ, 3ª T., AgInt no AREsp. 745.841/RJ, Rel. Min. Moura Ribeiro, ac. 05.08.2017, *DJe* 22.08.2017); STJ, 4ª T., EDcl no REsp. 1.463.617/RJ, Rel. Min. Luis Felipe Salomão, ac. 16.04.2015, *DJe* 28.04.2015.

Capítulo IX · DOS PRAZOS DE PRESCRIÇÃO NO CÓDIGO CIVIL | **271**

a) 2. Aplica-se às ações ajuizadas por segurado/beneficiário em desfavor de seguradora, visando à cobertura de sinistro referente a contrato de mútuo celebrado no âmbito do Sistema Financeiro da Habitação – SFH, o prazo prescricional anual, nos termos do art. 178, § 6º, II, do Código Civil de 1916. Precedente da Segunda Seção desta Corte[113].

b) 1. É ânuo o prazo prescricional das ações do segurado/mutuário contra a seguradora, nas quais se busca a cobertura de sinistro relacionado a contrato de mútuo firmado no âmbito do SFH. Precedentes.

2. "Liquidada a dívida cessa o pagamento dos prêmios, encerrando a possibilidade de se exigir o cumprimento da obrigação da seguradora, por ausência do interesse de agir" (REsp 1540258/PR, Rel. Ministro Paulo de Tarso Sanseverino, Terceira Turma, julgado em 15.05.2018, *DJe* 18.05.2018).

3. Esta Corte pacificou o entendimento de que, nos contratos de seguro habitacional obrigatório no âmbito do Sistema Financeiro de Habitação, as seguradoras são responsáveis pelos vícios decorrentes da construção, desde que tal responsabilidade esteja prevista na apólice. Precedentes[114].

h) Ação de cobrança de indenização contratada no seguro obrigatório habitacional: O prazo é ânuo, segundo o STJ:

A jurisprudência desta Corte firmou-se no sentido da aplicação do prazo de um ano para o exercício da pretensão de cobrança da indenização contratada no seguro obrigatório habitacional. Precedentes[115].

i) Pretensão do corretor que indenizou o segurado em face da seguradora: O STJ, analisando hipótese em que a seguradora recusou o pagamento ao segurado, mas o corretor assumiu a obrigação, em razão da solidariedade, entendeu que o prazo prescricional para que o profissional cobrasse a seguradora era o geral:

1. Na hipótese em exame, após já realizada a vistoria prévia do veículo, assinada a proposta de seguro e emitido o cheque para adimplemento de parcela do prêmio respectivo, ocorreu sinistro entre o automóvel segurado e o de terceiro. Tendo a seguradora se recusado a pagar a indenização securitária, a corretora que intermediara a celebração do contrato de seguro de automóvel, entendendo-se responsável solidária, indenizou o segurado.

2. Nas circunstâncias acima, não está envolvida apenas a relação jurídica decorrente do contrato de seguro, estabelecida entre o segurado e o segurador, em que ao primeiro incumbe, além de outras obrigações, o pagamento do prêmio, enquanto ao segundo cabe satisfazer a indenização securitária, caso verificado o risco coberto. Por força do contrato de corretagem ou intermediação subjacente, aquela relação jurídica de consu-

---

[113] STJ, 4ª T., AgInt no REsp. 1.594.923/MG, Rel. Min. Luis Felipe Salomão, ac. 01.12.2016, *DJe* 01.12.2016. No mesmo sentido: STJ, 2ª Seção, EREsp. 1.272.518/SP, Rel. Min. Marco Buzzi, ac. 24.06.2015, *DJe* 30.06.2015; STJ, 3ª T., AgInt no AREsp. 1.012.595/SC, Rel. Min. Nancy Andrighi, ac. 09.03.2017, *DJe* 24.03.2017.

[114] STJ, 4ª T., AgInt no REsp. 1.839.671/PR, Rel. Min. Luis Felipe Salomão, ac. 10.03.2020, *DJe* 17.03.2020.

[115] STJ, 4ª T., AgRg no REsp. 1.466.818/RS, Rel. Min. Luis Felipe Salomão, ac. 26.05.2012, *DJe* 02.06.2015.

mo atrai também a responsabilidade do corretor que intermediou o negócio perante o consumidor. Devido à atuação ostensiva do corretor como representante do segurador, estabelece-se uma cadeia de fornecimento a tornar solidários seus participantes.

3. Como o pagamento do prejuízo pela corretora verificou-se em decorrência de obrigação solidária existente entre esta e a seguradora perante o consumidor-segurado, é possível, na relação interna de solidariedade, a cobrança regressiva do todo ou da quota do segurador, podendo obter êxito ao menos na metade do valor pago ao segurado, nos termos do art. 913 do Código Civil de 1916.

4. O prazo prescricional aplicável para a pretensão de cobrança da quota do devedor solidário, decorrente da relação interna de solidariedade, é o vintenário, previsto no art. 177 do Código Civil de 1916[116].

j) Plano de saúde:

j.1) Segundo o STJ, a ação de ressarcimento pelas despesas com cirurgia que não foi coberta pelo plano de saúde prescreve em dez anos, na ausência de previsão expressa de prazo menor:

> a) 1. Em se tratando de ação objetivando o ressarcimento de despesas realizadas com cirurgia cardíaca para a implantação de *stent*, em razão da negativa do plano de saúde em autorizar o procedimento, a relação controvertida é de natureza contratual.
>
> 2. Não havendo previsão específica quanto ao prazo prescricional, incide o prazo geral de 10 (dez) anos, previsto no art. 205 do Código Civil, o qual começa a fluir a partir da data de sua vigência (11.1.2003), respeitada a regra de transição prevista no art. 2.028[117].
>
> b) 1. Aplica-se a prescrição geral decenal do art. 205 do Código Civil às pretensões de cobrança de despesas médico-hospitalares contra plano de saúde. Precedentes[118].

j.2) Em caso de repetição de indébito por nulidade de cláusula de reajusta, o STJ, julgando Recurso Especial repetitivo (Tema 610), decidiu que:

> Para os efeitos do julgamento do recurso especial repetitivo, fixa-se a seguinte tese: "Na vigência dos contratos de plano ou de seguro de assistência à saúde, a pretensão condenatória decorrente da declaração de nulidade de cláusula de reajuste nele prevista prescreve em 20 anos (art. 177 do CC/1916) ou em 3 anos (art. 206, § 3º, IV, do CC/2002), observada a regra de transição do art. 2.028 do CC/2002"[119].

k) Ação regressiva de indenização securitária por indenização por destruição, perda, avaria ou atraso de carga em transporte aéreo internacional: Segundo o STJ, a

---

[116] STJ, 4ª T., REsp. 658.938/RJ, Rel. Min. Raul Araújo, ac. 15.05.2012, *DJe* 20.08.2012. Registre-se que o acórdão aplicou regra do CC/1916, embora o acórdão tenha sido pronunciado na vigência do CC/2002. Agora, a prescrição ordinária é de dez anos e não mais de vinte (art. 205).

[117] STJ, 3ª T., REsp. 1.176.320/RS, Rel. Min. Sidnei Beneti, ac. 19.02.2013, *DJe* 26.02.2013. No mesmo sentido: STJ, 3ª T., AgRg no REsp. 1.416.118/MG, Rel. Min. Paulo de Tarso Sanseverino, ac. 23.06.2015, *DJe* 26.06.2015; STJ, 4ª T., AgInt no AREsp. 1.029.826/RJ, Rel. Min. Antonio Carlos Ferreira, ac. 29.08.2017, *DJe* 05.09.2017.

[118] STJ, 4ª T., AgInt no Resp. 1.808.190/RS, Rel. Min. Maria Isabel Gallotti, ac. 20.04.2020, *DJe* 24.04.2020.

[119] STJ, 2ª Seção, Resp. 1.361.182/RS, Rel. p/acórdão Min. Marco Aurélio Bellizze, ac. 10.08.2016, *DJe* 19.09.2016.

seguradora sub-rogada pode buscar o ressarcimento do que despendeu com a indenização securitária, no mesmo prazo prescricional, termos e limites que assistiam ao segurado quando recebeu a indenização. Em relação ao valor da indenização, segundo a Corte, será ela "limitada a 17 Direitos Especiais de Saque, a menos que tenha sido feita a Declaração Especial de Valor ou tenha ocorrido qualquer uma das demais hipóteses previstas em lei para que seja afastado o limite de responsabilidade previsto no art. 22, III, da Convenção de Montreal"[120].

l) Tentativa de uniformização dos prazos prescricionais referentes às ações entre segurados e seguradoras: Em agosto de 2017[121], a Segunda Seção do STJ admitiu incidente de assunção de competência, para o fim de decidir se o prazo anual de prescrição seria aplicável a todas as pretensões que envolvam interesses de segurado e segurador em contrato de seguro, não se limitando às ações indenizatórias.

99. CUSTAS, EMOLUMENTOS E HONORÁRIOS

Quando a pessoa depende da intervenção da justiça para a prática de atos jurídicos, tem de recorrer à atividade de certos agentes públicos, denominados *serventuários da justiça,* que se agrupam em duas categorias: uma que se dedica aos atos processados em juízo, sob a direção do juiz (foro judicial); e outra que se encarrega de atos administrativos ligados ao foro, mas não dentro de processos judiciais (foro extrajudicial). No foro judicial, atuam os agentes oficiais do juízo (o magistrado e seus auxiliares). No foro extrajudicial, atuam os notários ou tabeliães, oficiais de registro público, e seus auxiliares. Estes são encarregados de função pública ligada ao aparelhamento judiciário, são servidores da justiça em sentido amplo, mas não são agentes oficiais do juízo.

Às vezes, os serventuários da justiça são funcionários dos quadros permanentes do Estado e as serventias se integram à administração pública. Os funcionários que nela atuam são remunerados pelo Estado, nada recebendo dos usuários pelos serviços prestados. Outras vezes, as serventias são exploradas por delegação e, aí, os serventuários não recebem dos cofres públicos. São remunerados diretamente pelos usuários. Tal se passa nos cartórios notariais e de registro, e em alguns cartórios do foro judicial, ainda não oficializados.

No foro judicial ou extrajudicial, quando a serventia não é oficializada, a remuneração do serventuário se dá por meio de custas e emolumentos pagos pela parte que usa os serviços judiciários. Chamam-se custas as que são cobradas em processo e emolumentos as remunerações por atos avulsos de tabeliães, oficiais de registros públicos, escrivães, e quaisquer outros agentes ou auxiliares da justiça. Aos que prestam serviços técnicos esporádicos, como peritos e árbitros, atribuem-se honorários.

Os credores de custas, emolumentos e honorários judiciais sujeitam-se ao prazo prescricional de um ano para exercer a respectiva pretensão (CC, art. 206, § 1º, III).

---

[120] STJ, 3ª T., REsp. 2.052.769/RJ, Rel. Min. Nancy Andrighi, ac. 20.06.2023, *DJe* 26.06.2023.

[121] STJ, 2ª Seção, IAC no REsp. 1.303.374/ES, Rel. Min. Luis Felipe Salomão, ac. 14.06.2017, *DJe* 01.08.2017.

Aquele, porém, que suportou os gastos judiciais e tem direito a ser reembolsado por outrem, não se submete à prescrição ânua do art. 206, § 1º, III, mas à prescrição própria das relações pessoais, que o liguem a quem, finalmente, deverá reembolsá-lo[122].

Se, *v.g.*, as custas figuram nas obrigações impostas pela sentença ao litigante vencido, a prescrição será a da *actio iudicati*, que, por sua vez, será igual à da pretensão acolhida em juízo. A reposição de custas será acessória da sentença condenatória. Se nenhuma pretensão tiver sido acolhida, e, portanto, inexistir sentença condenatória principal, a condenação às verbas sucumbenciais prescreverá no tempo previsto no art. 206, § 5º, III, ou seja, cinco anos, tal como se passa com a remuneração dos advogados, dos profissionais liberais e dos prestadores de serviços autônomos (inciso II do mesmo parágrafo). É o que se passa, por exemplo, quando o autor sucumbe e é condenado a reembolsar o réu pelos gastos do processo.

100. PERITO AVALIADOR

Para os técnicos que tenham avaliado os bens utilizados para formação do capital de *sociedade anônima*, a pretensão de cobrar os respectivos honorários é de um ano. O *dies a quo* desse prazo é a data da publicação da assembleia que houver aprovado o laudo[123].

A jurisprudência do STJ é cediça no sentido de que "o prazo prescricional para a propositura de ação de cobrança de honorários periciais é de 1 (um) ano, nos termos do art. 206, § 1º, do Código Civil, contado a partir do trânsito em julgado da decisão que fixa referida verba"[124].

Entretanto, se a parte vencida for beneficiária de justiça gratuita, "o prazo prescricional para sua cobrança é o quinquenal, seja em razão do art. 12 da Lei nº 1.060/1950, seja pela aplicação do art. 1º do Decreto 20.910/1932"[125]. Cumpre ressaltar que o art. 12 da Lei nº 1.060/1950 foi revogado pelo CPC/2015 (art. 1.072, III). Entretanto, a regra prevalece, em razão do art. 98, § 3º, do CPC, que traz disposição semelhante[126].

101. LIQUIDAÇÃO DA SOCIEDADE

Quando se dissolve a sociedade, o procedimento se encerra por meio da liquidação, confiada a um agente especialmente nomeado para realizar o ativo, pagar o passivo e partilhar o remanescente, se houver, entre os sócios ou acionistas (art. 1.103, IV).

---

[122] CARVALHO SANTOS, J. M. de. *Código Civil brasileiro interpretado*. 7. ed. Rio de Janeiro: Freitas Bastos, 1958. v. III, p. 481.

[123] Quando o capital é formado por bens e não dinheiro (art. 7º da Lei nº 6.404/1976), o art. 8º, § 1º, prevê uma assembleia para apreciar a avaliação dos bens antes de sua incorporação ao capital social.

[124] STJ, 2ª T., AgRg no REsp. 1.245.597/SP, Rel. Min. Herman Benjamin, ac. 16.06.2011, *DJe* 31.08.2011. No mesmo sentido: STJ, 2ª T., AgRg no AgRg no AREsp. 262.459/MG, Rel. Min. Herman Benjamin, ac. 07.03.2013, *DJe* 20.03.2013.

[125] STJ, 2ª T., AgRg no AgRg no AREsp. 262.459/MG, Rel. Min. Herman Benjamin, ac. 07.03.2013, *DJe* 20.03.2013. No mesmo sentido: STJ, 1ª T., REsp. 1.219.016/MG, Rel. Min. Benedito Gonçalves, ac. 15.03.2012, *DJe* 21.03.2012.

[126] "Art. 98, § 3º: vencido o beneficiário, as obrigações decorrentes de sua sucumbência ficarão sob condição suspensiva de exigibilidade e somente poderão ser executadas se, nos 5 (cinco) anos subsequentes ao trânsito em julgado da decisão que as certificou, o credor demonstrar que deixou de existir a situação de insuficiência de recursos que justificou a concessão de gratuidade, extinguindo-se, passado esse prazo, tais obrigações do beneficiário".

Finda a liquidação, deve o liquidante apresentar aos sócios o relatório de todo o procedimento acompanhado de suas contas finais (art. 1.103, VIII), o que se dará em reunião ou assembleia, lavrando-se ata a ser oportunamente publicada e averbada em registro público (art. 1.103, IX). Com a aprovação das contas, encerra-se a liquidação e a sociedade se extingue (art. 1.109).

Pode acontecer, todavia, que algum credor não tenha sido satisfeito. Nesse caso, a lei prevê duas ações: a) uma para cobrar dos antigos sócios, individualmente, o pagamento não ocorrido durante a liquidação até o limite da soma que estes tenham recebido em partilha; b) outra para exigir perdas e danos do liquidante, se foi por culpa dele que não se deu o oportuno resgate da obrigação social (art. 1.110).

Estas duas ações sofrem prescrições diferentes: a) a primeira prescreve no prazo de um ano (art. 206, § 1º, V), que se conta da data de encerramento da liquidação da sociedade, que acontecerá depois de sua averbação no registro onde a sociedade se encontrar registrada (arts. 1.103, I, e 1.109); b) a segunda prescreve em três anos (art. 206, § 3º, VII, *c*), a contar da primeira assembleia semestral após o evento (art. 1.103, VI). Esta última ação não decorre apenas do não pagamento de dívida social, mas pressupõe ato do liquidante que corresponda a "violação da lei ou do estatuto". Portanto, se a ação foi simplesmente de cobrança de algum crédito não satisfeito durante a liquidação, a prescrição será de um ano, quer a demanda se volte contra os sócios quer contra o liquidante (art. 206, § 1º, V).

O STJ, porém, entende que referida regra se aplica às hipóteses de liquidação total da sociedade. Em caso de liquidação parcial, quando, por exemplo, um dos sócios falece, a prescrição seria de dez anos, nos termos do art. 205:

> 4. O art. 206, § 1º, V, do Código Civil fixa o prazo prescricional da pretensão dos credores não pagos contra os sócios ou acionistas e os liquidantes da sociedade integralmente extinta, não se aplicando à extinção parcial do vínculo societário, sobretudo na hipótese de dissolução parcial de sociedade de advogados por morte de um dos sócios, que se dá pela simples averbação desse fato no órgão que representa a categoria.
>
> 5. Afastada a incidência da norma especial e não estando a hipótese disciplinada em nenhum outro preceito contido no art. 206 do Código Civil, aplica-se a prescriçao decenal prevista no art. 205 do mesmo diploma legal[127].

102. PENSÃO ALIMENTÍCIA

Art. 206. Prescreve:

(...)

§ 2º Em 2 (dois) anos, a pretensão para haver prestações alimentares, a partir da data em que se vencerem. (Código Civil)

O direito a alimentos está ligado ao estado da pessoa e, como tal, é imprescritível. Representa para o alimentando uma faculdade inerente à sua posição na relação de família. Por isso mesmo, a ação de alimentos é insuscetível de prescrição.

---

[127] STJ, 3ª T., REsp. 1.505.428/RS, Rel. Min. Ricardo Villas Bôas Cueva, ac. 21.06.2016, *DJe* 27.06.2016.

O mesmo, contudo, não se passa com as prestações periódicas da pensão alimentícia. Para estas, ocorre a prescrição no prazo de dois anos a contar do momento em que cada parcela se tornar exigível.

Na política de abreviar os lapsos prescricionais, o Código atual reduziu o lapso extintivo, na espécie, de cinco para dois anos. E andou corretamente, porque é unânime o reconhecimento de que os alimentos são destinados a socorro imediato da pessoa que deles careça para sobreviver. Não podem, por isso, transformar-se em fonte de entesouramento. Se se passaram vários anos sem que o alimentando os reclamasse do alimentante é porque deles não carecia para se sustentar. Justa é a medida de reduzir, para um período bem mais curto do que o antigo, a prescrição dos créditos de alimentos vencidos.

O STJ firmou entendimento no sentido de que o prazo prescricional de dois anos para a cobrança das prestações alimentares pretéritas – que retroagem à data da citação – começa a contar do trânsito em julgado da ação de investigação de paternidade que fixou a verba:

> 2. O prazo prescricional para o cumprimento de sentença que condenou ao pagamento de verba alimentícia retroativa se inicia tão somente com o trânsito em julgado da decisão que reconheceu a paternidade.
>
> 2.1. A possibilidade da execução provisória de sentença em virtude da atribuição apenas do efeito devolutivo ao recurso de apelação, não pode ter o condão de modificar o termo inicial da prescrição[128].

102.1. Pensão alimentícia solvida por terceiro

O STJ já entendeu que a prescrição que se deve adotar para a ação de cobrança do terceiro que pretende reembolso dos valores despendidos para o pagamento de alimentos não satisfeitos pelo alimentante (CC, art. 871) não é a bienal, prevista no art. 206, § 2º, mas, sim, a geral do art. 205:

> 4. Assim, tendo-se em conta que a pretensão do terceiro ao reembolso de seu crédito tem natureza pessoal (não se situando no âmbito do direito de família), de que se trata de terceiro não interessado – gestor de negócios *sui generis* –, bem como afastados eventuais argumentos de exoneração do devedor que poderiam elidir a pretensão material originária, não se tem como reconhecer a prescrição no presente caso.
>
> 5. Isso porque a prescrição a incidir na espécie não é a prevista no art. 206, § 2º, do Código Civil – 2 (dois) anos para a pretensão de cobrança de prestações alimentares –, mas a regra geral prevista no *caput* do dispositivo, segundo a qual a prescrição ocorre em 10 (dez) anos quando a lei não lhe haja fixado prazo menor[129].

---

[128] STJ, 3ª T., REsp. 1.634.063/AC, Rel. Min. Moura Ribeiro, ac. 20.06.2017, *DJe* 30.06.2017.

[129] STJ, 4ª T., REsp. 1.453.838/SP, Rel. Min. Luis Felipe Salomão, ac. 24.11.2015, *DJe* 07.12.2015. No sentido de que não se trata de pretensão sub-rogatória, é também a lição doutrinária de TARTUCE, Flávio. *Direito Civil*: direito das obrigações e responsabilidade civil. 12. ed. Rio de Janeiro: Forense, 2017. v. 2, p. 27-28.

Embora acatável o fundamento do aresto daquela alta Corte, já que não se pode mesmo confundir a obrigação de prestar alimentos com o ato de gestão de negócios livremente realizado por terceiro, não nos parece procedente utilizar o prazo prescricional máximo no caso. O próprio decisório se fundou na necessidade de evitar o enriquecimento sem causa do devedor de alimentos. Ora, se existe expressa previsão de prazo específico inferior para a hipótese (art. 206, § 3º, IV), seria ele o aplicável, e não o geral. Assim, o prazo de três anos se impõe na espécie.

102.2. Pensão alimentícia decorrente da prática de ato ilícito

Por fim, não se deve confundir, outrossim, o débito alimentar proveniente das relações do direito de família com o pensionamento imposto como forma de reparação do dano pessoal advindo de ato ilícito (lesões corporais ou homicídio). A prescrição das parcelas estatuídas em ação de responsabilidade civil não segue as regras das dívidas alimentares, mas a da "pretensão de reparação civil" (art. 206, § 3º, V).

"O fato de a lei prever indenização, sob forma de pensão mensal, significa simples parâmetro e não identificação com a pensão alimentícia. Não incide o disposto no art. 178, § 10, I, do CC" (atual art. 206, § 2º)[130]. Logo, é de três anos (e não de dois anos) a prescrição das prestações vencidas de pensionamento proveniente de reparação civil de ato ilícito.

103. ALUGUÉIS DE IMÓVEIS

> **Art. 206. Prescreve:**
>
> (...)
>
> **§ 3º Em 3 (três) anos:**
>
> **I – a pretensão relativa a aluguéis de prédios urbanos ou rústicos; (Código Civil)**

Aluguel é o preço pago pelo locatário para usar o bem cuja posse lhe cede temporariamente o locador (CC, arts. 565 e 569, II).

Esse preço pode ser pago de uma vez ou em parcelas periódicas. A prescrição da pretensão a ele relativa se conta do vencimento do aluguel, ou de cada prestação em que ele se desdobrar. Mesmo sendo proposta a cobrança judicial dentro do prazo legal, é possível a extinção da pretensão do locador às rendas locatícias, se se verificar o abandono do feito por parte do autor, por tempo superior ao do art. 206, § 3º, I. Ocorrerá a prescrição dita *intercorrente*[131].

A regra do art. 206, § 3º, I, diz respeito às locações de imóveis e é indiferente que se trate de prédio urbano ou rural, edificado ou não.

---

[130] STJ, 3ª T., REsp. 45.194-9, Rel. Min. Eduardo Ribeiro, *DJU* 06.05.1996. No mesmo sentido: TAMG, 5ª CC., Ap. nº 113.022-3, Rel. Juiz Aloysio Nogueira, ac. 02.09.1991, *Revista Jurídica*, 183/79; STJ, 4ª T., REsp. 1.021/RJ, Rel. Min. Athos Carneiro, *DJU* 10.12.1990, STF, 2ª T., RE 91.586-9, Rel. Min. Djaci Falcão, ac. 02.10.1979, *RT*, 548/254.

[131] "Prescrição. Feito paralisado por mais de dez anos. Prescrição intercorrente" (TARJ, 7ª C., Ap. nº 24.221, Rel. Juiz Mariante da Fonseca, ac. 21.09.1983, *RT*, 586/202).

Também em relação aos aluguéis, o atual Código observou a tendência de reduzir os lapsos prescricionais. Antes o prazo era de cinco anos. Passou para três[132].

O Enunciado 418, da V Jornada de Direito Civil do CEJ prevê que "o prazo prescricional de três anos para a pretensão relativa a aluguéis aplica-se aos contratos de locação de imóveis celebrados com a administração pública".

O STJ já decidiu ser também trienal o prazo para a ação de regresso do fiador contra o locatário inadimplente:

> 1. O fiador que paga integralmente o débito objeto de contrato de locação fica sub-rogado nos direitos do credor originário (locador), mantendo-se todos os elementos da obrigação primitiva, inclusive o prazo prescricional.
>
> 2. No caso, a dívida foi quitada pela fiadora em 9/12/2002, sendo que, por não ter decorrido mais da metade do prazo prescricional da lei anterior (5 anos – art. 178, § 10, IV, do CC/1916), aplica-se o prazo de 3 (três) anos, previsto no art. 206, § 3º, I, do CC/2002, a teor do art. 2.028 do mesmo diploma legal. Logo, considerando que a ação de execução foi ajuizada somente em 7/8/2007, verifica-se o implemento da prescrição, pois ultrapassado o prazo de 3 (três) anos desde a data da entrada em vigor do Código Civil de 2002, em 11/1/2003[133].

104. RENDAS TEMPORÁRIAS OU VITALÍCIAS

> **Art. 206. Prescreve:**
>
> (...)
>
> **§ 3º Em 3 (três) anos:**
>
> (...)
>
> **II – a pretensão para receber prestações vencidas de rendas temporárias ou vitalícias; (Código Civil)**

Os arts. 803 e 804, do CC preveem o contrato de constituição de renda, por meio do qual uma parte se obriga a prestações periódicas à outra, tanto a título gratuito como oneroso. A essas rendas aplica-se a prescrição prevista no art. 206, § 3º, II. Mas, qualquer rendimento de capital, perceptível periodicamente, se não estiver submetido a alguma lei especial, deve também sujeitar-se à prescrição trienal regulada pelo dispositivo em exame[134].

A prescrição de que se trata, no entanto, não se refere à obrigação de prestar a renda, mas apenas às prestações vencidas, e deve ser contada, separadamente, para cada uma delas, a partir do respectivo vencimento.

---

[132] Suspende-se o prazo de prescrição da cobrança dos aluguéis em virtude da propositura de ação de revisão do contrato locatício (2º TACivSP, 3ª C., Ap. nº 189.530-5, Rel. Juiz Ferreira de Carvalho, ac. 20.05.1986, *RT*, 610/139).

[133] STJ, 3ª T., REsp. 1.432.999/SP, Rel. Min. Marco Aurélio Bellizze, ac. 16.05.2017, *DJe* 25.05.2017.

[134] "Qualquer renda periódica deve ser incluída nesse dispositivo. Os arts. 803 e 804 cuidam especificamente do contrato de constituição de renda, mas o presente prazo não se refere apenas a esse negócio. Cada parcela vencida tem computado o prazo prescricional de três anos" (VENOSA, Sílvio de Salvo. *Código Civil Interpretado*. 2. ed. São Paulo: Atlas, 2011, p. 232).

Não se aplica o prazo prescricional em questão à correção monetária, contratual ou legal, porque não se trata de parcela distinta do principal, mas de simples forma de atualização. Enquanto, pois, existir a dívida principal subsistirá o direito à correção monetária, que somente haverá de prescrever juntamente com o débito do capital[135]. Descabida, destarte, a pretensão de submeter a falta de cálculo periódico da correção monetária à prescrição própria do não pagamento de prestações periódicas[136].

105. JUROS, DIVIDENDOS E PRESTAÇÕES ACESSÓRIAS

> **Art. 206. Prescreve:**
>
> **(...)**
>
> **§ 3º Em 3 (três) anos:**
>
> **(...)**
>
> **III – a pretensão para haver juros, dividendos ou quaisquer prestações acessórias, pagáveis, em períodos não maiores de 1 (um) ano, com capitalização ou sem ela; (Código Civil)**

A prescrição trienal do art. 206, § 3º, III, pressupõe que a pretensão se origine de obrigação com as seguintes características[137]:

a) que a dívida seja um fruto civil: juros, dividendos ou outra obrigação acessória do débito principal[138];

b) que seja pagável em prestações periódicas;

c) que o período correspondente ao rendimento seja parcelado igual ou inferior a um ano;

d) que a prestação esteja vencida.

O atual Código não reproduziu o texto do art. 167 do Código anterior, no qual se dispunha que "com o principal prescrevem os direitos acessórios". Isto não quer dizer, todavia, que os juros e dividendos possam ter prescrição maior do que a do capital, ape-

---

[135] TJRS, 3ª CC., Ap. nº 596.015.875, Rel. Des. Araken de Assis, ac. 29.02.1996. In: RODRIGUES FILHO, Eulâmpio. *Código Civil anotado*. 3. ed. São Paulo: Síntese, 1996, p. 356. "Note que juros e correção monetária são acessórios do capital e não podem ser vistos separadamente para o presente texto" (VENOSA, Sílvio de Salvo. *Código Civil Interpretado*. 2. ed. São Paulo: Atlas, 2011, p. 232).

[136] A correção monetária não pode ser equiparada a juros cabíveis periodicamente. "O pedido de incidência de determinado índice de correção monetária constitui-se no próprio crédito, e não em acessório, sendo, assim, descabida a incidência do prazo do art. 178, § 10, III, do CC (de 1916). Na espécie, tratando-se de ação pessoal, o prazo prescricional é o vintenário" (decenal, no novo Código) (STJ, 4ª T., REsp. 96.084/ AL, Rel. Min. César Asfor Rocha, ac. 26.11.1996, *DJU* 24.03.1997, p. 9.024).

[137] CÂMARA LEAL, Antônio Luis da. *Da prescrição e da decadência*. Teoria geral do direito civil. 2. ed. Rio de Janeiro: Forense, 1959, n. 207, p. 286.

[138] "O dispositivo pode, em princípio, abranger também juros e acessórios de outra natureza, não se restringindo às modalidades societárias. Aplica-se quando os juros e acessórios estão contidos em pretensão isolada, desvinculada da obrigação principal. A correção monetária faz parte do capital ou da obrigação e não pode ser considerada acessório: o seu prazo de prescrição segue o da natureza do negócio jurídico obrigacional" (VENOSA, Sílvio de Salvo. *Código Civil Interpretado*. 2. ed. São Paulo: Atlas, 2011, p. 232-233).

nas porque aquela antiga disposição não foi repetida. É princípio clássico de direito que o acessório deve seguir o destino do principal. O que pretendeu o Código foi permitir que, em determinadas circunstâncias, se possa negociar separadamente sobre os frutos e produtos (art. 95), caso em que ditos bens perderão, no contrato, o caráter de acessório, tornando-se objeto principal da convenção (exemplo: venda de colheita futura, cessão do direito a aluguel, dividendos etc.). Quando isto acontecer, a pretensão relativa aos rendimentos seguirá o destino do negócio que os teve como objeto, separadamente do negócio sobre o capital. Enquanto, pois, o regime dos juros for o da acessoriedade, não poderá sua prescrição ultrapassar o da obrigação principal. Sejam eles moratórios ou compensatórios, "se a pretensão principal prescreve antes do prazo para a prescrição da pretensão aos juros, está essa prescrita"[139].

O atual Código manda aplicar prescrição especial dos juros e dividendos às obrigações pagáveis em períodos não maiores de um ano, "com capitalização ou sem ela". Não quer dizer, todavia, que a parcela capitalizada continue sujeita à prescrição própria dos juros. A capitalização periódica é forma de pagamento. Se os juros foram regularmente acrescidos ao capital, no momento adequado, não tem o credor pretensão para exigir o cumprimento da respectiva obrigação; ela já está adimplida. Nenhuma prescrição correrá enquanto não se vencer a obrigação principal, a que aderiu a acessória.

O que pode acontecer é que o devedor deixe de contar e capitalizar os juros, por período superior a três anos. Aí sim: se o credor permaneceu inerte e não exigiu a capitalização, terá ocorrido a prescrição dos juros, não obstante a previsão negocial de que deveriam ser periodicamente capitalizados. Esta é a única interpretação capaz de dar coerência ao texto do art. 206, § 3º, III, no tocante à prescrição de juros capitalizáveis. Se entender que a capitalização é sempre automática e independente de ato do devedor, chegar-se-á a uma situação ilógica e absurda, qual seja a de sujeitar um crédito já principalizado à prescrição própria do acessório. Ora, aquilo que deixou de ser acessório e se subsumiu no principal não tem mais vida própria; deixou de existir como juros; não pode mais, obviamente, prescrever como aquilo que não é[140].

A conclusão é uma só: os juros capitalizáveis podem não ser capitalizados, e somente então continuarão submetidos à prescrição das rendas civis, destacadamente do capital. Fora daí, isto é, após a capitalização, somente haverá uma prescrição: a da pretensão do capital.

O Código Civil de 2002 reduziu o prazo de cinco para três anos, mas continuou englobando "quaisquer prestações acessórias", o que inclui os encargos contratuais acessórios. À época da legislação anterior, o STJ firmou entendimento de que a prescrição, que era quinquenal, relativa aos encargos pagos periodicamente, aplicava-se a cada prestação:

---

[139] PONTES DE MIRANDA, Francisco Cavalcanti. *Tratado de Direito Privado*. Parte Geral. Atualização de Otávio Luiz Rodrigues Júnior; Tilman Quarch e Jefferson Carús Guesdes. São Paulo: RT, 2012. t. VI, § 713, p. 578.

[140] Prescrição. Juros compensatórios. Desapropriação indireta. Pagamento que, sendo exigível juntamente com o débito principal, sujeita-se à prescrição deste. Inaplicabilidade, à espécie, do art. 178, § 10, III, do CC" (atual art. 206, § 3º, III) (TJSP, 16ª C., EI 70.156-2, Rel. Des. Luiz Tâmbara, *RJTJESP* 93/295).

1. Os encargos contratuais, por constituírem prestações acessórias ao principal, na vigência do Código Civil de 1916 tinham os prazos prescricionais regidos pelo art. 178, § 10, III, daquele Diploma, fazendo incidir a prescrição quinquenal para os "juros, ou quaisquer outras prestações acessórias pagáveis anualmente, ou em períodos mais curtos". 2. Não ocorrendo a prescrição do fundo de direito, é possível a cobrança dos encargos acessórios, incidindo a prescrição tão somente no que tange às parcelas que antecedem aos cinco anos anteriores ao ajuizamento da demanda. Precedentes do STJ e STF[141].

105.1. Correção monetária

A atualização monetária do *quantum* da dívida, quando cabível, não corresponde à verba acessória, nem a rendimento. Trata-se não de parcela nova agregada ao principal, mas de simples recomposição do seu valor, para preservar-lhe o poder aquisitivo[142]. Se, portanto, lhe cabe tão somente a função de manter o valor do crédito[143], a falta de pagamento da correção monetária devida deixa parte do débito sem solução, ou seja, o credor fica sem satisfação integral e o devedor continua inadimplente em parte da obrigação principal.

Que regra prescricional se deve observar? A que rege a pretensão ao principal, e não a dos juros ou acessórios. Uma vez, porém, que o pagamento, mesmo incompleto, representa ato inequívoco do devedor de reconhecimento da dívida a que a lei atribui força de interromper a prescrição (art. 202, VI), a contagem do respectivo prazo deverá ser reiniciada a partir do referido pagamento (art. 202, parágrafo único). Assim, embora devesse ser a correção calculada desde o vencimento da dívida, o prazo aplicável à prescrição do débito pago sem atualização monetária deve ser contado a partir da data do pagamento incompleto, por ter este provocado interrupção do lapso prescricional em curso.

106. ENRIQUECIMENTO SEM CAUSA

> **Art. 206. Prescreve:**
> **(...)**
> **§ 3º Em 3 (três) anos:**
> **(...)**
> **IV – a pretensão de ressarcimento de enriquecimento sem causa; (Código Civil)**

O enriquecimento, sem justa causa, é fonte da obrigação de restituir tudo o que o beneficiário lucrou à custa do empobrecimento de outrem (CC, art. 884)

---

[141] STJ, 4ª T., REsp. 886.832/RS, Rel. Min. Luis Felipe Salomão, ac. 17.11.2011, *DJe* 01.12.2011. No mesmo sentido: STJ, 4ª T., AgRg no EDcl no Ag 1.165.674/RS, Rel. Min. Aldir Passarinho Júnior, ac. 05.04.2011, *DJe* 08.04.2011; STJ, 2ª T., REsp. 1.374.505/SP, Rel. Min. Humberto Martins, ac. 02.06.2015, *DJe* 10.06.2015.

[142] Trata-se, apenas, na verdade, de nova expressão numérica do valor monetário aviltado pela inflação. Quem recebe correção monetária não recebe um "plus", mas apenas o que lhe é devido, em forma atualizada (*JTA* 109/372).

[143] "O credor tem o direito tanto de ser integralmente ressarcido dos prejuízos da inadimplência, como o de ter por satisfeito, em toda a sua inteireza, o seu crédito pago com atraso (...). A correção nada mais significa senão um mero instrumento de preservação do valor do crédito" (STJ, 1ª T., REsp. 54.470/RJ, Rel. Min. César Asfor Rocha, ac.06.02.1995, *RSTJ*, 74/387). No mesmo sentido: STJ, 2ª T., REsp. 1.227.269/RS, Rel. Min. Mauro Campbell Marques, ac. 14.04.2011, *DJe* 28.04.2011.

282 | Prescrição e Decadência • *Humberto Theodoro Júnior*

A ação para recuperar a perda sofrida nasce para o prejudicado no momento em que o beneficiário absorve em seu patrimônio o bem a que não tinha direito. Ao mesmo tempo que sofre o prejuízo, adquire o prejudicado o direito ao ressarcimento, acompanhado da imediata pretensão. Tudo se passa simultaneamente. Por isso, do próprio fato do enriquecimento sem causa começa a correr a prescrição da pretensão de recuperá-lo. A situação é a mesma do ato ilícito: o responsável se coloca em mora desde o momento em que o praticou (art. 398).

O STJ já decidiu que a ação discutindo valores indevidos pelo fornecedor submete-se ao prazo trienal, por se tratar de pretensão de ressarcimento de enriquecimento sem causa:

> 1. O diploma civil brasileiro divide os prazos prescricionais em duas espécies. O prazo geral decenal, previsto no art. 205, destina-se às ações de caráter ordinário, quando a lei não houver fixado prazo menor. Os prazos especiais, por sua vez, dirigem-se a direitos expressamente mencionados, podendo ser anuais, bienais, trienais, quadrienais e quinquenais, conforme as disposições contidas nos parágrafos do art. 206.
> 2. A discussão acerca da cobrança de valores indevidos por parte do fornecedor se insere no âmbito de aplicação do art. 206, § 3º, IV, que prevê a prescrição trienal para a pretensão de ressarcimento de enriquecimento sem causa. Havendo regra específica, não há que se falar na aplicação do prazo geral decenal previsto do art. 205 do CDC. Precedente[144].

É de se ressaltar, contudo, que a restituição por meio da ação de enriquecimento sem causa somente é devida se a lei não conferir ao lesado outros meios para se ressarcir do prejuízo sofrido (art. 886). Assim, se a lei prever ação própria para o ressarcimento, a prescrição não se sujeitará ao prazo de três anos do art. 206, § 3º, IV, mas ao prazo correspondente à pretensão que se vai exercitar[145].

107. REPETIÇÃO DE INDÉBITO

Quando a sentença resolve questão ligada à invalidação de cláusula contratual ou do próprio contrato, costumam-se reunir num só processo duas pretensões: a de invalidar o negócio viciado e a de recuperar os pagamentos indevidamente feitos em função do ajuste nulo ou anulado.

Não há no Código Civil a previsão específica do prazo prescricional aplicável à repetição do indébito. Existe, porém, a regra do seu art. 206, § 3º, IV, que estabelece o prazo de três anos para "a pretensão de ressarcimento de enriquecimento sem causa". Seria esta a prescrição aplicável à repetição do pagamento indevido? Ou seria a prescrição decenal genérica do art. 205?

Em diversas hipóteses de repetição de pagamento efetuado com base em cláusula negocial abusiva ou nula, o STJ, inclusive em recursos repetitivos, tem assentado a tese de que, com o reconhecimento judicial da nulidade ou com a invalidação promovida em

---

[144] STJ, 3ª T., REsp. 1.238.737/SC, Rel. Min. Nancy Andrighi, ac. 08.11.2011, *DJe* 17.11.2011.

[145] Yussef Said Cahali exemplifica a hipótese com a seguinte situação: "a concubina que, sem ter composto com seu parceiro uma união estável, poderá ressarcir-se do prejuízo na colaboração ou nos serviços prestados na formação do patrimônio comum, pretendendo a partilha dos bens, beneficiando-se do prazo subsidiário decendial" (CAHALI, Yussef Said. *Prescrição e decadência*. São Paulo: RT, 2008, p. 163-164).

juízo, *desaparece a causa lícita do pagamento*, caracterizando, assim, o *enriquecimento indevido daquele que o recebeu.*

Nessa perspectiva, o enriquecimento sem causa, visto mais como um princípio do que como um instituto, abrange, para efeito prescricional, a pretensão de recuperação do pagamento realizado em função do negócio ou cláusula invalidados. Por conseguinte, a pretensão de reconhecimento de nulidade de cláusula de reajuste de preço, constante de determinado contrato – como, *v.g.*, o de plano de saúde, com a consequente repetição do indébito –, corresponde à *ação fundada no enriquecimento sem causa*, de modo que o prazo prescricional a aplicar é o trienal de que trata o art. 206, § 3º, IV, do Código Civil[146].

Para a aplicação da prescrição própria do enriquecimento sem causa, na espécie, não importa que a ação seja declaratória (de nulidade), insuscetível de prescrição, ou constitutiva (de nulidade), sujeita a prazo decadencial, visto que, a respeito da repetição do pagamento indevido, a pretensão é de natureza condenatória. A qualquer tempo, o requerimento do contratante de reconhecimento da cláusula contratual abusiva ou ilegal poderá ser deduzido em juízo. "Porém, sua pretensão condenatória de repetição do indébito terá que se sujeitar à prescrição das parcelas vencidas no período anterior à data da propositura da ação, conforme o prazo prescricional aplicável", como ressaltado no REsp. 1.361.182/RS, pela 2ª Seção do STJ.

107.1. Visão pretoriana moderna do enriquecimento sem causa

O voto do Ministro Marco Aurélio Bellizze no REsp 1.361.182, que foi o condutor do respectivo acórdão, contém uma larga história do enriquecimento sem causa como fonte de obrigação, tanto no direito comparado como no direito brasileiro. Nele se faz uma resenha de como o tratamento legal da matéria evoluiu desde o Código Civil de 1916 até o vigente Código de 2002, de modo a evidenciar, com ampla invocação de precedentes do STJ, que o instituto do enriquecimento sem causa foi adotado, entre nós, em seu sentido mais amplo possível. Por isso, qualquer que seja a origem do locupletamento ilícito, mesmo o derivado de relações contratuais, sempre será possível o seu enquadramento nos parâmetros do *enriquecimento sem causa*. Entre as diversas hipóteses de enriquecimento sem causa, figura aquela correspondente à "*ausência de causa jurídica* para a recepção da prestação que foi realizada", devendo esta ausência de causa ser definida em sentido subjetivo, "como não obtenção do fim visado [pelo *solvens*] com a prestação". Caberá a restituição da prestação sempre que for realizada com vistas à obtenção de determinado fim, e tal fim não vier a ser obtido", no dizer de Menezes Leitão[147]. É, pois, *sem causa jurídica*, toda prestação efetuada que juridicamente não tem aptidão para provocar a contraprestação ou vantagem esperada pelo *solvens*.

---

[146] STJ, 2ª Seção, REsp. 1.361.182/RS, Rel. p. acórdão Min. Marco Aurélio Bellizze, ac. 10.08.2016, *DJe* 19.09.2016. A mesma tese foi aplicada à cláusula que abusivamente imputava ao promissário comprador a obrigação de pagar comissão de corretagem ou de serviço de assistência técnico-imobiliária (SATI), ou atividade congênere. Também aqui, em caráter uniformizador da jurisprudência, foi fixada a tese da incidência da prescrição trienal própria da pretensão de ressarcimento do enriquecimento sem causa (Código Civil, art. 206, § 3º, IV) (STJ, 2ª Seção, REsp. 1.551.956/SP, Rel. Min. Paulo de Tarso Sanseverino, ac. 24.08.2016, *DJe* 08.09.2016).

[147] MENEZES LEITÃO, Luís Manuel Teles de. O enriquecimento sem causa no novo Código Civil brasileiro. *Revista CEJ*, p. 28, Brasília, abr./jun. 2004.

Nesse sentido, além da doutrina alemã citada no acórdão do STJ, é invocada a lição de Agostinho Alvim, que inspirou o Código de 2002, e a de Menezes Leitão formulada em análise direta de nosso atual Código Civil. Por fim, arrola o Ministro Marco Aurélio Bellizze vários acórdãos do STJ para demonstrar que, em sua jurisprudência, é firme o entendimento de que o pagamento indevido, em função de cláusula contratual nula ou abusiva, sujeita-se a repetição, dentro do prazo prescricional do ressarcimento do enriquecimento sem causa (Código Civil, art. 206, § 3º, IV)[148].

Isso porque – aduz o ilustre Ministro – "é entendimento assente desta Corte que *a repetição é consequência lógica do reconhecimento judicial da ilegalidade de cláusulas contratuais abusivas e do acolhimento do pedido de restituição do que foi pago a mais, em atenção ao princípio que veda o enriquecimento sem causa, prescindindo, pois, da prova do erro prevista no art. 965 do Código Civil*"[149].

Toda essa rica orientação pretoriana provém de uma visão do fenômeno do enriquecimento sem causa que não fica restrito à sua função subsidiária lembrada pelo art. 886 do Código Civil. De fato, por derivação do caráter subsidiário ou complementar (Código Civil, art. 886), atribuído costumeiramente ao enriquecimento sem causa, como fonte da obrigação de ressarcir o dano provocado por aquele que se locupleta, sem justa causa, com o prejuízo de outrem, é recorrente atribuir-lhe o feitio de um instituto jurídico destinado a completar o sistema de reparação do dano injusto, nas relações patrimoniais (art. 884). Mas, não é só nas lacunas do sistema repressivo do prejuízo injusto que o enriquecimento sem causa opera. Há, nas previsões do direito civil, vários institutos que, se destinando a gerar a obrigação de ressarcir o prejuízo injusto, embora de maneira típica, encontram fundamento primário na repressão necessária ao enriquecimento sem causa.

Pense-se, por exemplo, na obrigação do dono de indenizar benfeitorias necessárias introduzidas pelo possuidor de coisa alheia, ainda que de má-fé (Código Civil, art. 1.220), bem como na obrigação do dono do negócio de reembolsar ao gestor as despesas necessárias ou úteis que este houver feito na administração benéfica do interesse alheio (Código Civil, art. 869). Estes e outros casos correspondem a obrigações de ressarcir regulados pela lei de maneira própria, e com requisitos específicos. Todos, porém, se inspiram, em última análise, no princípio geral que veda o enriquecimento sem causa.

É por isso que todos esses institutos, naquilo que não contarem com regras específicas, poderão se valer da sistemática do regime do enriquecimento sem causa, para se completarem, como, por exemplo, faz convincentemente a jurisprudência do STJ, em matéria de prescrição da pretensão de repetição do pagamento indevido.

---

[148] STJ, 2ª Seção, REsp 1.220.934/RS, Rel. Min. Luís Felipe Salomão, ac. 24.04.2013, *DJe* 12.06.2013; STJ, 2ª Seção, REsp 1.249.321/RS, Rel. Min. Luís Felipe Salomão, ac. 10.04.2013, *DJe* 16.04.2013; STJ, 3ª T., REsp 1.238.737/SC, Rel. Min. Nancy Andrighi, ac. 08.11.2011, *DJe* 17.11.2011.

[149] STJ, 4ª T., Ag Rg no REsp 557.301/RS, Rel. Min. Jorge Scartezzini, ac. 28.06.2005, *DJU* 22.08.2005, p. 283. Precedentes arrolados: STJ, 4ª T., AgRg no REsp 733.037/RS, Rel. Min. Aldir Passarinho Júnior, ac. 05.05.2005, *DJU* 13.06.2005, p. 322; STJ, 3ª T., AgRg no REsp 699.352/RS, Rel. Min. Antônio de Pádua Ribeiro, ac. 24.05.2005, *DJU* 20.06.2005, p. 284; STJ, 4ª T., AgRg no REsp 546.446/RS, Rel. Min. Fernando Gonçalves, ac. 07.04.2005, *DJU* 02.05.2005, p. 356. No mesmo sentido: STJ, 4ª T., AgRg no AREsp 182.141/SC, Rel. Min. Isabel Gallotti, ac. 12.05.2015, *DJe* 19.05.2015; STJ, 4ª T., AgRg no REsp 1.052.209/MG, Rel. Min. Aldir Passarinho Júnior, ac. 16.06.2009, *DJe* 04.08.2009; STJ, 3ª T., AgRg no Ag 1.125.621/SC, Rel. Min. Sidnei Beneti, ac. 19.05.2009, *DJe* 03.06.2009.

107.2. Observações conclusivas

Prevalecem, enfim, no STJ, os entendimentos seguintes:

a) O conceito de enriquecimento sem causa no direito moderno *não é unívoco*, de modo que sua proibição "consiste apenas numa máxima de justiça comutativa que se encontra a um nível de abstração tal, que carece de preenchimento pelo julgador, efetuado pela integração ao caso numa categoria específica de enriquecimento sem causa"[150].

b) Na mais atualizada concepção, o enriquecimento sem causa é um largo gênero (mais próximo de um *princípio* do que mesmo de um *instituto*), que abarca tanto o campo da *transmissão dos bens*, como o *prolongamento da eficácia do direito de propriedade*, inserindo-se, de tal modo, "no âmbito da proteção jurídica dos bens" (Wilburg). Vários tipos ou hipóteses de fenômeno jurídico podem, exemplificativamente, configurar enriquecimento sem causa, como o enriquecimento por *prestação*, por *intervenção*, por *liberação de dívida paga por terceiro*, e por *despesas efetuadas em coisa alheia* etc. (Von Caemmerer)[151].

c) "Cuidando-se de pretensão de nulidade de cláusula de reajuste prevista em contrato de plano ou seguro de assistência à saúde, com a consequente repetição do indébito, *a ação ajuizada está fundada no enriquecimento sem causa e, por isso, o prazo prescricional aplicável é o trienal, previsto no art. 206, § 3º, IV, do Código Civil de 2002*" (g.n.)[152], e nunca o prazo maior (decenal) do art. 205 do referido Código.

d) "Tanto os *atos unilaterais* de vontade (promessa de recompensa, arts. 854 e ss.; gestão de negócios, arts. 861 e ss.; pagamento indevido, arts. 876 e ss.; e o próprio enriquecimento sem causa, arts. 884 e ss.) como os *negociais*, conforme o caso, comportam o ajuizamento de ação fundada no enriquecimento sem causa, cuja pretensão está abarcada pelo *prazo prescricional trienal previsto no art. 206, § 3º, IV, do Código Civil de 2002*" (g.n.)[153].

Uma última observação: mesmo que a ação de repetição do indébito, decorrente de cláusula contratual abusiva ou nula, tenha sido ajuizada e julgada sem infringir o prazo trienal de prescrição, é preciso estar atento ao posterior prazo de prescrição da pretensão executiva, aplicável ao cumprimento da sentença condenatória (NCPC, art. 525, § 1º, VII). Se o credor, após o trânsito em julgado da decisão que reconheceu o seu direito à

---

[150] MENEZES LEITÃO, Luís Manuel Teles de. O enriquecimento sem causa no novo Código Civil brasileiro. *Revista CEJ*, Brasília, abr./jun. 2004, p. 25-27 (orientação seguida no REsp 1.361.182/RS, Rel. p/ acórdão Min. Marco Aurélio Bellizze, ac. 10.08.2016, *DJe* 19.09.2016).

[151] MENEZES LEITÃO, Luís Manuel Teles de. O enriquecimento sem causa no novo Código Civil brasileiro. *Revista CEJ*, Brasília, abr./jun. 2004, p. 25-27 (orientação seguida no REsp 1.361.182/RS, Rel. p/ acórdão Min. Marco Aurélio Bellizze, ac. 10.08.2016, *DJe* 19.09.2016).

[152] STJ, 2ª Seção, REsp 1.361.182/RS, Rel. p. acórdão Min. Marco Aurélio Bellizze, ac. 10.08.2016, *DJe* 19.09.2016 (tese firmada em recurso repetitivo).

[153] STJ, 2ª Seção, REsp 1.361.182/RS, Rel. p/ acórdão Min. Marco Aurélio Bellizze, ac. 10.08.2016, *DJe* 19.09.2016.

repetição do pagamento indevido permanecer inerte, deixando de requerer a instauração da fase executiva do processo (NCPC, art. 523, *caput*), a pretensão ao cumprimento da sentença se extinguirá em três anos. É bom ter sempre em mente que, a partir da *res iudicata*, "prescreve a execução no mesmo prazo de prescrição da ação" (Súmula 150/STF)[154].

107.3. Alguns julgados do STJ sobre o tema

O STJ já se posicionou quanto ao prazo prescricional trienal das ações de repetição de indébito, consoante se verificará a seguir:

a) Ação de repetição de indébito de contrato de cédula de crédito rural:

Segundo a orientação do STJ, inclusive por meio de recurso repetitivo, essa ação prescreve em três anos, prazo este contado da data do pagamento:

> 1. Para fins do art. 543-C do Código de Processo Civil de 1973:
>
> 1.1. "A pretensão de repetição de indébito de contrato de cédula de crédito rural prescreve no prazo de vinte anos, sob a égide do art. 177 do Código Civil de 1916, e de três anos, sob o amparo do art. 206, § 3º, IV, do Código Civil de 2002, observada a norma de transição do art. 2.028 desse último Diploma Legal";
>
> 1.2. "O termo inicial da prescrição da pretensão de repetição de indébito de contrato de cédula de crédito rural é a data da efetiva lesão, ou seja, do pagamento"[155].

b) Ação de repetição de indébito de verbas indevidamente apropriadas por terceiro:

Julgando caso em que o banco responsável pelo pagamento do benefício de previdência privada ajuizou ação requerendo a repetição dos valores depositados erroneamente em conta de terceiro, o STJ entendeu, por se tratar de ação de enriquecimento sem causa e, não, de discussão sobre segurado do regime de previdência complementar, que o prazo de prescrição aplicável era o trienal:

> I – A questão controvertida diz respeito ao prazo de prescrição, se de cinco ou de três anos, da pretensão do Banco, responsável por pagamento de pensão previdenciária completar, de reaver verbas depositadas a título de benefício de previdência privada complementar e indevidamente apropriadas por terceiro.
>
> II – Aplica-se o prazo trienal do art. 206, § 3º, IV, do Código Civil/2002, lei geral, pois a demanda, movida contra o terceiro, é de ressarcimento de enriquecimento sem causa, não envolvendo segurado ou beneficiário do regime de previdência complementar, disciplinado na Lei Complementar 109/2001, o que afasta a incidência da norma de prescrição quinquenal do art. 75 desta lei especial[156].

---

[154] THEODORO JÚNIOR, Humberto. *Curso de direito processual civil.* 49. ed. Rio de Janeiro: Forense, 2016. v. III, n. 52, p. 90-93.

[155] STJ, 2ª Seção, REsp. 1.361.730/RS, Rel. Min. Raul Araújo, ac. 10.08.2016, *DJe* 28.10.2016. No mesmo sentido: STJ, 3ª T., AgInt no AREsp. 811.746/GO, Rel. Min. Marco Aurélio Bellizze, ac. 23.05.2017, *DJe* 01.06.2017.

[156] STJ, 4ª T., REsp. 1.334.442/RS, Rel. p. acórdão Min. Raul Araújo, ac. 07.06.2016, *DJe* 22.08.2016.

c) Ação de repetição de indébito de tributo sujeito a lançamento por homologação: Em relação ao tema, em sede de recurso repetitivo, o STJ alterou o seu entendimento em razão do julgamento da matéria pelo STF, sedimentando a seguinte tese: (i) para as ações ajuizadas a partir de 09.06.2005, o prazo prescricional de cinco anos para a repetição de indébito dos tributos sujeitos a lançamento por homologação será contado a partir do pagamento antecipado; (ii) para as ações ajuizadas anteriormente àquela data, o prazo conta-se na sistemática anterior, ou seja, não tendo ocorrido a homologação expressa, a extinção do direito de pleitear a restituição só ocorrerá após transcorrido o prazo de cinco anos, contados da ocorrência do fato gerador, acrescido de mais cinco anos, contados daquela data em que se deu a homologação tácita:

> 1. O acórdão proveniente da Corte Especial na AI nos Eresp nº 644.736/PE, Relator o Ministro Teori Albino Zavascki, *DJ* de 27.08.2007, e o recurso representativo da controvérsia REsp. n. 1.002.932/SP, Primeira Seção, Rel. Min. Luiz Fux, julgado em 25.11.2009, firmaram o entendimento no sentido de que o art. 3º da LC 118/2005 somente pode ter eficácia prospectiva, incidindo apenas sobre situações que venham a ocorrer a partir da sua vigência. Sendo assim, a jurisprudência deste STJ passou a considerar que, relativamente aos pagamentos efetuados a partir de 09.06.2005, o prazo para a repetição do indébito é de cinco anos a contar da data do pagamento; e relativamente aos pagamentos anteriores, a prescrição obedece ao regime previsto no sistema anterior.
>
> 2. No entanto, o mesmo tema recebeu julgamento pelo STF no RE n. 566.621/RS, Plenário, Rel. Min. Ellen Gracie, julgado em 04.08.2011, onde foi fixado marco para a aplicação do regime novo de prazo prescricional levando-se em consideração a data do ajuizamento da ação (e não mais a data do pagamento) em confronto com a data da vigência da lei nova (09.06.2005).
>
> 3. Tendo a jurisprudência deste STJ sido construída em interpretação de princípios constitucionais, urge inclinar-se esta Casa ao decidido pela Corte Suprema competente para dar a palavra final em temas de tal jaez, notadamente em havendo julgamento de mérito em repercussão geral (arts. 543-A e 543-B, do CPC). Desse modo, para as ações ajuizadas a partir de 09.06.2005, aplica-se o art. 3º, da Lei Complementar n. 118/2005, contando-se o prazo prescricional dos tributos sujeitos a lançamento por homologação em cinco anos a partir do pagamento antecipado de que trata o art. 150, § 1º, do CTN.
>
> 4. Superado o recurso representativo da controvérsia REsp. n. 1.002.932/SP, Primeira Seção, Rel. Min. Luiz Fux, julgado em 25.11.2009[157].

d) Ação de repetição de indébito em razão de cobrança indevida:

d.1) Declaração de nulidade de cláusula de reajuste de plano de saúde: Segundo o entendimento da alta Corte, adotado pela Segunda Seção, o prazo prescricional para reaver os valores pagos a maior em razão de nulidade de cláusula de reajuste de plano de saúde é de três anos. No julgamento do recurso repetitivo, o eminente Relator destacou que a ação ajuizada durante a relação contratual de repetição dos valores indevidamente

---

[157] STJ, 1ª Seção, REsp. 1.269.570/MG, Rel. Min. Mauro Campbell Marques, ac. 23.05.2012, *DJe* 04.06.2012. No mesmo sentido: STJ, 2ª T., REsp. 1.693.591/SP, Rel. Min Herman Benjamin, ac. 10.10.2017, *DJe* 23.10.2017; STJ, 1ª T., AgInt nos EDcl no REsp. 1.638.219/DF, Rel. Min. Regina Helena Costa, ac. 19.09.2017, *DJe* 28.09.2017.

pagos em razão da nulidade de cláusula abusiva tem caráter condenatório, razão pela qual se submete ao prazo prescricional e, não decadencial. Tratando-se, pois, de pretensão fundada no enriquecimento sem causa, o prazo de prescrição é o trienal:

1. Em se tratando de ação em que o autor, ainda durante a vigência do contrato, pretende, no âmbito de relação de trato sucessivo, o reconhecimento do caráter abusivo de cláusula contratual com a consequente restituição dos valores pagos indevidamente, torna-se despicienda a discussão acerca de ser caso de nulidade absoluta do negócio jurídico – com provimento jurisdicional de natureza declaratória pura, o que levaria à imprescritibilidade da pretensão – ou de nulidade relativa – com provimento jurisdicional de natureza constitutiva negativa, o que atrairia os prazos de decadência, cujo início da contagem, contudo, dependeria da conclusão do contrato (CC/2002, art. 179). Isso porque a pretensão última desse tipo de demanda, partindo-se da premissa de ser a cláusula contratual abusiva ou ilegal, é de natureza condenatória, fundada no ressarcimento de pagamento indevido, sendo, pois, alcançável pela prescrição. Então, estando o contrato ainda em curso, esta pretensão condenatória, prescritível, é que deve nortear a análise do prazo aplicável para a perseguição dos efeitos financeiros decorrentes da invalidade do contrato.

2. Nas relações jurídicas de trato sucessivo, quando não estiver sendo negado o próprio fundo de direito, pode o contratante, durante a vigência do contrato, a qualquer tempo, requerer a revisão de cláusula contratual que considere abusiva ou ilegal, seja com base em nulidade absoluta ou relativa. Porém, sua pretensão condenatória de repetição do indébito terá que se sujeitar à prescrição das parcelas vencidas no período anterior à data da propositura da ação, conforme o prazo prescricional aplicável.

3. Cuidando-se de pretensão de nulidade de cláusula de reajuste prevista em contrato de plano ou seguro de assistência à saúde ainda vigente, com a consequente repetição do indébito, a ação ajuizada está fundada no enriquecimento sem causa e, por isso, o prazo prescricional é o trienal de que trata o art. 206, § 3º, IV, do Código Civil de 2002.

4. É da invalidade, no todo ou em parte, do negócio jurídico, que nasce para o contratante lesado o direito de obter a restituição dos valores pagos a maior, porquanto o reconhecimento do caráter ilegal ou abusivo do contrato tem como consequência lógica a perda da causa que legitimava o pagamento efetuado. A partir daí fica caracterizado o enriquecimento sem causa, derivado de pagamento indevido a gerar o direito à repetição do indébito (arts. 182, 876 e 884 do Código Civil de 2002). (...)

9. A pretensão de repetição do indébito somente se refere às prestações pagas a maior no período de três anos compreendidos no interregno anterior à data do ajuizamento da ação (art. 206, § 3º, IV, do CC/2002; art. 240, § 1º, do CPC/2015).

10. Para os efeitos do julgamento do recurso especial repetitivo, fixa-se a seguinte tese: Na vigência dos contratos de plano ou de seguro de assistência à saúde, a pretensão condenatória decorrente da declaração de nulidade de cláusula de reajuste nele prevista prescreve em 20 anos (art. 177 do CC/1916) ou em 3 anos (art. 206, § 3º, IV, do CC/2002), observada a regra de transição do art. 2.028 do CC/2002[158].

---

[158] STJ, 2ª Seção, REsp. 1.360.969/SC – em regime repetitivo –, Rel. para acórdão Min. Marco Aurélio Bellizze, ac. 10.08.2016, *DJe* 19.09.2016. No mesmo sentido: STJ, 2ª Seção, EREsp. 1.351.420/RS, Rel. Min. Marco Aurélio Bellizze, ac. 24.08.2016, *DJe* 02.09.2016.

Capítulo IX · DOS PRAZOS DE PRESCRIÇÃO NO CÓDIGO CIVIL | **289**

d.2) Cobrança indevida referente a tarifas de água e esgoto: O STJ, em decisão da Primeira Turma, já entendeu que, não tendo a tarifa natureza tributária, seria aplicável o prazo prescricional do Código Civil. Nesse sentido, a Súmula 412 do STJ: "A ação de repetição de indébito de tarifas de água e esgoto sujeita-se ao prazo prescricional estabelecido no Código Civil". Entretanto, a alta Corte assentou que o prazo seria o geral, do art. 205 e, não, o especial previsto para as ações de enriquecimento sem causa, decisão adotada, inclusive, em sede de recurso especial repetitivo:

> a) 8. Trata-se de recurso especial interposto de aresto em que se discutiu o lapso prescricional cabível aos casos de repetição de indébito por cobrança indevida de valores referentes a serviços de água e esgoto, tendo o eg. TJ/SP firmado que o prazo de prescrição, nessas hipóteses, é de 10 (dez) anos, se ao caso se aplicar o Código Civil de 2002 (art. 205) ou de 20 (vinte) anos, se for aplicado o Código Civil de 1916 (art. 177), por força da regra de transição estabelecida no art. 2.028 do Código Civil de 2002.
>
> 9. Primeiramente, descabe falar em violação do art. 535 do CPC/1973 se a Corte de origem, examinando os limites postos no apelo interposto (e-STJ, fls. 470-499), analisou a questão fático-jurídica dentro daqueles limites, mesmo proclamando entendimento que não encampa as teses defendidas pela recorrente SABESP.
>
> 10. A Primeira Seção, no julgamento do REsp 1.113.403/RJ, de relatoria do Ministro Teori Albino Zavascki (*DJe* 15/9/2009), submetido ao regime dos recursos repetitivos do art. 543-C do Código de Processo Civil e da Resolução STJ n. 8/2008, firmou orientação de que, ante a ausência de disposição específica acerca do prazo prescricional aplicável à prática comercial indevida de cobrança excessiva, é de rigor a incidência das normas gerais relativas à prescrição insculpidas no Código Civil na ação de repetição de indébito de tarifas de água e esgoto. Assim, o prazo é vintenário, na forma estabelecida no art. 177 do Código Civil de 1916, ou decenal, de acordo com o previsto no art. 205 do Código Civil de 2002.
>
> 11. A tese adotada no âmbito do acórdão recorrido quanto à prescrição da pretensão de repetição de indébito por cobrança indevida de valores referentes a serviços de água e esgoto alinha-se à jurisprudência deste Tribunal Superior.
>
> 12. Com efeito, a pretensão de enriquecimento sem causa (ação *in rem verso*) possui como requisitos: enriquecimento de alguém; empobrecimento correspondente de outrem; relação de causalidade entre ambos; ausência de causa jurídica; e inexistência de ação específica. Trata-se, portanto, de ação subsidiária que depende da inexistência de causa jurídica. A discussão cerca da cobrança indevida de valores constantes de relação contratual e eventual repetição de indébito não se enquadra na hipótese do art. 206, § 3º, IV, do Código Civil, seja porque a causa jurídica, em princípio, existe (relação contratual prévia em que se debate a legitimidade da cobrança), seja porque a ação de repetição de indébito é ação específica.
>
> 13. Tese jurídica firmada de que "o prazo prescricional para as ações de repetição de indébito relativo às tarifas de serviços de água e esgoto cobradas indevidamente é de: (a) 20 (vinte) anos, na forma do art. 177 do Código Civil de 1916; ou (b) 10 (dez) anos, tal como previsto no art. 205 do Código Civil de 2002, observando-se a regra de direito intertemporal, estabelecida no art. 2.028 do Código Civil de 2002"[159].

---

[159] STJ, 1ª Seção, REsp. 1.532.514/SC, Rel. Min. Og Fernandes, ac. 10.05.2017, *DJe* 17.05.2017.

b) 2. A Primeira Seção desta Corte, no julgamento do REsp 1.110.321/DF, submetido ao rito do art. 543-C do CPC (Recursos repetitivos), ratificou o entendimento de que "o prazo prescricional para ajuizar a ação de repetição de indébito em decorrência da majoração da tarifa de energia elétrica pelas Portarias 38/1986 e 45/1986 é vintenário, consoante disposto no art. 177 do Código Civil de 1916, visto que a tarifa de energia elétrica não tem natureza tributária"[160].

d.3) Pretensão de restituição de contribuições vertidas indevidamente para fundo de previdência complementar: o prazo é de 10 anos, afastando-se a regra do art. 206, § 3º, IV, do CC:

1. Controvérsia acerca do prazo prescricional aplicável à pretensão de restituição de contribuições vertidas indevidamente para fundo de previdência complementar.
2. Nos termos do art. 206, § 3º, inciso IV, do Código Civil de 2002, prescreve em três anos a pretensão fundada no enriquecimento sem causa.
3. Subsidiariedade da ação de enriquecimento sem causa, sendo inaplicável a prescrição trienal na hipótese em que o enriquecimento tenha causa jurídica. Precedentes da Corte Especial.
4. Caso concreto em que as contribuições foram vertidas com base no plano de benefícios então vigente, havendo, portanto, causa jurídica para o enriquecimento da entidade de previdência complementar.
5. Inaplicabilidade da prescrição trienal na espécie, pois a existência de causa jurídica afasta a hipótese de enriquecimento sem causa.
6. Aplicação do prazo geral de 10 anos de prescrição (art. 205, caput, do CC/2002)[161].

d.4) Cobrança indevida de valores referentes à TV por assinatura: o prazo prescricional é de dez anos.

1. A pretensão de repetição de indébito por cobrança indevida de valores referentes a serviços de TV por assinatura, não previstos no contrato, sujeita-se à norma geral do lapso prescricional de dez anos (art. 205 do CC/2002).
2. Recurso especial provido para que a restituição dos valores pagos a título de locação de equipamento adicional (ponto extra) e de taxas de licenciamento e segurança observe o prazo decenal de prescrição[162].

d.5) Divergência de entendimento entre a Primeira e a Segunda Seções do STJ quanto ao prazo prescricional aplicável para a repetição de indébito de valores cobrados indevidamente: Há evidente divergência de entendimento entre a Primeira e a Segunda Seções do STJ, na tentativa de uniformizar a jurisprudência quanto ao tema da prescrição

---

[160] STJ, 1ª T., AgRg no AREsp. 408.577/PE, Rel. Min. Sérgio Kukina, ac. 12.11.2013, *DJe* 21.11.2013. No mesmo sentido, o recurso repetitivo: STJ, 1ª Seção, REsp. 1.110.321/DF, Rel. Min. Bendito Gonçalves, ac. 28.04.2010, *DJe* 06.05.2010.

[161] STJ, 3ª T., REsp. 1.803.627/SP, Rel. Min. Paulo de Tarso Sanseverino, ac. 23.06.2020, *DJe* 01.07.2020.

[162] STJ, 4ª T., REsp. 1.951.988/RS, Rel. Min. Antonio Carlos Ferreira, ac. 10.05.2022, *DJe* 16.05.2022.

em caso de repetição de indébito de valores cobrados indevidamente. Embora ambas estejam acordes em que a questão deva ser solucionada à luz do regime do Código Civil, a Primeira Seção reconheceu aplicável o *prazo decenal* para a prescrição da repetição da cobrança de valores pagos a maior a empresa pública prestadora de serviços de água e esgoto, enquanto a Segunda Seção reconheceu aplicável o *prazo trienal*, do enriquecimento ilícito, para hipótese semelhante, em que a cobrança indevida se deu em razão de cláusula abusiva inserida em contrato de plano de saúde. Formaram-se, portanto, dois precedentes vinculantes dentro do mesmo Tribunal, em flagrante contradição, ambos relativos ao prazo de prescrição a observar nas ações de repetição do pagamento indevido (CPC/2015, art. 927, III).

Importante ressaltar, por oportuno, que o fundamento da técnica de julgamento segundo precedente reside na ideia lógico-jurídica de que causas iguais não podem ser julgadas de maneira diferente, sob pena de violação de importantes princípios constitucionais, como os da segurança jurídica, da confiança e da isonomia.

O primeiro problema a ser enfrentado pelo julgador obrigado a respeitar o precedente é o da constatação da ocorrência, ou não, de igualdade entre a causa pendente de julgamento e o precedente invocado. As causas, obviamente, não se apresentam como entidades simples. Ao contrário, são sempre complexas e integradas por múltiplos elementos subjetivos e objetivos fáticos e jurídicos. Essa grande complexidade faz que a igualdade absoluta seja realmente impossível de se configurar nesse terreno.

Não é, portanto, a completa identidade o que impõe a prevalência do precedente. É no plano lógico-jurídico que se localiza a necessidade de uniformidade de solução judicial. Se se tem de seguir necessariamente o mesmo plano racional para equacionar a solução de diversas demandas, é óbvio que não se deve conviver com decisões contraditórias. Mesmo que as demandas não se apresentem completamente iguais, o quadro lógico-jurídico não pode ser desviado das conclusões iguais. O que, na verdade, faz que duas demandas sejam tratadas como iguais e a submissão de ambas ao mesmo esquema lógico-jurídico de solução. Questões juridicamente iguais haverão de ser decididas de maneira igual, pouco importando as diferenças circunstanciais e pessoais, se desinfluentes sobre a tese jurídica a observar na definição do mérito da causa. A ordem jurídica é sistemática e ávida de coerência interna. Daí que a meta a ser alcançada pela técnica dos precedentes é, sobretudo, a de evitar a contradição entre os julgamentos dos tribunais e juízes acerca de um mesmo problema jurídico (art. 926, *caput*, do CPC/2015).

Entretanto, não se pode fugir da evidente contradição entre os julgamentos da Primeira e da Segunda Seções do STJ, *data maxima venia*, nos recursos repetitivos cotejados.

A Segunda Seção, diante de controvérsias instaladas sobre a repetição de pagamento indevido subsequente à anulação de cláusula abusiva inserida em contrato de plano de saúde, uniformizou a jurisprudência em julgamento de recurso repetitivo, mediante reconhecimento da aplicabilidade da prescrição trienal própria da pretensão de "ressarcimento de enriquecimento sem causa" (CC, art. 206, § 3º, IV). A *ratio decidendi*, portanto, partiu do raciocínio de que, sendo o pagamento indevido apenas uma espécie do gênero "enriquecimento sem causa", o prazo de prescrição aplicável haveria de ser o previsto para esta última figura, e não o prazo geral do art. 205, estatuído para os casos em que não se tenha previsto prazo próprio[163].

Já a Primeira Seção da mesma alta Corte, ao julgar cobrança indevida de preço por empresa pública prestadora de serviços de água e esgoto, também em regime de recurso repetitivo, partindo do mesmo raciocínio jurídico adotado pela Segunda Seção, chegou à conclusão muito diferente: o caso estava reconhecidamente sob o regime do Código Civil, e não do direito tributário, motivo pelo qual sua solução foi equacionada pelas normas de direito privado reguladoras da repetição do indébito, exatamente como antes se orientara a Segunda Seção, no precedente dos planos de saúde. No entanto, a solução alcançada pela Primeira Seção foi a de aplicar o prazo prescricional maior (dez anos) e não o trienal recomendado pela Segunda Seção, ao argumento de que haveria falta, no Código Civil, de prazo menor específico para a pretensão de repetição do indébito. Tudo isto, sem embargo de ter constado, na fundamentação do acórdão, a afirmação de que a cobrança de preço indevido gerava para a prestadora do serviço público um "enriquecimento sem causa". Sendo, porém, a repetição do pagamento sem causa regulada pelo Código Civil separadamente do enriquecimento sem causa, a prescrição específica da pretensão relativa a esta última figura não poderia se estender para a primeira. Daí o enquadramento da repetição de indébito não na prescrição trienal do enriquecimento sem causa (CC, art. 206, § 3º, IV), e sim na prescrição maior, própria das hipóteses para as quais a lei não tenha previsto prazo específico menor (CC, art. 205)[164]. A consequência foi a seguinte: a pretensão de repetição do pagamento indevido prescreve em três anos, para a 2ª Seção, e em dez anos, para a 1ª Seção.

Não obstante tivessem as duas tentativas de uniformização jurisprudencial se filiado ao mesmo esquema lógico-jurídico, acabaram por chegar a resultados diferentes e contraditórios. As causas, de fato, não eram exatamente iguais, porque uma envolvia empresa pública e prestação de serviço público, enquanto a outra se referia a empresa privada prestadora de serviços privados. A solução, porém, em ambas as hipóteses, reclamava enfrentamento de uma única questão jurídica – a prescrição da repetição do pagamento indevido – à luz da mesma disciplina legal (Código Civil), e versava sobre o mesmo problema jurídico, qual seja, o modo de aplicar a prescrição específica da pretensão de ressarcimento de enriquecimento sem causa.

Descumprindo-se a técnica da uniformização de jurisprudência traçada pelo NCPC, acabaram-se estabelecendo dois precedentes vinculantes contraditórios entre si, no tocante à racionalidade jurídica inobservada. Esse inconveniente teria sido perfeitamente evitado se, em lugar de a Primeira Seção ter resolvido o recurso repetitivo de maneira diferente do que fizera a Segunda Seção, tivesse encaminhado a divergência à Corte Especial, por meio do incidente de assunção de competência (CPC/2015, art. 947). Aí sim, ter-se-ia logrado a formação de um único precedente capaz de cumprir sua dupla função de uniformizar a tese jurisprudencial e de banir a indesejável contradição entre julgados de um mesmo tribunal.

---

[163] STJ, 2ª Seção, REsp 1.361.182/RS, Rel. p. acórdão Min. Marco Aurélio Bellizze, ac. 10.08.2016, *DJe* 19.09.2016, já citado.

[164] STJ, 1ª Seção, REsp. 1.532.514/SC, Rel. Min. Og Fernandes, ac. 10.05.2017, *DJe* 17.05.2017.

Essa grave divergência a propósito da prescrição da repetição de indébito, entre a 1ª e a 2ª Seções, foi, posteriormente, afastada em julgamento da Corte Especial do STJ, relativo à mesma questão lógico-jurídica, quando aplicada à cobrança indevida de tarifa de telefonia fixa. Prevaleceu, então, a tese antes adotada para os serviços públicos de água e esgoto (prescrição geral de dez anos), e não a específica do enriquecimento sem causa (prescrição especial de três anos), justamente porque não havia razão que justificasse solução diferente para conjunturas iguais. O Colegiado maior do STJ, portanto, assentou a tese geral de que a repetição de indébito, em cobranças de preços excessivos, sujeita-se ao prazo decenal do art. 205 do Código Civil, e não ao trienal do art. 206, § 3º, IV, daquele mesmo Código[165].

A regra foi repetida em acórdão proferido em ação que buscava a devolução em dobro dos valores indevidamente cobrados relativos a contrato de assistência funerária. Segundo o STJ, "a discussão acerca da cobrança indevida de valores constantes de relação contratual e eventual repetição de indébito não se enquadra na hipótese do art. 206, § 3º, IV, do Código Civil/2002, seja porque a causa jurídica, em princípio, existe (relação contratual prévia em que se debate a legitimidade da cobrança), seja porque a ação de repetição de indébito é ação específica". Assim, "considerando que a existência de um contrato afasta a ausência de causa, requisito necessário à configuração do enriquecimento sem causa e, consequentemente, da aplicação do prazo prescricional previsto no art. 206, § 3º, IV, do CC/02, deve-se aplicar a prescrição decenal, prevista no art. 205 do CC/02"[166].

Nosso entendimento, já exposto nos itens 107 e 107.1, é no sentido de que a prescrição aplicável é a trienal, prevista para o enriquecimento sem causa. Com efeito, a sistemática moderna da prescrição reduz os prazos para conferir maior segurança jurídica. Nessa esteira, a aplicação do prazo maior e geral de dez anos somente é autorizada quando não há outro específico a regular a questão de direito material.

Ora, consoante afirmado pelos dois acórdãos paradigmas, a ação de repetição de indébito tem como finalidade evitar o enriquecimento sem causa daquele que pratica a cobrança indevida. Embora a repetição, em tema de prescrição, não conte com previsão literal de prazo no Código Civil, seu fundamento encontra guarida nas regras de enriquecimento sem causa, donde perfeitamente aplicável o prazo prescricional de três anos, instituído genericamente para a reparação do locupletamento indevido (CC, art. 206, § 2º, IV). Afinal, a moderna visão do fenômeno da repetição do indébito não é outra senão a de uma espécie do gênero enriquecimento sem causa[167] (v. *retro*, os nos 107.1 e 107.2).

---

[165]   STJ, Corte Especial, EAREsp. 738.991/RS, Rel. Min. Og Fernandes, ac. 20.02.2019, *DJe* 11.06.2019.

[166]   RSTJ, 3ª T, REsp 1708326/SP, Rel. Min. Nancy Andrighi, ac. 06.08.2019, *DJe* 08.08.2019.

[167]   "Conforme já sustentamos em obras de nossa autoria, a previsão [do art. 206, § 3º, IV] é genérica, uma verdadeira *cláusula geral*, podendo englobar várias hipóteses, conforme o correto preenchimento pela doutrina e pela jurisprudência" (TARTUCE, Flávio. Direito Civil. Prescrição. Conceito e princípios regentes. Início do prazo e teoria da *actio nata*, em sua feição subjetiva. Eventos continuados ou sucessivos que geram o enriquecimento sem causa. Lucro da atribuição. Termo *a quo* contado da ciência do último ato lesivo. Análise de julgado do Superior Tribunal de Justiça e relação com eventos descritos. Parecer. *Revista Magister de Direito Civil e Processual Civil*, n. 70, p. 113, jan./fev. 2016). O autor destaca, ainda, que "o pagamento indevido é gênero do enriquecimento sem causa" (loc. cit., p. 115).

108. REPARAÇÃO CIVIL DO DANO *EX DELICTO*

> **Art. 206. Prescreve:**
> **(...)**
> **§ 3º Em 3 (três) anos:**
> **(...)**
> **V – a pretensão de reparação civil; (Código Civil)**

No regime do Código anterior, à falta de regra própria, a pretensão à indenização do dano *ex delicto* sujeitava-se à prescrição vintenária das ações pessoais[168].

Quando se tentou, no debate do congresso, estipular um prazo menor para a responsabilidade civil aquiliana, a emenda ao Código Beviláqua foi rejeitada ao argumento de que a prescrição para o agente do delito não podia ser menor do que a de qualquer direito pessoal, porque o delinquente não merecia favor algum[169].

O Código atual, na preocupação de encurtar as prescrições, incluiu a das reparações civis do ato ilícito no rol das que se dão em três anos. Não importa que o dano seja doloso ou culposo, nem que seja material ou moral. A prescrição civil é uma só.

Para evitar, porém, que a demora do processo criminal pudesse eventualmente gerar a condenação de alguém que ficasse isento de reparar o prejuízo da vítima, porque prescrita a ação civil antes da condenação penal, o Código Civil criou uma suspensão do termo extintivo da ação de ressarcimento: "quando a ação se originar de fato que deva ser apurado no juízo criminal, não correrá a prescrição antes da respectiva sentença definitiva" (art. 200)[170].

Como as responsabilidades civil e criminal são relativamente independentes, a vítima do ato danoso não está, em princípio, obrigada a aguardar o desfecho do processo penal. Pode, desde a consumação do dano, ajuizar a ação indenizatória. Mas, para que a regra suspensiva do art. 200, do CC incida, é necessário que o fato ocasionador da lesão civil seja qualificável, em tese, como ilícito penal. A suspensão da prescrição civil, no entanto, não depende do ajuizamento da ação criminal. Para o STJ, basta que haja inquérito instaurado. Se a ação penal já tiver sido proposta, a prescrição civil volta a correr da data do trânsito em julgado da condenação criminal. Se foi o caso de arquivamento do inquérito ou de não propositura da ação penal, "a prescrição volta a correr da data em que o inquérito criminal fora arquivado"[171].

---

[168] CÂMARA LEAL, Antônio Luis da. *Da prescrição e da decadência*. Teoria geral do direito civil. 2. ed. Rio de Janeiro: Forense, 1959, n. 234 e 236, p. 316-317.

[169] FIGUEIRA, Andrade (apud CÂMARA LEAL, Antônio Luis da. *Da prescrição e da decadência*. Teoria geral do direito civil. 2. ed. Rio de Janeiro: Forense, 1959, n. 234, p. 316).

[170] "O termo *a quo* da prescrição da ação de indenização decorrente de ato ilícito penal praticado por agente do Estado – ação civil *ex delicto* – só tem início a partir do trânsito em julgado da ação penal condenatória" (STJ, 2ª T., AgRg no Ag 441.273/RJ, Rel. Min. João Otávio de Noronha, ac. 18.03.2004, *DJU* 19.04.2004 p. 170). No mesmo sentido: STJ, 1ª T., REsp. 1.018.636/ES, Rel. Min. José Delgado, ac. 08.04.2008, *DJe* 24.04.2008.

[171] TEPEDINO, Gustavo; TERRA, Aline de Miranda Valverde; GUEDES, Gisela Sampaio da Cruz. *Fundamentos do direito civil*. Rio de Janeiro: Forense, 2020, v. 4, p. 301; STJ, 1ª T., REsp. 591.419/RS, Rel. Min. Luiz Fux, ac. 05.10.2004, *DJU* 25.10.2004, p. 232.

No caso de reparação por prestações parceladas (pensionamento), o direito de obter a condenação se conta da data do delito. Uma vez estipuladas, incorrerão periodicamente em prescrição, a contar do vencimento de cada parcela, observado, porém, o prazo próprio da reparação civil, e não das pensões alimentícias[172].

Quando a norma do art. 206, § 3º, inciso V, fala em prescrição da "pretensão de reparação civil", está cogitando da obrigação que nasce do ato ilícito *stricto sensu*. Não se aplica, portanto, às hipóteses de violação do contrato, já que as perdas e danos, em tal conjuntura, se apresentam com função secundária. O regime principal é o do contrato, ao qual deve aderir o dever de indenizar como acessório, cabendo-lhe função própria do plano sancionatório[173]. Enquanto não prescrita a pretensão principal (a referente à obrigação contratual) não pode prescrever a respectiva sanção (a obrigação pelas perdas e danos). Daí que enquanto se puder exigir a prestação contratual (porque não prescrita a respectiva pretensão), subsistirá a exigibilidade do acessório (pretensão ao equivalente econômico e seus acréscimos legais). É, então, a prescrição geral do art. 205, ou outra especial aplicável *in concreto*, como a quinquenal do art. 206, § 5º, inciso I, que, em regra, se aplica à pretensão derivada do contrato, seja originária ou subsidiária a pretensão. Esta é a interpretação que prevalece no Direito italiano (Código Civil, art. 2.947), em que se inspirou o Código brasileiro para criar uma prescrição reduzida para a pretensão de reparação do dano[174].

Deve-se, contudo, ter como responsabilidade aquiliana, e, pois, submetida à prescrição mais curta, a que se verifica durante as negociações pré-contratuais, fase em que se impõe, também, o respeito à boa-fé objetiva a que alude o art. 422[175].

A prescrição trienal, por outro lado, mesmo no âmbito do delito civil, restringe-se tão somente à pretensão de haver indenização do dano. Outras pretensões que se possam exercitar em consequência do ato ilícito, inclusive a de restituição de bens ou valores, permanecem sujeitas às prescrições próprias[176]. Assim, é de três anos o prazo prescricional para requerer indenização por danos morais, materiais e lucros cessantes decorrentes de falecimento em acidente de trânsito[177]; bem como para que a massa falida requeira indenização por ato ilícito que culminou na perda de uma chance em negócio[178]; ou para "a cobrança de direitos autorais, em virtude da disponibilidade de equipamentos de rádio

---

[172]   STF, 2ª T., RE 91.586-9, Rel. Min. Djaci Falcão, ac. 02.10.1979, *RT*, 548/254; STJ, 4ª T., REsp. 1.021/RJ, Rel. Min. Athos Carneiro, *Revista Jurídica* 165/148.

[173]   Sobre o tema, ver item 93, *supra*.

[174]   "L'art. 2.947 c.c. riguarda esclusivamente il fatto illecito previsto dagli art. 2.043 e segg. c.c., che è fonte di *responsabilità* extracontrattuale, e non l'inademp. di obbligazioni derivanti da contratto" (CIAN, Giorgio; TRABUCCHI, Alberto. *Commentario Breve al Codice Civile*. 4. ed. Padova: CEDAM, 1996, p. 2.946). Cf. também GAZZONI, Francesco. *Manuale di diritto privato*. 9. ed. aggiornata e con riferimenti di dottrina e di giurisprudenza. Napoli: Edizioni Scientifiche Italiane, 2001, p. 112.

[175]   CIAN, Giorgio; TRABUCCHI, Alberto. *Commentario Breve al Codice Civile*. 4. ed. Padova: CEDAM, 1996, p. 2.946.

[176]   CIAN, Giorgio; TRABUCCHI, Alberto. *Commentario Breve al Codice Civile*. 4. ed. Padova: CEDAM, 1996, p. 2.946.

[177]   TJMG, 17ª Câm. Cível, Ao. 1.0105.06.210726-0/001, Rel. Des. Márcia de Paoli Balbino, ac. 05.02.2009, *DJ* 31.03.2009.

[178]   TJRS, 11ª Câm. Cível, AC. 0036040-83.2014.8.21.7000, Rel. Des. Byes Ney de Freitas Barcellos, ac. 28.10.2015, *DJERS* 06.11.2015.

e televisão em quartos de motel"[179]; e "pretensão de cobrança de indenização por fruição indevida de imóvel"[180].

108.1. Responsabilidade indenizatória do Poder Público e de exploradores de serviços públicos

Para a Fazenda Pública, a regra de prescrição a observar nas ações indenizatórias que lhe são movidas não é a do Código Civil, mas a da legislação especial existente. Segundo o Decreto nº 20.910/1932, qualquer direito ou ação contra a Fazenda Pública federal, estadual ou municipal prescreve em cinco anos, contados da data do ato ou fato do qual se originaram. A Medida Provisória nº 2.180-35, de 24.08.2001, por sua vez, acrescentou o art. 1º-C à Lei nº 9.494/1997, para especificamente regular a prescrição da pretensão indenizatória contra as pessoas jurídicas de direito público e pessoas jurídicas de direito privado prestadoras de serviço público, tendo reiterado a estipulação do prazo quinquenal antes traçado pelo Dec. nº 20.910 de 1932.

Assim, mesmo após o Código Civil de 2002 ter reduzido a prescrição das ações indenizatórias para três anos, continuarão as hipóteses de responsabilidade civil do Estado e seus delegatários submetidas ao regime quinquenal do Dec. nº 20.910 e da Lei nº 9.494, alterada pela MP nº 2.180-35/2001. É que "a lei nova, que estabeleça disposições gerais ou especiais a par das já existentes, não revoga nem modifica a lei anterior" (Lei de Introdução às Normas do Direito Brasileiro – Dec.-Lei nº 4.657/1942, art. 2º, § 2º).

Voltando-se, porém, a pretensão da vítima do dano contra o agente do Estado culpado pelo evento, a prescrição deverá observar o prazo trienal do Código, porquanto a responsabilidade *in casu* não é a do direito público, mas a comum do direito privado.

Da mesma forma deve-se tratar o ato danoso de responsabilidade de empresas estatais que não desempenham serviços públicos e se dedicam à exploração de atividade econômica, como bancos, seguros, e certas indústrias, como sujeito à prescrição do Código Civil e não à do Dec. nº 20.910/1932 e da Lei nº 9.494/1997. Com efeito, o regime de tais empresas é, por disposição constitucional, o das pessoas jurídicas de direito privado, ou seja, o do Código Civil (CF, art. 173, § 1º, II; CC, art. 41, parágrafo único).

Os demais entes da administração indireta, instituídos para o desempenho de serviços públicos, acham-se sob o regime prescricional público (Dec. nº 20.910/1932 e Lei nº 9.494/1997, alterada pela MP nº 2.180-35/2001). Nesse sentido, a jurisprudência do STJ:

> 1. Discute-se o cálculo do prazo prescricional de ação indenizatória decorrente de acidente de trânsito ocasionado por empresa particular prestadora de serviço público, cuja vítima completou 16 anos em 16/12/1994.
>
> (...)
>
> 5. No entanto, nas ações indenizatórias movidas em desfavor de pessoa jurídica de direito privado, na condição de prestadora de serviço público, a prescrição é regida pelo Código Civil, até a entrada em vigor do art. 1º-C da Lei nº 9.494/1997, em 28.08.2001.

---

[179]   STJ, 3ª T., AgInt n REsp. 1.511.132/RS, Rel. Min. Nancy Andrighi, ac. 15.08.2017, *DJe* 21.08.2017.

[180]   STJ, 4ª T., AgInt no REsp. 1.618.909/DF, Rel. Min. Raul Araújo, ac. 21.09.2020, *DJe* 08.10.2020.

Capítulo IX · DOS PRAZOS DE PRESCRIÇÃO NO CÓDIGO CIVIL

6. Logo, independentemente da metodologia adotada, é inafastável que, com a entrada em vigor do art. 1º-C da Lei nº 9.494/1997, em 28.01.2001, o prazo passou a ser quinquenal, fazendo com que, na espécie, o termo final da prescrição ocorresse em 28.01.2006[181].

108.2. Dano ocorrido após a relação trabalhista

Se a pretensão do empregado for a indenização por prejuízos suportados durante a relação trabalhista, o prazo prescricional a ser observado é o da legislação especial. Ou seja: prazo prescricional de cinco anos para os trabalhadores urbanos e rurais, até o limite de *dois anos* após a extinção do contrato de trabalho, conforme demonstrado no item 89.2.

Entretanto, se o ato causador de danos ocorrer após a extinção da relação de trabalho, não se tratará de descumprimento contratual, mas, sim, de ato ilícito, nos termos do art. 186 do CC.

A Emenda Constitucional nº 45/2004 estabeleceu competir à Justiça do Trabalho processar e julgar "as ações de indenização por dano moral ou patrimonial, decorrentes da relação de trabalho" (CF, art. 114, VI). Trata-se de competência absoluta, atribuída à justiça especializada, para "processar e julgar todas as ações oriundas da relação de trabalho"[182]. Ações que se ligam apenas remotamente ao contrato, são afetas à justiça comum, justamente porque possuem natureza extracontratual. Em outros termos: se a discussão diz respeito diretamente à relação de emprego, a competência é absoluta da Justiça do Trabalho. Se, contudo, não há ligação direta ao contrato de trabalho, a justiça comum será a competente para dirimir o litígio.

A jurisprudência do STJ é tranquila no sentido de que atos ilícitos que tenham apenas ligação remota com a extinção da relação de trabalho não atraem a competência da justiça especializada:

> A ação de indenização por danos morais e materiais proposta por ex-empregado contra ex-empregador, ou vice-versa, embora tenha remota ligação com a extinção do contrato de trabalho, não possui natureza trabalhista, fundando-se nos princípios e normas concernentes à responsabilidade civil[183].

Se a ação de indenização, em casos da espécie, não possui natureza trabalhista, trata-se de responsabilidade aquiliana, cujo prazo prescricional da pretensão indenizatória é de 3 anos (CC, art. 206, § 3º, V, do CC).

109. RESTITUIÇÃO DE LUCROS OU DIVIDENDOS INDEVIDOS

Art. 206. Prescreve:

(...)

§ 3º Em 3 (três) anos:

---

[181] STJ, 1ª T., REsp. 2.019.785/SP, Rel. Min. Sérgio Kukina, ac.15.08.2023, *DJe* 18.08.2023.

[182] MENDES, Gilmar Ferreira; BRANCO, Paulo Gustavo Gonet. *Curso de Direito Constitucional.* 7. ed. São Paulo: Saraiva, 2012, p. 1.054.

[183] STJ, 3ª T., AgRg no Ag. 1.129.255/SP, Rel. Min. Ricardo Villas Bôas Cueva, ac. 21.06.2012, *DJe* 28.06.2012. No mesmo sentido: STJ, 3ª T., AgRg no REsp. 738.639/MG, Rel. Min. Paulo de Tarso Sanseverino, ac. 05.10.2010, *DJe* 15.10.2010.

(...)

VI – a pretensão de restituição dos lucros ou dividendos recebidos de má-fé, correndo o prazo da data em que foi deliberada a distribuição; (Código Civil)

Na vida societária, os lucros da empresa são periodicamente distribuídos entre os sócios. Porém, quando, de má-fé, se procede à distribuição de verbas a que não teriam direito os sócios ou acionistas, pratica-se um ilícito contra o patrimônio da pessoa jurídica[184].

O art. 1.009 trata da matéria dispondo que "a distribuição de lucros ilícitos ou fictícios acarreta responsabilidade solidária dos administradores que a realizarem e dos sócios que os receberem, conhecendo ou devendo conhecer-lhes a ilegitimidade".

Nas sociedades por quotas, há uma previsão especial de reposição de lucros e quantias retiradas pelos sócios, que se dá quando essas verbas, mesmo autorizadas pelo contrato, representem distribuição "com prejuízo do capital" (art. 1.059).

Nestas e em outras situações equivalentes, a pretensão (exercitável pela sociedade ou por algum sócio em favor dela) para recuperar os pagamentos indevidos de lucros ou dividendos prescreve em três anos. Conta-se o prazo da deliberação que permitiu a distribuição indevida (assembleia ou ato deliberativo avulso da administração ou dos sócios)[185].

110. PRETENSÕES DERIVADAS DE VIOLAÇÃO DA LEI OU DOS ESTATUTOS SOCIAIS

Art. 206. Prescreve:

(...)

§ 3º Em 3 (três) anos:

(...)

VII – a pretensão contra as pessoas em seguida indicadas por violação da lei ou do estatuto, contado o prazo:

a) para os fundadores, da publicação dos atos constitutivos da sociedade anônima;

b) para os administradores, ou fiscais, da apresentação, aos sócios, do balanço referente ao exercício em que a violação tenha sido praticada, ou da reunião ou assembleia geral que dela deve tomar conhecimento;

c) para os liquidantes, da primeira assembleia semestral posterior à violação; (Código Civil)

---

[184] "Havendo distribuição irregular dos dividendos, os administradores são responsáveis pelos danos que possam resultar para a companhia. Nesse caso, se os acionistas recebem os dividendos de boa-fé, não estão obrigados a devolvê-lo, sendo, entretanto, compensáveis nos exercícios futuros, sob pena de enriquecimento injustificado. Entretanto, se os dividendos são recebidos pelos acionistas sem a observância do procedimento legal de distribuição, presume-se a má-fé daqueles, razão pela qual estão obrigados a repor à companhia o indevidamente recebido (art. 201, §§ 1º e 2º, da Lei das Sociedades por Ações)" (VENOSA, Sílvio de Salvo. *Código Civil Interpretado*. 2. ed. São Paulo: Atlas, 2011, p. 233).

[185] "Assim, uma vez distribuídos e consequentemente recebidos indevidamente os dividendos, os prejudicados e a própria companhia podem demandar pela reposição, contando-se o prazo prescricional de três anos, a partir do dia em que houve a deliberação acerca da distribuição" (VENOSA, Sílvio de Salvo. *Código Civil Interpretado*. 2. ed. São Paulo: Atlas, 2011, p. 233).

Em matéria de sociedades mercantis, especialmente sociedades anônimas, várias são as hipóteses em que os gestores e sócios incorrem em responsabilidade por atos prejudiciais à pessoa jurídica e a terceiros.

O art. 206, § 3º, VII, cuida das prescrições aplicáveis a essas ações, todas elas fundadas em atos que configurem violação da lei ou dos estatutos sociais.

110.1. Fundadores da sociedade anônima

Durante o processo de constituição da sociedade anônima, os fundadores colhem a subscrição dos candidatos a acionistas, arrecadam as entradas de capital e as recolhem em depósito bancário, diretamente em nome dos subscritores (Lei nº 6.404, de 15.12.1976, arts. 80 e 81). No caso de frustrar-se a constituição da companhia, após seis meses da data do depósito, o próprio banco restituirá as quantias depositadas, diretamente aos subscritores (art. 81, parágrafo único).

Os fundadores, porém, por irregularidade, podem não ter recolhido a subscrição em conta bancária, ou as entradas podem ter sido feitas em outros bens não sujeitos a depósito. Nestes casos, têm os subscritores ação contra os fundadores para recuperar os valores das subscrições, bem como para ressarcir de quaisquer outros prejuízos resultantes da inobservância de preceitos legais cometida pelos referidos fundadores.

Aliás, mesmo tendo sido os valores das subscrições recolhidos a banco, os fundadores responderão, no âmbito de suas atribuições, juntamente com a instituição de crédito, pelos prejuízos decorrentes de culpa ou dolo verificados em atos e operações anteriores à constituição da companhia (Lei nº 6.404, art. 92 e parágrafo único).

Para todas as ações de responsabilização dos fundadores por atos anteriores à constituição da companhia, prevalecerá a prescrição trienal, contando-se o prazo a partir da publicação dos atos constitutivos da sociedade anônima, que deve acontecer após o respectivo arquivo no Registro do Comércio (art. 98 da Lei nº 6.404)[186].

110.2. Administradores e fiscais

Prevê o art. 1.011, *caput,* que "o administrador da sociedade deverá ter, no exercício de suas funções, o cuidado e a diligência que todo homem ativo e probo costuma empregar na administração de seus próprios negócios" (igual regra consta do art. 153 da Lei das Sociedades Anônimas).

Omitindo-se nos cuidados necessários ou agindo intencionalmente com o propósito de lesar a pessoa jurídica ou terceiros, os administradores responderão solidariamente, perante a sociedade e os terceiros prejudicados, por todos os danos causados no exercício

---

[186] "Os fundadores, portanto, têm responsabilidade pessoal pelos atos que praticam enquanto a sociedade encontra-se em processo de constituição, sendo que qualquer interessado ou prejudicado por atos por eles praticados dispõe de demanda para solucionar a controvérsia, contando-se o prazo prescricional de três anos da publicação dos atos constitutivos da sociedade" (VENOSA, Sílvio de Salvo. *Código Civil Interpretado*. 2. ed. São Paulo: Atlas, 2011, p. 234).

de suas funções (art. 1.016)[187]. A mesma responsabilidade está prevista no art. 158 da Lei das Sociedades Anônimas.

O abuso de gestão, praticado pelo administrador por meio do emprego de bens sociais em proveito próprio ou de terceiro, gera a obrigação de restituição à sociedade de todos os valores apropriados, com todos os lucros auferidos, e se houver prejuízo, também terá de responder por eles (art. 1.017, *caput*). Com maior amplitude a Lei nº 6.404/1976 traça a responsabilidade dos administradores das sociedades anônimas e a disciplina da competente ação ressarcitória (art. 159 e parágrafos).

Tanto no Código Civil como na Lei nº 6.404, há previsão do Conselho Fiscal, cujos membros assumem, na sua área de atuação, os mesmos deveres e a mesma responsabilidade previstos para os administradores (Código Civil, art. 1.070; Lei nº 6.404, art. 165).

É às ações em questão, sejam movidas pela pessoa jurídica, por algum sócio ou por terceiro prejudicado, que se aplica a prescrição trienal prevista no art. 206, § 3º, VII, *b*.

O prazo extintivo começa da data de apresentação, aos sócios, do balanço referente ao exercício em que o abuso tenha sido praticado (Código, arts. 1.020 e 1.065), ou da assembleia geral que dele deva tomar conhecimento (Lei nº 6.404, arts. 176 e 132).

110.3. Liquidante

Na liquidação da sociedade, há duas hipóteses de responsabilidade, do liquidante: a) a proveniente da falta de pagamento de algum credor; b) a correspondente a ato ilícito ou abusivo praticado pelo liquidante, no exercício de sua gestão. Ambas estão previstas no art. 1.110 do Código Civil.

Para a pretensão de cobrar as obrigações não satisfeitas oportunamente, a prescrição é de um ano (art. 206, § 1º, V), e a ação pode ser intentada contra os sócios ou acionistas e o liquidante. Conta-se o prazo da publicação da ata de encerramento da liquidação (arts. 1.103, I, e 1.109).

Para a pretensão de indenização de perdas e danos, o prazo é trienal, e conta-se da data da assembleia semestral realizada após o evento danoso (art. 206, § 3º, VII, *c*). Nesse caso, não basta ao credor alegar o não pagamento da dívida social durante a liquidação. É preciso invocar ato ilícito do liquidante praticado com "violação da lei ou do estatuto" como estatui o dispositivo sob comento.

111. TÍTULOS DE CRÉDITO

> **Art. 206. Prescreve:**
>
> (...)
>
> **§ 3º Em 3 (três) anos:**
>
> (...)
>
> **VIII – a pretensão para haver o pagamento de título de crédito, a contar do vencimento, ressalvadas as disposições de lei especial; (Código Civil)**

---

[187] "A regra é de que o administrador não se vincula pessoalmente pelos atos que praticar na consecução do objetivo social, uma vez que age como se fosse a sociedade. Entretanto, responde perante a sociedade e perante terceiros pelos atos que praticar por culpa ou dolo no desempenho de suas funções" (VENOSA, Sílvio de Salvo. *Código Civil Interpretado*. 2. ed. São Paulo: Atlas, 2011, p. 234).

Capítulo IX · DOS PRAZOS DE PRESCRIÇÃO NO CÓDIGO CIVIL · 301

As pretensões relativas aos títulos de crédito sujeitam-se aos prazos de prescrição estatuídos pela legislação própria.

Sendo omissa a lei específica, prevalecerá o prazo de três anos, previsto no art. 206, § 3º, VIII, cuja contagem será feita a partir da data de exigibilidade da obrigação cartular, ou seja, o seu vencimento[188]. É o caso, *v.g.*, das *cédulas de crédito rural* (Decreto-Lei nº 167, de 14.02.1967), *cédulas industriais* (Decreto-Lei nº 413, de 1969), *cédulas de exportação* (Lei nº 6.313, de 1975); *cédulas comerciais* (Lei nº 6.840 de 1980); a *cédula de crédito bancário* (Lei nº 10.931/2004), a *Letra de Crédito Imobiliário* (LCI) e a *Cédula de Crédito Imobiliário* (CCI) (Lei nº 10.931/2004).

111.1. Títulos cambiários e cheque

Perante os títulos cambiários há prazos decadenciais e prazos prescricionais: são decadenciais os que se referem à diligência de protesto para assegurar o direito de regresso contra sacadores e endossantes (Lei Uniforme, arts. 44 e 53, e Dec. nº 2.044/1908, art. 32); e prescricionais os relativos à execução do débito cartular (Lei Uniforme, art. 70; Dec. nº 2.044/1908, art. 50).

Dois, outrossim, são os prazos de prescrição fixados, contra o beneficiário do título, pela Lei Uniforme: a) *três anos,* a contar do vencimento, para as ações contra o aceitante da letra e o emitente da nota promissória; b) *um ano,* a contar do protesto, para as ações contra o sacador e os endossantes. Se o título vem a ser honrado por um endossante, a prescrição é de *seis* meses, a contar do pagamento, no regresso de endossante contra endossante, ou contra o sacador (art. 70).

Em relação à cédula de crédito bancário, o STJ tem entendimento tranquilo a respeito da aplicação do art. 70 da Lei Uniforme de Genebra, que prevê o prazo prescricional de 3 anos, a contar do vencimento da dívida:

> 1. Conforme estabelece o art. 44 da Lei n. 10.931/2004, aplica-se às Cédulas de Crédito Bancário, no que couber, a legislação cambial, de modo que se mostra de rigor a incidência do art. 70 da Lei Uniforme de Genebra, que prevê o prazo prescricional de 3 (três) anos a contar do vencimento da dívida. Precedentes[189].

Em relação à nota promissória, o Enunciado 71 da II Jornada de Direito Comercial dispõe que "a prescrição trienal da pretensão à execução, em face do emitente e seu avalista, de nota promissória à vista não apresentada a pagamento no prazo legal ou fixado no título, conta se a partir do término de referido prazo".

O mesmo se passa com o cheque: a) há um prazo legal de apresentação ao sacado (*trinta dias da emissão*), dentro do qual se deve tirar o protesto ou obter-se o compro-

---

[188] "No tocante aos títulos de crédito (§ 3º, VIII), o prazo de três anos é estabelecido, a contar do vencimento, para quando não houver outro prazo em lei especial. A ressalva é importante porque são inúmeros os prazos estabelecidos em leis especiais. As várias leis reguladoras de títulos de crédito são específicas quanto aso respectivos prazos prescricionais e devem ser consultadas" (VENOSA, Sílvio de Salvo. *Código Civil Interpretado*. 2. ed. São Paulo: Atlas, 2011, p. 234).

[189] STJ, 4ª T., AgInt no AREsp. 1.992.331/MG, Rel. Min. Maria Isabel Gallotti, ac. 13.03.2023, *DJe* 16.03.2023. No mesmo sentido: STJ, 4ª T., AgInt no AREsp. 1.525.428/PR, Rel. Min. Luis Felipe Salomão, ac. 05.11.2019, *DJe* 12.11.2019.

302 | Prescrição e Decadência • *Humberto Theodoro Júnior*

vante do sacado ou da câmara de compensação de que o cheque foi apresentado (Lei nº 7.357/1985, arts. 33 e 47, II); trata-se de prazo decadencial; b) há, outrossim, o prazo de *seis meses*, a contar da expiração do prazo de apresentação, destinado ao ajuizamento da ação executiva (Lei nº 7.357/1985, art. 59), que é de prescrição.

No caso do cheque, o prazo da ação executiva é único – seis meses – tanto contra o emitente, como os endossantes, e até mesmo o de regresso entre os vários endossantes.

Nesse sentido, o Enunciado 40, da I Jornada de Direito Comercial: "O prazo prescricional de 6 (seis) meses para o exercício da pretensão à execução do cheque pelo respectivo portador é contado do encerramento do prazo de apresentação, tenha ou não sido apresentado ao sacado dentro do referido prazo".

Se se tratar de cheque pós-datado, o prazo de seis meses será contado da data nele regularmente consignada, nos termos da jurisprudência do STJ:

> 3. Ainda que a emissão de cheques pós-datados seja prática costumeira, não encontra previsão legal. Admitir-se que do acordo extracartular decorra a dilação do prazo prescricional, importaria na alteração da natureza do cheque como ordem de pagamento à vista e na infringência do art. 192 do CC, além de violação dos princípios da literalidade e abstração. Precedentes.
>
> 4. O termo inicial de contagem do prazo prescricional da ação de execução do cheque pelo beneficiário é de 6 (seis) meses, prevalecendo, para fins de contagem do prazo prescricional de cheque pós-datado, a data nele regularmente consignada, ou seja, aquela oposta no espaço reservado para a data de emissão[190].

Nos termos da segunda parte do Enunciado 40 acima referido, "No caso de cheque pós-datado apresentado antes da data de emissão ao sacado ou da data pactuada com o emitente, o termo inicial é contado da data da primeira apresentação".

Os prazos de apresentação e protesto são insuscetíveis de interrupção e suspensão. Referem-se à constituição do direito de regresso, que se extingue, a seu termo. Os prazos de execução são tipicamente prescricionais, pois se referem ao exercício da pretensão de exigir o pagamento da soma inadimplida pelo obrigado. Submetem-se, portanto, às interrupções e suspensões previstas na disciplina legal da prescrição (Lei nº 7.357, art. 60; Lei Uniforme, art. 71).

Prescrita a pretensão contra o devedor principal, prescrito também estará o direito de cobrança contra o avalista e o endossante. Nesse sentido, o Enunciado 69 da II Jornada de Direito Comercial: "Prescrita a pretensão do credor à execução do título de crédito, o endossante e o avalista, do obrigado principal ou de coobrigado, não respondem pelo pagamento da obrigação, salvo em caso de locupletamento indevido".

Além da ação executiva, que prescreve em três anos, a contar do vencimento da cambial, ou em seis meses, a contar da expiração do prazo de apresentação do cheque, a lei admite ação de locupletamento, a ser exercitada após a prescrição da ação cambiária. A

---

[190] STJ, 2ª Seção, REsp. 1.068.513/DF, Rel. Min. Nancy Andrighi, ac. 14.09.2011, *DJe* 17.05.2012. No mesmo sentido: STJ, 4ª T., EDcl no REsp. 1.302.287/RS, Rel. Min. Maria Isabel Gallotti, ac. 05.08.2014, *DJe* 15.08.2014.

ação de locupletamento refere-se ao negócio subjacente à cártula e segue o procedimento ordinário, e não o executivo (Dec. nº 2.044/1908, art. 48; Lei Uniforme, Anexo II, art. 15)[191].

A ação de enriquecimento contra o emitente e coobrigados do cheque prescreve em dois anos, contados do dia em que se consumar a prescrição da ação executiva (Lei nº 7.357, art. 61 c/c art. 59 e seu parágrafo). Quanto à letra de câmbio e à nota promissória, não há prazo especial na Lei Cambiária. Deve-se, portanto, aplicar, após a prescrição da ação executiva, o prazo previsto ao Código para as ações de enriquecimento sem causa, que é de três anos (art. 206, § 3º, IV). Conta-se esse triênio a partir da data em que se consumar a prescrição da ação executiva cambial, pois é daí que nasce a ação ordinária de locupletamento[192].

É possível, ainda, segundo certa corrente doutrinária, diferenciar-se a *ação causal* da *ação de locupletamento*. Em primeiro lugar, são facilmente distinguíveis, diante de qualquer título cambiário, o negócio *cambiário* propriamente dito (criação do título de crédito) e o negócio *causal* ou *subjacente*, também dito negócio *fundamental* que justificou a emissão da cambial (compra e venda, empréstimo, prestação de serviço etc.). A partir da realidade da existência do título de crédito, as leis cambiárias instituem a ação executiva como sendo a apropriada para a exigência da soma cambiarizada. Prescrita a ação executiva, o título serve, ainda nos moldes da legislação cambiária, para sustentar ação de conhecimento, com o fito de cobrar o valor da cártula (fala-se, então, em ação de locupletamento ou de enriquecimento). Outro prazo prescricional se abre para o uso dessa nova via processual.

Há, em comum, entre a executiva cambiária e a ação de enriquecimento, ambas autorizadas pela legislação específica dos títulos de crédito, a circunstância de fundamentarem-se apenas na cártula. Até aí o credor pode agir em juízo, para realizar seu direito contra o devedor cambiário, sem necessidade de invocar e comprovar o negócio fundamental, causal ou subjacente. O título é, em si, a prova bastante de que o devedor se enriqueceu com o não resgate da obrigação cambiária.

Mas, mesmo depois de prescrita a ação de enriquecimento prevista nas leis cambiárias, subsiste ainda uma terceira ação, que é de direito comum e vem a ser a *ação de cumprimento do negócio fundamental*. Para esta, necessária é a comprovação da *causa debendi*, que não se resume ao título cambiário. Este, quando muito, funcionará como princípio de prova. A *causa petendi*, portanto, não será a cártula, mas a compra e venda, a locação, a prestação de serviços etc., negócio que terá de ser invocado e demonstrado[193].

---

[191] Com a criação da ação monitória (CPC/2015, arts. 700-702), a exigibilidade do valor dos títulos de crédito prescritos pode ser exercida também segundo o rito especial da referida ação (TAMG, Ap. 226.899-1, 3ª C., Rel. Juiz Wander Marotta, ac. 20.11.1996, *RT* 739/411; 1º TACivSP, Ap. 719.434-9, 2ª C., Rel. Juiz Salles de Toledo, ac. 26.11.1997, *RT* 753/253; TAMG, Ap. 210.933-1, 6ª C., Rel. Juiz Francisco Bueno, ac. 29.02.1996, *RJTAMG* 62/257; TAMG, Ap. 217.908-6, Rel. Juiz Pedro Henriques, ac. 22.08.1996, *RJTAMG* 64/183).

[192] PONTES DE MIRANDA, Francisco Cavalcanti. *Tratado de Direito Privado*. Parte Geral. Atualização de Otávio Luiz Rodrigues Júnior; Tilman Quarch e Jefferson Carús Guesdes. São Paulo: RT, 2012. t. VI, § 724, n. 3, p. 635-636.

[193] Na execução e na ação cambial de locupletamento, ocorre "a incidência dos princípios norteadores do direito cambiário (…). Na ação causal, não operam os princípios do direito cambiário, exatamente porque o objeto é a declaração fundamental e não a cartular" (COELHO, Fábio Ulhoa. Da prescrição das

Tome-se, como exemplo, a compra de um automóvel cujo preço foi acobertado pela emissão de um cheque: a ação executiva prescreve em seis meses (Lei nº 7.357/1985, art. 59); a ação de enriquecimento nos dois anos subsequentes (Lei nº 7.357/1985, art. 61 c/c art. 59, parágrafo único); e a ação causal, em cinco anos, a contar do vencimento da dívida ("prescreve [...] em cinco anos: a pretensão de cobrança de dívidas líquidas constantes de instrumento público ou particular" – CC, art. 206, § 5º, I). Em torno de um só evento jurídico, portanto, é possível a incidência sucessiva de três prazos prescricionais.

Chegando-se ao negócio causal, porque já não é mais viável nem a ação executiva, nem a ação de locupletamento, o título de crédito já não mais exerce influência sobre a contagem da prescrição. Esta será aquela que o negócio subjacente determinar. Se, *v.g.*, a obrigação corresponde a um contrato de seguro, o prazo será de um ano (art. 206, § 1º, II); se se trata de prestação alimentar, dois anos (art. 206, § 2º); se for dívida de aluguel, três anos (art. 206, § 3º, I); se for honorários de profissão liberal, cinco anos (art. 206, § 5º, II), e assim por diante. É, portanto, possível que uma vez prescrita a pretensão cambiária de locupletamento já não mais subsista a pretensão comum derivada do negócio causal. É que a prescrição, a seu respeito, não se conta a partir da expiração da ação cambiária, mas da exigibilidade primitiva da obrigação. Dessa maneira, frequentemente a pretensão gerada pelo negócio fundamental ocorrerá antes da extinção da ação cambiária de locupletamento[194].

Ainda porque não se confunde a ação cambial de locupletamento com a ordinária nascida do negócio subjacente, a jurisprudência, corretamente, entende que a ação monitória para cobrança de cheque prescrito não se subordina ao prazo prescricional próprio da pretensão de locupletamento estipulado pela lei cambiária. Aplica-se, *in casu*, a prescrição comum dos direitos reais e pessoais prevista no Código Civil[195]. O STJ já sedimentou o seu entendimento, inclusive em sede de recurso repetitivo, no sentido de que a ação monitória para a cobrança de cheque sem força executiva prescreve em cinco anos[196], a contar do dia seguinte à data de emissão estampada na cártula:

> 1. Para fins do art. 543-C do Código de Processo Civil: "O prazo para ajuizamento de ação monitória em face do emitente de cheque sem força executiva é quinquenal, a contar do dia seguinte à data de emissão estampada na cártula"[197].

---

ações para haver o pagamento de títulos de crédito e o novo Código Civil. *Revista de Direito Bancário e do Mercado de Capitais*, v. 24, p. 207, abr./jun. 2004).

[194] Pagando-se a conta de consumo em um restaurante, por meio de cheque, a execução será possível em seis meses. Daí em diante, conta-se o prazo de dois anos para a ação cambiária de locupletamento. Quando esta se extinguir, não remanescerá a ação comum (ou causal), porque a pretensão de cobrar o serviço prestado (negócio subjacente) já terá incorrido em prescrição desde o momento em que se completou um ano da apresentação da conta (art. 206, § 1º, I). O credor não precisa esperar o transcurso do prazo da ação cambiária de locupletamento para a propositura da ação comum de cobrança. Se o fizer, correrá o risco de perder simultaneamente a oportunidade para ambas.

[195] TJRGS, 10ª CC., Ap. Civ. 7008556102, ac. 06.05.2004, Rel. Des. Antonio Kretzmann, *RJTJRGS* 236/332.

[196] Súmula 503: "O prazo para ajuizamento de ação monitória em face do emitente de cheque sem força executiva é quinquenal, a contar do dia seguinte à data de emissão estampada na cártula".

[197] STJ, 2ª Seção, REsp. 1.101.412/SP, Rel. Min. Luis Felipe Salomão, ac. 11.12.2013, *DJe* 03.02.2014. No mesmo sentido: STJ, 3ª T., REsp. 1.339.874/RS, Rel. Min. Sidnei Beneti, ac. 09.10.2012, *DJe* 16.10.2012; STJ, 3ª T., REsp. 1.628.974/SP, Rel. Min. Ricardo Villas Bôas Cueva, ac. 13.06.2017, *DJe* 25.08.2017; STJ, 3ª T., AgInt no REsp 1.836.051/SP, REl. Min. Marco Aurélio Bellizze, ac. 02.12.2019, *DJe* 05.12.2019.

O mesmo prazo é utilizado para a ação monitória em face do emitente de nota promissória[198] sem força executiva. Nesse sentido, o recurso especial repetitivo:

> Para fins do art. 543-C do Código de Processo Civil: "O prazo para ajuizamento de ação monitória em face do emitente de nota promissória sem força executiva é quinquenal, a contar do dia seguinte ao vencimento do título"[199].

111.2. Debêntures

Debênture é modalidade de título de crédito utilizado pela companhia para a obtenção de recursos a serem utilizados no exercício de sua atividade. "É uma forma de a companhia contrair empréstimo junto ao público, quando necessita de recursos e não deseja recorrer às instituições financeiras nem aumentar o seu capital social, com a emissão de novas ações."[200] O art. 52 da Lei nº 6.404/1976 dispõe que "a companhia poderá emitir debêntures que conferirão aos seus titulares direito de crédito contra ela, nas condições constantes da escritura de emissão e, se houver, do certificado".

Nelson Eizirik explica que a palavra debênture "designa o direito de crédito de seu titular contra a companhia emissora, em razão de um empréstimo por ela contraído"[201].

A natureza jurídica da debênture é, indiscutivelmente, de título de crédito, conforme entendimento doutrinário e jurisprudencial[202]. Destaque-se que o Código de Processo Civil de 2015 elenca a debênture como título executivo extrajudicial ao lado da letra de câmbio, da nota promissória, do cheque e da duplicata (art. 784, I).

Se se trata de título de crédito previsto pela Lei de S/A e se a legislação específica não estabelece prazo prescricional próprio, deve-se aplicar aquele geral estipulado pelo Código Civil para os títulos de crédito, ou seja, três anos (art. 206, § 3º, VIII)[203].

No entanto, este não é o entendimento da Terceira e da Quarta Turmas do STJ, que, apesar de reconhecerem a ausência de disposição específica na Lei de S/A, aplicaram o prazo de cinco anos do art. 206, § 5º, I, do Código Civil para a cobrança de dívidas líquidas constantes de instrumento público ou particular[204].

---

[198] Súmula 504: "O prazo para ajuizamento de ação monitória em face do emitente de nota promissória sem força executiva é quinquenal, a contar do dia seguinte ao vencimento do título".

[199] STJ, 2ª Seção, Rel. Min. Luis Felipe Salomão, ac. 11.12.2013, *DJe* 03.02.2014.

[200] EIZIRIK, Nelson. *A Lei das S/A Comentada*. São Paulo: Quartier Latin, 2011. v. I, p. 319.

[201] EIZIRIK, Nelson. *A Lei das S/A Comentada*. São Paulo: Quartier Latin, 2011. v. I, p. 317.

[202] "Tendo em vista as suas características, as debêntures são incluídas na categoria dos títulos de crédito" (EIZIRIK Nelson. *A Lei das S/A Comentada*. São Paulo: Quartier Latin, 2011. v. I, p. 321). A inclusão das debêntures na categoria dos títulos de crédito é pacífica na doutrina nacional e na estrangeira. Constituem as debêntures um direito de crédito do seu titular diante da sociedade emissora, em razão de um contrato de empréstimo por ela concertado" (CARVALHOSA, Modesto. *Comentários à Lei de Sociedades Anônimas*. 5. ed. São Paulo: Saraiva, 2009. v. 1, p. 579). SADER, Marcos. Natureza jurídica e prazo prescricional aplicável às debêntures. *Revista dos Tribunais*, n. 979, p. 509, maio 2017. A jurisprudência do STJ também é cediça: "No entanto, o Superior Tribunal de Justiça também firmou entendimento de que essas obrigações (debêntures da Companhia Vale do Rio Doce) têm natureza de títulos de crédito" (STJ, 1ª T., AgRg no AI 1.285.851/SP, Rel. Min. Benedito Gonçalves, ac. 28.09.2010, *DJe* 07.10.2010).

[203] Nesse sentido: SADER, Marcos. Natureza jurídica e prazo prescricional aplicável às debêntures. *Revista dos Tribunais*, n. 979, maio 2017, p. 511.

[204] STJ, 4ª T., REsp. 1.316.256/RJ, Rel. Min. Luis Felipe Salomão, ac. 18.06.2013, *DJe* 12.08.2013; STJ, 3ª T., REsp. 1.172.707/AL, Rel. Min. Paulo de Tarso Sanseverino, ac. 28.05.2013, *DJe* 05.11.2013. Em outro

Ora, o art. 206, § 5º, I é aplicável paras as situações em que a obrigação líquida e certa conste de instrumento público ou de documento particular, porque sua existência e seu objeto se acham definidos documentalmente. Embora a debênture conste de documento particular (seja ele físico ou eletrônico), conforme entendimento sedimentado doutrinário e pretoriano, *constitui título de crédito*, razão pela qual a ela se deve aplicar a regra específica dos títulos cambiários (art. 206, § 3º, VIII). Assim, *data venia,* não concordamos com o entendimento que vem sendo adotado pelas Terceira e Quarta Turmas do STJ.

Por fim, deve-se distinguir as situações de execução de debêntures não pagas no vencimento pela companhia com a ação de indenização pelos prejuízos causados pelos atos ilícitos praticados pelo agente financiador no processo de colocação das debêntures no mercado. Nessa hipótese, o STJ aplicou o prazo prescricional trienal, da pretensão de reparação civil (art. 206, § 3º, V)[205].

112. BENEFICIÁRIO DO SEGURO

> **Art. 206. Prescreve:**
>
> **(...)**
>
> **§ 3º Em 3 (três) anos:**
>
> **(...)**
>
> **IX – a pretensão do beneficiário contra o segurador, e a do terceiro prejudicado, no caso de seguro de responsabilidade civil obrigatório. (Código Civil)**

O contrato de seguro pode ser ajustado em favor do segurado ou de terceiro, de maneira que, ao ocorrer o sinistro, a indenização seja paga ao próprio contratante ou àquele em favor de quem este estipulou. No seguro de vida, o beneficiário é sempre diferente do segurado. No seguro obrigatório de responsabilidade civil, a reparação é feita diretamente ao prejudicado[206]. Em outros tipos de contrato também se costuma convencionalmente estipular beneficiário o credor do segurado, como na cobertura de bens dados em hipoteca e penhor e outras formas de caução.

Estes terceiros, sem terem sido partes no contrato, têm ação contra o segurador (arts. 760 e 436, parágrafo único) para exigir a indenização correspondente ao seguro ajustado. Os prazos de prescrição são diversos: para o segurado, quando o próprio contratante se

---

julgado, analisando questão ocorrida antes da vigência do Código Civil de 2002, o STJ aplicou o prazo geral de vinte anos do Código Comercial, "tendo em vista a ausência de prazo específico na Lei das Sociedades por Ações" (STJ, 3ª T., REsp. 1.599.422/SP, Rel. Min. Paulo de Tarso Sanseverino, ac. 15.12.2016, *DJe* 08.02.2017).

[205] "3. Pedido de indenização por danos materiais e lucros cessantes formulado pela sociedade alegadamente prejudicada em face da instituição financeira responsável pela colocação dos títulos no mercado. (...) 6. Reconhecimento da ocorrência da prescrição da pretensão indenizatória nos termos dos arts. 206, § 3º, V, e 2028 do CC/2002" (STJ, 3ª T., REsp. 1.223.099/RJ, Rel. Min. Paulo de Tarso Sanseverino, ac. 19.06.2012, *DJe* 19.11.2012).

[206] Também no seguro voluntário de responsabilidade civil, embora não venha desde logo nomeado o favorecido, tem-se uma estipulação em favor do terceiro, a ser identificado quando o sinistro ocorrer. Nesse sentido, atribui o Código ao referido seguro a natureza de uma garantia contraída pelo segurador, de realização do pagamento das perdas e danos devidos pelo segurado ao ofendido (art. 787). Aplica-se, portanto, a esse beneficiário o prazo trienal do art. 206, § 3º, IX.

beneficiar do seguro, prevalece a prescrição de um ano (art. 206, § 1º, II); se é um terceiro, deve-se distinguir entre o seguro obrigatório e o facultativo. Para o beneficiário do seguro obrigatório, a prescrição será de três anos (art. 206, § 3º, IX)[207], para o facultativo, será de dez anos (art. 205).

Farta é a jurisprudência do STJ sobre o tema:

a) Beneficiário de seguro obrigatório:

> a) 1. A pretensão de cobrança e a pretensão a diferenças de valores do seguro obrigatório (DPVAT) prescrevem em três anos, sendo o termo inicial, no último caso, o pagamento administrativo considerado a menor[208].
>
> b) 2. O prazo prescricional para propositura da ação de cobrança relacionada ao seguro obrigatório DPVAT é de três anos, conforme disposto no art. 206, § 3º, IX, do novo Código Civil, observada a regra de transição de que trata o artigo 2.028 do aludido diploma legal (Súmula 405/STJ)[209].

b) Beneficiário de seguro facultativo:

> a) Pacífico o entendimento desta Corte no sentido de que o terceiro beneficiário de seguro de vida em grupo, o qual não se confunde com a figura do segurado, não se sujeita ao lapso prescricional ânuo previsto no artigo 178, § 6º, II, do CC/1916, mas, ao prazo vintenário, na forma do artigo 177, correspondente às ações pessoais, ou decenal, em consonância com o artigo 205 do CC/2002. Agravo improvido[210].
>
> b) 2. No caso, o entendimento da decisão recorrida coincide com a jurisprudência desta Corte Superior, no sentido de que a pretensão de terceiro beneficiário de seguro de vida prescreve em 10 (dez) anos[211].

Por fim, deve-se ressaltar que a contagem do prazo é de ser feita na forma do art. 206, § 3º, II, *b*, ou seja, a partir do momento em que o interessado tem ciência do fato gerador da pretensão (*in casu*, o sinistro).

É bom lembrar, contudo, que a jurisprudência do STJ tem considerado que o momento de surgimento da pretensão do beneficiário contra a seguradora, para efeito de prescrição, se dá apenas quando o interessado tem inequívoco conhecimento da recusa do pagamento da indenização pela seguradora, "fato este que faz surgir o direito de ação para o adimplemento coercitivo"[212] (verificar, sobre o tema, o item 98.4, *retro*).

---

[207] No regime do Código anterior, à falta de norma específica para o beneficiário, entendia-se que não se lhe aplicava a prescrição ânua do segurado, mas a prescrição comum das ações pessoais (20 anos) (1º TACivSP, 7ª C., Ap. nº 414.821-6, Rel. Juiz Renato Takiguthi, ac. 20.02.1990, *RT*, 657/99). O novo Código resolveu o problema estipulando o prazo de três anos para a prescrição da pretensão do beneficiário do seguro (art. 206, § 3º, IX).

[208] STJ, 2ª Seção, REsp. 1.418.347/MG, Rel. Min. Ricardo Villas Bôas Cueva, ac. 08.04.2015, *DJe* 15.04.2015 (decisão em regime de recurso repetitivo).

[209] STJ, 4ª T., AgInt no AREsp. 798.043/SP, Rel. Min. Maria Isabel Gallotti, ac. 02.05.2017, *DJe* 09.05.2017.

[210] STJ, 3ª T., AgRg no REsp. 715.512/RJ, Rel. Min. Sidnei Beneti, ac. 11.11.2008, *DJe* 28.11.2008.

[211] STJ, 4ª T., AgRg no AREsp. 358.693/RS, Rel. Min. Antonio Carlos Ferreira, ac. 06.05.2014, *DJe* 13.05.2014.

[212] STJ, 4ª T., REsp. 305.746/MG, Rel. Min. Fernando Gonçalves, ac. 26.08.2003, *DJU* 08.09.2003, p. 333.

113. PRESCRIÇÃO ENTRE TUTOR E PUPILO

> **Art. 206. Prescreve:**
>
> **(...)**
>
> **§ 4º Em 4 (quatro) anos, a pretensão relativa à tutela, a contar da data da aprovação das contas. (Código Civil)**

Durante a tutela, não corre prescrição entre tutor e pupilo (art. 197, III), seja o crédito a favor ou contra o menor.

Periodicamente, cabe ao tutor prestar contas em juízo da administração dos bens do tutelado (art. 1.755), o que será também obrigatório quando deixar, por qualquer motivo, o exercício da tutela (art. 1.757).

Enquanto não aprovadas as contas pelo juiz, mesmo quando cessada a tutela por emancipação ou maioridade, subsistirá íntegra a responsabilidade do tutor, contraída durante sua gestão (art. 1.758). Da data da aprovação jurídica das contas da tutela, corre a prescrição relativa às dívidas do tutor perante o tutelado e as deste em favor daquele, cujo prazo é de quatro anos (art. 206, § 4º).

Da gestão dos bens do tutelado, decorrem créditos e débitos entre as partes: a) o tutor responde pelos prejuízos causados ao incapaz, por dolo ou culpa (art. 1.752, *caput*); e b) responde, também, pelo saldo devedor (alcance) apresentado em favor do tutelado, nas contas da gestão (art. 1.762). Cabe-lhe, porém: a) o direito ao reembolso do que realmente despender no exercício da tutela (arts. 1.752 e 1.760); b) o direito à remuneração proporcional à importância dos bens administrados (art. 1.752); c) o direito de recuperar as despesas feitas com a prestação de contas (art. 1.761).

Todo esse complexo de verbas ativas e passivas provocará um saldo que tanto pode ser favorável como desfavorável ao tutor. A prescrição do art. 206, § 4º, aplica-se qualquer que seja o credor, isto é, o tutor ou o tutelado. É preciso, no entanto, distinguir entre as prestações de contas que são periódicas e as que se dão em virtude de cessação definitiva da tutela (maioridade e emancipação). Enquanto perdura a tutela não corre prescrição alguma (art. 197, II). Quando o tutor deixa a tutela, mas o menor continua na incapacidade absoluta, a prescrição corre a favor do tutelado e contra o tutor. Contra o absolutamente incapaz, todavia, não corre prescrição alguma (art. 198, I). Finalmente, quando o tutor deixa a tutela durante a incapacidade relativa, ou quando o menor se emancipa ou atinge a maioridade, e as contas são aprovadas em juízo, é que a prescrição prevista no art. 206, § 4º, passará a fluir normal e indistintamente contra tutor e tutelado.

O dispositivo comentado cuida apenas do tutor. O curador foi incluído no art. 206, § 5º, II.

O dispositivo comentado, outrossim, refere-se ao problema da prescrição a partir da aprovação das contas do tutor. *Quid iuris*, se as contas não forem prestadas? A pretensão de exigir tais contas, à falta de regra especial, terá de sujeitar-se à prescrição ordinária do art. 205 (isto é, dez anos a contar da cessação do *munus*)[213].

---

[213] "O dispositivo se refere à pretensão de cobrança. Quando as contas não são prestadas, a ação para obrigar o demandado a prestá-las sujeita-se ao prazo ordinário de dez anos previsto no art. 205 e contado da

114. DÍVIDAS LÍQUIDAS DOCUMENTADAS

> **Art. 206. Prescreve:**
>
> **(...)**
>
> **§ 5º Em 5 (cinco) anos:**
>
> **I – a pretensão de cobrança de dívidas líquidas constantes de instrumento público ou particular; (Código Civil)**

Considera-se líquida a obrigação certa quanto à sua existência e determinada quanto ao seu objeto. Quando o crédito consta de instrumento público ou de documento particular e é líquido[214], porque sua existência e seu objeto se acham definidos documentalmente, a prescrição aplicável à pretensão do respectivo titular sujeita-se ao prazo de cinco anos (art. 206, § 5º, I). Nesse sentido:

> 3. É de cinco anos o prazo prescricional para a pretensão de cobrança de dívidas líquidas constantes de instrumento particular.
>
> 4. No caso concreto, as partes firmaram um contrato particular, no qual ficou estipulado que os proprietários do imóvel (sítio), ora recorrentes, pagariam ao ora recorrido um percentual sobre a renda que o bem geraria, até que fosse alienado, hipótese que também acarretaria o pagamento de percentual sobre o valor da alienação[215].

Contar-se-á o prazo em questão a partir do vencimento da obrigação, ou de cada serviço prestado, se mais de uma tarefa se realizou entre as partes. Não havendo previsão de vencimento em data certa, a prescrição correrá a partir da constituição em mora do devedor, por interpelação (arts. 394 e 397, parágrafo único).

114.1. Jurisprudência do STJ sobre o tema

a) Taxa condominial:

O STJ, em sede de recurso repetitivo, aplicou o prazo quinquenal para cobrança de taxa de condomínio, uma vez que se trata de dívida líquida – desde sua definição em assembleia geral de condôminos –, constante de instrumento particular:

> 1. A tese a ser firmada, para efeito do art. 1.036 do CPC/2015 (art. 543-C do CPC/1973), é a seguinte: "Na vigência do Código Civil de 2002, é quinquenal o prazo prescricional para que o Condomínio geral ou edilício (vertical ou horizontal) exerça a pretensão de cobrança de taxa condominial ordinária ou extraordinária, constante em instrumento público ou particular, a contar do dia seguinte ao vencimento da prestação"[216].

---

cessação da tutela" (VENOSA, Silvo de Salvo. *Código Civil Interpretado*. 2. ed. São Paulo: Atlas, 2011, p. 235).

[214] "O texto exige liquidez na obrigação, sem a qual não se contará esse prazo" (VENOSA, Sílvio de Salvo. *Código Civil Interpretado*. 2. ed. São Paulo: Atlas, 2011, p. 235).

[215] STJ, 4ª T., REsp. 2.018.619/SP, Rel. Min. Raul Araújo, ac. 04.10.2022, *DJe* 14.10.2022.

[216] STJ, 2ª Seção, REsp. 1.483.930/DF, Rel. Min. Luis Felipe Salomão, ac. 23.11.2016, *DJe* 01.02.2017. No mesmo sentido: STJ, 4ª T., AgRg no AgRg no AREsp. 359.259/DR, Re. Min. Raul Araújo, ac. 02.02.2016, *DJe* 16.02.2016.

b) Cobrança de complementação da aposentadoria de previdência privada:

O STJ, em sede de recurso repetitivo e em razão da Súmula 291[217], aplica o prazo quinquenal para cobrança de complementação de aposentadoria de previdência privada, cujo prazo começa a correr da data em que houver a devolução a menor das contribuições pessoais recolhidas pelo associado ao plano previdenciário:

> A prescrição quinquenal prevista na Súmula do STJ/291 incide não apenas na cobrança de parcelas de complementação de aposentadoria, mas, também, por aplicação analógica, na pretensão a diferenças de correção monetária incidentes sobre restituição da reserva de poupança, cujo termo inicial é a data em que houver a devolução a menor das contribuições pessoais recolhidas pelo associado ao plano previdenciário[218].

Entretanto, tratando-se de pretensão de restituição de valores de benefícios previdenciários complementares recebidos por força de decisão liminar posteriormente revogada, o STJ entende que o prazo prescricional é o geral de dez anos, do art. 205, "tendo em vista não se tratar de hipótese de enriquecimento sem causa, de prescrição intercorrente ou de responsabilidade civil". Em casos tais, "o termo *a quo* do prazo prescricional é a data do trânsito em julgado do provimento jurisdicional em que se confirma a revogação da liminar, pois este é o momento em que o credor toma conhecimento de seu direito à restituição, pois não mais será possível a reversão do aresto que revogou a decisão precária"[219].

c) Cobrança de mensalidades escolares:

A alta Corte também aplica o prazo de cinco anos para a prescrição de cobrança relativa a mensalidades escolares, seja ou não em razão de contrato de financiamento:

> a) 1. Discute-se o prazo prescricional aplicável à pretensão de cobrança de parcelas referentes a contrato de crédito rotativo para financiamento de mensalidades universitárias.
> (...)
> 5. Sob a égide do Código Civil de 1916, o prazo prescricional aplicável era o vintenário, previsto no art. 177 do CC/1916.
> 6. A partir da entrada em vigor do Código Civil de 2002, impera a regra de prescrição inserta no art. 206, § 5º, I, do CC/2002, que prevê o prazo prescricional quinquenal para a pretensão de cobrança de dívidas líquidas constantes de instrumento público ou particular[220].
> b) 1. O prazo prescricional aplicável à ação de cobrança de dívida líquida contratualmente assumida em instrumento de concessão de bolsa de estudos é de 5 (cinco) anos, conforme previsão contida no artigo 206, § 5º, I, do Código Civil, contados, no caso concreto, em conformidade com a regra de transição estabelecida em seu artigo 2.028, a partir do início de sua entrada em vigor. Precedentes.

---

[217] Súmula 291: "A ação de cobrança de parcelas de complementação de aposentadora pela previdência privada prescreve em cinco anos".

[218] STJ, 2ª Seção, REsp. 1.110.561/SP, Rel. Min. Sidnei Beneti, ac. 09.09.2009, *DJe* 06.11.2009.

[219] STJ, 2ª Seção, REsp. 1.939.455/DF, Rel. Min. Nancy Andrighi, ac. 26.04.2023, *DJe* 09.06.2023.

[220] STJ, 3ª T., REsp. 1.188.933/RS, Rel. Min. Nancy Andrighi, ac. 13.08.2013, *DJe* 26.08.2013.

Capítulo IX · DOS PRAZOS DE PRESCRIÇÃO NO CÓDIGO CIVIL | 311

2. Esta Corte consagrou o entendimento de que a expressão 'dívida líquida' constante do aludido dispositivo legal deve ser compreendida como obrigação certa, com prestação determinada. Nesse contexto, definida a obrigação em instrumento contratual e fixado o valor da bolsa, o crédito mostra-se líquido, podendo ser apurado por meio de simples operação aritmética[221].

c) 1. O prazo prescricional da pretensão de cobrança de mensalidades escolares vencidas até 11.01.2003 – entrada em vigor do novo Código Civil – é o estabelecido no art. 178, § 6º, VII do CC/1916. Para as mensalidades vencidas após a referida data, aplica-se o prazo quinquenal, disposto no art. 206, § 5º, I do CC/2002[222].

d) Cobrança de anuidade da OAB:

O STJ entende que não possuindo a anuidade da OAB natureza tributária, o prazo prescricional para a sua cobrança é de cinco anos:

2. As anuidades pagas à OAB não têm natureza tributária, devendo os títulos executivos extrajudiciais delas decorrentes sujeitarem-se ao prazo prescricional de cinco anos previsto no art. 206, § 5º, do Código Civil. Precedentes[223].

e) Cobrança de crédito vinculado ao SFH:

O STJ também aplica o prazo quinquenal de prescrição para a execução hipotecária proposta para cobrança de crédito vinculado ao Sistema Financeiro Habitacional:

1 – A execução hipotecária proposta para cobrança de crédito vinculado ao Sistema Financeiro da Habitação sujeita-se ao prazo prescricional de 05 (cinco) anos previsto no artigo 206, § 5º, I, do Código Civil[224].

f) Cobrança de despesa médico-hospitalar:

O STJ aplica o prazo prescricional quinquenal para a cobrança de despesas médico-hospitalares:

1. Discute-se o prazo prescricional aplicável à pretensão de cobrança de despesas médico-hospitalares.

(...)

3. Sob a égide do Código Civil de 1916, a jurisprudência do STJ caminhava no sentido de aplicar às hipóteses de cobranças hospitalares o prazo prescricional ânuo, previsto no art. 178, § 6º, IX, do CC/1916.

4. A partir da entrada em vigor do Código Civil de 2002, impera a regra de prescrição inserta no art. 206, § 5º, I, do CC/2002, que prevê o prazo prescricional quinquenal para a pretensão de cobrança de dívidas líquidas constantes de instrumento público ou particular[225].

---

[221] STJ, 3ª T., AgRg no REsp. 1.123.411/SP, Rel. Min. Ricardo Villas Bôas Cueva, ac. 04.09.2014, *DJe* 11.09.2014.

[222] STJ, 4ª T., AgRg no Ag. 1.271.678/RJ, Rel. Min. João Otávio de Noronha, ac. 03.08.2010, *DJe* 16.08.2010.

[223] STJ, 2ª T., AgRg no REsp. 1.568.850/SC, Rel. Min. Diva Malerbi, ac. 17.03.2016, *DJe* 31.03.2016.

[224] STJ, 3ª T., REsp. 1.385.998/RS, Rel. Min. Sidnei Beneti, ac. 03.04.2012, *DJe* 12.05.2014.

[225] STJ, 3ª T., REsp. 1.312.646/MG, Rel. Min. Nancy Andrighi, ac. 11.06.2013, *DJe* 18.06.2013.

g) Cobrança de cédula de crédito bancário:

O entendimento do STJ é no sentido de que a ação de cobrança ou a monitória, incidente sobre valores constantes de cédula de crédito bancário, está sujeita ao prazo prescricional de 5 anos:

> a) 1. Não se tratando de execução, cujo prazo é trienal, a prescrição do propósito manifestado pelo credor, em ação de cobrança ou monitória, incidente sobre os valores decorrentes da atividade creditícia das instituições financeiras formalizada mediante título de crédito cambiariforme, estava sujeita ao prazo vintenário das ações pessoais na vigência do Código Civil anterior, que foi reduzido para cinco anos no Código atual, observada a regra de transição. Precedentes[226].
>
> b) 2. Cinge-se a controvérsia a definir o prazo prescricional aplicável à pretensão de cobrança, por meio de ação monitória, de dívida representada por cédula de crédito bancário.
>
> 3. No caso de a pretensão executiva estar prescrita, ainda é possível que a cobrança do crédito se dê por meio de ações causais, pelo procedimento comum ou monitório, no qual o título de crédito serve apenas como prova (documento probatório) e não mais como título executivo extrajudicial (documento dispositivo).
>
> 4. A cédula de crédito bancário representa promessa de pagamento em dinheiro, decorrente de operação de crédito, de qualquer modalidade, tratando-se de dívida certa, líquida e exigível, seja pela soma nela indicada, seja pelo saldo devedor demonstrado em planilha de cálculo, ou nos extratos da conta corrente. Trata-se de dívida líquida constante de instrumento particular, motivo pelo qual a pretensão de sua cobrança prescreve em 5 (cinco) anos, nos termos do artigo 206, § 5º, I, do Código Civil[227].

115. PROFISSIONAIS LIBERAIS, PROCURADORES JUDICIAIS, CURADORES E PROFESSORES

> **Art. 206. Prescreve:**
>
> **(...)**
>
> **§ 5º Em 5 (cinco) anos:**
>
> **II – a pretensão dos profissionais liberais em geral, procuradores judiciais, curadores e professores pelos seus honorários, contado o prazo da conclusão dos serviços, da cessação dos respectivos contratos ou mandato; (Código Civil)**

Havia no Código anterior uma especificação detalhada de profissionais, a cujos figurantes se atribuíam prescrições diferentes para as pretensões de cobrança de honorários.

O Código novo agrupou todos eles num regime único, de sorte que a todo e qualquer profissional liberal, a todos os procuradores e curadores que atuam na justiça e

---

[226] STJ, 4ª T., AgRg no AgRg no Ag. 1.170.603/DF, Rel. Min. Maria Isabel Gallotti, ac. 20.10.2015, *DJe* 28.10.2015.

[227] STJ, 3ª T., REsp. 1.940.996/SP, Rel. Min. Ricardo Villas Bôas Cueva, ac. 21.09.2021, *DJe* 27.09.2021. No mesmo sentido: STJ, 3ª T., REsp. 1.403.289/PE, Rel. Min. Nancy Andrighi, ac. 05.11.2013, *DJe* 14.11.2013.

Capítulo IX · DOS PRAZOS DE PRESCRIÇÃO NO CÓDIGO CIVIL   313

aos professores em geral, corresponde a prescrição única de cinco anos. Não importa a periodicidade das obrigações, nem a especialização profissional[228].

O prazo será contado do momento previsto no contrato para a conclusão dos serviços, ou da ocasião em que se der a cessação dos respectivos contratos ou mandatos. Não se cogitou de serviços remunerados periodicamente, porque a prestação de que se cogita é a dos profissionais liberais ou autônomos. Se o professor, por exemplo, ou qualquer outro profissional se vincula a um regime de prestação permanente de serviço, quase sempre se estabelecerá uma relação de emprego, cujo regime jurídico escapa ao sistema do Código Civil.

Há de se admitir, porém, que uma relação duradoura pode se estabelecer sem que necessariamente se implante a subordinação hierárquica entre o liberal e o usuário de sua assistência profissional. Prevendo-se o pagamento parcelado, na hipótese, a prescrição, sem embargo, continuará contável apenas a partir da cessação da prestação avençada.

As pretensões arroladas no § 5º, II, do art. 206 sujeitam-se à prescrição quinquenal, sejam líquidas ou ilíquidas as prestações devidas. Qualquer ação, na espécie, para cobrar saldo já apurado ou pretender acerto de contas, ou, ainda, para obter condenação genérica, terá de ser aforada dentro do quinquênio estipulado pelo dispositivo sob comento.

115.1. Honorários advocatícios

A prescrição da cobrança de honorários do advogado está prevista no art. 25 do Estatuto da OAB, Lei nº 8.906/1994, que prevê o prazo de cinco anos, contados: i) do vencimento do contrato, se houver; ii) do trânsito em julgado da decisão que os fixar[229]; iii) da ultimação do serviço extrajudicial; iv) da desistência ou transação; e, v) da renúncia ou revogação do mandato.

Entretanto, uma vez que referida norma especial não trata da prescrição para a ação de arbitramento de honorários, o STJ aplica o prazo de cinco anos previsto no art. 206, § 5º, II, do Código Civil:

> 2. Recurso especial em que se discute o *dies a quo* do prazo prescricional para cobrança de honorários decorrentes de contrato verbal de prestação de serviços advocatícios judiciais.
>
> 3. Somente a ação declaratória pura é imprescritível; quando ela se revestir também de natureza constitutiva, ficará sujeita à prescrição.
>
> 4. Embora, com base no princípio da especialidade, a regra específica do art. 25, II, da Lei nº 8.906/1994 deva prevalecer sobre o comando geral do art. 206, § 5º, II, do CC/2002, aquela norma legal se refere exclusivamente à prescrição da ação de cobrança de honorários de advogado, inexistindo qualquer alusão à ação de arbitramento. Portanto, ausente no Estatuto da OAB comando específico para a tutela da prescrição da ação de arbitramento de honorários advocatícios, aplica-se a regra geral contida no Código Civil, cuja redação é mais abrangente, comportando inclusive a pretensão de fixação da verba.

---

[228] "Concentraram-se, assim, num só dispositivo todos os casos de prescrição da cobrança de *honorários dos profissionais liberais em geral*, mesmo omitidos no projeto, remanescendo no texto a referência aos procuradores judiciais e professores, como sendo meramente elucidativa" (CAHALI, Yussef Said. *Prescrição e decadência*. São Paulo: RT, 2008, p. 173-174).

[229] "O prazo prescricional para o exercício da pretensão de execução de honorários advocatícios sucumbenciais é de cinco anos, a contar do trânsito em julgado da decisão que os fixou" (STJ, 3ª T., REsp. 949.414/PR, Rel. Min. Nancy Andrighi, ac. 05.11.2009, *DJe* 18.11.2009).

5. Embora pormenorizadas, as hipóteses enumeradas no art. 25 da Lei nº 8.906/1994 se subsumem na previsão do art. 206, § 5º, II, do CC/2002, de sorte que, independentemente da norma aplicada, o prazo prescricional para exercício da pretensão de arbitramento e/ou cobrança dos honorários advocatícios judiciais verbalmente contratados será sempre de 05 anos, contado do encerramento da prestação do serviço (trânsito em julgado da decisão final ou último ato praticado no processo, conforme o caso)[230].

Por fim, impende destacar que o *dies a quo* para a contagem do prazo prescricional de cinco anos para a cobrança de honorários, em caso de rescisão unilateral do contrato, é a data da cientificação da renúncia ou da revogação do mandato:

1. Prescrição do exercício da pretensão de cobrança de honorários advocatícios contratuais. Consoante cediço no STJ, nos casos em que ocorrida rescisão unilateral do contrato de prestação de serviços advocatícios, a contagem do prazo prescricional quinquenal para exercício da pretensão de cobrança da verba honorária pactuada inicia-se da data em que o mandante/cliente é cientificado da renúncia ou revogação do mandato, à luz do artigo 25, inciso V, da Lei nº 8.906/1994. Precedentes[231].

Entretanto, havendo no contrato condição suspensiva para a cobrança dos honorários, qual seja, o sucesso da demanda, a contagem do prazo somente se iniciará com o trânsito em julgado da ação:

4. Prescrição: utilização do princípio da *actio nata*, segundo o qual passa a fluir o prazo prescricional apenas a partir do momento em que existir uma pretensão exercitável por parte daquele que suportará os efeitos do fenômeno extintivo.
5. Cláusula de êxito como condição suspensiva de exigibilidade que faz postergar no tempo o início da contagem prescricional[232].

116. RECUPERAÇÃO DAS DESPESAS PROCESSUAIS

Art. 206. Prescreve:

(...)

§ 5º Em 5 (cinco) anos:

(...)

III – a pretensão do vencedor para haver do vencido o que despendeu em juízo. (Código Civil)

No encerramento de qualquer processo judicial, a sentença condena a parte sucumbente (a derrotada, não importa se autor ou réu) a ressarcir os gastos processuais da parte vencedora (CPC/2015, art. 85).

---

[230] STJ, 3ª T., REsp. 1.358.425/SP, Rel. Min. Nancy Andrighi, ac. 08.05.2014, *DJe* 26.05.2014.

[231] STJ, 4ª T., AgRg no Ag. 1.351.861/RS, Rel. Min. Marco Buzzi, ac. 25.03.2014, *DJe* 04.04.2014.

[232] STJ, 3ª T., REsp. 1.632.766/SP, Rel. Min. Nancy Andrighi, ac. 06.06.2017, *DJe* 12.06.2017. No mesmo sentido: STJ, 4ª T., Resp. 805.151/SP, Rel. Min. Raul Araújo, ac. 12.08.2014, *DJe* 28.04.2015.

Essa condenação é autônoma, pois não depende de a parte ser titular de outra imposição que tenha de ser qualificada como principal. Nas sentenças declaratórias e constitutivas, não há outra condenação além da pertinente às verbas sucumbenciais.

Quando o processo de conhecimento se encerra com uma condenação principal, as despesas do processo integram, como acessório, a reparação total a que tem direito a parte vencedora[233]. O regime prescricional deve ser único. É o da *actio iudicati*, que pode, eventualmente, ser maior do que o do art. 206, § 5º, III.

Nos casos de autonomia da verba, seja porque se transforme em direito autônomo do profissional que assistiu o vencedor (Estatuto da OAB, art. 23), seja porque é o único reembolso a ser efetuado ao litigante vitorioso, a prescrição deverá observar o prazo de cinco anos do art. 206, § 5º, III.

Mesmo quando o advogado se prevalece do direito autônomo de absorver os honorários sucumbenciais, não há prazo prescricional diverso, uma vez que também o Estatuto da OAB estipula cinco anos para a prescrição da cobrança de qualquer crédito de honorários advocatícios (art. 25 da Lei nº 8.906/1994).

---

[233] "Incluem-se aí não somente as custas e emolumentos, como as despesas com perícia, avaliação de bens etc." (VENOSA, Sílvio de Salvo. *Código Civil Interpretado*. 2. ed. São Paulo: Atlas, 2011, p. 235).

Capítulo X

Da Prescrição em Face da Fazenda Pública e dos Contratos Regulados por Leis Especiais

117. FAZENDA PÚBLICA, ENTIDADES PARAESTATAIS E CONCESSIONÁRIOS DE SERVIÇOS PÚBLICOS

O regime prescricional aplicável à Fazenda Pública é o do Decreto nº 20.910/1932, em caráter geral, e o do Código Tributário Nacional, em relação às obrigações tributárias. Dispõe, a propósito, o art. 1º do Decreto nº 20.910/1932 que:

> As dívidas passivas da União, dos Estados e dos Municípios, bem assim todo e qualquer direito ou ação contra a Fazenda federal, estadual ou municipal, seja qual for a sua natureza, prescrevem em cinco anos contados da data do ato ou fato do qual se originarem[1].

Para o âmbito de incidência do CTN, a regra básica é a do art. 174, *caput*:

> A ação para a cobrança do crédito tributário prescreve em cinco anos, contados da data da sua constituição definitiva.

Para a cobrança de IPTU, o STJ, em sede de recurso repetitivo, já sedimentou o entendimento de que o prazo prescricional de cinco anos começa a fluir somente após o prazo estabelecido pela lei local para o pagamento voluntário pelo contribuinte:

> Tratando-se de lançamento de ofício, o prazo prescricional de cinco anos para que a Fazenda Pública realize a cobrança judicial de seu crédito tributário (art. 174, caput do CTN) referente ao IPTU, começa a fluir somente após o transcurso do prazo estabelecido pela lei local para o vencimento da exação (pagamento voluntário pelo contribuinte), não dispondo o Fisco, até o vencimento estipulado, de pretensão executória legítima para ajuizar execução fiscal objetivando a cobrança judicial, embora já constituído o crédito desde o momento no qual houve o envio do carnê para o endereço do contribuinte (Súmula 397/STJ). Hipótese similar ao julgamento por este STJ do REsp. 1.320.825/RJ

---

[1] O regime prescricional do Dec. 20.910/1932 foi estendido às dívidas passivas das autarquias ou entidades e órgãos paraestatais, pelo art. 2º do Dec.-Lei nº 4.597, de 19.08.1942.

(Rel. Min. Gurgel de Faria, *DJe* 17.8.2016), submetido ao rito dos recursos repetitivos (Tema 903), no qual restou fixada a tese de que a notificação do contribuinte para o recolhimento do IPVA perfectibiliza a constituição definitiva do crédito tributário, iniciando-se o prazo prescricional para a execução fiscal no dia seguinte à data estipulada para o vencimento da exação[2].

Nesse julgamento, a Corte Superior acrescentou que "o parcelamento de ofício da dívida tributária não configura causa interruptiva da contagem da prescrição, uma vez que o contribuinte não anuiu". Assim, uma liberalidade concedida pelo Fisco ao contribuinte sem a sua anuência não pode suspender a exigibilidade do crédito tributário:

> O contribuinte não pode ser despido da autonomia de sua vontade, em decorrência de uma opção unilateral do Estado, que resolve lhe conceder a possibilidade de efetuar o pagamento em cotas parceladas. Se a Fazenda Pública Municipal entende que é mais conveniente oferecer opções parceladas para pagamento do IPTU, o faz dentro de sua política fiscal, por mera liberalidade, o que não induz a conclusão de que houve moratória ou parcelamento do crédito tributário, nos termos do art. 151, I e VI do CTN, apto a suspender o prazo prescricional para a cobrança de referido crédito. Necessária manifestação de vontade do contribuinte a fim de configurar moratória ou parcelamento apto a suspender a exigibilidade do crédito tributário.

Quanto à repetição de tributos recolhidos indevidamente, assegurada pelo art. 165 do CTN, cabe ao interessado pleiteá-la na via administrativa dentro do prazo de cinco anos, que é decadencial (art. 168 do CTN[3]). O pedido administrativo de compensação ou de restituição, entretanto, não interrompe o prazo prescricional para a ação de repetição de indébito, nem o da execução de título judicial contra a Fazenda Pública (Súmula 625, do STJ).

Deve-se, outrossim, reconhecer que o contribuinte tem a seu dispor duas vias para pleitear a repetição do indébito: (i) a *administrativa*, sujeita ao prazo prescricional de cinco anos (CTN, art. 168); e, (ii) a *judicial,* também sujeita ao prazo prescricional de cinco anos (CTN, art. 168). Eleita a via administrativa e se lhe for adverso o resultado do pleito, terá o contribuinte o prazo de dois anos para promover, em juízo, a ação anulatória da decisão administrativa (CTN, art. 169)[4].

Indaga-se, diante das infrações administrativas, qual seria o prazo útil para submetê-las às multas cominadas pela legislação própria. Por não se enquadrar na configuração de obrigação tributária, não se lhe amolda a disciplina do CTN, obviamente. Mas, também, não há lugar para sujeitá-las às regras do Código Civil, próprias que são apenas para as relações obrigacionais privadas.

---

[2]   STJ, 1ª Seção, REsp 1658517/PA, Rel. Min. Napoleão Nunes Maia Filho, ac. 14.11.2018, *DJe* 21.11.2018.

[3]   "Art. 168. O direito de pleitear a restituição extingue-se com o decurso do prazo de 5 (cinco) anos, contados: I – nas hipótese dos incisos I e II do artigo 165, da data da extinção do crédito tributário; II – na hipótese do inciso III do artigo 165, da data em que se tornar definitiva a decisão administrativa ou passar em julgado a decisão judicial que tenha reformado, anulado, revogado ou rescindido a decisão condenatória".

[4]   "O prazo de dois anos previsto no artigo 169 do CTN é aplicável às ações anulatórias de ato administrativo que denega a restituição, que não se confundem com as demandas em que se postula restituição do indébito, cuja prescrição é regida pelo art. 168 do CTN" (REsp 799.564/PE, Rel. Ministro Teori Albino Zavascki, Primeira Turma, DJ 05/11/2007)" (STJ, 1ª T., REsp 1489436/RN, Rel. p/ Acórdão Min. Gurgel de Faria, ac. 06.08.2019, *DJe* 05.09.2019).

Capítulo X • DA PRESCRIÇÃO EM FACE DA FAZENDA PÚBLICA E DOS CONTRATOS REGULADOS | **319**

A solução é aquela preconizada pelo STJ, em acórdão relatado pelo Ministro José Delgado:

> (...) em se tratando da prescrição do direito de a Fazenda Pública executar valor de multa referente a crédito não tributário, ante a inexistência de regra própria e específica, deve-se aplicar o prazo quinquenal estabelecido no artigo 1º do Decreto 20.910/1932.
>
> 3. De fato, embora destituídas de natureza tributária, as multas impostas, inegavelmente, estão revestidas de natureza pública, e não privada, uma vez que previstas, aplicadas e exigidas pela Administração Pública, que se conduz no regular exercício de sua função estatal, afigurando-se inteiramente legal, razoável e isonômico que o mesmo prazo de prescrição – quinquenal – seja empregado quando a Fazenda Pública seja autora (caso dos autos) ou quando seja ré em ação de cobrança (hipótese estrita prevista no Decreto 20.910/1932). Precedentes: Resp 860.691/PE, *DJ* 20/10/2006, Rel. Min. Humberto Martins; Resp 840.368/MG, *DJ* 28/09/2006, Rel. Min. Francisco Falcão; Resp 539.187/SC, *DJ* 03/04/2006, Rel. Min. Denise Arruda.
>
> 4. Recurso especial conhecido e provido para o fim de que, observado o lapso quinquenal previsto no Decreto 20.910/1932, sejam consideradas prescritas as multas administrativas cominadas em 1991 e 1994, nos termos em que pleiteado pelo recorrente[5].

A prescrição quinquenal também foi aplicada pela alta Corte quando se tratar de sanção administrativa aplicada em razão do Estatuto da Criança e do Adolescente:

> 3. As infrações administrativas, tipificadas no art. 258 do ECA, diferentemente, por falta de previsão legal expressa, não seguem as regras do Código Penal.
>
> 4. Em se tratando de sanção administrativa, a multa imposta por força do art. 258 do ECA segue as regras de Direito Administrativo e não Penal, sendo quinquenal o prazo prescricional. Precedente da Segunda Turma no REsp 820.364/RN[6].

Outro problema de aplicação da prescrição quinquenal é o que se relaciona com as indenizações por atos ilícitos dos agentes das pessoas jurídicas de direito público, assim como das pessoas jurídicas de direito privado prestadoras de serviços públicos, já que a Constituição estende o mesmo regime de responsabilidade civil traçado para as primeiras (art. 37, § 6º, da CF).

A matéria acha-se atualmente regulamentada pelo art. 1º-C da Lei nº 9.494, de 10.09.1997, acrescentado pela Medida Provisória nº 2.180-35, de 24.08.2001, e merece as seguintes distinções:

a) danos causados por agentes de *pessoas jurídicas de direito público*: em regra a responsabilidade da pessoa jurídica de direito público é objetiva, e a prescrição regula-se pelo direito público;

b) danos causados por agentes de *pessoas jurídicas de direito privado* prestadoras de serviços públicos (concessionárias): para estes casos, convém distinguir entre os atos praticados no desempenho direto dos serviços públicos delegados e aqueles

---

5   STJ, 1ª T., REsp. 905.932/RS, Rel. Min. José Delgado, ac. 22.05.2007, *DJU* 28.06.2007, p. 884.

6   STJ, 2ª T., RESp. 849.184/RN, Rel. Min. Eliana Calmon, ac. 28.08.2007, *DJU* 11.09.2007, p. 215.

ocorridos no relacionamento comum da empresa no mercado; muito embora disponha o art. 1º-C da Lei nº 9.494/1997, que, indistintamente, "prescreverá em cinco anos o direito de obter indenização dos danos causados por agentes de pessoas jurídicas de direito público e de pessoas jurídicas de direito privado prestadoras de serviços públicos".

Os serviços públicos podem ser desempenhados diretamente pelas pessoas jurídicas originárias de direito público (União, Estados, Distrito Federal e Municípios); ou por intermédio de entes da Administração descentralizada (autarquias, empresas públicas, sociedades de economia mista); ou, ainda, podem ser delegados a pessoas de direito privado (concessionárias ou permissionárias). Os atos lesivos a terceiros, praticados pelos agentes desses diversos organismos, provocam a responsabilidade civil das pessoas em cujo nome atuam.

A pretensão de reparação do dano pode sujeitar-se ao regime do direito público ou do direito civil, conforme as circunstâncias em que o ato danoso tenha ocorrido. No caso das pessoas jurídicas originárias, sua responsabilidade será objetiva pelos atos de seus agentes, sempre que atuarem no desempenho de suas funções ou em decorrência delas (art. 37, § 6º, da CF). Não se indaga se houve ou não culpa do agente, mas apenas se do desempenho da função pública decorreu dano para o particular. Nesse regime, a pretensão da vítima sujeitar-se-á à prescrição quinquenal do Dec. 20.910/1932, devendo o prazo ser contado da data da lesão[7].

Igual regime prevalece, em princípio, para as autarquias[8]. Já para as empresas públicas e sociedades de economia mista, deve-se distinguir entre aquelas que foram instituídas para descentralizar serviços públicos essenciais (*v.g.,* saúde pública, correios e telégrafos) e as que se destinam à intervenção no domínio econômico em concorrência com as empresas particulares (*v.g.,* bancos, seguradoras, transportadoras). Para as que desempenham serviços públicos essenciais, a responsabilidade civil sujeita-se à prescrição de direito público (Dec. 20.910). A elas corresponde a prescrição quinquenal a que alude o art. 1º-C da Lei nº 9.494/1997:

> II – De acordo com a jurisprudência deste Superior Tribunal de Justiça, aplica-se a prescrição quinquenal do Decreto nº 20.910/1932 às empresas estatais prestadoras de serviços públicos essenciais, não dedicadas à exploração de atividade econômica com

---

[7] "O termo *a quo* do prazo prescricional inicia-se a partir do momento em que é possível ao titular do direito reclamar contra a situação injurídica" (STJ, 2ª T., REsp. 661.520/MT, Rel. Min. João Otávio de Noronha, ac. 23.10.2007, *DJU* 06.12.2007, p. 300). "Em nosso sistema, o prazo prescricional está submetido ao princípio da *actio nata*, segundo o qual a prescrição se inicia com o nascimento da pretensão ou da ação" (STJ, 1ª T., REsp. 816.131/SP, Rel. Min. Teori Zavascki, ac. 27.03.2007, *DJU* 07.05.2007, p. 285). "O termo inicial da prescrição quinquenal está previsto no art. 1º do Decreto 20.910/1932, como a data do ato ou fato que deu origem à ação de indenização" (STJ, 2ª T., REsp. 1.089.390/SP, Rel. Min. Castro Meira, ac. 24.03.2009, *DJe* 23.04.2009).

[8] Dec.-Lei nº 4.597/1942, art. 2º: "O Decreto nº 20.910, de 6 de janeiro de 1932, que regula a prescrição quinquenal, abrange as dívidas passivas das autarquias, ou entidades e órgãos paraestatais, criados por lei e mantidos mediante impostos, taxas ou quaisquer contribuições, exigidas em virtude de lei federal, estadual ou municipal, bem como a todo e qualquer direito e ação contra os mesmos". Aliás, "a prescrição quinquenal sempre foi reconhecida em favor das autarquias, como entidades de direito público" (CAHALI, Yussef Said. *Responsabilidade civil do Estado*. 3. ed. São Paulo: RT, 2007. p. 182).

finalidade lucrativa e natureza concorrencial, porquanto fazem as vezes do ente político ao qual se vinculam. Precedentes[9].

Quando se trata de entidades paraestatais que desempenham práticas de mercado, o regime obrigacional é o mesmo das empresas privadas[10] (CF, art. 173, § 1º, II). A prescrição, em matéria de responsabilidade civil, portanto, será a trienal do Código Civil (art. 206, § 3º, V)[11]. Em suma: não se aplicam às paraestatais de intervenção econômica no mercado, por imperativo constitucional, as regras do art. 1º do Decreto 20.910/1932, do art. 2º do Dec.-Lei nº 4.597/1942 e do art. 1º-C da Lei nº 9.494/1997.

Resta examinar a prescrição das pretensões derivadas da responsabilidade civil das pessoas jurídicas de direito privado, por atos danosos de seus prepostos.

As pessoas jurídicas de direito privado a que se delegam, por concessão ou permissão, serviços públicos, não deixam de ser entidades privadas em suas múltiplas relações jurídicas. Enquanto prestam o serviço público, a responsabilidade é objetiva, como quer o art. 37, § 6º, da CF. Já quando atuam no relacionamento comum do mercado, contratando ou praticando atos que possam prejudicar terceiros, tudo se passa sob o domínio do direito civil, e é segundo suas regras que se definirá a responsabilidade civil pelos atos dos prepostos e se definirá o respectivo prazo prescricional.

Diante disso, pode-se afirmar que o ato danoso ocorrido no desempenho do serviço público delegado a particular produzirá pretensão indenizatória sujeita ao regime do direito público: responsabilidade civil objetiva, CF, art. 37, § 6º. A prescrição será, entretanto, a do direito civil, quando se tratar de desempenho de atividade econômica de mercado, análoga àquelas previstas no art. 173, § 1º, II, da Constituição. É diferente, porém, a concessão de serviços públicos essenciais como, *v.g.*, os relativos à saúde, à educação, ao

---

[9]   STJ, 1ª T., REsp. 1.635.716/DF, Rel. Min. Regina Helena Costa, ac. 04.10.2022, *DJe* 11.10.2022.

[10] Anota Celso Antônio Bandeira de Mello que no sistema constitucional brasileiro "cumpre inicialmente distinguir se a empresa estatal é prestadora de serviço público ou exploradora de atividade econômica (...) Se a entidade for *exploradora de atividade econômica*, suas relações negociais com terceiros, quando atinentes ao cumprimento da finalidade industrial ou comercial para que tenha sido criado, salvo alguma exceção mais adiante anotada, serão sempre regidas pelo Direito Privado. Assim, seus contratos não serão contratos administrativos. Sua responsabilidade, contratual ou extracontratual, estará sob a mesma disciplina aplicável às empresas privadas e o Estado não responde subsidiariamente por seus atos" (MELLO, Celso Antônio Bandeira de. *Curso de direito administrativo*. 23. ed. São Paulo: Malheiros, 2007. p. 203-204).

[11] É antiga e consolidada a jurisprudência do STF, formada em torno da FEPASA, no sentido de que, sendo ela uma sociedade de economia mista, não se enquadraria no art. 2º do Dec.-Lei nº 4.597/1942, para aplicação do prazo prescricional do Dec. 20.910/1932, devendo prevalecer a prescrição vintenária do Código Civil, nos casos de responsabilidade civil (STF, 2ª T., RE 117.956/SP, Rel. Min. Carlos Velloso, ac. 09.02.1993, *RTJ* 145/293). O STJ seguiu o mesmo rumo: "Prescreve em vinte anos a ação para haver indenização, por responsabilidade civil, de sociedade de economia mista" (Súmula nº 39). "A prescrição de prazo curto, criada pelo decreto nº 20.910/1932, não beneficia empresa pública, sociedade de economia mista ou qualquer outra entidade estatal que explore atividade econômica (Súmula nº 39). O art. 173, parágrafo 1º da Constituição Federal, submete ao direito privado, não apenas a forma de organização e funcionamento daquelas entidades, mas sua atividade empresarial. Esta, principalmente, não se pode afastar das normas civis, comerciais, tributárias e processuais aplicáveis às empresas privadas" (STJ, 1ª T., REsp. 17.558/SP, Rel. Min. Garcia Vieira, ac. 30.11.1992, *DJU* 01.03.1993, p. 2492). O prazo de vinte anos, mencionado nos acórdãos *supra*, é o que vigorava ao tempo do CC de 1916. Atualmente, o prazo máximo de prescrição foi reduzido para dez anos (art. 205) e o da ação indenizatória é de três anos (art. 206, § 3º, V).

transporte coletivo, à segurança, à previdência social, etc. (CF, art. 6º). Nesses casos, o concessionário sujeitar-se-á à prescrição quinquenal, nos termos do art. 1º-C da Lei nº 9.494/1997, incluído pela Medida Provisória nº 2.180-35 de 2001[12].

Analisando ação em que se pleiteava indenização por morte de paciente atendido em hospital particular conveniado ao SUS, o STJ entendeu aplicável o prazo prescricional quinquenal da Lei nº 9.494/1997:

> 6. Segundo estabelecem os arts. 196 e seguintes da CF/1988, a saúde, enquanto direito fundamental de todos, é dever do Estado, cabendo à iniciativa privada participar, em caráter complementar (art. 4º, § 2º, da Lei nº 8.080/1990), do conjunto de ações e serviços que visa favorecer o acesso universal e igualitário às atividades voltadas a sua promoção, proteção e recuperação, assim constituindo um sistema único – o SUS –, o qual é financiado com recursos do orçamento dos entes federativos.
>
> (...)
>
> 8. Quando prestado diretamente pelo Estado, no âmbito de seus hospitais ou postos de saúde, ou quando delegado à iniciativa privada, por convênio ou contrato com a administração pública, para prestá-lo às expensas do SUS, o serviço de saúde constitui serviço público social.
>
> 9. A participação complementar da iniciativa privada – seja das pessoas jurídicas, seja dos respectivos profissionais – na execução de atividades de saúde caracteriza-se como serviço público indivisível e universal (*uti universi*), o que afasta, por conseguinte, a incidência das regras do CDC.
>
> 10. Hipótese em que tem aplicação o art. 1º-C da Lei nº 9.494/1997, segundo o qual prescreverá em cinco anos o direito de obter indenização dos danos causados por agentes de pessoas jurídicas de direito privado prestadoras de serviços públicos[13].

Nesse mesmo sentido, julgado em que uma fundação privada prestava serviço de apoio à universidade, caracterizando prestação de serviço público:

> 1. A pessoa jurídica de direito privado que preste serviço público tem obrigação constitucional de reparar os prejuízos causados a terceiros. A hipótese é regulada pelo art. 1º-C da Lei nº 9.494/1997 quanto ao prazo prescricional, fixado em 5 anos.
>
> 2. Caso em que a fundação privada prestou serviços públicos de apoio à universidade pública e assumiu perante esta obrigações alusivas ao desembaraço aduaneiro das amostras biológicas objeto da pesquisa da recorrente. Por fatores ainda não esclarecidos, a documentação necessária não foi recebida tempestivamente pela transportadora, resultando no retorno dos materiais genéticos de sua pesquisa de pós-doutorado para Portugal, onde a pesquisa teve início; com sua degradação, restaram inúteis para o trabalho científico desenvolvido ao longo de anos, com financiamento público.

---

[12] "Consoante a jurisprudência desta Corte, o prazo de prescrição da pretensão indenizatória em desfavor de pessoa jurídica de direito privado prestadora de serviços públicos é quinquenal, a teor do que expressamente dispõe o art. 1º-C da Lei nº 9.494/1997" (STJ, 3ª T., REsp 1.567.490/RJ, Rel. Min. Ricardo Villas Bôas Cueva, ac. 27.09.2016, *DJe* 30.09.2016). O acórdão se referia a acidente ocorrido no serviço público de transporte de passageiros.

[13] STJ, 3ª T., REsp. 1.771.169/SC, Rel. Min. Nancy Andrighi, ac. 26.05.2020, *DJe* 29.05.2020.

Capítulo X · DA PRESCRIÇÃO EM FACE DA FAZENDA PÚBLICA E DOS CONTRATOS REGULADOS | **323**

3. A natureza de serviço público da atuação da entidade privada é inequívoca, configurando-se em extracontratual a relação entre ela e a pesquisadora. Tendo os fatos ocorrido em 07.12.2015 e o ajuizamento da ação em 05.02.2019, não houve prescrição[14].

Se, por outro lado, a responsabilidade civil decorrer de ato ou fato praticado pela concessionária fora do desempenho do serviço público delegado, não incidirá a responsabilidade objetiva própria do direito público, mas a subjetiva comum prevista para as obrigações civis. A prescrição, então, reger-se-á pelo Código Civil (art. 206, § 3º, V). Não terá aplicação o Dec. 20.910/1932. Enfim, aja a concessionária ou não, no desempenho do serviço público delegado, a prescrição a ser aplicada às suas obrigações passivas será sempre a regulada pelo direito privado.

Analisando situação em que o proprietário rural requereu devolução de valores adiantados à concessionária de energia elétrica com a finalidade de financiar a construção de rede elétrica, o STJ entendeu aplicável o prazo de cinco anos previsto no art. 206, § 5º, I, do Código Civil, por se tratar de contrato de empréstimo, presente em instrumento firmado pelos litigantes:

> 1. O prazo prescricional das ações de cobrança de dívida líquida constante em instrumento público ou particular de natureza pessoal é quinquenal, enquadrando-se na regra específica do inciso I, parágrafo 5º, do artigo 206 do Novo Código Civil[15].

Em sede de recurso repetitivo, o STJ distinguiu a hipótese de o financiamento de rede elétrica ser decorrente de contrato firmado entre as partes ou não. No primeiro caso, o prazo prescricional será o de cinco anos (art. 206, § 5º, I); se não houver previsão contratual para o financiamento, a prescrição ocorrerá em três anos, em razão do enriquecimento sem causa (art. 206, § 3º, IV):

> 1. Nas ações em que se pleiteia o ressarcimento dos valores pagos a título de participação financeira do consumidor no custeio de construção de rede elétrica, a prescrição deve ser analisada, separadamente, a partir de duas situações: (i) pedido relativo a valores cujo ressarcimento estava previsto em instrumento contratual e que ocorreria após o transcurso de certo prazo a contar do término da obra (pacto geralmente denominado de "Convênio de Devolução"); (ii) pedido relativo a valores para cujo ressarcimento não havia previsao contratual (pactuação prevista em instrumento, em regra, nominado de "Termo de Contribuição").
>
> 1.2.) No primeiro caso (i), "prescreve em 20 (vinte) anos, na vigência do Código Civil de 1916, e em 5 (cinco) anos, na vigência do Código Civil de 2002, a pretensão de cobrança dos valores aportados para a construção de rede de eletrificação rural, [...] respeitada a regra de transição prevista no art. 2.028 do Código Civil de 2002" (REsp 1.063.661/RS, SEGUNDA SEÇÃO, julgado em 24/02/2010);
>
> 1.3.) No segundo caso (ii), a pretensão prescreve em 20 (vinte) anos, na vigência do Código Civil de 1916, e em 3 (três) anos, na vigência do Código Civil de 2002, por se

---

[14] STJ, 2ª T., AREsp. 1.893.472/SP, Rel. Min. Og Fernandes, ac. 21.06.2022, *DJe* 28.06.2022.

[15] STJ, 2ª Seção, REsp. 1.053.007/RS, Rel. Min. João Otávio de Noronha, ac. 12.08.2009, *DJe* 12.08.2009. No mesmo sentido: STJ, 4ª T., AgRg no REsp. 1.171.122/RS, Rel. Min. Aldir Passarinho Júnior, ac. 23.03.2010, *DJe* 20.04.2010.

tratar de demanda fundada em enriquecimento sem causa (art. 206, § 3º, inciso IV), observada, igualmente, a regra de transição prevista no art. 2.028 do Código Civil de 2002[16].

Em se tratando de ressarcimento de valor pago para o custeio de plantas comunitárias de telefonia, o STJ, também em sede de recurso repetitivo, aplicou a prescrição trienal do enriquecimento sem causa:

> 1. Para efeitos do art. 543-C do CPC: A pretensão de ressarcimento do valor pago pelo custeio de Plantas Comunitárias de Telefonia (PCTs), não existindo previsão contratual de reembolso pecuniário ou por ações da companhia, submete-se ao prazo de prescrição de 20 (vinte) anos, na vigência do Código Civil de 1916 (art. 177), e de 3 (três) anos, na vigência do Código Civil de 2002, por se tratar de demanda fundada em enriquecimento sem causa (art. 206, § 3º, inciso IV), observada a fórmula de transição prevista no art. 2.028 do mesmo diploma legal[17].

117.1. Prescrição de reparação por desapropriação indireta

Uma forma particular de ato ilícito praticado pela Administração Pública é a ocupação arbitrária de imóveis do domínio privado para implantação de obras e serviços públicos. É o que na linguagem forense se denomina "desapropriação indireta". Uma vez consumada a ocupação, não há como restituir o bem ao dono, a quem só resta reclamar a indenização respectiva. Essa ação especial, que na verdade faz as vezes da ação reivindicatória, não se sujeita ao prazo quinquenal de prescrição. Como sucedâneo da ação real de proteção à propriedade, só se extingue pela superveniência da prescrição aquisitiva, na sua modalidade de usucapião extraordinário, conforme pacífica e antiga jurisprudência do STF:

> A prescrição quinquenal estabelecida em favor da Fazenda Pública não se aplica à desapropriação indireta. Precedentes do Supremo Tribunal Federal. Sub-roga-se no direito à indenização o adquirente de bem objeto de desapropriação indireta, porque só com a indenização se dá a transferência do domínio. Incidência de juros compensatórios exclui os moratórios[18].

Segue a mesma linha a jurisprudência do STJ:

> 1. Vivo o domínio, reconhecido o direito de propriedade, viva a ação do proprietário para postular judicialmente o direito à indenização, decorrente de ilícito apossamento administrativo.
> 2. A chamada desapropriação indireta, afetando o domínio privado, quanto à sua natureza jurídica, é ação real, albergada pelo prazo prescricional vintenário. Prescrição afastada.
> 3. Multiplicidade de precedentes jurisprudenciais[19].

---

[16] STJ, 2ª Seção, REsp. 1.249.321/RS, Rel. Min. Luis Felipe Salomão, ac. 10.04.2013, *DJe* 16.04.2013.

[17] STJ, 2ª Seção, REsp. 1.220.934/RS, Rel. Min. Luis Felipe Salomão, ac. 24.04.2013, *DJe* 12.06.2013.

[18] STF, 1ª T., RE 86.078/PR, Rel. Min. Rodrigues Alckmin, ac. 06.05.1977, *RTJ* 82/992.

[19] STJ, 1ª T., REsp. 39.861/SP, Rel. Min. Milton Luiz Pereira, ac. 22.02.199, *DJU* 27.03.1995, p. 7.138.

Por isso, "a ação de desapropriação indireta prescreve em vinte anos" (STJ, Súmula nº 119).

Com a redução do prazo maior de usucapião para 15 anos, é esse o prazo extintivo da ação de desapropriação indireta que pensamos deva, em princípio, prevalecer, a contar da vigência do atual Código Civil[20].

Contudo, o STJ vem adotando o prazo extintivo de dez anos, para os casos de desapropriação indireta em que tenha o Poder Público realizado obras no imóvel ocupado, nos termos do art. 1.238, parágrafo único, do Código Civil:

> a) Nos termos da jurisprudência do Superior Tribunal de Justiça, "considerando que a desapropriação indireta pressupõe a realização de obras pelo Poder Público ou sua destinação em função da utilidade pública/interesse social, com base no atual Código Civil, o prazo prescricional aplicável às expropriatórias indiretas passou a ser de 10 (dez) anos", observada a regra de transição do art. 2.028 do Código Civil de 2002 (STJ, AgRg no AREsp 815.431/RS, Rel. Ministro Humberto Martins, Segunda Turma, *DJe* de 11/02/2016). Nesse sentido: STJ, REsp 1.449.916/PB, Rel. Ministro Gurgel de Faria, Primeira Turma, *DJe* de 19/04/2017; REsp 1.654.965/SP, Rel. Ministro Herman Benjamin, Segunda Turma, *DJe* de 27/04/2017[21].
>
> b) 3. O Código Civil de 2002 reduziu o prazo do usucapião extraordinário para 10 anos (art. 1.238, parágrafo único), na hipótese de realização de obras ou serviços de caráter produtivo no imóvel, devendo-se, a partir de então, observadas as regras de transição previstas no Codex (art. 2.028), adotá-lo nas expropriatórias indiretas.
>
> 4. Especificamente no caso dos autos, considerando que o lustro prescricional foi interrompido em 13.5.1994, com a publicação do Decreto expropriatório, e que não decorreu mais da metade do prazo vintenário previsto no Código revogado, consoante a disposição do art. 2.028 do CC/2002, incide o prazo decenal a partir da entrada em vigor do novel Código Civil (11.1.2003).
>
> 5. Assim, levando-se em conta que a ação foi proposta em dezembro de 2008, antes do transcurso dos 10 (dez) anos da vigência do atual Código, não se configurou a prescrição[22].

c) "A Primeira Seção do STJ, no julgamento do EREsp 1.575.846/SC, em 26.06.2019, consignou ser decenal o prazo prescricional para o ajuizamento de ação indenizatória por desapropriação indireta, na hipótese de ter havido obras, por parte do poder público, no imóvel objeto da expropriação, como ocorre no caso em foco"[23]. Em 12 de fevereiro de 2020,

---

[20] Em caso, porém, em que o imóvel havia sido adquirido pelo particular de forma nula (bem inalienável, porque ocupado por aldeamento indígena), o STJ decidiu que para a ação indenizatória cabível, por ter a aquisição ocorrido de boa-fé, não se haveria de aplicar o prazo prescricional de usucapião, mas o quinquenal simples das ações de perdas e danos contra a Administração Pública. Uma vez que os autores adquiriram regularmente a área rural, o marco inicial para a contagem da prescrição da indenização foi fixado pelo STJ na sentença que rejeitou a desapropriação indireta e apenas reconheceu o direito a uma indenização comum (STJ, 2ª T., REsp. 661.520/MT, Rel. Min. João Otávio de Noronha, ac. 23.10.2007, *DJU* 06.12.2007, p. 30).

[21] STJ, 2ª T., AgInt. no REsp. 1.683.136/SC, Rel. Min. Assusete Magalhães, ac. 17.10.217, *DJe* 24.10.2017.

[22] STJ, 2ª T., REsp. 1.300.442/SC, Rel. Min. Herman Benjamin, ac. 18.06.2013, *DJe* 26.06.2013.

[23] STJ, 1ª T., AgInt no AgInt no REsp 1510490/SC, Rel. Min. Benedito Gonçalves, ac. 02.09.2019, *DJe* 05.09.2019.

a Primeira Seção do STJ afetou o tema (n. 1019), para se definir se o prazo prescricional aplicável à espécie é de 10 ou 15 anos[24]. Julgando o recurso repetitivo, foi fixada a seguinte tese: o prazo prescricional aplicável à desapropriação indireta na hipótese em que o Poder Público tenha realizado obras no local ou atribuído natureza de utilidade pública ou de interesse social ao imóvel, é de 10 anos, conforme parágrafo único do art. 1.238 do CC[25].

Por fim, cumpre ressaltar o entendimento do STJ no sentido de que, se se tratar de simples limitação administrativa, o prazo prescricional aplicável é o de cinco anos, do Decreto 20.910/1932:

> 1. Para que fique caracterizada a desapropriação indireta, exige-se que o Estado assuma a posse efetiva de determinado bem, destinando-o à utilização pública, o que não ocorreu na hipótese dos autos, visto que a posse dos autores permaneceu íntegra, mesmo após a edição do Decreto 750/1993, que apenas proibiu o corte, a exploração e a supressão de vegetação primária ou nos estágios avançado e médio de regeneração da Mata Atlântica.
>
> 2. Trata-se, como se vê, de simples limitação administrativa, que, segundo a definição de Hely Lopes Meirelles, "é toda imposição geral, gratuita, unilateral e de ordem pública condicionadora do exercício de direitos ou de atividades particulares às exigências do bem-estar social" (*Direito Administrativo Brasileiro*, 32ª edição atualizada por Eurico de Andrade Azevedo, Délcio Balestero Aleixo e José Emmanuel Burle Filho. São Paulo: Malheiros, 2006, p. 630).
>
> 3. É possível, contudo, que o tombamento de determinados bens, ou mesmo a imposição de limitações administrativas, tragam prejuízos aos seus proprietários, gerando, a partir de então, a obrigação de indenizar.
>
> 4. Não se tratando, todavia, de ação real, incide, na hipótese, a norma contida no art. 1º do Decreto 20.910/1932, o qual dispõe que "todo e qualquer direito ou ação contra a Fazenda Federal, Estadual ou Municipal, seja qual for a sua natureza, prescreve em cinco anos contados da data do ato ou fato do qual se originarem"[26].

117.2. Reparação ao erário

I – Introdução

Conforme já ressaltado no item 117 *supra*, a responsabilidade civil das pessoas jurídicas de direito público, em razão de ato praticado por seus agentes, nessa qualidade, é objetiva, assegurado o direito de regresso contra o responsável nos casos de dolo ou culpa (art. 37, § 6º, da CF). Enquanto, pois, a responsabilidade principal é objetiva, a regressiva é subjetiva.

O art. 37, § 5º, da CF, por sua vez, dispõe que "a lei estabelecerá os prazos de prescrição para ilícitos praticados por qualquer agente, servidor ou não, que causem prejuízo ao Erário, ressalvadas as respectivas ações de ressarcimento".

Analisando os dispositivos constitucionais, parte da doutrina entende ser imprescritível a ação de ressarcimento ao erário. João Monteiro de Castro afirma que os ilícitos

---

[24]   STJ, 1ª Seção, ProAfR no REsp 1757352/SC, Rel. Min. Herman Benjamin, ac. 25.06.2019, *DJe* 01.08.2019.

[25]   STJ, 1ª Seção, REsp. 1.757.352/SC, Rel. Min. Herman Benjamin, ac. 12.02.2020, *DJe* 07.05.2020.

[26]   STJ, 1ª T., REsp. 1.103.974/SC, Rel. Min. Denise Arruda, ac. 23.04.2009, *DJe* 07.05.2009.

Capítulo X · DA PRESCRIÇÃO EM FACE DA FAZENDA PÚBLICA E DOS CONTRATOS REGULADOS | 327

que geram prejuízos ao erário podem ser analisados sob três esferas independentes e autônomas entre si, provocando consequências distintas, a saber: (i) *administrativa:* a inércia da Administração em punir administrativamente o servidor ou, eventualmente, o não servidor pelas faltas cometidas no exercício de sua atividade leva "à perda do *ius persequendi*", vale dizer, não haverá mais o poder de punir administrativamente o servidor; (ii) *penal:* o poder de punir penalmente o causador do dano poderá se extinguir quando ocorrer a prescrição da pretensão punitiva ou executória; e, (iii) *civil:* a Constituição veda expressamente a prescrição das ações de ressarcimento[27].

Impõe, assim, o autor, como condição necessária e prévia à indenização "a Fazenda Pública sofrer o prejuízo, o dano em seu patrimônio"[28]. Assim, conclui que: i) a imprescritibilidade favorece as pessoas jurídicas de direito público e as de direito privado prestadoras de serviço público; ii) o direito de agir da Administração surge com o dano a seus cofres, ou seja, quando sofre diretamente o dano ou compondo aquele que seu agente infligiu a terceiro; e iii) a imprescritibilidade não favorece a vítima que pretende agir contra o Estado[29].

Segundo Leidiane Mara Meira Jardim, a corrente doutrinária que defende a imprescritibilidade da ação de ressarcimento ao erário "não vê validade nas normas que estabelecem prazos prescricionais que limitem a recuperação do patrimônio público quando oriundos de atos ilícitos". Por outro lado, quem defende a prescritibilidade o faz em razão da "segurança jurídica e adota por analogia alguns prazos prescricionais previstos na legislação brasileira"[30].

É de se ressalvar, porém, que essa imprescritibilidade generalizada de toda ação ressarcitória do erário não é a que reconheceu o STJ e o STF como a seguir veremos.

II – Prescritibilidade das ações relativas a atos ilícitos

A jurisprudência do STJ já se posicionou no sentido de que, se a pretensão se referir a outro ato ilícito que não a improbidade administrativa, a prescrição aplicável é a de cinco anos[31].

---

[27] CASTRO, João Monteiro de. Imprescritibilidade da responsabilidade civil do ilícito prejudicial ao erário por ato culposo de agente público. In: CIANCI, Mirna (Coord.). *Prescrição no Código Civil.* 3. ed. São Paulo: Saraiva, 2011. p. 212-213. "Com a independência das três esferas de consequências provenientes de ilícitos culposos ou dolosos obrados por agentes públicos, servidores públicos ou não, a legislação que vier a prever tratamento e prazos de prescriçao pode fazê-lo de modo absolutamente distinto e com liberdade, restringindo-se, entretanto, aos âmbitos administrativo e penal. É assim porque o texto constitucional coloca a salvo as ações civis de ressarcimento" (CASTRO, João Monteiro de. Imprescritibilidade da responsabilidade civil do ilícito prejudicial ao erário por ato culposo de agente público. In: CIANCI, Mirna (Coord.). *Prescrição no Código Civil.* 3. ed. São Paulo: Saraiva, 2011, p. 212).

[28] CASTRO, João Monteiro de. Imprescritibilidade da responsabilidade civil do ilícito prejudicial ao erário por ato culposo de agente público. In: CIANCI, Mirna (Coord.). *Prescrição no Código Civil.* 3. ed. São Paulo: Saraiva, 2011. p. 217.

[29] CASTRO, João Monteiro de. Imprescritibilidade da responsabilidade civil do ilícito prejudicial ao erário por ato culposo de agente público. In: CIANCI, Mirna (Coord.). *Prescrição no Código Civil.* 3. ed. São Paulo: Saraiva, 2011. p. 218.

[30] JARDIM, Leidiane Mara Meira. Decadência e prescrição da ação de ressarcimento nas hipóteses de ilícito que causem prejuízo ao erário. *Juris Plenum,* n. 41, p. 90, set. 2011.

[31] "A pretensão de ressarcimento de danos ao erário não decorrente de ato de improbidade prescreve em cinco anos (EREsp 662.844/SP, 1ª S., Rel. Min. Hamilton Carvalhido, *DJe* 01.02.2011)" (STJ, 1ª T., AgInt. no AREsp. 981.278/SP, Rel. Min. Regina Helena Costa, ac. 12.09.2017, *DJe* 21.09.2017). No mesmo

Do mesmo modo, recentemente, em sede de Recurso Extraordinário, o STF analisou a extensão da expressão "ilícito civil" do art. 37, § 5º, da Constituição, estabelecendo a prescritibilidade das ações de ressarcimento ao erário:

> Processual civil. Embargos de declaração no Recurso Extraordinário. Ressarcimento ao erário. Dano decorrente de ilícito civil. Prescritibilidade. Sentido estrito da expressão "ilícito civil", delimitado pelo acórdão embargado. Fixação do termo inicial do prazo prescricional. Matéria infraconstitucional. Modulação de efeitos da tese firmada no acórdão embargado. Não demonstração de motivo relevante de interesse social ou de segurança jurídica. Rediscussão de questões decididas. Impossibilidade. Embargos de declaração rejeitados[32].

Em seu voto, o ministro relator afirmou que a tese majoritária no Recurso Extraordinário foi no sentido de que "é prescritível a ação de reparação de danos à Fazenda Pública decorrente de ilícito civil", tendo o recurso analisado especificamente questão relativa a acidente de trânsito. Dispôs, ainda, que:

> O conceito, sob esse aspecto, deve ser buscado pelo método de exclusão: não se consideram ilícitos civis, de um modo geral, os que decorrem de infrações ao direito público, como os de natureza penal, os decorrentes de atos de improbidade e assim por diante. Ficou expresso nesses debates, reproduzidos no acórdão embargado, que a prescritibilidade ou não em relação a esses outros ilícitos seria examinada em julgamento próprio. Por isso mesmo, recentemente, o Supremo Tribunal Federal reconheceu a repercussão geral de dois temas relacionados à prescritibilidade da pretensão de ressarcimento ao erário: (a) Tema 897 – "Prescritibilidade da pretensão de ressarcimento ao erário em face de agentes públicos por ato de improbidade administrativa"; e (b) Tema 899 – "Prescritibilidade da pretensão de ressarcimento ao erário fundada em decisão de Tribunal de Contas.

Assim, conclui que:

> O que cabia ao STF definir era a prescritibilidade ou não das pretensões de ressarcimento ao erário decorrentes de ilícitos civis. Firmado o entendimento de que tal pretensão é prescritível, as controvérsias atinentes ao transcurso do prazo prescricional, inclusive a seu termo inicial, são adstritas à seara infraconstitucional, solucionáveis tão somente à luz da interpretação da legislação ordinária pertinente.

Diante do exposto, a tese firmada pelo STF é no sentido de que *a ação de ressarcimento ao erário decorrente de ato ilícito – excluído o ato praticado em improbidade administrativa ou a pretensão fundada em decisão de Tribunal de Contas – é prescritível, devendo-se aplicar o prazo previsto na legislação infraconstitucional.*

III – Decisões proferidas pelo Tribunal de Contas

Em relação à prescrição de decisões proferidas pelo Tribunal de Contas, o STJ já aplicou a prescrição quinquenal do Decreto 20.910/1932:

---

sentido: "Ressalvadas as hipóteses de atos danosos que violem normas de Direito Privado (RE 669.069/MG), a jurisprudência do STJ é firme no sentido de que o ressarcimento dos danos causados ao Erário não se sujeita a prazo prescricional, nos termos do art. 37, § 5º, da Constituição Federal" (STJ, 2ª T., REsp. 1.658.072/PR, Rel. Min. Herman Benjamin, ac. 10.10.2017, *DJe* 16.10.2017).

[32] STF, Pleno, EDcl no RE 669.069/MG, Rel. Min. Teori Zavascki, ac. 16.06.2016, *DJe* 30.06.2016.

Capítulo X • DA PRESCRIÇÃO EM FACE DA FAZENDA PÚBLICA E DOS CONTRATOS REGULADOS | **329**

a) "Em virtude da lacuna legislativa, pois não há previsão legal de prazo para a atuação do Tribunal de Contas da União, deve ser-lhe aplicado o prazo quinquenal, por analogia aos arts. 1º do Decreto 20.910/1932 e 1º da Lei nº 9.873/1999" (REsp. nº 1.480.350/RS, Rel. Ministro Benedito Gonçalves, primeira turma, julgado em 5/4/2016, *DJe* 12/4/2016)[33].

b) 6. Na tomada de contas especial, diversamente, o ônus da prova incumbe ao responsável pela aplicação dos recursos repassados, que se torna o responsável pelo débito e multa por mera presunção de prejuízo ao erário se ausente ou falha a prestação de contas. Nessas circunstâncias, a atuação administrativa deve encontrar limites temporais, sob pena de sujeitar os responsáveis pela aplicação de repasses de verbas federais a provarem, eles, a qualquer tempo, mesmo que decorridas décadas, a adequada aplicação dos recursos que um dia geriram, em flagrante ofensa a princípios basilares do Estado de Direito, como a segurança jurídica e ampla defesa.

7. Em virtude da lacuna legislativa, pois não há previsão legal de prazo para a atuação do Tribunal de Contas da União, deve ser-lhe aplicado o prazo quinquenal, por analogia aos arts. 1º do Decreto 20.910/1932 e 1º da Lei nº 9.873/1999. Em hipótese similar à presente, porquanto ausente prazo decadencial específico no que concerne ao exercício do poder de polícia pela Administração, antes do advento da Lei nº 9.873/1999, a Primeira Seção desta Corte, no julgamento do REsp 1.105.442/RJ (Rel. Min. Hamilton Carvalhido, Primeira Seção, *DJe* 22/2/2011), sob o rito do art. 543-C do CPC, assentou ser ele de 5 anos, valendo-se da aplicação analógica do art. 1º do Decreto 20.910/1932[34].

O STF, ao que nos parece, ainda não tem posição definitiva sobre a matéria, que se acha, no momento, afetada para ser apreciada por aquela alta Corte, em regime de recursos extraordinários repetitivos[35].

IV – Ação regressiva ajuizada pelo INSS contra o empregador do segurado falecido em acidente laboral

O STJ já decidiu que se deve aplicar o prazo prescricional quinquenal do Decreto 20.910/1932, para a ação ajuizada pelo INSS contra o empregador para recebimento dos valores despendidos para o pagamento de pensão por morte do empregado, em razão de acidente do trabalho. Na espécie, o termo *a quo* da prescrição começa da data da concessão do benefício previdenciário. Segundo o entendimento daquela Corte Superior, a ação tem natureza ressarcitória, e não previdenciária, o que afasta a aplicação da Lei nº 8.213/1991:

1. Nas demandas ajuizadas pelo INSS contra o empregador do segurado falecido em acidente laboral, visando ao ressarcimento dos danos decorrentes do pagamento da pensão por morte, o termo *a quo* da prescrição da pretensão é a data da concessão do referido benefício previdenciário.

2. Em razão do princípio da isonomia, é quinquenal, nos termos do art. 1º do Decreto nº 20.910/1932, o prazo prescricional da ação de regresso acidentária movida pelo INSS em face de particular.

---

[33] STJ, 2ª T., REsp. 1.464.480/PE, Rel. Min. Francisco Falcão, ac. 13.06.1017, *DJe* 23.06.2017. No mesmo sentido: STJ, 2ª T., REsp. 1.660.385/RJ, Rel. Min. Herman Benjamin, ac. 05.10.2017, *DJe* 16.10.2017.

[34] STJ, 1ª T., REsp. 1.480.350/RS, Rel. Min. Benedito Gonçalves, ac. 05.04.2016, *DJe* 12.04.2016.

[35] STF, Pleno, RE 636.886, Rel. Min. Alexandre de Moraes, ac. 03.06.2016, *DJe* 15.06.2015 (Tema 899).

3. A natureza ressarcitória de tal demanda afasta a aplicação do regime jurídico-legal previdenciário, não se podendo, por isso, cogitar de imprescritibilidade de seu ajuizamento em face do empregador[36].

V - Cobrança de multas e aplicação de penalidades

A jurisprudência já decidiu que prescreve em cinco anos a ação para a Administração Pública cobrar as multas administrativas por ela aplicadas, uma vez que não possui natureza tributária:

> 4. Uma vez que a exigência dos valores cobrados a título de multa tem nascedouro num vínculo de natureza administrativa, não representando, por isso, a exigência de crédito tributário, afasta-se do tratamento da matéria a disciplina jurídica do CTN.
> 5. Incidência, na espécie, do Decreto 20.910/1932, porque à Administração Pública, na cobrança de seus créditos, deve-se impor a mesma restrição aplicada ao administrado no que se refere às dívidas passivas daquela. Aplicação do princípio da igualdade, corolário do princípio da simetria[37].

Nesse sentido, a Súmula 467 do STJ: "Prescreve em cinco anos, contados do término do processo administrativo, a pretensão da Administração Pública de promover a execução da multa por infração ambiental".

Em relação à aplicação de penalidades disciplinares pela Administração Pública federal, a pretensão punitiva para demissão, cassação de aposentadoria, disponibilidade ou destituição de cargo em comissão também prescreve no prazo de cinco anos (Lei nº 8.112/1990, art. 142, I):

> Transcorridos mais de 5 anos entre a data que a Administração tomou ciência da última irregularidade supostamente praticada pelo servidor e a data de instauração do processo administrativo que culminou na sua demissão, primeiro marco interruptivo prescricional, é de se entender prescrita a pretensão estatal de aplicar a pena de demissão ao impetrante[38].

A Súmula 635 do STJ dispõe, sobre o tema, que:

> Os prazos prescricionais previstos no art. 142 da Lei nº 8.112/1990 iniciam-se na data em que a autoridade competente para a abertura do procedimento administrativo toma conhecimento do fato, interrompem-se com o primeiro ato de instauração válido – sindicância de caráter punitivo ou processo disciplinar – e voltam a fluir por inteiro, após decorridos 140 dias desde a interrupção.

VI - Cobrança de taxa de ocupação do particular no contrato administrativo de concessão de direito real de uso para a utilização privativa de bem público

O STJ já decidiu, por sua Primeira Turma, que "a prestação pecuniária pactuada em contrato de concessão de direito real uso não possui natureza tributária, pois não está atrelada

---

36 STJ, 1ª T., REsp. 1.457.646/PR, Rel. Min. Sérgio Kukina, ac. 14.10.2014, *DJe* 20.10.2014. No mesmo sentido: STJ, 2ª T., AgRg no REsp. 1.541.129/SC, Rel. Min. Assusete Magalhães, ac. 03.11.2015, *DJe* 17.11.2015.

37 STJ, 2ª T., AgRg no Ag. 957.840/SP, Rel. Min. Eliana Calmon, ac. 06.03.2008, *DJe* 25.03.2008.

38 STJ, 3ª Seção, MS 13.703/DF, Rel. Min. Maria Thereza de Assis Moura, ac. 24.03.2010, *DJe* 07.04.2010.

Capítulo X · DA PRESCRIÇÃO EM FACE DA FAZENDA PÚBLICA E DOS CONTRATOS REGULADOS 331

a uma atividade administrativa específica decorrente do poder de polícia, tampouco se refere à prestação de serviços públicos pela iniciativa privada, por meio concessão e permissão, razão pela qual não se enquadra como taxa nem preço público". Para a Corte Superior, por se tratar de direito real, não se aplica o Decreto nº 20.910/1932, nem o art. 206, § 5º, I, do CC, que trata da obrigação líquida constante de documento público ou particular. Destarte, o prazo prescricional, na espécie, é o decenal, previsto no art. 205, do CC:

> 2. (...) é pacífico no âmbito desta Turma o entendimento de que a remuneração (taxa de ocupação) cobrada do particular no contrato administrativo de concessão de direito real de uso, para a utilização privativa de bem público, possui natureza jurídica de receita patrimonial.
>
> 3. A concessão de uso prevista no art. 7º do Dl. 271/1967 institui um direito real (art. 1.225 do CC/2022), razão pela qual não se aplica o prazo prescricional quinquenal previsto no art. 1º do Decreto nº 20.910/32 nem no art. 206, § 5º, I, do Código Civil, para o exercício do direito de cobrança dessa receita patrimonial, mas sim o prazo decenal do art. 205 do CC/2002.
>
> 4. O princípio da especialidade não é absoluto e o art. 1º do Decreto nº 20.910/32 deve ser interpretado com ponderação, visto que editado antes da Constituição Federal e do Código Civil de 2002, que trouxeram grandes inovações sobre o direito de propriedade, deixando clara a pretensão de se privilegiar a exploração dos imóveis com sentido social e coletivo.
>
> 5. No contrato de concessão de direito real de uso, o concessionário assume a responsabilidade de destinar o terreno a um interesse social estabelecido em lei e contratualmente determinado, em caráter resolúvel, assumindo, inclusive os pagamento das taxas e impostos incidentes sobre o imóvel, de modo que o fato da pretensão cingir-se, no caso, à cobrança dos valores inadimplidos (taxas de concessão), por si só, não atraem a regra prescricional quinquenal do art. 206, § 5º, inciso I, do Código Civil.
>
> 6. Se a responsabilidade pelo pagamento das "taxas" mensais emerge da relação jurídica material com o imóvel, em face até mesmo da segurança jurídica, não há como aplicar o art. 206, § 5º, inciso I, do Código Civil, nas hipóteses em que a administração pública se limitar à cobrança das remunerações inadimplentes e, a depender da pretensão deduzida na exordial, o disposto no art. 205 do CC/2002.
>
> 7. Recurso especial provido para considerar a prestação pecuniária decorrente do contrato de concessão de direito real uso como receita patrimonial e, por se tratar de cobrança de dívida de natureza real, reconhecer a aplicação do prazo prescricional de 10 anos, nos termos do art. 205 do Código Civil/2002, determinando-se a devolução dos autos ao Tribunal de origem para o exame das questões suscitadas em apelação pelos ora recorridos[39].

117.3. Ação de indenização contra a Administração Pública

I – Responsabilidade da Administração por atos ilícitos

Antes da entrada em vigor do Código Civil de 2002, doutrina e jurisprudência adotavam, para o caso de reparação de dano contra a Fazenda Pública, o prazo prescricional

---

[39] STJ, 1ª T., REsp. 1.675.985/DF, Rel. Min. Gurgel de Faria, ac. 15.10.2022, *DJe* 31.01.2023.

de cinco anos, em razão do Decreto 20.910/1932. Após o atual Código Civil, parte da doutrina e da jurisprudência passou a adotar o prazo de três anos previsto para as hipóteses de reparação civil (art. 206, § 3º, V).

O entendimento do STJ era no sentido de que a prescrição trienal prevalecia sobre a quinquenal do Decreto nº 20.910/1932, por ser a mais favorável à Administração Pública:

> a) 1. Respeitadas as regras de transição do novo diploma, o prazo prescricional de três anos relativo à pretensão de reparação civil (art. 206, § 3º, V, do Código Civil de 2002) prevalece sobre o quinquênio previsto no art. 1º do Decreto nº 20.910/1932. Precedentes do STJ[40].
>
> b) 1. O legislador estatuiu a prescrição de cinco anos em benefício do Fisco e, com o manifesto objetivo de favorecer ainda mais os entes públicos, estipulou que, no caso da eventual existência de prazo prescricional menor a incidir em situações específicas, o prazo quinquenal seria afastado nesse particular. Inteligência do art. 10 do Decreto nº 20.910/1932.
>
> 2. O prazo prescricional de três anos relativo à pretensão de reparação civil, art. 206, § 3º, V, do Código Civil de 2002, prevalece sobre o quinquênio previsto no art. 1º do Decreto nº 20.910/1932[41].

Esse entendimento foi abarcado por parte da doutrina, ao argumento de que não poderia prevalecer a tese de que "a norma geral posterior não revoga a norma especial anterior", sob pena de gerar "um desequilíbrio no sistema jurídico, fazendo com que a Fazenda ficasse sujeita a um prazo prescricional maior do que o previsto para os particulares"[42].

Entretanto, este posicionamento não era pacífico, visto que o próprio STJ possuía decisões no sentido de que o Decreto 20.910 continuava a reger a prescrição relativa à Administração Pública após a entrada em vigor do Código Civil de 2002. Assim, em sede de recurso especial repetitivo, a Primeira Seção daquela Corte Superior decidiu que a lei especial prevalece sobre a geral, aplicando, portanto, o prazo de prescrição quinquenal para as ações indenizatórias contra a Fazenda Pública:

> 1. A controvérsia do presente recurso especial, submetido à sistemática do art. 543-C do CPC e da Res. STJ n 8/2008, está limitada ao prazo prescricional em ação indenizatória ajuizada contra a Fazenda Pública, em face da aparente antinomia do prazo trienal (art. 206, § 3º, V, do Código Civil) e o prazo quinquenal (art. 1º do Decreto 20.910/1932). (...)

---

[40] STJ, 2ª T., REsp. 1.250.907/DF, Rel. Min. Herman Benjamin, ac. 16.06.2011, *DJe* 12.09.2011. No mesmo sentido: STJ, 2ª T., REsp. 1.217.933/RS, Rel. Min. Herman Benjamin, ac. 22.03.2011, *DJe* 25.04.2011; STJ, 1ª T., REsp. 1.066.063/RS, Rel. Min. Francisco Falcão, ac. 11.11.2008, *DJe* 17.11.2008.

[41] STJ, 2ª T., REsp. 1.137.354/RJ, Rel. Min. Castro Meira, ac. 08.09.2009, *DJe* 18.09.2009.

[42] CARVALHO FILHO, José dos Santos. *Manual de direito administrativo*. 20. ed. Rio de Janeiro: Lumen Juris, 2008. p. 541-542. No mesmo sentido: "Ainda que se afirme não haver justificativa para fixação de prazo prescricional diferenciado, como o fez o art. 1º do Dec.-Lei nº 20.910/1932, isso não afasta a conclusão de que, atualmente, com base no princípio constitucional da isonomia, a regra disposta no art. 206, § 3º, V, do CC/2002 rege o exercício de pretensões indenizatórias quer figure, que não como réu o Poder Público" (SOARES, Leonardo Oliveira. O prazo prescricional das ações (pretensões) indenizatórias propostas contra o Poder Público no Estado Democrático de Direito brasileiro. *Revista de Processo*, n. 195, p. 156).

Capítulo X · DA PRESCRIÇÃO EM FACE DA FAZENDA PÚBLICA E DOS CONTRATOS REGULADOS | **333**

> 3. Entretanto, não obstante os judiciosos entendimentos apontados, o atual e consolidado entendimento deste Tribunal Superior sobre o tema é no sentido da aplicação do prazo prescricional quinquenal – previsto do Decreto 20.910/1932 – nas ações indenizatórias ajuizadas contra a Fazenda Pública, em detrimento do prazo trienal contido do Código Civil de 2002.
>
> 4. O principal fundamento que autoriza tal afirmação decorre da natureza especial do Decreto 20.910/1932, que regula a prescrição, seja qual for a sua natureza, das pretensões formuladas contra a Fazenda Pública, ao contrário da disposição prevista no Código Civil, norma geral que regula o tema de maneira genérica, a qual não altera o caráter especial da legislação, muito menos é capaz de determinar a sua revogação. Sobre o tema: Rui Stoco (*Tratado de Responsabilidade Civil*. Editora Revista dos Tribunais, 7ª ed. São Paulo, 2007, p. 207-208) e Lucas Rocha Furtado (*Curso de Direito Administrativo*. Editora Fórum, 2ª ed. Belo Horizonte, 2010; p. 1042).
>
> 5. A previsão contida no art. 10 do Decreto 20.910/1932, por si só, não autoriza a afirmação de que o prazo prescricional nas ações indenizatórias contra a Fazenda Pública foi reduzido pelo Código Civil de 2002, a qual deve ser interpretada pelos critérios histórico e hermenêutico. Nesse sentido: Marçal Justen Filho (*Curso de Direito Administrativo*. Editora Saraiva, 5ª ed. São Paulo, 2010, p. 1.296-1.299).
>
> 6. Sobre o tema, os recentes julgados desta Corte Superior: AgRg no AREsp 69.696/SE, 1ª Turma, Rel. Min. Benedito Gonçalves, DJe de 21.8.2012; AgRg nos EREsp 1.200.764/AC, 1ª Seção, Rel. Min. Arnaldo Esteves Lima, DJe de 6.6.2012; AgRg no REsp 1.195.013/AP, 1ª Turma, Rel. Min. Teori Albino Zavascki, *DJe* de 23.5.2012; REsp 1.236.599/RR, 2ª Turma, Rel. Min. Castro Meira, *DJe* de 21.5.2012; AgRg no AREsp 131.894/GO, 2ª Turma, Rel. Min. Humberto Martins, *DJe* de 26.4.2012; AgRg no AREsp 34.053/RS, 1ª Turma, Rel. Min. Napoleão Nunes Maia Filho, *DJe* de 21.5.2012; AgRg no AREsp 36.517/RJ, 2ª Turma, Rel. Min. Herman Benjamin, *DJe* de 23.2.2012; EREsp. 1.081.885/RR, 1ª Seção, Rel. Min. Hamilton Carvalhido, *DJe* de 1º.2.2011[43].

O entendimento encontra guarida na melhor doutrina, como Maria Sylvia Zanella Di Pietro, para quem se deve aplicar a norma do art. 2º, § 2º, da Lei de Introdução às Normas de Direito Brasileiro, segundo a qual "a lei nova, que estabeleça disposições gerais ou especiais a par das já existentes, não revoga nem modifica a lei anterior". Destarte, explica a autora, "assim como o Decreto nº 20.910/1932 não revogou qualquer dispositivo do Código Civil de 1916, referente à prescrição, o novo Código Civil não afeta o Decreto nº 20.910, até porque, ao contrário do Código Civil, ele não disciplina a prescrição aplicável nas relações entre particulares, mas sim nas relações que envolvam a Fazenda Pública"[44].

A posição atual do STJ nos parece a mais adequada, pois, embora o Código Civil cuide da prescrição de modo geral, há legislação especial que regula as relações do Estado com

---

[43] STJ, 1ª Seção, Resp. 1.251.993/PR, Rel. Min. Mauro Campbell Marques, ac. 12.12.2012, *Dje* 19.12.2012.

[44] DI PIETRO, Maria Sylvia Zanella. *Direito Administrativo*. 27. Ed. São Paulo: Atlas, 2014. P. 845. No mesmo sentido: "Para isso, nessa linha, o prazo da prescrição administrativa há de ser lido a partir do regime jurídico delimitado pelo Direito Administrativo, afastando-se a necessidade do eterno retorno ao Direito Privado (...) Por fim, concluímos que o Decreto nº 20.910/1932 estabelece a prescrição quinquenal para todas as dívidas, direitos e ações contra a Fazenda Pública, não se aplicando as regras do Código Civil direcionadas ao direito privado, às entidades de direito público" (NASSAR, Elody. *Prescrição na Administração Pública*. 2. ed. São Paulo: Saraiva, 2009. p. 313).

o particular que trata especificamente do prazo prescricional aplicável à Administração. Nessa esteira, há de ser aplicada a norma especial.

II – Responsabilidade da Administração por atos ilícitos praticados no Regime Militar

Em relação aos danos provocados ao particular durante o regime militar, o STJ não aplica o prazo quinquenal do Decreto 20.910/1932, entendendo ser imprescritível a ação de indenização, com fundamento no art. 8º, § 3º do Ato das Disposições Constitucionais Transitórias:

> A afronta aos direitos básicos da pessoa humana, como a proteção da sua dignidade lesada pela tortura e prisão por delito de opinião durante o Regime Militar de exceção, enseja ação de reparação *ex delicto* imprescritível e ostenta amparo constitucional no art. 8º, § 3º, do Ato das Disposições Constitucionais Transitórias[45].

A matéria foi sumulada pelo STJ: "São imprescritíveis as ações indenizatórias por danos morais e materiais decorrentes de ato de perseguição política com violação de direitos fundamentais ocorridos durante o regime militar" (Súmula nº 647).

O STF manteve acórdão do STJ nesse sentido, mas sem decidir expressamente a questão da imprescritibilidade, por entender tratar-se a prescrição de questão infraconstitucional:

> 1. A prescrição, quando *sub judice* a controvérsia, não dá ensejo ao cabimento de recurso extraordinário por situar-se no âmbito infraconstitucional. Precedente: AI 781.787-AgR, Rel. Min. Ellen Gracie, Segunda Turma, *DJe* 3/12/2010.
>
> (...)
>
> 3. *In casu,* o acórdão extraordinariamente recorrido assentou, *in verbis:* "Administrativo. Responsabilidade civil do Estado. Indenização por danos morais. Regime militar. Tortura. Imprescritibilidade. Inaplicabilidade do art. 1º do Decreto 20.910/1932. 1. As ações indenizatórias por danos morais decorrentes de atos de tortura ocorridos durante o Regime Militar de exceção são imprescritíveis. Inaplicabilidade do prazo prescricional do art. 1º do Decreto 20.910/1932. Precedentes do STJ. 2. O Brasil é signatário do Pacto Internacional sobre os Direitos Civis e Políticos das Nações Unidas – incorporado ao ordenamento jurídico pelo Decreto-Legislativo 226/1991, promulgado pelo Decreto 592/1992 –, que traz a garantia de que ninguém será submetido a tortura, nem a pena ou a tratamentos cruéis, desumanos ou degradantes, e prevê a proteção judicial para os casos de violação de direitos humanos. 3. A Constituição da República não estipulou lapso prescricional à faculdade de agir, correspondente ao direito inalienável à dignidade"[46].

A pretensa imprescritibilidade derivada da indenização cogitada no art. 8º, § 3º, da ADCT e que tem sido afirmada pelo STJ esbarra em previsão expressa da Lei de Anistia (Lei nº 10.559/2002), que prevê a prescrição quinquenal para a pretensão econômica em prestação mensal, permanente e continuada (art. 6º, § 6º), e que não cogita, em dispositivo

---

[45]   STJ, 2ª T., Resp. 1.680.492/MG, Rel. Min. Herman Benjamin, ac. 19.09.2017, *DJe* 09.10.2017.

[46]   STF, AgRg no RE 715.268/RJ, 1ª T., Rel. Min. Luiz Fux, ac. 06.05.2014, *DJe* 23.05.2014.

algum, de imprescritibilidade de reparação do dano[47]. O afastamento da regra infraconstitucional só poderia acontecer mediante adequada declaração de inconstitucionalidade, fato de que não se tem notícia.

Ainda que se tenha como válida a jurisprudência do STJ, força é reconhecer que seus fundamentos constitucionais invocados apoiam-se em regra especial pertinente aos que "foram atingidos em decorrência de motivação exclusivamente política, por atos de exceção" praticados ao ensejo da ditadura militar. Tratando-se de norma excepcional, não se pode estendê-la, em caráter geral, para qualquer dano moral provocado por agente público ou privado responsável por ofensa a direitos fundamentais de pessoas maltratadas física e psicologicamente. É sempre muito importante ter em conta que a prescritibilidade das pretensões patrimoniais é princípio de ordem pública imposto por exigência de segurança social, que também constitui garantia fundamental (CF, art. 5º, *caput*) e valor supremo da República Federativa do Brasil (CF, preâmbulo).

Nessa linha, agressões à dignidade humana por tortura física ou moral, por mais que dure a inércia de reação do ofendido contra o estado de coisas, jamais se extinguirá o direito de reclamar a respectiva cessação. Diverso é o direito de exigir reparação patrimonial pelos efeitos consumados da ofensa moral já cessada. Como direito puramente econômico, não pode ser excluído da eficácia prescricional, sob pena de ser atingida a segurança jurídica, razão última do instituto da prescrição extintiva[48].

II – Outras ações indenizatórias contra a Fazenda Pública

a) Ações que discutem nomeação e posse de candidato que participou de concurso público: o STJ entende que o prazo prescricional em ações da espécie é o de cinco anos, previsto no Dec. nº 20.910/1932:

> a) As normas previstas na Lei nº 7.144/1983 aplicam-se meramente a atos concernentes ao concurso público, nos quais não se insere, contudo, a controvérsia instaurada sobre aventada preterição ao direito público subjetivo de nomeação para o candidato aprovado e classificado dentro do número de vagas ofertadas no edital de abertura, hipótese para a qual o prazo é o previsto no Decreto nº 20.910/1932[49].
>
> b) A posse do servidor público e os eventual efeitos financeiros dela decorrentes é matéria que não guarda relação direta com o concurso público, porquanto se trata de fase posterior à homologação do resultado do certame, motivo pelo qual o prazo prescricional aplicável é o de cinco anos, previsto no art. 1º do Decreto nº 20.910/1932[50].

---

[47]   "No plano nacional, foi editada a Lei Federal nº 10.559 de 13 de novembro de 2002, que regulou às inteiras os direitos dos anistiados políticos, não prevendo, em nenhum de seus vinte e dois artigos, a hipótese de imprescritibilidade de ação indenizatória em face do Poder Público, o que permite a conclusão da aplicação da trienal, nos termos antes expostos" (WILLEMAN, Flávio de Araújo. Prescrição das ações indenizatórias contra o Poder Público e o Código Civil de 2002. *Revista da EMERJ*, Rio de Janeiro, v. 12, n. 47, p. 210, 2009).

[48]   Se os direitos da personalidade nunca podem se extinguir, o mesmo "não ocorre com as vantagens econômicas respectivas" (PEREIRA, Caio Mário da Silva. *Instituições de Direito Civil*. 18. Ed. Rio de Janeiro: Forense, 1995. V. 1, p. 440).

[49]   STJ, 2ª T., AgRg no Resp. 1.487.720/RS, Rel. Min. Mauro Campbell Marques, ac. 18.11.2014, *DJe* 24.11.2014.

[50]   STJ, 1ª T., AgRg no Resp. 1.244.080/RS, Rel. Min. Arnaldo Esteves Lima, ac. 12.11.2013, *DJe* 22.11.2013. No mesmo sentido: STJ, 1ª T., AgInt no Resp. 1.498.244/RS, Rel. Min. Napoleão Nunes Maia Filho, ac. 01.04.2019, *DJe* 09.04.2019.

c) Havendo preterição de candidato em concurso público, o termo inicial do prazo prescricional recai na data em que foram nomeados outros servidores no lugar dos aprovados na disputa[51].

b) Pretensão de expedição de novo precatório ou nova RPV, após o cancelamento, por não ter sido o valor levantado pelo credor

A execução de sentença contra a Fazenda Pública, de obrigação de quantia certa, se processa por expedição de ofício requisitório, que se cumpre mediante depósito pela entidade devedora, em conta gerida pelo tribunal competente, cujo presidente deverá efetuar o pagamento ao exequente.

A Lei nº 13.463/2017, no tocante à Fazenda Nacional, instituiu um prazo de dois anos para que o exequente proceda, junto ao tribunal, ao levantamento do depósito correspondente ao seu crédito, sob pena de ser cancelado o precatório (ou a RPV) e transferido o valor depositado para a conta única do Tesouro Nacional (art. 2º, § 1º). Essa inovação gerou séria controvérsia jurisprudencial sobre qual seria o prazo prescricional aplicável à renovação da execução. O problema desapareceu depois que o STF declarou a inconstitucionalidade do cancelamento sumário e extrajudicial do precatório ou da RPV.[52]

117.4. Prescrição dos benefícios previdenciários

A Lei nº 8.213, de 1991, que dispõe sobre os planos de benefícios da Previdência Social, estatui, no parágrafo único do art. 103, o prazo prescricional de cinco anos para o segurado ou beneficiário ajuizar ação de cobrança de prestações vencidas ou quaisquer restituições ou diferenças devidas pelo INSS, a contar da data em que deveriam ter sido pagas. O art. 104, por sua vez, também prevê o prazo prescricional de cinco anos, para a ação relativa a acidente do trabalho. Esses dispositivos cuidam especificamente da relação entre segurados, seus dependentes e a Previdência Social:

> Previdenciário. Processo Civil, Remessa oficial tida por interposta. Aposentadoria por idade. Rurícola. Prévio requerimento administrativo. Desnecessidade. Ausência de violação aos arts. 2º e 5º, XXXV, da CF. Atividade rural comprovada por início de prova documental corroborada por prova testemunhal. Tutela antecipada. Termo inicial. Honorários advocatícios. Correção monetária. Juros de mora. Custas.
>
> 7. Prescreve em cinco anos, em caso de requerimento administrativo, a contar da data em que deveriam ter sido pagas, toda e qualquer ação para haver prestações vencidas ou quaisquer restituições ou diferenças devidas pela Previdência Social (art. 103, parágrafo único, Lei nº 8.213/1991), com exceção dos incapazes, por força das disposições dos arts. 3º, inciso I e 198, inciso I, do atual Código Civil[53].

---

[51] STJ, 5ª T., Resp. 415.602/RS, Rel. Min. Felix Fischer, ac. 07.05.2002, *DJU* 03.06.2002, p. 263. No mesmo sentido: STJ, 1ª T., AgInt no Resp. 1.279.735/RS, Rel. Min. Gurgel de Faria, ac. 21.06.2018, *DJe* 08.08.2018.

[52] STF, Pleno, ADI 5.755/DF, Rel. Min. Rosa Weber, ac. 30.06.2022, *DJe* 04.10.2022.

[53] TRF 1ª Região, 1ª T., Ap. 2009.01.99.050865-8/MG, Rel. Des. Néviton Guedes, ac. 04.10.2012, *RDC*, n. 109/146.

117.5. Prescrição na Lei de Improbidade Administrativa

I – Introdução

A Lei nº 14.230/2021 alterou a Lei de Improbidade Administrativa (Lei nº 8.429/1992) no tocante à prescrição. A nova redação do art. 23, *caput.* prevê que "a ação para a aplicação das sanções previstas nesta Lei prescreve em 8 (oito) anos, contados a partir da ocorrência do fato ou, no caso de infrações permanentes, do dia em que cessou a permanência".

Os defensores da corrente de imprescritibilidade das ações de ressarcimento decorrentes de improbidade alegam que referido dispositivo foi claro ao estabelecer prazo "exclusivamente sobre as ações versando sobre sanções"[54] (sobre o tema, ver subitem a seguir).

O prazo de oito anos começa a contar da prática do ato questionado, mas, se se tratar de "infrações permanentes, do dia em que cessou a permanência". A legislação reformadora determinou um termo inicial mais preciso, o que não ocorreu com a Lei nº 13.019/2014, que trouxe regras variáveis quanto ao início do prazo prescricional[55].

A nova lei também previu regras para a suspensão do curso da prescrição, a partir da instauração do inquérito civil: "A instauração de inquérito civil ou de processo administrativo para apuração dos ilícitos referidos nesta Lei suspende o curso do prazo prescricional por, no máximo, 180 (cento e oitenta) dias corridos, recomeçando a correr após a sua conclusão ou, caso não concluído o processo, esgotado o prazo de suspensão" (art. 23, § 1º).

Referido inquérito deve ser concluído em 365 dias corridos, prorrogável uma única vez, por igual período (§ 2º). Findo esse prazo, e não sendo arquivado o inquérito, o prazo prescricional é automaticamente reiniciado.

O § 4º do art. 23 cuida das hipóteses de interrupção da prescrição, quais sejam: (i) ajuizamento da ação de improbidade administrativa; (ii) publicação da sentença condenatória; (iii) publicação de decisão ou acórdão de Tribunal de Justiça ou Tribunal Regional Federal que confirma sentença condenatória ou que reforma sentença de improcedência; (iv) publicação de decisão ou acórdão do Superior Tribunal de Justiça que confirma acórdão condenatório ou que reforma acórdão de improcedência; e, (v) publicação de decisão ou acórdão do Supremo Tribunal Federal que confirma acórdão condenatório ou que reforma acórdão de improcedência.

Interrompida a prescrição, o prazo recomeça a correr do dia da interrupção, pela metade (§ 5º). Aqui não se aplica a regra do art. 202 do CC, que autoriza apenas uma única interrupção, de modo que, após ajuizada a ação de improbidade, a cada ato previsto no § 4º a prescrição se interrompe e volta a correr por quatro anos, até a extinção do processo:

> Assim, ajuizada a ação de improbidade, haverá a interrupção do prazo prescricional, retomando o seu curso por quatro anos. Sendo publicada sentença condenatória antes de decorrido esse prazo, haverá uma nova interrupção da prescrição. Reiniciar-se-á o

---

[54] JUSTEN FILHO, Marçal. *Reforma da Lei de Improbidade Administrativa comparada e comentada: Lei nº 14.230, de 25 de outubro de 2021.* Rio de Janeiro: Forense, 2022, p. 251.

[55] JUSTEN FILHO, Marçal. *Reforma da Lei de Improbidade Administrativa comparada e comentada: Lei nº 14.230, de 25 de outubro de 2021.* Rio de Janeiro: Forense, 2022, p. 251.

prazo por outros quatro anos. Havendo a publicação de decisão do tribunal de segundo grau, confirmando a condenação ou reformando a sentença absolutória, dar-se-á uma outra interrupção da prescrição e o reinício do curso por outros quatro anos. E assim se passará sucessivamente, em vista da pluralidade de instâncias de julgamento[56].

Vale ressaltar que apenas as decisões condenatórias do réu têm o condão de interromper a prescrição.

Ocorrida a prescrição intercorrente da pretensão sancionadora, o juiz ou o tribunal, depois de ouvido o Ministério Público, deverá, de ofício ou a requerimento da parte interessada, reconhecê-la e decretá-la de imediato (§ 8º).

A causa de suspensão ou interrupção da prescrição, segundo o § 6º do novo art. 23, produz efeito relativamente a todos os que concorreram para a prática do ato de improbidade.

II – Imprescritibilidade das ações de ressarcimento decorrentes de improbidade administrativa

Em relação ao ressarcimento dos danos provocados por agentes públicos em razão de atos de improbidade administrativa, a jurisprudência do STJ e a do STF são tranquilas quanto à imprescritibilidade da respectiva ação, sem embargo da reconhecida prescritibilidade das sanções a que se sujeitam os praticantes da improbidade.

O STJ, com efeito, possui entendimento sedimentado no sentido de serem imprescritíveis as ações de ressarcimento decorrentes de atos de improbidade administrativa, como se deduz do seguinte aresto:

> 1. Verifica-se que o acórdão recorrido está em sintonia com o entendimento do STJ quanto à imprescritibilidade das ações de ressarcimento ao Erário decorrentes da prática de atos de improbidade administrativa[57].

No mesmo sentido, o entendimento do STF:

> a) I – A imprescritibilidade prevista no art. 37, § 5º, da Constituição Federal, diz respeito apenas a ações de ressarcimento de danos decorrentes de ilegalidades tipificadas como de improbidade administrativa e como ilícitos penais. É prescritível a ação de reparação de danos à Fazenda Pública decorrente de ilícito civil (RE 669.069-RG/MG, Relator Ministro Teori Zavascki)[58].
>
> b) 1. A prescrição é instituto que milita em favor da estabilização das relações sociais. 2. Há, no entanto, uma série de exceções explícitas no texto constitucional, como a prática dos crimes de racismo (art. 5º, XLII, CRFB) e da ação de grupos armados, civis ou militares, contra a ordem constitucional e o Estado Democrático (art. 5º, XLIV, CRFB).

---

[56] JUSTEN FILHO, Marçal. *Reforma da Lei de Improbidade Administrativa comparada e comentada: Lei nº 14.230, de 25 de outubro de 2021*. Rio de Janeiro: Forense, 2022, p. 256.

[57] STJ, 2ª T., REsp. 1.687.349/AL, Rel. Min. Herman Benjamin, ac. 03.10.2017, *DJe* 11.10.2017. No mesmo sentido: STJ, 1ª T., REsp. 1.630.958/SP, Rel. p/acórdão Min. Sérgio Kukina, ac. 19.09.2017, *DJe* 27.09.2017.

[58] STF, 2ª T., AI 481.650 AgR Ed/SP, Rel. Min. Ricardo Lewandowski, ac. 21.08.2017, *DJe* 31.08.2017.

Capítulo X · DA PRESCRIÇÃO EM FACE DA FAZENDA PÚBLICA E DOS CONTRATOS REGULADOS | **339**

3. O texto constitucional é expresso (art. 37, § 5º, CRFB) ao prever que a lei estabelecerá os prazos de prescrição para ilícitos na esfera cível ou penal, aqui entendidas em sentido amplo, que gerem prejuízo ao erário e sejam praticados por qualquer agente.

4. A Constituição, no mesmo dispositivo (art. 37, § 5º, CRFB) decota de tal comando para o Legislador as ações cíveis de ressarcimento ao erário, tornando-as, assim, imprescritíveis.

5. São, portanto, imprescritíveis as ações de ressarcimento ao erário fundadas na prática de ato doloso tipificado na Lei de Improbidade Administrativa.

6. Parcial provimento do recurso extraordinário para (i) afastar a prescrição da sanção de ressarcimento e (ii) determinar que o tribunal recorrido, superada a preliminar de mérito pela imprescritibilidade das ações de ressarcimento por improbidade administrativa, aprecie o mérito apenas quanto à pretensão de ressarcimento[59].

Além disso, eventual prescrição da pretensão punitiva da Administração não impede o prosseguimento da ação de ressarcimento ao erário, quando ajuizadas cumulativamente:

A declaração da prescrição das sanções aplicáveis aos atos de improbidade administrativa não impede o prosseguimento da demanda quanto à pretensão de ressarcimento dos danos causados ao erário. Recurso especial provido[60].

A Súmula 634 do STJ estabelece que "ao particular aplica-se o mesmo regime prescricional previsto na Lei de Improbidade para o agente público". De tal sorte, tratando-se de particulares corréus em ação de improbidade administrativa, a contagem do prazo prescricional seguirá a do agente público, ou seja, é aferida coletivamente[61].

Em que pese o entendimento das altas Cortes brasileiras, acerca da imprescritibilidade das ações de ressarcimento ao erário, decorrentes de atos de improbidade administrativa, pensamos que este não é o posicionamento mais adequado segundo a sistemática vigente, *data maxima venia*.

Não se pode admitir a imprescritibilidade de uma ação de cunho eminentemente patrimonial, ainda que se tenha em mira o interesse público. Com efeito, não há como inferir-se a imprescritibilidade da ação de ressarcimento da redação do § 5º do art. 37 da Constituição. A ressalva feita pelo dispositivo às "ações de ressarcimento" significa que, quanto a elas, não se aplicam os prazos de prescrição previstos por lei especial, para ilícitos praticados por qualquer agente público. Vale dizer, o ressarcimento sujeita-se ao *prazo comum* das ações de indenização relacionadas à Administração. A prescrição, destarte, seria a *quinquenal* comum prevista no Decreto nº 20.910/1932.

---

[59] STF, Pleno, RE 852475, Rel. p/ acórdão Min. Edson Fachin, ac. 08.08.2012, *DJe* 25.03.2019.

[60] STJ, 1ª T., REsp. 1.331.203/DF, Rel. Min. Ari Pargendler, ac. 21.03.2013, *DJe* 11.04.2013.

[61] STJ, 1ª T., REsp. 1.405.346/SP, Rel. p/ acórdão Min. Sérgio Kukina, ac. 15.05.2014, DJe 19.08.2014: "O objetivo da regra estabelecida na LIA para contagem do prazo prescricional é justamente impedir que os protagonistas de atos de improbidade administrativa – quer agentes públicos, quer particulares em parceria com agentes públicos – explorem indevidamente o prestígio, o poder e as facilidades decorrentes de função ou cargo públicos para dificultar ou mesmo impossibilitar as investigações". Com a alteração feita pela Lei nº 14.230/2021, não prevalece mais o entendimento do STJ no sentido de que o termo inicial da contagem do prazo prescricional para punir agente de mandato eletivo, havendo reeleição, será o fim do segundo mandato.

Nesse sentido, o entendimento de Flávio Luiz Yarshell, para quem "não parece nem desejável nem autorizado pelo ordenamento entender-se como imprescritível a pretensão ao ressarcimento que possa decorrer da prática de atos de improbidade administrativa. Da mesma forma e até com maior razão, o tempo deve atuar como fator extintivo da pretensão à aplicação das demais sanções previstas pela Lei nº 8.429/1992, em seu art. 12"[62].

Bem ressaltou Elody Nassar sobre o tema, ao dispor que, "na hipótese do art. 37, § 5º, segunda parte, dois princípios se chocam: de um lado a necessidade do ressarcimento ao erário público e a observância do princípio da indisponibilidade do interesse público e, de outro, o ataque ao princípio da estabilidade das relações constituídas no tempo, fundamento principal do instituto da prescrição"[63]. E concluiu o autor não ser "defensável anular-se os princípios basilares do Estado de Direito, quais sejam o princípio da segurança e da estabilidade das relações jurídicas"[64].

Com efeito, a segurança jurídica constitui valor supremo do Estado Democrático de Direito, para a construção de uma sociedade fraterna, pluralista e sem preconceitos, nos termos do preâmbulo da Constituição Federal de 1988. Assim, conforme já ressaltado, pensamos não ser plausível a interpretação no sentido da imprescritibilidade das ações de ressarcimento ao erário decorrentes de atos de improbidade administrativa.

Nada obstante a razoável ponderação doutrinária, a jurisprudência continua inabalável na proclamação da imprescritibilidade da pretensão de reparação dos danos provocados por atos de improbidade administrativa.

De qualquer maneira, os Tribunais Superiores não reconhecem que o regime de imprescritibilidade, aceito para os casos de improbidade administrativa, possa se estender ao dano proveniente do ato ilícito comum praticado contra a Fazenda Pública.

118. PRAZOS DE PRESCRIÇÃO APLICADOS A CONTRATOS REGULADOS EM LEI ESPECIAL

Por fim, cumpre ressaltar alguns prazos prescricionais aplicados a contratos regulados e lei especial.

a) Prescrição aplicável aos contratos de representação comercial:

A Lei nº 4.886/1965, que regula a atividade dos representantes comerciais autônomos, prevê, no parágrafo único do art. 44 (com a redação da Lei nº 14.195/2021), o prazo prescricional de cinco anos para "a ação do representante comercial para pleitear a retribuição que lhe é devida e os demais direitos que lhe são garantidos por esta lei".

---

[62] YARSHELL, Flávio Luiz. Prescrição intercorrente e sanções por improbidade administrativa (Lei nº 8.429/1992). In: CIANCI, Mirna (Coord.). *Prescrição no Código Civil*. 3. ed. São Paulo: Saraiva, 2011, p. 149.

[63] NASSAR, Elody. *Prescrição na Administração Pública*. São Paulo: Saraiva, 2004. p. 186.

[64] NASSAR, Elody. *Prescrição na Administração Pública*. São Paulo: Saraiva, 2004. p. 189. Também defendem a prescritibilidade dessas ações: GRINOVER, Ada Pellegrino. Ação de improbidade administrativa – decadência e prescrição. In: JORGE, Flávio Cheim *et al* (coords.) *Temas de improbidade administrativa*. Rio de Janeiro: Lumen Juris Editora, 2010, p. 12 e 35; NERY JR., Nelson; NERY, Rosa Maria de Andrade. *Constituição Federal comentada*. 7. ed., São Paulo: RT, 2019, p. 703.

Capítulo X · DA PRESCRIÇÃO EM FACE DA FAZENDA PÚBLICA E DOS CONTRATOS REGULADOS | 341

Há que se distinguir entre as retribuições devidas durante a vigência do contrato e as indenizações pela ruptura da relação contratual. No caso da remuneração do agente, conta-se a prescrição a partir do momento em que cada prestação se torna exigível. Quanto à pretensão relativa às verbas rescisórias, o STJ já firmou entendimento no sentido de que referido prazo começa a contar da resolução injustificada do contrato. Entretanto, a prescrição não altera a base de cálculo da indenização prevista no art. 27, *j*, da referida lei, que continua sendo apurada segundo a remuneração percebida durante toda a vigência. É essa a orientação jurisprudencial:

> 3. O propósito do recurso especial é determinar se, à luz do art. 27, *j*, da Lei nº 4.886/1965, a base de cálculo da indenização por rescisão sem justa causa deve incluir os valores percebidos durante toda a vigência do contrato de representação comercial ou se deve ser limitada ao quinquênio anterior à rescisão, devido à prescrição quinquenal (art. 44, parágrafo único, da Lei nº 4.886/1965).
>
> 4. O direito e a pretensão de receber verbas rescisórias (arts. 27, *j*, e 34 da Lei nº 4.886/1965) nascem com a resolução injustificada do contrato de representação comercial.
>
> 5. É quinquenal a prescrição para cobrar comissões, verbas rescisórias e indenizações por quebra de exclusividade contratual, conforme dispõe o parágrafo único do art. 44 da Lei nº 4.886/1965.
>
> 6. Conforme precedentes desta Corte, contudo, essa regra prescricional não interfere na forma de cálculo da indenização estipulada no art. 27, *j*, da Lei nº 4.886/1965 (Resp 1.085.903/RS, Terceira Turma, julgado em 20/08/2009, *DJe* 30/11/2009).
>
> 7. Na hipótese, nos termos do art. 27, *j*, da Lei nº 4.886/1965, até o termo final do prazo prescricional, a base de cálculo da indenização para rescisão injustificada permanece a mesma, qual seja, a integralidade da retribuição auferida durante o tempo em que a recorrente exerceu a representação comercial em nome da recorrida[65].

b) Prescrição aplicável para a cobrança por transporte multimodal e unimodal de cargas:

A Lei nº 9.611/1998, que dispõe sobre o transporte multimodal de cargas, em seu art. 22, estabelece o prazo prescricional ânuo para "as ações judiciais oriundas do não cumprimento das responsabilidades do transporte multimodal", prazo este contado "da data da entrega da mercadoria no ponto de destino ou, caso isso não ocorra, do nonagésimo dia após o prazo previsto para a referida entrega".

Nesse sentido, o entendimento do STJ:

> 1. A ação de cobrança de valores relativos a despesas de sobre-estadia de contêineres (*demurrage*), decorrente de contrato de transporte multimodal, prescreve em um ano, consoante previsto no artigo 22 da Lei nº 9.611/1998. Precedente da Segunda Seção desta Corte: REsp. 1.340.041, Rel. Ministro Ricardo Villas Bôas Cueva, *DJe* de 04/09/2015[66].

---

[65]   STJ, 3ª T., REsp. 1.469.119/MG, Rel. Min. Nancy Andrighi, ac. 23.05.2017, *DJe* 30.05.2017. No mesmo sentido: STJ, 4ª T., AgInt no AREsp. 443.147/RS, Rel. Min. Maria Isabel Gallotti, ac. 15.08.2017, *DJe* 22.08.2017.

[66]   STJ, 4ª T., AgInt. no REsp. 1.523.006/SP, Rel. Min. Raul Araújo, ac. 15.12.2016, *DJe* 07.02.2017.

Em relação ao transporte marítimo unimodal, o entendimento formado em sede de recurso repetitivo é de que, na ausência de regra específica na lei, se a taxa estiver prevista no contrato, estabelecendo os dados e os critérios necessários ao cálculo, o prazo será o quinquenal, do art. 206, § 5º, I, do Código Civil. Inexistindo previsão contratual, aplicar-se-á o prazo geral decenal, do art. 205:

> 5. A diferença existente entre as atividades desempenhadas pelo transportador marítimo (unimodal) e aquelas legalmente exigidas do Operador de Transporte Multimodal revela a manifesta impossibilidade de se estender à pretensão de cobrança de despesas decorrentes da sobre-estadia de contêineres (pretensão do transportador unimodal contra o contratante do serviço) a regra prevista do art. 22 da Lei nº 9.611/1998 (que diz respeito ao prazo prescricional ânuo aplicável às pretensões dos contratantes do serviço contra o Operador de Transporte Multimodal).
>
> 6. As regras jurídicas acerca da prescrição devem ser interpretadas estritamente, repelindo-se a interpretação extensiva ou analógica. Daí porque afigura-se absolutamente incabível a fixação de prazo prescricional por analogia, medida que não se coaduna com os princípios gerais que regem o Direito Civil brasileiro, além de constituir verdadeiro atentado à segurança jurídica, cuja preservação se espera desta Corte Superior.
>
> 7. Em se tratando de transporte unimodal de cargas, quando a taxa de sobre-estadia objeto da cobrança for oriunda de disposição contratual que estabeleça os dados e os critérios necessários ao cálculo dos valores devidos a título de ressarcimento pelos prejuízos causados em virtude do retorno tardio do contêiner, será quinquenal o prazo prescricional (art. 206, § 5º, inciso I, do Código Civil). Caso contrário, ou seja, nas hipóteses em que inexistente prévia estipulação contratual, aplica-se a regra geral do art. 205 do Código Civil, ocorrendo a prescrição em 10 (dez) anos.
>
> 8. Para os fins do art. 1.040 do CPC/2015, fixa-se a seguinte tese: "A pretensão de cobrança de valores relativos a despesas de sobre-estadias de contêineres (demurrage) previamente estabelecidos em contrato de transporte marítimo (unimodal) prescreve em 5 (cinco) anos, a teor do que dispõe o art. 206, § 5º, inciso I, do Código Civil de 2002"[67].

É de se registrar que há regra especial a ser observada nas ações de extravio de carga, bem como nas ações por falta de conteúdo, diminuição, perdas e avarias ou danos à carga, hipóteses em que a prescrição é de um ano a contar da data do término da descarga do navio transportador (Decreto-lei nº 116/1967, art. 8º)[68].

c) Prescrição para a ação de cobrança de frete relativo a transporte:

O STJ não distingue o transporte marítimo e o terrestre para fins de cobrança de frete. Nessa linha, já entendeu que o prazo prescricional de referida verba, nos termos do art. 449, 3, do Código Comercial, era de um ano[69]:

---

[67] STJ, 2ª Seção, Resp. 1.819.826/SP, Rel. Min. Ricardo Villas Bôas Cueva, ac. 28.10.2020, *DJe* 03.11.2020.

[68] CAHALI, Yussef Said. *Prescrição e decadência*. São Paulo: Ed. RT, 2008, p. 243.

[69] O art. 449, 3 do Código Comercial foi revogado pelo art. 2.045, do CC/2002. A prescrição do frete, todavia, passou a ser de cinco anos, conforme art. 206, § 5º, I, do Código Civil atual (TJ/SP, 18ª Câm. Dir. Priv., Ap. nº 1014241-32.2017.8.26.0562, Rel. Des. Henrique Rodriguero Clavio, ac. 20.03.2018; TJ/SP, 20ª Câm. Dir. Priv, Ap. 1016783-57.2016.8.26.0562, Rel. Des. Correia Lima, ac. 19.03.2018.

Capítulo X • DA PRESCRIÇÃO EM FACE DA FAZENDA PÚBLICA E DOS CONTRATOS REGULADOS | 343

1. O Código Comercial não faz distinção entre o transporte marítimo e o terrestre quando dispõe sobre o prazo prescricional.

2. Nos termos do art. 449, 3, do CCo, é de 1 (um) ano o prazo de prescrição para as ações que visam à cobrança de frete relativo a transporte terrestre[70].

A contagem dessa prescrição será feita a partir do dia da entrega da carga.

d) Prescrição para ação de indenização por danos materiais ocorridos no transporte terrestre de carga:

Para o STJ, "no contrato de *transporte* rodoviário de *cargas*, a pretensão de reparação pelos danos porventura ocorridos prescreve em 1 (um) ano, a contar da ciência do sinistro, nos termos do art. 18 da Lei nº 11.442/2007"[71]. Igual solução prevalecia, segundo aquela Alta Corte, para os contratos da espécie ajustados antes do atual Código Civil:

> "Aplica-se o Código Comercial e o Decreto nº 2.681/1912 aos contratos de transporte rodoviário de mercadorias firmados antes da vigência do Código Civil de 2002". Destarte, "incide o prazo de prescrição anual às pretensões relativas ao contrato de transporte terrestre de cargas (arts. 449, 2 e 3, do Código Comercial e 9º do Decreto nº 2.681/1912)"[72].

Na verdade, o direito anterior não era outro para a prescrição da responsabilidade civil das estradas de ferro no transporte de cargas: a prescrição ocorria no fim de um ano, a contar da data da entrega, por aplicação do art. 9º, do Decreto 2.681, de 1912[73].

e) Prescrição da ação de indenização por avarias a carga em contêiner:

O prazo prescricional para o ajuizamento de ação de indenização por extravio, falta de conteúdo, diminuição, perdas e avarias ou danos à carga a ser transportada via transporte marítimo é de um ano, nos termos do art. 8º do Decreto-Lei nº 116/1967:

> Nos termos do art. 8º do Decreto-Lei nº 116/1967, é de um ano o prazo para a prescrição da pretensão indenizatória, no caso das ações por extravio, falta de conteúdo, diminuição, perdas e avarias ou danos à carga a ser transportada por via d'água nos portos brasileiros.
>
> 2. A Súmula 151 do STF orienta que prescreve em um ano a ação do segurador sub-rogado para haver indenização por extravio ou perda de carga transportada por navio[74].

Conta-se dito prazo a partir do momento em que se termina a descarga do navio transportador.

f) Prescrição aplicável ao contrato de transporte de pessoas:

Em caso de transporte de pessoas, o Código Civil não prevê prazo prescricional específico para a pretensão indenizatória por prejuízos sofridos pela pessoa transportada

---

[70] STJ, 3ª T., REsp. 1.082.635/MA, Rel. Min. Nancy Andrighi, ac. 20.10.2011, *DJe* 03.11.2011.

[71] STJ, 4ª T., AgInt no Resp 1.943.711/SP, Rel. Min. Marco Buzzi, ac. 13.12.2021, *DJe* 16.12.2021; STJ, 3ª T., AgInt nos EDcl na Pet 13.114/SP, Rel. Min. Marco Aurélio Bellizze, ac. 20.04.2020, *DJe* 24.04.2020.

[72] STJ, 3ª T., Resp. 1.448.785/SP, Rel. Min. Ricardo Villas Bôas Cueva, ac. 26.10.2021, *DJe* 03.11.2021.

[73] STF, 2ª T., RE 88.606/RJ, Rel. Min. Leitão de Abreu, ac. 14.08.1981, *DJU* 11.09.1981, p. 703, *RTJ* 98/1.119.

[74] STJ, 4ª T., REsp. 1.278.722/PR, Rel. Min. Luis Felipe Salomão, ac. 25.04.2016, *DJe* 29.06.2016.

e sua bagagem, por isso, eventual ação deve ser ajuizada no prazo geral de 10 anos (sobre a prescrição de pretensão de responsabilidade contratual, ver item 93 *supra*).

Se se tratar, contudo, de relação de consumo, a ação de indenização por danos resultantes de fato do serviço, a prescrição será a quinquenal, do art. 27 do CDC.[75]

Se, por outro lado, o transporte for gratuito, feito por amizade e cortesia, não se configura, nos termos da lei, um negócio subordinado às normas do contrato de transporte (CC, art. 736). Destarte, o prazo prescricional aplicável será o previsto para a reparação civil, ou seja, três anos (CC, art. 206, § 3º, V).[76]

---

[75] CAHALI, Yussef Said. *Prescrição e decadência.* São Paulo: RT, 2008, p. 240.

[76] À época do Código de 1916, o STJ editou a Súmula nº 145, dispondo que: "no transporte desinteressado, de simples cortesia, o transportador só será civilmente responsável por danos causados ao transportado quando incorrer em dolo ou culpa grave".

Capítulo XI
Da Decadência

119. O REGIME VELHO

Embora fosse antiga a advertência de que não se deve confundir a prescrição com a decadência[1], o Código de 1916 não fez o menor esforço para distingui-las, e, o que é pior, reuniu todos os prazos extintivos sob o rótulo único da prescrição. Simplesmente ignorou a existência da decadência, o que, aliás, entre os Códigos primitivos, era comum[2]. Com efeito, foi por meio da doutrina e da jurisprudência que se isolou e conceituou a decadência como fenômeno distinto da prescrição, durante a formação do direito de origem românica. Diversamente da prescrição, que sempre despertou a atenção do legislador, a decadência quase sempre careceu de uma específica disciplina legislativa[3].

Entre nós, a total ausência de referência no Código antigo ao fenômeno da decadência fez que a doutrina não tivesse parâmetro algum no direito positivo para construir a teoria delimitadora daquele fenômeno em relação à prescrição. Por outro lado, nem mesmo a prescrição chegou a ser definida na lei. Daí o aparecimento de teses pouco claras e de orientações não convergentes durante os longos anos de vigência do Código Beviláqua, quer a respeito da prescrição, quer a propósito da decadência.

120. O REGIME DO ATUAL CÓDIGO CIVIL

A exemplo dos Códigos mais modernos, como o italiano e o português, o atual Código brasileiro define o que é prescrição (art. 189) e institui uma disciplina específica para a decadência (arts. 207 a 211), agrupando em capítulos separados os preceitos reguladores de cada uma das duas figuras jurídicas[4].

---

[1] GALLO, Paolo. Prescrizione e decadenza in diritto comparato. In: *Digesto delle discipline privatistiche*. Torino: UTET, 1996. v. XV, p. 252.

[2] O certo, contudo, é que *"siendo la prescripción y la caducidad dos instituciones, no solo distintas sino excluyentes, por cuanto, mientras la primera, solo extingue la acción y la segunda, no solo extingue la acción, sino además el derecho mismo, no se procede aplicar ambas simultáneamente"* (Jurisprudência peruana citada por PARODI, Felipe Osterling. *Código civil y Código Procesal Civil*. Lima: Librería y Ediciones Jurídicas, 2002. p. 258).

[3] GALLO, Paolo. Prescrizione e decadenza in diritto comparato. In: *Digesto delle discipline privatistiche*. Torino: UTET, 1996. v. XV, p. 252.

[4] Igual orientação é seguida pelo novo Código Civil do Peru (de 1984): *"La prescrición extingue la acción pero no el derecho mismo"* (art. 1.989). *"La caducidad extingue el derecho y la acción correspondiente"* (art. 2.003).

O ponto de partida da tomada de posição do Código de 2002 está na ideia de pretensão, sobre a qual se constrói a teoria da prescrição. Não se tratando de pretensão – exigência de uma prestação omitida pelo obrigado – não há que se pensar em prescrição. Os prazos extintivos de direitos desprovidos de pretensão é que constituem o objeto da decadência.

Explica a Comissão Revisora do Projeto que se converteu no atual Código:

> Ocorre a decadência quando um *direito potestativo* não é exercido, extrajudicialmente ou judicialmente (nos casos em que a lei – como sucede em matéria de anulação, desquite, etc. – exige que o direito de anular, o direito de desquitar-se só possa ser exercido em Juízo, ao contrário, por exemplo, do direito de resgate, na retrovenda, que se exerce extrajudicialmente), dentro do prazo para exercê-lo, o que provoca a decadência desse direito potestativo[5].

Se a prescrição é a perda da pretensão (força de reagir contra a violação do direito subjetivo), não se pode, realmente, cogitar de prescrição dos direitos potestativos. Estes nada mais são do que poderes ou faculdades do sujeito de direito de provocar a alteração de alguma situação jurídica. Neles, não se verifica a contraposição de uma obrigação do sujeito passivo a realizar certa prestação em favor do titular do direito. A contraparte simplesmente está sujeita a sofrer as consequências da inovação jurídica. Valer dizer: o exercício de um direito potestativo cria, modifica ou extingue situação jurídica; cria, pois, a sujeição de alguém que está obrigado a sofrer as consequências daí decorrentes. Por isso, não cabe aplicar aos direitos potestativos a prescrição: não há pretensão a ser extinta, separadamente do direito subjetivo; é o próprio direito potestativo que desaparece, por completo, ao término do prazo marcado para seu exercício[6]. Explica a Comissão Revisora:

> Os direitos potestativos são direitos sem pretensão, pois são insuscetíveis de violação, já que a eles não se opõe um dever de quem quer que seja, mas uma sujeição de alguém (o meu direito de anular um negócio jurídico não pode ser violado pela parte a quem a anulação prejudica, pois esta está apenas sujeita a sofrer as consequências da anulação decretada pelo juiz, não tendo, portanto, dever algum que possa descumprir)[7].

Quando se estipula, na lei ou no contrato, um prazo determinado para que a parte exerça um direito, a própria aquisição deste direito restou condicionada ao dado temporal. A decadência se insere na estrutura formativa do próprio direito.

A prescrição participa da vida do direito subjetivo, de modo acidental. O direito deve ser exercido e satisfeito independentemente de termo extintivo. A prescrição nasce do fato anormal do inadimplemento. É porque o obrigado a uma prestação deixou de cumpri-la,

---

[5] MOREIRA ALVES, José Carlos. *A parte geral do projeto de Código Civil brasileiro*. São Paulo: Saraiva, 1986. p. 155.

[6] "Sabe-se que a prescrição é o encobrimento dos direitos análogos à pretensão; enquanto a decadência trata da extinção dos direitos potestativos, de modo que a solução adotada (pelo novo Código) é extremamente operativa, motivo pelo qual MIGUEL REALE com ela exemplifica a diretriz que dominou, entre outras, os trabalhos codificatórios" (MARTINS-COSTA, Judith. O projeto de Código Civil brasileiro: em busca da 'ética da situação'. *Revista Jurídica*, v. 282, p. 38).

[7] MOREIRA ALVES, José Carlos. *A parte geral do projeto de Código Civil brasileiro*. São Paulo: Saraiva, 1986. p. 155.

que começa a correr o prazo de prescrição, dentro do qual o credor deverá reagir, para forçar a realização da prestação descumprida. A inércia da reação à ofensa ao direito provocará, ao final do prazo assinalado na lei, a perda da tutela jurisdicional, embora ainda subsista o direito subjetivo, já então debilitado, mas não extinto (se o devedor não arguir a prescrição, o juiz não poderá recusar a tutela jurisdicional e, se o devedor pagar a dívida prescrita, o pagamento será válido e irrepetível). É o que se passa, por exemplo, com o débito proveniente de qualquer mútuo ou com o preço da compra e venda ou da locação.

No campo dos direitos potestativos, surgem faculdades, a cujo exercício se marca de antemão um termo, de sorte que ditas faculdades não mais se poderão fazer valer quando, por qualquer motivo, já tenha decorrido o tempo previsto[8]. É o que se dá, por exemplo, com a anulação do negócio jurídico por vício de consentimento, com a revogação da doação por ingratidão, com a retrovenda, com a resolução do contrato de compra e venda por vício redibitório, com o direito de preferência do condômino ou do locatário etc.

Quando se trata de caducidade ou decadência (ou preclusão) o tempo se conta necessariamente desde o nascimento do direito potestativo (ou facultativo). Quando é de prescrição que se cogita, o prazo extintivo começa não do nascimento do direito, mas do momento em que a inércia do titular se manifestou, depois que ele já existia e veio a ser violado[9].

Assim delineados os contornos da prescrição e da decadência, pode-se definir a decadência como o fenômeno que faz extinguir os direitos potestativos, cujas faculdades nascem com um prazo de duração limitado[10].

121. A VIRTUDE DA SOLUÇÃO ENCONTRADA PELO CÓDIGO CIVIL

Inspirado no pensamento de Jhering, de que a essência do direito está na sua *realizabilidade* (aquilo que os processualistas contemporâneos chamam de *efetividade*), o Código adotou o critério mais operacional possível para enfrentar e solucionar um dos mais intrincados problemas do direito civil, que era o de conceituar e separar a prescrição e a decadência.

Em primeiro lugar, definiu-se a pretensão como sendo o objeto da prescrição e, em seguida, arrolou-se em dois únicos artigos todos os casos de prescrição (arts. 205 e

---

[8] RUGGIERO, Roberto de. *Instituições de direito civil*. Trad. Ary dos Santos. São Paulo: Saraiva, 1957. v. I, § 34º, p. 357.

[9] ALBALADEJO. *Derecho civil I* – Introducción y parte general. 14. ed. Barcelona: Bosch, 1996. t. I, v. II, § 108, p. 506. António Menezes Cordeiro, ao tratar do direito português, ressalva que "o prazo de caducidade, salvo se a lei fixar outra data, começa a correr no momento em que o direito puder legalmente ser exercido". Daí conclui que: "a lei poderá sempre determinar qualquer outro ponto *a quo*, para a contagem do prazo, que não o da possibilidade do exercício". Mas, ressalva que esta circunstância não poderia ocorrer na prescrição, "uma vez que retiraria a dimensão social ao próprio decurso do prazo. Já na caducidade, o caso é diverso: imperam razões de normalização que bem poderiam exigir prazos 'cegos': contados a partir de momentos visíveis e independentemente de poder haver qualquer exercício da posição atingida" (CORDEIRO, António Manuel da Rocha e Menezes. *Tratado de direito civil português I* – Parte geral, Coimbra: Almedina, 2005. t. IV, n. 102, p. 223).

[10] "*Caducidade* ou *preclusão* é um instituto por via do qual os direitos potestativos se extinguem pelo facto do seu não exercício prolongado por certo tempo" (ANDRADE, Manuel A. Domingues de. *Teoria geral da relação jurídica*. 8. reimpr. Coimbra: Almedina, 1998. v. II, n. 214, p. 463).

206), deixando os de decadência para a regulamentação específica de cada modalidade de direito (arts. 207 a 211)[11].

A medida legislativa foi de extrema singeleza, mas de evidente *operabilidade*, na linguagem de Miguel Reale, para quem, na aplicação da nova sistemática dos prazos extintivos, "não haverá dúvida nenhuma: ou figura no artigo que rege a prescrição, ou então se trata de decadência"[12].

O lugar destinado à fixação dos prazos decadenciais foi a Parte Especial do Código. Raros foram os casos em que prazos da espécie apareceram na Parte Geral, situações em que se teve o cuidado de explicitar a natureza do prazo extintivo, como complemento do artigo em que, especificamente, aplicável (por exemplo: arts. 45, parágrafo único; 48, parágrafo único; 68; 119, parágrafo único; 178 e 179).

Na parte especial, numerosas são as hipóteses de decadência, podendo lembrar-se, a título exemplificativo: *art. 501* (ações relativas às diferenças de área de compra e venda de imóvel); *art. 504* (ações de preferência do condômino na venda de quinhão de outro comunheiro); *art. 505* (cláusula de retrovenda); *art. 512* (venda a contento); *art. 516* (direito de preferência, cláusula especial de compra e venda); *art. 554* (doação a entidade futura); *art. 559* (revogação de doação por ingratidão); *art. 618* (prazo para reclamar defeitos de construção contra o empreiteiro); *art. 859* (concurso com promessa de recompensa) etc.

Explica Miguel Reale como se organizou o tratamento da decadência na visão do atual Código, nos seguintes termos:

> Qual é o tratamento dado à decadência? Há, por exemplo, o direito do doador de revogar a doação feita, por ingratidão. Aí o prazo é tipicamente de decadência. E então a norma vem acoplada a outra: a norma de operabilidade está jungida ao direito material. Como se vê, cada norma de decadência está acoplada ao preceito cuja decadência deve ser decretada. De maneira que, com isso, não há mais possibilidade de alarmantes contradições jurisprudenciais.
>
> O critério de operabilidade leva-nos, às vezes, a forçarmos um pouco, digamos assim, os aspectos teoréticos. Vou dar um exemplo, para mostrar que prevalece, às vezes, o elemento de operabilidade sobre o elemento puramente teorético-formal. Qual é o prazo da responsabilidade de um construtor, pela obra que ele entregou, numa empreitada de material e de lavor, ou seja, de mão de obra e com fornecimento de material? É um prazo de cinco anos – um prazo extenso. Porém estabelecemos que, não obstante a aparência de uma norma prescritiva, ela devia ser colocada como norma de decadência, para que não houvesse dúvida na jurisprudência, nem dúvida na responsabilidade, quer do proprietário, quer do empresário, um a exigir uma responsabilidade, outro a fazer face àquilo que assumiu como obrigação contratual[13].

---

[11] "No que concerne ao regramento da prescrição e da decadência – tema tormentoso no Código Civil vigente (de 1916), que mistura ambas as espécies – o Projeto (novo Código) adotou interessante solução metodológica: trata sistematicamente apenas a prescrição (art. 189), enunciando as hipóteses na Parte Geral (art. 206) e acoplando as regras relativas à decadência em cada preceito onde cabível, salvo a regulação genérica dos arts. 207 a 211" (MARTINS-COSTA, Judith. O projeto de Código Civil brasileiro: em busca da 'ética da situação'. *Revista Jurídica*, v. 282, p. 38).

[12] REALE, Miguel. *O projeto do novo Código Civil.* 2. ed. São Paulo: Saraiva, 1999. p. 10-11.

[13] REALE, Miguel. *O projeto do novo Código Civil.* 2. ed. São Paulo: Saraiva, 1999. p. 11.

Em resumo: prazos prescricionais são apenas os dos arts. 205 e 206. Todos os demais que figuram no Código, mormente os da Parte Especial, são decadenciais[14].

122. CONEXÃO DO DIREITO MATERIAL COM O DIREITO PROCESSUAL

Já se acentuou que a prescrição se instala numa relação entre credor e devedor, quando aquele não reage contra a violação por este praticada. Na prescrição, há, destarte, um direito e uma obrigação em confronto. Na decadência, apenas um sujeito se apresenta como titular de uma faculdade. Não há obrigação descumprida. Daí por que é no terreno dos direitos potestativos (ou facultativos) que opera a decadência.

Cotejando o direito subjetivo do titular de um direito potestativo com o sistema processual, ver-se-á que, na classificação das ações pela eficácia da sentença, a prescrição é aplicável às *ações condenatórias,* e a decadência, às *ações constitutivas.*

É que nas ações condenatórias, o que se obtém em juízo é um comando judicial tendente a impor a realização, pelo demandado, de uma prestação em favor do demandante. As pretensões, que se extinguem pela prescrição, são justamente as exigências de prestações não cumpridas a seu tempo pelo obrigado. Daí a conclusão de que são as ações condenatórias as que ensejam a prescrição, quando não exercitadas no prazo da lei.

Já nas ações constitutivas, o que se busca é a atuação de faculdades do demandante, capaz de operar alteração na situação jurídica existente entre ele e o demandado. São ações que versam sobre direitos sem pretensão, porque não correspondem a prestações sonegadas pelo réu. A decadência, desta maneira, é fenômeno próprio das ações constitutivas[15].

Convém observar, no entanto, que o direito potestativo nem sempre depende de sentença para implementar-se. Muitas vezes pode ser exercitado extrajudicialmente (como no direito de opção, no direito de renovação de certos contratos, no direito de retrovenda etc.). Sempre, porém, que se tiver de exercer em juízo o direito potestativo, a ação adequada será a constitutiva. Por outro lado, é de destacar que alguns direitos potestativos são insuscetíveis de prazo extintivo, como os ligados ao estado de família.

Feitas estas ressalvas, o critério de correlação entre as ações de direito material e as de direito processual é correto e útil, tendo a grande virtude de ligar o problema da prescrição à existência da *pretensão,* como no direito alemão e no novo direito brasileiro; e de permitir, por meio da noção de *direito potestativo,* "visão mais clara do problema da decadência"[16].

---

[14] "O principal elemento prático para a distinção nesse diploma reside no aspecto de os prazos de distinção estarem presentes dentro dos próprios institutos jurídicos, não só na Parte Geral, como nos compartimentos da Parte Especial. Assim, os prazos extintivos pontilhados em todo o Código e fora do rol de prazos prescritivos do art. 206 serão prazos decadenciais e, desse modo, subordinados aos seus efeitos, diversos dos efeitos da prescrição (...) Nota-se, portanto, que o Código adotou os critérios da operosidade e razoabilidade, afastando dúvidas estéreis e teorias que em nada facilitavam a compreensão desses temas. Assim, fora dos arts. 205 e 206 não existem prazos de prescrição. Existirão em outras leis, evidentemente. Todos os demais prazos desse diploma são de decadência" (VENOSA, Sílvio de Salvo. *Código Civil Interpretado.* 2. ed. São Paulo: Atlas, 2011, p. 235-236).

[15] "Os direitos desprovidos de pretensão, os chamados *direitos potestativos,* se necessário seu exercício por meio de ação judicial, demandam *sentença constitutiva*" (GOMES, Orlando. *Introdução ao direito civil.* 18. ed. Rio de Janeiro: Forense, 2002. n. 302, p. 509).

[16] GOMES, Orlando. *Introdução ao direito civil.* 18. ed. Rio de Janeiro: Forense, 2002. n. 302, p. 509.

É nesse rumo que já se encaminhava a doutrina brasileira, mesmo antes do advento do atual Código Civil, que veio, sem dúvida, prestigiar e consolidar o entendimento exposto[17]. Pode-se, de tal maneira, sintetizar o quadro de diferenciação entre a prescrição e a decadência da seguinte forma:

1. Estão sujeitas à prescrição todas as *ações condenatórias* e somente elas.

2. Estão sujeitas à decadência (indiretamente, isto é, em virtude da decadência do direito a que correspondem) as *ações constitutivas* que têm prazo especial de exercício fixado em lei.

3. São perpétuas (imprescritíveis): a) as *ações constitutivas* que não têm prazo especial de exercício fixado em lei; b) todas as ações declaratórias[18].

123. FUNDAMENTO DA DECADÊNCIA

Embora sejam múltiplos e meio confusos os fundamentos da prescrição, no caso da decadência tudo se explica com um único argumento: é a necessidade de *certeza jurídica* que determina a subordinação de certos direitos facultativos ao exercício obrigatório dentro de determinado prazo, para que a seu término se tenha como firme e inalteravelmente definida a situação jurídica das partes[19]. É de interesse público que as situações jurídicas submetidas a esse tipo de prazo fiquem definidas de uma vez para sempre, com o seu transcurso[20].

Muito mais amplos são os poderes do juiz, quando se depara com a decadência, do que na hipótese de prescrição. Diversamente do que se passa com a prescrição (que não elimina o direito, mas apenas a pretensão), o direito submetido à decadência deixa de existir, uma vez consumado o respectivo prazo. Por isso, o próprio devedor pode se opor à decretação da prescrição, enquanto a decadência prevista em lei é de decretação obrigatória, independentemente de requerimento ou oposição dos interessados.

---

[17] "A preferência dos estudos mais modernos sobre a distinção entre a prescrição e a decadência parece se fixar no tema do cotejo entre as ações condenatórias e as ações constitutivas. Dessa forma, a prescrição diz respeito a direitos já constituídos e que são ofendidos pelo sujeito passivo, sem que o respectivo titular tenha reagido por via de ação condenatória, no prazo devido. Já a decadência refere-se a direitos potestativos, cuja ação constitutiva não foi manejada em tempo útil pelo titular" (Cf. GUIMARÃES, Carlos da Rocha. *Prescrição e decadência*. 2. ed. Rio de Janeiro: Forense, 1984. n. 27, p. 103; AMORIM FILHO, Agnelo. Critério científico para distinguir a prescrição da decadência e para identificar as ações prescritíveis. *Revista Direito Processual Civil*, v. 3, p. 95-132, 1962; PINTO, Nelson Luiz. *Ação de usucapião*. São Paulo: RT, 1987. n. 3.2.1, p. 33; n. 3.2.2, p. 39).

[18] AMORIM FILHO, Agnelo. Critério científico para distinguir a prescrição da decadência e identificar as ações imprescritíveis. *Revista dos Tribunais*, v. 300, p. 7 (apud RODRIGUES, Silvio. *Direito civil*. 32. ed. São Paulo: Saraiva, 2002. v. I, p. 331, nota 446).

[19] "A decadência historicamente representa um meio de libertação diante de um direito potestativo exercido diante de um sujeito passivo, que permanece em estado de sujeição (v. art. 207). O fundamento da decadência é a intangibilidade das esferas individuais que deve ser preservada (NEVES, Gustavo Kloh Müller. *Prescrição e decadência no direito civil*. Rio de Janeiro: Lumen Juris, 2006. p. 123).

[20] ANDRADE, Manuel A. Domingues de. *Teoria geral da relação jurídica*. 8. reimpr. Coimbra: Almedina, 1998. v. II, n. 214, p. 464.

124. DIREITO INTERTEMPORAL

Por afetar diretamente o direito subjetivo, e não apenas a pretensão, a decadência, nos casos de inovação legislativa quanto aos prazos, não observa as mesmas regras aplicáveis à prescrição. Estas incidem desde logo, para encurtar ou ampliar os prazos prescricionais em curso[21]. Já para a decadência, as regras do direito intertemporal são as próprias do direito de ação, já que esse tipo de direito e o prazo para exercê-lo se consideram inseparáveis[22].

Os prazos prescricionais podem ser alterados e aplicados imediatamente a fatos pretéritos porque não se referem ao direito material da parte, mas apenas ao remédio processual utilizável para reagir contra a violação do direito. Já quando se trata de decadência, o prazo de exercício do direito integra o próprio direito, de sorte que alterá-lo implicaria "ofender direito adquirido", direito que nasceu e se consolidou antes da nova lei. Qualquer redução de prazo, em termos de decadência, no direito brasileiro, "seria inconstitucional", em face do art. 5º, XXXVI, da CF[23].

Alterada, portanto, a lei disciplinadora do prazo decadencial, a lei nova não atinge os prazos em curso. A decadência do direito nascido no regime da lei velha continua por ela regida, ainda que o prazo só venha a se consumar sob o império da lei nova[24].

Há, contudo, que se admitir a possibilidade de a lei nova ter como objetivo alterar os prazos decadenciais ainda não consumados, em casos, por exemplo, de sua ampliação, quando então não se ofenderia o direito adquirido[25]. A hipótese é viável, mas só se deve entender que o prazo decadencial modificado afeta as situações emergentes da lei anterior se a nova disposição legal assim o determinar. Ao contrário, se há silêncio no texto inovador em termos de prazo decadencial, não será aplicado em regra aos que se iniciaram sob o império da lei anterior.

125. DECADÊNCIA E DIREITO ADQUIRIDO

O prazo decadencial, como já afirmado, faz parte do próprio direito potestativo. Nasce junto com ele, como um dos seus elementos formativos. O titular adquire um direito que vigorará por determinado tempo, dentro do qual haverá de ser exercido sob pena de extinguir-se. É diferente do prazo prescricional que nasce não do direito da parte, mas de sua violação. Refere-se à prestação de exigir a pretensão inadimplida, pretensão essa que tem prazo de exercício próprio, distinto daquele que eventualmente tenha vigorado para cumprimento da obrigação. Daí por que o decurso do prazo prescricional faz extinguir

---

[21] ROUBIER, Paul. *Le droit transitoire* (conflits des lois dans le temps). 2. ed. Paris: Dalloz et Sirey, 1960. n. 64, p. 297.

[22] MAXIMILIANO, Carlos. *Direito intertemporal ou teoria da retroatividade das leis*. 2. ed. Rio de Janeiro: Freitas Bastos, 1955. n. 221, p. 258.

[23] PONTES DE MIRANDA, Francisco Cavalcanti. *Comentários ao Código de Processo Civil*. 3. ed. Rio de Janeiro: Forense, 1998. t. VI, p. 359.

[24] "Ao contrário do que acontece com a *prescrição*, em caso de *decadência* em curso, o prazo e o modo de contá-lo obedecem aos postulados antigos, embora o fenômeno jurídico mencionado se prolongue pelo império de preceitos posteriores" (MAXIMILIANO, Carlos. *Direito intertemporal ou teoria da retroatividade das leis*. 2. ed. Rio .de Janeiro: Freitas Bastos, 1955, n. 221, p. 259).

[25] PONTES DE MIRANDA, Francisco Cavalcanti. *Comentários ao Código de Processo Civil*. 3. ed. Rio de Janeiro: Forense, 1998. t. VI, p. 359.

a pretensão, sem desconstituir o direito do credor, enquanto o transcurso do prazo de caducidade aniquila o próprio direito.

A ação não usada a tempo para fazer atuar o direito potestativo é a causa de sua caducidade. Não pode a lei, nova em princípio, retirar a ação que integra o direito potestativo, nem lhe reduzir o prazo, porque isto implicaria afrontar o direito adquirido. "*Ação judicial* para fazer valer um direito já adquirido constitui, por sua vez, direito adquirido (o direito de acionar); porquanto semelhantes remédios processuais enumeram-se entre as *consequências* do direito adquirido; não são *faculdades* da lei, nem a estas se equiparam"[26].

Não se deve tomar a ação sujeita à decadência como figura de direito processual, porque, no terreno específico do processo, as normas formais da lei nova são de aplicação imediata, alcançando até mesmo os feitos em curso. A ação que se reconhece ao titular do direito potestativo é a *ação de direito material*, que vem a ser o *direito* de fazer atuar seu direito subjetivo material pelas vias judiciais. É esse direito material de ação que se apresenta como "*consequência*" do direito adquirido de natureza formativa ou constitutiva, e que por isso, não pode ser atingido, normalmente, pela lei nova sem que se atinja o próprio direito adquirido de constituir a nova situação jurídica (objeto do direito potestativo).

Somente situações excepcionalíssimas, caracterizadas não apenas pelo interesse de ordem pública, mas pela nova sistemática de repressão às condutas imorais e completamente incompatíveis com a nova ordem jurídica é que podem conduzir o legislador a impedir que os efeitos ainda não produzidos pelo direito potestativo sejam vedados ou reduzidos na vigência da lei nova[27].

Essa eficácia jamais poderá afetar os efeitos já produzidos antes da vigência da lei inovadora e dependerá de expressa declaração do legislador. Não se pode, por analogia ou interpretação extensiva, aplicar restrição ou inovação genérica de contagem de prazos, prejudicar prazos decadenciais instituídos pela lei do tempo de aperfeiçoamento do negócio jurídico. Qualquer liberalidade nessa matéria incorre na censura da aplicação retroativa da lei, em prejuízo do ato jurídico perfeito e do direito adquirido (CF, art. 5º, XXXVI).

A regra de direito intertemporal traduzida no art. 2.028 que manda observar a lei velha na aplicação de prazos que tenham sido reduzidos pelo atual Código somente quando já transcorrida mais de sua metade, não diz respeito aos prazos decadenciais. É de aplicação aos prazos prescricionais e a todos os demais prazos tratados no direito civil, não, porém, aos de caducidade, cuja natureza exige o tratamento específico do direito adquirido e do ato jurídico perfeito.

Aplica-se ao art. 2.028 a lição de Barbosa Moreira, elaborada ao tempo em que o Código de Processo Civil de 1973 reduziu o prazo decadencial para propositura da ação rescisória de sentença de cinco para dois anos. Segundo ele, doutrina muito autorizada nega a aplicabilidade aos casos de direito potestativo das regras pertinentes a direito intertemporal estatuídas visando a prazos prescricionais. "O direito potestativo (à rescisão, no

---

[26] MAXIMILIANO, Carlos. *Direito intertemporal ou teoria da retroatividade das leis*. 2. ed. Rio de Janeiro: Freitas Bastos, 1955, n. 17, p. 30.

[27] Se o direito potestativo, no direito antigo, era, por exemplo, perene (não suscetível a prazo algum de extinção), pode a lei nova, em nome de interesses sociais superiores, criar-lhe um limite de duração que evidentemente só começará a fluir da vigência da nova regra. Em matéria de redução de prazo decadencial, já em curso, é muito difícil encontrar justificativa para retroagir a eficácia.

caso) já nascido para alguém, desde a ocorrência do fato que o gerou, fica imune (*inclusive* quanto ao lapso de tempo em que é exercitável, e que o integra como elemento essencial) à lei superveniente – no ordenamento pátrio, até por força de regra constitucional"[28].

Em tal perspectiva, todo direito potestativo adquirido antes de lei inovadora de seu prazo de exercício, continuará submetido ao prazo decadencial da lei do tempo de sua constituição, aplicando-se o prazo da lei nova apenas àqueles aperfeiçoados após a vigência desta[29].

126. A FATALIDADE DO PRAZO DE DECADÊNCIA

> **Art. 207. Salvo disposição legal em contrário, não se aplicam à decadência as normas que impedem, suspendem ou interrompem a prescrição. (Código Civil)**

Antiga doutrina procurava distinguir a decadência da prescrição pela fatalidade do prazo daquela e pela sujeição do prazo desta a interrupções e suspensões. Afirmava-se que a decadência ocorria quando a propositura de uma ação se apresentava como "a única maneira de exercer-se o direito"; enquanto a prescrição incidiria nos casos em que o direito poderia ser exercitado tanto judicial como extrajudicialmente. Por isso, os prazos prescricionais poderiam sujeitar-se a interrupções e suspensões, enquanto os decadenciais, fixados unicamente para a propositura de ações constitutivas, não poderiam ser interrompidos nem suspensos[30].

É certo que a decadência corresponde aos direitos facultativos, potestativos ou formativos – direitos de criar situações jurídicas novas – mas não é verdadeiro que essa modalidade de direito somente possa ser exercitada por meio de ação, nem que, substancialmente, o prazo a que se sujeita o direito subjetivo, na espécie, seja insuscetível de interrupção e suspensão.

Se, por exemplo, se estipula em qualquer contrato de prazo certo a possibilidade de sua prorrogação, mediante aviso de uma parte à outra, trinta dias antes do vencimento, está-se diante de um prazo decadencial, que, entretanto, não se subordina à sentença para operar seus efeitos constitutivos. O mesmo se passa com a convenção de retrovenda, que pode ser resgatada tanto em juízo como extrajudicialmente. A decadência, portanto, ocorre quando o *direito potestativo* não é exercido no tempo previsto, judicial ou extrajudicialmente, pouco importa[31].

Também não se pode afirmar categoricamente que o prazo decadencial não admite suspensão ou interrupção. Em regra, é isto o que acontece, porque o intento das normas que criam prazos da espécie é atingir a certeza acerca de uma situação jurídica, por constituir, com a maior precisão. Não exercida a faculdade no prazo que lhe corresponde,

---

[28] BARBOSA MOREIRA, José Carlos. *Comentários ao Código de Processo Civil*. 5. ed. Rio de Janeiro: Forense, 1985. v. V, p. 219.

[29] BARBOSA MOREIRA, José Carlos. *Comentários ao Código de Processo Civil*. 5. ed. Rio de Janeiro: Forense, 1985. v. V, p. 219.

[30] BATALHA, Wilson de Souza Campos. *Direito intertemporal*. Rio de Janeiro: Forense, 1980. p. 241.

[31] MOREIRA ALVES, José Carlos. *A parte geral do projeto de Código Civil brasileiro*. São Paulo: Saraiva, 1986. p. 155: "Nem todo o direito potestativo só se exerce judicialmente, pois há os que se exercem extrajudicialmente".

extingue-se ela *ipso facto*. Isto não impede, contudo, que a lei abra exceções, prevendo hipóteses em que interesses incomuns justifiquem a aplicação das regras de suspensão ou interrupção da prescrição também a prazos decadenciais.

O art. 207, adotando o entendimento exposto, deixa claro que a regra geral é a imunidade da decadência às interrupções e suspensões previstas para a prescrição. Só por exceção legal, e nunca por vontade das partes, é que o prazo decadencial se submeterá às referidas vicissitudes[32]. É o que se passa, por exemplo, com as hipóteses previstas no art. 208.

Outra exceção à regra da fatalidade foi recentemente estabelecida pela Lei nº 14.010/2020, que dispõe sobre o Regime Jurídico Emergencial e Transitório das relações jurídicas de Direito Privado (RJET) no período da pandemia do coronavírus (Covid-19). Em seu art. 3º, a legislação, especialíssima e transitória, determina que "os prazos prescricionais consideram-se impedidos ou suspensos, conforme o caso, a partir da entrada em vigor desta Lei até 30 de outubro de 2020". E no § 2º determina expressamente que o impedimento e a suspensão aplicar-se-ão à decadência durante a pandemia.

Vale dizer, essa Lei especial ressalvou o disposto no art. 207 do Código Civil, de modo a determinar expressamente a aplicação à decadência das hipóteses de impedimento e suspensão da prescrição, durante o período compreendido entre 10 de junho de 2020 (entrada em vigor da lei) e 30 de outubro de 2020.

A ressalva, certamente, se fez necessária em razão da grave crise socioeconômica que se instaurou com a pandemia do coronavírus, de modo a resguardar os direitos dos credores em geral. Trata-se de exemplo de força maior ou justo motivo a impedir que a parte ou seu advogado distribuam ações judiciais para evitar a decadência de seus direitos.

Assim, excepcionalmente durante o período da pandemia – de 10 de junho de 2020 a 30 de outubro de 2020 –, os prazos decadenciais também terão seu início impedido ou seu curso suspenso.

Convém notar que, na realidade, não se pode pensar em interromper o prazo decadencial nos mesmos termos em que se concebe a interrupção da prescrição. Com efeito, quando o direito potestativo somente pode ser exercido por meio de ação (anulação do negócio jurídico, ação pauliana, anulação de casamento etc.), a citação do demandado não interrompe o prazo decadencial. Com a propositura da ação, o titular do direito potestativo o exercita e, com isso, impede que a decadência ocorra. "Por isso, e não porque haja interrupção ou suspensão do prazo de decadência, é que esse direito não mais decai: o exercício *afasta* a decadência, pois esta só ocorre se o direito não é exercido"[33].

Nesses casos, os efeitos da citação sobre o prazo decadencial retroagem à data da propositura da ação, se observados os preceitos dos §§ do art. 240 do CPC/2015, já ana-

---

[32] "O decurso do prazo de caducidade não é interferido por vicissitudes ocorridas em relações paralelas ou na própria relação em que ele se insira. Assim, a caducidade do direito de pedir a rescisão de um contrato de trabalho não é afectada pela suspensão desse mesmo contrato; a caducidade da acção de restituição de posse (1282º) não é interrompida pela instauração do procedimento cautelar de restituição provisória; do mesmo modo, a caducidade da acção de impugnação de deliberação social não é interrompida pelo pedido de suspensão da mesma" (CORDEIRO, António Manuel da Rocha e Menezes. *Tratado de Direito Civil Português* – Parte Geral. Coimbra: Almedina, 2005. t. IV, n. 105, p. 224).

[33] Relatório da Comissão Revisora (apud MOREIRA ALVES, José Carlos. *A parte geral do projeto de Código Civil brasileiro.* São Paulo: Saraiva, 1986, p. 157).

lisados nos comentários ao art. 202, I, do Código Civil. É o que determina o § 4º, do art. 240 do CPC/2015[34].

Ao contrário do que se passa com a prescrição, por não se tratar de interrupção da decadência, mas de exercício do direito potestativo, não há reinício do prazo extintivo após a citação. O direito foi exercido, de forma definitiva. Não há mais decadência a cogitar.

127. O TERMO FINAL DO PRAZO DE DECADÊNCIA

I – Introdução

Costuma-se, em função da própria força do termo "decadência", atribuir um caráter de fatalidade inexorável ao prazo decadencial. De forma alguma poderia o titular do direito potestativo deixar de exercê-lo antes do respectivo vencimento.

Que fazer, portanto, quando o termo final cair em dia não útil ou dia sem expediente forense? Ter-se-ia de antecipar a propositura da ação ou o exercício do direito potestativo?

O caso é de resolver-se, pura e simplesmente, pela regra geral do art. 132, § 1º, do CC, que se aplica a todo e qualquer prazo civil, inclusive, pois, os decadenciais. Reza aludido dispositivo que "se o dia do vencimento cair em feriado, considerar-se-á prorrogado o prazo até o seguinte dia útil".

Com efeito, não raro se encontram doutrina e jurisprudência no sentido de que, mesmo sendo decadencial e peremptório, o prazo final previsto em lei ou contrato não se vence em dia de feriado ou não útil.

A jurisprudência mais antiga do STF decidira pela sujeição da decadência às regras ordinárias do Código Civil sobre contagem dos prazos em geral:

> O art. 125, § 1º, do CC – atual art. 132, § 1º – firma princípio geral a ser obedecido: se o termo final de prazo recair em dia não útil, prorrogar-se-á até o primeiro dia útil seguinte, mesmo que seja de decadência dito prazo[35].

Entretanto, em data mais recente, aquela Corte Superior reviu o seu posicionamento, para assentar que, salvo nos prazos processuais, a decadência, que é fenômeno de direito material, flui de maneira peremptória e fatal até atingir o termo final extintivo, sem cuidar de que caia em dia útil ou não útil:

> 1. Por se tratar de decadência, o prazo de propositura da ação rescisória estabelecido no art. 495 do CPC não se suspende, não se interrompe, nem se dilata (RE 114.920, Rel.

---

[34] "Não pode haver dúvida de que a decadência é um prazo extintivo. Em princípio, pois, as regras do art. 219 [CPC/2015, art. 240] a ela haverão de aplicar-se. Objeta-se que o § 1º do art. 219 cuida da interrupção da prescrição. Não poderia aplicar-se à decadência, em que o curso do prazo não é suscetível de interromper--se. A objeção não me parece válida. Cumpre interpretar a regra com as necessárias adaptações, e não tornar letra morta o citado art. 220 [CPC/2015, art. 240]. Certo que o prazo decadencial não se interrompe. A aplicação a ela do dispositivo em exame far-se-á lendo-se 'o direito considerar-se-á exercido' em lugar de 'a prescrição considerar-se-á interrompida'. E o § 4º, em sua parte final, significará 'haver-se-á por não exercido o direito'" (STJ, 3ª T., REsp. 1.450/SP, Rel. Min. Eduardo Ribeiro, ac. 21.11.1989, *RSTJ* 7/456. No mesmo sentido: STJ, 2ª Seção, AR 223, Rel. Min. Waldemar Zveiter, ac. 28.08.1991, *RT*, 681/199; STF, Pleno, AR 1.323/RS, Rel. Min. Moreira Alves, ac. 03.11.1989, *RTJ*, 130/1001; *RT*, 656/220).

[35] STF, ERE 86.741, Rel. Min. Oscar Corrêa, ac. 16.06.1982, *RTJ*, 108/1.085.

Min. Carlos Madeira, *DJ* 02.09.1988), mesmo quando o termo final recaia em sábado ou domingo.

2. Prazo de direito material. Não incidência da norma que prorroga o termo final do prazo ao primeiro dia útil posterior, pois referente apenas a prazos de direito processual[36].

Na realidade, deve-se analisar qual a modalidade de termo da decadência, para que se possa afirmar se haverá ou não dilação do prazo em razão de seu termo final recair em dia não útil.

Para melhor compreensão do tema urge que se faça uma distinção entre as modalidades de *prazos*.

II – Prazos: extintivos, de decadência, de prescrição, de adimplemento

A clássica divisão dos prazos e termos em *iniciais* e *finais* não esgota as espécies e funções que tais categorias jurídicas exercem no plano dos fenômenos negociais. Além dos prazos estipulados para início e fim da eficácia de negócio jurídico, há, na ordem jurídica, os prazos estabelecidos para o adimplemento das obrigações e para o exercício dos direitos potestativos.

Na categoria dos *prazos* e *termos finais,* a perda do direito não decorre da inércia do titular, mas apenas do fim preordenado do vínculo jurídico. Os direitos sujeitos a essas modalidades – como bem explica Caio Mário da Silva Pereira[37] – são direitos transitórios, que já nascem com prazo de eficácia prefixado. Podem ser exemplificados por meio do fornecimento de alimentos, assinaturas de jornais ou periódicos, locação por temporada, comodato etc. Durante todo o período de vigência, há o desfrute (ou a possibilidade de desfrute) dos direitos decorrentes do negócio ou da situação jurídica, e sua extinção advém do puro e simples termo final, sendo de nenhuma relevância o adimplemento (ou não) de qualquer prestação ou a prática (ou não) de qualquer ato por parte do respectivo titular. A hipótese é de *prazo extintivo simples*[38].

Outros prazos extintivos são concebidos para que o titular de um direito o exerça dentro de um termo fatal. Sua inércia acarretará a extinção ou caducidade do direito. Configurar-se-á o denominado *prazo de decadência,* cuja incidência independe de qualquer ação do sujeito passivo e se baseia unicamente no não exercício do direito pelo titular em tempo útil. Nessa categoria se inserem os prazos estipulados para o exercício dos direitos potestativos ou formativos cujo exercício se dá por meio de ação de seu próprio titular,

---

[36]   STF, Pleno, AR 1.681/CE, Rel. para acórdão Min. Marco Aurélio, ac. 27.09.2006, *DJU* 15.12.2006, p. 81.

[37]   O prazo é *final* ou *extintivo* (*dies ad quem*) "quando nele encontra fim a produção de efeitos do negócio jurídico" (PEREIRA, Caio Mário da Silva. *Instituições de Direito Civil*. 20. ed. Rio de Janeiro: Forense, 2004. v. I, n. 99, p. 575). Estão na categoria de direitos *transitórios* "os que se constituem a termo (Código Civil, art. 131), e desaparecem com o escoamento do prazo" (PEREIRA, Caio Mário da Silva. *Instituições de Direito Civil*. 20. ed. Rio de Janeiro: Forense, 2004. v. I, n. 81, p. 470). O termo final, sendo causa de extinção do *vínculo jurídico*, acarreta a chamada "extinção do direito", ou seja, "o seu fim, a sua morte, o seu desaparecimento" (PEREIRA, Caio Mário da Silva. *Instituições de Direito Civil*. 20. ed. Rio de Janeiro: Forense, 2004. v. I, n. 81, p. 468).

[38]   "O termo final não destrói propriamente a relação jurídica, mas põe fim aos seus efeitos" (PEREIRA, Caio Mário da Silva. *Instituições de Direito Civil*. 20. ed. Rio de Janeiro: Forense, 2004. v. I, n. 99, p. 576). "Assim, na hipótese de termo final, os efeitos cessam com a produção do termo" (ASCENSÃO, José de Oliveira. *Direito Civil* – Teoria geral. 2. ed. Coimbra: Coimbra Editora, 2003. v. II, n. 193, p. 357).

não sendo exigida qualquer prestação ou ato do sujeito passivo. O termo final opera a extinção desse direito e da faculdade que a acompanha.

Há, também, prazos estabelecidos para o exercício de pretensões (derivadas de violação de direitos) e, que, igualmente, se encerram pela inércia do titular em reagir contra o ofensor. Aqui o prazo, que não é fatal, pois admite impedimento, suspensão e interrupção, configura o denominado *prazo prescricional.*

Há, enfim, outra categoria de prazos estipulados para cumprimento de prestações, cuja transgressão submete o obrigado faltoso às sanções da mora ou do inadimplemento, sem que, necessariamente, ocorra o rompimento do vínculo jurídico entre as partes. A essa modalidade de prazo atribui-se a denominação de *prazo de adimplemento,* em contraposição ao *prazo de eficácia,* que deriva, pura e simplesmente, do termo final a que o destino do vínculo jurídico se achava atrelado, desde a origem.

No curso do prazo, há vínculo, há direito e há dever, mas o sujeito passivo não está obrigado a prestar antes que se atinja o termo. Antes dele a obrigação é inexigível, não está vencida. O seu descumprimento pelo devedor dá início a outro prazo, o prazo de exercício da pretensão, o prazo prescricional.

Diante dessa distinção, a doutrina lembra a necessidade de considerar o que seja, em outra nomenclatura, o "termo essencial" e o "termo não essencial". Tal classificação aplica-se, particularmente, aos *termos* de cumprimento ou adimplemento. Segundo esclarece José de Oliveira Ascensão, tem-se como "termo essencial" aquele, a partir do qual, o obrigado "cai no incumprimento definitivo"[39]; e como "termo não essencial" aquele cuja ultrapassagem apenas "conduz à mora do devedor"[40]. No primeiro caso, a obrigação resolve-se em perdas e danos, e, no segundo, surge, para a parte prejudicada, a opção de executar judicialmente a prestação inadimplida acrescida dos consectários da mora, ou de rescindir o contrato.

III – Negócios jurídicos sujeitos a termo de eficácia e termo de adimplemento

As obrigações criam poderes e deveres entre as partes, necessariamente temporários. Nascem fadados a extinguirem-se quando atingido o escopo (o *fim*) para o qual a vontade negocial foi endereçada. Com o cumprimento deste objetivo (*meta optata*), exaure-se o vínculo jurídico, ficando o credor satisfeito e o devedor liberado.

As estruturas do negócio pactuado, porém, não são sempre iguais: há, por exemplo, contratos unilaterais e contratos bilaterais, assim como existem contratos consensuais e contratos de eficácia real. Essa diversidade estrutural permite a constatação de que há *(i)* negócios jurídicos cuja extinção se submete apenas a termo de *eficácia, (ii)* ou tão somente a termo de *adimplemento*, ou, ainda, de que há *(iii)* aqueles que provocam a coexistência de ambas as modalidades de termo.

---

[39] A essencialidade resulta, normalmente, da própria natureza do contrato (caso em que se fala em "termo essencial objetivo"); mas pode também ser estabelecido "por convenção das partes" (caso de "termo essencial convencional") (OLIVEIRA, Eduardo Ribeiro de. *Comentários ao novo Código de Processo Civil*. 2. ed. Rio de Janeiro: Forense, 2012. v. II, p. 360; AGUIAR JÚNIOR, Ruy Rosado de. *Extinção dos contratos por incumprimento do devedor*. 2. ed. Rio de Janeiro: AIDE, 2003. p. 118-119).

[40] ASCENSÃO, José de Oliveira. *Direito Civil* – Teoria geral. 2. ed. Coimbra: Coimbra Editora, 2003. v. II, n. 193, p. 357.

Num contrato unilateral como o empréstimo, por exemplo, o vínculo se estabelece todo em função da obrigação de repor a quantia mutuada. A relação contratual subsiste à espera do pagamento, pelo mutuário, da quantia que o mutuante lhe repassou. É claro que as partes estipularam um termo para a duração do vínculo obrigacional (vencimento do empréstimo). O mais importante, contudo, para exaurir a relação jurídica, não é o vencimento, é o pagamento da dívida contraída pelo devedor. O contrato de empréstimo, portanto, é um daqueles cujo destino se sujeita, predominantemente, a um *termo final de adimplemento*.

Quer isto dizer: o vencimento da obrigação, por si só, não a extingue; de maneira que o seu desrespeito por parte do devedor não é suficiente para acarretar a morte do vínculo jurídico que o une ao credor. A violação do prazo negocial, por isso, é causa apenas da *mora debitoris*[41].

Outra é a situação dos contratos de eficácia real (aqueles em que uma parte cede, temporariamente, a posse ou o desfrute de um bem). Em relação a esses contratos, o regime é o do termo final de *eficácia*. Atingido este, extingue-se *ipso iure* o vínculo obrigacional, pouco importando tenha o vencimento do prazo recaído, ou não, em dia útil. O uso da coisa não pode ultrapassar o termo de eficácia do negócio jurídico.

Igual regime prevalece também para os contratos de duração, como os de prestação de serviços ou de fornecimento. Quem se obriga, por exemplo, a fornecer transporte durante dez dias, ficará liberado no termo final previsto, ou seja, quando completado o décimo dia da prestação a que se obrigou. O mesmo acontecerá com a empresa que contraiu a obrigação de fornecer energia ou outros insumos, durante prazo certo. Em casos como estes, o termo é fatal, e não sofre prorrogação pela eventualidade de recair em feriado.

Há, ainda, contratos bilaterais em que se estipulam prazos de diferentes naturezas para obrigações impostas a ambas as partes. Na locação ou na concessão de uso, ou na constituição de direito real de superfície, *v.g.*, o dono do bem cedido sujeita-se a assegurar a posse e desfrute ao destinatário do respectivo uso, enquanto este se obriga a pagar periodicamente (ou de uma só vez) o preço convencionado para remunerar a cessão. Em relação ao vínculo a que se acha jungido o dono do bem, o termo final é um *termo de eficácia*, cujo atingimento acarretará sua imediata liberação, não sendo relevante a circunstância de o vencimento recair em feriado ou em dia útil.

Em relação, porém, aos prazos de pagamento dos encargos periódicos do usufruidor do bem cedido, a natureza dos respectivos vencimentos é a de *termo de adimplemento*[42].

Deve-se registrar, ainda, a possibilidade de incidentes ocorrerem durante a vigência do contrato, como o de revisão de preços, denúncia do ajuste, prorrogação de vencimento, renovação do negócio etc. Se se estipula prazo certo para que estas faculdades se exerçam, o caso é de instituição de *direitos formativos* ou *potestativos*, cujo termo final acarreta

---

[41] O prazo, na espécie, conduzindo a um *termo de adimplemento*, sujeita-se à regra geral de que o vencimento da obrigação que cai em feriado prorroga-se para o primeiro dia útil seguinte (Código Civil, art. 132, § 1º). Com essa prorrogação, facilita-se o cumprimento da prestação devida, impedindo que a mora ocorresse a partir de um momento em que o devedor não teria como realizar o pagamento da dívida.

[42] Portanto, será possível submetê-los à prorrogação para o primeiro dia útil, quando o termo ajustado recair em feriado. Essa prorrogação, todavia, por referir-se à obrigação secundária, em nada repercutirá sobre o *termo final de eficácia*, a que se subordina a duração do negócio principal, como um todo.

decadência. O direito já nasce vinculado a uma duração certa, ao fim da qual, extingue-se automaticamente[43].

IV – Faculdades e obrigações exercitáveis durante a vigência de relação jurídica sujeita a termo final de eficácia

Outro aspecto a ressaltar é que esses direitos potestativos, que nascem para os contratantes, quando não sujeitos a prazo certo têm como pressuposto a vigência do negócio principal. São acessórios ou incidentes somente admissíveis enquanto não extinto o vínculo negocial que lhes serve de suporte fático. Extinto este, extinta estarão também as faculdades que dele derivavam. Mesmo que, em casos especiais, se admita a revisão do contrato já extinto por decorrência de termo final de eficácia, o exercício tardio dessa faculdade se dará apenas para obter compensação eventual de prejuízos de um dos contratantes, e não para ressuscitar um contrato já inexoravelmente morto.

Nesta mesma perspectiva, a estipulação de prazo, legal ou convencional, para satisfazer débito parcial vencido durante a vigência do contrato extinto por advento do termo final decadencial, não tem o condão de manter vivo o negócio principal. A novação ou o favor legal restringem-se à prestação prorrogada. Não interfere, pois, no termo final já ultrapassado e, tampouco, na consequente extinção do negócio jurídico principal. Pense-se na obrigação do administrador de prestar contas no último dia da gestão, e que obtém prazo adicional para desincumbir-se do encargo. Essa prorrogação, de maneira alguma, implicará ampliação do prazo da gestão já extinta. O gestor apenas terá obtido o afastamento de sua possível mora, no tocante à obrigação acessória. Ficará, por exemplo, isento da cláusula penal prevista para a hipótese. Escapará tão somente da multa a que estaria sujeito pelo não cumprimento da obrigação acessória dentro do prazo de vigência do negócio principal. Nada mais do que isto.

V – Papel dos prazos extintivos nos casos de prescrição e de decadência

Consideram-se prazos extintivos aqueles que provocam a extinção seja da pretensão (prescrição), seja da eficácia do próprio direito (decadência e resolução simples).

A prescrição não atinge o direito contra cuja violação o titular não reagiu no tempo determinado em lei. O direito, não obstante violado, subsiste, tanto que o devedor pode renunciar aos efeitos da prescrição já consumada (Código Civil, art. 191), e o pagamento da dívida prescrita não corresponde a pagamento sem causa, nem autoriza a repetição de indébito (Código Civil, art. 882). O que se extingue é apenas a *pretensão*, isto é, o poder de exigir coativamente, do devedor, a prestação não reclamada no devido tempo (Código Civil, art. 189).

A decadência é algo maior do que a prescrição. A extinção é o direito em virtude do fato objetivo do decurso do tempo, excluída, em regra, qualquer consideração relativa a situação subjetiva do titular. A decadência, portanto, implica ônus de exercitar o direito exclusivamente dentro do tempo prescrito pela lei[44].

---

[43]   É indiferente que o termo de decadência recaia, ou não, em dia útil.

[44]   *"l'estinzione del diritto in virtú del fatto oggettivo del decorso del tempo, esclusa, in genere, ogni considerazione relativa alla situazione soggettiva del titolare. La decadenza implica, quindi, l'onere di esercitare il*

VI – Impossibilidade de interrupção e suspensão dos prazos decadenciais

Da substancial diferença entre prescrição e decadência decorre que o prazo da primeira se acha sujeito a várias causas de interrupção ou suspensão, enquanto o da decadência é fatal, e somente pode ser impedido pelo "exercício do direito mediante o cumprimento do ato previsto"[45] (naturalmente, antes do *termo final* do prazo de vigência do direito subjetivo). É clara a alternativa que a lei opõe ao titular do direito sujeito a prazo decadencial: "*o avvalersi del diritto entro il termine o perderlo*" (...) Por isso, "*non si applicono alla decadenza le regole sull' interruzione e sulla sospensione della prescrizione*"[46]. Ou seja, ou vale-se do direito antes do termo ou perdê-lo-á, pois não se aplicam à decadência as regras de suspensão ou interrupção da prescrição.

VII – Efeitos diferentes dos termos de eficácia e de adimplemento

O *termo extintivo de eficácia* é muito diferente do *termo de adimplemento,* porque aquele é causa *ipso iure* de cessação ou extinção da eficácia do direito ou da situação jurídica[47], enquanto o último apenas provoca a mora, que não é causa de extinção de eficácia, mas apenas causa autorizadora do cumprimento forçado e só, eventualmente, de rescisão contratual.

Na verdade, o desrespeito ao termo de cumprimento se presta apenas a ensejar o nascimento da pretensão oponível ao devedor inadimplente, e, por conseguinte, a fixação do termo inicial da prescrição (Código Civil, art. 189)[48]. Com efeito, a prescrição "começa a correr a partir do dia no qual o direito pode ser feito valer"[49].

São exemplos típicos de termo de eficácia aqueles impostos nos contratos de efeitos reais, como a de transferência ou constituição de direitos reais ou de concessão temporária de posse ou uso de coisas (direito real de usufruto, locação, comodato etc.). O eventual termo define os limites temporais do direito de obter a disponibilidade do gozo do bem e do direito aos seus rendimentos.

---

     diritto esclusivamente entro il tempo prescritto dalla legge". TORRENTE, Andrea; SCHLESINGER, Piero. *Manuale di diritto privato.* 16. ed. Milano: Giuffrè, 1999. § 88, p. 147.

[45]   TORRENTE, Andrea; SCHLESINGER, Piero. *Manuale di diritto privato.* 16. ed. Milano: Giuffrè, 1999. § 88, p. 147.

[46]   GERI, Lina Bigliazzi; BRECCIA, Umberto; BUSNELLI, Francesco D.; NATOLI, Ugo. *Diritto Civile.* 1.1: Norme, soggetti e rapporto giuridico. Torino: UTET, 1987. v. 1.1, n. 89. p. 407; n. 90, p. 408.

[47]   "O titular de direito submetido a termo final pode exercê-lo, como se fora puro e simples. Chegando a termo, porém, ele se extingue" (MONTEIRO, Washington de Barros. *Curso de Direito Civil.* 39. ed. São Paulo: Saraiva, 2003. v. I, p. 279). Termo final "é o que dá término a um direito criado pelo contrato e até então vigente. Em oposição ao termo inicial, poder-se-ia dizer que é *o momento em que a eficácia do ato jurídico deve terminar".* Por isso, também se denomina "*termo resolutivo ou extintivo*" (RODRIGUES, Sílvio. *Direito Civil.* 29. ed. São Paulo: Saraiva, 1999. v. I, n. 122, p. 255).

[48]   "Qualora i contraenti, contemplando un evento futuro, abbiano ad esse correlato non l'efficacia del vincolo negoziale, ma soltanto il tempo dell'adempimento, resta esclusa l'invocabilità dei principi inerenti alla *condizione* o al *termine* quali elementi accidentali del neg., e rimane applicabile la disciplina sul tempo dell'adempimento..." (CIAN, Giorgio; TRABUCCHI, Alberto. *Commentario breve al Codice Civile.* 4. ed. Padova: CEDAM, 1996. p. 1.183).

[49]   "*L'eventuale termine disegna i limiti temporali del diritto ad ottenere la disponibilità del godimento del bene e del diritto al corrispettivo".*
     GERI, Lina Bigliazzi; BRECCIA, Umberto; BUSNELLI, Francesco D.; NATOLI, Ugo. *Diritto Civile.* 1.1: Norme, soggetti e rapporto giuridico. Torino: UTET, 1987. v. 1.1, n. 81 p. 390.

Se, pois, o termo de eficácia é final, a sua verificação acarreta pura e simplesmente o efeito programado pelas partes do negócio jurídico, qual seja o de extinguir sua eficácia[50].

VIII – Contagem do termo final da decadência

Como já dissemos, não se pode simplesmente aplicar à decadência a regra do art. 132, § 1º, do CC segundo a qual se o dia do vencimento cair em feriado, considerar-se-á prorrogado o prazo até o seguinte dia útil. Com efeito, deve-se levar em consideração que há mais de uma modalidade de termos de decadência:

a) há aqueles termos dentro dos quais se exige o exercício do próprio direito sujeito à decadência; e

b) há aqueles outros termos em que dentro (ou em função) do direito sujeito à decadência se impõem prazos para cumprimento ou prática de ato que se pode considerar como "singular"; trata-se de ato que não se pode considerar como correspondente ao *conteúdo do direito básico,* isto é, daquele direito cuja duração haverá de findar com o advento do termo final da decadência.

São casos como os de pagamentos de encargos periódicos, os de denúncia, de reserva ou ressalva etc.[51] Aqui ocorrem prestações ou atos que a parte deve realizar, em prazos ou momentos certos, antes da extinção do direito submetido ao regime decadencial, e que, em regra correspondem a declarações de vontade receptícias. Ou seja, devem ser praticadas perante a contraparte ou por meio de agentes ou serviços públicos.

A inércia da parte, que não é relevante para a verificação do termo final, assume importância para o cumprimento de um ato "singular", porque diante deles a extinção da faculdade atuaria como sanção. Em relação ao negócio básico, a decadência é apenas uma questão de duração do direito. Mas, relativamente aos atos singulares, a perda do poder de praticá-los operaria como pena ou sanção.

Nesse campo dos atos singulares sujeitos a prazos extintivos é que se pode cogitar de aplicar a regra geral de contagem de prazo que não se vence em dia não útil, tendo em vista a impossibilidade ou dificuldade de que a prestação pudesse ser nele efetivada. Não naqueles em que o efeito de acarretar o fim da situação jurídica se dá tão somente pelo decurso do tempo, sem depender de qualquer tipo de cooperação da contraparte ou de intermediação necessária de algum serviço público ou privado, a cargo de terceiros (publicidade registral ou serviços bancários, por exemplo).

É aqui que se torna importante a distinção entre *termo de eficácia* e *termo de adimplemento.* Se o caso é de termo de eficácia, a extinção do direito ocorre pelo simples decurso do prazo de vigência do direito, pouco importando o dia em que o vencimento se deu, seja ele útil ou festivo.

Se o termo, porém, está atrelado a alguma prestação, ao obrigado haverá de ser assegurado que o prazo não se vença em dia não útil. É o que se passa, em regra, com os prazos processuais, que são contínuos e preclusivos, mas não se vencem em dias não

---

[50] GALLO, Paolo. *Diritto privato.* 3. ed. Torino: G. Giappichelli Editore, 2002. p. 432.

[51] PANZA, Giuseppe. Decadenza nel diritto civile. In: *Digesto delle discipline privatistiche* – Sezione Civile. Torino: UTET, 1985. v. V, p. 134.

úteis, para evitar que o litigante sofra redução do tempo disponível para desencargo do ônus processual (prejuízo irremediável, caso a faculdade tivesse de ser exercitada antes do dia festivo). Tem-se em conta que o ato processual não é praticável senão em face dos órgãos e agentes judiciais que não são acessíveis nos dias não úteis. É nesse sentido que, também no direito material, se estipula que o tempo de *execução das prestações* dura até o último instante do dia final. E se "este é um dia festivo, o termo é prorrogado para o dia útil seguinte"[52].

Diversa é a situação do *termo final de eficácia* de um contrato ou de uma situação jurídica, que não pode ser confundido com "o termo das obrigações singulares que derivam do contrato", termo esse regulado por normas específicas, e não pelas que disciplinam a duração e extinção da relação contratual[53]. O feriado, assim, é relevante para o termo das prestações singulares, e irrelevante para o termo de eficácia do contrato.

Em suma, pode-se afirmar que perante o contrato (e as situações jurídicas convencionais em sentido lato), há dois tipos bem diferenciados de *termos:*

a) o *termo de eficácia,* que determina o momento *inicial* ou *final* de eficácia do negócio jurídico, como fonte de direito e obrigações recíprocas, e que nenhuma influência sofre em razão de sua coincidência (ou não) com dia útil ou festivo; e

b) o *termo de adimplemento,* que determina o *tempo de cumprimento* das prestações que decorrem do negócio jurídico e cujo vencimento, salvo convenção em contrário, não recairá em dia não útil. O descumprimento do termo de adimplemento, no entanto, não se apresenta ordinariamente, como causa de extinção do contrato ou da situação jurídica existente entre as partes; gera, em regra, os efeitos da mora.

Assim:

a) a regra de que o vencimento, quando recai em dia não útil, se prorroga para o primeiro dia útil subsequente (Código Civil, art. 132, § 1º), aplica-se aos *termos de adimplemento* (correspondentes aos prazos para cumprir prestações estatuídas em negócios jurídicos), e não aos *termos de eficácia* (correspondentes ao tempo de duração da situação jurídica nascida do contrato ou de outro negócio jurídico qualquer). A prorrogação de que se cuida se dá em favor de quem não consegue realizar a prestação devida no dia do vencimento do prazo previsto, e tem como objetivo impedir a *mora debitoris,* e não evitar o perecimento de direito que deve acontecer por simples decurso do tempo, sem depender de ação ou omissão do respectivo titular;

b) não é prazo processual, mas material, o que prefixa a duração do vínculo negocial e das faculdades ou direitos dele derivados, ainda que devam ou possam ser exercidos por meio de processo judicial. A esse tipo de direito ou faculdade não se aplicam as regras especiais dos prazos genuinamente processuais, no que se relaciona com as possíveis prorrogações de vencimento.

---

[52] GALGANO, Francesco. *Il contratto.* Padova: Decam, 2007. p. 77.
[53] GALGANO, Francesco. *Il contratto.* Padova: Decam, 2007. p. 201-202.

Capítulo XI · DA DECADÊNCIA

IX – Entendimento do STJ sobre o tema

O STJ já decidiu não se prorrogar o *termo final* de um contrato se recair em dia não útil:

> I – Consoante entendimento manifestado por esta Corte, a data definida no contrato de locação para seu término, prevalece sobre qualquer outra forma de contagem do lapso temporal de vigência do pacto.
>
> II – O art. 125, § 1º, do Código Civil de 1916, estabelece que se o vencimento "cair em dia feriado, considerar-se-á prorrogado o prazo até o seguinte dia útil". Não há determinação no sentido de que se o termo final de um negócio jurídico cair em dia não útil, haverá a prorrogação de sua eficácia[54].

O STJ, nesse acórdão, fez bem a distinção entre prazo de *eficácia do contrato* e prazo de *cumprimento* de prestação. A este, e não àquele, é que a lei admite a prorrogação de vencimento para o dia útil subsequente[55].

De fato, é de se ter como provisória, e não definitiva, toda *eficácia* que se apresenta como *resolúvel* pela possibilidade de "ser desfeita pelo implemento de condição resolutiva ou alcance do *termo final*"[56]. O termo final, nessa ordem de ideias, provoca a extinção do direito que do contrato nascera para a parte. Extinto o vínculo negocial, desaparecem os direitos que temporariamente encontraram fonte no referido vínculo.

Se durante a vigência de um determinado vínculo jurídico, estabelece-se um *direito potestativo* para uma das partes (por exemplo: direito de denunciar ou prorrogar o contrato), o prazo que para o respectivo exercício se estabelece é, necessariamente, decadencial, mesmo quando haja de ser exercitado judicialmente, como já decidiu o STF (AR 1.681/CE). Vale a pena relembrar a lição de Agnelo Amorim Filho, a respeito de direitos potestativos, como o de preferência, o de rescindir a sentença de mérito, o de anular contratos etc.:

> Assim, pode-se dizer, com relação aos direitos potestativos subordinados a prazo, que o prazo não é fixado, propriamente, para a propositura da ação, mas para o exercício de direito (...) O que intranquiliza não é a possibilidade de ser proposta a ação, mas a possibilidade de ser exercido o direito. Assim, extinguir a ação, e deixar o direito sobreviver (como ocorre na prescrição), de nada adiantaria, pois a situação de intranquilidade continuaria de pé.
>
> Infere-se, daí, que quando a lei fixa prazo para o exercício de um direito potestativo, o que ela tem em vista, em primeiro lugar, é a extinção desse direito, e não a extinção da ação. Esta também se extingue, mas por via indireta, como consequência da extinção do direito[57],

---

[54] STJ, 5ª T., REsp 616.022/SC, Rel. Min. Felix Fischer, ac. 15.04.2004, *DJU* 16.08.2004, p. 279.

[55] Lamentavelmente, há casos em que não se fez a necessária distinção, admitindo a prorrogação do termo final do contrato, para o primeiro dia útil, quando cair em dia não útil (STJ, 2ª T., REsp 710.246/MG, Rel. João Otávio de Noronha, ac. 01.03.2005, *DJU* 18.04.2005, p. 300).

[56] MELLO, Marcos Bernardes de. *Teoria do fato jurídico* – 1ª Parte – Plano da eficácia. 3. ed. São Paulo: Saraiva, 2007. p. 49.

[57] AMORIM FILHO, Agnelo. Critério científico para distinguir a prescrição da decadência e para identificar as ações imprescritíveis. *Revista dos Tribunais*, v. 300, p. 11-14, republicado em MENDES, Gilmar Ferreira; STOCO, Rui (Org.). *Doutrinas essenciais*. Direito Civil. Parte Geral. São Paulo: RT, 2011. p. 42-43.

128. A DECADÊNCIA NO ÂMBITO DO DIREITO PROCESSUAL

I – Introdução

A decadência não é fenômeno exclusivo do direito material. Também no direito processual ela se manifesta, até muito mais frequentemente, porque o processo se realiza por meio de um grande complexo de atos, que, por sua vez, se subordinam a momentos temporais diversos, rigidamente demarcados.

Adota-se na linguagem processual o termo *preclusão*[58] para nomear a decadência das faculdades dos sujeitos da relação processual, ao longo do curso do processo, sendo certo que todos os que o compõem hão de ser realizados "nos prazos prescritos em lei" (CPC/2015, art. 218, *caput*); e "decorrido o prazo, extingue-se o direito de praticar ou emendar o ato processual, independentemente de declaração judicial" (CPC/2015, art. 223).

O processo é uma relação jurídica dinâmica, é um movimento constante, formado à base de uma cadeia de atos dos sujeitos que o integram. Esses atos somente são úteis ao desiderato da prestação jurisdicional se adequadamente concatenados pela força de coesão da relação jurídica processual. O movimento do processo tem, obviamente, de ser preordenado por normas que se preocupam em assegurar-lhe um ritmo e uma direção voltada, com nitidez e firmeza, para a *meta optata*: a rápida e justa composição do litígio, que, além do mais, tem de ser definitiva.

Porque o processo se forma com o desígnio de encontrar rápida e definitiva solução para o litígio deduzido em juízo, torna-se indispensável fixar o tempo dentro do qual se devem realizar os atos processuais. Além do mais, é intuitiva "a necessidade de evitar que as controvérsias possam ser sempre renovadas, sem que haja um fim que venha a pôr termo, de uma vez, aos litígios"[59].

Cabe à *preclusão* a tarefa de fazer cessar a faculdade processual, quando atingido e ultrapassado o limite temporal que lhe fora assinalado. Etimologicamente, a palavra decorre de *precludere*, que quer dizer fechar, encerrar. Findo, pois, o prazo em que o ato poderia ser praticado no processo, encerrada ou extinta estará a própria faculdade processual de promovê-lo. Daí que, se indevidamente vier a ser serodiamente realizado, nenhum valor terá[60].

Nessa ordem de ideias, a preclusão é, objetivamente, "fato impeditivo destinado a garantir o avanço progressivo da relação processual e a obstar o seu recuo para fases anteriores do procedimento, e, do ponto de vista subjetivo, é a perda de uma faculdade ou direito processual que, por se haver esgotado ou por não ter sido exercido em tempo e momento oportunos, fica praticamente extinto"[61].

A preclusão, embora se volte, em primeiro lugar para as *faculdades processuais* (do interesse das partes), reflete-se, também, sobre as *questões decididas*, de modo a interferir significativamente sobre os poderes do juiz.

---

[58] "São expressões sinônimas: *decadência, caducidade e prazo preclusivo*" (MAXIMILIANO, Carlos. *Direito intertemporal ou teoria da retroatividade das leis*. 2. ed. Rio de Janeiro: Freitas Bastos, 1955. n. 219, p. 256).

[59] FREITAS, Elmano Cavalcanti de. Da preclusão. *Revista Forense*, Rio de Janeiro, v. 240, p. 23.

[60] FREITAS, Elmano Cavalcanti de. Da preclusão. *Revista Forense*, Rio de Janeiro, v. 240, p. 23.

[61] Min. Coqueijo Costa, voto no Recurso de Rev. 1.301/74, do TST, ac. 21.11.74, *RF* 252/377.

Para Celso Barbi, a ideia de Chiovenda de que a preclusão é a perda de uma faculdade processual da parte[62] deve ser completada com o impedimento, também para o juiz, de decidir novamente as questões já decididas, o que, aliás, é hoje texto expresso do art. 505 do Código de Processo Civil brasileiro[63].

Embora substancialmente iguais, a decadência civil e a preclusão processual, pois ambas se referem à extinção de direitos facultativos ou potestativos pelo decurso do tempo, nota-se, no processo, uma flexibilidade maior quanto aos prazos. É que, mesmo sendo peremptórios, os prazos processuais admitem ordinariamente suspensão e interrupção em várias situações, o que não se aplica ao rigor do tratamento de igual tema no campo do direito material; por exemplo: os prazos processuais não começam nem se encerram em dias não úteis (CPC/2015, art. 224, § 1º), suspendem-se durante as férias forenses (CPC/2015, art. 220), podem ser suspensos pelo juiz por obstáculo criado por uma parte contra a outra (CPC/2015, art. 221); e havendo justa causa, o ato processual pode ser praticado mesmo depois de vencido o prazo (CPC/2015, art. 223).

Para o Código de Processo Civil, para efeito de ampliação de prazo preclusivo, "considera-se justa causa o evento alheio à vontade da parte e que a impediu de praticar o ato por si ou por mandatário" (art. 223, § 1º). Trata-se, pois, de algo equivalente ao que o Código Civil considera como caso fortuito ou motivo de força maior (art. 393, parágrafo único).

Fixado, enfim, um prazo para o exercício de um direito ou faculdade processual, não importa que seja peremptório ou decadencial, as causas de suspensão, que são inerentes a esse tipo de direito potestativo, não deixarão de operar. É preciso, pois, distinguir entre a decadência quando atua no terreno do direito material e a decadência quando se apresenta como preclusão processual. Num caso e noutro há prazos fatais, mas na sistemática do direito processual, mesmo os prazos fatais ou peremptórios, como aqueles ligados à formação da coisa julgada, não correm nas férias. Em processo, a peremptoriedade está ligada apenas à impossibilidade de prorrogação por acordo de partes ou deliberação do juiz, mas não se isenta das diversas causas de suspensão que as leis processuais preveem para os prazos em geral que correm em juízo.

II – A decadência do direito de ajuizar rescisória e o termo final de seu prazo segundo a jurisprudência

O prazo de decadência é sempre de direito material, ainda que o direito potestativo que lhe corresponde deva ser exercitado por meio de ação judicial. O que, afinal, está em jogo, no caso da rescisória, não é uma simples faculdade processual, mas é a subsistência, ou não, da situação jurídica substancial tornada imutável e indiscutível por força da coisa julgada material. Logo, o que se ataca não é senão a estabilidade e definição da situação de direito material assegurada ao respectivo titular.

---

[62] O grande sistematizador da preclusão no direito processual foi incontestavelmente Chiovenda que, de início, a conceituou como "a perda, extinção ou consumação de uma faculdade processual pelo fato de se haverem alcançado os limites assinalados por lei ao seu exercício" (CHIOVENDA, Giuseppe. Cosa juzgada y preclusión. In: CHIOVENDA, Giuseppe. *Ensayos*. Trad. Sentis Melendo. Buenos Aires: Ejea, 1949. v. III (apud BARBI, Celso Agrícola. Da preclusão no processo civil. *Revista Forense*, v. 158, p. 59).

[63] BARBI, Celso Agrícola. Da preclusão no processo civil. *Revista Forense*, v. 158, p. 60.

Não se trata, portanto, de um direito potestativo diverso daquele que permite à parte prejudicada por vício de consentimento promover a ação de anulação do negócio jurídico. O prazo para propô-la é decadencial e de natureza material (Código Civil, art. 178), sem embargo de seu exercício do direito potestativo reclamar sentença judicial (Código Civil, art. 177)[64].

Sendo indiscutível tratar-se de prazo assinalado para o exercício de direito material, a decadência, que se origina da ultrapassagem do seu termo final, consiste, precisamente, "no esgotamento de um direito potestativo pelo decurso do tempo". Daí por que não se é de admitir "que haja, em regra, interrupção ou suspensão de prazo decadencial", tendo em conta que o direito potestativo de alguém sempre põe em risco direito já estabelecido em favor de outrem[65].

Melhor explicando, Gustavo Neves ressalta que não se aplicam à espécie as causas que suspendem ou interrompem a prescrição, e "não há nem admissão da prorrogação do exercício de prazo decadencial para o primeiro dia útil subsequente"[66]. O entendimento é correto no tocante à suspensão e interrupção do prazo, não, porém, quanto à prorrogação do vencimento coincidente com dia sem expediente. No regime do CPC/2015, o tema é objeto de regra expressa enunciada no § 1º do art. 975, *in verbis*: "Prorroga-se até o primeiro dia útil imediatamente subsequente o prazo a que se refere o *caput*, quando expirar durante férias forenses, recesso, feriados ou em dia em que não houver expediente forense".

Aliás, em matéria de ação rescisória, o STJ, antes mesmo do Código atual, já admitia a prorrogação do vencimento do prazo de sua propositura, inclusive por meio de recurso repetitivo:

> 1. O termo "a quo" para o ajuizamento da ação rescisória coincide com a data do trânsito em julgado da decisão rescindenda. O trânsito em julgado, por sua vez, se dá no dia imediatamente subsequente ao último dia do prazo para o recurso em tese cabível.
>
> 2. O termo final do prazo para o ajuizamento da ação rescisória, embora decadencial, prorroga-se para o primeiro dia útil subsequente, se recair em dia de não funcionamento da secretaria do Juízo competente. Precedentes.
>
> 3. "Em se tratando de prazos, o intérprete, sempre que possível, deve orientar-se pela exegese mais liberal, atento às tendências do processo civil contemporâneo – calcado nos princípios da efetividade e da instrumentalidade – e à advertência da doutrina de que as sutilezas da lei nunca devem servir para impedir o exercício de um direito" (REsp 11.834/PB, Rel. Ministro Sálvio de Figueiredo Teixeira, Quarta Turma, julgado em 17/12/1991, *DJ* 30/03/1992).

---

[64] "Todo prazo fixado contratualmente para resilição, por exemplo, traz no bojo a ocorrência de uma hipótese de decadência, ou seja, o prazo para o exercício de um direito potestativo" (NEVES, Gustavo Kloh Müller. *Prescrição e decadência no direito civil*. Rio de Janeiro: Lumen Juris, 2006. p. 123).

[65] NEVES, Gustavo Kloh Müller. *Prescrição e decadência no direito civil*. Rio de Janeiro: Lumen Juris, 2006. p. 123.

[66] NEVES, Gustavo Kloh Müller. *Prescrição e decadência no direito civil*. Rio de Janeiro: Lumen Juris, 2006. p. 123. De fato, dispõe o art. 207 do CC que "salvo disposição legal em contrário, não se aplicam à decadência as normas que impedem, suspendem ou interrompem a prescrição".

4. Recurso especial provido, para determinar ao Tribunal de origem que, ultrapassada a questão referente à tempestividade da ação rescisória, prossiga no julgamento do feito, como entender de direito. Observância do disposto no art. 543-C, § 7º, do Código de Processo Civil, c.c. os arts. 5º, inciso II, e 6º, da Resolução 08/2008[67].

Critério igual ao do CPC brasileiro é adotado também pelo direito português. Conforme ensina Menezes Cordeiro, o prazo de caducidade é substancial, "com a consequente aplicação do regime do art. 279º [do CC português] e, designadamente: terminando a um sábado, ele é transferido para o primeiro dia útil seguinte"[68].

III – A decadência e os efeitos da citação

A decadência é a perda do direito pelo não exercício, por seu titular, no prazo legal ou contratual, conforme já visto. É certo que, salvo disposição legal em contrário, os prazos decadenciais não se sujeitam a suspensão ou interrupção (Código Civil, art. 207). Por isso, a citação do réu não interrompe o prazo decadencial. O que, de fato, ocorre é que, com a propositura da ação, o titular do direito potestativo o exercita e, com isso, impede que a decadência ocorra[69].

Nos termos do atual CPC, a citação válida, realizada no prazo de 10 dias, interrompe a prescrição, com efeito retroativo à data da propositura da ação. Esse efeito retroativo também se aplica à decadência e aos demais prazos extintivos previstos em lei (CPC, art. 240, §§ 1º e 4º). Vale dizer, os efeitos da citação sobre o prazo decadencial retroagem à data da propositura da ação, se observados os preceitos dos parágrafos do art. 240 do CPC.

É de se destacar que não apenas a citação inicial da causa principal tem esse efeito retroativo. Pode ser ele alcançado, também, em citações das tutelas cautelares requeridas em caráter antecedente, que visem à conversão em posterior ação principal (arts. 303 a 308)[70].

Destarte, nas medidas preparatórias antecedentes, a citação única do processo único, no início da relação processual também única, cumpre todos os objetivos e efeitos da citação inicial, entre os quais o de interromper a prescrição e impedir a decadência, quando o ajuizamento da demanda se der tempestivamente, é claro (sobre o tema na prescrição, veja o item 70.7).

---

[67] STJ, Corte Especial, REsp. 1.112.864/MG, Rel. Min. Laurita Vaz, ac. 19.11.2014, *DJe* 17.12.2014. No mesmo sentido: STJ, Corte Especial, EREsp. 667.672/SP, Rel. Min. José Delgado, ac. 21.05.2008, *DJe* 26.06.2008.

[68] CORDEIRO, António Manuel da Rocha e Menezes. *Tratado de Direito Civil Português* – Parte Geral. Coimbra: Almedina, 2005. t. IV, p. 220-221.

[69] "Por isso, e não porque haja interrupção ou suspensão do prazo de decadência, é que esse direito não mais decai: o exercício *afasta* a decadência, pois esta só ocorre se o direito não é exercido" (Relatório da Comissão Revisora do CC (*apud* MOREIRA ALVES, José Carlos. *A parte geral do projeto de Código Civil brasileiro*. São Paulo: Saraiva, 1986). "A propositura da demanda *obsta* a consumação da decadência, desde que promovida a citação no prazo de dez dias, conforme o §1º do art. 240 do CPC. É que, de acordo com o § 4º do art. 240 do CPC, aplica-se à decadência o regramento da interrupção do prazo prescricional" (DIDIER JR., Fredie. *Curso de direito processual civil*. 17 ed. Salvador: JusPodivm, 2015. v. 1. p. 614).

[70] MONIZ DE ARAGÃO, Egas Dirceu. *Comentários ao Código de Processo Civil*. Rio de Janeiro: Forense, 1974, v. II, n. 229, p. 197.

128.1. Prescrição e decadência nas relações de consumo

O CDC distingue entre *fato (acidente) do produto* e *vício (defeito) do produto*. O fato é o evento danoso externo gerado pelo produto em prejuízo do consumidor ou de terceiro que venha a utilizá-lo ou consumi-lo (CDC, art. 12, c/c arts. 2º, parágrafo único, e 17). O vício ocorre internamente no próprio produto, no que diz com sua qualidade ou quantidade, tornando-o impróprio ou inadequado ao consumo a que se destina ou diminuindo-lhe o valor (CDC, art. 18).

Ao fato do produto corresponde a obrigação de indenizar perdas e danos (CDC, art. 12) e ao vício ou defeito do produto corresponde a obrigação de repará-lo, em prazo determinado, com opções para o consumidor, caso não haja o reparo satisfatório, por (i) substituição do produto; (ii) restituição da quantia paga, mais perdas e danos; ou (iii) abatimento proporcional do preço (CDC, art. 18, *caput* e § 1º).

Também em relação aos serviços, o CDC cogita de fato (dano) e vício (defeito), com consequências similares aos danos e defeitos dos produtos (arts. 14 e 20).

Num e noutro caso, há prazos extintivos especiais criados pela lei consumerista: (i) para os vícios do produto ou serviço vigora um prazo *decadencial*, de trinta ou noventa dias, dentro do qual o direito de reclamar pelos defeitos terá de ser exercitado sob pena de extinção (caducidade) (art. 26)[71]; (ii) para a pretensão de haver perdas e danos por fato do produto ou serviço, o CDC prevê um prazo de *prescrição* de cinco anos (art. 27).

O prazo decadencial de reclamação é de (i) trinta dias, tratando-se de fornecimento de serviço e de produto *não duráveis*, e de (ii) noventa dias, quando se tratar de serviços e produtos *duráveis* (CDC, art. 26, *caput*, I e II)[72].

O prazo decadencial conta-se a partir da entrega efetiva do produto ou do término da execução dos serviços (CDC, art. 26, § 1º), quando o defeito é *aparente* ou de fácil constatação. Se o vício é *oculto*, o prazo decadencial somente se inicia a partir do momento em que ficar evidenciado o defeito (CDC, art. 26, § 3º)[73]. Por sua natureza, o prazo do

---

[71] "É de 90 (noventa) dias o prazo para o consumidor reclamar por vícios aparentes ou de fácil constatação no imóvel por si adquirido, contado a partir da efetiva entrega do bem (art. 26, II e § 1º, do CDC). No referido prazo decadencial, pode o consumidor exigir qualquer das alternativas previstas no art. 20 do CDC, a saber: a reexecução dos serviços, a restituição imediata da quantia paga ou o abatimento proporcional do preço. Cuida-se de verdadeiro direito potestativo do consumidor, cuja tutela se dá mediante as denominadas ações constitutivas, positivas ou negativas" (STJ, 3ª T., REsp 1534831/DF, Rel. p/ Acórdão Min. Nancy Andrighi, ac. 20.02.2018, *DJe* 02.03.2018).

[72] "Entende-se por produtos não duráveis aqueles que se exaurem no primeiro uso ou logo após sua aquisição, enquanto os duráveis, definidos por exclusão, seriam aqueles de vida útil não efêmera" (STJ, 4ª T., REsp. 114.473/RJ, Rel. Min. Sálvio de Figueiredo Teixeira, ac. 24.03.1997, *DJU* 05.05.1997, p. 17.060). Ou seja: "A qualificação dos produtos ou serviços como de consumo duráveis ou não duráveis envolve a sua maior ou menor durabilidade, mensurada em termos de tempo de consumo. Assim, os produtos alimentares, de vestuário e os serviços de dedetização, por exemplo, não são duráveis, ao passo que os eletrodomésticos, veículos automotores e os serviços de construção civil são duráveis" (DENARI, Zelmo. Da qualidade de produtos e serviços, da prevenção e da reparação dos danos. In: GRINOVER, Ada Pellegrini et al. *Código brasileiro de defesa do consumidor*: comentado pelos autores do anteprojeto. 7. ed. Rio de Janeiro: Forense Universitária, 2001. p. 204).

[73] Vício oculto é "aquele capaz de só se manifestar com o uso". Daí por que "o termo inicial da garantia fica em aberto, de tal sorte que somente após constatado o vício é que inicia a contagem do prazo decadencial" (TJRS, Ap. Cív. 700002393593, Rel. Des. Genacéia da Silba Alberton, ac. 05.12.2001. In: MARQUES, Cláudia Lima et al. [Coord.]. *Comentários ao Código de Defesa do Consumidor*. São Paulo: RT, 2003. p. 373).

art. 26 do CDC não se sujeita às suspensões e interrupções que normalmente se aplicam à prescrição (CC, art. 207). A legislação especial, no entanto, prevê que, feita a reclamação perante o fornecedor dentro dos limites temporais do art. 26 do CDC, suspenso ficará o prazo para a exigência judicial das medidas cabíveis para efetiva superação dos vícios. A contagem do prazo de caducidade não se dará entre a data da reclamação e a resposta negativa do fornecedor, que deverá ser transmitida de forma inequívoca (art. 26, inc. I) e, também, entre a instauração do inquérito civil e seu encerramento (art. 26, inc. III).

Segundo a jurisprudência do STJ, a reclamação do consumidor para obstar a decadência do seu direito de reclamar por vícios do produto ou serviço pode ser feita por meio verbal ou escrito, uma vez que a lei não prevê uma forma específica:

> 3. A lei não preestabelece uma forma para a realização da reclamação, exigindo apenas comprovação de que o fornecedor tomou ciência inequívoca quanto ao propósito do consumidor de reclamar pelos vícios do produto ou serviço.
>
> 4. A reclamação obstativa da decadência, prevista no art. 26, § 2º, I, do CDC, pode ser feita documentalmente – por meio físico ou eletrônico – ou mesmo verbalmente – pessoalmente ou por telefone – e, consequentemente, a sua comprovação pode dar-se por todos os meios admitidos em direito[74].

A sistemática do CDC, que cria uma suspensão temporária do prazo decadencial, leva à conclusão de que, após superado o fato obstativo, correrá o restante do prazo decadencial do direito de pleitear em juízo a efetivação do direito potestativo, numa das opções do § 1º do art. 18 do referido Código.

Os direitos sujeitos à decadência prevista no art. 26 do CDC – é bom ressaltar – não se referem à reparação dos danos que efetivamente venha a sofrer o consumidor, mas às faculdades que lhe confere o art. 18, § 1º, ou seja, substituição do produto, rescisão do negócio ou abatimento do preço.

A pretensão de perdas e danos não se sujeita ao prazo decadencial do art. 26, mas à prescrição do art. 27. Pode ser que o defeito do produto ou serviço não redunde, na prática, em prejuízo patrimonial efetivo para o consumidor. Nesse caso, ultrapassado o termo final do direito à reclamação, nenhuma ação restará ao consumidor. Se, porém, do produto defeituoso redundou-lhe perda patrimonial, nascerá a *pretensão*, i.e., o poder de exigir o competente ressarcimento por parte do fornecedor.

A pretensão indenizatória ficará, então, sujeita ao prazo de prescrição de cinco anos, que é completamente independente daquele outro regulado pelo art. 26 do CDC[75]. O prazo prescricional aplica-se à ação de perdas e danos, e não a outros direitos e faculdades do consumidor, e sua contagem segue um critério *subjetivo*, ao contrário daquele

---

[74] STJ, 3ª T., REsp. 1.442.597/DF, Rel. Min. Nancy Andrighi, ac. 24.10.2017, *DJe* 30.10.2017.

[75] "O prazo prescricional de cinco anos, a que se refere o art. 27 do CDC, cuida da ação de reparação de danos causados ao consumidor por fato do produto ou do serviço, deve ser contado a partir do conhecimento do dano e de sua autoria e não se confunde com o prazo decadencial do art. 26 do mesmo Diploma. Em nota ao art. 27, Arruda Alvim observa que: os arts. 26 e 27, ao fixarem prazos, respectivamente, de decadência e de prescrição, fizeram-no tendo em vista realidades diversas, por isso o objeto da reclamação é substancialmente diferente do pedido de reparação de danos" (TJSP, 8ª C. Dir. Priv., Ap. 506.356.4/8, Rel. Des. Caetano Lagrasta, ac. 05.09.2007, *JTJ* 868/225).

preconizado pelo Código Civil para as ações indenizatórias comuns, que é *objetivo* (art. 206, § 3º, inc. V). Segundo o art. 27 do CDC, a prescrição contra o consumidor corre "a partir do conhecimento do dano e de sua autoria". Só começa, portanto, a fluir a prescrição, na espécie, quando o consumidor tenha o duplo conhecimento do *dano* e de *quem o causou*. Nisso consiste o caráter subjetivo do prazo prescricional na relação de consumo. Objetiva é a prescrição civil, porque flui do ato ilícito, sem se indagar do conhecimento da vítima a seu respeito.

O STJ, analisando ação ajuizada por consumidor contra instituição financeira, requerendo a repetição de taxas e tarifas bancárias, entendeu, inclusive em sede de recurso repetitivo, que não se trata de vício do produto ou serviço, mas, sim, de enriquecimento sem causa, razão pela qual não aplicou o prazo decadencial do art. 26 do CDC:

> a) 1. O art. 26 do Código de Defesa do Consumidor dispõe sobre o prazo decadencial para a reclamação por vícios em produtos ou serviços prestados ao consumidor, não sendo aplicável à ação de prestação de contas ajuizada pelo correntista com o escopo de obter esclarecimentos acerca da cobrança de taxas, tarifas e/ou encargos bancários[76].
>
> b) Na hipótese de vício, os prazos são decadenciais, nos termos do art. 26 do CDC, sendo de 30 (trinta) dias para produto ou serviço não durável e de 90 (noventa) dias para produto ou serviço durável. Já a pretensão à reparação pelos defeitos vem regulada no art. 27 do CDC, prescrevendo em 5 (cinco) anos.
>
> O pedido para repetição de taxas e tarifas bancárias pagas indevidamente, por serviço não prestado, não se equipara às hipóteses estabelecidas nos arts. 20 e 26, CDC. Repetir o pagamento indevido não equivale a exigir reexecução do serviço, à redibição e tampouco ao abatimento do preço, pois não se trata de má-prestação do serviço, mas de manifesto enriquecimento sem causa, porque o banco cobra por serviço que jamais prestou.
>
> Os precedentes desta Corte impedem que a instituição financeira exija valores indevidos, mesmo que tais quantias não tenham sido reclamadas pelos consumidores nos prazos decadenciais do art. 26, CDC. Diante deste entendimento, de forma análoga, não se pode impedir a repetição do indébito reclamada pelo consumidor[77].

129. PREJUÍZOS DE INCAPAZES POR CULPA DOS REPRESENTANTES LEGAIS

Art. 208. Aplica-se à decadência o disposto nos arts. 195 e 198, inciso I. (Código Civil)

Tal como se passa com a prescrição, o incapaz pode ser prejudicado por seu assistente ou representante legal, que culposamente deixa incorrer em caducidade o direito do incapaz ou a deixa de alegar em seu favor.

A prescrição somente dá ensejo à aplicação do art. 195 (ação de responsabilidade do incapaz contra seu representante legal), quando se trata de menor relativamente incapaz, visto que contra os absolutamente incapazes não corre prescrição alguma (art. 198, I). Não

---

[76] STJ, 2ª Seção, REsp. 1.117.614/PR, Rel. Min. Maria Izabel Gallotti, ac. 10.08.2011, *DJe* 10.10.2011.

[77] STJ, 3ª T., REsp. 1.094.270/PR, Rel. Min. Nancy Andrighi, ac. 02.12.2008, *DJe* 19.12.2008.

há lugar, portanto, para se aplicar a ação indenizatória por prescrição culposa, contra o representante do absolutamente incapaz. Apenas o relativamente incapaz sofre esse tipo de prejuízo e, assim, pode agir contra o seu assistente omisso, tanto no caso de prescrição como de decadência (v. comentários ao art. 195).

Embora o art. 208 determine a observância da regra do art. 198, I, também nos casos de decadência, contra os absolutamente incapazes do art. 3º, é importante fazer uma distinção entre as decadências que operam *ipso iure* e as que dependem do exercício de ação, entre as legais e as convencionais.

Com efeito, se há um prazo relativo ao exercício do direito potestativo em juízo, é natural que se trate esse prazo de *agir* para o incapaz, da mesma maneira que o prazo prescricional. O prazo, por exemplo, para demandar a anulação de um contrato deve suspender-se tal como se dá com o prazo para executar-lhe o cumprimento, segundo a regra do art. 208, muito embora aquele seja decadencial e este, prescricional. Mas, quando se ajusta o direito de preferência ou o direito de retrovenda, no bojo de um contrato, não se pode pretender que o não exercício desse tipo de direito potestativo convencional se suspenda apenas porque no contrato figura a titularidade de um incapaz. A seu termo, extinguir-se-á a preferência ou a retrovenda, por si mesma. Imagine-se, por exemplo, o contrato de locação comercial em que se ajustou para o contratante incapaz a faculdade de prorrogar a relação *ex locato,* mediante aviso a ser dado sessenta dias antes do vencimento. Esse termo aconteceu sem que o representante legal diligenciasse a prorrogação. Seria impossível admitir que o contrato já vencido continuasse sujeito à força do direito potestativo de prorrogá-lo.

Entendemos, portanto, que só se torne viável suspender o prazo de decadência contra interesse de absolutamente incapaz, quando seu interesse ainda for suscetível de constituir objeto de ação em juízo. Sempre, pois, que o direito potestativo for daqueles que operam extrajudicialmente, pelo simples fato de alcançar-se um determinado momento no tempo, não se poderá pensar em paralisar o prazo estipulado para seu exercício.

É bom ressaltar que a regra geral assinalada pelo art. 207 é a não suspensividade do prazo de decadência. Somente exceções expressas ditadas pela própria lei poderão fazer que em determinados casos ocorra a anômala paralisação da marcha do tempo decadencial. A interpretação do art. 208, que se conecta com a ressalva do art. 207, tem de ser feita à luz de sua excepcionalidade, sob pena de inutilizar o instituto da decadência e banalizar a distinção entre ela e a prescrição, que tanto esforço tem exigido da ciência jurídica.

Em outros termos: somente quando o exercício da decadência, em termos práticos, se aproximar do modo de exercer a prescrição (isto é, reclamar o uso da ação) é que se encontrará sentido na extensão do efeito suspensivo do art. 198, I, ao prazo de caducidade. Fora daí, os prazos de decadência são, por natureza, destinados à fatalidade, fluindo inexoravelmente rumo à consumação no termo final, sem embaraço algum dos motivos que costumam impedir ou paralisar a prescrição.

130. DECADÊNCIA E PESSOA JURÍDICA

No tocante às pessoas jurídicas, a fatalidade do prazo decadencial é completa. Mas, em compensação, os seus representantes legais assumem, também, inteira responsabilidade por todos os prejuízos que acarretem à instituição, por deixarem algum direito potestativo dela incorrer em caducidade, ou por não provocarem a extinção de obrigações passivas que poderiam ser eliminadas por via da decadência.

Releva notar que os administradores das sociedades não respondem objetivamente pelos prejuízos por elas suportados durante sua gestão. Assim, não basta a verificação da decadência para surgir a responsabilidade do representante legal. Esta, para configurar-se, exige culpa do gestor, de maneira que a aplicação da regra do art. 195, no caso de prejuízos oriundos da decadência sofrida ou não provocada, se faça em harmonia com as regras dos arts. 1.011 e 1.016, conforme já se expôs no comentário específico ao art. 195. Ter-se-á de apurar, *in concreto,* como se deu a culpa do administrador que conduziu aos prejuízos ligados à decadência sofrida pela pessoa jurídica, para só depois impor-lhe a responsabilidade indenizatória.

131. RENÚNCIA DA DECADÊNCIA

Art. 209. É nula a renúncia à decadência fixada em lei. (Código Civil)

As faculdades sujeitas a prazos extintivos podem provir da lei ou de negócios jurídicos[78]. Quando o prazo é fixado por norma legal não pode alterá-lo a vontade negocial. É o caso, *v.g.,* do direito potestativo de promover a ação de anulação do negócio por vício de consentimento e por incapacidade relativa (art. 178), por outro qualquer motivo legalmente previsto (art. 179), e de demandar a revogação da doação por ingratidão do donatário (art. 559), entre outros.

Em se tratando, porém, de prazo criado por convenção, como se passa no direito de preferência (art. 513) ou na retrovenda (art. 505), a vontade que o estabelecer pode, perfeitamente, alterá-lo, dentro dos limites máximos estatuídos na lei (art. 513, parágrafo único; e art. 1.141). Se se admite que a vontade tem força de criar prazos decadenciais, tem-se de admitir, também, que o agente da declaração possa revogá-la. Tudo o que é fruto da autonomia da vontade é disponível e, consequentemente, renunciável.

Em sentido contrário, se o direito potestativo é condicionado pela lei a prazo certo de exercício, tem-se a norma respectiva como de ordem pública e, por isso, não se admite que a parte venha a renunciar à decadência assim instituída[79].

O Código Civil português contém dispositivo que traça com precisão os limites da autonomia de vontade em matéria de decadência:

> São válidos os negócios pelos quais se criem casos especiais de caducidade, se modifique o regime legal desta ou se renuncie a ela, contanto que não se trate de matéria subtraída à disponibilidade das partes ou de fraude às regras legais da prescrição (art. 330º, nº 1).

---

[78] "*A differenza della prescricione, che è regolata solo dalla legge, la decadenza può essere pattuita: il contratto può sottoporre a termine di decadenza l'esercizio dei diritti che da esso derivano*" (GALGANO, Francesco. Diritto privato. 10. ed. Padova: CEDAM, 1999. n. 53.2, p. 911).

[79] "O instituto da decadência é de ordem pública, daí por que a impossibilidade de sua renúncia quando seu prazo é fixado em lei. As partes podem renunciar ao prazo decadencial quando estabelecido em seu próprio interesse, no bojo de um negócio jurídico. Assim, os prazos decadenciais convencionais podem ser renunciados. Como a vontade negocial pode criar prazos, pode a eles renunciar" (VENOSA, Sílvio de Salvo. *Código Civil interpretado.* 2. ed. São Paulo: Atlas, 2011, p. 237).

Mais importante do que a origem do prazo decadencial na lei é a natureza do direito a que dito prazo adere. Mesmo sendo oriundo da lei o prazo extintivo, pode ele ser inutilizado pelo titular da ação respectiva, por meio da confirmação, por exemplo, do negócio anulável[80]. Dessa maneira, ato de vontade do titular do direito potestativo pode eliminá-lo antes de vencido o prazo decadencial. Isto, porém, só se dará se o direito em jogo for disponível, como se prevê no Código italiano (art. 2.965). No Código brasileiro, por exemplo, os atos de disposição praticados por um dos cônjuges, sem anuência do outro, nas hipóteses do art. 1.647, são anuláveis até dois anos após terminada a sociedade conjugal (prazo decadencial estipulado pelo art. 1.649, *caput*). Prevê-se, contudo, que a aprovação ulterior do ato torna-o válido, afastando, destarte, a anulabilidade e a ação respectiva (art. 1.649, parágrafo único)[81].

A liberdade de atuação das partes diante do regime da decadência deverá ser aferida a partir da posição tomada pela lei diante do direito potestativo de que se cuida. Assim, se o prazo para exercício for fixado em termos rígidos pela lei, vigora o art. 209, que veda sua renúncia direta e, portanto, sua modificabilidade negocial; o que, no entanto, não impedirá a confirmação voluntária do negócio anulável, se seu objeto for um direito disponível. A confirmação, pois, de um direito oriundo de negócio anulável importa, na hipótese de direito potestativo disponível, renúncia a ele, se ocorre antes do termo legal.

Mesmo após consumada a decadência, pode, por exemplo, o beneficiário do negócio jurídico reconhecer que houve erro substancial do outro contratante e, com base nisso, assentir na ruptura do contrato ou na rescisão dos seus termos. Sendo disponível o direito sobre que versou o negócio, não há empecilho a que se abra mão da decadência já operada sobre o vício de consentimento. Se, todavia, o direito potestativo está ligado a direitos indisponíveis, como os de família, não há como exercitá-lo, nem a ele renunciar, depois de consumada a decadência (é, *v.g.*, o caso das anulações de casamento).

Quando a lei não estipular o prazo decadencial, ou apenas apontar seus limites, sua determinação *in concreto* é ato da autonomia negocial, pelo que ficará ao alvedrio das partes mantê-lo, modificá-lo ou extingui-lo. O que não se reconhece aos interessados é apenas o poder de afastar os limites legais opostos à autonomia de vontade no que toca ao limite máximo da caducidade, quando este vem ditado pela lei, como se dá, *v.g.*, na retrovenda e no direito de preferência (arts. 513, parágrafo único).

132. DECRETAÇÃO DA DECADÊNCIA *EX OFFICIO*

> **Art. 210. Deve o juiz, de ofício, conhecer da decadência, quando estabelecida por lei. (Código Civil)**

Os prazos decadenciais, como já se observou, podem se originar da lei, no interesse geral (decadência *legal*), ou podem se vincular ao interesse dos sujeitos de uma relação jurídica, caso em que deriva do próprio negócio jurídico (decadência *convencional*).

---

[80] "A confirmação expressa, ou a execução voluntária de negócio anulável, nos termos dos arts. 172 a 174, importa a extinção de todas as ações, ou exceções, de que contra ele dispusesse o devedor" (art. 175 do CC).

[81] Aliás, os atos anuláveis em geral são todos eles sujeitos à convalidação por meio de confirmação, como prevê genericamente o art. 175.

Quando se trata de fruto da autonomia negocial, não cabe ao juiz conhecer da decadência, senão quando arguida pela parte, porquanto tem esta disponibilidade a respeito do direito que nela se funda[82]. É, por exemplo, o caso do prazo de arrependimento previsto em contrato e que foi ultrapassado pelo alienante. O adquirente não discute o arrependimento tardio, mas apenas pretende se indenizar dos prejuízos dele advindos. O juiz não pode manter o contrato e invalidar o arrependimento porque ocorrido após o prazo de decadência convencional. As partes têm disponibilidade desse tipo de decadência, que envolve apenas interesses individuais[83]. Não cabe ao juiz sobrepor-se à vontade dos interessados em terreno dominado pela disponibilidade dos direitos.

Se, todavia, a decadência provém da lei e visa a impor uma tutela de interesse geral, o silêncio da parte não inibe o juiz de pronunciá-la, porque está em jogo o interesse público na certeza e na estabilidade das relações jurídicas. Esse tipo de decadência não comporta renúncia (art. 209) e, por isso mesmo, deve ser conhecido, de ofício, pelo juiz (art. 210).

No direito italiano, entende-se que o reconhecimento da decadência, *ex officio,* pelo magistrado, somente seja possível em face de direitos indisponíveis[84]. O mesmo se passa no direito português (art. 333º, 1[85])[86].

Para o Código brasileiro, porém, o interesse público está localizado no simples fato de a lei ter imposto um prazo fatal para o exercício do direito, qualquer que seja ele. A decadência estabelecida pela lei elimina a seu termo, por si só, o direito subjetivo. Assim, ao juiz incumbirá negar-lhe tutela, ainda que o adversário do demandante deixe de arguir a decadência. Isto, porém, como deixa claro o art. 210, apenas pode acontecer com as *decadências estabelecidas por lei,* e não com aquelas criadas por convenção das partes. Estas pressupõem direitos naturalmente disponíveis e, por isso, a decadência que os envolve também se torna disponível ou renunciável[87].

A interpretação do art. 210 é a que corresponde ao efeito natural da decadência imposta por vontade da lei: diante dela, "o efeito da consumação do prazo de caducidade se produz automaticamente, quer dizer, uma vez transcorrido, o poder, ação ou direito que seja, extingue-se *ipso iure,* e não é necessário que seja alegado pelo interessado, pois

---

[82] "A decadência convencional se caracteriza como sendo ato bilateral, e desse modo somente o favorecido teria interesse no seu reconhecimento, restando incólume, portanto, do controle oficial – envolvendo um direito dispositivo, o juiz dela somente conhecerá se for alegada pela parte a quem aproveita, alegação essa que pode ser feita em qualquer grau de jurisdição, nas mesmas condições da prescrição (art. 193)" (CAHALI, Yussef Said. *Prescrição e decadência.* São Paulo: RT, 2008, p. 189).

[83] "*Se la decadenza è stabilita a tutela di un interesse individuale, ... trattandosi di diritto disponibili, le parti possono modificare il regime legale della decadenza e possono anche rinunziarvi*" (TORRENTE, Andrea; SCHLESINGER, Piero. *Manuale di diritto privato.* 16. ed. Milano: Giuffrè, 1999. § 88, p. 148).

[84] TRABUCCHI, Alberto. *Istituzioni di diritto civile.* 38. ed. Padova: CEDAM, 1998. n. 61, p. 126; TORRENTE, Andrea; SCHLESINGER, Piero. *Manuale di diritto privato.* 16. ed. Milano: Giuffrè, 1999, § 88, p. 148.

[85] "Art. 333º, 1. A caducidade é apreciada oficiosamente pelo tribunal e pode ser alegada em qualquer fase do processo, se for estabelecida em matéria excluída da disponibilidade das partes".

[86] "Ficam abrangidas pela regra da não oficiosidade: – as caducidades impostas por lei mas relativas a direitos disponíveis: normalmente, de natureza patrimonial; – as caducidades fixadas por convenção entre as partes" (CORDEIRO, António Manuel da Rocha e Menezes. *Tratado de Direito Civil português* – Parte Geral. Coimbra: Almedina, 2005. t. IV, p. 226).

[87] "*La possibilità di stabilire decadenze in un contratto, o, in genere, in un negozio giuridico, pressupone che si versi in tema di diritti disponibili*" (TORRENTE, Andrea; SCHLESINGER, Piero. *Manuale di diritto privato.* 16. ed. Milano: Giuffrè, 1999, § 88, p. 148).

os tribunais o apreciarão de ofício"[88]. *Jura novit curia*. Diante dos prazos legais de decadência, o simples silêncio da parte, destarte, não será tratado como renúncia tácita. O juiz aplica a decadência, na espécie, *ex officio*. Pode julgar liminarmente improcedente o pedido antes da citação do réu (CPC/2015, art. 332, § 1º).

Ao contrário da prescrição, que só opera pela vontade ou critério do interessado (por via de exceção), a decadência ou preclusão (mormente a que é determinada pela lei) "é de ordem pública e deve ser obrigatoriamente declarada pelo tribunal"[89]. Este é o sistema do moderno Código Civil de Quebec, e também do atual Código Civil brasileiro[90].

133. DECADÊNCIA CONVENCIONAL

> **Art. 211. Se a decadência for convencional, a parte a quem aproveita pode alegá-la em qualquer grau de jurisdição, mas o juiz não pode suprir a alegação. (Código Civil)**

A decadência legal independe de arguição pela parte: o juiz deve conhecê-la e decretá-la de ofício (art. 332, § 1º do CPC c/c art. 210 do CC). Por envolver matéria de ordem pública, será apreciada e dirimida em qualquer grau de jurisdição.

Já a decadência criada por convenção, opera exclusivamente na área dos direitos disponíveis. Embora se reconheça ao interessado a possibilidade de alegá-la em qualquer grau de jurisdição (tal como se passa também com a prescrição), não pode o juiz reconhecê-la de ofício. A lei conserva na área da discrição da parte o poder de fazer atuar, ou não, o efeito extintivo do prazo de decadência originado da convenção, e não da lei.

É a decadência que envolve matéria subtraída à disponibilidade das partes (e somente neste caso), que admite ser decretada de ofício pelo juiz[91]; nunca a que decorra de vontade contratual apenas. Esta, se não alegada, pressupõe-se renunciada.

Resta saber se se deve considerar convencional a decadência prevista em lei, mas cujo prazo concreto fique à disposição da vontade contratual (caso como o da retrovenda, em que a lei fixa um prazo máximo, mas admite que as partes o estipulem menor).

A nosso ver, a decadência é legal no seu todo, e apenas convencional na sua redução negocial. Isto quer dizer que as partes, depois de transcorrido o termo convencional, podem renunciar a seus efeitos, podem alterá-lo, expressa ou tacitamente. Não podem, no entanto, ultrapassar, em sua liberalidade, o prazo máximo querido e imposto pela lei (art. 505). De tal modo que se este já se acha ultimado, caberá ao juiz levá-lo em conta, para ter como operada a decadência (e extinto o direito de retrato), ainda que o demandado deixe de alegar tal exceção[92]. Incidirá a regra cogente do art. 210, e não a regra dispositiva do art. 211.

---

[88] ALBALADEJO. *Derecho civil I* – Introducción y parte general. 14. ed. Barcelona: Bosch, 1996. t. I, v. II, § 108, p. 508-509.

[89] BAUDOUIN, Jean-Louis; RENAUD, Yvon. *Code civil du Québec annoté*. 4. ed. Montréal: W&L, 2001. t. II, p. 3.537, comentário do Ministro da Justiça no art. 2.878.

[90] "*Toutefois, le tribunal doit déclarer d'office la déchéance du recours, lorsque celle-ci est prévue par la loi. Cette déchéance ne se présume pas; elle résulte d'un texte exprès*" (Código Civil de Quebec, art. 2.878, 2ª parte).

[91] TRABUCCHI, Alberto. *Istituzioni di diritto civile*. 38. ed. Padova: CEDAM, 1998. n. 61, p. 126.

[92] "Há situações de decadência que são estabelecidas em lei, mas que permitem a redução do prazo por via convencional, como ocorre no direito de preferência (art. 513) e na retrovenda (art. 505). A lei es-

134. JULGAMENTO DE IMPROCEDÊNCIA LIMINAR DO PEDIDO

Prescrevia o art. 295, IV, do CPC de 1973 que a petição inicial seria indeferida "quando o juiz verificar, desde logo, a decadência". Atualmente, o CPC de 2015 enquadra a hipótese na possibilidade de o juiz julgar liminarmente improcedente o pedido (art. 332, § 1º). A alteração nos parece correta, uma vez que o reconhecimento da decadência é, na verdade, matéria de mérito, razão pela qual não poderia mesmo se enquadrar em hipótese de indeferimento da inicial.

Segundo a sistemática processual vigente, o juiz, reconhecendo liminarmente a decadência, julgará improcedente o pedido do autor sem necessidade de ouvi-lo previamente. Essa circunstância, entretanto, não viola o contraditório e a ampla defesa, uma vez que ao autor é conferida a possibilidade de interpor o recurso de apelação, com a possibilidade de retratação do juiz (CPC/2015, art. 332, § 3º). Havendo retratação, determinar-se-á o prosseguimento do feito, com a citação do réu para apresentar defesa. Caso seja mantida a improcedência liminar do pedido, o réu será citado, não para contestar, mas para apresentar contrarrazões ao recurso do autor.

135. ALGUNS JULGADOS DO STJ RELATIVOS AO PRAZO DE DECADÊNCIA

a) Ação para anular acordo firmado com a Fazenda Pública:

Segundo o STJ, o prazo decadencial para anular acordo firmado com a Fazenda Pública é de cinco anos, contados da data da celebração da transação e, não, da decisão homologatória:

> 4. (...) Nessa situação, o prazo decadencial para se anular a transação deve ser contado da data em que se aperfeiçoou a avença. Conforme entendimento doutrinário, o objeto da ação anulatória, nessa hipótese, não é o ato praticado pelo juízo (homologação), mas o próprio negócio firmado pelas partes. Esse mesmo critério foi adotado pelo legislador do Código Civil de 2002 (e também do Código Civil revogado), no que se refere à anulação do negócio jurídico em virtude da existência de defeito (erro, dolo, fraude contra credores, estado de perigo ou lesão), hipótese na qual o prazo decadencial é contado do dia em que se realizou o negócio jurídico (art. 178, II, do CC/2002).
>
> 5. No caso concreto, o pedido inicial é para "ser declarada a nulidade dos itens 1 e 2 do acordo firmado entre as partes" no processo originário, condenando-se o Estado do Rio Grande do Sul a devolver o valor levantado (50% dos valores depositados em juízo, durante o trâmite do processo originário). Como se percebe, a ora recorrente pretende a anulação da própria transação, em razão da existência de supostos vícios. Contudo, o acordo firmado entre as partes não teve a participação judicial, no que se refere às concessões pactuadas, limitando-se a decisão a homologar a avença. A manifestação judicial foi necessária tão somente para que houvesse a extinção do processo, ou seja, para extinguir a relação jurídica processual, sem produzir efeitos sobre a relação de direito material existente entre as partes. Desse modo, na hipótese, o prazo decadencial para a anulação do acordo tem como termo inicial a data da sua celebração[93].

---

tabelece o prazo máximo de decadência e as partes podem reduzi-lo negocialmente. Essa redução será convencional e a vontade privada não pode ultrapassar o prazo máximo estabelecido em lei" (VENOSA, Silvio de Salvo. *Código Civil interpretado*. 2. ed. São Paulo: Atlas, 2011. p. 237).

[93] STJ, 2ª T., REsp. 866.197/RS, Rel. Min. Mauro Campbell Marques, ac. 18.02.2016, *DJe* 13.04.2016.

b) Previdência Social – Ação de revisão da renda mensal inicial do benefício originário com repercussão no benefício derivado

Na redação original da Lei nº 8.213/1991, que dispõe sobre os Planos de Benefícios da Previdência Social e dá outras providências, prescrevia em cinco anos o direito às prestações não pagas nem reclamadas na época própria, resguardados os direitos dos menores dependentes, dos incapazes ou dos ausentes.

Em 1997, a Medida Provisória nº 1.523-9, convertida na Lei nº 9.528/1997, deu nova redação ao dispositivo para determinar que se tratava de prazo decadencial, fixado em dez anos, para "todo e qualquer direito ou ação do segurado ou beneficiário para a revisão do ato de concessão de benefício, a contar do dia primeiro do mês seguinte ao do recebimento da primeira prestação ou, quando for o caso, do dia em que tomar conhecimento da decisão indeferitória definitiva no âmbito administrativo".

No ano seguinte, referido prazo foi reduzido para cinco anos, pela Lei nº 9.711/1998, voltando a ser majorado para dez pela Lei nº 10.839/2004. Atualmente, o dispositivo tem a seguinte redação, dada pela Lei nº 13.846/2016:

> O prazo de decadência do direito ou da ação do segurado ou beneficiário para a revisão do ato de concessão, indeferimento, cancelamento ou cessação de benefício e do ato de deferimento, indeferimento ou não concessão de revisão de benefício é de 10 (dez) anos, contado:
>
> I – do dia primeiro do mês subsequente ao do recebimento da primeira prestação ou da data em que a prestação deveria ter sido paga com o valor revisto; ou
>
> II – do dia em que o segurado tomar conhecimento da decisão de indeferimento, cancelamento ou cessação do seu pedido de benefício ou da decisão de deferimento ou indeferimento de revisão de benefício, no âmbito administrativo.

Tendo em vista as alterações sucessivas do respectivo prazo em 1997, 1998 e 2004, o STJ decidiu, em sede de recurso especial repetitivo, que o prazo decenal estabelecido pela Lei nº 9.528/1997 aplica-se a partir da vigência da lei, ou seja, 28.06.1997:

> O suporte de incidência do prazo decadencial previsto no art. 103 da Lei 8.213/1991 é o direito de revisao dos benefícios, e não o direito ao benefício previdenciário. Incide o prazo de decadência do art. 103 da Lei nº 8.213/1991, instituído pela Medida Provisória 1.523-9/1997, convertida na Lei nº 9.528/1997, no direito de revisão dos benefícios concedidos ou indeferidos anteriormente a esse preceito normativo, com termo *a quo* a contar da sua vigência (28.06.1997)[94].

Entretanto, tratando-se de pedido de revisão de benefício anteriormente concedido, direito este sujeito a decadência, o respectivo prazo "não se suspende, nem se interrompe, de modo que, decaído o direito de revisão do benefício originário, não mais poderá ser exercido pelo beneficiário da pensão por morte"[95].

---

[94]   STJ, 1ª Seção, REsp. 1.326.114/SC, Rel. Min. Herman Benjamin, ac. 28.11.2012, *DJe* 13.05.2013.

[95]   STJ, 2ª T., AgInt no AREsp. 2.013.778/RS, Rel. Min. Herman Benjamin, ac. 21.06.2022, *DJe* 27.06.2022.

c) Anulação de partilha de bens em dissolução de união estável:

O STJ já decidiu que é de quatro anos o prazo de decadência para anular partilha de bens em dissolução de união estável, por vício do consentimento, não se aplicando o prazo ânuo do art. 2.027, do CC:

> 1. É de quatro anos o prazo de decadência para anular partilha de bens em dissolução de união estável, por vício de consentimento (coação), nos termos do art. 178 do Código Civil.
>
> 2. Não houve alterações de ordem jurídico-normativa, com o advento do Código Civil de 2002, a justificar alteração da consolidada jurisprudência dos tribunais superiores, com base no Código Civil de 1916, segundo a qual a anulação da partilha ou do acordo homologado judicialmente na separação consensual regulava-se pelo prazo prescricional previsto no art. 178, § 9º, inciso V, e não aquele de um ano preconizado pelo art. 178, § 6º, V, do mesmo diploma.
> Precedentes do STF e do STJ.
>
> 3. É inadequada a exegese extensiva de uma exceção à regra geral – arts. 2.027 do CC e 1.029 do CPC/1973, ambos inseridos, respectivamente, no Livro "Do Direito das Sucessões" e no capítulo intitulado "Do Inventário e da Partilha" – por meio da analogia, quando o próprio ordenamento jurídico prevê normativo que se amolda à tipicidade do caso (CC, art. 178).
>
> 4. Pela interpretação sistemática, verifica-se que a própria topografia dos dispositivos remonta ao entendimento de que o prazo decadencial ânuo deve se limitar à seara do sistema do direito das sucessões, submetida aos requisitos de validade e princípios específicos que o norteiam, tratando-se de opção do legislador a definição de escorreito prazo de caducidade para as relações de herança[96].

d) Anulação de fiança prestada pelo cônjuge sem consentimento do outro:

A jurisprudência STJ é no sentido de que o prazo de dois anos para anulação da fiança prestada pelo cônjuge sem consentimento do outro também deve ser utilizado para a ação ajuizada pelos herdeiros, no caso de falecimento do prejudicado:

> 1. O legislador, projetando as graves consequências patrimoniais do cônjuge prejudicado, fixou o prazo de 2 anos – que será contabilizado após o encerramento do matrimônio – para questionar a invalidade da fiança firmada sem a devida outorga conjugal (CC/2002, art. 1.649).
>
> 2. A outorga possui significativa relevância para a validade do ato negocial, se realizado com pessoa casada. Até porque o intuito do legislador não é só a tutela patrimonial do casal, mas também busca preservar a convivência entre os cônjuges. Por isso, estende o prazo para 2 anos após o encerramento do vínculo matrimonial, pois se assim não fosse, poderia ocasionar um abalo na *affectio maritalis*.
>
> 3. A codificação civil expressamente prevê que o ajuizamento da ação de anulabilidade da fiança prestada em a outorga conjugal será deflagrado apenas, e tão somente, pelo outro cônjuge, ou, com o seu falecimento, pelos herdeiros – como legitimado sucessivo.

---

[96] STJ, 4ª T., REsp. 1.621.610/SP, Rel. Min. Luis Felipe Salomão, ac. 07.02.2017, *DJe* 20.03.2017.

Capítulo XI · DA DECADÊNCIA | **379**

4. Entende-se, portanto, que o prazo decadencial de 2 anos, estipulado inicialmente para o consorte prejudicado, reflete-se também nos herdeiros que, no lugar daquele, buscarão a anulabilidade de um ato negocial defectível[97].

e) Prazo para que o Fisco constitua o crédito tributário:

Em sede de recurso especial repetitivo, o STJ firmou o entendimento de que é de cinco anos o prazo para que o Fisco constitua o crédito tributário, contando-se do primeiro dia do exercício seguinte àquele em que o lançamento poderia ter sido efetuado, nos casos em que a lei não prevê o pagamento antecipado:

1. O prazo decadencial quinquenal para o Fisco constituir o crédito tributário (lançamento de ofício) conta-se do primeiro dia do exercício seguinte àquele em que o lançamento poderia ter sido efetuado, nos casos em que a lei não prevê o pagamento antecipado da exação ou quando, a despeito da previsão legal, o mesmo inocorre, sem a constatação de dolo, fraude ou simulação do contribuinte, inexistindo declaração prévia do débito (Precedentes da Primeira Seção: REsp 766.050/PR, Rel. Ministro Luiz Fux, julgado em 28.11.2007, *DJ* 25.02.2008; AgRg nos EREsp 216.758/SP, Rel. Ministro Teori Albino Zavascki, julgado em 22.03.2006, *DJ* 10.04.2006; e EREsp 276.142/SP, Rel. Ministro Luiz Fux, julgado em 13.12.2004, *DJ* 28.02.2005).

2. É que a decadência ou caducidade, no âmbito do Direito Tributário, importa no perecimento do direito potestativo de o Fisco constituir o crédito tributário pelo lançamento, e, consoante doutrina abalizada, encontra-se regulada por cinco regras jurídicas gerais e abstratas, entre as quais figura a regra da decadência do direito de lançar nos casos de tributos sujeitos ao lançamento de ofício, ou nos casos dos tributos sujeitos ao lançamento por homologação em que o contribuinte não efetua o pagamento antecipado (Eurico Marcos Diniz de Santi, *Decadência e Prescrição no Direito Tributário*, 3ª ed., Max Limonad, São Paulo, 2004, p. 163-210).

3. O *dies a quo* do prazo quinquenal da aludida regra decadencial rege-se pelo disposto no artigo 173, I, do CTN, sendo certo que o "primeiro dia do exercício seguinte àquele em que o lançamento poderia ter sido efetuado" corresponde, iniludivelmente, ao primeiro dia do exercício seguinte à ocorrência do fato imponível, ainda que se trate de tributos sujeitos a lançamento por homologação, revelando-se inadmissível a aplicação cumulativa/concorrente dos prazos previstos nos artigos 150, § 4º, e 173, do Códex Tributário, ante a configuração de desarrazoado prazo decadencial decenal (Alberto Xavier, *Do Lançamento no Direito Tributário Brasileiro*, 3ª ed., Ed. Forense, Rio de Janeiro, 2005, p. 91-104; Luciano Amaro, *Direito Tributário Brasileiro*, 10ª ed., Ed. Saraiva, 2004, p. 396-400; e Eurico Marcos Diniz de Santi, *Decadência e Prescrição no Direito Tributário*, 3ª ed., Max Limonad, São Paulo, 2004, p. 183-199)[98].

A Súmula nº 622 do STJ, sobre o tema, dispõe que "a notificação do auto de infração faz cessar a contagem da decadência para a constituição do crédito tributário; exaurida a instância administrativa com o decurso do prazo para a impugnação ou com a notifica-

---

[97] STJ, 4ª T., REsp. 1.273.696/SP, Rel. Min. Luis Felipe Salomão, ac. 10.03.2016, *DJe* 18.04.2016.
[98] STJ, 1ª Seção, REsp. 973.733/SC, Rel. Min. Luiz Fux, ac. 12.08.2009, *DJe* 18.09.2009.

ção de seu julgamento definitivo e esgotado o prazo concedido pela Administração para pagamento voluntário, inicia-se o prazo prescricional para a cobrança judicial".

f) Prazo para ajuizamento de ação civil pública para apurar prorrogação de contrato de concessão de serviço público:

Segundo a jurisprudência do STJ, a prorrogação do contrato produz efeitos que se alongam no tempo e suas consequências sucedem por toda a sua duração, razão pela qual o prazo decadencial é contado a partir do término da relação contratual:

> 4. O ato administrativo de prorrogação do contrato de concessão estende seus efeitos no tempo, ou seja, suas consequências e resultados sucedem por toda sua duração, de maneira que seu término deve ser estabelecido como marco inicial da prescrição da Ação Civil Pública. Precedentes do STJ. (...)
>
> 6. "A renovação do contrato de concessão sem a regular licitação, traz como consequência a perpetuação da alegada irregularidade durante o período de renovação, devendo ser afastada a decadência de ação civil pública ajuizada no período" (AgRg no AgRg no Ag 1.104.333/RS, Rel. Min. Francisco Falcão, Primeira Turma, julgado em 26.5.2009, DJe 10.6.2009)[99].

g) Prazo para requerimento da desconsideração da personalidade jurídica de sociedade:

Segundo o entendimento do STJ, após preenchidos os requisitos autorizadores da superação da pessoa jurídica, o credor possui um direito potestativo de ingerência na esfera jurídica de terceiro. Assim, ante a ausência de fixação de um prazo legal para o exercício desse direito, o pedido de desconsideração da personalidade jurídica da sociedade pode ser realizado a qualquer tempo:

> 1. A desconsideração da personalidade jurídica é técnica consistente na ineficácia relativa da própria pessoa jurídica – rectius, ineficácia do contrato ou estatuto social da empresa –, frente a credores cujos direitos não são satisfeitos, mercê da autonomia patrimonial criada pelos atos constitutivos da sociedade.
>
> 2. Ao se pleitear a superação da pessoa jurídica, depois de verificado o preenchimento dos requisitos autorizadores da medida, é exercido verdadeiro direito potestativo de ingerência na esfera jurídica de terceiros – da sociedade e dos sócios –, os quais, inicialmente, pactuaram pela separação patrimonial.
>
> 3. Correspondendo a direito potestativo, sujeito a prazo decadencial, para cujo exercício a lei não previu prazo especial, prevalece a regra geral da inesgotabilidade ou da perpetuidade, segundo a qual os direitos não se extinguem pelo não uso. Assim, à míngua de previsão legal, o pedido de desconsideração da personalidade jurídica, quando preenchidos os requisitos da medida, poderá ser realizado a qualquer tempo.
>
> 4. Descabe, por ampliação ou analogia, sem qualquer previsão legal, trazer para a desconsideração da personalidade jurídica os prazos prescricionais previstos para os casos

---

[99] STJ, 2ª T., REsp. 1.238.478/RS. Rel. Min. Herman Benjamin, ac. 13.03.2012, DJe 12.04.2012.

de retirada de sócio da sociedade (arts. 1003, 1.032 e 1.057 do Código Civil), uma vez que institutos diversos[100].

Não se pode, todavia, usar a desconsideração da personalidade jurídica para imputar ao sócio ou administrador responsabilidade retroativa, por obrigações da sociedade já prescritas[101]. Faltaria, portanto, interesse ao credor para legítima instauração do incidente, em tais circunstâncias. Esse entendimento tem sido adotado recorrentemente pela jurisprudência acerca do redirecionamento da execução fiscal:

> De acordo com a jurisprudência dominante neste Superior Tribunal, o redirecionamento da execução fiscal contra o sócio-gerente há que ser feito no prazo de cinco anos desde a citação da pessoa jurídica, sob pena de declarar-se prescrita a dívida fiscal[102].

h) Ajuizamento de ação para anular venda de ascendente a descendente por interposta pessoa:

O STJ entende que o prazo para anular venda feita por ascendente a descendente é decadencial, de dois anos, contado da data da celebração do negócio:

> 1. A venda de ascendente a descendente caracteriza ato anulável, ainda que praticado na vigência do Código Civil de 1916, condição reafirmada no art. 496 do atual diploma material. Precedentes.
> 2. Segundo o art. 179 do Código Civil de 2002, "quando a lei dispuser que determinado ato é anulável, sem estabelecer prazo para pleitear-se a anulação, será este de dois anos, a contar da data da conclusão do ato"[103].

O entendimento é seguido pela doutrina:

> No que concerne ao prazo para anular a referida compra e venda em virtude da falta de autorização dos demais descendentes e do cônjuge, deve-se entender que a Súmula 494 do STF está cancelada. Isso porque a dita ementa estabeleceu prazo prescricional de

---

[100] STJ, 4ª T., REsp. 1.348.449/RS, Rel. Min. Luis Felipe Salomão, ac. 11.04.2013, *DJe* 04.06.2013. No mesmo sentido: STJ, 4ª T., AgInt no AREsp. 1.243.409/PR, Rel. Min. Luis Felipe Salomão, ac. 08.06.2020, *DJe* 12.06.2020; STJ, 4ª T., REsp. 1.312.591/RS, Rel. Min. Luis Felipe Salomao, ac. 11.06.2013, *DJe* 01.07.2013; STJ, 3ª T., REsp. 1.686.123/SC, Rel. Min. Ricardo Villas Bôas Cueva, ac. 22.03.2022, *DJe* 31.03.2022.

[101] "Defender que o IDPJ é um direito potestativo e que, portanto, pode ser exercido a qualquer tempo, *não significa dizer que o seu uso não possa ser impactado pelo transcurso do lapso temporal que afeta o direito material instrumentalizado*" (grifos no original) (MARTINELL, Milena. O IDPJ e a prescrição intercorrente na execução fiscal. In: RODRIGUES, Marcelo Abelha *et al* (coords.). *Desconsideração da personalidade jurídica: aspectos materiais e processuais*. São Paulo: Editora Foco, 2023. p. 881). E continua a autora, "a *necessidade* de obter o reconhecimento judicial da *responsabilidade patrimonial secundária*, somente se verifica enquanto a *pretensão* (direito de exigir e satisfazer) do credor, permanecer ativa, pois apenas nesse cenário será *útil* a tutela cognitiva perseguida" (MARTINELL, Milena. O IDPJ e a prescrição intercorrente na execução fiscal. In: RODRIGUES, Marcelo Abelha *et al* (coords.). *Desconsideração da personalidade jurídica: aspectos materiais e processuais*. São Paulo: Editora Foco, 2023, p. 882-883).

[102] STJ, 2ª T., AgRg no Ag. 209.484/SP, Rel. Min. Castro Meira, ac. 05.08.2003, *DJU* 6.10.2003, p. 241. No mesmo sentido: STJ, 1ª T., AgRg no Ag. 1.297.255/SP, Rel. Min. Napoleão Nunes Maia Filho, ac. 19.03.2015, *DJe* 27.03.2015.

[103] STJ, 4ª T., EDcl. no REsp. 1.198.907/RS, Rel. Min. Antonio Carlos Ferreira, ac. 09.04.2014, *DJe* 18.09.2014.

20 anos, contados da celebração do ato, para anular a compra e venda de ascendente a descendente celebrada sem as referidas autorizações. Ora, como o Código Civil adota os critérios científicos de Agnelo Amorim Filho, para o caso em questão o prazo é decadencial e não prescricional, o que é comum para as ações condenatórias. Por isso, aplica-se o prazo de dois anos, contados da celebração do negócio, previsto no art. 179 do CC, que, na opinião deste autor, cancelou tacitamente a dita súmula. O último dispositivo traz um prazo geral de decadência para a anulação de contratos e negócios jurídicos[104].

Importante ressaltar que a sistemática permanecerá a mesma ainda que se trate de venda simulada por interposta pessoa. Com efeito, a simulação, no Código Civil de 2002, é ato nulo, portanto, sua declaração é imprescritível. Entretanto, o ato simulado é praticado apenas para esconder o negócio efetivamente pretendido, qual seja, a venda do ascendente a descendente, sem autorização dos demais. A simulação, nessa esteira, importa apenas para se demonstrar o ato efetivamente querido pelas partes e dissimulado por meio da utilização de interposta pessoa. E, para este ato dissimulado, o Código prevê prazo decadencial específico de dois anos, contados da data da conclusão do ato. Destarte, ainda que a venda seja feita por interposta pessoa, o prazo para que os descendentes que não autorizaram o negócio requeiram a sua anulação será de dois anos, contados da celebração do negócio.

Nesse sentido, o entendimento do STJ:

> 3. O propósito recursal é definir se a venda de ascendente a descendente, por meio de interposta pessoa, é ato jurídico nulo ou anulável, bem como se está fulminada pela decadência a pretensão dos recorridos de desconstituição do referido ato.
>
> (...)
>
> 6. Quando ocorrida a venda direta, não pairam dúvidas acerca do prazo para pleitear a desconstituição do ato, pois o CC/2002 declara expressamente a natureza do vício da venda – qual seja, o de anulabilidade (art. 496) –, bem como o prazo decadencial para providenciar a sua anulação – 2 (dois) anos, a contar da data da conclusão do ato (art. 179).
>
> 7. Nas hipóteses de venda direta de ascendente a descendente, a comprovação da simulação é exigida, de forma que, acaso comprovada que a venda tenha sido real, e não simulada para mascarar doação – isto é, evidenciado que o preço foi realmente pago pelo descendente, consentâneo com o valor de mercado do bem objeto da venda, ou que não tenha havido prejuízo à legítima dos demais herdeiros –, a mesma poderá ser mantida.
>
> 8. Considerando que a venda por interposta pessoa não é outra coisa que não a tentativa reprovável de contornar-se a exigência da concordância dos demais descendentes e também do cônjuge, para que seja hígida a venda de ascendente a descendente, deverá

---

[104] TARTUCE, Flávio. *Direito Civil:* teoria geral dos contratos e contratos em espécie. 12. ed. Rio de Janeiro: Forense, 2017. v. 3, p. 286. No mesmo sentido: DINIZ, Maria Helena. *Curso de Direito Civil brasileiro.* 17. ed. São Paulo: Saraiva, 2002. v. 3, p. 175; LÔBO, Paulo Luiz Netto. Comentários ao Código Civil. In: AZEVEDO, Antônio Junqueira de (Coord.). *Comentários ao código civil* – parte especial: das várias espécies de contratos. São Paulo: Saraiva, 2003. v. 6, p. 88; SIMÃO, José Fernando. Aspectos controvertidos da prescrição e da decadência na teoria geral dos contratos e contratos em espécie. In: DELGADO, Mário Luiz; ALVES, Jones Figueirêdo. *Questões controvertidas no novo Código Civil.* São Paulo: Método, 2005. v. 4, p. 343.

ela receber o mesmo tratamento conferido à venda direta que se faça sem esta aquiescência. Assim, considerando anulável a venda, será igualmente aplicável o art. 179 do CC/2002, que prevê o prazo decadencial de 2 (dois) anos para a anulação do negócio. Inaplicabilidade dos arts. 167, § 1º, I, e 169 do CC/2002[105].

i) Prazo para anular sentença arbitral:

A Lei de Arbitragem (Lei nº 9.307/1996) marca o prazo de noventa dias para a propositura da ação de declaração de nulidade da sentença arbitral, a contar do recebimento da notificação do *decisum*, parcial ou final, ou da decisão do pedido de esclarecimentos (embargos de declaração) (art. 33, § 1º).

No caso de sentença arbitral parcial, com resolução de mérito sobre parte da causa, ou com reconhecimento de falta de pressuposto de admissibilidade da tutela jurisdicional, a ação anulatória destinada a infirmar a sentença parcial arbitral (…), sob pena de a questão decidida tornar-se imutável, deve ser manejada no prazo de 90 dias a contar desde logo, sem aguardar a solução final do processo[105].

A declaração de nulidade da sentença arbitral pode ser obtida no juízo comum, por duas vias: *(i)* por ação declaratória de nulidade (Lei nº 9.307, art. 33, § 1º); ou *(ii)* por impugnação ao cumprimento da sentença (*idem*, art. 33, § 3º). Em qualquer caso, porém, a arguição sujeita-se ao prazo decadencial de noventa dias, de maneira que se a execução de sentença só for impugnada depois de ultrapassado aquele prazo, não mais será possível alegar a nulidade do título executivo arbitral[107].

---

[105] STJ, 3ª T., REsp. 1.679.501/GO, Rel. Min. Nancy Andrighi, ac. 10.03.2020, *DJe* 13.03.2020.

[106] STJ, 3ª T., REsp 1.543.564/SP, Rel. Min. Marco Aurélio Bellizze, ac. 25.09.2018, *DJe* 01.10.2018.

[107] "Assim, embora a nulidade possa ser suscitada em sede de impugnação ao cumprimento de sentença arbitral, se a execução for ajuizada após o decurso do prazo decadencial da ação de nulidade, a defesa da parte executada fica limitada às matérias especificadas pelo art. 525, § 1º, do CPC, sendo vedada a invocação de nulidade da sentença com base nas matérias definidas no art. 32 da Lei nº 9.307/96" (STJ, 3ª T., REsp 1.900.136/SP, Rel. Min. Nancy Andrighi, ac. 06.04.2021, *DJe* 15.04.2021). No mesmo sentido: STJ, 3ª T., REsp 1.928.951/TO, Rel. Min. Nancy Andrighi, ac. 15.02.2022, *DJe* 18.02.2022.

Índice Alfabético-Remissivo

(Os números referem-se aos itens)

A

Absolutamente incapaz
- os absolutamente incapazes, 55

Ação
- de direito material e de direito processual, 3
- de indenização contra a Administração Pública, 117.3
- pretensão e exceção, 14

Aluguel
- de imóvel, prescrição da ação de cobrança, 103

Arbitragem
- prescrição na arbitragem, 87.3

Ausente
- impedimento ou suspensão da prescrição, 56

C

Citação
- e mora pré-constituída, 70.6
- quando não interrompe a prescrição, 78.1

Coação
- ou dolo contra o titular da pretensão da prescrição, 48

Código de Defesa do Consumidor
- e a prescrição, 87.1
- particularidades da prescrição e da decadência, em matéria de responsabilidade civil, segundo o CDC, 87.2

- prescrição e decadência nas relações de consumo, 128.1

Compensação
- prescrição em caso de compensação de dívidas, 113, II

Concessionários de serviços públicos
- regime prescricional aplicável, 117
- responsabilidade indenizatória do Poder Público e de exploradores de serviços públicos, 108.1

Consumidor
- particularidades da prescrição e da decadência, em matéria de responsabilidade civil, segundo o CDC, 87.2
- prescrição e decadência nas relações de consumo, 128.1
- prescrição e o CDC, 87.1

Contrato
- responsabilidade contratual, 93

Correção monetária
- e prescrição, 105.1

Crédito trabalhista
- interrupção da prescrição, 89.6
- o regime da prescrição em relação aos créditos trabalhistas, 89
- prescrição e decadência em relação aos créditos de relação de trabalho, 89.1
- prescrição intercorrente, 89.7
- prescrição relativa a acidente de trabalho, 89.3
- prescrição relativa ao FGTS, 89.4
- prescrição total ou parcial, em caso de prestações sucessivas, 89.5
- regra geral dos prazos prescricionais, 89.2

Crédito tributário
- regime da prescrição do crédito tributário, 88
- regime da prescrição em face da execução fiscal, 88.1

Culpa
- prejuízo de incapazes por culpa dos representantes legais, 129

Curatela
- impedimento ou suspensão da prescrição, 53

D

Dano
- ocorrido após a relação trabalhista, 108.2

Decadência
- conceito, 120, 121
- conexão do direito material com o direito processual, 122
- convencional, 133
- decretação *ex officio*, 132
- e direito adquirido, 125
- e direito intertemporal, 124, 125
- e os efeitos da citação, 128
- e pessoa jurídica, 130
- e prescrição, 2, 121
- fatalidade do prazo, 126
- fundamento, 123
- impedimento ou suspensão contra o absolutamente incapaz, 55.2
- indeferimento da petição inicial, 134
- liminar que inibe a ação do credor, 78.2
- no âmbito do direito processual, 128
- noção, 121
- particularidades da prescrição e da decadência, em matéria de responsabilidade civil, segundo o CDC, 87.2
- prejuízo de incapazes por culpa dos representantes legais, 129
- prescrição e decadência nas relações de consumo, 128.1
- regime do atual Código, 120
- regime velho, 119
- renúncia, 131
- termo final do prazo, 127

Desapropriação indireta
- prescrição de reparação por desapropriação indireta, 117.1

Despesas processuais
- prazo prescricional da ação para cobrança, 116

Direito adquirido
- e decadência, 125

Direito indisponível e a prescrição, 7

Direito intertemporal
- e a redução da prescrição, 95
- e decadência, 124, 125
- e prescrição, 90, 90.1, 90.2

Direitos potestativos e a prescrição, 7

Dívidas líquidas documentadas
- prescrição da ação de cobrança, 114

Dolo
- ou coação contra o titular da pretensão da prescrição, 48

E

Efeitos da prescrição
- extinção da pretensão e subsistência do direito, 113, I
- prescrição em caso de compensação de dívidas, 113, II

Emolumentos
- prescrição, 99

Entidades paraestatais
- regime prescricional aplicável, 117

Evicção
- impedimento da prescrição, 61
- prazo prescricional, 61.1

Ex officio
- decretação da decadência, 132
- indisponibilidade dos direitos do absolutamente incapaz, 31
- prescrição, 29

- prescrição intercorrente em execução fiscal, 30

Exceção
- ação e pretensão, 14
- exceção de compensação, 113, II
- prescritibilidade das exceções, 15, 16

Execução
- cancelamento do precatório e prescrição da execução contra a Fazenda Pública, 88.2.1
- contra a Fazenda Pública, 88.2
- de obrigação de fazer e de pagar, 27.3
- prescrição, 27
- prescrição da execução individual de sentença coletiva em ação civil pública, 27.2
- prescrição na fase de liquidação de sentença, 27.1

Fazenda Pública
- ação de indenização contra a Administração Pública, 117.3
- entidades paraestatais e concessionárias de serviços públicos, 117
- prescrição dos benefícios previdenciários, 117.4
- reparação ao erário, 117.2

Honorários
- de advogado, prescrição, 99
- de profissionais liberais, prescrição, 115
- do perito avaliador, prescrição, 100

Hospedeiros e fornecedores de víveres para consumo no próprio estabelecimento
- prescrição, 97

Impedimento
- causas impeditivas ou suspensivas da prescrição, 46
- da prescrição contra o absolutamente incapaz, 55
- da prescrição contra o ausente, 56
- da prescrição contra os curatelados impossibilitados de manifestar a vontade, 55.1
- da prescrição contra os que se acham servindo nas Forças Armadas, 57
- da prescrição e decadência, 55.2
- da prescrição entre ascendentes e descendentes, 52
- da prescrição entre cônjuges, 50
- da prescrição entre cônjuges separados, 51
- da prescrição na tutela e curatela, 53
- da prescrição pela evicção, 61
- da prescrição por causa subjetiva unilateral, 54
- da prescrição por causas subjetivas bilaterais, 49
- objetivo da prescrição, 58

Imprescritibilidade, 7
- e direitos indisponíveis, 7
- e direitos potestativos, 7
- e falta de interesse, 7
- e nulidade do negócio jurídico, 7

Incapaz
- da prescrição contra os curatelados impossibilitados de manifestar a vontade, 55.1
- impedimento ou suspensão da prescrição na tutela e curatela, 53
- indisponibilidade dos direitos do absolutamente incapaz, 31
- não corre prescrição contra o absolutamente incapaz, 55
- não corre prescrição contra o ausente, 56
- prejuízo de incapazes por culpa dos representantes legais, 129
- relativamente incapaz que não tem representante legal, 41

- responsabilidade civil do assistente dos relativamente incapazes, 39
- responsabilidade civil do representante de pessoa jurídica, 42
- responsabilidade civil do representante do absolutamente incapaz, 40

Indivisibilidade
- e prescrição, 63

Interpretação
- das regras pertinentes à prescrição, 23.1

Interrupção
- da prescrição e litisconsórcio necessário, 85
- da prescrição em hipótese de medida provisória antecedente, 70.7
- da prescrição pela citação, 69
- da prescrição pela citação pessoal, 70.5
- da prescrição pela citação, prazos, 70.2
- da prescrição pela citação, regras, 70.1
- da prescrição pelo protesto cambial, 72
- da prescrição pelo protesto judicial, 71
- da prescrição pelo reconhecimento do direito pelo devedor, 76
- da prescrição por apresentação do título de crédito em concurso de credores, 74
- da prescrição por apresentação do título de crédito em juízo sucessório, 73
- da prescrição por ato judicial de constituição em mora do devedor, 75
- da prescrição por extinção do processo sem resolução de mérito, 70.4
- da prescrição por interpelação extrajudicial, 72.1
- da prescrição por processo anulado ou extinto sem resolução de mérito, 78
- da prescrição, causas, 68
- da prescrição, causas naturais, 65
- da prescrição, fiador, 84
- da prescrição, legitimação, 80
- da prescrição, limites objetivos, 86
- da prescrição, limites subjetivos, 81
- da prescrição, morte do devedor solidário, 83
- da prescrição, noção, 64
- da prescrição, obrigações solidárias, 82
- da prescrição, oportunidade, 66
- da prescrição, suprimento da citação, 70.3

- da prescrição, retomada, 77
- da prescrição, unicidade, 67
- prescrição intercorrente, 79
- prescrição intercorrente e a jurisprudência do STJ anterior ao CPC/2015, 79.2
- prescrição intercorrente e o Código de Processo Civil de 2015, 79.1

L

Legitimidade
- para promover a interrupção da prescrição, 80

Liquidação
- da sociedade, prescrição para cobrança, 101

M

Mediação
- prescrição na mediação, 87.3

Menor
- capacidade de renúncia à prescrição, 19, 31
- impedimento ou suspensão da prescrição na tutela e curatela, 53
- não corre prescrição contra o absolutamente incapaz, 54
- prescrição entre tutor e pupilo, 113
- sem representante legal e prescrição, 41

Ministério Público
- arguição da prescrição, 32

Momento
- para alegar a prescrição, 25

N

Nulidade do negócio jurídico, 7

P

Pensão alimentícia
- decorrente da prática de ato ilícito, 102.2
- prescrição da pretensão, 102
- solvida por terceiro, 102.1

Pessoa jurídica
- e decadência, 130

Prazo
- decadencial, 120, 121
- ordinário de prescrição, 91
- prescricional, cálculo, 94
- prescricional, inderrogabilidade dos prazos, 24
- prescricional, inovações, 87
- prescricional, natureza das regras de fixação, 23
- prescricional para ações reais e pessoais, 92
- vencido, não corre a prescrição, 60

Prescrição
- a favor do sucessor, 44
- a possibilidade de declaração *ex officio* da prescrição, 34
- a sistemática da prescrição no Código Civil de 2002, 35
- ação civil e ação penal, 62
- ação de cobrança de dívidas líquidas documentadas, 114
- ação de responsabilidade do liquidante, 110.3
- ação de responsabilidade dos administradores e fiscais, 110.2
- ação de responsabilidade dos fundadores da sociedade anônima, 110.1
- ação de responsabilidade por atos prejudiciais à pessoa jurídica e a terceiros, 110
- ação para cobrança dos honorários dos profissionais liberais, procuradores judiciais, curadores e professores, 115
- ação para haver pagamento de títulos de crédito, 111
- ação para recuperação das despesas processuais, 116
- ação referente a debêntures, 111.2
- ação referente a títulos cambiários e cheque, 111.1
- aluguéis de imóveis, 103
- ânua, 96
- anulatória, 7
- aquisitiva, 1, 7
- arguição em recurso especial e extraordinário, 26
- arguição pelo Ministério Público, 32
- as regras do CPC/2015 quanto ao tema, 36
- beneficiário do seguro, 112
- causas impeditivas ou suspensivas, 46
- causas interruptivas, 64
- como extinção da pretensão, 2
- conceito, 1, 2
- concessionários de serviços públicos, 117
- conclusões recomendáveis em face da revogação do art. 194 do Código Civil, 38
- condição suspensiva, 59
- contagem do prazo, 12
- contagem do prazo, a *actio nata* no direito brasileiro e no STJ, 12.1
- contagem do prazo nos diversos tipos de obrigações, 12.2
- contagem do prazo para propositura da anulatória, 12.4
- contrato de seguro, 98
- custas e emolumentos, 99
- da execução, 27
- da execução civil da sentença penal, 28
- dano ocorrido durante a relação trabalhista, 108.2
- das exceções, 15
- de direito material e a reforma do CPC, 34
- direito intertemporal, 90, 90.1
- direito intertemporal e a redução da prescrição, 95
- dolo ou coação contra o titular da pretensão, 48
- e correção monetária, 105.1
- e decadência, 2, 121
- e decadência nas relações de consumo, 128.1
- e o Código de Defesa do Consumidor, 87.1
- efeitos, 13
- em caso de sub-rogação, 44.1
- em face dos sucessores, 43
- enriquecimento em causa, 106

- enriquecimento sem causa, visão pretoriana moderna, 107.1
- entidades paraestatais, 117
- entre tutor e pupilo, 113
- *ex officio*, 29, 34, 35, 36, 37 e 38
- *ex officio*, indisponibilidade dos direitos do absolutamente incapaz, 30
- extintiva, 1
- efeito do decurso do tempo sobre os direitos subjetivos, 1
- evento próprio das pretensões patrimoniais, 9
- Fazenda Pública, 117
- fundamento, 6
- honorários, 99
- honorários do perito avaliador, 100
- hospedeiros e fornecedores de víveres para consumo no próprio estabelecimento, 97
- impedimento objetivo, 58
- impedimento ou suspensão entre cônjuges, 50
- impedimento ou suspensão entre cônjuges separados, 51
- impedimento ou suspensão por causa subjetiva unilateral, 54
- impedimento ou suspensão por causas subjetivas bilaterais, 49
- imprescritibilidade da ação reivindicatória, 8
- intercorrente, 79
- intercorrente no processo de conhecimento, 79.4
- interrupção, 64
- interrupção e litisconsórcio necessário, 85
- interrupção, causas, 68
- interrupção, causas naturais, 65
- interrupção, fiador, 84
- interrupção, legitimação, 80
- interrupção, limites objetivos, 86
- interrupção, limites subjetivos, 81
- interrupção, morte do devedor solidário, 83
- interrupção, obrigações solidárias, 82
- interrupção, oportunidade, 66
- interrupção, suprimento da citação, 70.3
- interrupção, unicidade, 67
- interrupção pela citação, 69, 78.1
- interrupção pela citação pessoal, 70.5
- interrupção pela citação, prazos, 70.2
- interrupção pela citação, regras, 70.1
- interrupção pelo reconhecimento do direito pelo devedor, 76
- interrupção por apresentação do título de crédito em concurso de credores, 74
- interrupção por apresentação do título de crédito em juízo sucessório, 73
- interrupção por ato judicial de constituição em mora do devedor, 75
- interrupção por extinção do processo sem resolução de mérito, 70.4
- interrupção por interpelação extrajudicial, 72.1
- interrupção por processo anulado ou extinto sem resolução de mérito, 78
- interrupção por protesto cambial, 72
- interrupção por protesto judicial, 71
- juros, dividendos e prestações acessórias, 105
- liminar que inibe a ação do credor, 78.2
- liquidação da sociedade, 101
- má-fé, 11
- momento para alegar, 25
- na arbitragem e mediação, 87.3
- na execução contra a Fazenda Pública, 88.2
- na lei de defesa da concorrência, 87.4
- na lei de improbidade administrativa, 117.5
- na tutela e curatela, 53
- não corre contra o absolutamente incapaz, 55
- não corre contra o ausente, 56
- não corre contra os que se acham servindo nas Forças Armadas, 57
- não corre entre ascendentes e descendentes, 52
- não é o direito que prescreve, 5
- obstáculos, 45
- ônus da prova, 12.5
- particularidades da prescrição e da decadência, em matéria de responsabilidade civil, segundo o CDC, 87.2
- pendendo ação de evicção, 61
- pensão alimentícia, 102
- prazo, cálculo, 94
- prazo, inderrogabilidade, 24
- prazo, natureza das regras de fixação, 23
- prazo ordinário, 91

ÍNDICE ALFABÉTICO-REMISSIVO | 391

- prazo ordinário para ações reais e pessoais, 92
- prazo vencido, 60
- prazos, inovações, 87
- prescritibilidade de imprescritibilidade, 7
- redução, 95
- relativamente incapaz que não tem representante legal, 41
- rendas temporárias ou vitalícias, 104
- renúncia, 17
- renúncia expressa e tácita, 18
- renúncia prejudicial a terceiros, 21
- renúncia, ação do terceiro prejudicado, 21.1
- renúncia, efeito, 20
- reparação civil do dano *ex delicto*, 108
- reparação por desapropriação indireta, 117.1
- requisitos, 10
- responsabilidade civil do assistente dos relativamente incapazes, 39
- responsabilidade civil do representante de pessoa jurídica, 42
- responsabilidade civil do representante do absolutamente incapaz, 40
- restituição de lucros ou dividendos indevidos, 109
- retomada, 77
- revogação do art. 194 do CC, 34-38
- suspensão e os credores solidários, 63
- suspensão por força maior, 47
- um grave equívoco ideológico cometido pelo legislador processual, 37
- visão histórica, 4

Pretensão
- ação e exceção, 14

Profissionais liberais, procuradores judiciais, curadores e professores
- prazo prescricional da ação para cobrança de seus honorários, 115

R

Relação trabalhista
- dano ocorrido, 108.2

Rendas temporárias ou vitalícias
- prescrição, 104

Renúncia
- à prescrição, 17
- ação do terceiro prejudicado, 22
- da decadência, 131
- efeito, 20
- expressa e tácita, 18
- prejudicial a terceiros, 21

Responsabilidade civil
- do assistente dos relativamente incapazes, 39
- do representante de pessoa jurídica, 42
- do representante do absolutamente incapaz, 40
- dos administradores e fiscais, prescrição, 110.2
- dos fundadores da sociedade anônima, prescrição, 110.1
- dos representantes legais dos incapazes, decadência, 129
- independente da criminal, 62
- particularidades da prescrição e da decadência, em matéria de responsabilidade civil, segundo o CDC, 87.2
- por atos prejudiciais à pessoa jurídica e a terceiros, prescrição, 110
- prescrição e decadência nas relações de consumo, 128.1
- relativamente incapaz que não tem representante legal, 41

S

Seguro
- comunicação do sinistro ao segurador e o começo da fluência da prescrição, 98.1
- contrato de seguro e prescrição, 98
- evolução da jurisprudência sobre a contagem da prescrição em caso de seguro, 98.7
- posicionamento do STJ sobre o tema, 98.5
- prazo prescricional da ação do beneficiário do seguro, 112
- prescrição diferente na previsão do CDC e do CC, 98.6
- prescrição do contrato de seguro e o Código de Defesa do Consumidor, 98.8

- prescrição em face do terceiro beneficiário do seguro, 98.2
- seguro de responsabilidade civil, 98.1
- seguro em grupo, 98.3

Solidariedade
- prescrição, 63

Sucessor
- prescrição a favor do sucessor, 44
- prescrição em face do sucessor, 43

Suspensão
- causas impeditivas ou suspensivas da prescrição, 46
- condição suspensiva da prescrição, 59
- da decadência contra o absolutamente incapaz, 55.2
- da prescrição contra o absolutamente incapaz, 55
- da prescrição contra o ausente, 56
- da prescrição contra os curatelados impossibilitados de manifestar a vontade, 55.1
- da prescrição contra os que se acham servindo nas Forças Armadas, 57
- da prescrição e obrigações indivisíveis, 63
- da prescrição e os credores solidários, 63

- da prescrição entre ascendentes e descendentes, 52
- da prescrição entre cônjuges, 50
- da prescrição entre cônjuges separados, 51
- da prescrição na tutela e curatela, 53
- da prescrição por causa subjetiva unilateral, 54
- da prescrição por causas subjetivas bilaterais, 49
- da prescrição por força maior, 47

T

Títulos de crédito
- prazo prescricional da ação para haver pagamento, 111
- prazo prescricional da ação referente a debênture, 111.2
- prazo prescricional da ação referente a títulos cambiários e cheque, 111.1

Tutela
- impedimento ou suspensão da prescrição na tutela e curatela, 53
- prescrição entre tutor e pupilo, 113

Bibliografia

AGUIAR JÚNIOR, Ruy Rosado de. *Extinção dos contratos por incumprimento do devedor.* 2. ed. Rio de Janeiro: AIDE, 2003.

ALBALADEJO, Manuel. *Derecho civil I* – Introducción y parte general. 14. ed. Barcelona: Bosch, 1996. t. I, v. II.

ALBALADEJO, Manuel. *La prescripción de la acción reivindicatoria.* [S.l.]: A.D.C., 1990.

ALBALADEJO, Manuel. *La prescripción extintiva.* 2. ed. Madrid: Centro de Estudios/Colegio de Registradores, 2004.

ALCALÁ ZAMORA Y CASTILHO, Niceto. *Estudios de teoria general e historia del proceso.* México: UNAM, 1974 (apud PRATA, Edson. *Direito processual civil.* Uberaba: Vitória, 1980).

ALMEIDA, José Luiz Gavião de. *Código Civil comentado.* São Paulo: Atlas, 2003. v. XVIII.

AMARAL, Francisco. *Direito civil.* Introdução. 2. ed. Rio de Janeiro: Renovar, 1998.

AMELOTTI, Mario. *La prescrizioni delle azioni in diritto romano.* Milano: Giuffrè, 1958.

AMERICANO, Jorge. *Comentários ao Código de Processo Civil do Brasil.* 2. ed. São Paulo: Saraiva, 1960. v. III.

AMORIM FILHO, Agnelo. Critério científico para distinguir a prescrição da decadência e para identificar as ações imprescritíveis. *Revista dos Tribunais*, v. 3, 1962.

AMORIM FILHO, Agnelo. Critério científico para distinguir a prescrição da decadência e para identificar as ações imprescritíveis. *RT*, v. 300, p. 11-14, republicado em MENDES, Gilmar Ferreira; STOCO, Rui (Org.). *Doutrinas essenciais.* Direito Civil. Parte Geral. São Paulo: RT, 2011.

AMORIM FILHO, Agnelo. Critério científico para distinguir a prescrição da decadência e para identificar as ações imprescritíveis. *Revista dos Tribunais*, v. 774, p. 725-750, out. 1997.

ANDRADE, Manuel A. Domingues de. *Teoria geral da relação jurídica.* 8. reimpr. Coimbra: Almedina, 1998. v. II.

ARRUDA ALVIM, José Manoel de. Lei nº 11.280, de 16.02.2006: análise dos arts. 112, 114 e 305 do CPC e do § 5º, do art. 219 do CPC. *Revista de Processo*, v. 143, jan. 2007.

ARRUDA ALVIM, José Manoel de. Da prescrição intercorrente. In: CIANCI, Mirna (Coord.). *Prescrição no Código Civil.* 3. ed. São Paulo: Saraiva, 2011.

ARRUDA ALVIM, José Manoel de; ALVIM, Thereza. Morte da parte e suspensão do processo. Repercussão no prazo prescricional. *Revista de Processo*, v. 301.

ASCENSÃO, José de Oliveira. *Direito Civil* – Teoria geral. 2. ed. Coimbra: Coimbra Editora, 2003. vol. II.

AZEVEDO NETO, Mauro Cunha. A interrupção da prescrição arbitral em face das alterações introduzidas na Lei nº 9.307/96. In: CAHALI, Francisco José; RODOVALHO, Thiago; FREIRE, Alexandre (coords.). *Arbitragem: estudos sobre a Lei nº 13.123, de 26.05.2015.* São Paulo: Saraiva, 2016.

BARBERO, Domenico. *Il sistema del diritto privato,* a cura di Lisere e Floridia. Torino: UTET, 1988.

BARBI, Celso Agrícola. *Comentários ao Código de Processo Civil.* 11. ed. Rio de Janeiro: Forense, 2002. v. I.

BARBOSA MOREIRA, José Carlos. O novo Código Civil e o direito processual. *Revista Forense*, v. 364, 2002.

BARBOSA MOREIRA, José Carlos. Notas sobre pretensão e prescrição no sistema do novo Código Civil brasileiro. *Revista trimestral de direito civil*, v. 11, jul./set. 2002.

BARBOSA MOREIRA, José Carlos. *Comentários ao Código de Processo Civil*. 5. ed. Rio de Janeiro: Forense, 1985. v. V.

BATALHA, Wilson de Souza Campos. *Direito intertemporal*. Rio de Janeiro: Forense, 1980.

BATALHA, Wilson de Souza Campos. *Lei de introdução ao Código Civil*. São Paulo: Max Limonad, 1957. v. I, t. I (apud GAGLIANO, Pablo Stolze; PAMPLONA FILHO, Rodolfo. *Novo curso de direito civil*. Parte geral. São Paulo: Saraiva, 2002. v. I).

BAUDOUIN, Jean-Louis; RENAUD, Yvon. *Code Civil du Québec annoté*. 4. ed. Montréal: W&L, 2001. t. II.

BAUDRY-LACANTENERIE, Gabriel; TISSIER, Albert. *Traité théorique et pratique de droit civil*: de la prescription. 3. ed. Paris: L. Larose & L. Tenin, 1905, p. 33-44.

BERALDO, Leonardo de Faria. Ensaio sobre alguns pontos controvertidos acerca da prescrição no direito brasileiro. In: CIANCI, Mirna (Coord.). *Prescrição no Código Civil*. 3. ed. São Paulo: Saraiva, 2011.

BEVILÁQUA, Clóvis. *Código Civil dos Estados Unidos do Brasil comentado*. Rio de Janeiro: F. Alves, 1959. v. I.

BIGLIAZZI GERI, Lina et al. *Diritto civile* – Norme, soggetti e rapporto giuridico. Torino: UTET, 1987. v. I, t. I.

BUENO, Cassio Scarpinella. *Curso sistematizado de direito processual civil*. 11. ed. São Paulo: Saraiva Educação, 2021. vol. 1.

BUSSADA, Wilson. *Código Civil brasileiro interpretado pelos tribunais*. Rio de Janeiro: Liber Juris, 1980. v. I, t. III.

CABRAL, Antônio do Passo. *Pactum de non petendo*: a promessa de não processar no direito brasileiro. *Revista de Processo*, São Paulo, v. 305, jul. 2020.

CAHALI, Francisco José. Lei nº 9.307/1996 consolidada com a Lei nº 13.129/2015 – destacadas as modificações com breves comentários. In: CAHALI, Francisco José; RODOVALHO, Thiago; FREIRE, Alexandre (coords.). *Arbitragem*: estudos sobre a Lei nº 13.123, de 26.05.2015. São Paulo: Saraiva, 2016.

CAHALI, Francisco José. Prescrição, arbitragem, mediação e outros meios extrajudicial de solução de conflitos – MESCs. *Revista dos Tribunais*, v. 1000, fev. 2019.

CAHALI, Yussef Said. *Prescrição e decadência*. São Paulo: RT, 2008.

CAHALI, Yussef Said. *Responsabilidade civil do Estado*. 3. ed. São Paulo: RT, 2007.

CÂMARA, Alexandre Freitas. Reconhecimento de ofício da prescrição: uma reforma descabeçada e inócua. *Revista IOB de Direito Civil e Processual Civil*, n. 43, set./out. 2006.

CÂMARA LEAL, Antônio Luis da. *Da prescrição e da decadência*. Teoria geral do direito civil. 2. ed. Rio de Janeiro: Forense, 1959.

CANARIS, Claus-Wilhelm. O novo direito das obrigações na Alemanha. *Revista da EMERJ*, Rio de Janeiro, v. 7, n. 27, 2004.

CARBONNIER, Jean. *Droit civil* – les obligations. Paris: Presse Universitaires de France, 1982. In: GALLO, Paolo. *Prescrizione e decadenza in diritto comparato*. *Digesto delle discipline privatistiche*. Torino: UTET, 1996. v. XV.

CARPENTER, Luiz Frederico Sauerbronn. *Manual do Código Civil Brasileiro*. Parte geral. Da prescrição. Rio de Janeiro: Jacintho Ribeiro dos Santos, 1929. v. IV.

CARPENTER, Luiz Frederico Sauerbronn. *Manual do Código Civil Brasileiro*. Parte geral. Da prescrição. Rio de Janeiro: Jacintho Ribeiro dos Santos, 1929. v. IV, n. 61 (apud CARVALHO SANTOS, J. M. de. *Código Civil brasileiro interpretado*. 7. ed. Rio de Janeiro: Freitas Bastos, 1958. v. III).

CARPENTER, Luiz Frederico Sauerbronn. *Da prescrição*. Rio de Janeiro: Nacional, 1929. v. II.

CARPENTER, Luiz Frederico Sauerbronn. *Da prescrição*: artigos 161 a 179 do Código Civil. 3. ed. Rio de Janeiro: Nacional, 1958. v. I.

CARPENTER, Luiz Frederico Sauerbronn. Prescrição – usucapião. *Revista Forense*, v. 39.

CARVALHO DE MENDONÇA, Manuel Inácio. *Doutrina e prática das obrigações*. 4. ed. aum. e atual. pelo juiz José de Aguiar Dias. Rio de Janeiro: Forense, 1956. t. I.

CARVALHO FILHO, José dos Santos. *Manual de direito administrativo*. 20. ed. Rio de Janeiro: Lumen Juris, 2008.

CARVALHO, José Carlos Maldonado de. Decadência e prescrição no CDC: vício e fato do produto e do serviço. *Revista da EMERJ – Escola da Magistratura do Rio de Janeiro*, v. 10, n. 140, 2007.

CARVALHO SANTOS, J. M. de. *Código Civil brasileiro interpretado*. 7. ed. Rio de Janeiro: Freitas Bastos, 1958. v. III.

CARVALHOSA, Modesto. *Comentários à Lei de Sociedades Anônimas*. 5. ed. São Paulo: Saraiva, 2009. v. 1.

CASTRO, Amílcar de. *Comentários ao Código de Processo Civil*. Rio de Janeiro: Forense, 1941, v. 10.

CASTRO, João Monteiro de. Imprescritibilidade da responsabilidade civil do ilícito prejudicial ao erário por ato culposo de agente público. In: CIANCI, Mirna (Coord.). *Prescrição no Código Civil*. 3. ed. São Paulo: Saraiva, 2011.

CAVALCANTI, José Paulo. *Direito civil*. Escritos diversos. Rio de Janeiro: Forense, 1983.

CHIOVENDA, Giuseppe. *Ensayos de derecho procesal civil*. Buenos Aires: Ediciones Jurídicas Europa--América, 1949. v. I.

CHIOVENDA, Giuseppe. Le forme nella difesa giudiziale del diritto, 1901. In: PROTO PISANI, Andrea (Coord.). *Saggi di diritto processuale civile (1894-1937)*. Milano: Giuffrè, 1993. v. I.

CIAN, Giorgio; TRABUCCHI, Alberto. *Commentario Breve al Codice Civile*. 4. ed. Padova: CEDAM, 1996.

CIMMA, Maria Rosa. Prescrizione e decadenza nel diritto romano e intermedio. *Digesto delle discipline privatistiche*. 4. ed. Torino: UTET, 1996. v. XIV.

CIPRIANI, Franco. Il processo civile nello Stato democrático. In: V. GAROFOLI. *I´unità del sapere giuridico tra diritto penale e processo*. Milano: Giuffrè, 2005.

COELHO, Fábio Ulhoa. Da prescrição das ações para haver o pagamento de títulos de crédito e o novo Código Civil. *Revista de Direito Bancário e do Mercado de Capitais*, v. 24, abr./jun. 2004.

COIMBRA, Rodrigo. A reforma trabalhista de 2017 e a prescrição. *Revista dos Tribunais*, São Paulo, v. 984, out. 2017.

CORDEIRO, António Manuel da Rocha e Menezes. *Tratado de Direito Civil Português* – Parte Geral. Coimbra: Almedina, 2005. t. IV.

COSTA E SILVA, Paula. *Perturbações no cumprimento dos negócios processuais*: convenções de arbitragem, pactos de jurisdição, cláusulas escalonadas e outras tantas novelas talvez exemplares, mas que se desejam de muito entretenimento. Salvador: JusPodivm, 2020.

CUSTÓDIO, Mônica Thaís da Silva; GREGORI, Matheus Silva de. O excesso de execuções fiscais no âmbito da União: os impactos do REsp 1.340.553 em termos econômicos. *Revista dos Tribunais*, São Paulo, v. 1.031, set. 2021.

DE LA CUESTA. *Notas sobre la prescripción extintiva de la acción con independencia de la usucapión*. Estudios Vallet, 1988. v. VI.

DENARI, Zelmo et al. Código *Brasileiro de Defesa do Consumidor*: comentado pelos autores do anteprojeto. 10. ed. Rio de Janeiro: Forense, 2011. v. I.

DIDIER JÚNIOR, Fredie. Aspectos processuais da prescrição: conhecimento *ex officio* e alegação em qualquer fase do processo. In: CIANCI, Mirna (Coord.). *Prescrição no Código Civil*: uma análise interdisciplinar. 3. ed. São Paulo: Saraiva, 2011.

DIDIER JÚNIOR, Fredie. *Curso de direito processual civil.* 17. ed. Salvador: JusPodivm, v. 1, 2015

DIDIER JÚNIOR, Fredie. *Curso de direito processual civil.* 6. ed. Salvador: JusPodivm, 2006. v. 1.

DÍEZ-PICAZO, Luis. *La prescripción en el Código Civil.* Barcelona: Bosch, 1964.

DÍEZ-PICAZO, Luis. Las relaciones entre usucapión y prescripción extintiva de la acción reivindicatoria. In: VVAA. *Homenaje al profesor Juan Roca Juan.* Murcia: Universidad de Murcia, Servicio de Publicaciones, 1989.

DINIZ, Maria Helena. *Comentários ao Código Civil.* São Paulo: Saraiva, 2003. v. 22.

DINIZ, Maria Helena. *Lei de introdução ao Código Civil Brasileiro.* 4. ed. São Paulo: Saraiva, 1998.

DINIZ, Maria Helena. *Curso de Direito Civil brasileiro.* 17. ed. São Paulo: Saraiva, 2002. v. 3.

DI PIETRO, Maria Sylvia Zanella. *Direito Administrativo.* 27. ed. São Paulo: Atlas, 2014.

EIZIRIK, Nelson. *A Lei das S/A Comentada.* São Paulo: Quartier Latin, 2011. v. I.

FADEL, Sérgio Sahione. *Código de Processo Civil Comentado.* Rio de Janeiro: J. Konfino, 1974. v. IV.

FALAVIGNA, Maria Clara Osuna Diaz. O desacerto legislativo na revogação do art. 194 do Código Civil. In: CIANCI, Mirna (Coord.). *Prescrição no Código Civil*: uma análise interdisciplinar. 3. ed. São Paulo: Saraiva, 2011.

FARIAS, Cristiano Chaves de; ROSENVALD, Nelson. *Curso de direito civil.* 13. ed. São Paulo: Atlas, 2015. v. 1.

FARIAS, Cristiano Chaves de; ROSENVALD, Nelson. *Curso de Direito Civil.* São Paulo: Atlas, 2015. v. 7.

FARIAS, Cristiano Chaves de; CUNHA, Rogério Sanches; PINTO, Ronaldo Batista. *Estatuto da Pessoa com Deficiência comentado artigo por artigo.* 2. ed. Salvador: JusPodivm, 2016.

FAZZALARI, Elio. *Note in tema di diritto e processo.* Milano: Giuffrè, 1957.

FERRARA, Francisco. *A simulação dos negócios jurídicos.* Campinas: Red Livros, 1999.

FERRARA, Francesco. *Interpretação e aplicação das leis.* Trad. Manuel A. Domingues de Andrade. 3. ed. Coimbra: Armênio Amado, 1978.

CÂMARA LEAL, Antônio Luis da. *Da prescrição e da decadência.* Rio de Janeiro: Forense, 1959.

GAGLIANO, Pablo Stolze. *Comentários ao Código Civil*: arts. 2.028 a 2.046 (sob coordenação do Prof. Arruda Alvim). Rio de Janeiro: Forense, s.d. Disponível em: www.juspodivm.com.br/novodireitocivil/artigos./htm. Acesso em: 22 mar. 2001.

GAGLIANO, Pablo Stolze; PAMPLONA, Rodolfo. *Novo curso de direito civil*: parte geral. São Paulo: Saraiva, 2011. v. I.

GAGLIANO, Pablo Stolze; PAMPLONA FILHO, Rodolfo. *Curso de direito civil.* 5. ed. São Paulo: Saraiva, 2012. v. 4, t. II.

GAGLIANO, Pablo Stolze; VIANA, Salomão. A prescrição intercorrente e a nova MP nº 1.040/2021 (Medida Provisória de "Ambiente de Negócios"). Disponível em: https://www.mprj.mp.br/documents/20184/540394/a_prescrio_intercorrente__pablo_stolze.pdf. Acesso em: 04 out. 2023.

GALGANO, Francesco. *Diritto privato.* 10. ed. Padova: CEDAM, 1999.

GALGANO, Francesco. *Il contratto.* Padova: DECAM, 2007.

GALLO, Paolo. *Prescrizione e decadenza in diritto comparato.* Digesto delle discipline privatistiche. Torino: UTET, 1996. v. XV.

GALLO, Paolo. *Prescrizione e decadenza in diritto comparato.* Digesto delle discipline privatistiche. Torino: UTET, 1996. v. XIV.

GALLO, Paolo. *Diritto privato.* 3. ed. Torino: G. Giappichelli Editore, 2002.

GAZZONI, Francesco. *Manuale di diritto privato.* Napoli: Edizioni Scientifiche Italiane, 1987.

GAZZONI, Francesco. *Manuale di dirrito privato.* 9. ed. aggiornata e con riferimenti di dottrina e di giurisprudenza. Napoli: Edizioni Scientifiche Italiane, 2001.

GERI, Lina Bigliazzi et al. *Diritto Civile cit.* Torino: UTET, 1987. v. 1.1.

GOMES, Marcelo Kokke. *Responsabilidade civil dano e defesa do consumidor.* Belo Horizonte: Del Rey, 2001.

GOMES, Orlando. *Introdução ao direito civil.* 18. ed. Atualização e notas de Humberto Theodoro Júnior. Rio de Janeiro: Forense, 2002.

GOMES, Orlando. *Novas questões de direito civil.* Rio de Janeiro: Forense, 1979.

GOMES, Orlando; CARNEIRO, Nelson. *Do reconhecimento dos filhos adulterinos.* 2. ed. Rio de Janeiro: Forense, 1958. v. II.

GONÇALVES, Carlos Roberto. *Direito Civil brasileiro.* 6. ed. São Paulo: Saraiva, 2012. v. 7.

GONÇALVES, Carlos Roberto. *Direito civil brasileiro:* parte geral. São Paulo: Saraiva, 2013. v. I.

GUIMARÃES, Carlos da Rocha. *Prescrição e decadência.* 2. ed. Rio de Janeiro: Forense, 1984.

GRINOVER, Ada Pellegrini. Ação de improbidade administrativa – decadência e prescrição. In: JORGE, Flávio Cheim *et al* (coords.) *Temas de improbilidade administrativa.* Rio de Janeiro: Lumen Juris Editora, 2010.

HIRONAKA, Giselda Maria Fernandes Novaes. *Comentários ao Código Civil.* São Paulo: Saraiva, 2007. v. 20.

ISHIKAWA, Liliane Kiomi Ito. Interrupção do prazo prescricional. In: CIANCI, Mirna (Coord.). *Prescrição no Código Civil.* 3. ed. São Paulo: Saraiva, 2011.

JARDIM, Leidiane Mara Meira. Decadência e prescrição da ação de ressarcimento nas hipóteses de ilícito que causem prejuízo ao erário. *Juris Plenum,* n. 41, set/2011.

JUSTEN FILHO, Marçal. *Reforma da Lei de Improbidade Administrativa comparada e comentada: Lei nº 14.230, de 25 de outubro de 2021.* Rio de Janeiro: Forense, 2022.

LACERDA DE ALMEIDA, Francisco de Paula. *Dos efeitos das obrigações.* Rio de Janeiro: Freitas Bastos, 1934.

LEITÃO, Luíz Manuel Teles de Menezes. *Direito das obrigações.* 12. ed. Coimbra: Almedina, 2019, v. II.

LEITE, Eduardo de Oliveira. *Comentários ao novo Código Civil.* 2. ed. Rio de Janeiro: Forense, 2003. v. XXI.

LEITE, Flávia Piva Almeida; RIBEIRO, Lauro Luiz Gomes; FILHO, Waldir Macieira da Costa. *Comentários ao Estatuto da Pessoa com Deficiência.* São Paulo: Saraiva, 2016.

LEITE, Gisele. Esclarecimentos sobre a Lei nº 14.010/2020 (Lei da Pandemia). *Revista Síntese:* direito civil e processual civil, n.º 127, set.-out. 2020.

LE ROY, Yves; SCHOENENBERGER, Marie-Bernadette. *Introduction générale au droit suisse.* Bruxelas: Bruylant, 2002.

LIEBMAN, Enrico Tulio. L'ordine delle questioni e l'eccezione di prescrizione. *Riv. Dir. Pr.,* 1967.

LIMA, Pires de; VARELA, Antunes. *Código Civil anotado.* 4. ed. Coimbra: Coimbra Editora, 1987. v. I.

LISBOA, Roberto Senise. *Manual de direito civil.* 6. ed. São Paulo: Saraiva, 2010. v. 5.

LÔBO, Paulo Luiz Netto. *Comentários ao Código Civil.* In: AZEVEDO, Antônio Junqueira de. São Paulo: Saraiva, 2003. v. 6.

LOPES, João Batista. Prescrição. Ação anulatória intentada pelo devedor. Suspensão do prazo prescricional. *Revista Dialética de Direito Processual,* São Paulo, n. 81, dez. 2009.

MALAURIE, Philippe; AYNES, Laurent. *Droit civil. Les obligations.* Paris: Cujas, 1985. In: GALLO, Paolo. *Prescrizione e decadenza in diritto comparato.* Digesto delle discipline privatistiche. Torino: UTET, 1996. v. XV.

MARÇAL, Sérgio Pinheiro. Código de defesa do consumidor: definições, princípios e o tratamento da responsabilidade civil. *Revista de Direito do Consumidor,* n. 6, RT, abr./jun. 1993.

MARTINELL, Milena. O IDPJ e a prescrição intercorrente na execução fiscal. In: RODRIGUES, Marcelo Abelha *et al* (coords.). *Desconsideração da personalidade jurídica:* aspectos materiais e processuais. São Paulo: Editora Foco, 2023.

MARTINS-COSTA, Judith. Responsabilidade contratual: prazo prescricional de dez anos. *Revista dos Tribunais*, n. 979, maio 2017.

MARTINS-COSTA, Judith. O projeto de Código Civil brasileiro: em busca da "ética da situação". *Revista Jurídica*, v. 282.

MAXIMILIANO, Carlos. *Hermenêutica e aplicação do direito.* 7. ed. Rio de Janeiro: Freitas Bastos, 1961.

MAXIMILIANO, Carlos. *Hermenêutica e aplicação do direito.* 18. ed. Rio de Janeiro: Forense, 1999.

MAXIMILIANO, Carlos. *Direito intertemporal ou teoria da retroatividade das leis.* 2. ed. Rio de Janeiro: Freitas Bastos, 1955.

MELLO, Celso Antônio Bandeira de. *Curso de direito administrativo.* 23. ed. São Paulo: Malheiros, 2007.

MELLO, Marcos Bernardes de. *Teoria do fato jurídico* – 1ª Parte – Plano da eficácia. 3. ed. São Paulo: Saraiva, 2007.

MENEZES LEITÃO, Luís Manuel Teles de. O enriquecimento sem causa no novo Código Civil brasileiro. *Revista CEJ*, Brasília, abr./jun. 2004.

MONACCINI, Luigi. *Azione e leggitimazione.* Milano: Giuffrè, 1951.

MONIZ DE ARAGÃO, Egas Dirceu. *Comentários ao Código de Processo Civil.* Rio de Janeiro: Forense, 1974, v. II.

MONTEIRO, Washington de Barros. *Curso de direito civil.* 13. ed. São Paulo: Saraiva, 1975. v. 1.

MONTEIRO, Washington de Barros. *Curso de direito civil.* 33. ed. São Paulo: Saraiva, 1995. v. I.

MONTEIRO, Washington de Barros. *Curso de Direito Civil.* 39. Ed. São Paulo: Saraiva, 2003. v. I.

MOREIRA ALVES, José Carlos. *A parte geral do projeto de Código Civil brasileiro.* São Paulo: Saraiva, 1986.

MOREIRA ALVES, José Carlos. *Direito romano.* 2. ed. Rio de Janeiro: Forense, 1972. v. II .

MOURA, Mário Aguiar. *Promessa de compra e venda.* 2. tir. Rio de Janeiro: AIDE, 1987.

NADER, Paulo. *Curso de direito civil.* 2. ed. Rio de Janeiro: Forense, 2008. v. 6.

NAPOLEÃO, Patrícia de Santana. *Prescrição e decadência:* em busca do gênero perdido (tese de mestrado). Belo Horizonte: Faculdade de Direito da UFMG, 2007.

NASSAR, Elody. *Prescrição na Administração Pública.* São Paulo: Saraiva, 2004.

NASSAR, Elody. *Prescrição na Administração Pública.* 2. ed. São Paulo: Saraiva, 2009.

NEGRÃO, Theotonio; BONDIOLI, Luis Guilherme Aidar; GOUVÊA, José Roberto Ferreira; FONSECA, João Francisco Naves da. Código Civil e legislação civil em vigor. 35. ed. São Paulo: Saraiva, 2017.

NEGRÃO, Theotonio; et al. Código Civil e legislação civil em vigor. 30. ed. São Paulo: Saraiva, 2011.

NEGRÃO, Theotonio; et al. *Código de Processo Civil e legislação processual em vigor.* 49. ed. São Paulo: Saraiva, 2018.

NERY JÚNIOR, Nelson; NERY, Rosa Maria de Andrade. *Código Civil Comentado e legislação extravagante.* 3. ed. São Paulo: RT, 2005.

NERY JÚNIOR, Nelson; NERY, Rosa Maria de Andrade. *Constituição Federal comentada.* 7. ed. São Paulo: RT, 2019.

NEVES, Daniel Amorim Assumpção. *Ações probatórias autônomas.* São Paulo, Saraiva, 2008.

NEVES, Daniel Amorim Assumpção. *Novo código de processo civil comentado artigo por artigo.* 2. ed. Salvador: JusPodivm, 2017.

NEVES, Gustavo Kloh Müller. *Prescrição e decadência no direito civil.* Rio de Janeiro: Lumen Juris, 2006.

NUNES, Cleucio Santos. *Curso completo de direito processual tributário.* 2. ed. São Paulo: Saraiva, 2018.

OLIVEIRA, Eduardo Ribeiro de. *Comentários ao novo Código de Processo Civil.* 2. ed. Rio de Janeiro: Forense, 2012. v. II.

OLIVEIRA, J. M. Leoni Lopes de. *Direito civil:* obrigações. 3. ed. Rio de Janeiro: Forense, 2019.

OLIVEIRA FILHO, Bertoldo Mateus de. *Alimentos e investigação de paternidade.* 2. ed. Belo Horizonte: Del Rey, 1996.

OROZIMBO NONATO, da Silva. *Da coação como defeito de ato jurídico.* Rio de Janeiro: Forense, 1957.

PARODI, Felipe Osterling. *Código civil y código procesal civil.* Lima: Librería y ediciones jurídicas, 2002.

PANZA, Giuseppe. *Contributo allo studio della prescrizione.* Napoli: Editore Jovene, 1984.

PANZA, Giuseppe. Prescrizione. In: *Digesto delle discipline privatistiche.* Torino: UTET, 1996, v. XIV.

PANZA, Giuseppe. Decadenza nel diritto civile. In: *Digesto delle discipline privatistiche* – Sezione Civile. Torino: UTET, 1985. v. V.

PATTI, Salvatore (Traduzione). *Codice civile tedesco.* Milano: Giuffrè, 2005.

PEREIRA, Caio Mário da Silva. *Instituições de Direito Civil.* 18. ed. Rio de Janeiro: Forense, 1995. v. 1.

PEREIRA, Caio Mário da Silva. *Instituições de direito civil.* 19. ed. Rio de Janeiro: Forense, 2001. v. I.

PEREIRA, Caio Mário da Silva. *Instituição de Direito Civil.* 15. ed. Rio de Janeiro: Forense, 2004. v. VI.

PEREIRA, Caio Mário da Silva. *Instituições de Direito Civil.* 20. ed. Rio de Janeiro: Forense, 2004. v. I.

PEREIRA, Caio Mário da Silva. *Instituições de direito civil.* 31. ed. Rio de Janeiro: Forense, 2018. v. I.

PEREIRA, Caio Mário da Silva. *Instituições de Direito Civil.* 9. ed. Rio de Janeiro: Forense, 1985.

PERLINGIERI, Pietro; FEMIA, Pasquale. *Manuale di diritto civile.* 3. ed. Napoli: Edizioni Scientifiche Italiane, 2002.

PINTO, Nelson Luiz. *Ação de usucapião.* São Paulo: RT, 1987.

PIZA, Paulo Luiz de Toledo. Provisão de sinistros ocorridos e não avisados, aviso de sinistro e cômputo do prazo prescricional da pretensão do segurado em face do segurador. *Revista Brasileira de Direito Comercial,* n. 3, fev./mar. 2015.

PONTES DE MIRANDA, Francisco Cavalcanti. *Tratado de direito privado.* 2. ed. Rio de Janeiro: Borsoi, 1954. t. IV.

PONTES DE MIRANDA, Francisco Cavalcanti. *Tratado de Direito Privado.* Atualização de Giselda Hironaka e Paulo Lôbo. São Paulo: RT, 2012. t. LV.

PONTES DE MIRANDA, Francisco Cavalcanti. *Tratado de Direito Privado.* Parte Geral. Atualização de Otávio Luiz Rodrigues Júnior; Tilman Quarch e Jefferson Carús Guesdes. São Paulo: RT, 2012. t. VI.

PONTES DE MIRANDA, Francisco Cavalcanti. *Tratado de Direito Privado.* Parte Geral. Atualização de Marcos Bernardes de Mello e Marcos Ehrhardt Jr. São Paulo: RT, 2012. tomo V.

PONTES DE MIRANDA, Francisco Cavalcanti. *Comentários ao Código de Processo Civil.* 3. ed. Rio de Janeiro: Forense, 1998. t. VI.

PONTES DE MIRANDA, Francisco Cavalcanti. *Comentários ao Código de Processo Civil.* 3. ed. Rio de Janeiro: Forense, 1996. t. III.

PORCHAT, Reynaldo. *Da retroatividade das leis civis.* São Paulo: Duprat, 1909.

PRIETO, F. Pantaleón. Prescripción. *Enciclopedia Jurídica Básica.* Madrid: Editorial Civitas, 1995. v. III.

PUGLIESE, Giovanni. *Actio e diritto subiettivo.* Milano: Giuffrè, 1939. n. 43, p. 253 (apud MOREIRA ALVES, José Carlos. *A parte geral do projeto de Código Civil brasileiro.* São Paulo: Saraiva, 1986).

REALE, Miguel. *O projeto do novo Código Civil.* 2. ed. São Paulo: Saraiva, 1999.

REIS, José Maria dos; REIS, Francis Vanine de Andrade. Da prescrição intercorrente na execução civil: incompletude do texto do inciso III do art. 791 do CPC. *AMAGIS Jurídica,* Belo Horizonte, ano VI, n. II, jul./dez. 2014.

RIZZARDO, Arnaldo. *Direito das Sucessões.* 2. ed. Rio de Janeiro: Forense, 2006.

RODRIGUES FILHO, Eulâmpio. *Código Civil anotado*. 3. ed. São Paulo: Síntese, 1996.

RODRIGUES, Silvio. *Direito civil*. 32. ed. São Paulo: Saraiva, 2002. v. I.

RODRIGUES, Silvio. *Direito Civil*. 29. ed. São Paulo: Saraiva, 1999. v. I.

ROSENVALD, Nelson; FARIAS, Cristiano Chaves de. *Curso de Direito Civil*. 13. ed. São Paulo: Atlas, 2015. v. 1.

ROUBIER, Paul. *Le droit transitoire* (conflits des lois dans le temps). 2. ed. Paris: Dalloz et Sirey, 1960.

RUGGIERO, Roberto de. *Instituições de direito civil*. Trad. Ary dos Santos. São Paulo: Saraiva, 1957. v. I.

SADER, Marcos. Natureza jurídica e prazo prescricional aplicável às debêntures. *Revista dos Tribunais*, n. 979, maio 2017.

SANTORO-PASSARELLI, Francesco. *Doctrinas generales del derecho civil*. Trad. A. Luna Serrano. Madrid: Revista de Derecho Privado, 1964.

SAVIGNY, Friedrich Carl von. *Sistema del diritto romano attuale*. Trad. Vittorio Scialoja. Torino: Torinese, 1886. v. 5.

SAVIGNY, Frederic Charles de. *Traité de droit romain*. Paris: F. Didot, 1845. v. VIII.

SAVIGNY, Federico Carlo di. *Sistema del diritto romano attuale*. Trad. Vittorio Scialoja. Torino: UTET, 1893. v. V.

SAVIGNY, Federico Carlo di. *Sistema del diritto romano attuale*. Trad. Vittorio Scialoja. Torino: UTET, 1889. v. IV.

SCIALOJA, Vittorio. *El procedimiento civil romano* – ejercicio y defensa de los derechos. Trad. Sentis Melendo e Marino Ayerra Redin. Buenos Aires: EJEA, 1954.

SERPA LOPES, Miguel Maria de. *Curso de direito Civil*. 8. ed. Rio de Janeiro: Freitas Bastos, 1996. v. I.

SERPA LOPES, Miguel Maria de. *Curso de direito civil*. Rio de Janeiro, Freitas Bastos, 1995. v. II.

SICA, Heitor Vitor Mendonça. *Cognição do juiz na execução civil*. São Paulo: Editora RT, 2017.

SILVA, Ovídio A. Baptista da. Direito material e normativo jurídico. *Revista Jurídica*, v. 339.

SILVA, Ovídio A. Baptista da. *Comentários ao Código de Processo Civil*. São Paulo: RT, 2000. v. I.

SIMÃO, José Fernando. *Tempo e direito civil*. Prescrição e decadência. São Paulo: USP, 2011.

SIMÃO, José Fernando. Aspectos controvertidos da prescrição e da decadência na teoria geral dos contratos e contratos em espécie. In: DELGADO, Mário Luiz; ALVES, Jones Figueirêdo. *Questões controvertidas no novo Código Civil*. São Paulo: Método, 2005. v. 4.

SOARES, Leonardo Oliveira. O prazo prescricional das ações (pretensões) indenizatórias propostas contra o Poder Público no Estado Democrático de Direito brasileiro. *Revista de Processo*, n. 195.

SOUSA, Cláudio Roberto Alfredo de; PESSOA, Flávia Moreira Guimarães; ANDRADE, Layanna Maria Santiago. O novo conceito de deficiência e a coisa julgada nas ações de incapacidade. *Revista Magister de Direito Civil e Processual Civil*, n. 79, jul./ago. 2017.

STARCK, Boris. *Droit civil. Les obligations*. Paris: Litec, 1989. In: GALLO, Paolo. *Prescrizione e decadenza in diritto comparato*. Digesto delle discipline privatistiche. Torino: UTET, 1996. v. XV.

TARTUCE, Flávio. Direito civil. Prescrição. Conceito e princípios regentes. Início do prazo e teoria da *actio nata*, em sua feição subjetiva. Eventos continuados ou sucessivos que geram o enriquecimento sem causa. Lucro da atribuição. Termo *a quo* contado da ciência do último ato lesivo. Análise de julgado do Superior Tribunal de Justiça e relação com eventos descritos. Parecer. *Revista Magister de Direito Civil e Processual Civil*, n. 70, jan./fev. 2016.

TARTUCE, Flávio. *Direito Civil*. 10. ed. Rio de Janeiro: Forense, 2017. v. 6.

TARTUCE, Flávio. *Direito Civil*: direito das obrigações e responsabilidade civil. 12. ed. Rio de Janeiro: Forense, 2017. v. 2.

TARTUCE, Flávio. *Direito Civil*: teoria geral dos contratos e contratos em espécie. 12. ed. Rio de Janeiro: Forense, 2017. v. 3.

TARZIA, Giuseppe. O novo processo civil de cognição na Itália. *Revista Ajuris*, v. 65, nov. 1995.

TÁVORA FILHO, Frederico Soares. A viabilidade do *pactum de non petendo* no ordenamento jurídico brasileiro. *Revista de Processo*. São Paulo, v. 342, ago. 2023.

TEPEDINO, Gustavo; SCHREIBER, Anderson. *Fundamentos do Direito Civil*. Rio de Janeiro Forense: 2020. v. 2.

TEPEDINO, Gustavo; TERRA, Aline de Miranda Valverde; GUEDES, Gisela Sampaio da Cruz. *Fundamentos do direito civil*. Rio de Janeiro: Forense, 2020. v. 4.

TERRÉ, François; SIMLER, Philippe; LEQUETTE, Yves. *Droit civil – les obligations*. 6. ed. Paris: Dalloz, 1996.

TESCARO, Mauro. L'auspicabile ammodernamento del diritto dela prescrizione italiano ala luce del confronto con altre esperienze e specialmente con quella tedesca a venti anni dalla Schuldrechtsmodernisierung. (No prelo.)

TESCARO, Mauro. L'evoluzione del diritto dela prescrizione: termini, decorrenze e cause di estensione. *Rivista di Diritto Civile*, Cedam, anno LXIX, n. 1, gennaio-febbraio.2023.

THEODORO JÚNIOR, Humberto. *Direito de família*. São Paulo: Leud, 1988. v. 2.

THEODORO JÚNIOR, Humberto. *Curso de Direito Processual Civil*. 58. ed. Rio de Janeiro: Forense, 2017. v. I

THEODORO JÚNIOR, Humberto. *Processo de Execução*. 21. ed. São Paulo: LEUD, 2002.

THEODORO JÚNIOR, Humberto. *Processo Cautelar*. 20. ed. São Paulo: LEUD, 2002

THEODORO JÚNIOR, Humberto. *Direitos do consumidor*. 9. ed. Rio de Janeiro: Forense, 2017

THEODORO JÚNIOR, Humberto. *Curso de direito processual civil*. 49. ed. Rio de Janeiro: Forense, 2016. v. III.

TRABUCCHI, Alberto. *Istituzioni di diritto civile*. 38. ed. Padova: CEDAM, 1998.

TORRENTE, Andrea; SCHLESINGER, Piero. *Manuale di diritto privato*. 16. ed. Milano: Giuffrè, 1999.

VELOSO, Zeno. *Direito brasileiro da filiação e paternidade*. São Paulo: Malheiros, 1997.

VENOSA, Silvio de Salvo. *Código Civil Interpretado*. 2. ed. São Paulo: Atlas, 2011.

VENOSA, Silvio de Salvo. *Direito Civil. Direito das sucessões*. 11. ed. São Paulo: Atlas, 2011.

WILLEMAN, Flávio de Araújo. Prescrição das ações indenizatórias contra o Poder Público e o Código Civil de 2002. *Revista da EMERJ*, v. 12, n. 47, Rio de Janeiro, 2009.

WITZ, Claude. *Droit privé allemand*. Paris: LITEC, 1992.

YARSHELL, Flávio Luiz. Prescrição. Interrupção pela citação. Confronto entre o novo Código Civil e o Código de Processo Civil. *Revista Síntese de direito civil e processual civil*. Porto Alegre, v. 24, jul./ago. 2003.

YARSHELL, Flávio Luiz. *Antecipação da prova sem o requisito da urgência e direito autônomo à prova*. Tese da Faculdade de Direito da USP, São Paulo, s.d.

YARSHELL, Flávio Luiz. Prescrição intercorrente e sanções por improbidade administrativa. In: CIANCI, Mirna (Coord.). *Prescrição no Código Civil*. 3. ed. São Paulo: Saraiva, 2011.